어음 · 수표법

[개정판]

홍 복 기 · 박 세 화

法 文 社

개정판 머리말

2015년 초판을 발간한 이후 벌써 2년이 흘렀다.

최근 들어 전자어음이 종이 어음을 대신하고 새로운 지급결제수단이 증가하며 인터넷 전문은행이나 인공지능 금융 봇 등으로 상징되는 새로운 금융서비스 시장이 등장하는 것 등이 학생들이 어음·수표법을 도외시하는 근거 없는 이유가 되고 있다. 그러나 유가증권에 관한 기본법이라고 할 수 있는 어음법·수표법의 이해와 습득 없이 어떠한 새로운 형태의 유가증권과 관련된 법리를 이해하고 법적 분쟁이 발생한 경우 합리적 해결방안을 제시하는 데 어려움이 있다는 것은 상법을 연구하는 사람들의 일치된 생각이다. 법학전문대학원에서의 어음·수표법 수업의 정상화와 변호사시험에서의 어음·수표법 비중 강화라는 화두가 법조계에서 심심치 않게 논의되는 것도 이 같은 이유에서 이다.

저자는 개정판을 준비하면서 학생들이 이 책을 통하여 어음·수표법에 흥미를 갖는 계기가 되고 이 책이 바른 이해를 위한 길잡이가 되었으면 하는 희망을 가져 본다. 2년 동안 이 책에 대한 독자들의 많은 성원이 있었으나 지적사항도 적지 않게 있었다. 특히 이 책이 여러 법학전문대학원과 법과대학에서 어음·수표법의 수업교재로 활용되면서 오탈자부터 보완적 설명까지 개정의 필요성이 대두되었다. 이에 저자는 독자들의 요구나 건의를 최대한 반영하려고 노력하였다. 오탈자를 수정하고, 필요한 부분에 설명을 보완하거나 문장을 간결하게 정리하였으며, 특히 독자의 가독력을 높이기 위하여 법령표시를 정확히 하였다. 각종 통계자료를 업데이트하고 개정된 전자어음법도 반영하였다. 어음·수표법에 관한 판례는 그 법리가 안정적으로 정착되어 판례변경이 거의 없지만, 본문과 각주에 인용되는 판례를 최근에 내려진 판례로 교체하는 작업도 하였다.

무엇보다 이번 개정판부터 충남대학교 박세화 교수가 공동저자로 참여하게 되어 반가운 마음이 크다. 박 교수는 저자가 연세대학교 광복관에 연구실을 꾸릴 때부터 함께 해 온 학문적 동지이다. 박 교수는 법학전문대학원과 법과대학에서 오랫동안 어음·수표법에 관한 뛰어난 강의와 연구를 해온 중견학자로서 앞으로 이 책은 박 교수의 열정과 학문적 성과 속에 좋은 책으로 거듭날 것을 기대한다.

끝으로 어려운 출판환경 속에서도 계속하여 좋은 책을 만들어준 법문사 사장님과 영업부 장지훈 부장님께 깊은 감사의 뜻을 전하며, 더운 날씨에도 처음부터 끝까지 빈틈없이 편집작업을 해준 배은영 님께도 고마움을 표하고 싶다.

2017년 8월
홍 복 기 씀

머 리 말

우리나라에서 어음은 고려말, 수표는 은행이 설립된 구한말부터 지급결제, 신용, 자금조달 등의 수단으로 활용되었기 때문에 이에 관한 법체계는 다른 분야와 달리 비교적 확고하게 정립되었다고 볼 수 있다. 그러나 21세기에 들어와서 자금이체, 신용카드, 기업구매자금대출, 외상매출채권담보대출, 전자채권 등의 결제제도가 어음대체수단으로 개발되어 어음의 이용도가 줄어들었다. 그럼에도 어음·수표에 관한 법리의 중요성은 상실되지 않고 있다. 어음·수표는 가장 전형적인 완전유가증권으로서 그 법리가 다른 종류의 유가증권이나 대체수단에 관한 법리에도 응용되어 적용되기 때문이다. 그래서 법과대학이나 로스쿨에서 어음·수표법을 상법의 주요 과목으로 가르치고 있는 것이다. 앞으로도 어음·수표법은 새롭게 등장하는 결제수단의 이론적 기초와 법리를 제공하게 될 것이다.

새로운 결제수단의 등장에도 불구하고 매일 이루어지는 어음·수표의 결제건수와 총액이 천문학적인 숫자이다. 따라서 어음·수표는 국가경제나 통화정책에 미치는 영향이 지대하므로 전통적인 신용과 지급결제수단으로서의 중심적 지위를 상실하지 않고 있다. 최근에 종이어음 대신에 전자어음의 사용이 비약적으로 증가되고 있으나, 전자어음의 근거법인 '전자어음의 발행 및 유통에 관한 법률'은 주로 전자어음상의 어음행위의 방식을 규율하고 있고 나머지는 어음법의 규율에 맡기고 있기 때문에 어음행위의 효력 등 당사자간의 주요 법률관계는 어음법과 어음법이론에 따라 해결되어야 할 것이므로 어음·수표법학은 고전의 향기와 마찬가지로 그 의미를 더해간다고 볼 수 있다. 오히려 전자어음의 법률관계를 해결함에 있어서는 종전의 어음법이론에 전자어음의 기술적 성격을 반영하여야 되므로 정보기술의 발전에 따른 어음·수표법학의 현대적 발전으로 볼 수 있는 것이다.

우선 본서를 집필함에 있어서 선배·동료 교수님들의 학문적 업적에 크게 의존하였음을 밝히며, 이분들의 노고와 업적에 감사드리는 바이다. 이 책은 저자가 오랫동안 법과대학 및 법학전문대학원에서 교재로 사용하였던 강의안과 논문을 수정·보완하여 출판한 것이다. 어음·수표법 강의안과 논문을 기술할 때마다 유통보호를 근본이념으로 하는 어음·수표에 관한 법리를 체계적으로 파악하고자 주력하였던 결과물인 것이다.

본서의 집필은 첫째, 유가증권에 관한 일반론을 살펴본 후, 어음·수표법총론, 환어음, 약속어음, 전자어음, 수표의 순으로 설명하였다. 이용도를 기준으로 한다면 약속어음에 중점을 두어 설명을 하는 것이 좋지만, 우리 어음법은 환어음중심주의를 취하고 약속어음에 대하여는 환어음에 관한 규정을 준용하기 때문에 법전 순서에 맞추어 설명하는 것이 체계적인 이해를 위하여 바람직하다고 판단하였기 때문이다. 둘째, 어음·수표제도에 관한 설명에 있어서는 실무와 관련시켜 간략·명확하게 설명하되, 학설과 판례의 대립이 중요하다고 판단되는 부분에 있어서는 자세히 소개하고, 저자의 견해를 밝혀 학설에 대한 깊이와 체계적 이해를 도모하였다. 셋째, 어음·수표법에서 중요하다고 생각되는 사항에 대해서는 다소 중복되는 부분이 있더라고 독자들의 이해를 넓히고자 하였다. 예컨대, 어음행위독립의 원칙, 어음행위의 무권대리, 어음의 위조와 변조, 선의취득, 어음항변, 어음의 실질관계, 지급인의 조사의무 등은 본인이 발표한 논문을 바탕으로 한 것이다. 또한 학술적인 의미가 변하지 않는다면 발표당시의 문헌을 그대로 전재하였고, 각주도 발표당시의 문헌을 기준으로 하였다. 넷째, 판례가 있는 부분에 대하여는 해당부분의 각주에 판례의 요지를 게재하여 독자들의 편의를 도모하였다.

이 책을 출간함에 있어서는 연세대학교에서 상법강의를 담당하고 있는 황운경 박사의 도움을 잊을 수 없다. 자료정리는 물론, 학설대립이 있는 부분에 일일이 각주를 달았고, 교정까지 맡아주어 출판작업이 순조롭게 진행될 수 있었음에 고마움을 표한다. 또한 업계가 어려운 사정임에도 기꺼이 출간을 맡아주신 법문사 사장님과 영업부 장지훈 부장님, 그리고 더운 날씨임에도 신학기에 맞춰 훌륭하게 편집을 맡아주신 편집부 김용석 과장님께 감사를 드린다.

2015년 8월 광복관 연구실에서

홍 복 기 씀

차 례

제 1 장
총　　설

제 1 절　유가증권의 기능과 그 개념

Ⅰ. 유가증권의 기능

어음 · 수표는 가장 전형적인 유가증권(Wertpapier)이다.[1] 유가증권으로는 어음 · 수표 이외에도 주권, 사채권, 신주인수권증서, 화물상환증, 창고증권 등이 있다. 이들 증권이 모두 유가증권으로 인정되는 것은 증권에 재산적 가치가 있는 권리가 결합[2]되어 있기 때문이다. 따라서 완전유가증권이라고 부르는 어음 · 수표에 대한 이해를 위하여 먼저 유가증권제도를 파악할 필요가 있다.

유가증권은 무형의 관념적인 권리를 유형의 지편(紙片, 증권)과 결합하여 권리의 유통을 증진시키기 위한 법적 기술이다. 권리는 무형적인 것이기 때문에 그대로 거래의 대상으로 하는 것은 불편하고 또한 양수인의 지위가 불확실하므로 권리를 증권에 결합시켜 적법하게 증권을 취득한다면 확실하게 권리를 취득할 수 있게 하는 것이 유가증권제도이다. 권리의 유통을 목적으로 권리를 증권에 결합한 것은 그 수단으로 볼 수 있다.

이와 같이 유가증권제도는 권리와 증권을 결합시킴으로써 권리의 외관인 증권이 있는 곳에 그 본체인 권리의 존재를 추정케 하는 제도이다. 따라서 유가증권의 소지인은 권리자로 추정되므로 자기가 실질적 권리자라는 것은 증명할 필요 없이 증권에 기재된 문언대로 권리를 행사할 수 있음이 원칙이다. 또한 권리의 이전은 간편한 양도방

1) 영미법상 유가증권은 유통증권(negotiable instruments)이라고 부르고 있다.
2) '화체(化體, 體化, embody, verkörpern)' 또는 '표창(表彰)'이라고도 한다.

법인 증권의 배서 · 교부에 의하여 양수인에게 이전되며, 설령 양도인이 무권리자라 하더라도 증권을 취득한 양수인이 악의 · 중과실이 없는 한 선의취득이 인정된다. 또한 증권상의 권리를 행사하기 위하여는 원칙적으로 증권을 채무자에 제시하여야 되므로 증권상의 채무자는 증권을 소지하지 않은 자에게 지급(급부)할 필요가 없는 동시에, 증권의 소지인에게 지급 기타의 급부를 한다면 소지인이 진정한 권리자가 아니더라도 면책된다(이중지급불요).

Ⅱ. 유가증권의 의의

1. 학설대립

위와 같이 유가증권의 의의에 관하여는 유가증권이 사권을 표창한다는 점에서는 이론이 없으나, 사권이 어느 정도로 증권과 결합되어 있을 때 유가증권으로 보느냐와 관련하여 학설의 대립이 있다. 즉 유가증권이 되기 위하여는 ① 권리의 발생 · 행사 · 이전의 전부 또는 일부에 증권을 필요로 한다는 견해,[3] ② 권리의 이전에 증권을 필요로 한다는 견해,[4] ③ 권리의 행사에 증권을 필요로 한다는 견해,[5] ④ 권리의 행사 및 이전에 증권을 필요로 한다는 견해[6]가 대립하고 있다.

이 중 ①설은 '전부 또는 일부'라 하여 선택적인 표현으로서 유가증권의 개념을 비통일적으로 파악하고 있으므로 그 개념이 불명확하다. 예컨대 권리의 발생에만 증권이 필요하고 권리의 행사 · 이전에 증권을 필요로 하지 않는 증권은 실제적으로 존재하지 않음에도 '권리의 발생'을 유가증권의 정의 속에 넣는 것은 부당하다. 또한 권리의 발생 또는 행사만을 위하여 증권이 필요하고 권리의 이전에는 증권이 필요 없는 증권은 존재하지 않는다는 점에서도 부당하다.

②설에 대하여는 주로 ③설의 입장에서 권리의 이전에 증권이 필요한 것은 권리의 행사에 증권이 필요함에서 오는 당연한 결과이므로 주객을 전도하고 있다는 비판이 있다.

---

3) 손주찬, 「상법(下)」, 박영사, 2005, 8면[이하 손주찬(下)]; 이철송, 「어음 · 수표법」, 2012, 19면[이하 이철송(어)]; 정찬형, 「상법강의(下)」, 2012, 5면[이하 정찬형(下)]; 서헌제, 「어음 · 수표법」, 법문사, 2000, 8면[이하 서헌제(어)]; 김문재, 「어음 · 수표법」, 동방문화사, 2013, 3면[이하 김문재(어)].

4) 최기원, 「어음 · 수표법」, 박영사, 2008, 11면[이하 최기원(어)].

5) 정동윤, 「상법(下)」, 법문사, 2011, 11-12면[이하 정동윤(下)].

6) 강위두, 「어음 · 수표법」, 형설출판사, 1996, 7면[이하 강위두(어)]; 양승규, 「어음 · 수표법」, 삼지원, 1994, 38면[이하 양승규(어)].

③설과 ④설은 '권리이전과 증권과의 관계'를 '권리행사와 증권과의 관계'와 밀접 또는 불가분한 것으로 보고 있으나, 주권의 경우에는 증권 없이도 주주권을 행사할 수 있다는 점을 설명하기 어렵다는 비판이 있다. 이 비판에 대하여 위 ③설과 ④설은 명의개서를 하려면 주권의 제시가 필요하므로 간접적으로 주주권행사에 주권의 제시가 요구되므로 무방하다고 보고 있다. 그러나 주권은 명의개서청구권이 표창된 증권이 아니고, 주주명부상의 주주는 권리행사시에 주권을 모두 타인에게 양도하여도 주주로서 권리를 행사할 수 있다는 재반론이 제기된다.

생각건대 위 학설의 대립은 거래에 있어서 실제 존재하는 모든 유가증권을 하나의 개념정의 속에 포함시켰기 때문에 발생하고 있고, 어느 설을 취하건 완벽한 개념구성이나 이론이 되지는 못할 것이다. 따라서 유가증권제도의 본질적인 목적이 권리의 유통에 있다는 것과 권리이전은 권리행사에 당연히 수반되는 것이 아니라는 점에서 볼 때 ②설이 가장 무리 없는 견해라고 본다. 다만 상속·합병의 경우에는 법률의 규정에 의한 포괄승계의 경우로서 그 성질상 예외적으로 권리의 이전시 증권의 소지가 필요하지 않다고 보는 것이 타당하다.[7)]

2. 개념분석

유가증권은 "재산적 가치있는 사권을 표창하는 증권으로서 그 권리의 이전에 있어서 증권의 소지를 필요로 하는 것"을 말한다(제2설의 견해에 따라 다름).

(1) 재산적 가치있는 사권은 청구권이든 물권이든 사원권이든 그 종류를 불문한다. 그러나 현행법상 순수한 물권증권은 없다. 또한 인격권·신분권과 같이 재산적 가치가 없거나 경제적 거래의 대상이 될 수 없는 것은 제외된다. 그러나 유가증권은 사권을 표창하는 증권이므로 공권을 표창하는 증권(예: 국적증서, 여권, 영업허가장 등)은 유가증권에 해당하지 않는다.

---

7) 일부 학설은 ②설을 취하면 기명증권(기명채권, 배서금지가 된 어음·수표·화물상환증·창고증권·선하증권)을 유가증권으로 설명할 수 없다는 문제점이 있다고 지적하고 있으나, 이는 부당하다. 왜냐하면 우리나라에서는 기명증권의 경우에도 증권상의 권리의 이전에 증권의 교부가 필요하다는 것이 통설·판례의 견해이기 때문이다. 예컨대 기명사채, 배서금지된 어음·수표·화물상환증상의 권리이전에 있어서 민법상의 지명채권의 양도방식과 효력 이외의 증권의 교부를 효력요건으로 보고 있다. 대판 1989. 10. 24, 88다카20774; 배서금지의 문언을 기재한 약속어음은 양도성 자체까지 없어지는 것이 아니고 지명채권의 양도에 관한 방식에 따라서, 그리고 그 효력으로써 이를 양도할 수 있는 것인데 이 경우에는 민법 제450조의 대항요건(통지 또는 승낙)을 구비하는 외에 약속어음을 인도(교부)하여야 하며 또 어음금을 지급할 때에는 이를 환수하게 되는 것이다.

(2) 사권을 '표창'한다는 것은 권리와 증권의 불가분의 결합관계를 말한다. 유가증권이 되기 위하여는 권리가 증권에 화체되어야 하므로 단순히 사실을 증명함에 불과한 단순한 증서(증거증권)는 유가증권이 아니다.

(3) 권리의 이전에 증권의 소지를 요한다(예외: 상속 · 합병의 경우). 이는 유가증권이 되기 위한 최소한의 요건이다.

3. 구별개념

(1) 증거증권

이는 권리관계의 존부 또는 그 내용을 증명하는 문서이지만 그 증권이 없어도 다른 방법으로 권리를 입증하면 권리를 행사할 수 있는 것을 말한다. 금전차용증 · 영수증 · 화물명세서(상 126조) 등이 이에 해당한다. 증거증권은 증권과 권리를 결합한 것이 아니므로 유가증권이 아니나, 유가증권은 통상 그 문언에 따라서 권리관계가 결정되므로 증거증권이다(예외: 주권).

(2) 면책(자격)증권

채무자가 증권소지인에게 악의 또는 중과실 없이 이행을 하면 그 소지인이 정당한 권리자가 아닌 경우에도 채무를 면하게 되는 증권을 면책증권 또는 자격증권이라고 한다(민 526조 참조). 면책증권은 동종의 집단 · 대량거래에 있어서 채무자의 채무이행의 편의를 위하여 발행되는 것이므로 그 소지인은 권리행사의 자격을 갖지만, 설사 증권을 상실하더라도 다른 방법에 의하여 권리자임을 입증하면 권리를 행사할 수 있다. 예컨대 예금통장, 각종 신발표나 옷표, 항공 · 철도의 수하물상환증 등이 이에 해당한다.

따라서 면책증권은 권리가 증권에 화체되어 있지 않으므로 유가증권과 구별되나, 유가증권은 면책증권으로서의 성질을 가지고 있다(예외: 기명식 선하증권, 화물상환증).

(3) 금액권

은행권(지폐) · 우표 · 수입인지 등과 같이 법률에 의하여 그 자체가 특정한 목적을 위하여 금전에 갈음하여 사용되는 증권으로서 금액권 또는 금권(金券)이라고 한다. 금액권은 어떠한 권리를 표창하고 있는 것이 아니므로 유가증권과 구별된다. 따라서 금액권은 제권판결절차에 의한 권리회복이 인정되지 않고, 물리적 멸실에 의하여 그 가

치도 함께 소멸하는 것이 특징이다.

4. 유가증권성이 문제되는 증권

(1) 승차권

통설[8]은 승차권(열차, 고속버스 등)을 운송청구권을 표창하는 유가증권으로 보고 있다. 그러나 승차권은 대량적·집단적으로 이루어지는 운송관계를 효율적·획일적으로 처리하기 위한 기술로서 유통을 목적으로 하는 것이 아니므로 유가증권으로 보기가 어려울 것이다.[9] 따라서 승차권은 운송계약의 성립과 운임의 지급을 증명하는 증거증권의 일종이다.

(2) 상품권

상품권은 특정 상품의 인도, 용역제공 또는 일정 금액에 해당하는 물품인도를 청구할 수 있는 권리가 표창된 유가증권으로 볼 수 있다. 상품권의 성질은 그 명칭이나 형태와 관계없으며, 통상 무기명식으로 발행된다. 상품권은 권리의 발생·행사·이전 모두에 증권의 발행·제시·교부가 요구되므로 완전유가증권의 일종이라고 볼 수 있다. 상품권은 유통업자가 판매촉진을 위하여 발행되는 현금대용증권이라고 보는 견해도 있다. 상품권은 상품권법에 의한 규제를 받았으나, 동법은 기업활동의 자유화와 규제완화를 이유로 폐지되었고, 현재는 약관에 의하여 규율되고 있다.[10]

---

8) 정동윤(下), 14면; 정찬형(下), 7-8면.

9) 대판 1960. 2. 18, 4291민상906; 전차의 보통승차권은 운임에 해당하는 현금을 선급하였음을 증명하는 표권(表權)이고 유가증권이 아니다.

10) 대판 2008. 6. 12, 2006두17000; 구 인지세법(2004. 12. 31. 법률 제7320호로 개정되기 전의 것, 이하 같다) 제1조 제1항은 국내에서 재산에 관한 권리 등의 창설·이전 또는 변경에 관한 계약서 기타 이를 증명하는 문서를 작성하는 자는 당해 문서를 작성할 때에 당해 문서에 대한 인지세를 납부할 의무가 있다고 규정하고 있고, 동법 제3조 제1항 제10호는 인지세를 납부하여야 할 과세문서의 하나로서 '상품권'을 규정하고 있다. 그런데 구 인지세법이나 그 시행령 등에 상품권의 개념에 관한 아무런 규정이 없는 반면, 구 상품권법(1994. 1. 5. 법률 제4700호로 개정되기 전의 것)은 상품권이라 함은 '발행인이 물품을 인도하거나 용역을 제공할 것을 약속하는 일람출급의 무기명 유가증권'이라고 규정(제1조의2 제1항)하였다가 1994. 1. 5. 법률 제4700호로 개정된 구 상품권법에서는 '일정한 금액이나 물품 또는 용역의 수량이 기재(전자 또는 자기적 방법에 의한 기록을 포함)된 무기명증표로서 그 소지자가 증표에 기재된 내용에 따라 발행자 또는 발행자가 지정하는 자로부터 물품 등을 제공받을 수 있는 유가증권'을 말하는 것으로 개정(제2조 제1호)되었으나 1999. 2. 5. 법률 제5749호로 위 구 상품권법이 폐지된 점, 그 후 구 여신전문금융업법 시행규칙(2002. 11. 1. 재정경제부령 제283호로 개정된 것) 제2조와 구 방문판매 등에 관한 법률 시행령(2007. 7. 18. 대통령령 제20177호로 개정된 것) 제32조의2는 상품권의 개념을 구 상품권법과 거의 동일하게 규정하고 있으

(3) 보험증권

보험증권은 장래 불확실한 보험사고가 발생한 경우에 보험금지급청구권을 나타내는 증권으로 볼 수 있다. 그러나 보험증권은 유통을 전제로 발행된 것이 아니며, 보험계약자 또는 피보험자 측의 고지의무위반(상 651조), 보험료의 해태(상 650조), 위험변경증가시 통지의무 위반(상 653조) 등으로 보험계약이 해지될 수 있기 때문에 증권소지인이 보험금을 청구하지 못하는 경우가 많다. 따라서 보험증권을 유가증권으로 보기는 어렵다. 학설은 생명보험과 상해보험 등 인보험증권에 대하여는 그 성질상 유가증권성을 인정할 수 없다는 것이 통설[11] · 판례[12]이다. 그러나 손해보험계약에 있어서는 보험의 목적이 양도되면 보험계약에 의한 권리와 의무도 승계한 것으로 추정되며(상 679조 1항), 실무상 유통증권(예: 선하증권)에 표창된 물건에 대한 보험증권(적하보험증권)이 무기명 · 지시식으로 발행된 경우에는 예외적으로 유가증권으로서의 성질을 갖는다고 보아야 할 것이다.

(4) 양도성 예금증서(CD, Certificate of Deposit)

은행이 일정한 금액을 예수하였음을 인정하고 만기에 위 금액을 반환하기로 하는

나 '일정한 금액이나 물품 또는 수량이 전자 또는 전기적 방법으로 기록된 증표'를 포함하고 있지 아니한 점, 한편 구 여신전문금융업법(1997. 8. 28. 법률 제5374호로 제정된 것)의 규제대상인 신용카드업자가 '미리 받은 대금에 상당하는 금액을 전자 또는 자기적 방법에 의하여 기록'하여 발행한 '선불카드'는 구 인지세법 소정의 과세문서인 상품권에 해당하지 않는 점(대법원 2005. 11. 25. 선고 2004두14663 판결 등 참조), 이와 같이 관계 법령에서 상품권의 개념에 '전자 또는 전기적 방법으로 기록된 증표'를 포함할 것인지 여부는 그 입법 목적 등에 따라 각기 달리 규정하고 있는데다가 사적 거래관계에 있어서도 상품권의 개념은 다양하게 사용되고 있는 점 등을 고려할 때, 구 인지세법에서 상품권의 개념에 관하여 아무런 정의규정을 두고 있지 아니한 이상 동법 제3조 제1항 제10호의 과세문서인 '상품권'에 '일정한 금액이나 물품 또는 용역의 수량이 전자 또는 전기적 방법으로 기록된 증표'를 포함하는 것으로 해석하는 것은 엄격해석의 원칙상 허용될 수 없다고 할 것이다(대법원 2003. 1. 24. 선고 2002두9537 판결 등 참조).

11) 손주찬(下), 541면; 정동윤(下), 17면; 정찬형(下), 9면.

12) 대판 2003. 4. 25, 2002다64520; 일반적으로 보험계약은 당사자 사이의 의사 합치에 의하여 성립되는 낙성계약으로서 별도의 서면을 요하지 아니하므로 보험계약을 체결할 때 작성 · 교부되는 보험증권은 하나의 증거증권에 불과한 것이어서 보험계약의 성립 여부라든가 보험계약의 내용 등은 그 증거증권만이 아니라 계약 체결의 전후 경위 등을 종합하여 인정할 수 있고(대법원 1996. 7. 30. 선고 95다1019 판결 참조), 기평가보험으로 인정되기 위한 당사자 사이의 보험가액에 대한 합의는, 명시적인 것이어야 하기는 하지만 반드시 보험증권에 협정보험가액 혹은 약정보험가액이라는 용어 등을 사용하여야만 하는 것은 아니고 당사자 사이에 보험계약을 체결하게 된 제반 사정과 보험증권의 기재 내용 등을 통하여 당사자의 의사가 보험가액을 미리 합의하고 있는 것이라고 인정할 수 있으면 충분하다(대법원 2002. 3. 26. 선고 2001다6312 판결 참조). 동지; 대판 2012. 4. 26, 2010다10689, 10696.

증권을 말한다. 종전에는 단위금액의 제한이 있었으나 현재는 폐지되었다. 양도성 예금증서는 은행의 업무규칙에 따라 무기명·할인식으로 발행되며, 만기는 발행일로부터 최단 30일, 통상 90일 또는 180일로 발행된다. 양도성 예금증서는 만기 이전에 중도해약이 인정되지 않으나, 양도의 자유가 인정된다. 양도성 예금증서는 예금반환청구권의 행사와 양도에 있어서 증권의 소지를 필요로 하는 점에서 유가증권으로 볼 수 있다. 또한 은행의 소지인에 대한 지급약속증권으로 볼 수 있기 때문에 약속어음에 가까운 무기명증권의 일종이다.13)

Ⅲ. 유가증권의 속성

1. 서 설

유가증권은 무형의 권리를 유형의 증권과 결합(화체)시킴으로써 그 권리의 행사와 양도에 따르는 불편과 위험을 감소시켜 권리의 유통성을 높여주는 제도이다. 이를 위하여 각종의 유가증권들에는 대체로 다음과 같은 속성이 부여되어 있다.

2. 요 식 성

유가증권은 그 기재사항과 방식이 법정되어 있다. 그러나 요식성은 유가증권의 종류에 따라 그 정도에 있어서 차이가 있다. 어음·수표의 경우에는 법정의 기재사항을 흠결할 경우 법률이 특별히 구제하는 경우를 제외하고는 증권자체가 무효가 되므로(어 2조, 76조, 수 2조 참조) 엄격한 요식성을 갖고 있으나, 그 외의 유가증권은 기재사항이 누락되더라도 그것이 본질적인 것이 아닌 한 증권이 무효로 되지 않는다.

---

13) 대판 2000. 3. 10, 98다29735; 양도성 예금증서는 시중은행이 발행한 무기명·할인식으로 발행되는 유가증권으로서 그 권리의 이전 및 행사에 증서의 소지를 요하므로, 양도성 예금증서가 실제로 발행된 바 없다면 고객이 이를 매입한다는 명목으로 은행 직원에게 그 자금을 제공한 것만으로는 고객과 은행 간에 양도성 예금증서에 관한 매매계약은 성립할 수 없다. 대판 2000. 5. 16, 99다71573; 양도성 예금증서를 취득함에 있어서 통상적인 거래기준으로 판단하여 볼 때 양도인이나 그 양도성 예금증서 자체에 의하여 양도인의 실질적 무권리성을 의심하게 할 만한 사정이 있는데도 불구하고 이에 대하여 상당하다고 인정될 만한 조사를 하지 아니하고 만연히 양수한 경우에는 중대한 과실이 있다고 할 것이지만, 양도성 예금증서는 단순한 교부만으로 양도가 가능하므로 양수인이 할인의 방법으로 이를 취득함에 있어서 그 양도성 예금증서가 잘못된 것이라는 의심이 가거나 양도인의 실질적인 무권리성을 의심하게 될 만한 특별한 사정이 없는 이상 위 양도성 예금증서의 발행인이나 전 소지인에게 반드시 확인한 다음 취득하여야 할 주의의무가 있다고는 할 수 없다.

3. 지시성(양도성)

배서에 의하여 유가증권상의 권리가 양도된다. 지시성을 부인하기 위하여는 그 뜻을 증권에 기재하여야 한다(법률상 당연한 지시증권성).

4. 문 언 성

대부분의 유가증권은 증권의 기재된 문언에 따라 권리의 내용이 결정되므로(주권 제외), 증권상의 채무자는 증권에 기재되지 않은 사항을 가지고 권리자에게 대항할 수 없다(항변의 절단).

5. 제 시 성

증권상의 권리를 행사하기 위하여 증권의 제시를 요한다. 따라서 증권상 채무자는 이행기가 도래하였더라도 증권의 제시가 없는 한 이행지체의 책임을 부담하지 않는다(증권상의 채무는 추심채무). 어음 · 수표 기타 대부분의 유가증권에는 제시성이 인정된다(어 38조, 77조 1항 3호, 수 28조, 민 517조, 524조). 그러나 주권은 비제시증권이다.

6. 상환증권성

증권과 맞바꾸지 않으면 채무의 변제를 할 필요가 없는 것을 말한다.[14] 이중변제위험을 방지하기 위함이다. 대부분의 유가증권은 상환증권이나(상 129조, 157조, 820조, 어 39조 1항, 77조 1항 3호, 수 34조 1항), 주권은 비상환증권이다.

7. 면 책 성

면책성이란 증권상의 채무자가 무기명증권의 소지인 또는 배서가 연속되어 있는 지시증권의 소지인에게 변제를 하면 그가 무권리자라 할지라도 악의 또는 중과실이 없

14) 대판 2001. 6. 1, 99다60948; 어음은 제시증권, 상환증권이므로(어음법 제38조, 제39조) 어음을 소지하지 않으면 어음상의 권리를 행사할 수 없는 것이 원칙이지만, 이와 같이 어음상의 권리 행사에 어음의 소지가 요구되는 것은 어음채무자에게 채권자를 확지시키고 또 채무자로 하여금 이중지급의 위험을 회피 · 저지할 수 있게 하는 데 그 취지가 있는 것이므로, 어음이 어떤 이유로 이미 채무자의 점유에 귀속하는 경우에는 위와 같은 점을 고려할 필요가 없어 어음의 소지는 채무자에 대한 권리행사의 요건이 되지 아니하고, 채무자는 상환이행의 항변을 하지 못한다.

는 한 그 책임을 면하게 되는 것을 말한다. 대부분의 유가증권은 면책증권이다(민 518조, 524조, 상 65조, 어 40조 3항, 수 35조 1항). 반대로 면책증권은 반드시 유가증권은 아니다.

이와 관련하여 채무자는 배서의 형식적 연속여부를 조사할 의무는 있어도 배서인의 서명 또는 날인의 진위를 조사할 의무는 없다.

제 2 절 유가증권의 종류

I. 증권상의 권리주체를 표시하는 방법에 의한 분류

1. 지시증권

증권상에 기재된 특정인 또는 그가 배서의 방식으로 지정된 자를 권리자로 인정하는 증권을 말한다. 지시증권의 양도는 증권의 배서와 교부가 효력발생요건이다. 지시증권에는 증권상에 지시문구(「甲 또는 그 지시인에게」)의 기재가 있어야 지시증권으로 되는 임의적(선택적) 지시증권과 그러한 뜻의 기재가 없어도 법률의 규정에 의하여 증권에 기재된 특정인이 배서에 의하여 양도할 수 있는 법률상 당연한 지시증권(어음·수표·화물상환증·창고증권·선하증권 등)이 있다(어 11조 1항, 77조 1항, 수 14조 1항, 상 130조, 157조, 820조). 지시증권은 유통증권이므로 선의취득이나 항변의 제한 등 각종의 거래안전보호에 관한 규정이 적용된다.

2. 기명증권

기명증권이란 증권상에 특정인이 권리자로 기재되어 있는 증권을 말한다. 기명사채권(상 479조)과 법률상 당연한 지시증권으로서 배서가 금지된 어음·수표(어 11조 2항, 77조 1항, 수 14조 2항, 상 130조 단서, 157조, 820조) 등이 그 예이다.

기명사채는 당사자간의 이전의 의사표시와 사채권의 교부가 양도의 효력발생요건이다. 그러나 기명사채의 이전은 취득자의 성명과 주소를 사채원부에 기재하고 그 성명을 채권에 기재하여야 회사 기타 제3자에게 대항할 수 있다(상 479조). 회사가 명의개서대리인을 둔 때에는 그 영업소에 비치된 사채원부 또는 그 사본에 대리인이 취득자의 성명·주소를 기재하면 동일한 대항력이 발생한다(상 479조 2항, 337조 2항).

배서가 금지된 어음·수표는 지명채권양도의 양도에 관한 방식에 따라서만 그리고 그 효력으로써만 양도할 수 있으므로(어 11조 2항 단서, 수 14조 2항 단서 참조), 당사자간의 합의와 어음·수표의 교부에 의해 양도의 효력이 발생하며, 채무자에 대한 대항요건으로서 양도인의 채무자에 대한 통지 또는 채무자의 승낙을 요한다(민 450조 1항).

기명증권은 그 권리자가 증권에 특정되어 있으므로 유통보호제도인 선의취득이나 항변의 제한에 관한 규정이 적용되지 않는다. 그러나 기명증권은 일반의 지명채권보다는 권리의 유통을 보호하는 측면이 있다. 즉 기명증권의 양도는 민법의 지명채권양도의 방식 및 효력에 의하지만 증권의 교부가 필요하므로 지명채권의 경우와 같이 2중, 3중의 양도가 이루어질 수 없기 때문에 증권을 취득한 양수인의 지위가 안전하기 때문이다.

3. 무기명증권

증권상에 권리자를 특정하지 아니하고 증권의 정당한 소지인을 권리자로 인정하는 증권을 말한다. 소지인출급식증권이라고도 한다. 무기명증권의 양도는 양수인에게 증권을 교부함으로써 그 효력을 발생한다. 수표·사채권·화물상환증·선하증권·창고증권은 무기명식으로 발행할 수 있다. 환어음과 약속어음은 지급을 받을 자(권리자, 수취인)를 기재하여야 하므로(어 1조 6호, 75조 5호) 무기명식의 발행이 인정되지 않는다.

4. 선택무기명증권

증권상에 기재된 특정인 또는 그 증권의 정당한 소지인을 권리자로 인정하는 증권을 말한다(「甲 또는 이 증권의 소지인에게」). 「지명소지인출급증권」이라고도 한다. 선택무기명증권의 효력은 무기명증권과 동일하다(상 65조, 민 525조). 이는 수표(수 5조 2항)와 화물상환증·선하증권·창고증권에 있어서 인정되나(상 65조, 민 525조), 어음의 경우에는 인정되지 않는다.

Ⅱ. 증권에 화체된 권리의 종류에 따른 분류

1. 채권증권

채권을 표창하는 유가증권으로, 이는 다시 어음, 채권 등과 같이 금전지급청구권을 표창하는 「금전증권」과 화물상환증, 창고증권, 선하증권, 상품권 등과 같이 물품인도청구권을 표창하는 「물품증권」으로 나누어진다.

2. 물권증권

물권을 표창하는 유가증권을 물권증권이라고 하는데, 우리나라에는 아직 예가 없다. 독일의 저당증권이나 토지채무증권 등이 이에 해당한다. 화물상환증・선하증권・창고증권 등의 운송증권을 교부하면 운송물 또는 임치물을 인도한 것과 동일한 효력을 발생하므로(물권적 효력, 상 133조, 157조, 820조), 이를 「물권적 유가증권」이라고 하나, 이는 물권증권과는 구별하여야 한다.

3. 사원권증권

사원권, 즉 사단의 구성원인 사원의 지위를 표창한 유가증권으로서 주권이 그 예이다. 주권은 주주권을 표창하는 유가증권으로서, 주주권의 이전에는 주권의 교부가 효력발생요건이다(상 336조 1항).

4. 권한증권

수표, 인수가 되지 않은 환어음은 지급을 받을 권한이 표창된 증권이다. 권한증권은 권리가 표창된 것이 아니라, 발행인이 증권에 기재된 금액을 지급하면 소지인은 이를 수령할 적법한 권한이 있을 뿐이다.

Ⅲ. 권리와 증권의 결합정도에 따른 분류(완전유가증권 · 불완전유가증권)

증권이 표창하는 권리와 증권의 결합정도에 따라 권리의 발생 · 행사 · 이전의 전부에 증권의 소지를 요하는 증권을 완전유가증권이라고 하며, 권리의 행사 내지 이전에만 증권의 소지를 요하는 증권을 불완전유가증권이라 부르기도 한다. 현행법상 어음 · 수표는 완전유가증권에 속하고, 그 밖에 유가증권은 불완전유가증권이다.

Ⅳ. 그 밖의 기준에 의한 분류

1. 요인증권 · 무인증권(추상증권)

증권상의 권리와 원인관계와의 관련성에 따른 분류이다. 요인증권(유인증권)은 증권상의 권리의 성립을 위하여 원인관계의 존재가 필요한 증권으로서 원인관계의 효력이 증권상의 권리에도 영향을 미치는 유가증권이다. 무인증권(추상증권)은 증권상 권리가 원인관계의 존부 또는 유효 · 무효에 의하여 영향을 받지 않는 증권이다. 어음 · 수표가 무인증권의 대표적인 예이며, 어음 · 수표 이외의 다른 유가증권은 요인증권이다.

2. 문언증권 · 비문언증권

증권상의 권리의 내용이 증권에 기재된 문언에 따라 결정되는 것을 문언증권이라 하고, 증권상의 권리의 내용이 증권 외의 실질관계에 의하여 정하여지는 것을 비문언증권이라 한다. 문언증권은 증권의 문언을 신뢰한 선의의 제3자가 보호되므로 「공신의 유가증권」이라고 한다. 문언증권에는 어음 · 수표를 비롯하여 화물상환증 · 선하증권 · 창고증권 등이 있으며, 비문언증권에는 주권이 있다.

3. 설권증권 · 비설권증권(선언증권)

증권상의 권리의 발생에 증권의 발행을 요하는 것을 설권증권이라고 하며, 이미 발생한 권리를 증권에 표창한 것을 비설권증권(선언증권)이라고 한다. 어음 · 수표가 설권증권이며, 그 외의 유가증권은 비설권증권이다.

제3절 어음법 · 수표법

Ⅰ. 유가증권에 관한 규정

우리나라에는 미국(Uniform Commercial Code, 略 U.C.C. Sec. 3) · 스위스와 같이 유가증권 전체에 관한 포괄적이고 통칙적인 규정은 존재하지 않고, 유가증권 가운데 중요한 것을 특별규정을 통해 개별적으로 규정함으로써 유가증권에 관한 법규가 여러 법에 산재되어 있다. 어음 · 수표에 관해서는 어음법과 수표법이 있고, 주권과 사채권 그리고 화물상환증 · 선하증권 · 창고증권 등에 관해서는 상법에 규정되어 있으며, 무기명증권과 지시증권에 관해서는 민법(금전, 물건 또는 유가증권의 지급을 목적으로 하는 유가증권, 523-526조; 지시증권, 508-522조; 무기명증권, 523-526조)에 규정되어 있다. 또한 형법(214조 이하) · 부정수표단속법 · 민사소송법(446조 내지 468조 · 566조) 등의 공법적 규정도 광의의 유가증권법에 속한다고 볼 수 있다.

또한 자본시장에서 유가증권의 발행과 매매 기타의 거래를 공정하게 하여 유가증권의 유통을 원활히 하고 투자자를 보호하기 위한 '자본시장과 금융투자업에 관한 법률' 등이 있다.

Ⅱ. 어음법 · 수표법

1. 어음법 · 수표법의 의의

형식적 의의의 어음법 · 수표법은 현행 성문법전인 어음법(1961. 1. 20. 법률 제1001호로 제정)과, 수표법(1962. 1. 20. 법률 제1002호로 제정)을 말한다. 이들 법률은 각각 제네바에서 1930년에 성립한 어음법통일조약과 1931년에 성립한 수표법통일조약의 내용에 따른 것이다.

실질적 의의의 어음법 · 수표법은 광의의 의미로는 어음 · 수표에 관한 모든 법규를 가리키며, 협의의 의미로는 어음 · 수표관계에 고유한 사법규정만을 의미한다. 광의의 어음법 · 수표법에는 「어음법」 · 「수표법」 이외에도 어음 · 수표의 법률관계에 적용되는 일반민 · 상법규정(민사어음 · 수표법), 유가증권의 위조 · 변조에 관한 형법규정(214-217조), 민사소송법 중의 어음에 관계되는 규정(강제집행 · 공시최고), 인지세법(1조), 파산법 규정 등을 포함한다.

2. 어음법 · 수표법의 특색

어음 · 수표는 권리와 증권의 결합이라는 유가증권의 방식을 활용하여 국내거래뿐만 아니라 국제거래에 있어서 가장 합리적으로 기술화된 금전지급의 수단이므로, 이를 규제하는 어음법 · 수표법은 지급의 확실성과 그 유통보호를 기본이념으로 하고 있다. 이를 위하여 어음법 · 수표법은 강행법으로서 기술적 성격을 갖고 있다. 또한 어음법 · 수표법은 세계적으로 통일되어가는 경향이 있으며, 1988년에는 국제환어음 · 약속어음에 관한 통일조약(UN Convention on International Bills of Exchange and International Promissory Note)이 UN에서 채택된 바 있다.

제 4 절 어음 · 수표의 운용현황

Ⅰ. 어음의 기능과 폐해

어음은 지급결제, 신용, 자금조달 등의 수단으로 기능하였고, 수표는 주로 지급결제수단으로 활용되었다. 그러나 약속어음의 경우 특히 1998년 IMF 외환위기시에는 어음부도율이 크게 증가하여 중소기업의 자금난을 가중시켰고, 이를 극복하지 못한 중소기업들의 연쇄부도 등으로 약속어음을 폐지하려는 법안이 국회에 제출되기도 하였다. 어음제도폐지론의 주된 근거는 첫째, 대기업이 하도금대금을 어음으로 지급함으로써 대금지급의 연기를 가져왔으며, 둘째, 어음결제기간의 장기화에 따른 중소기업의 자금난 심화, 셋째, 어음할인에 따른 금융비용의 전가, 넷째, 어음발행자의 부도로 인한 연쇄부도의 위험성 증대 및 흑자부도의 발생 등을 들 수 있다. 그러나 어음제도의 문제점은 제도자체의 문제가 아니라 불공정한 관행이나 시장규율의 미비 등에서 발생하는 것이다. 또한 어음제도를 폐지하면 현금성결제보다는 외상거래를 확대시켜 대금확보수단을 상실케 하는 동시에 신용이 약하거나 현금성결제수단이 부족한 중소기업의 자금경색과 상거래의 위축을 가져올 것이다.

따라서 어음·수표의 부도는 기업과 가계의 파탄 나아가 국가경제의 침체의 원인이 되기도 하지만 이를 완전히 봉쇄하는 것은 경제원리상 현실적으로 불가능하다. 따라서 어음·수표의 부도로 인한 폐해는 어음·수표제도의 효용을 누리기 위한 불가피한 사회적 비용으로 볼 수 있기 때문에 어음·수표제도를 개선하기 위한 노력과 어음·수표의 부작용을 최소화하는 등의 조치가 필요하다. 이를 위하여 어음·수표제도 자체의 개선과 새로운 어음대체수단의 개발 등이 제시되고 있다.

Ⅱ. 어음제도의 개선과 어음대체수단의 개발

1. 어음제도의 개선

IMF 사태이후 정부는 어음제도를 폐지하는 것은 어렵다는 전제하에 어음·수표제도의 운영과정에서 나타나는 부작용을 줄이면서 어음·수표의 순기능을 발휘하기 위하여 다음과 같은 개선방안을 마련하였다. 즉 어음발행단계에서 은행과의 당좌개설을 위한 최소 거래기간을 확대하는 등 발행요건을 강화하고 외부기관의 신용조사를 정기적으로 실시하여 어음의 남발을 방지하고 어음의 신뢰도를 제고할 필요가 있다. 또한 발행어음의 관리강화를 위하여 일정금액이상의 어음의 경우 금융결제원의 '어음정보시스템'에 발행내역을 등록·관리하여 어음수취시 발행내역을 조회함으로써 위조·변조를 방지할 수 있도록 하였으며, 은행도 어음용지를 신용등급에 따라 차등교부를 하고 있다. 그 밖에도 어음부도에 대한 신용정보 관리강화, 어음발행에 대한 금융기관의 모니터링 강화, 하도급거래 관행의 개선이 이루어지고 있다.

2. 어음대체수단의 개발

기업이 영업을 하면서 취득한 매출채권에 대하여 어음을 받은 기업은 금융업자로부터 할인을 받기 위하여 배서를 하거나 또는 자신의 채무를 변제하기 위하여 어음에 배서를 하게 되어 어음이 유통하게 된다. 그러나 최초의 채무자인 어음의 발행인이 지급기일에 어음금을 결제하지 못하면 배서 등의 어음(수표)행위를 하여 어음의 유통에 관여한 자는 합동하여 지급담보책임을 부담한다. 또한 시중에 자금난이 지속되는 경우에는 한 기업이 부도를 내면 연쇄적으로 부도가 발생하여 기업이 도산하는 문제가 발생하였다. 이러한 문제를 해결하기 위하여 전자채권, 전자어음, 기업구매자금어음, 기업구매자금대출제도, 외상매출채권담보대출제도, 기업구매전용카드제도 등의 현금성결제제도가 어음대체수단으로 개발되었다. 전자채권, 전자어음, 기업구매자금어음은 금융결제원을 통하여 관리·운영되는 은행공동의 결제수단으로서 구매기업(채무자)과 판매기업(채권자)의 거래은행이 서로 다른 경우에도 이용이 가능하다. 기업구매자금대출제도, 외상매출채권담보대출제도, 기업구매전용카드제도는 원칙적으로 동일한 은행 내에서만 거래가 가능한 제도이다.

(1) 전자채권

구매기업이 구매대금의 결제를 위해 인터넷뱅킹을 통해 전자채권을 발행하여 판매기업에게 전자적 방식으로 지급하는 어음대체수단이다. 여기서 전자채권이라 함은 금전채권을 '전자금융거래법'에 따라 일정한 요건을 갖춘 전자문서에 기재한 것이다. 구체적으로는 채무자가 채권자를 지정하고, 채무의 내용이 기재되고 공인전자서명이 있는 전자문서를, 금융회사를 거쳐 전자채권관리기관에 등록하여야 하며, 이러한 전자문서를 전자거래기본법의 규정에 따라 채무자가 채권자에게 송신하고 채권자가 수신하여야 한다(전자금융거래법 2조 16호).

구매기업은 전자채권을 발행하면서 거래은행의 보증을 받아 발행할 수 있다. 판매기업은 전자채권을 담보로 거래은행에서 대출을 받을 수 있으며, 신용보증기금의 보증을 받을 수 있다. 판매기업이 전자채권을 담보로 대출을 받지 않는 경우에는 판매기업의 거래은행이 전자채권의 회수업무만을 담당한다.

(2) 전자어음

전자어음은 2005년 '전자어음의 발행 및 유통에 관한 법률'(이하 '전자어음법')에 의하여 도입되었다. 또한 2009년 11월부터 '주식회사의 외부감사에 관한 법률'에 의한 외부감사대상 기업과 직전 사업연도말 자산총액 10억원 이상인 사업자는 종이어음을 발행할 수 없고 약속어음을 발행할 경우 전자어음을 발행하도록 강제하고 있다(전자어음법 6조의2, 시행령 8조의2). 전자어음은 전자문서의 형태로 발행되지만 원칙적으로 어음법이 보충적으로 적용된다(전자어음법 4조). 따라서 어음법과 전자어음법은 일반법과 특별법과의 관계에 있다고 볼 수 있다. 전자어음은 전자어음관리기관에 등록하도록 되어 있다.

구매기업은 구매대금의 결제를 위해 인터넷뱅킹을 통해 전자어음을 발행하여 판매기업에게 전자적 방식으로 지급하게 된다. 전자어음은 약속어음만 가능한데(전자어음법

2조 2호), 종이어음과 마찬가지로 배서 및 할인이 가능하다. 전자어음은 어음의 발행, 수취, 배서, 결제가 모두 인터넷뱅킹으로 이루어지게 되므로 분실, 도난 및 위·변조가 종이어음보다 안전하다는 장점이 있다. 전자어음도 배서에 의하여 양도되므로 전자어음의 발행인이 부도를 내면 자금회수의 곤란은 물론 연쇄부도의 위험이 따른다.[15] 다만 전자어음을 발행하기 위하여는 전자어음관리기관(현재 금융결제원)에 등록하고, 등록을 위하여는 지급금융기관을 지정하여야 하며, 지급금융기관은 발행인의 신용도, 매출액, 당좌거래실적을 고려하여 발행한도를 제한하는(전자어음법 5조 3항, 시행령 5조) 등 전자어음이 관리되기 때문에 전자어음의 부도에 따른 폐해는 종이어음보다 줄어들고 있다.

또한 종이어음의 경우는 일부배서가 무효이므로(어음법 12조 2항) 어음분할이 금지되나, 전자어음의 경우에는 어음분할(분할배서)이 인정되며, 분할된 어음은 각각 배서양도할 수 있다(전자어음법 7조의2 1항).

(3) 기업구매자금어음

기업구매자금어음은 기존 약속어음과는 달리 판매기업이 기업구매자금어음을 발행하고, 구매기업이 대출 또는 자기자금으로 구매대금을 지급하는 결제방식이다. 판매기업이 거래은행을 통하여 구매기업을 지급인으로 하여 기업구매자금어음을 발행하면, 발행내역은 금융결제원을 통하여 구매기업의 거래은행으로 전송되고, 구매기업은 거래은행을 통하여 인수를 하고 만기에 지급하는 구조이므로 환어음과 유사한 형태이다. 구매기업은 한국은행의 총액한도대출대상으로서 저리융자 혜택 등을 받을 수 있다. 구매기업이 어음대금 결제관련 대출이자비용을 부담하며 만기가 짧다(현재 세금계산서 발급일부터 38일 이내).

(4) 기업구매자금대출제도

구매기업이 구매자금을 거래은행으로부터 융자받아 납품기업에 현금결제하는 방식을 취하는 구매자금융제도의 일종이다. 구매자가 금융비용을 부담하며, 한국은행의 총액한도 대출, 신용보증기관의 보증지원, 세제혜택 등의 정책적 지원이 이루어지고 있다.

---

15) 2015년 6월 한달 동안 종이 약속어음의 교환량은 6만 1,553건(76조 9,336억 6,200만원)이며, 전자어음의 교환량은 24만 9,890건(32조 6,825억 9,300만원)이다. 동 기간의 종이어음의 부도건수는 563건(878억 1,400만원이며). 전자어음의 부도건수는 3,731건(1,521억 5,400만원)이다.

(5) 전자외상매출채권담보대출제도

구매기업이 외상매출채권을 전자적으로 발행하고 판매기업은 이를 만기까지 보유하거나 만기 전에 담보로 대출을 받고 추후 구매기업이 대출금을 상환하는 방식이다. 전자외상매출채권은 구매기업과 판매기업이 모두 동일한 은행과 거래를 개설하고 전자외상매출채권거래약관의 적용을 받아야 이용할 수 있으며 원칙적으로 양도가 금지된다. 전자외상매출채권은 금융결제원을 통하여 등록하고 관리한다. 한국은행이 총액한도 대출을 지원하며 판매업체가 금융비용을 부담한다.

(6) 기업구매전용카드제도

구매기업이 구매대금을 카드로 결제하고 납품기업은 카드사로부터 납품대금을 지급받는 방식으로서 일반 신용가드와 동일한 구조이다. 기업구매전용카드는 1999년 공정거래위원회가 도입한 것으로 구매기업이 판매기업에 물품의 구입대금을 결제하는 목적으로만 사용된다. 납품업체가 금융비용(수수료+할인비용)을 부담하며 신용보증기관의 보증지원, 세제혜택 등의 정책적 지원이 이루어지고 있다.

Ⅲ. 어음 · 수표이용의 현황

한국은행의 2016년도 지급결제보고서에 따르면 1일 평균 어음 · 수표(전자어음 포함)에 의한 지급건수는 81만건이며, 1일 평균금액은 약 21조원이다. 계좌이체, 신용카드, 고액화폐의 등장으로 어음 · 수표 이용건수와 이용금액이 줄어들고 있는 상황이나 그 규모는 천문학적인 숫자라는 것을 알 수 있다. 따라서 지급결제수단으로서의 어음 · 수표 제도는 국가경제나 통화정책에 미치는 영향이 지대하기 때문에 섣불리 그 존폐를 논의할 수 없을 것이다.

'전자어음의 발행 및 유통에 관한 법률'에서 '주식회사의 외부감사에 관한 법률'에 의한 외부감사대상 기업과 직전 사업연도말 자산총액 10억원 이상인 사업자는 종이어음을 발행할 수 없고 전자어음을 발행하도록 강제하고 있기 때문에 대부분의 기업에서는 종이어음 대신에 전자어음을 발행할 수밖에 없어 전자어음의 이용은 점차 증가할 것으로 예상한다.[16)]

16) 한국은행 2016년 지급결제보고서에 따르면 전자어음은 1일 평균건수 8만 5천여건, 1일 평균금액 약 1.2조원 정도 이용되고 있다. 이용금액의 경우 전년대비 10.8% 증가한 수치이다.

제 2 장
어음법 총론

제 1 절 서 론

Ⅰ. 어음의 의의

어음에는 환어음과 약속어음의 두 가지가 있다. 환어음은 어음의 발행인이 제3자인 지급인에게 일정금액을 일정일(만기)에 어음상의 권리자(수취인 또는 피배서인)에게 지급할 것을 무조건으로 위탁하는 「지급위탁증권」을 말한다. 약속어음은 발행인 자신이 일정일에 일정금액을 어음상의 권리자에게 지급할 것을 무조건으로 약속하는 「지급약속증권」을 말한다.

우리나라에도 일찍이 고려 말부터 상인들이 이용한 '어음(於音)', '환간(換簡)', '수표(手票)', '음표(音票)' 등의 명칭을 가진 오늘날의 어음제도와 비슷한 제도가 있었다.

Ⅱ. 어음의 법률적 성질

어음과 수표 모두 금전지급청구권을 표창하고 있으며, 그 권리의 발생 · 행사 · 이전에 있어서 모두 증권의 소지를 요하므로 완전유가증권이다. 따라서 어음은 유가증권의 일반적인 속성인 요식성 · 문언성 · 제시성 · 상환성 · 면책성을 가질 뿐만 아니라, 어음상의 권리의 발생의 증권의 작성을 요하므로 설권성, 어음상의 권리가 그 원인관계의 영향을 받지 않으므로 무인성, 어음에 지시문구의 기재가 없더라도 법률상 당연히 배서에 의하여 양도할 수 있으므로 지시성의 성질을 가지고 있다.

Ⅲ. 어음의 경제적 기능

1. 송금기능

역사적으로 어음은 송금의 수단으로 발달하여 왔다. 즉 어음을 이용하면 현금 수송에 따른 비용이나 도난 기타 멸실의 위험을 피할 수 있고 자금의 공간적인 장애를 극복할 수 있다. 예를 들어 격지간의 매매에 있어서 매수인인 송금인이 자기의 거래은행에 송금할 금액을 납입하고 송금을 의뢰하면 거래은행은 자기의 외국지점 또는 거래관계가 있는 다른 은행을 지급인으로 하고 매도인을 수취인으로 하여 환어음(또는 송금수표)을 발행하여 송금인에게 교부하면 송금인은 이를 매도인에게 송부함으로써 송금의 목적을 달성할 수 있다. 그런데 최근에는 환어음의 송금기능은 우편환·전신환·전자자금이체제도(EFT)·은행Giro제도 등으로 국내거래에서는 거의 그 기능이 상실되어 가고 있으나, 국제거래에서는 여전히 그 기능을 발휘하고 있다. 약속어음도 타지지급어음의 형식을 취함으로써 환어음과 같은 목적으로 이용할 수 있다.

2. 추심기능

어음의 추심기능은 자금의 시간적 장애를 극복시키는 것으로 국제거래에 있어서 환어음을 통하여 많이 이용된다. 예를 들어 A국의 수출상 甲이 B국의 수입상 乙에게 물건을 수출하고 그 대금을 추심하려는 경우에, 甲은 乙을 지급인으로 하는 환어음을 발행하여 자기의 거래은행으로부터 동어음을 할인받아 수출대금을 추심받을 수 있다. 이때에 동어음의 수취인은 甲일 수도 있고, 甲의 거래은행일 수도 있다. 수취인을 甲으로 한 경우에는 甲은 동어음을 할인받기 위하여 자기의 거래은행에 배서양도하여야 하나, 수취인을 甲의 거래은행으로 하면 甲은 동어음을 할인받기 위해 그 어음을 자기의 거래은행에 교부하기만 하면 된다. 이 경우에는 보통 환어음에 운송증권(선하증권, B/L)과 상업신용장을 첨부하게 된다(하환어음).

약속어음에 있어서도 예컨대 상품을 외상으로 판매한 매도인이 매수인으로부터 수취인 또는 피배서인의 자격으로 약속어음을 취득하여 자기의 거래은행으로부터 할인받는 경우에는 추심기능을 갖고 있다.

3. 신용기능

국내거래에 있어서 특히 약속어음은 예컨대 매매계약에 있어서 매매대금을 어음금액으로 하고, 그 지급기일을 매매목적물 인도 이후에 일정한 날을 만기로 하면 기업의 신용거래의 수단으로서 이용될 수 있다. 또한 어음의 소지인은 금융기관 등으로부터 어음의 할인을 받아 자금의 융통을 받을 수 있다. 그러나 수표법은 수표가 신용증권화되는 것을 방지하고 있다.

4. 담보적 기능

어음은 채권담보를 위하여 담보수단으로 이용할 수 있다. 예컨대 금전소비대차에 있어서 대주(채권자)가 차주로 하여금 차용증서와 더불어 약속어음을 발행하게 하거나, 장차 발생할 채무의 이행담보를 위하여 어음을 이용하면 채권회수를 용이하게 할 수 있다. 또한 자력이나 신용이 있는 자가 어음에 배서를 하면 채권을 담보하는 기능을 한다.

5. 지급기능

어음은 연혁적으로 수표와 더불어 송금과 지급의 수단으로 발달되어 왔다. 또한 어음은 배서가 증가함에 따라서 그 신용도가 높아지므로 배서가 많아짐으로써 지급의 도구로서의 효용이 더욱 커진다.

Ⅳ. 어음의 분류

1. 상업어음 · 융통어음

상업어음(상품어음)은 상거래를 원인으로 하여 발행된 어음으로서 지급이 비교적 확실하며 '진성(眞性)어음'이라고도 한다.

융통어음은 단지 타인의 자금융통을 목적으로 발행하는 어음으로 배후에 실제거래가 없어 지급이 불확실하다. 융통어음도 제3자에게 양도되면 그 지급을 거절할 수 없는 것이 원칙이다.

2. 담보어음 · 담보부어음 · 화(하)환어음

담보어음이란 장래 발생할 채무의 이행을 담보할 목적으로 발행하는 어음을 말하며, 담보부어음이란 어음채무의 이행을 확보하기 위한 물적 담보가 있는 어음을 말한다. 특히 운송증권이 담보로 첨부된 어음을 「화(하)환어음」이라고 한다.

3. 대부어음 · 할인어음

대부어음이란 금전대차시 차용증에 갈음하여 또는 차용증과 함께 교부되는 어음을 말한다. 할인어음이란 어음의 만기 전에 어음을 현금화하기 위해 만기까지의 중간이자를 공제한 금액을 지급받고 교부한 어음을 말한다.

4. 단명어음 · 복명어음

단명어음이란 어음채무자가 1인인 어음(발행인 · 지급인 · 인수인이 동일인인 환어음 또는 발행인이 1인인 약속어음)을 말하는데 어음채무자가 1인이므로 신용도가 낮다. 어음채무자가 다수인 어음을 복명어음이라 하는데 이 어음은 비교적 어음할인이 용이하다.

5. 위탁어음

발행인이 타인의 계산으로 발행하는 어음을 위탁어음(어 3조 3항 참조)이라 하는데, 발행인이 신용이 없는 경우에 이용된다.

6. 기업어음(CP)

기업어음은 신용평가기관으로부터 우량적격업체로 선정된 기업(B급 이상)이 단기자금의 융통을 위하여 발행한 어음을 금융투자회사, 은행 등이 매입(할인) 또는 중개의 방식으로 개인 또는 기관투자가에게 매출하는 어음을 말한다. CP(commercial paper)어음이라고 한다. 기업어음은 통상 약속어음의 형식으로 발행되나 경제적으로는 융통어음의 범주에 속한다. 통상 무보증이지만 중개기관이 지급보증을 하는 경우도 있다.

7. 표지어음

표지어음(covered bills)은 각 금융기관이 할인하여 보유하고 있는 상업어음 또는 무역어음 등의 원어음을 분할 · 통합하여 새로이 할인식으로 발행한 약속어음을 말한다. 표지어음은 금융기관이 원어음의 할인에 따른 자금부담을 경감하기 위하여 발행되고 있다. 기업들이 발행하는 상업어음이나 무역어음 등은 발행기업의 자금사정에 따라 금액도 다양하고 만기일까지 기다리거나 어음을 재할인하는 등 자금회수에 어려움을 겪게 되기 때문이다. 표지어음이란 이름도 몇 가지 어음을 근거로 해서 대표적인 어음(표지)을 만든다는 뜻에서 붙여진 것이다. 은행의 이득은 원어음의 할인금리와 표지어음의 발행금리간의 차익이다.[1)]

8. 은행도어음

약속어음을 발행하는 자가 특정은행과 지급사무처리의 약정(당좌거래약정)을 맺고 그 은행을 자신이 발행하는 어음의 지급담당자 또는 지급장소로 기재한 어음을 말한다. 은행도 어음은 은행이 교부하는 인쇄된 어음용지를 사용하게 되는데, 상거래에서 통상 유통되는 어음이다.

V. 어음제도의 남용

어음은 위와 같은 중요한 경제적 기능을 담당하나, 그 반면에 다음과 같은 악용 · 남용의 폐단도 있다.

---

1) 대판 2015. 9. 10, 2015다27545; 표지어음은 그 법적 성격이 어음법 소정의 약속어음에 해당하므로 (대판 2014. 6. 26, 2014다13167 참조), 은행이 표지어음을 발행하여 발행의뢰인에게 어음할인 방식으로 매출하는 것은 어음의 매매의 성격을 가진다고 할 것이다. 따라서 은행이 표지어음을 발행 · 매출하면서 발행의뢰인으로부터 그 대가로 지급받은 자금을 향후 표지어음금의 지급을 대비하여 별도로 보관 · 관리하기 위하여 개설한 계좌는 그 계좌가 편의상 발행의뢰인의 명의로 되어 있다고 하더라고, 발행의뢰인은 특별한 사정이 없는 한 은행에 대하여 그 자금의 대가로 발행된 표지어음금의 지급을 구할 수 있을 뿐 그 어음금과 별도로 그 계좌에 관한 예금의 반환을 구할 수는 없다고 보아야 한다.

1. 무인성(추상성)의 남용

어음채무의 무인성(추상성)을 악용하여 도박이나 폭리행위로 발생한 채권의 채무자로부터 어음(수표)을 교부받아 선의의 제3자에 양도함으로써 위법한 채권의 만족을 얻는 것이다.

2. 요식성의 남용

채무자가 고의로 요건불비의 어음(수표)을 발행하고 후에 그 무효를 주장하여 채무이행을 거절하는 것이다.

3. 허무어음(지하실어음)

실재하지 않는 발행인·지급인·배서인 등을 내세워 어음을 유통시키고 그 대가를 사취하는 경우이다. 이는 정상적인 거래가 아니라 사기를 목적으로 발행되거나 유통되는 불법어음을 말한다. 속칭 「딱지어음」이 여기에 속한다. 통상 은행들은 거래실적이 양호한 사업자들에게 당좌거래를 개설하고 약속어음 용지를 교부하여 주는데 사기단들이 이를 악용하여 대량의 어음용지를 교부받아 사기의 목적으로 유통시킨 것이 「딱지어음」이다. 「딱지어음」도 겉모습은 정상적인 어음이지만 지급이 되지 않아 결국 어음취득자가 피해를 보게 된다.

4. 어음기승

무자력자가 서로 상대방을 채무자로 하는 공(空)어음을 남발하고, 이를 제3자에게 양도함으로써 부당하게 어음의 신용을 남용하는 것이다.

참고 환어음·약속어음·수표의 비교

1. 3자의 공통점

① 금전채권의 유통, 결제를 원활·확실하게 하기 위한 기술적 제도
② 금전채권증권
③ 법률상 당연한 지시증권(어 11조, 77조 1항, 수 14조): 타인을 권리자로 지시(배서양도

가능)

④ 완전유가증권(설권유가증권)

⑤ 엄격한 요식증권

⑥ 제시증권(권리행사 위해 증권제시)

⑦ 상환·환수증권(권리행사시 증권과 교환)

⑧ 문언증권(증권상 법률관계는 증권상의 문언에 따라 결정)

2. 3자의 비교

	환어음	약속어음	수표
당사자	발행인·수취인·지급인(3인)	발행인·수취인(2인)	발행인·수취인·지급인(은행)(3인)
법적 성질	지급위탁증권	지급약속증권	지급위탁증권
주된 경제적 기능	송금수단·추심기능	신용(창조)기능	지급수단·송금수단
주채무의 확정	지급인의 인수가 있어야 비로소 주채무가 확정	처음부터 발행인이 주채무자로 확정	지급인이 지급보증을 한 경우에도 지급보증인의 지위는 최종의 상환의무자의 지위이지 주채무자가 아님(끝내 절대적·확정적 지급의무자 없음)
상환의무자	발행인·배서인·보증인·참가인수인	배서인·보증인	발행인·배서인·지급보증인(만기 전의 상환청구와 역수표에 의한 상환청구제도는 인정되지 않음)
등 본	인정	인정	불인정
복 본	인정	불인정	인정
행위의 종류	발행·배서·보증·인수·참가인수	발행·배서·보증	발행·배서·보증·지급보증

제 2 절 어음(수표)행위

Ⅰ. 어음(수표)행위의 의의와 종류

1. 어음(수표)행위의 의의

'어음(수표)행위'라는 용어는 법전상에서 표제(어 8조, 수 11조)로 사용되는 경우가 있으나 그 개념에 대하여는 학설의 대립이 있다. 즉 어음(수표)행위를 실질적으로 파악하여 "어음(수표)상의 채무부담을 목적으로 하는 행위" 또는 "어음(수표)상의 채무의 발생원인이 되는 법률행위"라고 보는 견해[2], 어음(수표)행위를 형식적으로만 파악하여 "증권상에 기명날인 또는 서명을 요건으로 하는 요식의 서면행위"라고 보는 견해,[3] 어음(수표)행위를 형식적 · 실질적 양면에서 파악하여 "형식적으로는 기명날인 또는 서명을 요건으로 하는 요식의 서면행위로서 그 행위의 결과 어음(수표)상의 채무를 부담하게 하는 행위"라고 보는 견해[4] 등이 있다.

생각건대 어음(수표)행위는 법률행위이므로 행위자의 의사표시의 내용(효과의사)이 상이한 각종의 어음(수표)행위를 일률적으로 설명하기는 어렵다. 예컨대 약속어음의 발행은 지급약속으로서 채무부담행위이나, 환어음의 발행은 지급지시이며, 배서는 권리양도인 것이다. 배서인이나 환어음의 발행이 어음의 지급거절시 상환[5]의무를 부담하는 것은 의사표시에 의한 것이 아니라 법이 어음의 유통성 강화를 위하여 인정한 법정담보책임인 것이다. 또한 무담보배서인이나 추심위임배서의 배서인은 상환의무도 부담하지 않는다. 따라서 어음(수표)행위를 실질적으로 파악하기는 어렵고 형식적으로 파악하여 "증권상에 기명날인 또는 서명을 요건으로 하는 요식의 서면행위"라고 보는 것이 타당하다.

---

2) 최준선, 「어음 · 수표법」, 삼영사, 2011, 76면[이하 최준선(어)].
3) 강위두(어), 49면; 정찬형(下), 57면.
4) 이철송(어), 53면; 정동윤(下), 62-63면.
5) 2010년 3월 상법 개정으로 '소구(遡求)'를 '상환청구(償還請求)'로 개칭하였으나(어 43조 이하), 그 내용에는 변화가 없다.

2. 어음(수표)행위의 종류

어음(수표)행위에는 환어음의 경우에는 발행·배서·보증·인수·참가인수의 5종이 있고, 약속어음의 경우에는 발행·배서·보증의 3종이 있으며, 수표행위에는 발행·배서·보증·지급보증이 있다. 이 중에서 발행은 이후의 다른 어음(수표)행위의 기초가 되므로 기본적 어음(수표)행위라 하고, 그 이외의 어음(수표)행위를 부속적(부수적) 어음(수표)행위라고 한다.

Ⅱ. 어음(수표)행위의 성립요건

1. 서 설

어음(수표)행위는 엄격한 방식이 요구되므로 일반 법률행위의 성립요건과 효력요건 이외에 어음법·수표법 소정의 방식을 갖출 것이 요구된다. 또한 일반 법률행위의 효력요건이 어음(수표)의 유통성을 고려하여 수정적용되거나 적용이 배제되어야 할 경우도 있다.

어음(수표)행위가 유효하게 성립하기 위하여는, 어음(수표)권리능력이 있는 자가 어음(수표)행위능력을 가지고 유효한 의사표시로써(실질적 요건), 어음(수표)요건이 갖추어진 증권을 작성하고 기명날인 또는 서명하여(형식적 요건) 상대방에게 교부하여야 한다.

2. 어음(수표)행위의 형식적 요건

(1) 증권의 작성

어음(수표)행위는 요식의 서면행위이므로 증권상에 일정한 법정사항을 기재하고 행위자가 기명날인 또는 서명하여야 한다. 어음(수표)행위는 어음(수표)증권 자체에 하는 것이 보통이나 배서나 어음보증은 보전(補箋)이나 등본(謄本)에도 가능하다. 각 어음(수표)행위에 대하여 해당 법조문에서는 그 고유한 방식을 규정하고 있으나 기명날인 또는 서명은 모든 어음(수표)행위에 공통된 요건이다.

(2) 기명날인 또는 서명

1) 기명날인 또는 서명의 방법

'기명날인'이란 어음(수표)행위자의 명칭을 표시하고 여기에 그 인장을 압날(押捺)하는 것이다. 기명날인은 명의인의 의사에 따라 타인이 대신할 수 있다(기명날인의 대행).

'기명날인'에서 '기명'은 본명과 일치할 필요가 없다는 것이 통설[6]·판례[7]이다. 따라서 기명은 자신의 성명·상호·아호(雅號) 등이 모두 가능하고 반드시 호적상의 명칭임을 요하지 않는다. 또한 기명은 자서(自署)하거나, 타이프라이터·인쇄·고무인 등에 의한 기재가 인정된다.

'날인'에 사용되는 인장은 인감도장에 한하지 않으며, 행위자의 성명과 어음에 사용된 인장의 인영(印影)이 일치하지 아니하여도 무방하다(통설·판례).[8)9)] 다만 은행을 지급장소로 하는 어음(은행도어음)을 발행하는 경우에는 지급사무의 편리와 위조·변조 등을 방지하기 위하여 당좌거래약정에 따라 사전에 제출된 인감만을 사용하여야 하며, 이와 다른 경우에는 '부도처리'하는 것이 은행실무이다.

기명만 있고 날인이 없는 것, 기명은 없고 날인만 있는 경우 모두 기명날인으로서 효력이 없다. 다만 판례는 날인만 있고 기명이 없는 경우에 기명을 보충할 권한이 부여된 경우에는 백지어음으로 인정하고 있다.[10)]

서명은 자필에 의한 '성명의 표시'이다. 서명은 행위자가 자신을 표시하는 것으로 날인을 요하지 않는다. 서명이 행위자가 손으로 쓴 것(자필서명)에 한하는가에 대하여는 학설의 대립이 있다. 우리나라의 다수설[11)]은 자필서명에 한정하고 있으나, 1988년 UN

---

6) 이철송(어), 74면; 정동윤(下), 64면; 정찬형(下), 60면.

7) 대판 1969. 7. 22, 69다742; 약속어음의 발행에 있어서 발행인의 기명날인이 필요요건으로 되어 있으나 그 기명에 있어서는 반드시 공부상의 명의와 동일함을 필요로 하지 않으며, 발행인의 의사에 의하여 발행되었다고 인정되는 이상 외형상 발행인의 기명이 있는 것으로 보여지면 되는 것이고 반드시 발행인의 본명을 기입하여야 되는 것은 아니라고 할 것인바, 원심은 이 사건 약속어음이 피고의 의사에 의하여 발행되었다고 인정하고 있는 것이므로 피고의 본명이 '정창균'임에도 불구하고 '정창규'라고 기명하였다고 하여도 창균이라는 피고의 도장을 찍은 이상에는 약속어음으로서의 유효조건을 결여하였다거나 피고가 발행한 것이 안 된다고는 할 수 없으므로 원심이 이 사건 약속어음을 피고가 발행한 것으로 인정한 조처에 위법이 없다.

8) 이철송(어), 76면; 정동윤(下), 64면; 정찬형(下), 61면.

9) 대판 1978. 2. 28, 77다2489; 어음법상의 기명날인이라는 것은 기명된 자와 여기에 압날된 인영이 반드시 합치됨을 요구한다고 볼 근거는 없으므로 약속어음에 기명이 되고 거기에 어떤 인장이 압날되어 있는 이상 외관상 날인이 전연 없는 경우와는 구별되어야 한다.

10) 대판 1980. 3. 11, 79다1999.

11) 이철송(어), 78면; 정찬형(下), 59면.

어음협약은 고무인 등을 이용한 서명을 인정하고 있다.

무인(拇印)과 지장(指章)의 효력에 대하여 통설[12]·판례[13]는 무인 또는 지장은 그 진부를 육안으로 식별할 수 없기 때문에 무효로 보고 있다. 반대설[14]은 통설·판례가 '기명'의 표시와 '날인'의 인영의 동일성을 요구하지 않는 이상 부정할 이유가 없으며, 무인과 지장은 위조가 불가능하므로 유효하다는 입장이다.

2) 근 거

우리나라의 통설과 판례는 어음(수표)행위자에게 기명날인 또는 서명을 요구하는 이유를 그 자에게 어음(수표)상의 책임을 부담하게 된다는 것을 자각시키는 동시에(주관적 이유), 어음(수표)행위자의 고유한 인영이나 필적을 어음(수표)면에 나타내어 어음(수표)행위자의 동일성을 나타내고 위조를 방지하기 위한 것(객관적 이유)으로 보고 있다. 그러나 위에서 살펴본 바와 같이 '기명'과 '날인'의 표시가 일치하지 않아도 유효하다고 본다면 기명날인이 어음(수표)행위자의 동일성을 나타내기 위한 것이라는 객관적 이유는 그 의미가 반감되었다고 볼 수 있다.

(3) 회사 기타 법인의 어음(수표)행위

회사 기타 법인이 어음(수표)행위를 하는 경우에는 ① 회사(법인)명칭을 기재하고, ② 법인을 위하여 어음(수표)행위를 하는 대표기관 또는 대리인을 표시하고(현명주의), ③ 대표자 또는 대리인 자신의 기명날인 또는 서명을 하여야 한다.[15] ①의 표시는 어

12) 이철송(어), 75면; 정동윤(下), 64-65면; 정찬형(下), 60면.

13) 대판 1995. 12. 22, 95도1263; 수표법상 발행, 배서, 보증, 지급보증 등 이른바 수표행위를 함에 있어서는 기명날인을 그 요건으로 하고 여기서 말하는 기명날인에는 무인을 포함하지 아니하나 위와 같은 수표행위와 수표문언의 사후 정정행위와는 서로 구별되는 것으로서, 이미 기명날인의 요건을 갖추어 적법하게 발행된 수표의 발행일자나 액면 등을 정정하는 경우에도 반드시 정정하는 곳에 기명날인이나 또는 날인을 하여야만 그 정정행위가 유효한 것이라고 볼 수는 없고, 한편 부정수표단속법의 입법목적은 국민의 경제생활의 안정과 유통증권인 수표의 기능을 보장하고자 함에 있으므로 수표법상 유효한 수표가 아닌 경우에도 실제로 유통증권으로서의 기능에 아무런 영향이 없이 유통되고 있는 것이라면 이는 부정수표단속법 제2조 제2항의 적용대상에서 제외될 수 없다.

14) 정희철, 「상법학(下)」, 박영사, 1990, 79면[이하 정희철(下)].

15) 대판 1987. 4. 14, 85다카1189; 가. 법인의 어음(수표)행위는 어음(수표)행위의 서면성·문언성에 비추어 법인의 대표자 또는 대리인이 그 법인의 대표자 또는 대리권자임을 어음면상에 표시하고 기명날인하는 대리방식에 의하던가 법인의 대표자로부터 대리권을 수여받고 직접 법인의 대표자의 명의로 서명할 수 있는 권한이 주어져 있는 자의 대행방식에 의하여 이루어져야 할 것이고 만일 어음(수표)행위자가 대리(대행)권한 없이 대리(대행)방식에 의하지 아니한 어음(수표)행위를 하였다면 무권대리인의 어음(수표)행위가 된다. 나. 법인이 약속어음에 피배서인을 백지로 한 배서를 하여 보관하고 있던 중 분실하였는데 甲이 위 법인의 직원이라고 자칭하는 무권리자로부터 그 약속어음을 단순히 교부받은 경우에는 이 같은 어음은 단순한 교부만으로도 양도가 가능한 점과 무권대리인의 어음

음(수표)행위의 주체인 법인을 특정하기 위한 것이다. ②의 표시는 법인은 대표기관 또는 대리인을 통해서만 활동할 수 있기 때문에 그 자격을 나타내는 것으로 그 방법에는 제한이 없다.[16] ③은 법인을 위하여 실제 행위를 하는 자를 특정하고 그 책임을 명확하게 하기 위한 것이므로 대표이사 자신의 기명날인 또는 서명이 없거나 (대표이사 자연인의 인 없이) 법인 인(印)을 날인한 것은 무효이다.[17][18] ①②③의 표시가 흠결된 어음은 회사(법인)의 어음(수표)행위로 볼 수 없고,[19][20] 행위자의 개인 책임이 문제될 뿐이

(수표)행위의 법리에 비추어 보면 甲의 위 약속어음의 취득은 권한 없는 직원이 한 무권대리인의 어음(수표)행위로 인한 것으로는 볼 수가 없고 다만 어음(수표)행위자의 의사에 기하지 아니하고 유통된, 즉 교부행위가 흠결된 어음으로서 무권리자로부터 양도받은 것으로 보아야 하므로 어음법 제16조에 따라 甲이 그 약속어음을 취득할 당시 악의 또는 중대한 과실이 있었는지를 심리 판단하여야 한다.

16) 대판 1978. 12. 13, 78다1567; 상사회사의 어음(수표)행위에 있어 그 대표자 또는 대리인의 표시방법에는 특별한 규정이 없으므로 어음상 대표자 또는 대리인 자신을 위한 어음(수표)행위가 아니고 본인을 위하여 어음(수표)행위를 한다는 취지를 인식할 수 있을 정도의 표시가 있음으로 족하다. 대판 1987. 4. 14, 85다카1189; 법인의 어음(수표)행위는 어음(수표)행위의 서면성, 문언성에 비추어 법인의 대표자 또는 대리인이 그 법인의 대표자 또는 대리권자임을 어음면상에 표시하고 기명날인하는 대리방식에 의하던가 법인의 대표자로부터 대리권을 수여받고 직접 법인의 대표자의 명의로 서명할 수 있는 권한이 주어져 있는 자의 대행방식에 의하여 이루어져야 할 것이고 만일 어음(수표)행위자가 대리(대행)권한 없이 대리(대행)방식에 의하지 아니한 어음(수표)행위를 하였다면 무권대리인의 어음(수표)행위가 된다. 대판 1999. 3. 9, 97다7745; 법인의 어음(수표)행위는 어음(수표)행위의 서면성·문언성에 비추어 법인의 대표자 또는 대리인이 그 법인의 대표자 또는 대리권자임을 어음면상에 표시하고 기명날인하는 대리방식에 의하던가, 법인의 대표자로부터 대리권을 수여받고 직접 법인의 대표자 명의로 서명할 수 있는 권한이 주어져 있는 자의 대행방식에 의하여 이루어져야 한다.

17) 정찬형(下), 88면.

18) 대판 1964. 10. 31, 63다1168; 법인의 행위는 대표기관에 의하여서만 실현될 수 있는 것이므로 법인이 어음 행위를 함에 있어 이 점을 증권상 명확하게 하기 위하여 대표기관이 법인을 위하여 하는 것이라는 취지 즉 대표자격이 있다는 것을 표시하고 그 사람이 기명날인 하여야 한다고 할 것인바 본건 약속어음의 배서란을 보면 소외 주식회사 한국국민은행이 원고로부터 배서양도를 받았다가 다시 원고에 배서양도 함에 있어 단지 주식회사 국민은행 중부지점이라고만 기재하여 회사인(印)을 날인하고 그 대표자의 기명날인이 없으므로 이 배서는 무효라 할 것이고 따라서 원고는 본건 약속어음의 정당한 소지인이라고 할 수 없을 것이므로 논지는 이유 있다.

19) 정찬형(下), 88면.

20) 대판 1999. 3. 9, 97다7745; 법인의 어음(수표)행위는 어음(수표)행위의 서면성·문언성에 비추어 법인의 대표자 또는 대리인이 그 법인의 대표자 또는 대리권자임을 어음면상에 표시하고 기명날인하는 대리방식에 의하던가, 법인의 대표자로부터 대리권을 수여받고 직접 법인의 대표자 명의로 서명할 수 있는 권한이 주어져 있는 자의 대행방식에 의하여 이루어져야 한다. 은행 지점장이 수취인이 은행인 약속어음의 배서인란에 지점의 주소와 지점 명칭이 새겨진 명판을 찍고 기명을 생략한 채 자신의 사인(私印)을 날인하는 방법으로 배서한 경우, 그 배서는 행위자인 대리인의 기명이 누락되어 그 요건을 갖추지 못한 무효의 배서이므로 배서의 연속에 흠결이 있다 할 것이다. 대판 1999. 10. 8, 99다30367; 법인의 어음(수표)행위는 어음(수표)행위의 서면성·문언성에 비추어 법인의 대표자 또는 대리인이 그 법인의 대표자 또는 대리권자임을 어음면상에 표시하고 기명날인하는 대리방식에 의하던가, 법인의 대표자로부터 대리권을 수여받고 직접 법인의 대표자 명의로 서명할 수 있는 권한이 주어져 있는 자의 대행방식에 의하여 이루어져야 할 것이므로, 법인의 대리인이 법인 명의의 배서를 함에 있어 행위자인 대리인의 기명이 누락된 경우에는 그 요건을 갖추지 못한 무효의 배서라고 하여야 한다.

다. 다만 일부 판례는 ②③의 형식적 흠결이 있더라도 실질적으로 회사의 어음(수표)행위로 볼 만한 사정이 있는 경우에 회사의 어음(수표)행위로 인정한 경우가 있다.[21][22]

(4) 조합 · 권리능력 없는 사단의 어음(수표)행위

조합은 법인격이 없으므로 조합원 전원이 기명날인하여야 하는 것이 원칙이다. 그러나 통설[23] · 판례[24]는 조합원의 수가 많은 경우에는 현실적으로 불가능한 것을 고려하여 조합원의 대표자가 조합의 명칭과 그 대표자격을 표시하여 조합원 전원을 대리하여 기명날인 또는 서명하는 것을 인정하고 있다. 이 경우에 어음(수표)행위의 책임은 조합 자체가 아니라 전 조합원이 합동책임을 부담한다.

권리능력 없는 사단의 경우도 대표자가 사단의 명칭과 대표자격을 기재하고 기명날인 또는 서명하여야 한다.

3. 어음(수표)행위의 실질적 요건

어음(수표)행위가 유효하게 성립되기 위한 실질적 요건으로는 행위자에게 어음(수표)권리능력과 행위능력이 있어야 하며, 그 의사표시가 유효하여야 한다. 그러나 이에 관하여는 어음법 · 수표법상의 별도의 규정이 없으므로 민법의 일반원칙이 적용된다. 다만 어음 · 수표의 특성을 고려하여 적용되어야 할 것이다.

---

21) 대판 1979. 3. 13, 79다15; 회사가 약속어음 발행사실을 소송 중 자백한 바 있고, 이 어음이 회사 대표이사 甲에 의하여 회사 명칭인 "○○회사 甲"으로 발행인 표시가 되어 발행되고, 지급장소도 회사로 되어 있는 등의 사실 하에서 약속어음에 대표이사 자격 표시가 없고, 또 甲 개인 도장이 찍혀 있다 하더라도 이는 甲 개인이 발행한 것이 아니고, 甲이 회사의 대표이사 자격에서 발행한 것이라고 인정할 수 있다.

22) 대판 1969. 9. 23, 69다930; 피고 회사의 대표이사인 소외 甲이 어음을 발행함에 있어 명의표시와 날인형식의 예에 따라 "피고 회사 甲"이라고 표시하고 등록된 "대표이사 甲印"이라고 된 회사 대표이사 직인을 날인하였다면 피고 회사는 어음상의 의무가 있다 할 것이다. 대판 1994. 10. 11, 94다24626; 甲 회사의 대표이사인 乙이 그 재직기간 중 수표에 배서함에 있어서 회사의 대표이사의 자격으로 "甲 주식회사, 乙"이라고만 기재하고, 그 기명 옆에는 "甲 주식회사 대표이사"라고 조각된 인장을 날인하였다면 그 수표의 회사 명의의 배서는 乙이 甲 회사를 대표한다는 뜻이 표시되어 있다고 판단함이 정당하다.

23) 이철송(어), 84면; 정동윤(下), 66면.

24) 대판 1970. 8. 31, 70다1360; 법인격 없는 조합이 어음(수표)행위를 하였을 경우에는 그 조합원이 위 어음(수표)행위로 인한 권리의 취득 또는 의무의 부담을 하는 것이고 조합자체가 위 어음(수표)행위로 인한 권리취득이나 의무부담을 하는 것은 아니다. 조합의 어음(수표)행위는 전 조합원의 어음상의 서명에 의한 것은 물론 대표조합원이 그 대표자격을 밝히고 조합원 전원을 대리하여 서명하였을 경우에도 유효하다고 하여야 할 것이다. 그리고 조합의 대표조합원이 그 대표자격을 밝히고 어음상의 서명을 하는 경우에는 그 조합의 대표자격을 밝히기만 하면 유효한 것이며 반드시 어음(수표)행위의 본인이 되는 전 조합원을 구체적으로 표시할 필요는 없다 할 것이다.

(1) 어음(수표)권리능력

어음(수표)권리능력은 어음·수표상의 권리의무의 주체가 될 수 있는 능력을 말한다. 사법상 권리능력이 있는 자는 모두 어음(수표)권리능력이 있다. 따라서 자연인은 물론 법인도 어음(수표)권리능력을 갖는 것이 원칙이다.

민법상의 법인(비영리법인)의 권리능력이 정관소정의 목적에 의하여 제한되지만(민 34조) 비영리법리도 금융거래를 하며, 어음·수표는 결제수단에 불과하므로 어음(수표)행위는 목적범위 내에 포함된다고 본다. 또한 비영리법인이 정관상의 목적범위 이외에 속하는 행위를 위하여 어음(수표)행위를 하였더라도 어음(수표)행위의 무인성(추상성)으로 어음·수표 자체의 효력에는 영향이 없고, 다만 원인관계에 의한 인적항변의 문제가 될 뿐이다.

영리법인인 회사의 권리능력이 정관상의 목적의 범위 내로 제한되느냐에 대하여는 학설이 대립된다. 제한부정설(다수설)[25]에 의하면 특별한 문제가 없다. 제한긍정설(소수설)의 입장에서도 어음(수표)행위는 목적의 범위 내로 볼 수 있으며, 목적범위 이외의 행위를 위하여 어음(수표)행위를 하였더라도 비영리법인과 마찬가지로 어음·수표 자체의 효력에는 영향이 없고, 인적항변의 문제만 남는다. 다만 대법원은 특별법에 의하여 설립된 특수 비영리법인에 대하여는 권리능력을 엄격하게 제한하고, 어음권리능력을 부정하고 있다.[26]

권리능력 없는 사단의 어음(수표)권리능력의 인정여부에 대하여는 학설의 대립이 있다. 부정설[27]은 권리능력 없는 사단은 특별법에 의하여 소송능력(민사소송법 48조), 부동산등기능력(부동산등기법 30조)만이 인정될 뿐이며 기타의 능력은 없기 때문이라고

---

25) 이철송(어), 86면; 정동윤(下), 66면.

26) 대판 1963. 1. 17, 62다775; 군 농업협동조합의 차금능력은 농업협동조합 중앙회로부터의 자금차입에 국한되므로 군 농업협동조합이 개인으로부터 자금을 차입하기 위하여 약속어음을 발행한 행위는 무효이다. 피고 조합의 차금능력은 농업협동조합 중앙회로부터의 자금 차입에 국한된다함은 본원의 판례(1962. 5. 10. 선고 62다127 판결)로서 아직 이를 변경할 필요를 느끼지 않는 바이고 피고 조합은 농업협동조합법에 의하여 설립되는 특수법인으로서 피고 조합의 사업능력은 같은 법에서 정한 범위 내에 국한된다 할 것이니 피고 조합의 사업능력 범위를 벗어난 개인으로부터의 자금 차입을 위한 약속어음 발행행위는 절대무효이고 표현대리에 관한 법리를 적용할 여지가 없으며 따라서 이와 같은 취지로 한 원심판시이유는 정당하고 이와 반대의 견해에 입각한 논지는 채용할 수 없다. 대판 1981. 3. 13, 80다1049, 1050; 중소기업협동조합법에 의하여 설립된 조합은 동법 제31조 제1항 제1호 소정의 생산, 판매, 구매 등의 사업을 행할 수 있으므로 그에 부수되는 구매자금의 선급이나 이를 위한 약속어음의 발행도 그 사업능력 범위 내에 속한다.

27) 손주찬(下), 44면, 이철송(어), 85면; 정희철(下), 83면; 최기원(어), 122면.

한다. 권리능력 없는 사단은 법인격만 없을 뿐이지 그 실체가 있고, 경제적 활동을 부정할 수 없으므로 그 능력을 인정하여야 할 것이다(긍정설, 다수설). 긍정설의 입장에서 권리능력 없는 사단의 어음·수표의 행위의 효력에 대하여는 권리능력 없는 사단 자체에 귀속된다는 견해와 이를 부정하고 사단의 구성원에 총유적으로 귀속하되 그 책임은 사단재산에 한정되며 구성원의 책임은 없다고 보는 견해[28])로 나뉜다. 생각건대 권리능력 없는 사단의 어음(수표)권리능력을 인정하는 이상, 그 행위의 효력은 사단에 귀속되며, 책임재산도 사단재산에 한정되며, 그 구성원은 책임이 없다고 보는 것이 법률관계의 통일적이고 간명한 처리방법이라고 본다. 판례[29])도 동일한 입장이다.

조합은 어음(수표)권리능력이 없다(통설).[30]) 전술한 바와 같이 조합원의 대표자가 조합의 명칭과 그 대표자격을 표시하여 조합원 전원을 대리한 어음(수표)행위를 할 수 있으며, 그 책임은 조합 자체가 아니라 전 조합원이 합동책임을 부담한다.

(2) 어음(수표)행위능력

어음(수표)행위능력은 단독으로 유효한 어음(수표)행위를 할 수 있는 능력을 말한다. 자연인의 경우에는 행위능력이 문제되나, 법인의 경우는 어음(수표)권리능력의 범위 내에서 어음(수표)행위능력이 인정되며 대리인은 행위능력자임을 요하지 않으므로(민 59조 2항, 117조) 행위능력이 문제될 여지가 없다.

---

28) 정동윤(下), 67면; 정찬형(下), 64면.

29) 대판 1992. 7. 10, 92다2431; 가. 민법상의 조합과 법인격은 없으나 사단성이 인정되는 비법인사단을 구별함에 있어서는 일반적으로 그 단체성의 강약을 기준으로 판단하여야 하는바, 조합은 2인 이상이 상호간에 금전 기타 재산 또는 노무를 출자하여 공동사업을 경영할 것을 약정하는 계약관계에 의하여 성립하므로(민법 제703조) 어느 정도 단체성에서 오는 제약을 받게 되는 것이지만 구성원의 개인성이 강하게 드러나는 인적 결합체인 데 비하여 비법인사단은 구성원의 개인성과는 별개로 권리의무의 주체가 될 수 있는 독자적 존재로서의 단체적 조직을 가지는 특성이 있다 하겠는데 민법상 조합의 명칭을 가지고 있는 단체라 하더라도 고유의 목적을 가지고 사단적 성격을 가지는 규약을 만들어 이에 근거하여 의사결정기관 및 집행기관인 대표자를 두는 등의 조직을 갖추고 있고, 기관의 의결이나 업무집행방법이 다수결의 원칙에 의하여 행해지며, 구성원의 가입, 탈퇴 등으로 인한 변경에 관계없이 단체 그 자체가 존속되고, 그 조직에 의하여 대표의 방법, 총회나 이사회 등의 운영, 자본의 구성, 재산의 관리 기타 단체로서의 주요사항이 확정되어 있는 경우에는 비법인사단으로서의 실체를 가진다고 할 것이다. 나. 비법인사단인 선어중매조합의 대표자의 위임에 따른 어음(수표)행위로 인한 어음금의 지급책임이 독립한 권리의무의 주체인 위 조합에게 귀속되는 것이지 그 구성원들이 이를 부담하는 것은 아니다. 참고, 대판 1997. 1. 24, 96다39721, 39738; 주택건설촉진법에 의하여 설립된 주택조합이 비록 조합이라는 명칭을 사용하지만 고유의 목적을 가지고 사단적 성격을 가지는 규약을 만들어 이에 근거하여 의사결정기관인 총회와 운영위원회 및 집행기관인 대표자를 두는 등의 조직을 갖추고 있고, 의결이나 업무집행방법이 다수결의 원칙에 따라 행해지며 조합원의 가입탈퇴에 따른 변경에 관계없이 조합 자체가 존속하는 등 단체로서의 중요사항이 확정되어 있는 점에 비추어 그 명칭에 불구하고 비법인사단에 해당한다.

30) 이철송(어), 85면, 정동윤(下), 67면.

1) 의사무능력자

의사능력이 없는 자(예: 정신병자 · 유아 등)는 행위능력이 전혀 없으므로 어음(수표)행위능력도 없다. 따라서 이러한 자의 어음(수표)행위는 무효가 된다. 따라서 의사무능력자의 경우에는 법정대리인이 어음(수표)행위를 대리하는 수밖에 없다.

2) 미성년자 · 피한정후견인[31)]

미성년자가 법정대리인의 동의없이 어음(수표)행위를 한 때에는 취소할 수 있다(민 5조 1항). 그러나 미성년자가 속임수로써 자기를 능력자로 또는 법정대리인의 동의가 있는 것으로 믿게 한 경우에는 그 법률행위를 취소할 수 없다(개정민법 17조). 또한 미성년자이더라도 법정대리인이 영업의 허락을 한 경우에는 그 영업에 관하여, 또 처분이 허락된 재산에 대하여는 그 범위 내에서, 완전한 어음(수표)행위능력이 있다(민 8조 1항, 6조). 또한 미성년자가 법정대리인의 허락을 얻어 회사의 무한책임사원이 된 때에는 그 사원자격으로 회사를 위하여 어음(수표)행위를 할 수 있다. 개정전 민법에서는 한정치산자(피한정후견인)의 경우는 미성년자와 같다고 하였다(개정전 민법 10조). 그러나 2011년 2월 18일 개정민법(이하 '개정민법'이라 함)에 따르면 한정후견인의 동의가 필요한 법률행위를 피한정후견인이 한정후견인의 동의 없이 하였을 때에만 그 법률행위를 취소할 수 있다. 다만 일용품의 구입 등 일상생활에 필요하고 그 대가가 과도하지 아니한 피한정후견인의 법률행위의 경우에는 취소할 수 없다(개정민법 13조 4항).

어음(수표)행위가 법정대리인의 동의 없이 할 수 있는 권리만을 얻거나 의무만을 면하는 행위(민 5조 1항 단서)에 포함되는가에 대하여는 학설의 대립이 있다. 긍정설은 미성년자가 자기지시환어음(어 3조 1항)을 발행하여 지급인의 인수를 받는 경우에는 인수인에 대하여 어음금액지급청구권을 갖게 되어 '권리만을 얻는 행위'에 해당한다고 본다.[32)] 그러나 위의 경우라도 어음이 배서양도되어 지급이 거절될 때에는 발행인이 담보책임을 부담하게 되어 '권리만을 얻는 행위'라고 볼 수 없으며, 또한 어음(수표)행위의 원인관계까지 살펴보아야 '권리만을 얻거나 의무만을 면하는 행위'를 판단할 수 있기 때문에 부정설[33)]이 타당하다고 본다.

---

31) 2013년 7월 1일부터 시행된 2011. 2. 18. 개정민법에 의하면 종전의 '한정치산자'는 '피한정후견인'으로 '금치산자'는 '피성년후견인'으로 변경되었다. 또한 '무능력자'는 '제한능력자'로 변경되었다. 이하 동일함.
32) 손주찬(下), 47면.
33) 정동윤(下), 68면; 정찬형(下), 66면.

3) 피성년후견인

피성년후견인의 어음(수표)행위는 취소할 수 있으며(개정민법 10조 1항), 피성년후견인의 어음(수표)행위는 법정대리인이 대리하여야 한다.

4) 어음(수표)능력의 존재시기 및 입증책임

어음(수표)행위능력은 어음(수표)행위시에만 있으면 되고, 그 후에 능력을 상실하여도 그 어음(수표)행위의 효력에는 영향이 없다. 어음(수표)능력의 입증책임은 그 능력이 없음을 주장하는 자가 입증하여야 한다(통설).[34)]

5) 어음(수표)행위의 무효 · 취소의 효과

제한능력자가 법정대리인의 동의를 받지 않고 한 어음(수표)행위는 상대방의 선의 · 악의를 불문하고 제한능력자 · 법정대리인이 취소할 수 있다(개정민법 140조). 또한 취소할 수 있는 제한능력자의 어음(수표)행위는 취소권자가 추인할 수 있으며, 추인한 후에는 취소하지 못한다. 취소와 추인은 직접의 상대방뿐만 아니라 어음(수표)의 소지인에게도 할 수 있다(통설[35)] · 판례[36)]).

의사무능력 또는 제한능력을 이유로 해서 어음(수표)행위가 무효로 되거나 취소된 경우에는, 그 자는 어느 누구에 대해서도 어음(수표)상의 채무를 부담하지 않는다(물적항변). 다만 제한능력자는 그 행위로 인하여 받은 이익이 현존하는 한도 내에서 상환할 책임이 있다(개정민법 141조).

그러나 어음(수표)행위가 무효이거나 또는 취소된 경우에도 그 어음(수표)에 기명날인한 다른 어음(수표)행위자의 채무는 어음(수표)행위독립의 원칙(후술)에 따라서 아무

---

34) 정동윤(下), 69면.

35) 손주찬(下), 49면; 정동윤(下), 69면; 정찬형(下), 66-67면.

36) 대판 1997. 5. 16, 96다49513; [1] 사기와 같은 의사표시의 하자를 이유로 어음발행행위를 취소하는 경우에 그 취소의 의사표시는 어음발행행위의 직접 상대방에 대하여 뿐만 아니라 어음발행행위의 직접 상대방으로부터 어음을 취득하여 그 어음금의 지급을 청구하고 있는 소지인에 대하여도 할 수 있다고 봄이 상당하다 할 것이지만, 이와 같은 의사표시의 취소는 선의의 제3자에게 대항할 수 없는 것이고, 이 때의 제3자라 함은 어음발행행위의 직접 상대방 이외의 자를 가리키는 것이므로, 어음의 발행인이 어음발행행위의 직접 상대방이 아닌 소지인을 상대로 어음발행행위 취소의 의사표시를 할 수 있다 하여 소지인의 선의 · 악의를 불문하고 취소의 효과를 주장할 수 있게 되는 것은 아니다. [2] 어음(수표)행위에 착오 · 사기 · 강박 등 의사표시의 하자가 있다는 항변은 어음(수표)행위 상대방에 대한 인적항변에 불과한 것이므로, 어음채무자는 소지인이 채무자를 해할 것을 알고 어음을 취득한 경우가 아닌 한, 소지인이 중대한 과실로 그러한 사실을 몰랐다고 하더라도 종전 소지인에 대한 인적항변으로써 소지인에게 대항할 수 없다.

런 영향을 받지 않는다.

(3) 어음(수표)행위와 의사의 흠결·하자

1) 비진의표시

어음(수표)행위자가 진의 아님을 알고 한 어음(수표)행위도 유효하나, 상대방이 진의 아님을 알았거나 알 수 있었을 경우에는 무효가 된다(민 107조 1항). 그러나 이 무효는 선의의 제3자에는 대항할 수 없다(민 107조 2항).

2) 허위표시

상대방과 통정한 허위의 어음(수표)행위는 무효이지만,[37] 이 무효도 선의의 제3자(어음·수표취득자)에게는 대항하지 못한다(민 108조 1항, 2항).

3) 착 오

어음(수표)행위의 내용의 중요부분에 착오가 있는 때에는 그 어음(수표)행위는 원칙적으로 취소할 수 있으나, 이 취소는 선의의 제3자에게는 대항하지 못한다(민 109조 1항 본문, 2항). 또 착오가 어음(수표)행위자의 중대한 과실로 인한 때에는 취소하지 못한다(민 109조 1항 단서).

4) 사기 또는 강박

사기나 강박에 의한 어음(수표)행위는 취소할 수 있으나, 이 취소도 선의의 제3자에는 대항하지 못한다(민 110조 1항, 3항). 취소의 상대방은 직접 당사자뿐만 아니라 현재의 어음(수표)소지인에게 할 수 있다.[38]

---

37) 대판 1996. 8. 23, 96다18076; 동일인에 대한 대출액 한도를 제한한 구 상호신용금고법(1995. 1. 5. 법률 제4867호로 개정되기 전의 것) 제12조의 적용을 회피하기 위하여 실질적인 주채무자가 실제 대출받고자 하는 채무액 중 일부에 대하여 제3자를 형식상의 주채무자로 내세웠고 상호신용금고도 이를 양해하면서 제3자에 대하여는 채무자로서의 책임을 지우지 않을 의도 하에 제3자 명의로 대출 관계서류 및 약속어음을 작성 받았음을 충분히 추단할 수 있는 경우, 제3자는 형식상의 명의만을 빌려 준 자에 불과하고 그 대출계약의 실질적인 당사자는 상호신용금고와 실질적 주채무자이므로, 제3자 명의로 되어 있는 대출약정 및 약속어음 발행은 상호신용금고의 양해 하에 그에 따른 채무부담 의사 없이 형식적으로 이루어진 것에 불과하여 통정허위표시에 해당하는 무효의 법률행위이다.

38) 대판 1997. 5. 16, 96다49513; [1] 사기와 같은 의사표시의 하자를 이유로 어음발행행위를 취소하는 경우에 그 취소의 의사표시는 어음발행행위의 직접 상대방에 대하여 뿐만 아니라 어음발행행위의 직접 상대방으로부터 어음을 취득하여 그 어음금의 지급을 청구하고 있는 소지인에 대하여도 할 수 있다고 봄이 상당하다 할 것이지만, 이와 같은 의사표시의 취소는 선의의 제3자에게 대항할 수 없는 것이고, 이때의 제3자라 함은 어음발행행위의 직접 상대방 이외의 자를 가리키는 것이므로, 어음의 발행인이 어음발행행위의 직접 상대방이 아닌 소지인을 상대로 어음발행행위 취소의 의사표시를 할

5) 반사회질서행위와 어음(수표)행위

민법에 의하면 선량한 풍속 기타 사회질서에 위반한 사항을 내용으로 하는 법률행위는 무효가 되며, 또 당사자의 궁박・경솔 또는 무경험으로 현저하게 불공정한 법률행위는 무효가 된다(민 103조, 104조). 그러나 위의 규정은 원인관계에만 적용되어 인적항변의 문제가 될 뿐이고 무인행위인 어음(수표)행위의 자체의 효력에는 영향이 없다고 보아야 할 것이다(다수설).

4. 어음(수표)의 교부(어음・수표이론)

어음(수표)행위가 성립되기 위한 요건으로 어음(수표)의 교부가 필요한 것인가에 관하여는 학설의 대립이 있다. 이는 어음(수표)상의 권리(채무)가 어떻게 발생(성립)하느냐에 관한 어음(수표)이론의 문제이기도 하다.

(1) 창조설(단독행위설)

어음(수표)행위는 단독행위로서 행위자의 일방적 행위인 어음(수표)의 작성에 의하여 완성한다는 설이다. 이 설에 따르면 어음(수표)의 교부를 어음(수표)행위의 성립요건으로 보지 않고(교부행위는 어음・수표상의 책임 또는 권리의 발생과는 직접적인 관련이 없다), 어음(수표)의 작성행위에 의하여 발생한 권리를 양도하는 행위로 보고 있다.

창조설은 어음(수표)의 유통보호에 충실한 견해이나 어음(수표)행위자 자신의 의사에 반하여 유통된 경우에도 어음(수표)상의 책임을 부담하므로 불합리하다고 하는 비판이 제기되고 있다.

또한 창조설에 의하면 어음(수표)행위는 상대방을 특정하지 않은 단독행위이므로 원래 특정의 상대방을 예정한 민법규정은 적용되지 않는다고 본다.

(2) 수정창조설(2단계설)

일본에서 주장된 이론으로 어음(수표)행위를 어음(수표)작성과 어음(수표)교부의 2단

수 있다 하여 소지인의 선의・악의를 불문하고 취소의 효과를 주장할 수 있게 되는 것은 아니다.
[2] 어음(수표)행위에 착오・사기・강박 등 의사표시의 하자가 있다는 항변은 어음(수표)행위 상대방에 대한 인적항변에 불과한 것이므로, 어음채무자는 소지인이 채무자를 해할 것을 알고 어음을 취득한 경우가 아닌 한, 소지인이 중대한 과실로 그러한 사실을 몰랐다고 하더라도 종전 소지인에 대한 인적항변으로써 소지인에게 대항할 수 없다.

계로 나누어 파악하고 있다. 이 설에 따르면 1단계인 어음(수표)의 작성은 단독행위로서 무인행위이고 이로 인하여 어음(수표)상의 채무가 성립한다고 본다. 또한 2단계인 교부는 1단계에서 성립한 권리를 상대방에게 이전하는 행위로서 기명날인자와 상대방간의 계약이며 유인행위로 보고 있다.

수정창조설의 주장근거는 1단계의 채무부담행위는 어음(수표)상의 권리의 성부 및 내용에 관계되기 때문에 어음(수표)거래에 관한 불특정 다수인의 이해관계와 직결되어 무인으로 할 필요가 있으나, 2단계인 권리이전행위는 통상의 거래와 마찬가지로 1단계의 채무부담행위에 의하여 성립된 어음(수표)이라는 재화의 양도행위이기 때문에 무인으로 볼 필요는 없다고 한다.

수정창조설에 대하여는 어음(수표)행위를 2단계로 나누어 어음(수표)의 작성만에 의하여 어음(수표)행위자가 어음(수표)채무를 부담한다고 보는 것은 지나친 의제라는 비판과 어음(수표)행위를 이루는 교부를 유인행위로 본다는 점에 무리가 있다는 비판이 있다.

(3) 교부계약설

어음(수표)발행인이 어음(수표)을 작성하여 상대방에게 교부하고 상대방이 이를 승낙함으로써, 즉 교부계약에 의하여 어음(수표)상의 채무가 발생한다고 보는 견해이다.[39] 교부계약설은 어음(수표)의 교부가 어음(수표)행위의 요건이므로 교부가 흠결되었을 경우 선의의 제3취득자가 보호받지 못할 뿐 아니라, 어음(수표)수수의 당사자 중 일방이라도 행위능력이 없거나 의사표시의 하자가 있는 경우 어음(수표)행위가 취소되거나 무효가 될 수 있어 어음(수표)취득자에게 매우 가혹한 이론이다.

또한 교부계약설은 어음(수표)행위자와 직접당사자간의 설명으로는 타당하지만 간접 당사자인 전득자에 대한 관계를 설명하기 곤란하므로 과거 일본에서는 이를 보완하기 위한 설명으로 채권양도설(승계설), 제3자를 위한 계약설, 배서인매개설 등이 주장되고 있다.

(4) 발행설

발행인이 어음(수표)을 작성하고 그 의사에 의하여 어음(수표)을 누군가에게 교부(점유이전)한 때에 어음(수표)상의 권리(채무)가 성립한다고 보는 견해이다.[40] 발행설은 어

39) 정동윤(下), 59면.

음(수표)상의 권리의 발생에 증권의 교부가 필요하다는 점에서는 계약설과 같으나, 교부행위를 수취인과의 계약으로 보지 않고 발행인이 어음(수표)을 자기의 세력권 외에 놓는 단독행위로 파악하고 있다. 발행설에 따르면 절취자나 습득자 자신은 권리를 주장할 수 없으나, 점유이전이 있기 전에 증권이 도난·분실된 경우 선의의 제3취득자를 보호하지 못한다는 단점이 있다.

(5) 권리외관이론

교부계약설의 결점을 보완하기 위해 독일에서 주장된 이론으로, 어음(수표)행위의 성립에는 원칙적으로 교부계약이 필요하지만, 기명날인자가 어음(수표)작성에 의하여 어음(수표)상의 채무를 부담하는 것과 같은 외관을 야기시킨 경우에는 어음(수표)을 선의로 취득한 제3자에 대하여는 어음(수표)상의 채무를 부담하여야 한다는 이론이다.[41] 외관의 야기는 의사표시가 아니므로 민법의 의사표시에 관한 규정은 적용되지 않는다고 보고 있다.

국내의 학설은 대부분 계약설 혹은 발행설을 취하면서 권리외관이론을 보충시키고 있다.[42] 판례는 발행설의 입장에서[43] 권리외관이론을 가미하고 있다.[44]

(6) 결

통상적인 어음(수표)거래의 실제를 본다면 어음(수표)요건을 갖춘 어음(수표)에 어음(수표)행위자가 기명날인하여 이를 상대방에게 교부하면, 상대방은 이를 확인하고 수령하는 것이다. 따라서 어음(수표)행위가 성립하기 위하여는 어음(수표)의 작성 이외의 교부가 필요하다고 보는 것이 합리적인 해석이라고 본다. 그러나 교부가 흠결된 경우에 선의의 제3자를 보호하기 위하여는 권리외관이론에 따른 보호를 인정할 필요가 있다

---

40) 강위두(어), 53면; 이철송(어), 100면; 서헌제(어), 98면; 김문재(어), 84면.

41) 최기원(어), 139면.

42) 정찬형(下), 71-72면.

43) 대판 1989. 10. 24, 88다카24776; 약속어음의 작성자가 어음요건을 갖추어 유통시킬 의사로 그 어음에 자기의 이름을 서명날인하여 상대방에게 교부하는 단독행위를 발행이라 일컫는 것이므로 일상의 용어에 있어 사람들이 발행이라는 표현을 쓴다 하여도 위에서 본바와 같은 의미로 쓴 것이 아닌 경우에는 어음법상의 발행으로 볼 것이 아니다.

44) 대판 1999. 11. 26, 99다34307; 어음을 유통시킬 의사로 어음상에 발행인으로 기명날인하여 외관을 갖춘 어음을 작성한 자는 그 어음이 도난·분실 등으로 인하여 그의 의사에 의하지 아니하고 유통되었다고 하더라도, 배서가 연속되어 있는 그 어음을 외관을 신뢰하고 취득한 소지인에 대하여는 그 소지인이 악의 내지 중과실에 의하여 그 어음을 취득하였음을 주장·입증하지 아니하는 한 발행인으로서의 어음상의 채무를 부담한다.

(계약설과 권리외관이론의 적용). 그러나 제3자는 교부흠결에 대하여 악의·중과실이 없어야 한다.

Ⅲ. 어음(수표)행위독립의 원칙[45)]

1. 의 의

어음(수표)행위독립의 원칙은 동일한 어음상에 수개의 어음(수표)행위가 이루어진 경우에 각 어음(수표)행위는 독립하여 효력을 발생하고, 그 전제가 되는 선행의 어음(수표)행위가 형식적 사유 이외의 실질적으로 무효·취소되더라도 영향을 받지 않는다는 원칙이다. 바꾸어 말하면 어음(수표)행위독립의 원칙이란 수 개의 어음(수표)행위 중의 선행행위의 형식적 무효는 후속행위에 영향을 미치지만 선행행위의 실질적 무효는 후속행위에 영향을 미치지 않고 각 어음(수표)행위는 독립하여 효력을 발생한다는 원칙이다.

예컨대 어음발행인인 제한능력자가 어음발행을 취소한 경우, 어음발행이 위조된 경우, 또는 무권대리인이 어음을 발행한 경우 등 본인이 어음채무를 부담하지 아니하는 경우에도 이러한 어음에 대하여 행한 인수·배서·보증 또는 참가인수는 유효하고 이러한 어음(수표)행위를 한 자는 어음상의 책임을 부담하게 된다. 따라서 어음(수표)행위독립의 원칙에 의하여 어음의 유통성이 확보된다.

어음(수표)행위를 실질적으로 파악하면 의사표시의 효과(발행·보증·참가인수 등) 또는 법률의 규정(배서인의 상환의무)에 의한 채무부담행위로 볼 수 있기 때문에 어음(수표)행위독립의 원칙은 '어음채무독립의 원칙' 또는 '어음채무부담독립의 원칙'이라고도 한다.

어음(수표)행위독립의 원칙은 가령 매매대금으로 또는 어음할인시 어음을 취득하려고 하는 자는 그 어음에 한 모든 행위에 대하여 일일이 실질적으로 유효한가의 여부 또는 발행인 또는 종전의 배서인의 기명날인이 진정한 것인가의 여부를 조사하지 않아도 자기에 대한 배서가 유효하게 성립하고 또 그 배서인이 신용이 있다면 적어도 그 배서인에 대한 권리(상환청구권)는 확보되므로 어음거래의 안전을 확보할 수 있는 기능을 한다.

---

45) 어음(수표)행위독립의 원칙에 관한 설명은 홍복기, "어음(수표)행위독립의 원칙", 「고시계」, 1993. 8, 40-52면을 수정·보완한 것이다. 각주는 당시의 문헌을 기준으로 하였다(각주 45-72).

2. 근 거

(1) 실정법상의 근거

원칙규정은 어음법 7조(수 10조)이다. 7조는 "환어음에 어음채무를 부담할 능력이 없는 자의 기명날인 또는 서명(이하 기명날인에는 서명 포함), 위조의 기명날인, 가설인(假設人)의 기명날인, 또는 기타의 사유로 인하여 환어음의 기명날인자 또는 그 본인에게 의무를 부담하게 할 수 없는 기명날인이 있는 경우에도 다른 기명날인자의 채무는 그 효력에 영향을 받지 아니한다"고 규정하여 어음(수표)행위 일반에 관하여 어음(수표)행위독립의 원칙을 밝히고 있다.

또한 어음법 32조 2항(수 27조 2항)에서 "보증은 담보된 채무가 그 방식에 하자가 있는 경우 외에는 어떠한 사유로 인하여 무효가 된 때에도 그 효력이 있다"고 규정하고 있는데, 이는 보증의 성질상 의문을 피하기 위하여 어음(수표)행위독립의 원칙을 명확히 규정한 것이다.

한편 어음법 69조(수 50조)에서는 "어음의 문언에 변조가 있는 경우에 그 변조 후에 기명날인한 자는 변조된 문언에 따라 책임을 지고 변조 전에 기명날인한 자는 원문언에 따라 책임을 진다"고 규정하고 있다. 다수설[46]은 이를 어음(수표)행위독립의 원칙의 실정법상의 근거규정으로 보고 있는데 의문이다. 왜냐하면 어음의 변조의 경우에 변조 전에 기명날인한 자가 원문언에 따라 책임을 지는 것은 일단 성립한 어음상의 채무가 변조라는 우연한 사정으로 인하여 변경되거나 소멸되는 것은 아니라는 당연한 법리를 규정한 것이고, 변조 후에 기명날인한 자가 변조된 문언에 따라 책임을 지는 것도 변조된 문언을 자신의 어음(수표)행위의 내용으로 하였기 때문이지 어음(수표)행위독립의 원칙의 적용은 아닌 것이다. 변조 전의 어음(수표)행위와 변조 후의 어음(수표)행위 사이에 시간적인 전후 관계가 있다 하더라도 일단 성립한 변조 전의 어음(수표)행위는 확정적으로 유효하므로, 1통의 어음에 연속되는 수 개의 어음(수표)행위가 있는 경우 선행하는 어음(수표)행위의 실질적 무효가 후속하는 어음(수표)행위에 영향을 미치지 않는다는 '어음(수표)행위독립의 원칙'과는 직접적인 관련이 없는 것이다.[47]

46) 손주찬, 상법(下), 65면; 서돈각 · 정찬형, 「어음법 · 수표법」, 서울대학교 출판부, 1991, 124면; 강위두, 「상법강의(어음 · 수표)」, 형설출판사, 1983, 134면; 최기원, 「어음 · 수표법」, 박영사, 1990, 103면; 정동윤, 「어음 · 수표법」, 법문사, 1990, 132면.

47) 동지; 이범찬, 「개정 상법강의」, 국민서관, 1985, 271면; 이균성, "어음(수표)행위독립의 원칙과 그

또한 복본각통에 기명날인한 인수인과 배서인의 책임에 관한 65조에 대하여도 다수설[48]은 어음(수표)행위독립의 원칙의 실정법상의 근거규정으로 보고 있으나, 이는 회수하지 않은 복본에 대하여 '복본일체의 원칙'을 관철하면 거래의 안전을 해하게 되므로 선의의 소지인을 보호하기 위한 규정이다. 즉 선행하는 어음(수표)행위의 실질적 무효가 후속하는 어음(수표)행위에 영향을 미치지 않는다는 '어음(수표)행위독립의 원칙'과는 직접적인 관련이 없다고 볼 것이다.[49]

(2) 이론적 근거

이에 관하여는 학설이 대립된다.

1) 예외규정설(정책적 특칙설)

이 학설은 어음(수표)행위독립의 원칙은 사법상의 일반원칙에 대한 예외로 어음법·수표법이 어음거래의 안전을 위하여 특별히 정책적으로 인정한 특칙이라고 한다.[50] 우리나라의 다수설이다. 사법상의 일반원칙에 의하면 어떠한 법률행위가 다른 법률행위를 전제로 하는 경우에 전제되는 선행행위가 무효가 되면 후행행위도 무효가 되는 것이 원칙이지만, 이 법리를 어음(수표)행위에 대하여도 적용한다면 어음의 외관만으로는 알 수 없는 사유로 말미암아 어음(수표)행위가 무효가 되고, 또 어음취득자는 한 개의 어음상에 행한 모든 어음(수표)행위가 실질적으로 유효인가 여부를 일일이 조사하여야 하는 결과 어음의 취득을 불안하게 함으로써 어음의 유통을 저해하므로 법이 특별히 인정한 원칙이라고 한다. 그리고 선행행위의 방식에 하자가 있는 경우 그것이 후행행위를 무효로 만드는 이유는 선행행위의 방식상의 하자는 증권상에서 용이하게 알 수 있으므로 그 하자가 후행행위에 영향을 미친다 하여도 어음취득자를 해하는 일이 없기 때문이라고 한다.[51]

2) 주의규정설(당연법칙설)

이 학설은 어음(수표)행위독립의 원칙은 어음(수표)행위의 문언성에서 나오는 당연

적용범위", 고시연구, 1985. 11, 128면.

48) 손주찬, 전게서, 65면; 강위두, 전게서, 134면; 최기원, 전게서, 103면; 정동윤, 전게서, 132면.

49) 동지; 이범찬, 전게서, 270면; 이균성, 전게논문, 128면; 정찬형, "어음(수표)행위독립의 원칙", 「월간고시」, 1986. 11, 116-117면.

50) 이정한, "어음(수표)행위독립의 원칙", 「상사법연구」 제2집, 1982, 358면; 손주찬, 전게서, 65면; 서돈각·정찬형, 전게서, 126면; 강위두, 전게서, 136면; 최기원, 전게서, 104면; 정동윤, 전게서, 133-134면.

51) 이정한, 전게논문, 358면.

한 사리이며, 따라서 어음(수표)행위독립의 원칙에 관한 어음법·수표법의 규정은 주의적 규정이라고 보는 입장이다.[52] 우리나라의 소수설이다. 어음(수표)행위독립의 원칙에 관한 규정을 주의적 규정이라고 보는 이유에 대하여는 어음(수표)행위는 그 성질상 한 어음면상에 여러 어음(수표)행위가 행하여지더라도 각 어음(수표)행위는 어음상의 기재문언을 그 의사표시의 내용으로 한 채무부담에 관한 행위이며 본래 다른 어음(수표)행위와 아무 관계가 없는 것이므로 이 원칙은 결국 어음(수표)행위의 문언성에서 오는 당연한 결과라고 한다.

선행행위의 방식의 흠결에 의한 무효가 후행행위에 영향을 미치는 이유에 대하여는 선행행위의 방식의 하자가 후행행위에 영향을 미치는 것이 아니고 후행행위 자체의 방식을 흠결하기 때문이라고 한다. 즉 어떤 어음(수표)행위(후행행위)가 다른 행위를 논리상 전제로 하는 경우에 그 후행행위는 그 전제가 되는 행위의 내용을 그 행위의 내용으로 하는 동시에 또 그 행위는 고유의 방식 이외의 그 전제가 되는 행위의 방식도 구비하여야 그 행위는 유효하게 되는 것이다. 따라서 전제행위의 방식상의 하자는 후행행위의 방식상의 하자로 되기 때문에 후행행위는 무효로 된다고 한다.[53]

3) 절충설(선행행위의 유무에 따라 구별하는 설)

이 학설은 어음(수표)행위 중에는 발행·인수(학설대립) 등과 같이 선행의 다른 어음(수표)행위의 존재를 전제로 하지 아니하는 것과 배서·보증·참가인수 등과 같이 선행의 다른 어음(수표)행위의 존재를 전제로 하는 것이 있는데 어음(수표)행위독립의 원칙은 전자의 경우는 당연한 사리를 정한 것으로서 주의적 규정이나 후자의 경우는 어음법·수표법이 어음유통의 안전을 위하여 특별히 인정한 특칙이라고 한다.[54]

4) 검 토

위의 학설 중 전제되는 선행행위의 유무에 따라 구별하는 절충설에서는 어음(수표)행위독립의 원칙은 어음(수표)행위가 선행의 다른 어음(수표)행위의 존재를 전제로 하지 아니하는 경우에는 당연한 사리이고 선행의 다른 어음(수표)행위의 존재를 전제로 하는 경우에는 어음법이 특별히 인정한 특칙이라고 하지만 전자의 경우에는 전제되는 선행

---

52) 서정갑, 「신어음·수표법」, 일신사, 1980, 89면; 이균성, 전게논문, 129-130면; 鈴木竹雄, 「手形法·小切手法」, 有斐閣, 1976, 123면; 石井照久, 85면.

53) 서정갑, 전게서, 89면.

54) 강위두, 전게서, 136면; 박길준·양승규, 「상법요론」, 삼영사, 1990, 586면; 이정한, 전게논문, 361면.

의 어음(수표)행위가 없어 그 무효·취소의 영향을 받지 아니한다고 논의하는 것이 무의미하므로 결국 이는 어음법이 특별히 인정한 특칙이라고 보는 입장과 다를 바 없다.

그런데 예외규정설은 어음(수표)행위독립의 원칙이 일반사법상의 관점에서 예외라는 뜻이고, 당연법칙설은 어음(수표)행위의 성질상 당연하다는 뜻이므로 학설의 대립은 결국 관점에서 차이에서 오는 표현의 차이라고도 볼 수 있다.[55)]

그러나 전제되는 선행의 어음(수표)행위가 실질적 하자에 의하여 무효나 취소가 되더라도 후행의 어음(수표)행위가 그 영향을 받지 아니하고 선행의 어음(수표)행위에 독립하여 유효한 것은 어음법이 어음의 유통보호를 위하여 일반원칙에 대한 예외로 특별히 인정한 특칙이라고 보는 것이 타당하다고 본다.

3. 적용범위

(1) 선행행위의 형식적 유효

어음(수표)행위독립의 원칙은 전제되는 선행의 어음(수표)행위가 형식상 완전한 어음(수표)행위가 있는 것을 전제로 하여 이에 기하여 어음(수표)행위가 행하여진 경우에만 적용된다. 따라서 발행의 필요적 기재사항(어음요건)이 흠결되어 있거나 배서의 연속이 흠결되어 있는 어음에 어음(수표)행위(배서·보증)가 행하여진 경우, 형식적 요건의 흠결로 무효인 주채무에 대한 어음보증의 경우에는 적용되지 아니한다.

위에서 살펴 본 바와 같이 어음(수표)행위독립의 원칙이 그 근거에 관한 당연법칙설(주의규정설)에서는 전제행위의 방식상의 하자는 후행행위의 방식상의 하자로 되기 때문에 후행행위는 무효로 된다고 하고,[56)] 예외법칙설에서는 선행행위의 방식에 하자가 있는 경우 그것이 후행행위를 무효로 만드는 이유는 선행행위의 방식상의 하자는 증권상에서 명백하게 나타나므로 그 하자가 후행행위에 영향을 미친다 하여도 어음취득자를 해하는 일이 없기 때문이라 한다.[57)]

(2) 선행행위가 없는 경우(발행·인수의 경우)

어음(수표)행위독립의 원칙은 선행의 다른 어음(수표)행위가 존재하고 이에 기하여 어음(수표)행위가 행하여진 경우에 그 어음(수표)행위는 전제되는 선행의 다른 어음(수

55) 이범찬, 전게서, 272면.
56) 서정갑, 전게서, 89면.
57) 이정한, 전게논문, 358면.

표)행위의 무효나 취소의 영향을 받지 아니하고 독립하여 유효하다는 것이므로 어음(수표)행위독립의 원칙은 어음(수표)행위가 선행의 다른 어음(수표)행위의 존재를 전제로 하는 경우에만 적용된다.

따라서 어음(수표)행위독립의 원칙은 보증·참가인수 및 지급보증에는 적용되나 발행에는 적용되지 아니한다.

우리나라의 다수설은[58] 발행과 마찬가지로 인수에는 선행행위가 없다고 하여 어음(수표)행위독립의 원칙의 적용을 부정하고 있으나, 인수는 발행보다 시간적으로 먼저 있을 수는 있으나 관념적·논리적으로 발행을 전제로 하고 있다. 따라서 인수의 전제되는 선행행위는 발행이므로 어음(수표)행위독립의 원칙이 적용된다고 봄이 타당하다고 생각한다.[59]

(3) 배서에의 적용

어음(수표)행위독립의 원칙은 보증·참가인수·지급보증 등과 같이 채무부담을 내용으로 하는 어음(수표)행위에 적용되는 것은 명백하나 어음상의 권리의 이전을 내용으로 하는 배서에도 적용되는가에 관하여는 논의의 여지가 있다. 과거에는 부정설이 있었으나 현재 국내의 통설과[60] 판례[61]는 적용긍정설의 입장이고 이설을 발견할 수 없다.

부정설은 어음(수표)행위독립의 원칙은 당연법리라는 입장에서 배서의 본질이 어음채무의 부담이 아니라 채권양도이고(배서행위의 유효를 전제로 하는 담보적 효력은 법정책임) 전배서가 유효한 것을 전제로 하여 후배서의 피배서인이 어음상의 권리를 취득하므로, 전배서가 무효인 경우에는 후의 배서도 무효가 되어 독립성이 인정되지 않는다고 보는 입장이다. 그러나 전배서가 무효인데도 후배서가 무효로 되지 않는 것은 16조 2항의 선의취득의 결과이고 어음(수표)행위독립의 원칙이 적용되는 것은 아니라고 보는 입장이다.[62]

---

58) 손주찬, 전게서, 69-70면; 강위두, 전게서, 136면; 최기원, 전게서, 104면; 정동윤, 전게서, 133-134면.

59) 동지; 서돈각·정찬형, 전게서, 127면; 이균성, 전게논문, 132면.

60) 이정한, 전게논문, 365면; 손주찬, 전게서, 69면; 서돈각·정찬형, 전게서, 129-130면; 강위두, 전게서, 138면; 최기원, 전게서, 107면; 정동윤, 전게서, 135-136면.

61) 대판 1977. 12. 13, 77다1753; 위조발행된 어음이라도 어음(수표)행위독립의 원칙상 그 뒤에 유효하게 배서한 배서인에 대하여는 상환청구권을 행사할 수 있으므로 이를 보관 중 분실한 자에 대하여는 손해배상을 청구할 수 있다.

62) 田中耕太朗, 「手形法小切手法概論」, 有斐閣, 1938, 123면; 大隅健一朗, 「改訂手形法小切手法講義」, 有斐閣, 1976, 29면.

적용부정설에서는 선행의 어음(수표)행위가 무효인 경우에 배서인이 어음소지인에 대하여 담보책임을 지는 것은 어음(수표)행위독립의 원칙 때문이 아니고 선의의 어음소지인이 어음상의 권리를 어음법 16조 2항에 의하여 선의취득한 때문이라고 하나, 이는 선의취득제도와 어음(수표)행위독립의 원칙을 혼동하고 있다. 왜냐하면 선의취득제도는 소지인의 권리취득에 관한 문제이고, 어음(수표)행위독립의 원칙은 행위자의 어음채무부담에 관한 문제이기 때문이다. 즉 어음(수표)행위독립의 원칙을 배서와 관련시켜 말하면, 앞의 배서행위가 취소(예: 배서인의 제한능력으로 인하여 무효가 된 경우)에도 그 피배서인이 행한 배서행위는 영향을 받지 않고 독립하여 효력이 발생하게 됨을 의미한다. 이 경우에 피배서인은 배서인의 취소로 인하여 어음상의 권리는 취득하지 못하지만, 이로 인하여 피배서인이 채무를 부담함에 있어서는 아무런 영향이 없는 것이다. 이에 대하여 선의취득은 채무를 부담하는 것이 아니고 권리를 취득하는 것이므로, 앞의 예에 있어서 피배서인이 다시 배서를 한 경우에 그 배서에 의하여 어음을 취득한 소지인이 전배서인의 취소를 모른 때에는 자기에게 배서한 배서인이 무권리자임에도 불구하고 권리를 취득한다. 이와 같이 어음소지인에게는 선의취득이, 배서인에게는 어음(수표)행위독립의 원칙이 각각 적용되므로 양자는 전연 별개의 제도라고 할 것이다.[63)]

따라서 어음의 선의취득에 관한 어음법 16조 2항은 권리취득에 관한 규정으로서, 배서행위가 유효함을 예정하는 것이며 배서에 대하여 어음(수표)행위독립의 원칙을 불필요로 하는 것은 아니다. 배서자체가 무효인 경우에는 아무리 선의·무과실이라 할지라도 어음상의 권리를 취득하지 못하는 것이다. 특정한 배서가 선행하는 배서의 무효로서도 무효가 되지 아니하는 것은 어음(수표)행위독립의 원칙이 적용되는 까닭이다.

(4) 악의취득자에 적용여부

어음(수표)행위독립의 원칙이 선행의 어음(수표)행위의 무효에 관하여 악의인 어음취득자에도 적용되는가? 어음(수표)행위독립의 원칙과 선의취득의 제도와의 관련성을 어떻게 파악할 것인가가 논의의 핵심이다.

1) 적용긍정설

어음(수표)행위독립의 원칙을 어음취득자의 선의·악의를 불문하고 적용된다고 보나, 그 이유는 어음(수표)행위독립 원칙의 인정근거를 어떻게 보느냐에 따라 다르다.

---

63) 이정한, 전게논문, 366면.

어음(수표)행위독립의 원칙이 사법상의 일반원칙에 대한 예외로 어음법이 어음거래의 안전을 위하여 특별히 정책적으로 인정한 특칙이라고 보는 입장에서는 어음(수표)행위독립의 원칙은 단순히 선의취득자를 보호할 뿐만 아니라 개개의 어음(수표)행위의 확실성을 높여 어음의 신용을 증진시키기 위한 것이므로 어음취득자의 선의·악의를 묻지 않고 적용된다는 입장이다.64) 다수설의 견해이다.

어음(수표)행위독립의 원칙은 어음(수표)행위의 문언성에서 나오는 당연한 사리이며, 어음(수표)행위독립의 원칙에 관한 어음법의 규정은 주의적 규정이라고 보는 입장에서는, 어음(수표)행위독립의 원칙이 어음(수표)행위의 성질 자체에서 유래하는 것이므로 어음(수표)행위독립의 원칙이 어음취득자의 선의·악의나 과실의 유무를 불문하고 적용되는 것은 자명하다고 본다.65)

적용긍정설에 의하면 어느 어음(수표)행위의 내용이 실질적 사유로 인하여 무효가 되고, 상대방이 이를 알고 있었다 하더라도 그 행위의 효력에는 영향이 없게 된다.

2) 적용부정설

어음(수표)행위독립의 원칙은 어음의 선의취득자를 보호할 목적으로 어음거래의 안전과 유통성을 보호하기위하여 인정된 특칙이므로 선의취득자에게만 인정하는 입장이다. 특히 이 학설은 어음(수표)행위독립의 원칙을 악의의 어음취득자에 적용하여 악의의 어음취득자가 직접의 배서인에 대하여 상환청구권을 가진다고 하면, 그 반면에 원래 어음의 반환청구권을 가진 권리자로부터 어음반환청구권을 박탈하는 결과가 되어 부당하다는 점을 지적하고 있다.66)

3) 검 토

어음(수표)행위독립의 원칙은 단순히 선의취득자의 보호뿐만 아니라 어음요건을 갖춘 형식적으로 유효한 어음에 어음(수표)행위를 한 모두에게 책임을 부담시켜 어음의 지급확실성과 유통성을 증진시키기 위하여 인정된 제도이고, 상대방의 주관적 심리상태인 선의·악의에 따라 이 원칙의 적용이 달라지는 것은 타당하지 않으므로 어음취득자가 선의인 경우뿐만 아니라 악의인 경우에도 모두 적용된다고 보는 다수설이 타

---

64) 이정한, 상게논문, 363면; 손주찬, 전게서, 69면; 서돈각·정찬형, 전게서, 131-133면; 강위두, 전게서, 138면; 이범찬, 전게서, 273면; 정동윤, 전게서, 138면; 이기수, 「어음법·수표법」, 박영사, 1989, 144면.
65) 서정갑, 전게서, 91면; 이균성, 전게논문, 138면; 鈴木竹雄, 전게서, 125면; 大隅健一朗, 전게서, 28면.
66) 최기원, 전게서, 107-109면 참조.

당하다.

위와 같이 어음(수표)행위독립의 원칙은 악의의 취득자에게도 적용이 되지만 그 취득자에게 악의가 있기 때문에 다른 규정에 의하여 권리취득을 하지 못하거나 권리를 행사하지 못하는 것은 별개의 문제이다.

예를 들면 자기의 직접 상대방인 배서인이 그의 선행행위의 무효로 권리를 취득하지 못한 줄 알면서 그 어음을 배서양도 받은 자는 어음상의 권리를 취득하지 못하는데 이것은 어음(수표)행위독립의 원칙이 악의자에게 적용되지 않는 것이 아니라 어음법 16조 2항의 선의취득규정이 적용되기 때문이다. 또 타인의 명의로 약속어음을 위조 발행하여 자기가 수취인이 되어 이를 배서양도한 경우에 그 어음취득자가 위조 발행된 어음이라는 것을 알고 취득한 때에는 악의의 어음취득자는 어음(수표)행위독립의 원칙에 의하여 배서인에 대하여 상환청구를 할 수 있는 것처럼 보이나, 어음취득자가 선의취득의 요건을 갖추지 못해 어음상의 권리를 취득하지 못하므로 결국 어음취득자는 배서인에 대하여 상환청구를 할 수 없는 것이다.

그러나 한편 어음의 유통과정의 중간에 하자있는 기명날인이 있는 줄은 알지만 자기의 직접 전자가 권리자인 줄 믿고(중과실 없이) 어음을 취득한 자는 어음법 16조 2항의 악의자가 아니고, 따라서 어음상의 권리를 취득할 수 있게 되므로 이 경우 악의의 취득자도 어음상에 유효한 기명날인을 한 자에 대하여 어음상의 청구권을 갖게 된다.

또한 어음(수표)행위독립의 원칙과 항변은 별개이므로 악의의 항변이 인정되는 경우는 악의의 소지인에게 대항할 수 있다. 가령 발행인 甲의 기명날인이 위조된 어음임을 알고 이 어음을 취득하여 소지인이 된 乙이 지급인 丙에게 인수제시를 하여 丙이 선의로 인수를 한 경우에 丙은 선의의 어음소지인에 대하여 인수로 인한 채무를 부담하여야 하지만, 위조의 사실을 알고 취득한 乙에 대하여는 사기를 이유로 하여 인수를 취소하고 이를 항변으로 하여 지급을 거절할 수 있다. 또한 전례에 있어서 소지인 乙이 발행이 위조어음임을 알면서 이를 묵비하고 사기적으로 丙으로부터 어음보증을 받은 경우에도 이 어음보증인 丙은 乙에 대하여 사기로 인한 취소의 인적 항변을 주장할 수 있다.[67)]

(5) 어음채무의 소멸의 경우

어음(수표)행위독립의 원칙은 어음(수표)행위의 효력발생에 관하여 인정되는 것이므

67) 이정한, 전게논문, 364면.

로 일단 유효하게 성립한 어음채무가 소멸하였을 경우에는 적용되지 않음은 물론이다. 그러므로 예컨대 주채무자(환어음의 인수인, 약속어음의 발행인)가 변제 · 공탁 · 상계 · 혼동 · 경개 · 소멸시효 등으로 그 책임을 면한 때에는 상환의무자 전원은 그 책임을 면하고, 상환의무자가 상환한 때에는 그 후자인 상환의무자가 책임을 면하므로 이에 어음(수표)행위독립의 원칙을 적용하여 어음(수표)행위의 효력발생을 주장할 수 없다.[68]

4. 어음보증독립의 원칙과 그 한계

어음법상 어음보증인은 보증의 종속성에 의하여 주채무자(피보증인)와 동일한 책임을 부담하나(어 32조 1항), 어음보증은 담보된 채무가 그 방식에 하자가 있는 경우 외에는 어떠한 사유로 인하여 무효가 된 때에도 그 효력이 있다(어 32조 2항). 즉 어음보증은 채무부담을 내용으로 하는 어음(수표)행위로서 어음(수표)행위독립의 원칙이 적용되므로 어음보증의 전제된 주채무가 실질적으로 무효이더라도 형식상의 흠결이 없는 한 어음보증은 유효하여 어음보증인은 보증된 문언에 따라 책임을 진다(어음보증채무의 독립성).

이와 같이 어음보증에 있어서는 민법상의 보증과는 달리 종속성 이외에도 독립성이 인정되는데 양자가 충돌하는 문제가 발생된다. 이는 특히 어음보증인이 주채무자가 가지는 인적항변을 가지고 어음소지인에게 대항할 수 있느냐에 관한 문제이다. 예컨대 A가 B에 대하여 매매대금지급을 위하여 약속어음을 발행하고 C가 어음보증을 하였으나 그 매매계약이 해제된 경우 또는 매매대금을 A가 B에게 지급을 하였음에도 불구하고 어음을 소지하고 있는 것을 이용하여 B가 보증인 C에 대하여 어음보증독립의 원칙에 따라 보증채무의 이행을 청구하는 경우 C는 지급하여야 되는가, 아니면 C는 A의 B에 대한 원인관계 소멸의 항변을 원용하여 지급을 거절할 수 있는가?

이에 대하여 종래의 다수학설은 어음보증의 독립성을 근거로 어음보증인 C는 주채무자 A가 어음소지인 B에 대하여 갖는 항변을 원용할 수 없다는 입장을 취하였다. 그러나 이것은 다음과 같은 난점이 있다. 즉 소지인 B가 주채무자 A에 대하여 지급청구하는 경우 A는 원인관계소멸의 항변(인적항변)을 주장하여 B에게 대항할 수 있음에도, B가 C에게 청구하는 경우에는 보증인 C는 어음보증독립의 원칙에 따라 B의 청구에 응하여만 하고 C는 주채무자 A에게 구상권을 행사하고, 다시 A는 B에게 부당이득반

68) 이정한, 상계논문, 368면; 양승규 · 박길준, 전게서, 568면; 서돈각 · 정찬형, 전게서, 127면.

환청구를 하게 되는 복잡한 절차를 거치게 되는 것이다.[69]

어음보증의 독립의 원칙을 깨뜨리지 않으면서 이러한 문제점을 해결하기 위하여 여러 견해가 나타났는데, 요약하면 ① 어음보증인이 원인관계를 알고 보증한 경우나 채무의 담보를 위한 경우는, 보증인도 소지인과 직접의 인적관계가 있기 때문에 인적항변을 주장할 수 있다는 설, ② 어음이론 중 수정창조설(이단계설 또는 교부행위유인설)의 입장에서 채무부담행위는 무인행위이나, 권리이전행위는 유인행위이므로 원인관계가 소멸 또는 부존재로 되는 경우 권리이전행위가 무효가 되며 그 결과 소지인은 무권리자가 되며, 소지인이 무권리자라는 항변은 누구나 주장할 수 있으므로 보증인도 무권리의 항변을 주장할 수 있다는 설, ③ 소지인은 어음발행의 원인관계상의 채무의 불발생이 확정된 때에는 특별한 사정이 없는 한 그 후 어음발행인에 대하여뿐만 아니라 어음보증인에 대하여도 어음상 권리를 행사할 실질적 이유를 잃게 되므로, 어음을 반환하지 않고 어음이 자기의 수중에 있는 것을 기화로 하여 어음보증인에 대하여 어음금의 지급을 청구한다는 것은 신의성실의 원칙에 반하여 명백히 부당하며, 권리의 남용에 해당하고 권리남용의 항변은 누구나 주장할 수 있으므로 어음보증인은 수취인에 대하여 어음금의 지급을 거절할 수 있다는 권리남용설의 입장이 있다.

권리남용설이 최근에 많은 지지를 받고 있으며[70] 대법원도 동일한 입장이다. 대법원은 "장래의 채무를 담보하기 위하여 발행된 약속어음에 발행인을 위하여 어음보증이 되어 있는 약속어음을 수취한 사람은 어음을 발행한 원인관계상의 채무가 존속하지 않기로 확정된 때에는 특별한 사정이 없는 한 그 때부터는 어음발행인에 대해서뿐만 아니라 어음보증인에 대해서도 어음상의 권리를 행사할 실질적인 이유가 없어졌다 할 것이므로 어음이 자기 수중에 있음을 기화로 하여 어음보증인으로부터 어음금을 받으려고 하는 것은 신의성실의 원칙에 비추어 부당한 것으로서 권리의 남용이라 할 것이고 어음보증인은 수취인에 대하여 어음금의 지급을 거절할 수 있다고 할 것이니 위 수취인으로부터 배서양도를 받은 어음소지인이 어음법 17조 단서의 요건에 해당되는 때에는 어음보증인은 그러한 악의의 소지인에 대하여서도 권리남용의 항변으로 대항할 수 있다"[71]고 판시하였다.

이와 관련하여 주의할 점은 어음은 고도의 유통성이 요구되기 때문에 일반이론으

---

69) 손주찬, 전게서, 275면.
70) 손주찬, 전게서, 277면; 서돈각·정찬형, 전게서, 692면; 정동윤, 전게서, 382면 등.
71) 대판 1988. 8. 9, 86다카1858.

로서의 권리남용이론은 한정적으로 적용되어야 할 것이다.

그러나 주채무자가 아직 원인관계상의 해제권 · 취소권 · 상계권을 행사하지 않은 동안에는 어음보증인은 이를 행사할 수 없다는 것이 통설의 입장이다.[72] 즉 원인관계가 이미 소멸되어 있는 경우의 부존재의 항변과는 달리 주채무자가 해제권 · 취소권 · 상계권을 행사하기 전에는 아직 원인관계가 존재하므로 어음보증독립의 원칙에 따라 보증인은 주채무자의 항변을 원용하지 못하며 따라서 소지인의 청구를 거절하지 못한다.

Ⅳ. 어음(수표)행위의 대리

1. 총　　설

어음(수표)행위는 대리에 친한 법률행위이므로 본인 이외에도 타인에 의하여 행하여진다. 타인에 의한 어음(수표)행위에는 ① 대리방식, ② 대행방식(기관방식)이 있다. 전자는 타인이 대리인임을 표시하고 대리인이 기명날인한 어음(수표)행위이고[본인 甲, 대리인 乙(乙의 印)], 후자는 타인이 직접 본인의 기명날인 또는 서명을 사용한 어음(수표)행위이므로[타인(乙)이 본인(甲)의 명의의 기명날인 또는 서명을 하는 경우] 양자는 그 방식에 차이가 있다. 권한 없이 전자의 방식(대리)으로 행한 경우에는 무권대리가 되며, 후자의 방식(대행)을 행한 경우에는 어음위조가 된다.

어음(수표)행위의 대리가 유효하게 성립하기 위해서는 형식적 요건으로서 대리방식을 갖추고 실질적 요건으로서 대리권이 있어야 한다.

2. 형식적 요건(대리의 방식)

타인이 어음(수표)행위를 대리하는 경우에는 형식적 요건으로서 ① 본인의 표시, ② 대리관계의 표시, ③ 대리인의 기명날인 또는 서명이 요구된다.

(1) 본인의 표시(현명주의)

어음(수표)행위의 대리시에는 반드시 본인을 명시하여야 한다. 이를 현명주의라고 한다. 상행위의 대리에 있어서는 대리인이 본인을 위한 것임을 표시하지 않아도 그 행위의 효과가 본인에게 귀속되나(비현명주의, 상 48조), 어음(수표)행위에는 그 문언성으로

72) 손주찬, 전게서, 277면; 정동윤, 전게서, 382면; 서돈각 · 정찬형, 전게서, 692면.

인하여 상법 48조가 적용되지 않는다. 따라서 본인의 명시가 없는 어음(수표)행위에 대해서는 대리인 자신이 어음(수표)행위자로서 책임을 진다. 또한 민법의 경우와는 달리 상대방이 그 어음(수표)행위가 대리인으로서 한 것임을 알았거나 알 수 있었을 경우에도 본인은 어음상의 책임을 부담하지 않는다(민 115조 단서의 적용배제).

본인의 표시는 본인이 누구인지를 식별할 수 있을 정도이면 족하므로 반드시 성명 또는 상호를 기재함을 요하지 않고 통칭·약칭·필명 등의 기재도 무방하다.

복대리인 경우에는 자기에게 대리권을 수여한 대리인을 표시할 필요는 없고 본인만을 표시하면 된다.

민 법	상대적 현명주의	대리인이 본인을 위함을 표시해야 함. 단, 상대방이 대리인으로 한 것을 알았거나 알 수 있었던 경우에는 예외 인정(민 115조 단서)
상 법	비현명주의	상행위의 대리시 본인임을 현명할 필요는 없음
어음법·수표법	절대적 현명주의	어음(수표)행위의 문언성으로 예외 없는 현명주의

(2) 대리관계의 표시(대리문구)

대리인은 대리관계 내지 대리(대표)자격을 나타내어야 한다. 대리관계의 표시는 '대리'라는 문자를 사용하지 않더라도 본인을 위한 어음(수표)행위로 인식될 수 있을 정도의 기재이면 된다(예: 지배인·지점장·후견인 등). 본인이 법인인 경우에는 권한 있는 자에 의하여 어음(수표)행위가 행하여졌음을 나타내야 한다(예: 대표이사·대표사원·이사장 등의 자격표시).[73]

(3) 대리인의 기명날인 또는 서명

대리인이 자신의 기명날인 또는 서명을 하여야 한다. 법인(회사)의 경우 대표기관의 날인이 없고, 사인(社印)을 사용하여 한 어음(수표)행위는 법인의 어음(수표)행위로 인

73) 대판 1973. 12. 26, 73다1436; 법인이 어음(수표)행위를 하려면 대표기관이 그 법인을 위하여 하는 것임을 표시하고 자기성명을 기재하여야 하는 것은 대표기관 자신이 직접 어음(수표)행위를 하는 경우이고 대리인이 어음(수표)행위를 하려면 어음상에 대리관계를 표시하여야 하는바, 그 표시방법에 대하여 특별한 규정이 없으므로 어음상에 대리인 자신은 위한 어음(수표)행위가 아니고 본인을 위하여 어음(수표)행위를 한다는 취지를 인식할 수 있을 정도의 표시가 있으면 된다. 동지; 대판 1984. 4. 10, 83다카316.

정되지 않음이 원칙이다(그 밖의 사항은 어음(수표)행위의 성립요건 참조).[74] 대리인의 기명날인 또는 서명이 없는 어음(수표)행위는 무효이므로 본인과 대리인 모두 어음상의 책임을 부담하지 않는다.

3. 실질적 요건

(1) 대리권의 존재

어음의 대리행위가 본인에게 효력을 발생시키기 위하여서는 대리인이 대리권을 가져야 한다. 대리권은 그 발생원인에 따라 임의대리권과 법정대리권으로 구분된다. 임의대리권은 본인의 개별적인 대리권수여행위(불요식행위이다)에 의하여 발생하며 그 범위도 본인의 수권행위에 의하여 결정되므로 어음(수표)행위의 대리권도 본인으로부터 수권이 있어야 한다. 법정대리권의 경우에는 일정한 지위에 취임하면 법률의 규정에 의하여 포괄적 대리권이 인정되므로 이를 근거로 어음(수표)행위를 하게 된다. 예컨대 지배인(상 11조 1항·3항), 합명회사나 합자회사의 무한책임사원(상 209, 269조), 주식회사의 대표이사(상 389조 3항), 유한회사의 이사(상 567조), 법정대리인(친권자·후견인) 등은 어음(수표)행위에 관한 개별적인 수권행위가 없어도 그 선임행위에 의해 당연히 포괄적인 대리권을 가지며 이에 대한 제한은 선의의 제3자에게 대항하지 못한다. 그러나 부분적 포괄대리권을 가진 상업사용인(상 15조)은 특별히 수여받은 영업의 종류나 특정사항에 관한 것이거나 특별한 수권을 받지 않은 한, 영업주를 위하여 어음(수표)행위를 할 수 있는 권한이 없다.[75] 물건판매점포의 사용인(상 16조)도 특별한 수권이 없는 한

74) 대판 1999. 3. 9, 97다7745; 은행 지점장이 수취인이 은행인 약속어음의 배서인란에 지점의 주소와 지점 명칭이 새겨진 명판을 찍고 기명을 생략한 채 자신의 사인(私印)을 날인하는 방법으로 배서한 경우, 그 배서는 행위자인 대리인의 기명이 누락되어 그 요건을 갖추지 못한 무효의 배서이므로 배서의 연속에 흠결이 있다 할 것이다. 대판 1999. 10. 8, 99다30367; 법인의 어음(수표)행위는 어음(수표)행위의 서면성·문언성에 비추어 법인의 대표자 또는 대리인이 그 법인의 대표자 또는 대리권자임을 어음면상에 표시하고 기명날인하는 대리방식에 의하든가, 법인의 대표자로부터 대리권을 수여받고 직접 법인의 대표자 명의로 서명할 수 있는 권한이 주어져 있는 자의 대행방식에 의하여 이루어져야 할 것이므로, 법인의 대리인이 법인 명의의 배서를 함에 있어 행위자인 대리인의 기명이 누락된 경우에는 그 요건을 갖추지 못한 무효의 배서라고 하여야 한다.

75) 대판 2009. 5. 28, 2007다20440, 20457; 상법 제15조에 의하여 부분적 포괄대리권을 가진 상업사용인은 그가 수여받은 영업의 특정한 종류 또는 특정한 사항에 관한 재판 외의 모든 행위를 할 수 있으므로 개개의 행위에 대하여 영업주로부터 별도의 수권이 필요 없으나, 어떠한 행위가 위임받은 영업의 특정한 종류 또는 사항에 속하는가는 당해 영업의 규모와 성격, 거래행위의 형태 및 계속 반복 여부, 사용인의 직책명, 전체적인 업무분장 등 여러 사정을 고려해서 거래통념에 따라 객관적으로 판단하여야 한다. 대판 1990. 1. 23, 88다카3250; 일반적으로 주식회사의 경리부장은 경상자금의 수입과 지출, 은행거래, 경리장부의 작성 및 관리 등 경리사무 일체에 관하여 그 권한을 위임받은 것

영업주를 위하여 어음(수표)행위를 할 수 있는 권한이 없다.

(2) 쌍방대리·자기거래 등의 적용여부

1) 의 의

자기계약·쌍방대리를 금지하는 민법 124조와 주식회사·유한회사의 이사 또는 합명회사·합자회사 사원의 자기거래를 제한하는 상법 398조(199조, 269조, 564조 3항 포함, 이하 동일)가 어음(수표)행위에도 적용되는가에 관하여는 견해가 나누어진다.

자기계약은 대리인이 본인과 법률행위를 하는 것을 말하며, 쌍방대리는 동일한 대리인이 동일한 법률행위에 대하여 당사자 쌍방을 대리하는 것이다. 자기거래라 함은 회사의 이사가 자기를 위하여 또는 제3자를 대표·대리하여 회사와 거래하는 경우를 말한다. 쌍방대리와 자기거래(계약)는 본인(회사)의 이익을 희생시키고 자기 또는 제3자의 이익을 도모할 염려가 있기 때문에 민법은 본인의 허락(민 124조), 상법은 이사회의 승인을 얻도록 규정하고 있다(상 398조). 이사회의 승인이 있으면 쌍방대리의 금지에 관한 민법 124조의 규정이 적용되지 않는다(상 398조 후단). 이사의 자기거래제한은 이사의 충실의무에서 파생된 의무의 하나이다.

2) 쌍방대리·자기거래의 범위

민법 124조와 상법 398조는 쌍방대리·자기거래(자기계약)의 범위에 관하여 규정하고 있지 않다. 그러나 민법 124조와 상법 398조의 입법취지가 대리인(이사)과 본인(회사)간에 이익충돌을 방지하여 본인(회사)의 이익을 보호하는 데 있으므로, 본인(이사회)의 승인을 필요로 하는 쌍방대리·자기거래는 본인(회사)에 불이익을 끼칠 염려가 있는 모든 재산상의 법률행위가 포함된다는 것이 통설의 입장이다. 따라서 본인(회사)이 대리인(이사)으로부터 아무런 부담 없는 증여를 받거나, 이행행위인 물권행위, 상계, 보통거래약관에 의한 행위 등은 이익충돌의 염려가 없는 행위로서 본인(이사회)의 승인을 필요로 하지 않는다. 상법 398조는 민법 124조와 같이 명문으로 쌍방대리의 형태를 규정하고 있지 않으나, 통설·판례[76][77]는 이를 포함시키고 있다.

으로 봄이 타당하고 그 지위나 직책, 회사에 미치는 영향, 특히 회사의 자금차입을 위하여 이사회의 결의를 요하는 등의 사정에 비추어 보면 특별한 사정이 없는 한 독자적인 자금차용은 회사로부터 위임되어 있지 않다고 보아야 할 것이므로 경리부장에게 자금차용에 관한 상법 제15조의 부분적 포괄대리권이 있다고 할 수 없다.

76) 대판 1969. 11. 11, 69다1374; 형식상 전연 별개회사의 대표이사를 겸하고 있는 자가 그 양 회사를 대표하여 어느 일방회사에 불리한 내용의 협약을 체결하려면 그 불리한 입장에 있는 회사의 이사회

본인(회사)과 대리인(이사) 간의 직접거래가 민법 124조와 상법 398조의 규제대상이 됨은 논의의 여지가 없으나, 본인(회사)과 대리인(이사) 간에 간접거래가 포함되는가는 문제이다. 예컨대 대리인(이사)이 제3자에 대하여 부담하는 채무에 관하여 본인(회사)이 연대보증을 하거나 또는 채무인수를 한 경우와 같이 거래가 형식적으로는 본인(회사)과 제3자 간에 이루어진다 하더라도 실질적으로는 본인(회사)과 대리인(이사) 간에 이해관계의 충돌을 일으키는 것을 간접거래라 하며 우리나라의 통설과 판례[78)]는 간접거래가 자기계약 형태 또는 쌍방대리 형태이든 불문하고 민법 124조와 상법 398조의 적용대상으로 보고 있다.

3) 어음(수표)행위의 포함여부

(가) 부정설

그런데 어음(수표)행위가 이익충돌의 염려가 있는 행위인가에 대하여는 학설이 대립된다. 부정설은 어음(수표)행위는 원인관계와 절단되어 있고, 결제수단에 지나지 않는 행위로서 그 자체는 민법 124조 단서의 채무이행행위로 볼 수 있으므로 본인(회사)과의 이익충돌을 가져오는 행위가 아니라고 보고 있다. 본인(회사)의 이익보호는 원인관계에 대한 동의를 통하여 충분히 보호될 수 있다는 입장이다. 이 설에 따르면 본인(이사회)의 승인이 없더라도 어음(수표)행위는 유효하다고 본다.

(나) 긍정설

그러나 어음(수표)행위를 통하여 본인(회사)은 원인관계상의 채무 이외에 새로운 어음채무를 부담하게 되고, 어음채무는 항변의 절단, 입증책임의 전환이 인정되어 원인채무보다 엄격하므로 본인(회사)에 불리하며, 특히 부도시에는 거래정지처분을 당하게 되고, 또한 어음금지급청구소송은 단독판사의 관할이고, 원고승소판결시 가집행선고를 내

의 승인을 받아야만 한다.

77) 대판 1996. 5. 28, 95다12101, 12118; 甲, 乙 두 회사의 대표이사를 겸하고 있던 자에 의하여 甲회사와 乙회사 사이에 토지 및 건물에 대한 매매계약이 체결되고 乙회사 명의로 소유권이전등기가 경료된 경우, 그 매매계약은 이른바 '이사의 자기거래'에 해당하고, 달리 특별한 사정이 없는 한 이는 甲회사와 그 이사와의 사이에 이해충돌의 염려 내지 甲회사에 불이익을 생기게 할 염려가 있는 거래에 해당하는데, 그 거래에 대하여 甲회사 이사회의 승인이 없었으므로 그 매매계약의 효력은 乙회사에 대한 관계에 있어서 무효이다.

78) 대판 1984. 12. 11, 84다카1591; 상법 제398조에서 말하는 거래에는 이사와 회사 사이에 직접 성립하는 이해상반하는 행위뿐만 아니라 이사가 회사를 대표하여 자기를 위하여 자기개인채무의 채권자인 제3자와의 사이에 자기개인채무의 연대보증을 하는 것과 같은 이사개인에게 이익이 되고 회사에 불이익을 주는 행위도 포함하는 것이라 할 것이므로 별개 두 회사의 대표이사를 겸하고 있는 자가 어느 일방 회사의 채무에 관하여 나머지 회사를 대표하여 연대보증을 한 경우에도 역시 상법 제398조의 규정이 적용되는 것으로 보아야 한다.

리게 되어 있는 점 등을 고려하여 볼 때 이익충돌의 염려가 없는 행위라고 보기는 어렵다. 따라서 긍정설이 타당하며, 우리나라에 있어서 통설 · 판례[79]의 입장이다.

위와 같이 어음(수표)행위는 자기거래 제한의 대상이 되는 행위이므로 이사회의 승인 없이 회사와 어음(수표)행위를 한 이사는 법령위반의 행위를 한 것으로서 회사에 대하여 손해배상책임을 부담한다(상 339조 1항).

4) 위반의 효력

그런데 위의 규정을 위반하여, 즉 본인의 승낙 · 이사회의 결의 · 다른 사원 과반수의 결의 없이 한 어음(수표)행위의 효력에 대하여는 ① 유효설, ② 무효설, ③ 상대적 무효설의 대립이 있다.

① 유효설은 본인(이사회 · 다른 사원 과반수의 동의, 이하 동일)의 승인 없는 어음(수표)행위도 유효하고, 본인(회사)은 악의의 제3자에 대하여는 악의의 항변을 주장할 수 있다는 입장이다. ② 무효설은 본인(회사)의 이익보호에 중점을 두고 본인(이사회)의 승인 없는 어음(수표)행위는 무효로 보고, 다만 선의의 제3자는 선의취득의 규정에 의하여 보호될 수 있다는 입장이다. ③ 상대적 무효설은 본인(이사회)의 승인 없는 어음(수표)행위는 본인(회사)과 대리인(이사) 간에는 무효이지만, 선의의 제3자에 대한 관계에서는 무효를 주장할 수 없다는 견해이다. 이 경우에 제3자가 본인(이사회)의 승인이 없음을 알고 있다는 사실, 즉 악의라는 사실은 자기거래의 무효를 주장하는 본인(회사)이 입증하여야 한다.

생각건대 민법 124조와 상법 398조의 입법취지는 본인(회사)의 이익보호에 있으나, 본인(이사회)의 승인여부는 제3자가 알 수 없는 사항이므로 거래안전의 보호와 본인(회사)의 이익보호라는 두 가지 입장을 잘 조화한 상대적 무효설이 타당하다고 본다. 우리나라 다수설[80] · 판례[81]의 태도이다. 상대방이 선의이지만 중대한 과실이 있는 경우에도 이익형량의 관점에서 보호되지 못한다고 해석하는 것이 타당하다. 판례도 동일한 입장이다.[82]

---

79) 대판 1966. 9. 6, 66다1146.

80) 이철송(어), 121면; 정찬형(下), 92면; 서헌제(어), 131면; 김문재(어), 101면.

81) 대판 1973. 10. 31, 73다954; 이사와 회사 간에 직접 있은 이익상반하는 거래에 있어서는 회사는 당해 이사에 대하여 이사회의 승인을 못 얻은 것을 내세워 그 행위의 무효를 주장할 수 있지만, 회사 이외의 제3자와 이사가 회사를 대표하여 자기를 위하여 한 거래에 있어서는 회사는 그 거래에 대하여 이사회의 승인을 안 받은 것 외에 상대방인 제3자가 악의라는 사실을 주장, 입증하여야 비로소 그 무효를 그 상대방인 제3자에게 주장할 수 있다; 동 대판 1978. 3. 28, 78다4; 1994. 10. 11, 94다24626.

따라서 본인·이사회 또는 다른 사원 과반수의 승낙이 없는 어음(수표)행위는 본인(회사)과 대리인(이사) 간에는 무효이나, 이 무효를 가지고 선의의 제3자에게 대항하지 못한다. 회사가 상대방에 대하여 무효를 주장하기 위하여는 이사회의 승인을 얻지 못하였다는 것과 이에 대한 제3자의 악의·중과실을 입증하여야 한다.

4. 무권대리

(1) 총 설

대리권 없는 자가 대리의 형식을 취하여 어음(수표)행위를 하는 것을 어음(수표)행위의 무권대리라고 한다. 무권대리는 대리권이 없어 본인이 책임을 부담하지 않는 '협의의 무권대리'와 대리권은 없지만 본인이 표현책임을 부담하는 '표현대리'로 나눌 수 있다. 또한 대리인이 대리권의 범위를 넘어서 대리행위를 한 경우를 월권대리라고 한다.

(2) 본인의 책임

무권대리에 있어서 본인은 어음상의 책임을 지지 않는 것이 원칙이다. 다만 본인이 무권대리를 추인한 경우(민 133조)와 표현대리(후술)가 성립하는 경우는 예외적으로 책임을 부담한다.

(3) 무권대리인의 책임

1) 특 칙

무권대리인은 어음·수표상의 책임을 부담한다(어 8·77조 2항, 수 11조). 무권대리

82) 대판 2004. 3. 25, 2003다64688; [1] 회사의 대표이사가 이사회의 승인 없이 한 이른바 자기거래행위는 회사와 이사 간에서는 무효이지만, 회사가 위 거래가 이사회의 승인을 얻지 못하여 무효라는 것을 제3자에 대하여 주장하기 위해서는 거래의 안전과 선의의 제3자를 보호할 필요상 이사회의 승인을 얻지 못하였다는 것 외에 제3자가 이사회의 승인 없음을 알았다는 사실을 입증하여야 할 것이고, 비록 제3자가 선의였다 하더라도 이를 알지 못한 데 중대한 과실이 있음을 입증한 경우에는 악의인 경우와 마찬가지라고 할 것이며, 이 경우 중대한 과실이라 함은 제3자가 조금만 주의를 기울였더라면 그 거래가 이사와 회사 간의 거래로서 이사회의 승인이 필요하다는 점과 이사회의 승인을 얻지 못하였다는 사정을 알 수 있었음에도 불구하고, 만연히 이사회의 승인을 얻은 것으로 믿는 등 거래통념상 요구되는 주의의무에 현저히 위반하는 것으로서 공평의 관점에서 제3자를 구태여 보호할 필요가 없다고 봄이 상당하다고 인정되는 상태를 말한다. [2] 어음할인 등 여신을 전문적으로 취급하는 은행이 대표이사의 개인적인 연대보증채무를 담보하기 위하여 대표이사 본인 앞으로 발행된 회사 명의의 약속어음을 취득함에 있어서 당시 위 어음의 발행에 관하여 이사회의 승인이 없음을 알았거나 이를 알지 못한 데 대하여 중대한 과실이 있다고 한 사례이다.

인의 책임에 관한 민법 135조 1항은 상대방의 선택에 좇아 이행책임 또는 손해배상책임을 지우고 있으나, 어음법·수표법은 무권대리인에게 직접 어음(수표)상의 책임을 지우고 있다. 이는 선의의 어음(수표)취득자를 보호함으로써 어음(수표)의 신용을 높이고 그 유통을 보호하기 위한 법정책임이다.

2) 무권대리인의 책임성립요건

(가) 일반요건

무권대리인의 책임이 성립하기 위하여는 ① 어음(수표)상에 대리인으로서 기명날인하여야 하며, ② 대리인은 대리권이 없음은 물론이고, 본인의 추인[83]도 받을 수 없어야 하며, ③ 대리행위 자체에는 하자가 없으며, ④ 상대방 또는 어음(수표)취득자가 선의이어야 한다. 어음법 8조는 민법과 달리 상대방의 선의·무과실을 요건으로 하지 않으므로 과실 있는 선의자를 포함한다(통설).

(나) 책임의 발생시기

무권대리인의 책임의 발생시기에 대하여는 무권대리인의 책임은 어음(수표)행위시에 발생하고 본인의 추인에 의하여 책임이 소멸한다고 보는 해제조건설[84]과 본인의 추인거절에 의하여 무권대리인의 책임의 발생한다고 보는 정지조건설[85]의 대립이 있다. 이와는 달리 어음법 8조의 가벌성을 중시하여 본인의 추인과 관계없이 본인의 이행이 있기 전에는 무권대리인에게 어음금청구를 할 수 있다는 견해도 있다. 어음소지인은 본인이 책임을 부담한다는 것을 믿고 취득한 이상 그 신뢰가 배반되었을 때, 즉 본인이 지급을 하지 않거나 추인을 거절하였을 때 그 책임이 발생한다고 보는 후설(정지조건설)이 타당하다고 본다.

(다) 대리권흠결에 관한 입증책임

대리권의 흠결에 대하여 누가 입증책임을 부담할 것인가에 관하여는 대리권의 흠결은 대리인책임의 성립요건이므로 입증책임에 관한 일반원칙에 따라 대리인의 책임을 추궁하는 무권대리인의 상대방 또는 어음소지인 측에서 이를 입증해야 한다고 보는 견

---

83) 어음(수표)행위의 상대방은 추인여부를 본인에게 최고할 수 있다(민 131조). 본인의 추인이 있으면 소급하여 본인이 어음상의 책임을 부담한다(민 130·133조). 본인의 추인은 명시적인 경우뿐만 아니라 묵시에 의하여도 가능하다(대판 1990. 4. 27, 89다카2100; 1995. 11. 14, 95다28090; 2000. 9. 8, 99다58471). 상대방에 대한 추인 또는 추인거절의 의사표시는 단독행위이며, 여기서 상대방은 직접의 상대방뿐만 아니라 모든 어음 소지인을 포함한다고 보는 것이 유통증권인 어음의 성질상 타당하다(통설).

84) 이철송(어), 116면; 정찬형(下), 98면; 최준선(어), 122-123면; 김문재(어), 114면.

85) 정동윤(下), 91; 정희철(下), 121면.

해(어음소지인입증설)와 피고인 무권대리인이 대리권의 존재에 관하여 입증하여야 한다고 보는 견해(무권대리인입증설, 다수설)로 나누어진다.

생각건대 대리권의 존재여부는 본인과 대리인의 내부관계로 외부에서 알 수 없는 것이므로 소지인의 입증이 불가능하고, 어음법 8조는 어음소지인의 보호를 목적으로 하고 있기 때문에 후설이 타당하다고 보아야 할 것이다. 따라서 어음소지인은 무권대리를 이유로 본인이 지급거절하면 이 사실만으로 무권대리인의 책임을 추궁할 수 있다. 또한 본인이 가설인이거나 실존하지 않는 경우도 무권대리인이 책임을 부담한다.

3) 책임의 내용

무권대리인은 그가 대리권을 가졌으면 본인이 부담하였을 의무와 동일한 내용의 어음상의 책임을 부담한다. 따라서 무권대리인이 약속어음을 발행한 경우에는 발행인으로서 주채무를 부담하고, 배서를 한 경우에는 어음소지인이 상환청구권보전절차를 취하는 것을 조건으로 상환의무를 부담한다.

또한 본인이 주장할 수 있는 항변은 무권대리인도 주장할 수 있음이 원칙이다. 그러나 어음(수표)행위 및 원인관계 이외의 사정으로 본인이 주장할 수 있었던 항변권(예: 상계의 항변권)은 이를 행사하지 못한다(통설).

무권대리인의 책임은 본인이 부담하였을 내용과 같은 책임을 지므로 본인의 채무가 시효로 소멸하면 무권대리인이 책임도 소멸된다고 볼 수 있다. 또한 본인의 대한 책임을 보존하기 위한 상환청구권보전 또는 시효중단절차는 무권대리인에게도 미친다고 보는 것이 타당하다.

4) 어음(수표)상의 의무를 이행한 무권대리인의 권리

무권대리인이 어음소지인에 대하여 어음상의 채무를 이행한 때에는 본인과 동일한 권리를 가진다(어 8조 2문 · 77조 2항, 수 11조). 이는 무권대리인이 배서를 하고 그 대가를 본인이 수령하였을 때 형평의 견지에서 법의 규정에 의하여 인정된 권리이며, 무권대리인은 본인의 전자에 대한 어음상의 권리를 취득한다.

따라서 단순한 지급인이나 어음(수표)행위의 종국적인 의무자(인수인 · 약속어음의 발행인)의 무권대리인으로서 지급한 경우는 전자에 대한 권리가 잔존하지 않으므로 권리취득의 여지가 없다.

또한 무권대리인이 대리권의 흠결에 관하여 선의인가 악의인가는 문제되지 않는다. 그러나 어음상의 채무자는 무권대리인 자신에 대한 항변뿐만 아니라, 본인이 권리를 행사하였으면 가지게 될 본인에 대한 항변을 무권대리인에 대해서도 주장할 수 있다.

5) 본인과 무권대리인과의 관계

무권대리인이 약속어음을 발행하거나 환어음을 인수하고 어음채무를 이행한 경우처럼 본인이 어음상의 권리가 없어 아무런 손해를 입지 않은 경우에는 본인은 무권대리인에 대하여 어음반환을 청구하거나 손해배상을 청구할 수 없다. 그러나 무권대리인이 본인의 어음을 타인에게 배서하여 본인이 어음의 소지를 상실한 경우에는 후일 무권대리인이 어음상의 의무를 이행하여 어음을 소지하게 된 경우에는 어음의 반환을 청구할 수 있다고 본다(다수설). 따라서 어음상의 채무를 이행한 무권대리인이 어음상의 권리를 취득하는 경우는 법조문과 달리 거의 발생하지 않는 것이다.

(4) 월권대리

대리인이 대리권의 범위를 초월하여 어음(수표)행위를 한 경우(월권대리)에도 월권대리인의 책임이 발생하는데(어 8조 3문), 본인과 월권대리인의 책임범위에 대하여는 학설의 대립이 있다.

1) 본인무책임설

본인은 어음상 전혀 책임이 없고 어음금액 전액에 대해서 책임을 이행한 월권대리인이 본인에게 구상할 수 있을 뿐이라는 견해이다.

2) 책임분담설

본인은 대리권을 수여한 범위 내에서만, 월권대리인은 월권의 범위 내에서 책임을 진다는 견해이다.

3) 책임병행설

본인은 수권범위 내, 월권대리인은 전액에 대하여 책임을 진다는 견해이다. 그러나 민·상법상의 표현대리가 성립하는 경우에는 본인도 전액에 대하여 책임을 지는 경우가 있다. 통설·판례[86]의 입장이다.

86) 대판 2001. 2. 23, 2000다45303, 45310; 어음행위의 대리 또는 대행권한을 수여받은 자가 그 수권의 범위를 넘어 어음행위를 한 경우에 본인은 그 수권의 범위 내에서는 대리 또는 대행자와 함께 어음상의 채무를 부담한다고 할 것인바, 원심이 인정한 사실관계에 의하더라도, 소외 1과 2는 원고로부터 금 10,000,000원의 범위 내에서는 원고를 대리하여 연대보증계약을 체결할 권한을 수여받았다는 것이므로, 소외 1과 2가 그 수권의 범위를 벗어나 그들의 피고에 대한 금 60,000,000원의 손해배상채무

생각건대 어음의 문언성과 어음금액 불가분의 원칙상 무권대리인은 어음금액전액에 대하여 책임을 부담하고, 본인은 대리인이 월권을 한 사실을 이유로 책임을 면한다는 것은 부당하므로 수권의 범위 내에서 책임을 부담한다고 보는 것이 타당하다(책임병행설). 어음법 8조 3문의 규정은 어음소지인에게 정당한 사유가 인정되지 않는 등의 민법 126조의 요건을 구비하지 못한 대리권 초월 어음행위에 있어 실질적 의미가 있으므로, 특히 본인의 책임을 인정하고 그 합리적 범위를 찾는 것이 중요하다. 즉 본인이 어음의 문언대로 전액을 책임지게 되는 민법 126조의 성립의 경우가 아니어도, 어음행위의 특성과 거래안전 등을 감안할 때 책임병존설처럼 수권범위에 대하여는 유권대리로 보아 본인의 어음상 책임을 인정할 필요가 있는 것이다.

(5) 무권대리행위의 추인

무권대리인의 어음(수표)행위에 대하여 본인은 아무런 책임을 지지 않는 것이 원칙이나, 본인이 이를 추인하면 다른 의사표시가 없는 한 처음부터 소급하여 대리권이 있었던 것과 같은 효력이 있다(민 130 · 133조).[87]

무권대리의 상대방과 어음(수표)소지인은 상당한 기간을 정하여 본인에게 그 추인여부의 확답을 최고할 수 있으며, 이 기간 내에 본인의 확답이 없으면 추인을 거절한 것으로 본다.

5. 표현대리

어음(수표)의 무권대리에 있어서 본인은 어음(수표)상의 책임이 없는 것이 원칙이다.

를 원고가 연대보증한다는 의미에서 이 사건 약속어음에 발행인으로 원고의 날인을 대행한 것이므로, 수권의 범위를 넘은 부분에 대하여는 원고에게 그 어음(수표)행위의 효력이 미치지 않는 것이지만, 수권의 범위 내인 금 10,000,000원 부분에 대하여는 원고가 어음상의 채무를 부담한다고 할 것이다.

87) 대판 1994. 8. 12, 94다14186; 가. 어음교환행위가 주로 甲회사에 대한 자금융통을 위하여 행하여진 것으로서 乙회사의 직원인 丙이 어음을 교환함에 있어 甲회사가 乙회사의 대외적 신용을 이용하여 그 어음을 용이하게 할인할 수 있도록 하기 위하여 권한 없이 乙회사 명의의 배서를 한 것이라면 그 배서행위는 실질적으로는 어음교환의 한 과정에 불과한 것이므로, 乙회사가 무권대리인인 丙의 어음교환행위를 추인하였다면 거기에는 다른 특별한 사정이 없는 한 丙이 어음교환을 위하여 한 배서행위도 추인하여 그 배서를 유효한 것으로 하겠다는 의사도 포함된 것으로 해석함이 상당하다. 나. 甲회사가 발행하여 乙회사에 교부한 약속어음과 乙회사가 甲회사에게 교부한 丁회사 발행의 약속어음이 서로 대가관계에 있는 것으로서 어음교환이 행하여진 경우 그 원인관계에 비추어 볼 때 甲 · 乙회사 사이에 각자 상대방에게 교부한 어음에 대하여 지급기일에 그 지급을 담보하기로 하는 어음금 지급보증의 특약이 있었다고 봄이 상당하고 한 원심판결을 어음법상의 어음보증이 아니라 민법상의 보증으로 본 것으로 해석하여 수긍한 사례.

그러나 마치 대리권이 있다고 믿을 만한 사정이 존재하고, 이러한 사정을 야기한 것이 본인에게 책임이 있다고 인정되는 경우에는 민·상법상의 각종 표현대리규정에 따라 본인이 제3자에게 어음(수표)상의 책임을 진다.

(1) 민법상의 표현대리

1) 3가지의 경우

민법규정에 의해 어음(수표)행위의 표현대리가 성립하는 경우로는, ① 대리권 수여의 의사표시를 하였으나 사실은 아직 수여하지 아니한 경우(민 125조), ② 대리인이 대리권의 범위를 넘은 경우(민 126조), ③ 전에 있었던 대리권이 소멸된 후에 어음(수표)행위를 대리한 경우(민 129조)의 세 가지가 있다.[88] 표현대리가 성립하면 본인은 어음(수표)상의 책임을 부담하게 되고, 표현대리인은 무권대리인으로서 어음법 8조(수 11조)에 의하여 어음(수표)상의 책임을 지게 된다.

2) 표현대리의 성립과 무권대리인의 책임과의 관계

따라서 어음(수표)행위의 표현대리가 성립하는 경우에는 본인과 표현대리인의 책임이 병존하게 된다. 민법학설은 표현대리가 성립하는 경우에 상대방은 본인에 대한 책임을 추궁할 수 있으므로 민법 135조가 적용되지 않는다고 보는 것이 다수의 견해이다. 그러나 어음의 경우에는 어음소지인은 본인이나 표현대리인 어느 일방에 대하여만 책임을 추궁할 수 있다는 택일설(다수설)과 양자에 대하여 중첩적으로 책임을 추궁할 수 있다는 중첩설의 견해가 대립된다. 생각건대 어음소지인은 무권대리인의 본인이 어음상의 책임을 부담한다는 것을 신뢰하고 취득하였고, 또한 자신의 선택에 따른 어느 일방에 대한 청구로서 충분히 보호될 수 있으므로 택일설이 타당하다. 그러므로 어음소지인은 자신의 선택에 따라 표현대리의 성립을 주장하여 본인의 책임을 묻든지, 아니면 어음법 8조에 따라 무권대리인의 책임을 물을 수 있다.

---

88) 대판 1984. 10. 10, 84다카780; 기본적인 어떠한 대리권도 없는 자에 대하여 대리권한의 유월 또는 소멸 후의 표현대리관계는 성립할 여지가 없는 것인바 피고가 소외 甲의 원고와의 상거래에 대한 재정보증서와 그에 필요한 인감증명서 및 납세증명서를 위 甲의 언니인 소외 乙에게 우송하였음에 지나지 아니한 것이라면 위 乙이 자기가 甲이라고 참칭하고 원고와 상거래를 함에 있어 위 재정보증서 등을 사용하였다는 사실 만으로서는 위 乙이 피고로부터 표현대리를 인정할 기본적 대리권을 수여받은 것이라고 볼 수 없다.

3) 주관적 요건(선의 · 무중과실)

민법상 표현대리가 성립하기 위하여는 상대방의 '선의 · 무과실'을 요건으로 하고 있으나, 어음의 경우에는 어음법 10조 및 16조 2항과의 균형상 '선의 · 무중과실'을 요건으로 보는 것이 타당하다. 이는 어음이 유통증권임을 고려한 민법규정의 수정적용으로 볼 수 있다.

4) 보호되는 상대방의 범위

표현대리에 의하여 보호되는 상대방의 범위, 즉 제3자는 직접의 상대방뿐 아니라 그 후의 어음(수표)취득자(제3취득자)도 포함한다고 보는 것이 어음의 전전유통성을 고려한 다수설[89]의 입장이다. 이러한 다수설의 견해는 민법의 경우와 다르다. 그러나 판례[90]는 직접상대방에 한정하고 있다.

(2) 상법상의 표현대리

① 표현지배인(상 14조)이 어음(수표)행위를 한 경우, ② 표현대표이사(상 395조)가 어음(수표)행위를 한 경우, ③ 부실등기된 지배인 · 대표이사 등이 어음(수표)행위를 한 경우(상 39조), ④ 권한이 내부적으로 제한된 지배인 · 대표이사 · 인적회사의 대표사원 등이 어음(수표)행위를 한 경우(상 11조 3항, 209조 2항, 389조 3항, 567조) 등이다.

6. 어음(수표)행위의 대행

(1) 의 의

어음(수표)행위의 대리와 구별하여야 할 것으로 「어음(수표)행위의 대행」이 있다. 즉, 대리인이 본인을 위하여 어음(수표)행위를 함에는 위에 말한 바와 같이 본인과 대리관계를 표시하고 대리인이 기명날인함이 원칙이나(소위 「대리방식」) 실제로는 대리관계의 표시 없이 대리인이 직접 본인의 기명날인을 하는 경우가 많은데(소위 「기관방식」), 후자의 경우를 어음(수표)행위의 대행(또는 기명날인의 대행)이라 한다. 어음(수표)행위의

89) 정찬형(下), 94면; 최기원(어), 157면.

90) 대판 1997. 11. 28, 96다21751; 표현대리에 관한 민법 제126조의 규정에서 제3자라 함은 당해 표현대리행위의 직접상대방이 된 자만을 지칭하고, 이는 위 규정을 표현대리에 의한 어음 · 수표행위의 효력에 적용 또는 유추적용할 경우에 있어서도 마찬가지로 해석함이 상당하다. 동지; 대판 1999. 1. 29, 98다27470; 1999. 12. 24, 99다13201; 2002. 12. 10, 2001다58443.

대행이 대리권이 부여된 자에 의하여 그 권한범위 내에서 이루어진 경우를 「대리적 대행」이라 하며, 대리권 없이 단지 본인의 수족으로서 기명날인을 대행하는 경우(예컨대 점원이 영업주의 지시를 받아 어음에 기명날인하는 경우)를 「고유의 대행」이라고 한다.

(2) 법적 성질

기명날인의 대행의 법적 성질에 관하여는 '기명날인'의 법적 성질을 어떻게 파악하느냐에 따라 달라질 수 있다. 그러나 기명날인 자체는 사실행위이므로 대리가 성립될 수 없음으로 기명날인의 대행은 '표시기관에 의한 어음(수표)행위'로서 본인 자신의 어음(수표)행위라고 파악하여야 할 것이다.

대법원은 1964. 6. 9, 63다1070 판결에서 "종래의 판례가 서명대리를 본인 자신의 행위로 평가할 수 있는 것이라 하여 그 효력을 인정하여 왔고, 당원이 그 해석을 변경한 사실이 없다. 그럼에도 원판결이 어음(수표)행위의 대리는 엄격한 현명주의에 의하여야 하는 것이라 하여 어음(수표)행위에 있어서 서명대리의 효력을 부정하는 취지로 판시한 것은 어음(수표)행위의 대리에 관한 법률해석을 그릇한 위법이라 할 것이다"라고 판시하여 어음(수표)행위의 대행을 '서명대리'로서 인정하고 있으나 그 표현은 적절하지 못하다고 생각한다. 왜냐하면 '기명날인'자체는 사실행위이므로 '대리'의 대상이 되지 않는다고 보는 것이 타당하기 때문이다.

(3) 적용법규

판례와 학설은 이론구성에는 차이가 있으나, 어음(수표)행위의 대행의 유효성에 관하여 이를 긍정하고 있다. 어음(수표)행위의 대행에 관하여는 어음·수표법이나 민·상법에 규정이 없으므로 대리에 관한 규정들이 유추적용되어야 할 것이다.

(4) 무권대행

'고유의 대행' 또는 '대리적 대행'이든 권한 없이 어음(수표)행위의 대행이 이루어진 경우는 어음(수표)의 위조가 된다. 주의할 것은 대행의 권한은 단순한 대리권이 아니라 특별의 권한이기 때문에 단지 대리권이 있다는 것만으로는 당연히 대행권을 갖는 것이 아니고 특별한 수권이 필요하다는 점이다. 따라서 대리권한만 있을 뿐 대행권이 없는 대리인이 대행방식에 의하여 어음(수표)행위를 한 경우에도 위조가 된다. 그러나 법정대리인, 지배인 또는 법인의 대표이사와 같이 포괄적 권한을 갖는 자는 특별의 수권이 없어도 당연히 대행권한을 갖는다고 본다.

이에 대하여 반대설은 기명날인의 대행도 권한이 있는 경우에는 어음(수표)행위의 대리로 해석하고 무권한인 경우에도 본인을 위하여 할 의사가 인정되는 경우에는 무권대리, 그렇지 않은 경우에는 위조로 해석하고 있다. 그러나 무권한으로 기명날인이 이루어진 경우에 본인을 위한다는 의사를 갖고 있는가에 따라 무권대리와 위조와를 구별한다는 것은 행위자의 외부에서 전혀 알지 못하는 주관적 의도에 의하여 결과가 좌우되는 것이고, 또한 어음(수표)행위의 서면성으로 보아도 부당하다.

7. 명의대여자의 어음(수표)행위

(1) 상법 24조에 의한 명의대여

상법 24조에 의하면 타인(乙)에게 자기(甲)의 성명 또는 상호를 사용하여 영업을 할 것을 허락한 자는 자기를 영업주로 오인하여 거래한 제3자에 대하여 그 타인과 연대하여 변제할 책임이 있다. 따라서 乙이 명의대여자인 甲의 명의로 영업상의 채무의 이행을 위하여 어음(수표)을 발행한 경우에는 위의 규정이 적용되어 甲은 어음(수표)상의 책임을 지게 된다.

(2) 어음(수표)행위에 있어서 명의대여

한편 영업에 관하여서가 아니고 어음(수표)행위에 관하여서만 명의대여자가 있는 경우에는 학설이 대립된다.

상법 24조의 유추적용을 부정하고 민법의 표현대리 내지 권리외관이론에 의하여 문제를 해결하여야 한다고 하는 설(유추적용부정설)과 이 경우에도 상법 24조를 유추적용하여 명의대여자의 책임을 인정하여야 한다고 보는 설(다수설)[91]이다.

생각건대 상법 24조는 영업과 관련하여 명의대여를 한 경우에 적용되는 규정이므로 어음(수표)행위만의 명의대여에 대하여는 직접 적용하기 어려우나, 상법 24조는 권리외관이론의 실정법상의 반영이므로 유추적용을 인정하는 것이 타당하다고 본다.

또한 명의차용인은 실제의 어음(수표)행위자이며, 타인의 명칭을 자기를 표시하기 위하여 사용한 것에 불과하므로 어음상의 책임을 부담한다. 다만 상법 24조는 명의대여자와 차용인에 대하여 연대책임을 규정하고 있으나, 어음채무자가 수인인 경우와 마

91) 이철송(어), 112면; 정찬형(下), 107면; 최기원(어), 176면; 최준선(어), 134면.

찬가지로 합동책임을 부담한다고 보는 것이 타당하다(어 47조 1항 참조).

V. 어음(수표)의 위조와 변조

1. 어음(수표)의 위조

(1) 의 의

어음(수표)의 위조라 함은 권한 없는 자가 타인의 명의를 위작하여 그 타인이 어음(수표)행위를 한 것과 같은 외관을 작출하는 행위를 말한다. 간단히 말해서 위조는 타인의 기명날인 또는 서명의 무권대행이라고 볼 수 있다. 위조행위는 타인의 인장의 도용이나 남용, 인장의 위조, 다른 목적으로 기명날인한 지면의 전용 등을 통하여 이루어지며, 위조의 대상은 발행은 물론 배서·인수·보증 등의 어음(수표)행위를 포함한다. 피위조자는 실존인이든 가설인이든 사자(死者)이든 불문한다. 또한 위조는 사실행위이기 때문에 위조자의 고의 또는 과실에 의한 행위임을 요하지 않는다.

어음에 나타나 있는 甲의 기명날인 또는 서명을 乙이 멋대로 지우고 丙으로 변경한 경우와 같이 권한 없는 기명날인의 변경에 대하여는 위조설과 위조·변조설로 나뉘어진다. 생각건대 새로이 나타난 丙의 기명날인에 대하여는 위조라고 보는 것은 다툼이 없고, 변경된 종전의 기명날인(甲)이 타인(乙)에 의하여 말소되었다 하여 甲의 책임이 소멸된다고 보는 것은 부당하므로 甲은 변조의 법리에 따라 변조 전의 문언에 따라 책임을 진다고 봄이 타당하다(위조·변조설, 다수설).

(2) 타개념과의 구별

1) 위조와 변조

위조는 권한 없이 타인의 기명날인을 허위로 나타내는 행위이고, 변조는 기명날인 이외의 어음의 기재내용을 권한 없이 변경하는 것을 말한다. 따라서 위조는 어음(수표)행위의 주체를 속이는 것이고 변조는 어음(수표)행위의 내용을 속이는 것이다. 즉 위조는 어음채무의 성립에 관한 허위이고 변조는 어음채무의 내용에 관한 허위이다.

2) 위조와 무권대리

위조와 무권대리는 무권한에 의한 행위라는 점에서 공통되나, 그 형식에 있어서 차이가 난다. 즉 위조는 무권한의 대행방식이고(권한 없이 직접 타인의 기명날인으로 어음(수표)행위를 하는 경우), 무권대리는 무권한의 대리방식(권한 없이 대리자격을 표시하여 어음(수표)행위를 하는 경우)이다.

3) 형법상의 위조와의 구별

형법상의 위조와 어음·수표법상의 위조의 개념은 일치하지 않는다. 즉 유가증권위조죄(형법 214조 이하)는 고의를 요하며, 무권대리(대표)나 보충권의 남용도 위조로 처벌된다.

(3) 위조의 효과

1) 피위조자의 책임

(가) 원 칙

피위조자는 자신이 기명날인을 한 것이 아니므로 누구에 대하여도 책임을 지지 않는다. 위조의 항변은 물적항변(절대적 항변)으로서 피위조자는 어음소지인의 선의·악의를 불문하고 이를 주장할 수 있다. 피위조자의 과실이 있더라도 표현책임이 인정되는 경우를 제외하고는 어음상의 책임이 없다.

(나) 표현책임

위조자와 피위조자간의 특수한 관계로 제3자가 위조자의 피위조자 명의의 어음(수표)행위에 대하여 그 권한이 있다고 믿고, 또한 피위조자가 제3자의 신뢰를 야기한 책임이 있다고 인정되는 경우에는 민·상법의 표현대리에 관한 규정을 유추적용하여 피위조자의 어음상의 책임을 인정하자는 입장(다수설·판례[92])과 권리외관이론에 따른 책

---

92) 대판 2000. 2. 11, 99다47525; 민법상의 표현대리에 관한 규정이 어음(수표)행위의 위조에 관하여 유추적용되기 위하여서는 상대방이 위조자에게 어음(수표)행위를 할 권한이 있다고 믿거나 피위조자가 진정하게 당해 어음(수표)행위를 한 것으로 믿은 것만으로는 부족하고, 그와 같이 믿은 데에 정당한 사유가 있어야 하는바, 이러한 정당한 사유는 어음(수표)행위 당시에 존재한 여러 사정을 객관적으로 관찰하여 보통인이면 유효한 행위가 있었던 것으로 믿는 것이 당연하다고 보여지면 이를 긍정할 수 있지만, 어음 자체에 위조자의 권한이나 어음(수표)행위의 진정성을 의심하게 할 만한 사정이 있는데도 불구하고 그 권한 유무나 본인의 의사를 조사·확인하지 아니하였다면 상대방의 믿음에 정당한 사유가 있다고 하기 어렵다(액면금 30억 원의 위조어음의 발행인 인영 부분에 인영 전사 수법으로 종종 사용되는 스카치테이프가 붙어 있고 어음용지책에서 어음용지를 떼어낼 때 통상적으로 하는 이른바 꼭지 간인이 되어 있지 않았음에도 발행인에게 아무런 확인을 하지 않은 경우, 위조어음이 진정한 것이라고 믿은 데에 정당한 사유가 있다고 할 수 없어 민법상 표현대리의 규정이 유추 적용되지 않는다고 한 사례). 대판 2000. 3. 23, 99다50385; 다른 사람이 본인을 위하여 한다는 대리문구를 어음상에 기재하지 않고 직접 본인 명의로 기명날인을 하여 어음(수표)행위를 하는 이른바 기관 방식 또는 서명대리 방식의 어음(수표)행위가 권한 없는 자에 의하여 행하여졌다면

임을 인정하는 입장으로 학설이 대립된다.

생각건대 표현대리는 원래 상대방 측에서 대리인이 본인의 대리인으로서 행위를 한다는 것을 인식하고, 그 대리인이 권한이 있다고 믿은 것에 대하여 정당한 이유를 갖는 경우에 인정되는 것이므로 어음의 위조의 경우에도 유추적용하기 위하여는 상대방이 직접적으로 대행자가 본인의 기명날인을 한다는 것을 인식하고, 또한 대행자가 그 권한이 있다고 신뢰한 것에 대하여 정당한 이유가 있고, 또 이에 대하여 본인에 귀책사유가 있다고 인정될 사정이 존재하는 경우에 한한다. 따라서 상대방이 본인자신의 어음(수표)행위로 인식한 경우(위조의 경우에는 이 경우가 대부분이다)까지 넓게 확장하여 표현대리의 규정을 유추적용하는 입장은 민법의 표현대리규정의 문언을 벗어난 해석이다.

또한 표현대리에 의하여 보호되는 상대방의 범위, 즉 제3자는 직접의 상대방뿐 아니라 그 후의 어음(수표)취득자(제3취득자)도 포함한다고 보는 것이 다수설의 입장이다. 그러나 판례[93]는 직접상대방에 한정하고 있으므로 위조된 어음의 전득자는 표현대리에 의하여 보호되지 못하는 문제가 발생한다.

따라서 민법의 표현대리를 유추적용하여 피위조자의 책임을 인정하는 것은 이론적으로 무리가 있으므로 권리외관이론(Rechtsscheintheorie)에 따른 해결이 보다 타당하다고 본다(자세한 것은 후술하는 "어음(수표)행위의 무권대행과 표현대리규정 적용의 문제점" 참조).

(다) 사용자배상책임

위조자가 피위조자의 사용인이고 사무집행에 있어서 어음을 위조한 경우에 피위조자는 민법 756조의 불법행위책임인 사용자배상책임을 진다. 민법 756조의 '사무집행에 관하여'라는 의미는 피용자의 직무집행행위 그 자체는 아니더라도 그 행위의 외형상 직무의 범위 내에 속한다고 인정되는 경우를 포함한다(외형표준이론).[94] 사용자배상책

이는 어음(수표)행위의 무권대리가 아니라 어음의 위조에 해당하는 것이기는 하나, 그 경우에도 제3자가 어음(수표)행위를 실제로 한 자에게 그와 같은 어음(수표)행위를 할 수 있는 권한이 있다고 믿을 만한 사유가 있고, 본인에게 책임을 질 만한 사유가 있는 때에는 대리방식에 의한 어음(수표)행위의 경우와 마찬가지로 민법상의 표현대리 규정을 유추적용하여 본인에게 그 책임을 물을 수 있다.

93) 대판 1997. 11. 28, 96다21751; 표현대리에 관한 민법 제126조의 규정에서 제3자라 함은 당해 표현대리행위의 직접 상대방이 된 자만을 지칭하고, 이는 위 규정을 표현대리에 의한 어음·수표행위의 효력에 적용 또는 유추적용할 경우에 있어서도 마찬가지로 해석함이 상당하다. 동지; 대판 1999. 1. 29, 98다27470; 1999. 12. 24, 99다13201; 2002. 12. 10, 2001다58443.

94) 대판 1994. 11. 8, 93다21514; 어음이 위조된 경우에 피위조자는 민법상 표현대리에 관한 규정이 유추적용될 수 있다는 등의 특별한 경우를 제외하고는 원칙적으로 어음상의 책임을 지지 아니하나, 피

임이 성립되기 위한 주요 요건은 ① 피위조자와 위조자간의 사용관계가 존재하고, ② 어음의 위조가 그 사무집행에 관하여 행하여졌고, ③ 제3자에게 손해를 가하여야 하며, ④ 위조와 제3자의 손해사이에 상당인과관계가 있어야 하며, ⑤ 제3자에게 고의 또는 중과실[95]이 없을 것 등이다.[96]

용자가 어음위조로 인한 불법행위에 관여한 경우에 그것이 사용자의 업무집행과 관련한 위법한 행위로 인하여 이루어졌으면 그 사용자는 민법 제756조에 의한 손해배상책임을 지는 경우가 있고, 이 경우에 사용자가 지는 책임은 어음상의 책임이 아니라 민법상의 불법행위책임이므로 그 책임의 요건과 범위가 어음상의 그것과 일치하는 것이 아니다. 따라서 민법 제756조 소정의 사용자 책임을 논함에 있어서는 어음소지인이 어음법상 상환청구권을 가지고 있느냐는 등 어음법상의 권리 유무를 따질 필요가 없으므로, 어음소지인이 현실적으로 지급제시를 하여 지급거절을 당하였는지의 여부가 어음배서의 위조로 인한 손해배상책임을 묻기 위하여 필요한 요건이라고 할 수 없고, 어음소지인이 적법한 지급제시기간 내에 지급제시를 하지 아니하여 상환청구권 보전의 절차를 밟지 않았다고 하더라도 이는 어음소지인이 이미 발생한 위조자의 사용자에 대한 불법행위책임을 묻는 것에 장애가 되는 사유라고 할 수 없다. 또한 위조된 약속어음을 취득함으로써 입은 손해는 다른 특별한 사정이 없는 한 이를 취득하기 위하여 현실적으로 출연한 할인금 상당액일 뿐, 그 어음이 진정한 것이었다면 어음소지인이 지급받았을 것이라고 인정되는 그 어음액면 상당액이라고는 할 수 없다.

95) 대판 1999. 1. 26, 98다39930; 피용자의 불법행위가 외관상 사무집행의 범위 내에 속하는 것으로 보이는 경우에 있어서도 피용자의 행위가 사용자나 사용자에 갈음하여 그 사무를 감독하는 자의 사무집행행위에 해당하지 않음을 피해자 자신이 알았거나 중대한 과실로 인하여 알지 못한 경우에는 사용자책임을 물을 수 없다고 할 것인바, 이 경우 중대한 과실이라 함은 거래의 상대방이 조금만 주의를 기울였더라면 피용자의 행위가 그 직무권한 내에서 적법하게 행하여진 것이 아니라는 사정을 알 수 있었음에도 만연히 이를 직무권한 내의 행위라고 믿음으로써 일반인에게 요구되는 주의의무에 현저히 위반하는 것으로 거의 고의에 가까운 정도의 주의를 결여하고, 공평의 관점에서 상대방을 구태여 보호할 필요가 없다고 봄이 상당하다고 인정되는 상태를 말한다(심사역으로 근무하는 은행 차장의 어음배서위조행위가 외형상 객관적으로 은행의 사무집행에 관련된 것이고 피해자에게 중대한 과실이 있다고도 볼 수 없다고 하여, 은행의 사용자책임을 부정한 원심판결을 파기한 사례). 대판 2010. 12. 9, 2009다101824; 민법 제756조에 규정된 사용자책임의 요건인 '사무집행에 관하여'라는 뜻은 피용자의 불법행위가 외형상 객관적으로 사용자의 사업활동 내지 사무집행행위 또는 그와 관련된 것이라고 보일 때에는 행위자의 주관적 사정을 고려함이 없이 이를 사무집행에 관하여 한 행위로 본다는 것이고, 여기에서 외형상 객관적으로 사용자의 사무집행에 관련된 것인지 여부는 피용자의 본래 직무와 불법행위와의 관련 정도 및 사용자에게 손해발생에 대한 위험창출과 방지조치 결여의 책임이 어느 정도 있는지를 고려하여 판단하여야 한다. 하지만 피용자의 불법행위가 외관상 사무집행의 범위 내에 속하는 것으로 보이는 경우에도 피용자의 행위가 사용자나 사용자에 갈음하여 그 사무를 감독하는 자의 사무집행행위에 해당하지 않음을 피해자 자신이 알았거나 중대한 과실로 인하여 알지 못한 경우에는 사용자책임을 물을 수 없다(대판 2008. 1. 18, 2006다41471 등 참조).

96) 대판 1993. 7. 16, 93가합414; 가. 어음위조행위가 특정인의 사무집행에 관하여 기초권한이 있는 위조자의 업무에 관련하여 이루어지고, 이러한 어음위조행위에 의하여 제3자가 손해를 입었으며, 피해자에게 악의, 중과실이 없었다면 피위조자는 사용자책임의 법리에 의하여 제3자가 입은 손해를 배상할 책임이 있고, 그 사용자가 피위조자 자신이 아니더라도 은행도 약속어음에 있어서 당좌계좌설정명의나 지급수단을 위한 은행예금구좌 등과 관련하여 사용자의 지위로서 일정한 관련을 맺고 있는 자도 민법상의 사용자책임을 부담해야 하는 경우가 있다. 나. 어음할인에 의하여 어음을 취득한 자가 전배서인들에 대하여 상환청구권을 보유하고 있다거나 그 할인의뢰인들에 대하여 피해회복을 받을 방도가 남아 있다 하더라도 어음위조로 인한 사용자책임은 이들 권리와 경합되는 것이므로 어음위조자의 사용자책임을 면하는 것은 아니고 다만 위 어음취득자가 상환의무자들이나 할인의뢰인으로부터 어음금을 지급받은 경우 사용자의 손해배상책임은 그 범위에서 감면될 뿐이다.

①과 관련하여 피위조자와 위조자간의 통상 고용관계가 존재하나, 고용관계가 없더라도 사실상 지휘감독을 받는 관계로 족하며, 보수의 유무나 계속성은 문제되지 않는다고 본다. ②의 사무집행 관련성과 관련하여 판례는 자금과 직원,[97] 지점장의 물품대금을 위한 행위,[98] 경리사원,[99] 종금회사의 어음보증담당대리[100]의 위조행위에 대하여는 이를 인정하고 있으나, 골재사업소의 관리과장,[101] 자동차회사의 판매과 직원[102]의 위조행위에 대하여는 부정하고 있다.

주의하여야 할 것은 사용자배상책임은 불법행위에 의한 책임이므로 사용자가 어음위조에 대하여 사용자배상책임을 져야 하는 경우에 책임의 내용은 어음(수표)금액이 아니라, 소지인의 실제 손해액이며 소지인에게 과실이 있는 경우에는 과실상계도 가능하다.[103] 또한 소지인이 사용자배상책임을 묻기 위하여는 어음(수표)상의 권리를 갖고 있어야 하는 것은 아니다.[104]

---

97) 대판 1985. 8. 13, 84다카979.

98) 대판 1997. 9. 26, 97다21499.

99) 대판 1992. 6. 23, 91다43848.

100) 대판 2002. 12. 10, 2001다58443.

101) 대판 1990. 12. 11, 90다카27648.

102) 대판 1996. 1. 26, 95다46890.

103) 대판 1992. 6. 23, 91다43848; 어음상의 배서가 피용자에 의하여 위조된 경우 피위조자인 배서명의인이 사용자로서 부담하는 불법행위책임과 다른 배서인이 부담하는 어음법상의 책임은 각 별개의 독립된 책임으로서 어음소지인으로서는 어음의 발행인이나 다른 배서인에 대하여 어음법상의 권리를 행사할 수 있는지의 여부를 불문하고 피위조자인 배서명의인에 대하여 손해배상청구권을 행사할 수가 있고(대판 1992. 6. 12, 91다40146 등 참조), 이 때 배서가 위조된 어음을 취득함으로써 입은 손해는 그 액면 금액이 아니라 그 어음을 취득하기 위하여 지급한 금원이라고 할 것이다. 동지: 대판 2003. 1. 10, 2001다37071; 위조된 약속어음을 취득함으로써 입은 손해는 다른 특별한 사정이 없는 한 이를 취득하기 위하여 현실적으로 출연한 할인금 상당액일 뿐, 그 어음이 진정한 것이었다면 어음소지인이 지급받았을 것이라고 인정되는 그 어음액면 상당액이라고는 할 수 없고, 이러한 법리는 정당한 작성자에 의하여 남발된 약속어음을 할인의 방법으로 취득함으로써 입은 손해의 경우에도 동일하다. 동지; 대판 1994. 11. 8, 93다21514; 1999. 1. 29, 98다27470 등 참조.

104) 대판 1994. 11. 8, 93다21514(전원합의체); 어음이 위조된 경우에 피위조자는 민법상 표현대리에 관한 규정이 유추적용될 수 있다는 등의 특별한 경우를 제외하고는 원칙적으로 어음상의 책임을 지지 아니하나, 피용자가 어음위조로 인한 불법행위에 관여한 경우에 그것이 사용자의 업무집행과 관련한 위법한 행위로 인하여 이루어졌으면 그 사용자는 민법 제756조에 의한 손해배상책임을 지는 경우가 있고, 이 경우에 사용자가 지는 책임은 어음상의 책임이 아니라 민법상의 불법행위책임이므로 그 책임의 요건과 범위가 어음상의 그것과 일치하는 것이 아니다. 따라서 민법 제756조 소정의 사용자 책임을 논함에 있어서는 어음소지인이 어음법상 상환청구권을 가지고 있느냐는 등 어음법상의 권리 유무를 따질 필요가 없으므로, 어음소지인이 현실적으로 지급제시를 하여 지급거절을 당하였는지의 여부가 어음배서의 위조로 인한 손해배상책임을 묻기 위하여 필요한 요건이라고 할 수 없고, 어음소지인이 적법한 지급제시기간 내에 지급제시를 하지 아니하여 상환청구권 보전의 절차를 밟지 않았다고 하더라도 이는 어음소지인이 이미 발생한 위조자의 사용자에 대한 불법행위책임을 묻는 것에 장애가 되는 사유라고 할 수 없다.

소송실무상 사용자배상책임은 위조자와 피위조자 간의 사용자관계는 있으나, 어음소지인이 피위조자에게 표현책임을 물을 수 없거나 불분명한 경우에 활용되고 있다.

(라) 신의칙에 의한 책임

독일의 판례와 통설은 신의성실의 원칙에 의한 피위조자의 어음상의 책임을 인정하고 있다. 이는 영미의 금반언의 원칙과 마찬가지로 피위조자가 위조의 항변을 주장하는 것이 선행행위와 모순되는 행위(venire contra factum proprium)인 경우에 신의성실의 원칙의 위반으로 보고 피위조자에게 어음상의 책임을 인정한다. 예컨대 피위조자가 위조된 정을 알면서 수차례 동일한 위조자에 의하여 작성된 어음에 대하여 어음금을 지급하여 위조의 발견을 방해함으로써 계속적으로 어음의 위조를 가능하게 한 경우이다.

우리나라에서도 이를 인정할 것인가의 여부는 학설이 대립된다. 부정설은 표현책임의 법리나 사용자배상책임법리에 의한 해결이 가능하므로 별도로 인정할 필요가 없다는 입장이다. 그러나 위와 같은 경우에 표현책임 또는 사용자배상책임이 당연히 인정되는 것은 아니며, 사법상의 일반원리인 신의칙은 어음관계에서도 적용된다고 보아야 하므로 긍정설이 타당하다고 본다.

(마) 위조어음의 추인

위조된 어음・수표에 대하여 피위조자가 추인할 수 있는가에 관하여는 부정설(다수설)과 긍정설의 대립이 있다.

부정설은 위조는 위조자의 이익을 위한 것이고 비윤리적인 것이어서 무효이므로 추인을 인정할 수 없다고 본다. 다만 본인이 무효임을 알고 추인을 한 때에는 새로운 어음(수표)행위를 한 것으로 인정되어 추인한 때로부터 효력이 발생한다는 입장이다.

이에 대하여 긍정설은 피위조자의 의사를 존중하여 무권대리의 추인에 관한 규정을 위조의 경우에 유추적용하여 추인의 소급적 효력을 인정하고 있다. 판례는 긍정설의 입장에 있다.[105]

생각건대 무권대리와 위조는 그 형식에 있어서 차이가 날 뿐 권한 없는 자의 행위

---

105) 대판 1998. 2. 10, 97다31113; 무권대리행위에 대한 추인은 무권대리행위로 인한 효과를 자기에게 귀속시키려는 의사표시이니만큼 무권대리행위에 대한 추인이 있었다고 하려면 그러한 의사가 표시되었다고 볼 만한 사유가 있어야 하고, 무권대리행위가 범죄가 되는 경우에 대하여 그 사실을 알고도 장기간 형사고소를 하지 아니하였다 하더라도 그 사실만으로 묵시적인 추인이 있었다고 할 수는 없는바, 권한 없이 기명날인을 대행하는 방식에 의하여 약속어음을 위조한 경우에 피위조자가 이를 묵시적으로 추인하였다고 인정하려면 추인의 의사가 표시되었다고 볼 만한 사유가 있어야 한다.

에 의하여 본인에게 책임이 있음을 나타낸다는 점에서 통설과 판례가 표현책임의 인정 등 양자를 실질적으로 동일하게 취급하고 있으므로 민법 130·133조의 유추적용에 의하여 소급효 있는 추인도 인정된다고 본다. 추인은 명시적인 의사표시뿐만 아니라 묵시적으로도 할 수 있다.

2) 위조자의 책임

어음(수표)위조자는 그 자신의 명의로 어음(수표)면에 기명날인을 한 것이 아니므로, 형법상 또는 민법상 불법행위의 책임을 지는 것은 별론으로 하고, 어음(수표)상의 책임을 지지 않는다(통설). 이에 대하여는 어음법 8조의 무권대리인의 책임을 유추적용하여 위조자에게 어음상의 책임을 인정하여야 한다는 주장이 있다.

위조자책임부정설은 위조자는 어음면에 자기명의의 기명날인이 없으므로 어음의 문언성에 비추어 위조자에게 어음상의 채무를 부담시킬 근거가 없다고 보는 입장이다. 그러나 어음법 8조의 유추적용에 의하여 위조자에게도 무권대리인과 동일한 책임을 인정하는 것이 타당하다고 해석한다(위조자책임긍정설). 왜냐하면 어음법 8조는 본인에 효과귀속이 있는 것과 같은 외관을 작출한 자에게 이를 신뢰한 자에 대한 법정책임을 부과한 것이라고 볼 수 있고, 위조에 있어서도 위조자는 피위조자가 어음채무를 부담하는 것과 같은 외관을 표시하고 있는 점에서 무권대리인의 경우와 그 실태가 동일하여, 이러한 표시를 신뢰한 자를 보호할 필요가 있기 때문이다.

이와 같이 해석하여도 어음(수표)행위의 문언성에는 반하지 않는다고 해석한다. 어음(수표)행위의 문언성은 책임의 명확성과 어음거래의 안전을 위한 것이고, 이를 위조자에 대하여 자신의 어음채무를 면하기 위한 근거로서 이용하게 하는 것은 문언성의 취지에 반하는 것이기 때문이다.

3) 위조어음에 기명날인 또는 서명한 자의 책임

위조어음(수표)에 다른 어음(수표)행위를 한 자는 어음(수표)행위독립의 원칙(어음법 7조)에 의하여 어음(수표)상의 책임을 진다. 즉 어음에 어음채무를 부담할 능력이 없는 자의 기명날인, 위조의 기명날인, 가설인의 기명날인 또는 기타의 사유로 인하여 어음의 기명날인자나 그 본인에게 의무를 부담하게 할 수 없는 기명날인이 있는 경우에도 다른 기명날인자의 채무는 그 효력에 영향을 받지 않는 것이다.

판례도 "어음의 최종소지인은 그 어음의 최초의 발행행위가 위조되었다 하더라도 어음(수표)행위독립의 원칙상 그 뒤에 유효하게 배서한 배서인에 대하여는 상환청구권을 행사할 수 있다"[106]고 판시하고 있다.

(4) 위조의 입증책임

이에 대하여는 어음법에 규정이 없어 피위조자(피고)입증책임설과 소지인(원고)입증책임설의 대립이 심하다.

피위조자(피고)입증책임설은 배서가 연속된 어음의 소지인은 적법한 권리자로 추정되므로(어 16조 1항) 위조를 주장하여 책임을 면하려는 피위조자가 부담하여야 한다고 입장이다.

소지인(원고)입증책임설은 소지인이 어음금청구를 하는 경우에 어음채무자가 위조되었다고 주장하는 것은 원고에 주장사실에 대한 적극부인이므로 원고가 채무자의 기명날인의 진정을 입증할 책임이 있다고 보는 견해이다(다수설, 판례). 학설과 판례의 주요 논거는 다음과 같다.

1) 피위조자(피고)입증책임설

① 위조어음의 입증책임에 관하여는 특별한 규정이 없으므로 일반원칙에 따라 위조라는 것을 주장하는 피위조자가 부담하며, ② 어음법 16조 1항에 의하면 배서가 연속된 어음의 점유자는 적법한 소지인으로 추정되므로 어음소지인은 자신의 권리를 증명할 필요가 없고 피위조자가 어음이 위조되었다는 것을 증명하여야 하며, ③ 어음의 위조에 대한 입증책임은 어음외의 사실관계이므로 그 위조를 주장하는 피위조자가 부담하여야 한다는 것 등을 들고 있다.

2) 소지인(원고)입증책임설

① 피위조자에게 입증책임을 부담시키는 것은 너무 가혹하므로 어음소지인이 기명날인의 진정을 입증하여야 하며, ② 어음소지인이 어음채무자에 대하여 어음상의 권리를 행사하는 경우에 어음채무자가 자기의 기명날인이 위조되었다고 주장하는 것은 어음소지인의 주장사실에 대한 적극부인이므로 어음소지인이 어음채무자의 기명날인의 진정을 입증할 책임이 있으며, ③ 어음법 16조 1항은 어음상의 권리의 귀속에 관한 추정규정이지, 어음채무의 성립에 관한 추정규정이 아니므로 어음채무의 성립을 다투는 피위조자에게까지 인정되는 것이 아니므로 피위조자는 입증책임을 부담하지 않는다는 것 등이다

106) 대판 1977. 12. 13, 77다1753.

3) 판례의 입장

대법원은 배서가 위조되어 피위조자의 책임이 문제된 사건에서 위조의 입증책임에 관하여 피위조자입증책임설을 따른 종전의 판례[107]를 변경하고, 소지인입증책임설을 취한 대법원 전원합의체 판결[108](다수의견과 소수의견의 대립 있음)을 주목할 필요가 있다.

대법원 전원합의체의 판결을 요약하면 "민사소송에 있어서 입증책임의 분배에 관한 일반원칙에 의하면 권리를 주장하는 자가 권리발생의 요건사실을 주장·입증하여야 하는 것이므로, 어음소지인이 어음채무자에 대하여 어음상의 권리를 행사하는 경우에도 어음채무 발생의 근거가 되는 요건사실 즉 어음채무자가 어음(수표)행위를 하였다는 사실은 어음소지인이 주장·입증하여야 하는 것이다. 또한 배서의 자격수여적 효력에 관하여 규정한 어음법 16조 1항은 어음상의 권리가 적법하게 발생한 것을 전제로 그 권리의 귀속을 추정할 따름이고 그 권리의 발생 자체를 추정하는 것이 아니라고 해석되므로, 위 법조항의 「적법한 소지인으로 추정된다」는 취지는 피위조자를 제외한 어음채무자에 대하여 어음상의 권리를 행사할 수 있는 권리자로 추정한다는 의미에 불과하고 자신의 기명날인이 위조되었다고 주장하는 자에 대하여서까지 어음채무의 발생을 추정하는 것은 아니다. 그렇다면 어음에 어음채무자로 기재된 자가 자신의 기명날인이 위조된 것이라고 주장하는 경우에는 그에 대하여 어음상의 권리를 행사하는 어음소지인이 그 기명날인이 진정하다는 것을 증명하지 않으면 안되는 것이다"고 판시하였다.

4) 소 결

생각건대 배서의 연속이 있는 어음의 소지인이 어음법 16조 1항에 따라 적법한 권리자로 추정되는 것은 어음이 적법하게 발행되고 유통된 경우에 어음상의 채무자에 대한 관계에서 인정되는 것이지 어음채무성립 자체를 다투는 피위조자에 대하여서까지 인정될 수 없다. 또한 어음법 16조 1항은 어음상의 권리의 귀속에 관한 추정규정이지, 어음채무의 존재 혹은 성립에 관한 추정규정이 아니다. 따라서 어음소지인이 피위조자의 책임을 묻기 위하여는 민사소송법상의 일반원칙에 따라 피위조자가 어음(수표)행위

107) 대판 1971. 5. 24, 71다570; 1987. 7. 7, 86다카2154.

108) 대판 1993. 8. 24, 93다4151. 동지; 대판 1998. 2. 10, 97다31113; 어음에 어음채무자로 기재되어 있는 사람이 자신의 기명날인이 위조되었다고 주장하는 경우에는 그 사람에 대하여 어음채무의 이행을 구하는 어음의 소지인이 그 기명날인이 진정한 것임을 증명하지 않으면 안 된다.

를 하였다는 것을 입증하여야 하므로 다수설인 소지인입증책임설이 옳다고 본다(후술하는 판례연구 참조).

(5) 위조어음의 지급에 있어서 손실부담자

어음(수표)이 위조된 경우 피위조자는 표현책임이 인정되거나 위조를 추인한 경우를 제외하고는 소지인에 대하여 책임을 부담하지 않는 것이 원칙이다. 따라서 피위조자가 위조사실을 알지 못하고 어음소지인에게 지급한 경우 피위조자는 어음소지인에 대하여 부당이득반환청구권을 행사할 수 있다.[109)]

그런데 어음(수표)의 발행인을 위하여 지급사무를 위탁받은 지급인 또는 지급담당자가 어음(수표)이 위조된 것인지 모르고 지급한 경우에 그 손실을 피위조자인 발행인이 부담할 것인가 아니면 지급인이 부담할 것인가가 문제된다. 이러한 문제는 수표에 관하여 가장 많이 발생한다. 이 문제는 지급인의 조사의무를 규정한 어음법 40조 3항 1문(수표의 경우는 수표법 35조)이 유효하게 발행된 진정한 어음(수표)을 전제로 하여 적용되는가? 바꾸어 말하면 위조 · 변조된 어음(수표)에 대한 지급의 경우에도 어음법 40조 3항 1문이 적용될 것인가라는 문제와 관련되어 논하여진다.

긍정설은 위조 · 변조의 유무의 확인에도 어음법 40조 3항 1문이 적용되므로 지급인이 사기 · 중과실이 없는 경우에는 자금관계상 면책되어 발행인(피위조자)이 손실을 부담한다고 한다. 그러나 다수설인 부정설은 어음법 40조 3항 1문의 지급인의 조사의무는 유효하게 발행된 어음을 전제로 하므로 어음의 지급시 위조 · 변조의 확인에는 어음법 40조 3항 1문이 적용되지 않고, 별도로 당사자간의 면책약관 · 상관습이 있으면 이를 적용하자는 입장이다. 이 설은 다시 지급인에게 고의 · 과실이 없는 경우 손실부담에 관하여 발행인부담설과 지급인부담설로 나누어진다.

발행인부담설(피위조자부담설)은 기본적으로 위조 등과 같은 어음발행상의 위험을 막을 수 있는 피위조자가 손해를 부담하여야 한다는 입장이다.

---

109) 대판 1992. 7. 28, 92다18535; 소외 영호건설주식회사가 발행하고 원고가 배서한 것으로 되어 있는 판시 약속어음을 피고가 소지하고 있다가 원고를 상대로 위 약속어음 등의 소송을 제기하여 그 소송 진행 중 원고는 위 약속어음의 배서부분이 위조된 것이었는데도 이를 알지 못하고 얼핏 진정하게 이루어진 것으로 오인한 나머지 1989. 12. 1. 피고에게 위 약속어음금 합계금 3,000만 원과 그에 대한 이자 명목으로 금 400만 원을 지급하기로 약정하고 그날 현금 400만 원을 지급한 후 나머지 3,000만 원에 대하여는 그 지급을 위하여 판시 수표를 발행해 주고 위 약속어음을 반환받은 사실과 1989. 12. 5.에 이르러 비로소 위 약속어음 등의 배서부분이 위조된 것을 알고 위 수표가 부도되면 행사책임을 질 것을 우려하여 어쩔 수 없이 위 수표금을 결재한 사실을 인정한 다음 결국 피고는 아무런 원인 없이 이득을 보았고 그 때문에 피해를 입은 사람은 원고이므로 피고에게 그로 인한 부당이득반환의무가 있다.

통설과 판례의 입장인 지급인부담설은 위조는 무효이고 일반적으로 피위조자는 단순히 위조되었다는 사실만으로 어음채무를 부담하지 않으나, 지급인과 피위조자 사이에 손실을 부담시키는 특별계약 또는 이와 유사한 관습이 있는 때와 피위조자에게 귀책사유가 있는 경우에는 예외로 보는 입장이다.

생각건대 어음법 40조 3항의 지급면책은 어음 자체는 진정한데 어음금이 무권리자 등에게 지급된 경우에 지급인의 면책에 관한 규정이다. 따라서 부진정하게 발행된 어음이나 위조 · 변조된 어음의 지급의 경우는 어음법 40조 3항이 적용되지 않으며 결국 지급인이 손실을 부담하게 된다.

그러나 여기서 지급인이 손실부담을 한다는 것은 지급인도 고의 · 과실 없이 지급하고, 발행인도 아무런 귀책사유가 없는 경우에 한하는 것이며, 만약 발행인과 지급인 간에 손실부담에 관한 특약이나 상관습이 있다면 이에 의할 것이다.

따라서 발행인이 과실이 있거나 귀책사유가 있는 경우에는 피위조자인 발행인이 부담하고, 지급인에게 과실이 있었다면 면책약관[110]의 유무와 관계없이 지급인에게 부담시키는 것이 거래의 실정이나 지급인과 발행인을 공평하게 취급한다는 점에서 타당한 해석이라고 본다.

만약 지급인의 과실이 발행인의 과실과 경합하는 때에는 원칙적으로 지급인의 책임으로 하고, 발행인의 과실에 대하여는 과실상계를 인정하는 것이 타당하다

판결은 하급심의 판결과 대법원판례의 태도가 일관되지는 않으나 대법원판결은 위조 · 변조 어음의 확인에 있어서 수표금액이 변조된 사건에서(8000→80000) 변조된 어음이 육안으로 용이하게 식별할 수 있다면 중대한 과실에 의한 지급으로 보고 있고,[111] 면책약관조항에 있어서도 위조 · 변조의 확인에 있어서 '통상의 주의의무'에는 중대한 과실이 없는 경우만 해당될 수 없다는 취지의 판결을 하고 있다.[112] 따라서 위조가 정

110) 따라서 위조 · 변조 시에 대비하여 은행 등이 정한 '면책약관'은 은행의 주의의무를 경감시키거나 면제하는 효력을 가질 수는 없고, 당사자 중 어느 누구도 고의 · 과실이 없는 경우에 경제상의 손실부담에 관한 특약이라고 보아야 할 것이다.

111) 대판 1969. 1. 21, 68다1708; 통상적인 판별로서 위조 또는 변조된 수표임을 알 수 있음에도 불구하고 은행의 과실로 이를 알지 못하고 그 수표의 위조 변조된 액면금을 지급한 때에는 예금주의 예금을 지급하였다는 효력은 발생하지 않고 예금주는 은행에 대하여 예금주로서의 예금채권을 주장할 수 있다.

112) 대판 1975. 3. 11, 74다53; 수표발행인과 지급은행간에 은행이 발행인이 제출한 인감명판(필적) 등을 대조하여 취급상 보통의 주의의무로써 상위 없음을 인정하고 지급을 필한 수표는 위조 · 변조 등 기타의 사유로 이하여 손해가 생길지라도 은행은 그 책임을 지지 아니한다는 약정이 있다하여 그 이외의 기재인 금액란 등이 변조되었는지의 여부도 선량한 관리자의 주의로써 식별하여야 할 은행이 가지는 고유의 주의의무가 면제되었다 할 수 없다. 위 약정에 표시된 보통의 주의의무란 다만 육안으로 식별하는데 그칠 것이 아니고 은행이 보편적으로 간편하게 사용할 수 있는 기기 등을

교하여 육안과 감별기로도 판별할 수 없는 경우에는 지급은행에 과실이 있다고 보기 어려울 것이다.

[어음행위의 무권대행과 표현대리규정 적용의 문제점][113)]

I. 서 론

타인에 의한 어음(수표)행위는 대리와 대행이 있고, 양자는 그 방식에서 구별된다. 즉 어음(수표)행위의 대리는 타인(대리인)이 본인을 위하여 한다는 것(대리문구)을 어음면에 기재하여 대리인이 기명날인하는 경우를 말하고, 어음(수표)행위의 대행은 타인(대행자)이 직접 본인명의로 기명날인하고 대행자 자신은 기명날인 하지 않은 경우를 말한다.[114)]

기명날인의 대행의 법적 성질에 관하여는 '기명날인'의 법적 성질을 어떻게 파악하느냐에 따라 달라질 수 있으나 기명날인 자체는 사실행위이므로 대리가 성립될 수 없음으로 기명날인의 대행은 '표시기관에 의한 어음(수표)행위'로서 본인 자신의 어음(수표)행위라고 파악하여야 할 것이다.[115)]

위와 같이 기명날인의 대행이 권한이 있는 자에 의하여 이루어진 경우에는 본인 자신의 어음(수표)행위로서 본인이 어음상의 책임을 부담하나,[116)] 권한 없는 대행자가 직

이용하는 등 성실한 업무처리로 그 진위의 식별에 임하여야 할 주의의무를 뜻하는 것이다.

113) 위 글은 홍복기, "어음(수표)행위의 무권대행과 표현대리규정 적용의 문제점", 고시연구, 1993. 8. 166-185면을 그대로 전제한 것이며, 인용된 문헌도 당시의 논의상황을 반영한다는 의미에서 그대로 두었다(각주 113-164). 이 글에서 논의는 현재에도 그대로 유효하다.

114) 이정한, "판례를 중심으로 본 어음의 위조에 관한 연구", 연세대학교 대학원 법학박사학위논문, 1977. 12, 9면.

115) 정희철, 「상법학(下)」, 박영사, 1990, 83-84면; 손주찬, 「상법(下)」, 박영사, 56면; 정무동, 「상법강의(下)」, 박영사, 1982, 315면; 최기원, 「어음・수표법」, 박영사, 1990, 137면; 정동윤, 「어음・수표법」, 법문사, 1989, 142면; 서돈각・정찬형, 「어음법・수표법」, 서울대학교 출판부, 1991, 168면 등. 대판 1964. 6. 9, 63다1070 판결에서 대법원은 "종래의 판례가 서명대리를 본인 자신의 행위로 평가할 수 있는 것이라 하여 그 효력을 인정하여 왔고, 당원이 그 해석을 변경한 사실이 없다. 그럼에도 원판결이 어음(수표)행위의 대리는 엄격한 현명주의에 의하여야 하는 것이라 하여 어음(수표)행위에 있어서 서명대리의 효력을 부정하는 취지로 판시한 것은 어음(수표)행위의 대리에 관한 법률해석을 그릇한 위법이라 할 것이다"라고 판시하여 어음(수표)행위의 대행을 '서명대리'로서 인정하고 있으나 그 표현은 적절하지 못하다고 생각한다. 왜냐하면 '기명날인'자체는 사실행위이므로 '대리'의 대상이 되지 않는다고 보는 것이 타당하기 때문이다.

접 본인명의로 어음(수표)행위를 한 경우에 있어서는 어떻게 해야 할 것인가? 특히 우리나라에서는 어음(수표)행위가 소위 대행방식(기관방식)으로 행하여지는 것이 적지 않으므로 문제시되고 있다. 이에 대하여 현재 우리나라 다수설은 어음위조의 법리로 해결하고 있다.[117)][118)]

따라서 무권한의 대행 즉 어음의 위조의 경우에는 피위조자 자신의 어음(수표)행위로 볼 수 없기 때문에 피위조자는 추인하지 않는 한 누구에 대하여도 어음상의 책임을 부담하지 않는다는 것이 대원칙이다. 그러나 피위조자에 어음외관의 작출에 대하여 책임질 중대한 원인이 있고, 타방 제3자가 과실 없이 이것을 정당한 어음이라고 오인하여 취득하는 경우가 있기 때문에 피위조자가 어떠한 경우에도 어음상의 책임을 지지 않는다는 것은 부당하므로(본인이 불법행위인 사용자배상책임을 지는 것과 위조자의 책임은 별론으로 하고) 선의의 제3자를 보호할 필요성이 있다.[119)] 가령 타인에 인장을 보관시켰는데 그가 인장을 모용한 경우에 있어서 선의의 제3자가 과실 없이 이를 대행자의 정

116) 주의할 것은 대행의 권한은 단순한 대리권이 아니라 특별의 권한이기 때문에 단지 대리권이 있다는 것 만에 의하여 당연히 대행권을 갖는 것이 아니고 특별의 수권이 필요하다는 점이다(田中誠二, 「手形小切手法詳論」, 有斐閣, 1979, 170면). 따라서 대리권한만 있을 뿐 대행권이 없는 대리인이 대행방식에 의하여 어음(수표)행위를 한 경우에도 위조가 된다. 그러나 법정대리인, 지배인 또는 법인의 대표이사와 같이 포괄적 권한을 갖는 자는 특별의 수권이 없어도 당연히 대행권한을 갖는다고 본다; 鈴木竹雄, 「手形法小切手法」, 有斐閣, 1976, 165면.

117) 이정한, 전게논문, 10면; 강위두, 「상법강의(III)」, 형설출판사, 1983, 113면; 서돈각 · 정찬형, 전게서, 171면; 이기수, 「어음법 · 수표법」, 박영사, 1989, 173면.

118) 이에 대하여 소수설(정희철, 전게서, 88면; 채이식, 「상법강의(下)」, 박영사, 256면)과 일본 판례는 기명날인의 대행도 권한이 있는 경우에는 어음(수표)행위의 대리로 해석하고 무권한인 경우에도 본인을 위하여 할 의사가 인정되는 경우에는 무권대리, 그렇지 않은 경우에는 위조로 해석하고 있다(日大審院判 1923. 9. 28. 法律新聞 3602호, 7면; 日最高判 1957. 2. 7. 民集 11권 2호, 227면; 日最高判, 1964. 9. 15. 민집 18권 7호, 1435면 등).
그러나 일본 판례와 같이 무권한으로 기명날인이 이루어진 경우에 본인을 위한다는 의사를 갖고 있는가에 따라 무권대리와 위조를 구별한다는 것은 행위자의 외부에서 전혀 알지 못하는 주관적 의도에 의하여 결과가 좌우되는 것이고, 또한 어음(수표)행위의 서면성으로 보아도 부당하다(자세한 것은 이정한, 전게논문, 24면; 蓮井良憲, "手形の僞造", 「手形法 · 小切手法講座」 一卷, 有斐閣, 1966, 236면). 일본판례가 무권대행을 행위자의 주관적 의사에 따라 '무권대리'와 '위조'를 구별하는 주된 이유는 위조라 본다면 표현대리의 적용과 추인이 인정되지 않으므로 가급적 위조에 해당하는 경우를 축소하자는 의미가 담겨있다.

119) 독일의 판례와 통설은 신의성실의 원칙에 의한 피위조자의 어음상의 책임을 인정하고 있다. 이는 영미의 금반언의 원칙과 마찬가지로 피위조자가 위조의 항변을 주장하는 것이 선행행위와 모순되는 행위(venire contra factum proprium)인 경우에 신의성실의 원칙의 위반으로 보고 피위조자에게 어음상의 책임을 인정한다. 예컨대 피위조자가 위조된 정을 알면서 수차례 동일한 위조자에 의하여 작성된 어음에 대하여 어음금을 지급하여 위조의 발견을 방해함으로써 계속적으로 어음의 위조를 가능하게 한 경우이다. 자세한 것은 Baumbach/Hefermehl, Wechselgesetz und Scheckgesetz, 15 Aufl., 1986, C.H. Beck, S. 122 ff. 우리나라에서도 이와 동일한 해석을 취하는 입장이 있다(최기원, 전게서, 156면; 정동윤, 전게서, 163면; 채이식, 전게서, 257면).

당권한에 기한 행위라고 오인하거나 또는 본인에 의한 진정의 어음(수표)행위로 오인하는 것이 있을 수 있어 어떠한 이론구성으로 거래안전을 보호할 것인가에 관하여 문제가 되는 것이다.

이에 대하여는 크게 민법의 표현대리에 관한 규정을 유추적용하여 해결하자는 입장과 권리외관이론(Rechtsscheintheorie)에 의하여 피위조자도 어음상의 책임을 부담하지 않으면 안 된다는 입장, 기타 표현책임이 성립되는 경우는 위조의 항변을 인적항변으로 보고 어음법 17조를 적용하자는 입장[120]으로 나누어진다.

Ⅱ. 어음(수표)행위의 무권대행(위조)에 있어서 표현대리의 규정의 적용여부

1. 적 극 설

권한 없는 기명날인의 대행 즉 위조에도 표현대리의 규정의 유추적용이 인정되는 것이 우리나라와 일본의 다수설과 판례의 입장이다.[121]

즉 어음(수표)행위의 대행의 경우에도 어음(수표)행위의 대리의 경우와 같이 거래의 상대방을 보호할 필요가 있으므로 표현대리의 규정을 유추적용하여 표현대행의 성립을 인정하여야 한다는 것이다. 따라서 대행자가 대행권의 범위를 넘어 기명날인의 대행방법으로 발행한 약속어음에 대하여 수취인이 이를 본인 자신이 발행한 어음으로 믿고, 또 그와 같이 믿은 데 대하여 정당한 이유가 있는 때에는 본인은 민법 126조를 유추적용하여 발행인으로서의 책임을 인정하여야 한다는 입장이다.

우리나라 대법원도 어음위조의 경우 표현대리규정의 적용을 인정하고 있는데, 어음(수표)행위의 권한이 없는 경리담당상무이사로 있던 자가 자기 개인의 증권투자에 필요한 자금을 조달하기 위하여 피고회사 대표이사의 인장을 도용하여 대표이사 명의로 약속어음을 발행한 사안에 있어서 " …… 만일 위와 같은 대리의 방식에 의하지 않고, 다

120) 小橋一郎, 「手形行爲論」, 有信堂, 1964, 358면.

121) 이정한, 전게논문, 52면; 정희철, 전게서, 98면.; 손주찬, 전게서, 69면; 이범찬, 「상법강의」, 국민서관, 282면; 채이식, 전게서, 257면; 서정갑 외, 「주석 어음수표법」, 한국사법행정학회, 1973, 211면; 양승규 · 박길준, 「상법요론」, 삼영사, 1990, 593면; 최기원, 전게서, 156-157면에서는 표현대리에 관한 규정이 유추적용되어 피위조자의 책임이 인정되나 권리외관이론에 의해서도 피위조자의 책임이 인정된다고 한다(동지; 이기수, 전게서, 177면); 鈴木竹雄, 전게서, 166면; 石井照久 · 鴻 常夫, 「手形法小切手法」, 勁草書房, 1976, 109면; 日最高判, 1964. 9. 15. 民集 18권 7호, 1435면; 日最高判, 1968. 12. 24, 民集 22권 13호, 3382면.

른 사람이 직접 본인명의로 기명날인을 하여 어음(수표)행위를 한 경우에, 만일 이와 같은 형식의 어음(수표)행위가 본인명의로 어음(수표)행위를 할 수 있는 권한에 의하여 이루어진 것이라면 실재로 어음(수표)행위를 한 자는 본인의 수족과 같은 기관으로서 또는 소위 서명대리인으로서 한 것이라 할 것이므로, 그 어음(수표)행위의 효과는 그 본인에게 직접적으로 미친다 할 것이며, 그 어음(수표)행위는 유효하다 할 것이나, 만일 권한 없이 위와 같은 기관방식 또는 서명대리의 방식으로서 어음(수표)행위를 한 것이라면 이는 어음의 위조로서 원칙적으로 명의를 위조당한 본인에게는 책임이 없다 할 것이다. 그러나 제3자가 위와 같은 기관방식에 의하여 어음(수표)행위를 실지로 한 자에게 그와 같은 어음(수표)행위를 할 수 있는 권한이 있는 것이라고 믿을 만한 사유가 있고 본인에게 책임을 질만한 사유가 있는 경우에는 거래안전을 위하여 표현대리에 있어서와 같이 본인에게 책임이 있다고 해석하여야 할 것이다"라고 판시하였다.[122]

2. 소 극 설

무권대행 즉 위조의 경우에 민·상법의 표현대리에 관한 규정의 적용을 제한적으로만 인정하거나 부정하는 입장으로서 대부분이 권리외관이론을 취하고 있다.[123]

소극설의 입장에서는 표현대리가 성립하기 위하여는 무권대리행위의 상대방에 그 어음(수표)행위는 대리인에 의하여 행하여졌다는 인식이 있고, 그리고 그 대리인이 대리권을 갖고 있다는 것을 신뢰하였다는 것이 필요하나, 기명날인이 대행의 방식으로 행하여진 경우에는 상대방에 이와 같은 인식도 신뢰도 없는 것이 보통이므로 표현대리 규정의 유추적용을 부정적으로 보고 있다. 또 표현대리의 규정의 적용에 대하여 위조의 경우에는 위조자의 행위는 어음상의 표시되지 않기 때문에 대리인의 행위와 권한을 전제로 하는 표현대리의 법리를 직접 적용할 수 없다고 한다.[124]

또한 어음위조의 경우에 표현대리에 관한 규정을 유추적용한다고 할지라도 표현대

122) 대판 1969. 9. 30, 69다964, 판례총람(11), 980-4-2면. 그 후 이러한 입장은 계속되고 있다. 대판 1971. 5. 24, 71다471, 판례총람, 980-4-4면; 대판 1975. 10, 774다2082, 법률신문 제1134호(1975. 12. 1.), 7면.

123) 강위두, 전게서, 123면; 大森忠夫, "手形小切手僞造・變造", 「判例手形法小切手法」, 伊澤孝平先生還暦紀念, 商事法務硏究會, 1969, 120면; 鈴木竹雄, "手形の僞造・變造", 「判例手形法小切手法」, 伊澤孝平先生還暦紀念, 商事法務硏究會, 1969, 120면; 蓮井良憲, 전게논문, 245면; 田中誠二, 전게서, 194면; 納富義光, 「手形法・小切手法論」, 有斐閣, 1982, 133면; Ernst Jacobi, Wechsel- und Scheckrecht, Walter De Gruyter, 1956, S. 256 ff.; Hueck/Canaris, a.a.O., S.112 ff.; Baumbach/Hefermehl, a.a.O., S. 122 ff.

124) 田中誠二, 전게서, 194면.

리규정은 본래 무권대리인이 본인의 대리인으로 표시되어 상대방이 그 자에 권한이 있다고 믿고 또 그렇게 믿은 데 정당한 이유가 있는 경우에 관한 것이며 그 정당한 이유의 유무는 그 표현대리가 행하여진 당시의 구체적 사정을 객관적으로 고찰하여 결정하는 것이므로 어음위조의 경우에도 위의 표현대리에 관한 규정의 한계를 넘을 수는 없으므로 결국 상대방이 무권한자가 본인명의로 어음(수표)행위를 하였다는 것을 인식할 수 있는 경우 즉 상대방에 있어서 행위자가 대행자자격에서 본인의 기명날인을 대행한 것으로 믿고 또 그렇게 믿은 데 대하여 정당한 이유가 있고 또 본인 측에도 책임질 사유가 있다고 인정되는 사정이 있는 때에 한하여 인정하고 있다. 따라서 위와 같은 사정이 없는 경우 즉 상대방이 권한 없는 자가 어음(수표)행위를 대행하였다는 것을 인식하지 못하고 본인 자신이 어음(수표)행위를 한 것으로 믿고 있는 경우까지 표현대리에 관한 규정의 유추적용을 인정하여야 할 것인가에 대하여는 부정적으로 보고 있다.[125)]

3. 검　　토

우선 통설이 '무권대리'와 '위조'를 '대리'와 '대행'이라는 형식에 따라 구별하고 있으므로, 무권한자가 직접 본인의 명의로서 어음(수표)행위를 한 경우에는 모두 어음의 위조로 되기 때문에 그 적용에 있어서 '대리'라는 형식을 전제로 하는 민법의 표현대리 규정의 직접 적용은 안 되고 유추적용만이 인정된다. 따라서 위조의 경우 표현대리에 관한 규정을 적용함에 있어서는 "유추적용"으로서의 한계가 있으며 그 범위를 초과할 수는 없다.

그런데도 적극설은 표현책임은 본래 실질적인 사실에 유래하는 것이어서 어음(수표)행위가 대리방식으로 이루어진 것인가 아니면 기명날인의 대행의 방식으로 이루어진 것인가라는 어음(수표)행위의 형식의 문제에 관계되는 것은 아니기 때문에 표현책임의 인정에 있어서 무권대리와 위조와를 구별할 필요는 없을 뿐만 아니라, 표현대리제도는 제3자의 신뢰를 보호하고자 하는 취지이기 때문에 무권대행의 경우에도 민법의 표현대리의 규정들 유추적용하여 본인인 명의인에 책임을 부담시킬 수 있고, 그럼으로써 어음거래의 안전을 보호하는 입장을 취하고 있다.

그러나 어음의 위조의 경우에 거래안전을 보호하기 위한 해결방법의 하나로서 민

---

125) 서정갑 외, 전게서, 180면; 서돈각 · 김태주, 「주석 어음법 · 수표법」, 육법사, 113면; 蓮井良憲, 전게논문, 242면; 竹内昭夫 · 龍田 節(編), "現代企業法講座(5)", 「有價證券」, 東京大學出版會, 1985, 210면.

법의 표현대리의 규정의 유추적용을 인정하더라도 극히 제한적인 범위에서만 인정되므로 '거래안전의 보호'가 이루어지는 경우는 거의 없다고 생각한다. 왜냐하면 표현대리의 규정은 원래 표현대리인이 본인의 대리인으로서 행위를 한다는 것을 인식하고, 상대방이 그 표현대리인에 권한이 있다고 믿은 것에 대하여 정당한 이유를 갖는 경우에 인정되는 것이므로 어음의 위조의 경우에도 유추적용하기 위하여는 상대방이 직접적으로 대행자가 본인의 기명날인을 한다는 것을 인식하고, 또한 대행자가 그 권한이 있다고 신뢰한 것에 대하여 정당한 이유가 있고, 또 이에 대하여 본인에 귀책사유가 있다고 인정될 사정이 존재하는 경우에 한하는 것이기 때문이다.

그러므로 상대방이 본인자신의 어음(수표)행위로 인식한 경우(기명날인의 대행의 경우에는 이 경우가 대부분일 것임)까지 넓게 확장하여 표현대리의 규정을 유추적용하는 입장은 민법의 표현대리규정의 해석의 범위를 벗어난 해석이며, 이는 의식적이든 무의식적이든 결과적으로 권리외관이론의 적용을 긍정하는 것이 된다.

따라서 기명날인이 '대리'와 더불어 '대행'의 형식으로 넓게 행하여지고 있는 거래의 실정에 비추어, 어음거래의 안전과 그 신용을 도모하기 위하여 상대방이 어음의 기명날인이 진정으로 행하여졌다는 것을 신뢰한 경우에 있어서도 상대방을 보호할 필요가 있다는 것은 부정할 수 없지만, 일정한 표현적 사실의 존재에 대한 인식을 전제로 하여 규정된 민법의 표현대리의 규정을 가지고 이를 해결한다는 것은 실제적으로도 도움이 안 되며 이론적으로도 무리가 있는 것이다.[126)]

위에서 본 바와 같이 민법의 표현대리규정의 유추적용에 의하여 권한 없는 기명날인의 대행 즉 위조의 경우에 선의의 제3자를 보호한다는 것은 무리가 있음을 살펴보았는데 일반적인 해결방법은 무엇인가?

결론부터 말하면 권리외관이론(Rechtsscheintheorie)에 따른 해결이 보다 설득력이 있고 무리가 없다고 생각하며, 이는 무권대행의 경우 보호되는 상대방의 범위를 정하는데 있어서도 일관된 해석이다(후술).[127)]

---

126) 蓮井良憲, "手形行爲と表見代理", 「手形硏究」, 6卷 13號, 1962, 10면.

127) 이정한 교수는 "외관이론이 거래안전을 위하여 선의자를 보호하는데는 이상적인 이론이라 할 수 있으나, 현재로서는 이를 적용하는데 주저하지 않을 수 없으며, 실정법적 근거가 명확한 표현대리 규정을 유추적용함으로써 동적안전과 정적안전의 보호를 꾀하여 양자의 균형을 유지할 수 있도록 하는 것이 타당하다고 생각한다"는 견해를 취하고 있다; 이정한, 전게논문, 39·180면.

Ⅲ. 표현대리(대행)와 제3자

1. 서

표현대리에 관한 규정을 대리형식의 어음(수표)행위에 적용하거나 또는 대행형식의 어음(수표)행위에 대하여 유추적용하는 데 있어서 상대방의 범위가 문제된다. 즉 표현대리의 규정에 의하여 보호되는 제3자의 범위에 관한 문제이다. 이것은 당사자가 고정되어 있는 법률관계에 있어서는 법률행위를 한 직접의 상대방만을 생각하면 되지만 어음과 같이 전전유통하는 증권에 있어서는 표현책임을 인정하여 보호하여야 할 자는 직접의 상대방 이외에 그 후의 취득자도 포함시킬 필요가 있기 때문이다.

2. 직접 상대방 한정설

가) 어음(수표)행위의 표현대리에 있어서 보호되는 상대방은 민법의 해석과 마찬가지로 직접의 상대방에 한하고 그 이후의 제3취득자는 포함되지 않는다는 입장이다.[128] 따라서 이 설은 선의의 제3취득자의 보호의 문제를 민법의 표현대리의 규정이 아니라, 권리외관이론이나 인적항변의 제한문제 등으로 해결하고 있다.

직접 상대방 한정설의 주된 논거는 민법의 표현대리에 관한 규정이 제3자에 적용되기 위하여는 제3자가 대리인 또는 대행자의 자격에서 한 행위를 보고 또 그 대리(대행)권한이 있다고 믿었어야 하는데 직접의 상대방 이외의 제3취득자에게는 이러한 사정이 없다는 것이다. 특히 어음(수표)행위가 기명날인의 대행방식으로 행위자가 본인의 명의를 직접 표시한 경우에 표현대리에 관한 규정을 유추적용함에 있어서는 제3자가 대행자자격에서 한 행위로 보고 또 그 권한을 믿었어야 하는데 이러한 경우는 직접의 상대방 이외의 제3자에게는 실제로 거의 있을 수 없다는 것이다.

왜냐하면 대리방식에 의하는 행위자인 대리인은 어음면에 기재되어 있으므로 직접의 상대방인 제3자뿐만 아니라 그 이후의 제3취득자도 행위자가 누구인가를 인식하고 그 권한을 믿을 수 있는데 대하여 기명날인대행의 방식에 의하는 경우에는 행위자인

128) 김대휘, “어음(수표)행위의 표현대리”, 어음・수표법에 관한 제문제(상), 법원행정처, 1986, 257면; 服部榮三, 전게논문, 191면; 加藤勝郎, “手形行爲と表見代理”, 「判例手形法小切手法」, 伊澤孝平先生還曆紀念, 商事法務硏究會, 1969, 84면; 竹田省, 「手形法・小切手法」, 有斐閣, 28면; 坂井芳雄, 「裁判手形法」, 一粒社, 1972, 237면.

대행자는 어음면에 표시되어 있지 않을 뿐만 아니라 직접의 상대방인 제3자 이외의 자는 행위자가 누구인가를 실제로 인식할 수 있는 입장에 있지 않기 때문에 그 행위자의 자격과 대행권한을 믿는다는 것은 문제가 되지 않기 때문이다.

이 입장에서는 무권대리인에 의한 어음이 발행된 경우 그 직접의 상대방인 수취인이 선의라면 발행인이 책임을 부담하게 되고, 수취인이 악의라면 그 수취인에 대하여는 물론 그 이후에 선의로 어음을 취득한 자에 대하여도 책임을 부담하지 않게 된다.

나) 직접 상대방 한정설을 취하면서 어음법 독자의 입장에서 이 문제를 해결하고자 하는 주목할 만한 견해가 있다. 무권대리를 경우에 따라 인적항변으로 파악하여 제3자의 보호를 하는 입장이다.[129] 즉 제3자를 직접의 상대방에 한정하는 입장을 취하면 직접의 상대방이 악의인 경우에 제3자는 선의인 경우에도 보호되지 못하고 본인은 그에 대하여 무권대리를 물적항변으로서 주장하는 것이 된다. 그러나 이 경우는 적어도 표현대리의 객관적 요건이 존재하고 있고, 본인에 책임을 부담시켜도 좋은 객관적 사정(귀책사유)이 있으므로 물적항변으로 볼 필요가 없고, 인적항변으로 보아서 제3취득자는 본인이 해할 것을 알고 어음을 취득하지 않는 한 본인에 의하여 무권대리라는 항변을 받지 않는다고 주장하고 있다. 따라서 직접의 상대방이 무권대리에 대하여 악의이었으나 만약 선의이었더라면 민·상법의 규정에 의하여 표현대리가 성립하였을 것이라고 인정되는 경우 본인은 이 제3자에 대하여는 인적항변을 주장할 수 있을 뿐 그 후의 선의의 제3자에 대하여는 본인은 어음상의 책임을 져야 한다는 입장이다.[130]

그러나 이에 대하여는 무권대리의 항변은 본래 물적항변이므로 어음법 17조의 적용은 없고, 또 후의 취득자에 표현대리의 요건이 성립하는 경우에는 원시적으로 본인에 대한 권리를 취득하는 것이어서 항변대항의 문제는 발생할 수 없다는 비판이 있다.[131]

이에 관한 우리나라 대법원의 과거 판례는 직접 상대방 이외의 그 후의 어음취득자를 포함한다고 보는 경우도[132] 있었으나 현재는 어음(수표)행위의 직접 상대방에 한정하고, 다만 어음의 제3취득자는 어음(수표)행위의 직접 상대방에게 표현대리가 인정되

129) 服部榮三, 전게논문, 193면.

130) 상게논문, 동면.

131) 納富義光, 「手形法の諸問題」, 1980, 有斐閣, 32면.

132) 대판 1962. 7. 12, 62다255, 대법원판결집 17권 3집, 153면; 대판 1969. 9. 30, 69다964, 대법원판결집 17권 3집, 민사편, 141면. 69다964사건에서 대법원은 "… 다른 사람이 권한 없이 직접 본인 명의로 기명날인하여 어음(수표)행위를 한 경우에도 제3자가 그 다른 사람에게 그와 같은 어음(수표)행위를 할 수 있는 권한이 있는 것이라고 믿을 만한 사유가 있고 본인에게 책임을 질만한 사유가 있는 경우에는 거래의 안전을 위하여 표현대리에 있어서와 같이 본인에게 책임이 있다고 해석하여야 할 것이다"고 판시하였다.

는 경우에 이를 원용하여 피위조자에 대하여 자신의 어음상의 권리를 행사할 수 있다는 입장을 취하고 있다.[133] 우리나라의 판결이유에서는 그 근거가 분명하게 나타나고 있지 않고, 학설도 이에 관한 별다른 논급이 없으나 일본에서는 많은 논의가 나타나고 있다. 일본의 판례는 민법 110조 등의 표현대리규정에서 소위 '제3자'라 함은 무권대리의 어음(수표)행위의 직접의 상대방에 한하고, 그 후의 어음취득자는 여기에 해당되지 않는다는 것이 일본 대심원 이래의 입장이다.[134]

3. 제3취득자 포함설

이에 대하여 다수의 학설은 '제3자'에는 직접의 상대방 이외의 제3자도 포함한다고 해석하고 있다.[135]

---

133) 대판 1999. 1. 29, 98다27470; 어음(수표)행위의 위조에 관하여도 민법상의 표현대리에 관한 규정이 적용 또는 유추적용되고, 다만 이 때 그 규정의 적용을 주장할 수 있는 자는 어음(수표)행위의 직접 상대방에 한하므로(대법원 1986. 9. 9, 84다카2310; 1997. 11. 28, 96다21751 등 참조), 어음의 제3취득자는 어음(수표)행위의 직접 상대방에게 표현대리가 인정되는 경우에 이를 원용하여 피위조자에 대하여 자신의 어음상의 권리를 행사할 수가 있다(대법원 1991. 6. 11, 91다3994; 1994. 5. 27, 93다21521 참조). 그런데 어음(수표)행위의 위조에 관하여도 민법 제126조에서 규정하는 표현대리가 인정되려면 그 상대방에게 위조자가 어음(수표)행위를 할 권한이 있다고 믿은 데에 정당한 사유가 있어야만 하는 것이고, 이러한 정당한 사유는 어음(수표)행위 당시에 존재한 여러 사정을 객관적으로 관찰하여 보통사람이라면 유효한 행위가 있은 것으로 믿는 것이 당연하다고 판단되면 이를 긍정할 수 있지만, 어음(수표)행위가 일반의 거래관념에 비추어 특히 이례적으로 이루어진 경우에는 달리 특별한 사정이 없는 한 그 상대방이 위조자의 권한 유무와 본인의 의사를 조사·확인하지 아니하였을 경우에는 그 상대방이 위조자에게 어음(수표)행위를 할 권한이 있다고 믿었다고 하더라도 거기에 정당한 사유가 있다고 보기 어렵다; 대판 1986. 9. 9. 제2부 판결 84다카2310; 대판 1994. 5. 27, 93다21521, 84다카2310 사건에서 대법원은 "… 표현대리에 관한 민법 제126조의 규정에서 제3자라 함은 당해 표현대리행위의 직접 당사자가 된 자만을 지칭하는 것이고 약속어음의 지급보증은 발행인을 위하여 그 어음금채무를 담보할 목적으로 하는 보증인의 단독행위이므로 그 행위의 구체적 실질적인 상대방은 어음의 제3취득자가 아니라 발행인이라 할 것이어서 약속어음의 지급보증부분이 위조된 경우, 동 약속어음을 배서, 양도받는 제3취득자는 위 지급보증행위가 민법 제126조 소정의 표현대리행위로서 지급보증인에게 그 효력이 미친다고 주장할 수 있는 제3자에 해당하지 않는다"고 판시하였다. 이 사건에서 대법원은 그 이전의 판결이 직접의 상대방뿐만 아니라 제3취득자도 포함한다는 입장을 취하였으므로 제3자가 표현대리의 규정에서 보호되는 상대방에서 제외되는가의 이유를 밝히지 않은 것은 문제가 있다고 생각한다; 대판 1994. 5. 27, 93다21521; 권한을 넘은 표현대리에 관한 민법 제126조의 규정에서 제3자라 함은 당해 표현대리행위의 직접 상대방이 된 자만을 지칭하는 것이고, 이는 위 규정을 배서와 같은 어음(수표)행위에 적용 또는 유추적용할 경우에 있어서도 마찬가지로 보아야 할 것이며, 약속어음의 배서행위의 직접 상대방은 그 배서에 의하여 어음을 양도받은 피배서인만을 가리키고 그 피배서인으로부터 다시 어음을 취득한 자는 민법 제126조 소정의 제3자에는 해당하지 아니한다.

134) 日大審院判 1923. 6. 30. 民集 2권 9호, 432면; 日大審院判, 1925. 3. 12. 民集 4권 3호, 120면; 日最高判, 1961. 12. 12. 民集 15권 11호 2756면; 日最高判, 1977. 12. 9. 判例時報 879호, 135면. 학설 중 같은 입장에 있는 것은 小橋一郎, 전게서, 332면.

135) 이정한, 전게논문, 65면; 서정갑 외, 전게서, 211면; 손주찬, 전게서, 59면; 정희철, 전게서, 85면; 정

그 이유는 민법 125조, 126조, 129조에서 말하는 제3자를 어음(수표)행위의 경우에 그 직접의 상대방에 한정한다고 해석하는 것은 어음의 유통력의 강화를 이념으로 하는 어음법에 적합하지 않기 때문이라고 한다. 즉 '제3자' 중에는 직접의 상대방 이외에 그 후의 취득자도 포함한다고 보아 직접의 상대방 측에 표현대리의 요건이 구비되어 있으면 그 자로부터 어음을 취득한 모든 후자는 표현대리의 규정에 의하여 보호되고 또 직접의 상대방 측에 표현대리의 요건이 구비되어 있지 않더라도 그 자로부터 어음을 취득한 후자 중에 표현대리의 요건이 구비되어 있는 자가 있는 때에는 그 자 및 그 자로부터 어음을 취득한 자는 전부 표현대리의 규정에 의하여 보호된다고 해석하고 있다.

그런데 직접의 상대방은 표현대리의 요건을 갖추지 못하고 후자에 표현대리의 요건이 구비되어 있는 경우 표현대리를 인정한다면 직접의 상대방이 갖고 있지 않은 권리를 후자가 취득하는 것이 되어 배서를 권리이전행위로 보는 한 승계취득의 원칙에 반하는 것이 되어 문제가 된다.

이에 대하여는 무권대리는 전혀 아무런 효력도 발생하지 않는 것이 아니라 일종의 잠재적인 상태로 존재하는 것이어서 이후에 본인이 추인한다면 본인을 책임을 부담하게 되고, 표현대리의 조건을 갖춘 자가 이를 취득한다면 본인이 책임을 부담하는 것이어서 이것은 이러한 잠재적인 권리를 수반한 어음상의 지위를 배서에 의하여 양수한 것이라고 설명하는 입장이 있다.[136] 또 이와는 달리 제3자에 이후의 취득자를 포함한다는 입장에서 이후의 취득자가 표현대리의 요건을 구비한다면 전자와 관계없이 원시적으로 표현대리규정에 의하여 어음상의 권리를 취득한다고 보는 입장이 있다.[137]

4. 검 토

위와 같이 우리나라 통설은 표현대리에 있어서 보호되는 상대방은 직접의 상대방 이외의 제3취득자도 포함한다고 해석하고 있고, 이에 대하여는 별다른 이론이 없는데 이에 대하여는 다음과 같은 문제가 있다고 생각한다.

무동, 전게서, 316면; 이범찬, 전게서, 281면; 최기원, 전게서, 141면; 양승규·박길준, 전게서, 589면; 강위두, 전게서, 108면; 정동윤, 전게서, 154면; 서돈각·정찬형, 전게서, 153면; 채이식, 전게서, 238면; 이기수, 전게서, 177면; 鈴木竹雄, 전게서, 160면; 田中誠二, 전게서, 164면; 石井照久·鴻常夫, 전게서, 102면. 일본의 하급심 판례 중에는 이 입장에 있는 것을 볼 수 있다; 東京高判, 1956. 3. 7. 下級民集 10권 3호 455면.

136) 이정한, 전게논문, 66면; 田中誠二, 전게서, 164면; 鈴木竹雄, 전게서, 161면.

137) 納富義光, 前掲 手形法の諸問題, 30면.

첫째, 통설과 같이 '제3자'의 범위를 넓게 해석하여도 제3취득자가 보호되기 위하여는 표현대리규정의 요건이 충족되어야 하는데 이러한 경우는 거의 없다고 생각한다. 가령 민법 126조에 의하여 제3취득자가 보호되기 위하여는 월권대리인의 월권행위에 대하여 대리권을 갖고 있다는 것을 신뢰하고 또한 이러한 신뢰에 대하여 정당한 이유를 갖고 있는 것이 필요하다. 즉 대리인에 의하여 행하여졌다는 인식과 그 자에 대리권이 있다고 믿었다는 제3자의 주관적 심리상태를 전제로 하는 것인데 직접의 상대방이 아닌 제3취득자가 갖고 있다는 것은 실제에 있어서 거의 있을 수 없기 때문이다. 또한 민법 129조의 대리권소멸 후의 표현대리에 있어서도 대리권이 소멸하기 전부터 거래가 있었기 때문에 권한이 소멸한 후도 여전히 대리권이 있는 것으로 믿고 거래를 하는 사정이 있는 경우에 한하여 적용되는데 이러한 사정은 보통 직접의 상대방 이후의 제3취득자에게는 존재하지 않는 것이다.

더구나 어음(수표)행위가 대행방식으로 행하여지는 경우에는 대행자의 명칭은 어음에 나타나고 있지 않기 때문에 직접의 상대방 이외의 자에는 기명날인이 대행자에 의하여 이루어졌다는 것을 알지 못하는 경우가 보통이고, 대행자의 권한을 신뢰하였다는 사정이 문제될 여지가 없으므로 제3취득자가 표현대리의 요건을 충족하는 것은 일층 곤란하다고 생각된다.

따라서 어음의 유통을 보호하기 위하여 제3취득자가 표현대리의 제3자에 포함된다고 하는 통설의 주장은 현실적으로 적용이 되는 경우가 거의 없어 큰 의미가 없으며 또한 어음(수표)행위가 대리인이나 대행자에 의하여 행하여졌다는 인식이 없는 경우에 있어서도 선의의 제3자를 보호한다고 하여 표현대리의 이론을 적용한다면 이는 표현대리의 이론을 벗어나 거래의 안전을 보호하자는 입장을 나타내는 것일 뿐 민법의 표현대리의 규정의 해석과 유추적용에 있어서는 논리상 문제가 있다고 생각한다.

둘째, 제3취득자가 제3자에 포함된다고 한다면 민법의 표현대리에 관한 규정들의 반대해석으로서 제3취득자가 악의인 경우에는 그 전자가 선의인 경우에도 본인은 무권대리라는 항변을 악의인 제3취득자에 대항할 수 있다고 보아야 하는 데, 오히려 통설은 배서의 권리이전적 효력을 이유로 이것을 부정하고 있으므로 이는 표현대리의 규정의 적용에 있어서 논리가 일관되지 않은 해석이라 볼 수 있다. 그러나 후술하는 바와 같이 권리외관이론에 따르면 어음의 제3취득자가 악의인 경우 본인은 무권대리와 위조의 항변의 주장을 제한받아야 할 아무런 이유가 없다.[138)]

---

138) Hueck/Canaris, a.a.O., S. 132 ff.

셋째, 보다 근본적으로는 통설이 어음에 관한 문제를 표현대리의 규정의 확장 해석 또는 수정적용이라는 방법으로 말하자면 민법적으로 해결하고자 하는 것이 문제이다. 어음관계에 대하여는 어음법이 특수한 규제를 하고 있는 것이기 때문에 어음에 관한 문제는 어음법에 직접적용이 없는 경우에도 민법적이 아니라 어음법적으로 바꾸어 말하면 어음법 독자의 입장에서 해결될 것이 요구된다.[139]

Ⅳ. 권리외관이론에 의한 취득자의 보호

1. 서

위에서 본 바와 같이 어음(수표)행위가 소위 대행방식으로 행하여진 경우에도 민법의 표현대리에 관한 규정의 적용을 일반적으로 긍정하고, 또한 민법의 표현대리규정의 적용에 있어서 보호되는 상대방에는 제3취득자도 포함한다는 통설과 판례의 입장은 그 이론구성은 물론 실제 면에 있어서도 많은 문제점이 있다는 것을 살펴보았다.

따라서 선의의 제3취득자의 보호는 민법의 표현대리규정의 적용으로 해결하는 것 보다는 권리외관이론에 따라서 제3자의 보호함으로써 어음의 유통을 보호하는 것이 타당하다고 생각한다.[140] 이하에서는 권리외관이론의 적용요건을 중심으로 설명하기로 한다.

2. 권리외관이론의 적용요건

권리외관이론의 법리는 진실과 외관이 다른 때, 법적 신뢰성 있는 외관을 신뢰한 자는 어떤 자가 이 외관의 존재에 원인을 부여한 경우에 그 자로부터 보호되어야 한다는 법리이다.[141] 따라서 어음(수표)행위의 대리 또는 대행에 있어서 외관이론에 의한 본인의 상대방에 대한 책임의 유무의 검토는 크게 다음의 세 가지 면에서 고찰될 수 있다. 즉 그 요건은 ① 본인이 어음상의 의무를 부담한다고 일반적으로 인정되는 어음의 존재 즉 법적 신뢰성 있는 대리권(대행권)의 외관의 존재(객관적 요건), ② 상대방이 외관을 진실한 것이라고 신뢰한 것에 대한 정당한 이유의 존재(상대방 측의 요건) ③ 본

---

139) 服部榮三, “手形行爲における表見代理”, 「法學敎室」 No 7, 別冊 ジュリスト, 1963. 7. 77면.

140) 김대휘, 전게논문, 257면; 加藤勝郞, 전게논문, 85면; 喜多了祐, 「外觀優越の法理」, 千倉書房, 1976, 721면; 大森忠夫, 전게논문, 120면; 蓮井良憲, 전게논문, 244면; 金澤 理, 전게논문, 27면.

141) 이정한, 전게논문, 32면.

인이 어음상의 책임을 부담하는 것과 같은 어음외관의 작출에 대하여 책임질 귀책사유의 존재(본인 측의 요건)의 3가지 요건이 필요하다.

위와 같이 볼 때 권리외관이론의 적용방식은 표현대리의 규정의 적용방식에 비하여 크게 다른 것은 아니다. 왜냐하면 민·상법의 표현대리에 관한 규정이나 권리외관이론은 모두 거래에 있어서 신뢰보호라는 목적에 그 바탕을 두고 있기 때문이다. 말하자면 양자 모두 뿌리는 같은 것이다.

그러나 외관이론의 적용요건과 그 결과에 있어서는 표현대리의 경우와 동일하지 않다. 특히 상대방 측의 요건에 있어서는 기명날인의 대행시에 대행자가 그 권한을 갖는다는 것을 신뢰한 경우뿐만 아니라 예컨대 실제에는 무권한자가 어음(수표)행위의 대행을 하였음에도 대행의 사실을 모르고 본인자신에 의하여 어음(수표)행위가 이루어졌다고 신뢰한 경우에도 본인의 책임이 긍정될 수 있으므로 표현대리의 경우보다 그 적용범위가 넓다. 또한 민법의 표현대리규정의 적용에 있어서는 상대방의 선의·무과실을 요구하나 권리외관이론에 있어서는 선의·무중과실을 요구한다.

한편 권리외관이론의 적용에 대하여는 실정법의 명문의 규정이 없으므로 그 요건이 명확하지 않다는 비판이 있으나, 민법(민 125·126·129조)과 상법의 표현책임에 관한 규정 등은 권리외관이론의 표현이라고 봄에 이론이 없으므로 그 적용시에는 표현대리규정의 적용기준이 참작될 수 있으므로 그 요건의 유형화도 가능하다고 생각한다. 따라서 이 점을 지나치게 과대시 하는 것은 적절하지 못하다. 표현대리에 의한 경우에 있어서도 제3자의 정당이유의 존부의 판정, 무권한행위자의 기본대리권의 유무의 인정 등 다소간 판단자의 주관이 개입되는 것을 면하지 못하므로 양자의 차이는 오십보백보에 지나지 않는 것이다.[142)]

또한 권리외관이론의 적용은 제3취득자를 지나치게 보호하게 되어, 본인의 책임이 합리적인 한계를 초과하여 인정될 염려가 있다는 비판이 있으나 이것은 그리 강조될 필요는 없다고 생각한다. 외관법리에 의하여도 어음취득자의 선의·무중과실이 요구되기 때문에 외관법리의 요건이 무한정으로 확대되는 것은 아니기 때문이다.[143)]

142) 中馬義直, "手形の僞造と一般外觀理論", 「法學に關する諸問題」, 日本大學法學會, 1962, 208면.
143) 松岡誠之助, "手形の僞造に關する表見責任と使用者責任", 「商事法の諸問題」, 石井照久先生追悼論文集, 有斐閣, 518면.

3. 권리외관의 존재

어음(수표)행위의 형식이 '대리'인가 혹은 '대행'인가를 가리지 않고, 거래의 일반관념에 따라 본인이 어음상의 책임을 부담한다고 인정될 만한 사정을 말한다.

이와 같은 어음(대리)의 외관에는 '정형화된 권리외관'과 '개별화된 권리외관'의 두 가지의 유형이 있는데,[144] '정형화된 권리외관'은 일상 어음거래를 상시로 하고 있는 지위에 있는 자, 가령 경리담당상무이사나[145] 어음발행의 대리권이 있는 경리주임[146] 등이 어음을 발행한 경우인데, 이들은 외관의 전형적인 예로서 적법한 어음기명날인이 구비되어 있음으로 외관이 성립한다. '개별화된 권리외관'은 첫째, 어음(수표)행위를 할 수 있는 정형적 지위는 부여되지 않았지만 본인과의 '특수관계'로 통상 본인을 위하여 어음(수표)행위를 한 경우, 예컨대 물품판매업을 공동경영한 경우 다른 동업자 명의의 약속어음을 발행한 경우,[147] 고용사장이 사주명의의 배서를 한 경우,[148] 원료구입대리인이 본인 명의의 어음을 발행한 경우,[149] 피고의 아들이 수차례 어음에 배서하여 원고에게 양도되었고 그때마다 어음들이 아무런 탈 없이 결제된 경우[150] 등이고, 둘째, 일반적으로 어음(수표)행위 권한이 없는 자에 의하여 이루어졌으나 어음발행을 유효하다고 볼 수 있는 '부가적 사정'이나 '특별수권'이 있는 경우 예컨대 소유권이전등기절차를 위임받은 자가 어음을 발행한 경우,[151] 이장이 부락민명의의 어음을 발행한 경우[152]가 있다. 취득자가 부가적 사정에 대하여 조사하지 않고 어음의 기재만 신뢰한 것은 신뢰에 정당한 이유가 없으므로 보호될 수 없다.[153]

따라서 '개별화된 권리외관'의 경우 특히 단지 인장을 보관하였다는 것만으로는 어음발행권한이 있다고 믿을 만한 사정이 있다고 볼 수 없으며 그 인장을 사용하여 타인의 어음을 발행할 권한이 있다고 볼 만한 부가적 사정이 있어야 한다.[154]

---

144) 喜多了祐, 전게서, 720면; 金大彙, 전게논문, 248면 참조.
145) 대판 1969. 9. 30, 69다964, 대법원판결집 17권 3집; 대판 1968. 12. 7, 68다1871, 판례카드 8024 등.
146) 대판 1959. 8. 27, 4292민상286, 판례카드 6935; 대판 1971. 5. 24, 71다471, 대법원민사판결원본 163집 196면 등.
147) 대판 1962. 7. 26, 62다243, 대법원판결집 10권 3집, 185면.
148) 대판 1963. 8. 12, 63다263, 판례카드 6040.
149) 대판 1969. 12. 13, 68다2180, 대법원판결집 17권 4집, 204면.
150) 대판 1989. 5. 23, 88다카22626, 판례월보 1989. 7. 226호.
151) 대판 1972. 11. 28, 72다1534, 판례카드 10289.
152) 대판 1962. 4. 18, 4294민상850, 대법원민사판결원본 56집 814면.
153) 加藤勝郎, 전게논문, 86면; 喜多了祐, 전게서, 720면.

4. 신뢰보호

어음의 기명날인의 진정을 믿었고 믿은 데 과실 없이 어음을 취득한 경우를 말한다. 즉 외관이 진실과 다르다는 것을 알지 못하고 선의로 외관을 신뢰한 경우이다.

민법의 경우에는 표현대리가 성립하기 위하여는 상대방의 선의·무과실을 그 요건으로 하고 있으나, 어음(수표)행위의 표현대리가 성립하기 위하여는 어음은 유통증권이라는 특질이 있고, 어음법 10조 및 16조 2항, 40조 3항 등에서 경과실을 문제로 하고 있지 않은 점, 또한 어음법 8조의 해석에 있어서 이설은 있지만 어음취득자는 대리권 흠결에 대하여 과실이 있어도 선의인 이상 보호되는 것을 생각하여 보면 이들 규정과의 균형상 선의·무중과실임을 요한다고 보아 민법의 규정을 수정하여 적용하는 것이 타당하다고 생각한다.[155]

권리외관이론의 입장에서도 상대방의 선의·무중과실을 그 요건으로 하고 있다.[156] 따라서 취득자의 단순한 경과실은 보호된다.

대법원은 권리외관이론의 실정법상의 표현인 표현대표이사와[157] 명의대여자의 책임에[158] 관한 판결에 있어서 상대방의 선의·무중과실을 그 요건으로 하고 있다.

5. 본인의 귀책

권리외관이론의 적용에 있어서 본인의 귀책요건의 일반원칙은 원인주의(Veranlassungsprinzip)와 이에 따른 위험원칙(Risikoprinzip)인데[159] 여기서 일반적인 귀책배제사유(Zurechnungsausschlußgründe)를 정할 수 있다. 즉 기명날인이 물리적인 강제 하

---

154) 예컨대 통운회사의 출장소장의 어음발행에 관한 대판 1977. 9. 13, 77다113과 지방은행 예금취급소장의 수표지급보증행위에 관한 대판 1980. 8. 12, 80다901은 출장소장이나 예금취급소장이 어음(수표)행위를 하는 것은 이례에 속하므로 그 권한여부를 잘 알아보지 않았다면 그 대리권이 있다고 믿은 데 과실이 있다고 하여 본인의 책임을 부정하였다. 그러나 대판 1989. 3. 28, 87다카2152, 2153(판례월보 1989. 5. 224호)에서는 사단법인 대한어머니중앙연합회 이사가 대표자인 회장명의로 배서를 한 경우 원고가 그 이사가 배서할 권한이 있는지 여부를 확인조사 하지 않았더라도 과실이 없다고 판시하였다.

155) 서돈각·정찬형, 전게서, 153면; 加藤勝郎, 전게논문, 87면; 納富義光, 前掲 手形法の諸問題, 126면.

156) Jacobi, a.a.O., S.119; 喜多了祐, 전게서, 720면.

157) 대판 1973. 2. 28, 72다1907, 대법원판결집 21권 1집, 111면.

158) 대판 1969. 3. 31, 68다2270, 대법원판결집 17권 1집, 395면.

159) 이에 관하여는 Claus-Wilhelm Canaris, Die Vertrauenshaftung im deutschen Privatrecht, C.H. Beck, 1971, S. 236ff.

에 이루어진 것처럼 권리외관의 성립이 절대적 강제 하에 이루어진 경우에는 예외 없이 책임이 발생하지 않으며, 또한 수면 중이거나 본인의 과실 없는 무의식의 상태에서와 같이 증권의 발행시와 교부시에 있어서 행위능력이 없거나 제한된 경우에도 책임이 없다고 본다.[160)]

위조의 경우도 외관의 성립을 피위조자가 아니라 위조자가 만들었으므로 피위조자에게 책임을 귀책시킬 수 없음이 원칙이나 예외적으로 권리외관을 성립시키면 책임을 부담한다. 예컨대 취득자로부터 기명날인의 진정여부에 대한 조회를 받고 그 진정을 확인하는 대답을 하거나 경우에 따라서는 침묵도 명의인인 본인의 귀책사유가 될 수 있는 것이다.[161)]

문제는 어느 정도의 사정이 있으면 권리외관에 따른 책임을 인정할 것인가. 즉 귀책의 한계를 확정하는 데 있다. 그런데 이 귀책사유의 범위는 취득자 측에 어느 정도의 신뢰가 있으면 보호받을 수 있는지의 문제와 직결된다.

외관이론에 의하면 본인이 적극적으로 대리권(대행권)의 존재에 원인을 부여하고 있음은 물론, 인용 즉 대리인(대행자)의 행동을 알 수 있었고, 이를 저지할 수 있었다고 하는 부작위(Unterlassen)로 인한 경우도 포함된다고 본다.[162)] 즉 거래상 요구되는 주의를 하였더라면 대리인의 행동을 미리 알아차려서 이를 미연에 방지할 수 있었을 경우도 본인에 귀책사유에 해당한다.

따라서 일상 어음거래를 하고 있는 지위에 있는 자의 어음발행에 대하여 본인이 책임을 져야 한다는 것은 본인이 그 자를 그와 같은 지위에 임용하였거나 또는 그와 같은 권한을 부여했기 때문이라 할 수 있고, 어음작성을 위하여 예탁한 인장의 남용에 대하여 귀책되는 것은 본인이 대리인의 행동에 대하여 인용의 정도에 이른 경우, 즉 본인이 자칭대리인의 반복된 행위를 몰랐다 하더라도 충분히 주의를 기울였더라면 이를 알 수 있었고, 또 이를 방지할 수 있었을 때 외관에 대한 본인의 귀책이 있다고 볼 수 있다.

그러나 본인의 인용이 없었다고 인정되는 경우 예컨대 대리인(대행자)의 행동이 고

---

160) Hueck/Canaris, a.a.O., S.111; Jacobi, a.a.O., S.117 ff.

161) Hueck/Canaris, a.a.O., S.112-113(어음의 진정의 확인은 관념의 표시일 뿐 의사표시가 아니므로 추인이 인정될 수 없다고 한다). 이에 대하여 다수설은 증권의 진정에 대한 확인의 경우에는 추인(Genehmigung)으로 보고 어음상의 책임을 인정하나, 침묵은 추인으로 볼 수 없기 때문에 원칙적으로 본인에게 어음상의 책임이 없는 것으로 보고 있다(Baumbach/Hefermehl, a.a.O., S. 120 ff.; Jacobi, a.a.O., S. 257 ff).

162) Jacobi, a.a.O., S.256.

의적이고 너무 은밀한 것이어서 본인으로서는 그와 같은 대리인의 행동을 미리 막아낼 수 없었던 경우에는 본인에 책임을 지울 수 없다. 이와 같은 경우에 민법 756조의 적용에 의하여 해결될 수 있으나 이는 별개의 문제이다.[163)]

우리나라의 통설은 무권대리나 위조에 대하여 본인에 귀책사유가 없다면 상대방에게 물적항변으로 대항할 수 있고, 표현대리의 규정이 적용되는 경우는 위조의 물적항변이 제한하는 것으로 보고 있으나, 권리외관이론의 입장에서는 무권대리나 무권대행의 경우(Unterschriftsfälschung)는 이른바 귀책가능(Zurechnungsbarkeit)의 항변에 해당한다.[164)] 따라서 무권대리나 위조의 경우 본인은 상대방에게 귀책가능의 항변을 주장할 수 있으나, 권리외관책임이 성립되면 본인은 이러한 항변을 주장할 수 없게 된다.

V. 결　　론

지금까지 본 글에서는 어음(수표)행위의 표현대리에 있어서 특히 쟁점이 되고 있는 문제로서, 첫째, 어음(수표)행위가 소위 대행방식으로 행하여진 경우에도 민법의 표현대리에 관한 규정이 적용되는가'라는 문제, 둘째, 어음(수표)행위의 직접의 상대방 이외의 제3취득자도 민법의 표현대리의 규정에 의하여 보호되는가'라는 문제를 중심으로 논의를 전개하여, 이에 대한 통설의 입장을 검토하고 권리외관이론의 적용을 주장하였다.

이를 요약하면 통설과 판례가 무권대행 즉 어음의 위조의 경우에 거래안전을 보호하기 위한 해결방법의 하나로서 민법의 표현대리의 규정의 유추적용을 인정하고 표현대리의 규정에 의하여 보호되는 제3자의 범위를 넓게 인정한다는 것은 법이론적으로 무리가 있다는 것을 밝혔고, 또한 표현대리의 규정을 유추적용한다 하더라도 극히 제한적인 범위에서만 인정되어 '거래안전의 보호'가 이루어지는 경우는 거의 없으므로 민법의 표현대리의 규정을 가지고 이를 해결한다는 것은 실제적으로도 도움이 안 된다는 것을 밝혔다.

따라서 그 대안으로서는 권리외관이론의 적용에 의한 해결이 보다 설득력이 있고 무리가 없다는 것을 지적하였으며, 이것이 위조(무권대행)에 있어서 피위조자의 책임을 인정하는 근거로서, 또한 표현대리에 있어서 보호되는 상대방의 범위를 정하는 데 있

163) 加藤勝郎, "手形行爲と表見代理", 「判例手形法小切手法」, 伊澤孝平先生還曆紀念, 商事法務硏究會, 1969.

164) Hueck/Canaris, a.a.O., S.132 ff.

어서도 일관된 해석임을 밝혔다. 민법의 표현대리에 관한 규정의 적용이 실정법의 해석이나 법이론적으로 문제가 있는 영역에 대하여는 그 뿌리인 권리외관이론의 적용에 의하여 해결하는 것이 타당한 것이다. 그러므로 권리외관이론의 적용을 주장하는 것은 민법의 표현대리 규정의 적용을 배척하는 것이 아니고 상호보완적인 의미를 갖는 것이다.

우리나라 대법원판결의 표현대리에 관한 규정의 운영방식을 보면 아직은 불투명하다. 따라서 판례의 발전과 권리외관이론에 대한 연구가 더욱 밀도 있게 진행되어야 할 것이다.

判例研究

[위조의 입증책임][165]

I. 사건개요

소외 한미건산주식회사가 1992. 1. 20에 액면 금 20,000,000원, 만기 1992. 4. 20, 발행지 및 지급지 서울특별시, 지급장소 한국주택은행 갈월동지점으로 된 약속어음 1통을 소외 홍호조에게 발행하고, 위 홍호조는 소외 전도일에게, 위 전도일은 제1심 공동피고 이장숙에게, 위 이장숙은 피고(상고인)에게, 피고는 다시 원고 정갑채(피상고인)에게 각 지급거절증서작성을 면제하여 위 어음을 순차로 배서양도하였다.

그러나 발행인인 소외 한미건산(주)이 거래정지처분을 받아 위 어음의 최후소지인인 원고는 만기 전인 1992. 2. 25에 지급장소인 위 은행에 지급제시하였으나 지급거절되었다.

이에 원고는 배서인인 제1심 공동피고 이장숙과 원고의 직전배서인인 피고에 대하여 상환청구를 하였고, 이에 대하여 피고는 위 어음상의 피고명의의 배서는 피고경영 백광금속의 경리사원인 소외 김태염이 임시로 보관하고 있던 피고의 인장을 피고의 동의없이 날인하여 위조한 것이므로 책임이 없다고 주장하면서 원고청구의 기각을 구하였고, 피고명의의 배서가 위조되었는가의 여부가 본 사건의 주요 쟁점이 되었다.

---

165) 위 글은 홍복기, “위조의 입증책임”, 「연세법학연구」, 5권, 1995. 2, 241-255면을 그대로 전제한 것이며, 인용된 문헌도 당시의 논의상황을 반영한다는 의미에서 그대로 두었음(각주 165-180).

Ⅱ. 판결요지

1. 원심판결[166)]

제1심[167)]에서는 피고의 배서가 위조되었음을 인정하고 원고의 청구를 기각하였으나, 제2심인 원심판결은 "약속어음의 배서가 형식적으로 연속되어 있으면 그 소지인은 정당한 권리자로 추정되므로, 배서가 피고의 주장과 같이 위조된 것이라고 하더라도 이를 주장하는 사람이 그와 같은 사실 및 소지인이 고의 또는 중대한 과실로 어음을 취득한 사실을 주장·입증하여야 할 것인바, 원고가 피고의 주장과 같은 사정을 알고 이 사건 어음을 취득하였다거나 이를 알지 못하였음에 중대한 과실이 있었다는 점에 관하여 아무런 주장·입증이 없으므로, 피고의 위 어음의 배서인으로서 원고에게 위 어음금을 지급할 의무가 있다"고 판시하여 원고의 청구를 인용하였다.

2. 대법원판결[168)]

(1) 다수의견[169)]

민사소송에서의 입증책임의 분배에 관한 일반 원칙에 따르면 권리를 주장하는 자가 권리발생의 요건사실을 주장·입증하여야 하는 것이므로, 어음의 소지인이 어음채무자에 대하여 어음상의 청구권을 행사하는 경우에도 어음채무발생의 근거가 되는 요건사실, 즉 그 어음채무자가 어음(수표)행위를 하였다는 점은 어음소지인이 주장·입증하여야 된다고 볼 것이다.

또한 배서의 자격수여적 효력에 관하여 규정한 어음법 16조 1항은 어음상의 청구권이 적법하게 발생한 것을 전제로 그 권리의 귀속을 추정하는 규정일 뿐, 그 권리의 발생자체를 추정하는 규정은 아니라고 해석되므로, 위 법조항에 규정된 "적법한 소지인으로 추정한다"는 취지는 피위조자를 제외한 어음채무자에 대하여 어음상의 청구권을 행사할 수 있는 권리자로 추정된다는 뜻에 지나지 아니하고, 더 나아가 자신의 기명날인이 위조된 것임을 주장하는 사람에 대하여까지도 어음채무의 발생을 추정하는 것은 아니라고 할 것이다. 그렇다면 어음에 어음채무자로 기재되어 있는 사람이 자신의 기명날인이 위조된 것이라고 주장하는 경우에는 그 사람에 대하여 어음채무의 이행을 청구하는 어음의 소지인이 그 기명날인이 진정한 것임을 증명하지 않으면 안 된다고 볼 수밖에 없다.

---

166) 부산지법 1992. 12. 11, 92나9187.

167) 부산지법 1992. 6. 18, 92가단13635.

168) 대판 1993. 8. 24, 93다4151. 파기환송(「법원공보」 954호, 1993. 10. 15. 2594면 이하 및 「판례월보」, 280호, 1994. 1월호 80면 이하 게재).

169) 이 판결은 대법원 전원합의체판결로서 대법원판사 12명 중 9명이 다수의견을 취하였고, 3명은 별개의견을 취하였다.

그러므로 종전에 당원이 판시한 의견 중 이와 견해를 달리하여 자신의 배서가 위조되었음을 주장하는 사람이 그 위조사실 및 소지인이 선의취득을 하지 아니한 사실을 입증하여야만 배서인으로서의 책임을 면할 수 있는 것이라고 해석한 의견(1971. 5. 24. 선고, 71다 570 판결, 1987. 7. 7. 선고, 86다카 2154 판결)은 변경하기로 한다.

(2) 별개의견

다수의견은 어음법 16조 1항에 규정된 "적법한 소지인으로 추정한다"는 취지에 대하여 이는 피위조자를 제외한 어음채무자에 대하여 어음상의 청구권을 행사할 수 있는 권리자로 추정된다는 뜻에 지나지 아니하고, 나아가 자신의 기명날인이 위조된 것임을 주장하는 사람에 대하여까지도 어음채무의 발생을 추정하는 것은 아니라 할 것이므로, 어음에 어음채무자로 기재되어 있는 사람이 자신의 기명날인이 위조된 것이라고 주장하는 경우 그 사람에 대하여 어음채무의 이행을 청구하는 어음의 소지인이 그 기명날인이 진정한 것임을 증명하여야 한다는 취지인 것으로 이해된다.

그러나 이러한 견해는 합리적 근거 없이 어음법 16조 1항을 제한해석함으로써 배서의 연속이라는 외형적 사실에 의하여 어음의 유통성을 보장하려는 어음법 16조 1항의 규정취지를 반감시키는 것으로 생각되어 찬성할 수 없다.

그리고 일반적으로 적법한 권리자의 추정은 의무발생의 추정을 전제로 이를 포함하고 있는 것으로 보아야 그 추정의 진정한 의미가 있는 것이므로 피위조자를 포함한 어음채무자에 대하여 어음상의 청구권을 행사할 수 있는 권리자로 추정된다는 것은 그 어음채무자의 어음채무의 발생을 전제로 어음채무 발생에 대한 추정을 포함하고 있는 것으로 해석할 수 있을 것이며, 이와 같은 해석이 배서의 연속이라는 외형적 사실에 의하여 어음의 유통성을 보장하려는 어음법 16조 1항의 규정취지에도 부합하는 것이다.

민사소송에서의 입증책임에 관한 일반원칙에 따르면 권리를 주장하는 자가 권리발생의 요건사실을 주장·입증하여야 하나, 입법자가 공평의 요청과 정책적 고려에서 입증책임의 전환을 규정한 예를 흔히 볼 수 있으며, 책임무능력자의 감독의무해태, 사용자의 피용자에 대한 선임 및 사무감독 의무해태, 공작물점유자의 손해방지에 필요한 주의의무해태 등에 관하여 피고에게 면책사유의 입증책임을 부담시킨 것은 그 예이다.

이와 같은 견지에서 볼 때 어음법 16조 1항은 어음의 생명인 유통성을 보장하려는 정책적 고려에서 어음의 소지 및 배서의 연속이라는 외형적 사실을 바탕으로 하여 어음소지인의 적법한 권리취득 및 그 전제가 되는 어음채무의 발생 즉 어음채무자의 기명날인의 진정을 추정함으로써 어음권리자의 권리발생의 요건사실에 대하여 입증책임의 전환을 규정한 것으로 보는 것이 어음법 16조 1항의 진정한 취지에 부합하는 해석이므로 어음소지인에게 그 입증책임을 과하는 것은 본조항의 취지에 반한다.

그리고 이와 같은 해석에 대하여는 어음(수표)행위를 전혀 하지 않은 피위조자에게 자신의 기명날인이 위조되었다는 것에 대한 입증책임을 부담시키는 것이 너무 가혹하다는 지적이 있을 수 있으나, 피위조자가 사용하는 인장이 도용된 경우에는 특단의 사정이 없는 한 그 인영의 성립, 즉 날인행위가 본인의 의사에 기하여 진정하게 이루어진 것으로 추정되고, 일단 인영의 진정성립이 추정되면 민사소송법 329조의 규정에 의하여 그 문서전체의 진정성립까지 추정되어 그 인영이 도용된 것이라고 주장하는 자는 그 도용사실을 입증하여야 하므로 위와 같은 경우에는 다수의견과 별개의견이 실질상 별다른 차이가 없을 것으로 보인다. 따라서 다수의견과 별개의견은 인장 자체를 각인하여 위조한 경우에 실질상 차이가 있게 되는데, 피위조자로서는 자신이 사용하는 인장, 자신이 기명날인한 진정한 어음, 거래은행에 계출한 인감 등의 입증자료가 자신의 활동영역 범위 내에 속하여 비교적 손쉽게 위조사실을 증명할 수 있는 반면, 어음소지인으로서는 위와 같은 입증자료를 입수하지 못하여 위조사실의 증명이 불가능할 경우가 많을 것이라는 점을 감안하여 볼 때, 유통성의 보장이라는 어음의 특성상 어음의 소지 및 배서의 연속이라는 외형적 사실에 기초하여 어음채무자의 기명날인의 진정을 추정하는 것이 피위조자에게 지나치게 가혹하여 공평을 잃은 것으로 생각되지 않는다.

Ⅲ. 평　석

1. 서　설

이 사건의 주요 쟁점은 다음 두 가지이다. ① 배서의 자격수여적 효력을 정한 어음법 16조 1항은 권리의 귀속을 추정하는 것 이외에도 권리의 존재를 추정하는가(어음법 16조 1항의 해석문제), ② 어음상에 채무자로 기재되어 있는 자가 어음(수표)행위의 성립을 다투는 경우 누가 입증책임을 부담하는가(위조의 입증책임문제).

위의 대법원 전원합의체판결에서는 특히 위조의 입증책임에 관하여 피위조자입증책임설을 따른 종전의 판례[170]를 변경하고, 소지인입증책임설을 취한 점에 주목할 필요가 있다. 판결요지에서도 나타난 바와 같이 다수의견과 별개의견은 다 같이 그 결론에 있어서는 원심판결을 파기・환송하고 있지만, 그 근거에 있어서는 첨예하게 대립되고 있으며, 배서의 자격수여적 효력을 정한 어음법 16조 1항 전단의 "환어음의 점유자가 배서의 연속에 의하여 그 권리를 증명한 때에는 이를 적법한 소지인으로 추정한다"는 규정의 해석이 그 핵심이다.

위의 대법원의 전원합의체판결이 나온 후에 학설도 이를 지지하는 다수설(소지인입증책임설)[171]과 이를 반대하는 소수설(피위조자입증책임설)[172]이 대립되고 있다.

---

170) 대판 1971. 5. 24, 71다570; 1987. 7. 7, 86다카2154.

171) 최기원, "어음위조의 항변과 입증책임", 「법률신문」, 1993. 10. 18, 15면; 정동윤, "배서가 위조된 경우의 입증책임", 「법률신문」, 1993. 11. 15, 15면; 정진세, "어음위조의 입증책임", 「법률신문」, 1993. 11. 12, 15면; 강위두, "어음위조의 입증책임", 「판례월보」, 1994. 2(281호), 15면; 김교창, "어음위조의 입

이하에서는 위의 세 가지 쟁점을 중심으로 대법원판결의 다수의견과 별개의견의 논거를 검토하고, 필자의 견해를 밝히고자 한다.

2. 어음법 16조 1항의 성질

(1) 배서의 연속의 의의

배서의 연속이라 함은 수취인이 제1배서의 배서인이 되고, 제1배서의 피배서인이 제2배서의 배서인이 되는 것처럼 차례로 최후의 피배서인까지 배서가 단절 없이 연속되는 것을 말한다. 어음배서의 연속은 형식상 존재함을 요하므로 어음의 기재자체에 의하여 배서의 연속이 증명되면 족하다.[173] 따라서 피배서인과 이에 이은 배서의 배서인이 실질적으로 동일인이더라도 형식상은 전혀 별개의 기명날인을 하였다면 배서의 연속이 인정되지 않으며, 피배서인과 배서인이 형식적으로 일치되는 이상 실질적으로 동일인이 아니더라도 배서의 연속이 인정된다. 말소한 배서는 누구에 의하여 이루어진 것이든지 배서의 연속에 관하여는 기재가 없는 것으로 본다. 따라서 배서의 말소가 있으면 배서의 연속을 단절시키기도 하고 회복시키기도 한다. 또한 백지식 배서의 다음에 다른 배서가 있는 때에는 그 배서를 한 자는 백지식 배서에 의하여 어음을 취득한 것으로 본다(어 16조 1항 후단).

그런데 위조의 배서가 개입되더라도 배서의 연속이 있다고 볼 것인가가 문제된다. 생각건대 배서기재라는 외형적 사실이 있다면 배서는 어음상의 권리의 정상적인 이전방법이므로(어 14조) 배서가 연속된 어음의 소지인은 일반적으로 실질상의 권리자일 개연성이 높다. 그래서 어음법은 배서의 연속이라는 외형적 사실이 존재하는 경우 최종의 피배서인을 권리자로 추정하고, 그와 같은 어음을 소지하고 있는 자를 권리자로서 신뢰한 어음취득자에게 배서를 한 자가 실질적으로 무권리자라고 하더라도 어음상의 권리의 취득을 인정하고 있는 것이다. 따라서 배서의 연속이라는 외형적 사실이 있다면 그것이 위조에 의한 것이어도 배서는 연속하고

증책임", 「판례월보」, 1994. 3(282호), 16면; 정찬형, "어음위조의 입증책임", 「판례월보」, 1994. 6(285호). 소지인입증책임설의 주요논거는 ① 피위조자에게 입증책임을 부담시키는 것은 너무 가혹하므로 어음소지인이 기명날인의 진정을 입증하여야 하며, ② 어음소지인이 어음채무자에 대하여 어음상의 권리를 행사하는 경우에 어음채무자가 자기의 기명날인이 위조되었다고 주장하는 것은 어음소지인의 주장사실에 대한 적극부인이므로 어음소지인이 어음채무자의 기명날인의 진정을 입증할 책임이 있으며, ③ 어음법 16조 1항은 어음상의 권리의 귀속에 관한 추정규정이지, 어음채무의 성립에 관한 추정규정이 아니므로 어음채무의 성립을 다투는 피위조자는 입증책임을 부담하지 않는다는 것 등이다.

172) 이기수, "위조있는 어음의 입증책임", 「법률신문」, 1993. 10. 4, 15면; 안동섭, "배서위조의 주장과 입증책임", 「판례월보」, 1993. 12(279호), 19면. 피위조자입증책임설의 주요논거는 ① 어음법 16조 1항에 의하면 배서가 연속된 어음의 점유자는 적법한 소지인으로 추정되므로 어음소지인은 자신의 권리를 증명할 필요가 없고 피위조자가 어음이 위조되었다는 것을 증명하여 하며, ② 위조어음의 입증책임에 관하여는 특별한 규정이 없으므로 일반원칙에 따라 위조라는 것을 주장하는 피위조자가 부담하며, ③ 어음의 위조에 대한 입증책임은 어음외의 사실관계이므로 그 위조를 주장하는 피위조자가 부담하여야 한다는 것 등을 들고 있다.

173) 대판 1971. 4. 30, 71다455; 1971. 5. 24, 71다570; 1973. 6. 22, 72다2026; 1978. 12. 13, 78다1567.

있다고 볼 것이다. 판례도 "어음의 배서연속이란 그 배서가 형식상 연속되어 있으면 족하고 실질상 유효한 것임을 요하지 아니하므로 배서가 위조된 경우에 있어서도 배서의 연속이 흠결된 것이라 할 수 없다"[174]고 판시하고 있다.

(2) 권리추정의 의미

어음법 16조 1항 전단은 "환어음의 점유자가 배서의 연속에 의하여 그 권리를 증명한 때에는 이를 적법한 소지인으로 추정한다"고 규정하고 있다. 이 규정의 의미는 배서가 연속되어 있는 어음의 소지인은 어음채무자에 대하여 어음상의 권리를 행사하는 경우에 구체적으로 그 어음이 적법하게 발행되고 적법하게 양도되어 자기에게 이르게 되었다는 것을 증명할 필요 없이 어음채무자에 대하여 어음상의 권리를 행사할 수 있고, 이에 대하여 어음채무자는 어음소지인이 어음상의 권리자가가 아니라는 사실을 주장 · 입증하지 못하는 한 어음채무를 이행하여야 하는 것이다.[175]

즉 어음금청구소송에 있어서 소지인인 원고가 주장하여야 하는 청구원인사실로서 어음상의 권리가 자신에게 귀속한다는 것을 주장함에 있어 어음상의 권리 이전의 경로를 일일이 증명할 필요가 없이, 어음에 나타난 대로 배서가 연속된 어음의 소지인이라는 것을 주장하면 족한 것이다. 이것이 민법상의 채권양도에 있어 양수인의 채무자에 대한 권리주장과 다른 점이며, 이는 어음 소지인의 권리행사의 불편을 해소함으로써 어음의 유통보호를 도모하고자 하는 입법적 수단인 것이다.

따라서 어음법 16조 1항은 어음상에 '배서의 연속'의 기재가 있다는 사실과 이러한 어음을 소지하고 있다는 사실을 요건사실로 하여 소지인에게 어음상권리의 귀속추정이라는 법률효과를 부여하는 규정인 것이다. 이에 따라 어음금청구소송에 있어서 원고는 어음의 이전경로의 진상과는 관계없이 어음상의 기재만으로 어음금청구소송의 소장을 작성할 수 있으므로 어음법 16조 1항은 소송실무상 그 효용을 발휘하게 되는 것이다.[176] 이와 같이 어음소지인은 배서가 연속된 어음의 소지인이상 자기가 진실한 권리자라는 것을 증명할 필요 없이 어음상의 권리를 행사할 수 있는 자격이 인정되므로, 이를 배서의 자격수여적 효력이라고 하는 것이다. 배서의 자격수여적 효력은 선의취득과 지급의 면책력이 인정되기 위한 전제이다.

그런데 여기서 주의하여야 할 것은 어음법 16조 1항의 요건사실은 어음상에 연속된 배서의 기재가 존재한다는 것이지, 과거에 있어서 특정인이 이와 같은 기재행위(어음(수표)행위)를 하였다는 것이 아니라는 점이며 이는 엄격히 구별되어야 한다. 예컨대 배서의 기명날인이 위조 · 변조되었다든가, 어음의 양도 경로가 배서의 기재내용과 다르다는 것은 배서의 연속의

174) 대판 1974. 9. 24, 74다902; 1976. 6. 8, 76다677.
175) 강위두, 전게논문, 19면.
176) 동지; 坂井芳雄, 「裁判手形法」, 一粒社, 1968, 6면.

판정에 있어서는 아무런 관계가 없는 것이며, 배서를 스스로 한 이상 그 배서가 후에 권한 없는 자에 의하여 말소되었거나 그 기재가 변경되었더라도 배서인은 상환의무를 면할 수 없는 것이다. 따라서 개별 어음(수표)행위의 성립여부의 판단은 어음상에 나타나 있는 기재의 현존 유무가 아니라, 과거에 실재로 행한 어음(수표)행위(배서·보증·인수 등)의 유무인 것이다.

따라서 어음법 16조 1항의 권리귀속추정은 "당해 어음에 있어서 어음채무를 부담하는 자가 있는 경우, 그 자에 대하여 행사할 권리의 귀속추정"이라는 것에 지나지 않는 것이다.

마찬가지로 배서의 연속을 전제로 어음법 16조 2항에 의하여 인정되는 선의취득에 관한 규정도 권리귀속에 관한 규정에 지나지 않는다. 즉 선의취득의 규정은 배서가 연속되어 있는 어음이 무권리자에 의하여 유통된 경우, 당해 어음에 관하여 어음채무를 부담하는 자가 있다면 그 자에 대하여 행사할 권리가 누구에게 귀속되는가라는 문제와 관련하여, 소지인이 어음상의 권리를 승계취득할 수는 없지만 선의·중과실이 없다면 어음취득자에게 어음상의 권리를 원시적으로 귀속시키고, 그 반면에 어음을 분실·도난당한 자의 어음상의 권리를 상실케 하는 제도이지, 선의취득의 효과로서 어음에 기명날인한 자에 대하여 어음채무가 원시적으로 발생한다고 착각해서는 안 되는 것이다.

요컨대 어음법 16조 1항과 2항은 권리귀속을 규율하는 규정이지, 특정인의 채무의 존부의 문제와는 전혀 관계가 없는 것이며, 권리취득의 면과 채무부담의 면은 엄격히 구별되어야 하는 것이다.[177] 다시 말하면 배서의 자격수여적 효력에 의한 권리추정은 어음소지인의 권리행사를 간편하게 하여 어음의 유통을 보장하고자 하는 제도이지 어음(수표)행위자의 어음채무의 성립과는 전혀 별개의 문제이다. 배서의 자격수여적 효력은 권리를 행사하려는 어음소지인과 이미 유효하게 성립한 어음채무자간의 관계인 것이다. 따라서 예컨대 위조·무권대리 또는 의사무능력에 의하여 어음채무를 부담하지 아니하는 자에 대하여서는 발생할 여지가 없는 것이다.[178]

따라서 원심판결이 "배서가 형식적으로 연속되어 있으면 그 소지인은 정당한 권리자로 추정되므로, 배서가 피고의 주장과 같이 위조된 것이라고 하더라도 이를 주장하는 사람이 그와 같은 사실 및 소지인이 고의 또는 중대한 과실로 어음을 취득한 사실을 주장·입증하여야 할 것이다"라고 설시한 것은 잘못된 것이며, 이를 변경한 대법원판결의 다수의견은 타당하다고 생각한다. 다만 다수의견이 어음법 16조 1항의 "적법한 소지인으로 추정한다"는 취지는 "피위조자를 제외한 어음채무자에 대하여 어음상의 청구권을 행사할 수 있는 권리자로 추정된다는 뜻에 지나지 아니한다"라고 표현한 것은 위에서 말한 바와 같이 어음법 16조 1항은 소지인의 권리귀속을 말하는 규정이고, 특정인의 채무의 존부의 문제와는 관계가 없으므로

177) 坂井芳雄, 상게서, 18면.
178) 동지; 정동윤, 전게 법률신문, 11면; 최기원, 전게 법률신문, 12면; 강위두, 전게논문, 19면.

부적절한 표현이며, 이를 혼동하고 있는 듯한 오해의 소지가 있다.

별개의견이 다수의견에 대한 비판으로서 "합리적 근거 없이 어음법 16조 1항을 제한해석함으로써 어음의 유통성을 보장하려는 어음법 16조 1항의 규정취지를 반감시킨다"라고 주장하거나, "일반적으로 적법한 권리자의 추정은 의무발생의 추정을 전제로 이를 포함하고 있는 것으로 보아야 한다"는 것은 어음의 '유통성 보장'이라는 이념에 현혹되어 권리취득의 면과 채무부담의 면을 혼동한 해석이 되는 것이며, 어음법 16조 1항의 규정취지에도 부합되지 않은 해석인 것이다. 따라서 원심판결과 별개의견은 어음법 16조 1항을 권리추정과 동시에 어음(수표)행위의 성립도 추정함으로써 양자를 혼동하였고, 이를 바탕으로 위조의 입증책임을 피위조자에게 있다고 본 것은 타당하지 않은 해석인 것이다. 어음법의 해석상 어음소지자체에 의하여 어음(수표)행위의 성립을 추정하는 규정은 존재하지 않은 것이다.

3. 어음 위조에 관한 입증책임

위에서 살펴본 바와 같이 어음법 16조 1항은 위조의 입증책임을 밝히는 데 있어서 그 근거가 되지 못한다. 따라서 어음위조의 입증책임에 관하여는 어음법상 특별한 규정이 없으므로 민사소송법상의 입증책임의 분배에 관한 일반 원리에 따라 결정하여야 한다.

민사소송법상의 입증책임의 분배에 관한 통설·판례에 의하면 권리를 주장하는 자가 그 권리의 발생원인사실인 이른바 요건사실(권리근거사실)을 입증하여야 한다(법률요건분류설, 규범설). 따라서 어음소지인은 피위조자가 위조되었다는 주장에 대하여 배서가 위조가 아니라는 사실, 바꾸어 말하면 피위조자가 어음(수표)행위를 하였다는 사실을 주장·입증하여야 하는 것이다.

그런데 여기서 주의하여야 할 것은 '어음항변'은 민사소송법상의 항변과는 다르다는 점이다. '어음항변'이라는 용어는 통상 어음채무자가 어음금청구자의 권리행사를 거절하기 위한 모든 사유를 포함하는 매우 넓은 의미로 사용되고 있어, '항변' 중에는 민사소송법상의 항변에 속하는 것(변제·소멸시효 등)과 부인에 해당하는 것이 포함되고 있다. 예컨대 어음요건흠결의 항변, 위조의 항변, 무권대리의 항변은 항변이라는 용어에도 불구하고 소송법상 부인에 해당하는 것이다.

소송법상의 항변은 원고의 청구원인사실(요건사실)의 존재는 인정하지만, 그 사실로부터 생기는 법률효과의 발생을 저지 혹은 발생된 법률효과를 소멸·배제시키는 사실을 진술하는 것인데 반하여, 부인은 원고의 청구원인사실의 존재를 다투는 사실을 진술, 즉 상대방이 입증책임을 지는 사실을 부정하는 진술이다.[179] 소송법상의 항변과 부인은 입증책임의 부담에서 가장 큰 차이가 있는데, 부인의 경우는 상대방이, 항변의 경우에는 항변주장자가 입증책임을

179) 김홍규, 「민사소송법」, 삼영사, 1994, 578면.

부담한다. 따라서 위조의 항변은 어음채무의 불성립을 주장하여 청구원인사실(요건사실)의 존재를 부정하는 것으로서 민사소송법상의 이른바 「부인」에 해당하는 것이다.[180] 그러므로 위조의 항변은 그 명칭과는 달리 민사소송법상의 부인에 해당하므로, 요건사실의 존재(어음채무자의 기명날인이 진정하다는 것)는 상대방(소지인)이 입증하여야 하는 것이다.

그러므로 본 건에 있어서 피위조자인 피고가 배서의 위조에 의한 어음채무의 불성립을 주장하여 어음소지인의 어음상의 권리행사를 거절함에 대하여 상대방은 배서가 위조되지 아니한 진정한 기명날인이라는 것을 입증하여야 한다.

결국 본사건 어음에 있어서 피고명의의 배서는 피고회사가 경영하는 회사의 경리사원이 임시로 보관하고 있던 피고의 인장을 피고의 수권이나 동의 없이 날인하여 위조한 것이므로 피고는 어음(수표)행위, 즉 채무부담행위를 한 바 없으므로 어음채무를 부담하지 않게 되는 것이다. 이는 "기명날인 없으면 책임없다"는 어음법상의 대원칙이나, 사적자치의 원칙상 당연한 것이며, 위조의 항변을 소위 물적항변으로 보는 것도 이에 기인하는 것이다. 물론 위조라는 사실을 전제로 하여 피고가 다른 원인에 의하여 예컨대 피위조자로서 표현책임이나 사용자배상책임을 부담하는 것은 별개의 문제이고, 그 요건사실은 원고가 입증하여야 할 것이다. 본 사건에 있어서도 원고가 이를 주장하여 사건이 진행되었다면 피고의 책임을 묻는 데 있어서 효과적인 방법이 될 수도 있었을 것이다.

또한 별개의견은 입증책임의 전환을 규정한 예를 들면서 어음법 16조 1항을 입증책임의 전환을 규정한 것으로 보고 있으나, 그 예도 부적절하며 근거 없는 해석으로서 부당하다. 왜냐하면 피위조자는 어음(수표)행위에 전혀 관여한 바가 없는데 반하여(특히 위조자가 인장 자체를 새로 각인한 경우), 책임무능력자의 감독자, 사용자의 피용자, 공작물점유자는 문제된 행위에 본래부터 직접·간접으로 관여한 자이기 때문이다.

Ⅳ. 결　　론

지금까지 살펴본 바와 같이 대법원 전원합의체 판결이 위조의 입증책임에 관하여 피위조자입증책임설을 따른 종전의 판례를 변경하고, 소지인입증책임설을 취한 점은 기본적으로 타당하며, 이에 찬성한다.

또한 소수의견과 별개의견이 배서의 자격수여적 효력을 정한 어음법 16조 1항에 대하여 권리의 귀속을 추정하는 것 이외에도, 어음상의 권리에 대응하여 어음상의 채무존재를 추정하는 것은 잘못된 해석임을 지적하였다.

위 판결의 다수의견이 배서의 자격수여적 효력에 관하여 규정한 어음법 16조 1항에 대하

180) 강용현, "어음·수표금청구소송에 있어서 항변과 그 입증책임", 「어음·수표법에 관한 제문제(下)」, 법원행정처, 1986, 471면; 강위두, 전게논문, 19면.

여 어음상의 청구권이 적법하게 발생한 것을 전제로 그 권리의 귀속을 추정하는 규정일 뿐, 그 권리의 발생자체를 추정하는 규정은 아니라고 해석하고, 어음위조의 입증책임에 관하여 민사소송에서의 입증책임의 분배에 관한 일반원칙에 따라 권리발생의 요건사실을 주장·입증하여야 하는 것이므로, 어음의 소지인이 어음채무발생의 근거가 되는 요건사실, 즉 그 어음채무자가 어음채무부담행위를 하였다는 것(진정한 기명날인이라는 것)을 어음소지인이 주장·입증하여야 된다고 판시한 것은 아주 기초적이면서 당연한 사리를 밝힌 것에 불과하다.

소수의견과 별개의견이 어음법 16조 1항의 해석에 있어서 권리취득 혹은 권리귀속의 면과 채무부담의 면을 엄격히 구별하지 못하고 이를 혼동한 것은 어음의 유통보호라는 이념에 지나치게 얽매인 잘못된 해석인 것이다.

어음법의 원리에 따라 배서가 연속된 어음의 소지인에 대하여 자격수여적 효력을 인정하고, 이를 바탕으로 선의취득과 선의지급의 면책력을 인정하는 것이 어음소지인의 권리행사나 채무자의 채무이행을 간편하게 함으로써 진정한 어음의 유통을 보장하게 되는 것이다.

[배서의 위조][181)]

Ⅰ. 서

배서의 위조는 권한 없는 자가 배서인의 기명날인을 조작하여 어음상에 배서하는 것을 말한다.

어음과 수표의 배서가 위조된 경우 이후 이를 취득한 자의 법적 지위가 특히 문제가 된다. 가령 A가 발행한 약속어음을 수취한 B가 이 어음을 C에게 보관시키고 있었으나 C가 이 어음을 임의로 B명의의 배서를 하여 D에게 양도하고, D는 이것을 다시 E에게 배서양도한 경우이다. 여기서 소지인 E의 A, B, C, D에 대한 어음상의 관계가 논의의 핵심이다. 이하에서는 위 사례를 중심으로 배서의 위조가 있는 경우에 법률관계를 논하기로 한다.

181) 위 글은 홍복기, "배서의 위조", 「고시계」, 457호, 1995. 3. 77-89면을 그대로 전제한 것이며, 인용된 문헌도 당시의 논의상황을 반영한다는 의미에서 그대로 두었음(각주 181-195).

Ⅱ. 배서의 연속과 선의취득

1. 배서의 위조에 있어서 배서의 연속인정여부

어음의 발행에 있어서 그 효력이 인정되더라도 그 후 배서의 위조가 있는 경우 이후에 어음취득자는 어음상의 권리취득에 있어서 승계취득이 인정되지 않는다. 즉 위의 사안에 있어서 발행인 A는 수취인 B에 대하여 약속어음을 적법하게 발행하였으므로 어음상의 권리(채무)는 발생하고 있지만, C가 무권리자이기 때문에 D는 어음상의 권리를 승계취득할 수 없고, E도 승계취득할 수 없는 것이 원칙이다.

여기서 E가 어음상의 권리를 선의취득할 수 있는가가 문제된다. 선의취득이 인정되기 위하여는 배서가 연속될 것을 요한다(어 16조 1·2항). 배서의 연속이라 함은 수취인이 제1배서의 배서인이 되고, 제1배서의 피배서인이 제2배서의 배서인이 되는 것처럼 차례로 최후의 피배서인까지 배서가 단절 없이 연속되는 것을 말한다. 어음배서의 연속은 형식상 존재함으로써 족하고 또한 형식상 존재함을 요하므로 어음의 기재자체에 의하여 배서의 연속이 증명되면 족하다.[182] 따라서 피배서인과 이에 이은 배서의 배서인이 실질적으로 동일인이더라도 형식상은 전혀 별개의 기명날인을 하였다면 배서의 연속이 인정되지 않는다. 말소한 배서는 누구에 의하여 이루어진 것이든지 배서의 연속에 관하여는 기재가 없는 것으로 본다. 따라서 배서의 말소가 있으면 배서의 연속을 단절시키기도 하고 회복시키기도 한다. 또한 백지식배서의 다음에 다른 배서가 있는 때에는 그 배서를 한 자는 백지식배서에 의하여 어음을 취득한 것으로 본다(어 16조 1항 후단).

그런데 위의 사안에서 대행방식으로 이루어진 제1배서인 B의 기명날인은 보관권한만 갖고 있는 C의 위조에 의한 것이다. 따라서 위조의 배서가 개입되더라도 배서의 연속이 있다고 볼 것인가가 문제된다.

생각건대 배서기재라는 외형적 사실이 있다면 배서는 어음상의 권리의 정상적인 이전방법이므로(어 14조) 배서가 연속된 어음의 소지인은 일반적으로 실질상의 권리자일 개연성이 높다. 그래서 어음법은 배서의 연속이라는 외형적 사실이 존재하는 경우 최종의 피배서인을 권리자로 추정하고, 그와 같은 어음을 소지하고 있는 자를 권리자

182) 대판 1971. 4. 30, 71다455; 1971. 5. 24, 71다570; 1973. 6. 22, 72다2026; 1978. 12. 13, 78다1567.

로서 신뢰한 어음취득자에게 배서를 한 자가 실질적으로 무권리자라고 하더라도 어음상의 권리의 취득을 인정하고 있는 것이다. 따라서 배서의 연속이라는 외형적 사실이 있다면 그것이 위조에 의한 것이어도 배서는 연속하고 있다고 볼 것이다. 판례도 "어음의 배서연속이란 그 배서가 형식상 연속되어 있으면 족하고 실질상 유효한 것임을 요하지 아니하므로 배서가 위조된 경우에 있어서도 배서의 연속이 흠결된 것이라 할 수 없다"[183)]고 판시하고 있다.

따라서 E는 전배서인 D가 무권리자라는 것에 대하여 선의·무중과실로 어음을 취득하였다면 A에 대하여 어음상의 권리를 선의취득할 수 있다고 해석한다.

학설이 대립되고 있으나 선의취득제도를 어음권리이전행위의 하자의 일반을 치유하는 제도로 보고, 어음의 유통보호의 철저를 기하는 입장을 취하면 위의 사안에 있어서 D자신도 A에 대한 어음상의 권리를 선의취득할 수 있다고 해석할 수 있다.[184)] 또한 이 경우 E는 그 권리를 승계취득한다.

2. 위조의 추인

무권대리와 위조는 그 형식에 있어서 차이가 날 뿐 권한 없는 자의 행위에 의하여 본인에게 책임이 있음을 나타낸다는 점에서 통설과 판례가 표현책임의 인정 등 양자를 실질적으로 동일하게 취급하고 있으므로 민법 130·133조의 유추적용에 의하여 소급효 있는 추인도 인정된다고 본다. 따라서 B의 추인이 있다면 E는 어음상의 권리를 승계취득한다.

반대설은 위조된 기명날인은 절대적으로 무효이므로, 민법 130조에서와 같은 추인에 의하여 본인에 대하여 효력을 생기게 할 수 없다고 한다.[185)] 다만 본인이 무효임을 알고 추인한 경우에는 소급효는 없고, 추인하였을 때 새로운 어음(수표)행위를 한 것으로 보고 있다.

---

183) 대판 1974. 9. 24, 74다902; 1976. 6. 8, 76다677.

184) 양승규, 「상법사례연구」 3판, 1994, 삼영사, 283면; 정찬형, 「어음·수표 선의취득연구」, 박영사, 1982, 61면. 반대설; 정동윤, 「어음·수표법」, 법문사, 1990, 183면 참조.

185) 손주찬, 「상법(下)」, 박영사, 1993, 92면; 서돈각, 「상법강의(下)」, 법문사, 1985, 93면.

Ⅲ. 피위조자의 책임 등

1. 원 칙

본 사안에서는 C가 멋대로 B명의로 배서를 한 것이기 때문에 B는 자신의 기명날인이 어음에 있다 하더라도 배서인으로서 책임을 부담하지 않는 것은 사적자치의 원칙상 당연하다. 즉 위조의 항변은 이른바 물적항변이므로 피위조자는 누구에 대하여도 어음의 위조를 항변으로 대항할 수 있다. 다만 피위조자가 위조를 추인하거나 표현책임과 사용자책임을 부담하는 경우는 별개의 문제이다.

2. 위조에 있어서 표현대리의 규정의 적용여부

(1) 적극설

위조에도 표현대리의 규정의 유추적용을 인정하는 것이 우리나라와 다수설과 판례의 입장이다.

즉 어음(수표)행위의 위조의 경우에도 어음(수표)행위의 대리의 경우와 같이 거래의 상대방을 보호할 필요가 있으므로 표현대리의 규정을 유추적용하여 표현대행의 성립을 인정하여야 한다는 것이다. 따라서 위조자가 기명날인의 대행방법으로 발행하거나 배서한 어음에 대하여 수취인이나 피배서인이 이를 본인 자신이 발행 또는 배서를 한 어음으로 믿고, 또 그와 같이 믿은 데 대하여 정당한 이유가 있는 때에는 본인에게 민법 표현대리규정을 유추적용하여 발행인 또는 배서인으로서의 책임을 인정하여야 한다는 입장이다. 우리나라 대법원 판결도 같은 입장이다.[186)]

(2) 소극설

위조의 경우에 민·상법의 표현대리에 관한 규정의 적용을 제한적으로만 인정하거나 부정하는 입장으로서 대부분이 권리외관이론을 취하고 있다.

소극설의 입장에서는 표현대리가 성립하기 위하여는 위조의 상대방에 그 어음(수표)행위는 대리인에 의하여 행하여졌다는 인식이 있고, 그리고 그 대리인이 대리권을 갖고 있다는 것을 신뢰하였다는 것이 필요하나, 기명날인이 무권한의 대행의 방식으로

186) 대판 1969. 9. 30, 69다964; 1971. 5. 24, 71다471 등.

행하여진 경우에는 상대방에 이와 같은 인식도 신뢰도 없는 것이 보통이므로 표현대리 규정의 유추적용을 부정적으로 보고 있다.

또한 어음위조의 경우에 표현대리에 관한 규정을 유추적용한다고 할지라도 표현대리규정은 본래 무권대리인이 본인의 대리인으로 표시되어 상대방이 그 자에 권한이 있다고 믿고 또 그렇게 믿은데 정당한 이유가 있는 경우에 관한 것이며 그 정당한 이유의 유무는 그 표현대리가 행하여진 당시의 구체적 사정을 객관적으로 고찰하여 결정하여야 한다. 그러므로 어음위조의 경우에도 위의 표현대리에 관한 규정의 한계를 넘을 수는 없으므로 결국 상대방이 무권한자가 본인명의로 어음(수표)행위를 하였다는 것을 인식할 수 있는 경우 즉 상대방에 있어서 행위자가 대행자자격에서 본인의 기명날인을 대행한 것으로 믿고 또 그렇게 믿은데 대하여 정당한 이유가 있고 또 본인 측에도 책임질 사유가 있다고 인정되는 사정이 있는 때에 한하여 인정하고 있다. 따라서 위와 같은 사정이 없는 경우 즉 상대방이 권한 없는 자가 어음(수표)행위를 대행하였다는 것을 인식하지 못하고 본인 자신이 어음(수표)행위를 한 것으로 믿고 있는 경우까지 표현대리에 관한 규정의 유추적용을 인정하여야 할 것인가에 대하여는 부정적으로 보고 있다.

(3) 검 토

우선 통설이 '무권대리'와 '위조'를 '대리'와 '대행'이라는 형식에 따라 구별하고 있으므로, 무권한자가 직접 본인의 명의로서 어음(수표)행위를 한 경우에는 모두 어음의 위조로 되기 때문에 그 적용에 있어서 '대리'라는 형식을 전제로 하는 민법의 표현대리 규정의 직접 적용은 안 되고 유추적용만이 인정된다. 따라서 위조의 경우 표현대리에 관한 규정을 적용함에 있어서는 "유추적용"으로서의 한계가 있으며 그 범위를 초과할 수는 없다.

그런데도 적극설은 표현책임은 본래 실질적인 사실에 유래하는 것이어서 어음(수표)행위가 대리방식으로 이루어진 건가 아니면 기명날인의 대행의 방식으로 이루어진 건가라는 어음(수표)행위의 형식의 문제에 관계되는 것은 아니기 때문에 표현책임의 인정에 있어서 무권대리와 위조와를 구별할 필요가 없을 뿐만 아니라, 표현대리제도는 제3자의 신뢰를 보호하고자 하는 취지이기 때문에 위조의 경우에도 민법의 표현대리의 규정들 유추적용하여 본인인 명의인에 책임을 부담시킬 수 있고, 그럼으로써 어음거래의 안전을 보호하는 입장을 취하고 있다.

그러나 어음의 위조의 경우에 거래안전을 보호하기 위한 해결방법의 하나로서 민법의 표현대리의 규정의 유추적용을 인정하더라도 극히 제한적인 범위에서만 인정되므로 '거래안전의 보호'가 이루어지는 경우는 거의 없다고 생각한다. 왜냐하면 표현대리의 규정은 원래 표현대리인이 본인의 대리인으로서 행위를 한다는 것을 인식하고, 상대방이 그 표현대리인에 권한이 있다고 믿은 것에 대하여 정당한 이유를 갖는 경우에 인정되는 것이므로 어음의 위조의 경우에도 유추적용하기 위하여는 상대방이 직접적으로 대행자가 본인의 기명날인을 한다는 것을 인식하고, 또한 대행자가 그 권한이 있다고 신뢰한 것에 대하여 정당한 이유가 있고, 또 이에 대하여 본인에 귀책사유가 있다고 인정될 사정이 존재하는 경우에 한하는 것이기 때문이다.

그러므로 상대방이 본인자신의 어음(수표)행위로 인식한 경우(기명날인의 대행의 경우에는 이 경우가 대부분일 것이다)까지 넓게 확장하여 표현대리의 규정을 유추적용하는 입장은 민법의 표현대리규정의 해석의 범위를 벗어난 해석이며, 이는 의식적이든 무의식적이든 결과적으로 권리외관이론의 적용을 긍정하는 것이 된다.

따라서 기명날인이 '대리'와 더불어 '대행'의 형식으로 넓게 행하여지고 있는 거래의 실정에 비추어, 어음거래의 안전과 그 신용을 도모하기 위하여 상대방이 어음의 기명날인이 진정으로 행하여졌다는 것을 신뢰한 경우에 있어서도 상대방을 보호할 필요가 있다는 것은 부정할 수 없지만, 일정한 표현적 사실의 존재에 대한 인식을 전제로 하여 규정된 민법의 표현대리의 규정을 가지고 이를 해결한다는 것은 실제적으로도 도움이 안 되며 이론적으로도 무리가 있는 것이다.

따라서 민법의 표현대리규정의 유추적용에 의하여 권한 없는 기명날인의 대행 즉 위조의 경우에 선의의 제3자를 보호한다는 것은 무리가 있음을 살펴보았는데 일반적인 해결방법은 무엇인가?

그것은 권리외관이론(Rechtsscheintheorie)에 따른 해결이 보다 설득력이 있고 무리가 없다고 생각하며, 이는 무권대행 즉 위조의 경우 보호되는 상대방의 범위를 정하는데 있어서도 일관된 해석이다(후술).[187]

187) 이에 관하여는 홍복기, "어음(수표)행위의 무권대행과 표현대리규정 적용의 문제점", 「고시연구」 1983. 8, 178면 이하 참조.

3. 표현대리와 제3자

(1) 서

표현대리에 관한 규정을 대리형식의 어음(수표)행위에 적용하거나 또는 대행형식의 어음(수표)행위에 대하여 유추적용하는데 있어서 상대방의 범위가 문제된다. 즉 표현대리의 규정에 의하여 보호되는 제3자의 범위에 관한 문제이다. 이것은 당사자가 고정되어 있는 법률관계에 있어서는 법률행위를 한 직접의 상대방만을 생각하면 되지만 어음과 같이 전전유통하는 증권에 있어서는 표현책임을 인정하여 보호하여야 할 자는 직접의 상대방 이외에 그 후의 취득자도 포함시킬 필요가 있기 때문이다.

(2) 직접 상대방 한정설

어음(수표)행위의 표현대리에 있어서 보호되는 상대방은 민법의 해석과 마찬가지로 직접의 상대방에 한하고 그 이후의 제3취득자는 포함되지 않는다는 입장이다. 따라서 이 설은 선의의 제3취득자의 보호의 문제를 민법의 표현대리의 규정이 아니라, 권리외관이론이나 인적항변의 제한문제 등으로 해결하고 있다.

직접 상대방 한정설의 주된 논거는 민법의 표현대리에 관한 규정이 제3취득자에 적용되기 위하여는 제3자가 대리인 또는 대행자의 자격에서 한 행위를 보고 또 그 대리(대행)권한이 있다고 믿었어야 하는데 직접의 상대방 이외의 제3취득자에게는 이러한 사정이 없다는 것이다. 특히 어음(수표)행위가 기명날인의 대행방식으로 행위자가 본인의 명의를 직접 표시한 경우에 표현대리에 관한 규정을 유추적용함에 있어서는 제3자가 대행자자격에서 한 행위로 보고 또 그 권한을 믿었어야 하는데 이러한 경우는 직접의 상대방 이외의 제3자에게는 실제로 거의 있을 수 없다는 것이다.

왜냐하면 대리방식에 있어서 행위자인 대리인은 어음면에 기재되어 있으므로 직접의 상대방인 제3자뿐만 아니라 그 이후의 제3취득자도 행위자가 누구인가를 인식하고 그 권한을 믿을 수 있는데 대하여 기명날인대행의 방식에 의하는 경우에는 행위자인 대행자는 어음면에 표시되어 있지 않을 뿐만 아니라 직접의 상대방 이외의 제3자는 행위자가 누구인가를 실제로 인식할 수 있는 입장에 있지 않기 때문에 그 행위자의 자격과 대행권한을 믿는다는 것은 실제로 발생하지 않기 때문이다.

이 입장에서는 무권대리인에 의하여 어음이 발행된 경우 그 직접의 상대방인 수취인이 선의라면 발행인이 책임을 부담하게 되고, 수취인이 악의라면 그 수취인에 대하여는 물론 그 후의 선의취득자에 대하여도 책임을 부담하지 않게 된다.

이에 관하여 현재 우리나라 대법원의 입장은 제3자는 어음(수표)행위의 직접의 상대방에 한정하고, 다만 어음의 제3취득자는 어음(수표)행위의 직접 상대방에게 표현대리가 인정되는 경우에 이를 원용하여 피위조자에 대하여 자신의 어음상의 권리를 행사할 수 있다는 입장을 취하고 있다.[188)]

(3) 제3취득자 포함설

이에 대하여 다수의 학설은 '제3자'에는 직접의 상대방 이외의 제3자(전득자)도 포함한다고 해석하고 있다.

그 이유는 민법 125조, 126조, 129조에서 말하는 제3자를 어음(수표)행위의 경우에 그 직접의 상대방에 한정한다고 해석하는 것은 어음의 유통력의 강화를 이념으로 하는 어음법에 적합하지 않기 때문이라고 한다. 즉 '제3자' 중에는 직접의 상대방 이외에 그 후의 취득자도 포함한다고 보아 직접의 상대방 측에 표현대리의 요건이 구비되어 있으면 그 자로부터 어음을 취득한 모든 후자는 표현대리의 규정에 의하여 보호되고 또 직접의 상대방 측에 표현대리의 요건이 구비되어 있지 않더라도 그 자로부터 어음을 취득한 후자 중에 표현대리의 요건이 구비되어 있는 자가 있는 때에는 그 자 및 그 자로부터 어음을 취득한 자는 전부 표현대리의 규정에 의하여 보호된다고 해석하고 있다.

(4) 검 토

위와 같이 우리나라 통설은 표현대리에 있어서 보호되는 상대방은 직접의 상대방

---

188) 대판 1999. 1. 29, 98다27470; 어음(수표)행위의 위조에 관하여도 민법상의 표현대리에 관한 규정이 적용 또는 유추적용되고, 다만 이 때 그 규정의 적용을 주장할 수 있는 자는 어음(수표)행위의 직접 상대방에 한하므로(대법원 1986. 9. 9. 선고 84다카2310 판결, 1997. 11. 28. 선고 96다21751 판결 등 참조), 어음의 제3취득자는 어음(수표)행위의 직접 상대방에게 표현대리가 인정되는 경우에 이를 원용하여 피위조자에 대하여 자신의 어음상의 권리를 행사할 수가 있다(대법원 1991. 6. 11. 선고 91다3994 판결, 1994. 5. 27. 선고 93다21521 판결 참조). 그런데 어음(수표)행위의 위조에 관하여도 민법 126조에서 규정하는 표현대리가 인정되려면 그 상대방에게 위조자가 어음(수표)행위를 할 권한이 있다고 믿은 데에 정당한 사유가 있어야만 하는 것이고, 이러한 정당한 사유는 어음(수표)행위 당시에 존재한 여러 사정을 객관적으로 관찰하여 보통사람이면 유효한 행위가 있은 것으로 믿는 것이 당연하다고 판단되면 이를 긍정할 수 있지만, 어음(수표)행위가 일반의 거래관념에 비추어 특히 이례적으로 이루어진 경우에는 달리 특별한 사정이 없는 한 그 상대방이 위조자의 권한 유무와 본인의 의사를 조사 · 확인하지 아니하였을 경우에는 그 상대방이 위조자에게 어음(수표)행위를 할 권한이 있다고 믿었다고 하더라도 거기에 정당한 사유가 있다고 보기 어렵다.

이외의 제3자도 포함한다고 해석하고 있는데 이에 대하여는 다음과 같은 문제가 있다고 생각한다.

첫째, 통설과 같이 '제3자'의 범위를 넓게 해석하여도 제3취득자가 보호되기 위하여는 표현대리규정의 요건이 충족되어야 하는데 이러한 경우는 거의 없다고 생각한다. 가령 민법 126조에 의하여 제3취득자가 보호되기 위하여는 월권대리인의 월권행위에 대하여 대리권을 갖고 있다는 것을 신뢰하고 또한 이러한 신뢰에 대하여 정당한 이유를 갖고 있는 것이 필요하다. 즉 대리인에 의하여 행하여졌다는 인식과 그 자에 대리권이 있다고 믿었다는 제3자의 주관적 심리상태를 전제로 하는 것인데 직접의 상대방이 아닌 제3취득자가 이를 갖고 있다는 것은 실제에 있어서 거의 있을 수 없기 때문이다. 또한 민법 129조의 대리권소멸후의 표현대리에 있어서도 대리권이 소멸하기 전부터 거래가 있었기 때문에 권한이 소멸한 후도 여전히 대리권이 있는 것으로 믿고 거래를 하는 사정이 있는 경우에 한하여 적용되는데 이러한 사정은 보통 직접의 상대방 이후의 제3취득자에게는 존재하지 않는 것이다.

더구나 위조와 같이 어음(수표)행위가 대행방식으로 행하여지는 경우에는 대행자의 명칭은 어음에 나타나고 있지 않기 때문에 직접의 상대방 이외의 자에는 기명날인이 대행자에 의하여 이루어졌다는 것을 알지 못하는 경우가 보통이고, 대행자의 권한을 신뢰하였다는 사정이 문제될 여지가 없으므로 제3취득자가 표현대리의 요건을 충족하는 것은 일층 곤란하다고 생각된다.

따라서 어음의 유통을 보호하기 위하여 제3취득자가 표현대리의 제3자에 포함된다고 하는 통설의 주장은 현실적으로 적용이 되는 경우가 거의 없어 큰 의미가 없으며 또한 어음(수표)행위가 대리인이나 대행자에 의하여 행하여졌다는 인식이 없는 경우에 있어서도 선의의 제3자를 보호한다고 하여 표현대리의 이론을 적용한다면 이는 표현대리의 이론을 벗어나 거래의 안전을 보호하자는 입장을 나타내는 것일 뿐 민법의 표현대리의 규정의 해석과 유추적용에 있어서는 논리상 문제가 있다고 생각한다.

둘째, 제3취득자가 제3자에 포함된다고 한다면 민법의 표현대리에 관한 규정들의 반대해석으로서 제3취득자가 악의인 경우에는 그 전자가 선의인 경우에도 본인은 무권대리라는 항변을 악의인 제3취득자에 대항할 수 있다고 보아야 하는 데, 오히려 통설은 배서의 권리이전적 효력을 이유로 이것을 부정하고 있으므로 이는 표현대리의 규정의 적용에 있어서 논리가 일관되지 않은 해석이라 볼 수 있다. 그러나 후술하는 바와 같이 권리외관이론에 따르면 어음의 제3취득자가 악의인 경우 본인은 무권대리와 위조의 항변의 주장을 제한받아야 할 아무런 이유가 없다.

셋째, 보다 근본적으로는 통설이 어음에 관한 문제를 표현대리의 규정의 확장 해석 또는 수정적용이라는 방법으로 말하자면 민법적으로 해결하고자 하는 것이 문제이다. 어음관계에 대하여는 어음법이 특수한 규율을 하고 있는 것이기 때문에 어음에 관한 문제는 어음법에 직접적용이 없는 경우에도 민법적이 아니라 어음법적으로 바꾸어 말하면 어음법 독자의 입장에서 해결될 것이 요구된다.

4. 사안의 경우

본사안의 경우 C의 위조행위는 B가 어음을 C에 보관시킨 것이 귀책원인이 된다고 볼 수 있기 때문에 어음취득자가 기명날인을 본인의 진정한 것으로 신뢰한 경우에는 외관법리에 의하여 보호된다고 판단된다. 따라서 권리자로부터 유효한 배서가 있었다고 신뢰한 D 또는 E에 대하여는 B는 담보책임을 부담하지 않으면 안 된다. 또한 E의 신뢰의 정도는 B가 부담하는 책임이 발행인 A의 책임의 담보책임이기 때문에 선의취득제도와의 균형상 선의 · 무중과실일 것을 요한다고 해석한다. D가 외관법리에 의하여 보호되는 경우에는 E는 그 권리를 승계취득한다.

5. 피위조자의 사용자배상책임

위의 사안에서 위조자인 C가 피위조자인 B의 피용인이고, 사무집행에 관하여 위조한 것인 때에는 민법 756조에 의하여 피위조자는 사용자배상책임을 부담한다.[189] 민법 756조의 '사무집행에 관하여'라는 의미는 피용자의 직무집행행위 그 자체는 아니더라도 그 행위의 외형상 직무의 범위 내에 속한다고 인정되는 경우를 포함한다(외형표준이론).[190]

---

189) 대판 1999. 1. 29, 98다27470; 어음상의 배서가 피용자에 의하여 위조된 경우 피위조자인 배서명의인이 사용자로서 부담하는 불법행위책임과 다른 배서인이 부담하는 어음법상의 책임은 각 별개의 독립된 책임으로서 어음소지인으로서는 어음의 발행인이나 다른 배서인에 대하여 어음법상의 권리를 행사할 수 있는지의 여부를 불문하고 피위조자인 배서명의인에 대하여 손해배상청구권을 행사할 수가 있고, 이 때 배서가 위조된 어음을 취득함으로써 입은 손해는 그 액면 금액이 아니라 그 어음을 취득하기 위하여 지급한 금원이다; 대판 1977. 2. 22, 75다1680; 1985. 8. 13, 84다카979; 1992. 6. 12, 91다4046 등.

190) 대판 1994. 11. 8, 93다21514; 어음이 위조된 경우에 피위조자는 민법상 표현대리에 관한 규정이 유추적용될 수 있다는 등의 특별한 경우를 제외하고는 원칙적으로 어음상의 책임을 지지 아니하나, 피용자가 어음위조로 인한 불법행위에 관여한 경우에 그것이 사용자의 업무집행과 관련한 위법한 행위로 인하여 이루어졌으면 그 사용자는 민법 제756조에 의한 손해배상책임을 지는 경우가 있고,

6. 위조의 입증책임

이와 관련하여 배서가 위조되어 피위조자의 책임이 문제된 사건에서 위조의 입증책임에 관하여 피위조자입증책임설을 따른 종전의 판례[191]를 변경하고, 소지인입증책임설을 취한 대법원 전원합의체 판결[192](다수의견과 소수의견의 대립 있음)을 주목할 필요가 있다.

즉 대법원의 판결을 요약하면 "민사소송에 있어서 입증책임의 분배에 관한 일반원칙에 의하면 권리를 주장하는 자가 권리발생의 요건사실을 주장 · 입증하여야 하는 것이므로, 어음소지인이 어음채무자에 대하여 어음상의 권리를 행사하는 경우에도 어음채무 발생의 근거가 되는 요건사실 즉 어음채무자가 어음(수표)행위를 하였다는 사실은 어음소지인이 주장 · 입증하여야 하는 것이다. 또한 배서의 자격수여적 효력에 관하여 규정한 어음법 16조 1항은 어음상의 권리가 적법하게 발생한 것을 전제로 그 권리의 귀속을 추정할 따름이고 그 권리의 발생 자체를 추정하는 것이 아니라고 해석되므로, 위 법조항의 「적법한 소지인으로 추정된다」는 취지는 피위조자를 제외한 어음채무자에 대하여 어음상의 권리를 행사할 수 있는 권리자로 추정한다는 의미에 불과하고 자신의 기명날인이 위조되었다고 주장하는 자에 대하여서까지 어음채무의 발생을 추정하는 것은 아니다. 그렇다면 어음에 어음채무자로 기재된 자가 자신의 기명날인이 위조된 것이라고 주장하는 경우에는 그에 대하여 어음상의 권리를 행사하는 어음소지인이 그 기명날인이 진정하다는 것을 증명하지 않으면 안 되는 것이다"고 판시하였다.

위의 대법원의 전원합의체 판결이 나온 후에 학설도 이를 지지하는 다수설(소지인입증책임설)[193]과 이를 반대하는 소수설(피위조자입증책임설)[194]이 대립되고 있다. 피위조

이 경우에 사용자가 지는 책임은 어음상의 책임이 아니라 민법상의 불법행위책임이므로 그 책임의 요건과 범위가 어음상의 그것과 일치하는 것이 아니다. 따라서 민법 제756조 소정의 사용자 책임을 논함에 있어서는 어음소지인이 어음법상 상환청구권을 가지고 있느냐는 등 어음법상의 권리 유무를 따질 필요가 없으므로, 어음소지인이 현실적으로 지급제시를 하여 지급거절을 당하였는지의 여부가 어음배서의 위조로 인한 손해배상책임을 묻기 위하여 필요한 요건이라고 할 수 없고, 어음소지인이 적법한 지급제시기간 내에 지급제시를 하지 아니하여 상환청구권 보전의 절차를 밟지 않았다고 하더라도 이는 어음소지인이 이미 발생한 위조자의 사용자에 대한 불법행위책임을 묻는 것에 장애가 되는 사유라고 할 수 없다. 또한 위조된 약속어음을 취득함으로써 입은 손해는 다른 특별한 사정이 없는 한 이를 취득하기 위하여 현실적으로 출연한 할인금 상당액일 뿐, 그 어음이 진정한 것이었다면 어음소지인이 지급받았을 것이라고 인정되는 그 어음액면 상당액이라고는 할 수 없다.

191) 대판 1971. 5. 24, 71다570; 1987. 7. 7, 86다카2154.

192) 대판 1993. 8. 24, 93다4151.

자입증책임설의 주요논거는 ① 위조어음의 입증책임에 관하여는 특별한 규정이 없으므로 일반원칙에 따라 위조라는 것을 주장하는 피위조자가 부담하며, ② 어음법 16조 1항에 의하면 배서가 연속된 어음의 점유자는 적법한 소지인으로 추정되므로 어음소지인은 자신의 권리를 증명할 필요가 없고 피위조자가 어음이 위조되었다는 것을 증명하여 하며, ③ 어음의 위조에 대한 입증책임은 어음 외의 사실관계이므로 그 위조를 주장하는 피위조자가 부담하여야 한다는 것 등을 들고 있다. 소지인입증책임설의 주요논거는 ① 피위조자에게 입증책임을 부담시키는 것은 너무 가혹하므로 어음소지인이 기명날인의 진정을 입증하여야 하며, ② 어음소지인이 어음채무자에 대하여 어음상의 권리를 행사하는 경우에 어음채무자가 자기의 기명날인이 위조되었다고 주장하는 것은 어음소지인의 주장사실에 대한 적극부인이므로 어음소지인이 어음채무자의 기명날인의 진정을 입증할 책임이 있으며, ③ 어음법 16조 1항은 어음상의 권리의 귀속에 관한 추정규정이지, 어음채무의 성립에 관한 추정규정이 아니므로 어음채무의 성립을 다투는 피위조자에게까지 인정되는 것이 아니므로 피위조자는 입증책임을 부담하지 않는다는 것 등이다.

생각건대 배서의 연속이 있는 어음의 소지인이 어음법 16조 1항에 따라 적법한 권리자로 추정되는 것은 어음이 적법하게 발행되고 유통된 경우에 어음상의 채무자에 대한 관계에서 인정되는 것이지 어음채무성립 자체를 다투는 피위조자에 대하여서까지 인정될 수 없고, 또한 어음법 16조 1항은 어음상의 권리의 귀속에 관한 추정규정이지, 어음채무의 존재 혹은 성립에 관한 추정규정이 아니므로 다수설인 소지인입증책임설이 옳다고 본다.

Ⅳ. 위조자의 책임

C는 B의 배서를 위조한 자이므로 형사상 또는 불법행위상의 책임을 부담한다. 그러나 위조자의 어음상의 책임을 규정한 조항은 어음법에는 없다. 이에 대하여 위조자

193) 최기원, "어음위조의 항변과 입증책임", 「법률신문」, 1993. 10. 18, 15면; 정동윤, "배서가 위조된 경우의 입증책임", 「법률신문」, 1993. 11. 15, 15면; 정진세, "어음위조의 입증책임", 「법률신문」, 1993. 11. 12, 15면; 강위두, "어음위조의 입증책임", 「판례월보」, 1994. 2(281호), 15면; 김교창, "어음위조의 입증책임", 「판례월보」, 1994. 3(282호), 16면; 정찬형, "어음위조의 입증책임", 「판례월보」, 1994. 6(285호).

194) 이기수, "위조 있는 어음의 입증책임", 「법률신문」, 1993. 10. 4, 15면; 안동섭, "배서위조의 주장과 입증책임", 「판례월보」, 1993. 12(279호), 19면.

책임부정설은 위조자는 어음면에 자기명의의 기명날인이 없으므로 어음의 문언성에 비추어 위조자에게 어음상의 채무를 부담시킬 근거가 없다고 보고 있다. 그러나 어음법 8조의 유추적용에 의하여 C는 배서인의 담보책임과 동일한 책임을 부담한다고 해석한다(위조자책임긍정설). 왜냐하면 어음법 8조는 본인에 효과귀속이 있는 것과 같은 외관을 작출한 자에게 이를 신뢰한 자에 대한 법정책임을 부과한 것이라고 볼 수 있고, 위조에 있어서도 위조자는 피위조자가 어음채무를 부담하는 것과 같은 외관을 표시하고 있는 점에서 무권대리인의 경우와 그 실태가 동일하여, 이러한 표시를 신뢰한 자를 보호할 필요가 있기 때문이다.

이와 같이 해석하여도 어음(수표)행위의 문언성에는 반하지 않는다고 해석한다. 어음(수표)행위의 문언성은 책임의 명확성과 어음거래의 안전을 위한 것이고, 이를 위조자에 대하여 자신의 어음채무를 면하기 위한 근거로서 이용하게 하는 것은 문언성의 취지에 반하는 것이기 때문이다. 따라서 C는 B의 담보책임과 동일한 책임을 부담하는 것이다.

또한 외관법리에 의하여 B가 어음채무를 부담하는 경우라도 그것은 어디까지나 어음취득자를 보호하기 위한 것이고, 위조자를 보호하기 위한 것이 아니기 때문에 이 경우에도 위조자의 책임은 부정되지 않는다고 생각한다.

V. 어음행위독립의 원칙

A가 만기에 지급하지 않은 경우에 E는 D에 대하여 상환청구권을 행사할 수 있다. 이는 어음(수표)행위독립의 원칙(어 7조)의 적용결과이다. 즉 어음에 어음채무를 부담할 능력이 없는 자의 기명날인, 위조의 기명날인, 가설인의 기명날인 또는 기타의 사유로 인하여 어음의 기명날인자나 그 본인에게 의무를 부담하게 할 수 없는 기명날인이 있는 경우에도 다른 기명날인자의 채무는 그 효력에 영향을 받지 않는 것이다.

판례도 "어음의 최종소지인은 그 어음의 최초의 발행행위가 위조되었다 하더라도 어음(수표)행위독립의 원칙상 그 뒤에 유효하게 배서한 배서인에 대하여는 상환청구권을 행사할 수 있다"[195]고 판시하고 있다.

....

195) 대판 1977. 12. 13, 77다1753.

2. 어음(수표)의 변조

(1) 총 설

1) 의 의

어음법 69조는 변조의 효과로서 "어음의 문언에 변조가 있는 경우에 변조 후에 기명날인 또는 서명한 자는 변조된 문언에 따라 책임을 지고 변조 전에 기명날인 또는 서명한 자는 원문언에 따라 책임을 진다"고 규정하고 있을 뿐, 변조의 개념이나 어떠한 경우가 변조에 해당되어 어음법 69조가 적용되는가에 관하여 언급이 없어 결국 이 문제는 학설·판례에 의하여 해결할 수밖에 없다.

통설·판례는 어음의 변조라 함은 권한 없이 어음상의 기재내용을 변경하는 것으로 보고 있다. '기재내용'의 의미는 대체로 어음상의 문언 또는 어음의 기재사항이라고 보고 있다. 그러나 변조의 개념을 문언적·형식적으로 파악하는 것은 변조가 물적항변이 되어 어음채무자가 어음금청구자에 대하여 지급을 거절할 수 있는 사유가 많게 되어 어음의 유통력을 보호한다는 관점에서 볼 때 문제가 있다.

생각건대 어음법 69조가 어음의 변조의 경우에 변조 전에 기명날인한 자가 원문언에 따라 책임을 지는 것은 일단 성립한 어음상의 채무의 내용이 변조라는 우연한 사정으로 인하여 변경되거나 소멸되는 것은 아니라는 당연한 법리를 규정한 것이고, 변조 후에 기명날인한 자가 변조된 문언에 따라 책임을 지는 것도 변조된 문언에 따른 책임의 내용을 자신의 어음(수표)행위의 내용으로 하였기 때문이다. 또한 어음법 69조의 '어음의 문언'이라는 의미는 어음은 문언증권이기 때문에 어음채무(권리)의 내용이 어음의 문언에 의하여 결정된다는 것을 의미한다고 보아야 한다. 따라서 변조는 권한 없이 어음상의 기재내용을 변경하여 어음채무의 내용을 변경하는 것으로 보는 것이 어음법 69조의 입법취지에 맞는 정확한 해석이라고 본다. 이러한 해석은 변조라는 우연한 사정으로 인하여 어음상의 책임을 전혀 부담하지 않게 되는 부당한 결과를 배제할 수 있다(자세한 내용은 후술하는 '수취인란의 변경' 참조). 또한 통설이 무익적 기재사항의 변경은 어음상의 효력의 아무런 영향이 없으므로 변조가 아니라고 보는 것도 무익적 기재사항의 변경으로 어음채무내용의 아무런 변경도 없기 때문이다. 판례도 수취인란에 부동문자로 인쇄된 "농업은행 귀중(貴中)"이라는 기재부분을 삭제하고 실질적 수취인인 자기의 이름으로 기재하였다면 이것은 당사자의 의사에 부합되어 그 약속어음이 변조되었

거나 무효라고는 할 수 없다고 판시한 것이 있다.[196]

2) 타개념과의 구별

(가) 변조와 변경

변조는 권한 없는 어음상의 기재내용의 변경이므로 예컨대 지급인이 인수를 함에 있어서 제3자방지급의 기재를 하는 경우(어 27조)와 같이 권한 있는 자가 기재사항에 변경을 하거나, 소지인이 어음관계자 전원의 동의를 얻어 만기일을 변경하는 것 등은 변조가 아니라 어음의 변경이다. 어음관계자(행위자) 일부만의 동의를 얻고 어음의 기재사항을 변경한 경우에는 동의를 얻은 어음관계자와의 관계에서는 적법한 어음의 변경으로 되지만 동의를 하지 않은 어음관계자에 대하여는 어음의 변조가 된다.

또한 어음상의 기재가 착오로 잘못되어 이를 정정하기 위한 변경은 변조가 아니다.[197] 판례에는 무권리자가 수표발행인의 상호가 변경되어 신(新)상호로 변경한 경우 변조가 아니라고 판시한 것이 있다.[198]

(나) 변조와 위조

위조는 권한 없이 타인의 기명날인을 허위로 나타내는 행위이고, 변조는 기명날인 이외의 어음의 기재내용을 권한 없이 변경하는 것을 말한다. 따라서 위조는 어음(수표)행위의 주체를 속이는 것이고 변조는 어음(수표)행위의 내용을 속이는 것이다. 즉 위조

196) 대판 1964. 10. 20, 64다661(법원행정처 간, 대법원 판결요지집 II, 663면).

197) 대판 1993. 7. 13, 93다753; 어음의 변조라 함은 권한 없이 어음의 효력이나 어음관계자의 권리의무의 내용에 영향을 미치는 어음의 문언을 변경하는 것을 말하는바, 약속어음의 발행인이 그 어음에 수취인으로 기재되어 있는 문언을 발행인 및 배서인 등 어음(수표)행위자들의 당초의 어음(수표)행위의 목적에 부합되게 정정한 것은 그로 말미암아 어음의 효력이나 어음관계자의 권리의무의 내용에 영향을 미친 것이 아님이 명백하므로, 이는 단순히 착오로 기재된 것을 정정한 것에 지나지 아니할 뿐 어음을 변조한 경우에 해당한다고 볼 수 없다. 대판 1995. 5. 9, 94다40659; 甲이 어음의 수취인란을 공란으로 하여 乙주식회사 대표이사 丙에게 발행·교부하였고, 乙회사가 丁에게 그 어음을 배서양도한 경우, 丁이 수취인을 "丙"이라고 보충하였다가 "乙주식회사 대표이사 丙"이라고 정정하는 것은 발행인인 甲이나 제1배서인인 乙회사 등 어음(수표)행위자들의 당초의 어음(수표)행위의 목적에 부합하고, 그로 말미암아 어음의 효력이나 어음관계자의 권리의무의 내용에 영향을 미치지 않으므로, 이는 단순히 착오로 기재된 것을 정정한 것에 불과하고 어음을 변조한 경우에 해당한다고 볼 수 없다고 한 사례.

198) 대판 1996. 10. 11, 94다55163; 무권리자가 수표 발행인 회사의 상호가 변경된 후에 임의로 그 회사가 상호변경 전에 적법하게 발행하였던 백지수표의 발행인란의 기명 부분만을 사선으로 지우고 그 밑에 변경 후의 상호를 써넣은 경우, 그 변경 전후의 기명은 모두 동일한 회사를 가리키는 것이어서 객관적으로 볼 때 그 백지수표의 발행인란의 기명날인은 그 동일성이 유지되어 있고 그 백지수표의 다른 기재사항에는 아무런 변경도 없으므로 그와 같은 발행인란의 기명의 변경에 의하여 수표면에 부진정한 기명날인이 나타나게 되었다거나 새로운 수표행위가 있은 것과 같은 외관이 작출되었다고 볼 수는 없으므로 이를 수표법상 수표의 위조에 해당한다고 할 수는 없고, 또한 그 백지수표의 발행인란의 기명을 그와 같이 변경함으로 말미암아 그 백지수표의 효력이나 그 수표 관계자의 권리의무의 내용에 영향을 미친 것은 아니므로 이를 수표법상 수표의 변조에 해당한다고 할 수도 없다.

는 어음채무의 성립에 관한 허위이고 변조는 어음채무의 내용에 관한 허위이다. 변조의 경우에는 피변조자의 관념이 없으나, 변조자의 고의·과실이 요구되지 않는 점은 위조의 경우와 같다.

전술한 바와 같이 권한 없는 기명날인의 변경에 대하여는 위조설과 위조·변조설로 나눠지나, 본래의 기명날인에 대하여는 변조, 새로운 기명날인에 대하여는 위조가 된다고 보는 것이 타당하다(위조·변조설).

(다) 변조와 백지어음의 부당보충

변조는 기존의 완성된 어음의 기재내용을 권한 없이 변경하는 행위이고, 백지어음의 부당보충은 아직 완성되어 있지 않은 어음의 백지부분을 부당하게 기입(보충권의 남용)하는 것이므로 양자는 구별된다. 변조는 '물적항변사유'이나 보충권의 남용은 '인적항변사유'이다. 백지어음도 어음으로서 효력이 인정되므로 백지어음의 기존의 기재내용을 무권한으로 변경하는 것은 보충권의 남용이 아니고 어음의 변조가 된다.

(라) 변조와 무권대리

변조는 권한 없이 어음채무의 내용을 변경하는 것이고, 무권대리는 권한 없이 대리자격을 표시하여 어음(수표)행위를 하는 경우이다. 무권대리의 경우에는 추인, 표현대리, 무권대리인의 책임이 인정되나, 변조의 경우에는 이를 부정하는 것이 통설의 입장이다.

3) 변조의 대상

어음에 기재된 이상 변조의 대상은 어음의 필요적 기재사항에 한하지 않으며 유익적(임의적) 기재사항도 포함된다. 무익적 기재사항의 변경은 어음채무내용에 아무런 변경이 없으므로 제외된다. 변조의 대상은 어음금액의 변조가 가장 많다.[199]

4) 변조의 방법

변조의 방법에는 현존문언의 변개, 말소, 신문언의 부가 등 그 제한이 없으나, 변조 후에도 형식상 어음(수표)요건이 구비되어야 한다. 어음의 기재사항의 변경에 의하여 어음(수표)요건의 흠결이 생기거나, 유해적 기재사항이 첨부된 경우에는 변조가 아니라

199) 대판 1975. 3. 11, 74다53; 수표발행인과 지급은행간에 은행이 발행인이 제출한 인감명판(필적) 등을 대조하여 취급상 보통의 주의의무로써 상위 없음을 인정하고 지급을 필한 수표는 위조변조 등 기타의 사유로 이하여 손해가 생길지라도 은행은 그 책임을 지지 아니한다는 약정이 있다하여 그 이외의 기재인 금액란 등이 변조되었는지의 여부도 선량한 관리자의 주의로써 식별하여야 할 은행이 가지는 고유의 주의의무가 면제되었다 할 수 없다.

말소에 의한 어음의 훼멸이다.

(2) 효 과

1) 변조 전에 기명날인한 자의 책임

(가) 원 칙

변조 전의 기명날인자는 원문언, 즉 기명날인 당시의 어음(수표)문언에 따라 책임을 부담한다(어 69, 77조 1항 7호).[200] 왜냐하면 변조 전에 기명날인한 자는 일단 발생한 어음상의 책임은 변조라는 우연한 사실로 면제될 수 없고(통설, 어음(수표)행위독립의 원칙), 변조 후의 문언에 대하여는 전혀 알 수가 없기 때문이다. 그러나 변조된 문언의 내용에 동의하거나 변조에 과실이 있는 자는 변조 후의 문언에 따라서 책임을 진다. 변조로 인하여 어음요건이 흠결된 경우에도 변조 전의 기명날인자는 변조 전의 문언에 따라 어음상의 책임을 진다.

(나) 예 외

변조 전에 기명날인 또는 서명한 자가 변경문언에 사전에 동의하거나 사후에 추인한 경우에는 변조 후에 문언에 따라서 책임을 부담한다. 동의는 소지인과 자기의 후자에 대하여 할 수 있으며, 그 효력은 상대방에게만 발생한다. 즉 동의한 자에 대하여만 변조 후에 문언에 따라 책임을 부담한다.

또한 변조 전에 기명날인 또는 서명한 자가 변조에 귀책사유가 있는 경우(예: 어음금액을 연필로 기재하거나, 금액표시(예: ₩)와 숫자 사이를 띄운 경우 등)에는 변조 후에 문언에 따라 책임을 부담한다. 또한 위조와 마찬가지로 표현책임 또는 사용자배상책임이[201] 인정될 수 있다. 다만 어음소지인이 위의 책임을 묻기 위하여는 선의취득제도와

---

200) 대판 1996. 2. 23, 95다49936; 약속어음의 문언에 변개(變改)가 있는 경우 변개 전에 기명날인 또는 서명한 자는 그 변개에 동의를 하지 아니한 이상 변개 후의 문언에 따른 책임을 지지는 아니한다고 하더라도, 변개 전의 원문언에 따른 책임은 지게 된다. 약속어음의 최종 소지인이 배서인에 대하여 변개 전의 원문언에 따른 상환의무자로서의 책임을 묻기 위하여서는 소지인이 변개 전의 원문언에 따른 적법한 지급제시를 하였음이 인정되어야 할 것인바, 소지인이 약속어음이 변개된 후에야 비로소 그 어음을 취득하였고 변개 전의 원문언에 따른 지급제시기간 내에 그 약속어음을 지급제시하지 않은 경우, 그 최종소지인의 배서인에 대한 상환청구권은 요건 흠결로 상실되어 배서인에 대하여 변개 전의 원문언에 따른 책임도 물을 수 없다.

201) 대판 1997. 10. 24, 97다21840; 은행 직원이 어음교환소를 통하여 지급제시받은 어음을 책상 위에 둔 채 자리를 비우는 바람에 그 어음의 결제 문제로 은행에 나왔던 어음발행인이 그 어음의 지급기일을 변조하고 그 사실을 은폐한 채 변조를 이유로 부도 처리를 요구함에 따라 그 어음이 부도 처리되었고 그 당시의 상황에 의하면 은행 직원으로서는 지급기일의 변조 경위에 대해 쉽게 눈치챌 수 있는 사정이 있었으므로 통상적인 경우와는 달리 그 어음에 대한 사고신고담보금이 예치된

의 균형상 악의 또는 중대한 과실이 없어야 한다.

2) 변조 후에 기명날인한 자의 책임

변조 후의 기명날인한 자는 변조된 새 문언에 따라 책임을 진다. 왜냐하면 이 자는 변조로 변경된 새 문언을 자기의 어음(수표)행위의 내용으로 하였기 때문이다. 따라서 변조 후에 기명날인 또는 서명한 자는 변조의 사실을 알건 모르건, 어음취득자가 선의·악의를 불문하고 변조 후에 문언에 따라 책임을 부담한다. 그러나 변조로 인하여 어음(수표)요건이 결여된 후에 어음(수표)에 기명날인한 자는 아무런 어음(수표)상의 책임이 없다.

3) 변조자의 책임

변조자가 어음·수표에 기명날인하여 어음(수표)행위를 하였다면 변조 후에 문언에 따라 책임을 부담하지만, 그렇지 않으면 형사상 또는 민사상의 불법행위책임은 별론으로 하고,[202] 어음(수표)상의 책임은 부담하지 않는다.

그러나 이에 대하여는 변조자도 무권대리인의 책임에 관한 어음법 8조를 유추적용하여 변조 후의 문언에 따라 책임을 진다고 보는 견해가 있다.

생각건대 변조의 경우에는 변조자의 기명날인 또는 서명이 없으므로 위조와 마찬가지로 어음상의 책임을 부담시키는 것은 이론상 무리가 있다고 본다.

어음(수표)소지인이 변조를 한 경우에는 자기의 전자, 즉 변조 전의 기명날인자에 대하여는 변조 전의 문언에 따른 권리를 행사할 수 있다.

4) 변조어음(수표)의 지급인의 책임

주로 어음금액의 변조가 있는 경우에 발생하는 문제이다. 즉 어음·수표의 발행인을 위하여 지급사무를 위탁받은 지급인 또는 지급담당자(통상 은행)가 어음·수표가 변조된지를 모르고 지급한 경우에 그 손실을 발행인이 부담할 것인가 아니면 지급인이

사실을 어음소지인에게 알려 줄 의무가 있음에도 부도 처리의 진상을 확인해 줄 것을 요구하며 항의하는 어음소지인에게 이를 알려주지 않아 어음소지인으로 하여금 어음금의 우선적 변제를 받을 수 있는 기회마저 상실하게 한 경우, 은행 직원의 어음의 보관·관리상의 과실 및 부도 처리 후의 업무 처리상의 과실과 어음소지인이 어음금을 지급받지 못함으로 인한 손해 사이에는 상당인과관계가 있다고 보아 은행의 사용자책임을 인정한 사례이다.

202) 대판 1983. 7. 12, 83도680; 약속어음을 할인받기 위하여 어음상의 지급기일을 변조한 후 약속어음의 전부가 마치 진정한 것처럼 타인을 기망하여 배서양도하고 할인금을 교부받은 경우에는 비록 그 행위자가 어음법상의 법리에 의하여 변조 후의 문언에 따라 책임을 진다고 하더라도 형사상 사기죄를 구성한다.

부담할 것인가가 문제된다.

이 문제는 위조에서 설명한 것처럼 지급인의 조사의무와 면책력을 규정한 어음법 40조 3항 1문(수표의 경우는 수표법 35조)이 유효하게 발행된 진정한 어음·수표를 전제로 하여 적용되는가? 바꾸어 말하면 위조·변조된 어음에 대한 지급의 경우에도 어음법 40조 3항 1문이 적용될 것인가라는 문제로서 학설은 긍정설과 부정설(다수설)의 대립이 있다.

생각건대 어음법 40조 3항의 지급면책은 어음 자체는 진정한데 어음금이 무권리자 등에게 지급된 경우에 지급인의 면책에 관한 규정이다. 따라서 부진정하게 발행된 어음이나 위조·변조된 어음의 지급의 경우는 어음법 40조 3항이 적용되지 않으며 결국 지급인이 손실을 부담하게 된다. 그러나 여기서 지급인이 손실부담을 한다는 것은 지급인도 고의·과실 없이 지급하고, 발행인도 아무런 귀책사유가 없는 경우에 한하는 것이며, 만약 발행인과 지급인간에 손실부담에 관한 특약이나 상관습이 있다면 이에 의할 것이다. 따라서 발행인이 과실이 있거나 귀책사유가 있는 경우에는 피위조자인 발행인이 부담하고, 지급인에게 과실이 있었다면 면책약관[203]의 유무와 관계없이 지급인에게 부담시키는 것이 지급인과 발행인을 공평하게 취급한다는 점에서 타당한 해석이라고 본다. 만약 지급인의 과실이 발행인의 과실과 경합하는 때에는 원칙적으로 지급인의 책임으로 하고, 발행인의 과실에 대하여는 과실상계를 인정하는 것이 타당하다.

또한 지급인이 변조사실을 알지 못하고 어음소지인에게 변조 후에 문언에 따라 지급한 경우 발행인은 어음소지인에 대하여 부당이득반환청구권을 행사할 수 있다.[204]

---

203) 위조·변조시에 대비하여 은행 등이 정한 '면책약관'은 은행의 주의의무를 경감시키거나 면제하는 효력을 가질 수는 없고, 당사자 중 어느 누구도 고의·과실이 없는 경우에 경제상의 손실부담에 관한 특약이라고 보아야 할 것이다.

204) 대판 1992. 4. 28, 92다4802; 가. 약속어음 발행 후 액면금액이 변조된 경우 발행인은 발행 당시의 액면금액의 범위 내에서만 어음채무를 부담하고, 그 액면금액이 변조된 뒤에 위 어음을 취득한 자는 발행인에 대하여 변조 전의 액면금액의 범위 내에서만 어음상의 권리를 취득하고 이를 초과하는 부분에 관하여는 아무런 권리도 취득하지 못한다. 나. 약속어음의 지급인인 은행이 소지인에게 어음금을 지급함에 있어 그 액면금이 변조되었는지 여부를 조사하였더라면 쉽게 변조사실을 알 수 있었을 터인데 이를 소홀히 한 채 변조된 액면금 전액을 지급한 경우 어음의 발행인이 은행에 대하여 위와 같은 과실을 이유로 초과지급된 부분에 대한 배상을 구하는 방법 등에 의하여 그 손실을 보전할 수 있다 하더라도, 발행인이 어음금 수령인에게 부당이득금의 반환을 청구하는 데 장애가 된다고 할 수 없다. 다. 위 "나"항의 경우 어음금 수령인이 변조자로부터 일부는 채무변제조로, 나머지 금액은 약속어음을 교부하고 어음을 배서양도 받은 것이라고 하여도 이는 배서인과 피배서인과의 관계에 지나지 아니한 것으로서 이것 때문에 소지인이 발행인에게 변조된 액면대로의 어음금의 지급을 청구할 권리를 가진다고 할 수 없고, 소지인이 변조된 액면금액의 지급을 청구할 권리가 없다면 은행에서 정당한 액면금액을 초과한 돈을 지급받은 범위 안에서는 이를 부당이득한 것이라고 아니할 수 없으며, 어음금 수령인이 이 돈을 은행으로부터 교부받은 이상 그의 자산은 그만

(자세한 것은 위조어음 · 수표의 지급에 있어서 손실부담자에 관한 설명 부분 참조).

(3) 변조의 입증책임

다수설은 변조사실이 어음(수표)면상에 명백한가에 따라 입증책임을 구별하고 있다. 즉 변조가 있었음이 어음(수표)면에 명백한 경우에는 어음(수표)소지인이 기명날인이 변조 전의 것인가 또는 변조 후의 것인가를 입증하여 어음금 청구를 하여야 하며, 변조된 것이 어음(수표)면에 명백하지 아니한 경우에는 소지인은 어음문언에 따라 어음금을 청구하고, 변조를 주장하는 자는 원문언과 더불어 변조임을 입증하여야 한다.

이에 대하여는 변조를 주장하는 것은 원고의 청구에 대한 부인이므로 언제나 소지인이 기명날인자(채무자)가 부담할 채무의 내용을 입증하여야 한다고 보는 소수설이 있다.

대법원은 1985. 11. 12, 85다카131 판결에서 "어음법 69조 규정에 의하여 약속어음의 문언에 변조가 있는 경우에는 그 변조 후에 기명날인한 자는 변조된 문언에 따라 책임을 지고 변조 전에 기명날인한 자는 원 문언에 따라 책임을 지게 되는 것이므로 약속어음 변조의 법률효과를 주장하는 자는 그 약속어음이 변조된 사실 즉, 그 약속어음에 서명날인 할 당시의 어음문언에 관하여 입증책임을 진다"고 판시하여 변조의 입증책임은 주장자가 부담한다고 하였다. 그러나 그 후 1987. 3. 24, 86다카37 판결에서는 판례변경 없이 "어음의 문언에 변개가 되었음이 명백한 경우에 어음소지인(소지인)이 기명날인자(배서인 등)에게 그 변개 후의 문언에 따른 책임을 지우자면 그 기명날인이 변개 후에 있는 것 또는 기명날인자가 그 변개에 동의하였다는 것을 입증하여야 하고 그 입증을 다하지 못하면 그 불이익은 어음소지인(소지인)이 입어야 한다"고 판시하여 다수설과 같은 입장을 취하여 종전과 모순된 입장을 취하고 있었다. 이후 대판 1990. 2. 9, 89다카14165 판결에서는 "어음의 액면금액을 변조하는 경우에는 원래 기재되어 있는 숫자를 이용하려는 것이 통상이므로, 어음의 발행인이 어음액면부분의 변조를 주장하려면 자기가 발행할 때에 어떤 방법(필기냐, 타자냐)으로 어떤 문자(국한문이냐, 아라비아 숫자냐)로 써주었다는 점을 밝혀야 할 터인데 …… "라고 판시하여 변조가 분명하지 않은 경우에는 변조를 주장하는 자(어음채무자)에게 입증책임이 있음을 확인

큼 증가하는 것이므로 이를 이득한 것이라고 아니할 수 없고, 어음금 수령인이 배서인으로부터 유상으로 위 약속어음을 배서양도 받은 것이라고 하여 발행인에 대한 관계에 있어서 그 이득이 현존하지 아니한다고 할 수 없다.

하여 판례는 다수설과 같은 입장이라고 볼 수 있다.

생각건대 민사소송법상 입증책임의 문제는 사실관계가 불분명한 경우에 누구에게 최종적인 불이익을 부담시킬 것인가의 문제이나, 어음소송에 있어서는 어음의 유통성을 고려한 해석이 필요하다. 변조가 분명한 경우에는 그 내용을 확인하지 않고 취득한 어음소지인에 과실이 있으므로 어음소지인에게 입증책임을 부담시켜도 문제가 없으나, 변조가 불분명한 경우에는 변조가 교묘한 방법으로 이루어진 경우가 많기 때문에 어음문언을 신뢰한 소지인에게 부담시키는 것은 어음거래의 안전을 해할 수 있다. 따라서 변조 전에 기명날인한 채무자는 변조가 되었다는 사실을 주장한 것만으로는 부족하고, 자신이 변조 전에 기명날인 또는 서명하였음을 입증하여야 변조 후에 문언에 따른 책임을 면한다고 보는 것이 공평한 해석이라고 본다. 위조와 변조는 모두 물적항변이나, 위조는 어음(수표)행위의 성립에 관한 것이고, 변조는 어음채무내용에 관한 것이므로 입증책임의 부담을 다르게 보더라도 모순은 아니라고 본다. 다수설에 찬성한다.

(4) 변조의 개별적인 경우

1) 만기의 변조 등

어음법 69조가 정한 원칙에 따라 변조 전에 기명날인 또는 서명한 자는 원문언의 만기를 기준으로 지급제시와 거절증서의 작성이 있는 경우에만 책임을 부담하며, 변조 후에 기명날인 또는 서명한 자는 변조된 만기를 기준으로 책임여부를 따진다. 지급지 또는 지급장소가 변조된 경우에도 마찬가지이다. 따라서 어음소지인이 지급제시기간을 준수하지 못하거나 지급지 또는 지급장소에 제시하지 못하여 변조 전에 기명날인 또는 서명한 자에 대한 상환청구권을 상실하는 경우가 있게 된다.[205)]

205) 대판 1996. 2. 23, 95다49936; 약속어음의 최종소지인이 배서인에 대하여 변개 전의 원문언에 따른 상환의무자로서의 책임을 묻기 위하여서는 소지인이 변개 전의 원문언에 따른 적법한 지급제시를 하였음이 인정되어야 할 것인바, 소지인이 약속어음이 변개된 후에야 비로소 그 어음을 취득하였고 변개 전의 원문언에 따른 지급제시기간 내에 그 약속어음을 지급제시하지 않은 경우, 그 최종소지인의 배서인에 대한 상환청구권은 요건 흠결로 상실되어 배서인에 대하여 변개 전의 원문언에 따른 책임도 물을 수 없다.

2) 수취인란의 변조[206)][207)]

수취인란의 변조는 보통 어음의 수취인이 수취인란에 기재된 자기의 이름을 말소하고 타인의 명칭을 기재하거나 또는 수취인란에 기재된 자기의 이름을 말소하고 수취인 백지의 어음으로 하여 이것을 타인에게 양도하는 것이다. 통설·판례는 위의 경우 수취인은 발행인의 권한수여 또는 동의가 없는 한, 수취인의 명칭을 변경할 권한이 없으므로 변조가 되므로 발행인은 변조 전 즉 원문언에 따라 본래의 수취인에 대하여 책임을 질 뿐이라고 한다(이에 관한 문제점은 후술의 "어음수취인란의 변경" 참조).

判例研究

[어음수취인란의 변경][208)]

Ⅰ. 서 론

어음의 변조(Verfälschung; alteration)라 함은 일반적으로 권한 없이 기명날인 이외의 어음의 기재사항(기존문언)을 변경하는 것으로 보고 있다. 또 어음의 변조는 형법상 유가증권의 변조의 문제로도 취급되지만 그 개념은 형법상의 개념과 반드시 일치하지 않는다.

변조의 대상은 어음의 필요적 기재사항에 한하지 않고 유익적 기재사항도 포함되나 무익적 기재사항의 변경은 어음법적 효력의 내용에 아무런 변경이 생기지 않으므로 변조라고 볼 수 없다.

변조의 방법에는 현존문언의 변개(變改), 말소, 신문언의 부가 등 그 제한이 없으나, 어

---

206) 대판 1981. 10. 13, 81다카90; 甲이 乙을 수취인으로 기재하여 작성한 약속어음에 피고로부터 발행인을 위한 어음 보증을 받은 다음, 피고의 동의 없이 멋대로 수취인란의 기재를 삭제하고 원고에게 이를 교부하여 원고가 그 수취인란에 자신의 이름을 써넣었다면 이와 같은 약속어음의 수취인란 기재변경은 피고에 대한 관계에 있어서 어음의 변조에 해당하고, 위 어음 보증의 주된 채무는 발행인 甲의 수취인 乙에 대한 채무이며, 원고에 대한 채무가 아니므로 변조된 수취인인 원고에 대하여서까지 어음보증의 책임을 지는 것이 아니다.

207) 대판 1993. 7. 13, 93다753; 어음의 변조라 함은 권한 없이 어음의 효력이나 어음관계자의 권리의무의 내용에 영향을 미치는 어음의 문언을 변경하는 것을 말하는바, 약속어음의 발행인이 그 어음에 수취인으로 기재되어 있는 문언을 발행인 및 배서인 등 어음(수표)행위자들의 당초의 어음(수표)행위의 목적에 부합되게 정정한 것은 그로 말미암아 어음의 효력이나 어음관계자의 권리의무의 내용에 영향을 미친 것이 아님이 명백하므로, 이는 단순히 착오로 기재된 것을 정정한 것에 지나지 아니할 뿐 어음을 변조한 경우에 해당한다고 볼 수 없다.

208) 아래의 글은 홍복기, "어음수취인란의 변경", 「상사판례연구」 제1집, 1986, 123-142면에서 전재한 것이며, 인용된 문헌도 당시의 논의상황을 반영한다는 의미에서 그대로 두었음(각주 208-233).

음의 기재사항의 변경에 의하여 어음요건의 흠결이 생기거나, 유해적 기재사항이 첨부된 경우에는 변조가 아니라 말소에 의한 어음의 훼멸이다.

변조는 어음(수표)행위의 내용을 권한 없이 변경하는 점에서 기명날인에 관하여 어음(수표)행위의 주체를 위작하는 위조와 구별되나 변조에 있어 변조자의 고의·과실이 요구되지 않는 점은 위조의 경우와 같다. 권한 없이 기명날인을 변경한 경우에는 기존의 진정한 기명날인에 대하여는 변조이고 새로이 행하여진 기명날인에 대하여는 위조라 함이 통설이다.

변조는 기존의 완성된 어음의 기재사항을 권한 없이 변경하는 행위이고, 백지어음의 부당보충은 아직 완성되어 있지 않은 어음의 백지부분을 부당하게 기입(보충권의 남용)하는 것이므로 양자는 구별되나 백지어음의 경우에도 백지어음의 기존의 기재사항을 무권한으로 변경하는 것은 보충권의 남용이 아니고 어음의 변조가 된다.

변조는 권한 없는 어음기재사항의 변경이므로 예컨대 지급인이 인수를 함에 있어서 제3자방지급의 기재를 하는 경우(어 27조)와 같이 권한 있는 자가 기재사항에 변경을 하거나, 소지인이 어음관계자 전원의 동의를 얻어 만기일을 변경하는 것 등은 변조가 아니라 어음의 변경이다. 어음관계자(행위자) 일부만의 동의를 얻고 어음의 기재사항을 변경한 경우에는 동의를 얻은 어음관계자와의 관계에서는 적법한 어음의 변경으로 되지만 동의를 하지 않은 어음관계자에 대하여는 어음의 변조가 된다.

이상이 어음변조에 관한 일반적인 설명인데 우리 어음법은 어음의 변조에 대하여 단 일개의 조문만 두어 어음법 69조에서「환어음의 문언에 변조가 있는 경우에는 그 변조 후에 기명날인한 자는 변조된 문언에 따라 책임을 지고 변조 전에 기명날인한 자는 원문언에 따라 책임을 진다」고 규정하고 있을 뿐이어서 구체적인 경우로 들어가면 매우 어려운 문제들이 제기되고 있다. 그 중의 하나가 대판 1981. 10. 13, 81다726, 81다카90 사건인데(대판 1981. 11. 24, 80다2345; 동 1981. 11. 10, 80다2689 사건도 동일한 것임) 본고에서는 이 사건을 중심으로 하여 어음수취인란의 변경(말소)에 관련된 문제들을 검토하기도 한다.

Ⅱ. 판결의 사안

대법원 1981. 10. 13, 제일부판결 81다726, 81다카90(상고기각)
원심판결 서울고법 1981. 2. 12, 판결 80나3044
(대법원판례집 제29권 3집, 146-152면 게재)

1. 사실개요

대법원판결의 이유에서 엿볼 수 있는 사실관계는 다음과 같다.

어음발행인인 甲(전원개발 주식회사)이 乙(한국에이스 주식회사)을 수취인으로 기재하여 작성한 약속어음에 피고(피상고인, 신용보증기금)로부터 발행인을 위한 어음보증을 받은 다음, 피고의 동의 없이 수취인란기재를 삭제하고 원고(상고인, 이경숙)에게 이를 교부하였고, 원고는 그 수취인란에 자신의 이름을 써넣어 지급기일에 발행인에게 지급제시하였으나 지급거절되어 위 어음의 보증인인 피고에게 동어음금의 지급을 청구함에 대하여, 피고는 어음보증을 할 당시에는 동어음의 수취인은 乙로 기재되어 있었는데 수취인명의가 피고의 동의 없이 원고명의로 변조되었으므로 피고로서는 변조 후의 명의자인 원고에 대하여 어음금을 지급할 의무가 없다고 주장하였다.

2. 원심판결요지

약속어음의 수취인란의 기재가 피고의 동의 없이 변경된 이상 이는 보증인인 피고에 대한 관계에 있어서는 어음의 변조라고 할 것이므로 피고로서는 변조 전의 문언에 따라 본래의 수취인에 대하여 보증책임을 지는 것은 변론으로 하고 변조 이후의 수취인인 원고에게는 아무런 책임도 없다.

3. 상고이유요지

(1) 본건 약속어음의 발행인이 피고로부터 어음보증을 받은 후 본래의 수령(취)인 명의를 삭제하여 원고에게 발행·교부하였다면 원고는 수취인란 백지어음을 취득하였고, 그 후 수취인란을 원고명의로 보충하였으므로 원고는 어음상의 정당한 권리자이다.

(2) 어음보증인은 어음발행인·배서양도인 등의 어음상의 채무자와 어음채무의 합동책임을 지는 것은 어음법상 명백하고, 본래의 수취인으로 특정하여 보증책임을 진다는 원심의 판단은 어음보증인의 책임을 오해한 것이다. 본건과 같이 어음에 배서금지나 양도금지가 없는 사안에서는 더욱 그러한 것이고 발행인은 원래 수취인에게 본건 약속어음을 교부한 것도 아니다.

(3) 본건 약속어음의 발행인이 수취인명의를 삭제한 것은 자기권한에 기한 것이며, 어음보증인은 발행인을 위하여 보증하는 것으로 본건 발행인이 어음보증에 변경한 것도 없으려니와 어음채무내용에 즉 어음금액 및 지급일자 등에 하등 변경된 바 없으므로 어음변조로 볼 수 없다. 원고는 본건 어음을 발행인으로부터 취득하여 보충권에 기한 보충을 한 것뿐이다.

(4) 어음법 69조의 원문언에 따라 책임을 진다는 뜻은 어음의 유통성을 부인하는 것도 아니고, 어음보증채무의 증가 등 불리한 한도 외의 보증책임을 지지 아니한다는 것으로 해석하여야 할 것인 바, 어음보증인(피고)은 본건에서 변조문언에 의하나 원문언에 의하나 책임이 동일한데 원심이 원래의 수취인에 대해서만 책임이 있다는 것은 어음법 69조의 실질적인 취지를 오해한 것이다.

4. 대법원판결요지

어음발행인이 자기수중에 있는 어음의 기재내용에 어떠한 변경을 가하여도 이는 통상 권리자의 변경행위로서 변조가 되지 않는 것이나 그 어음상에 다른 권리 또는 의무를 가진 자가 있을 때에는 이러한 자의 동의를 받지 아니한 변경은 변조에 해당하고, 또 어음보증은 어음상 채무를 담보함을 목적으로 하는 부속적 어음(수표)행위로서 주된 채무의 형식적 존재를 전제로 하는 것이므로 위 어음보증의 주된 채무는 발행인 甲의 수취인 乙에 대한 채무이며, 원고에 대한 채무가 아니므로 변조된 수취인인 원고에 대하여서까지 어음보증의 책임을 지는 것이 아니다. 다만 변조 전 수취인과 변조 후 수취인 사이에 어음상 권리의 실질적 양도가 인정되는 경우, 즉 어음상 권리를 양도하면서 배서양도의 방식에 의하지 아니하고 변칙적인 방식으로 수취인 명의를 변경한 경우에 권리양수인인 변경 후의 수취인이 발행인에 대하여 어음보증의 책임을 면할 수 없는 것은 민법상 보증에 있어서도 주된 채권의 양도로 채권자가 변경될 경우에는 주된 채권에 부수된 보증채무도 이전되는, 이른바 보증채무의 수반성이 인정됨에 비추어 당연하나 이 사건 어음의 수취인 변경은 실질적 어음상 권리의 양도에 의한 것이 아님으로 어음보증인의 책임을 물을 여지도 없다.

Ⅲ. 수취인란의 말소와 변조

어음법 69조는 변조의 효과로서 변조 후에 기명날인한 자는 변조된 문언에 따라 책임을 지고 변조 전에 기명날인한 자는 원문언에 따라 책임을 진다고 규정하고 있을 뿐, 변조의 개념이나 어떠한 경우가 변조에 해당되어 어음법 69조가 적용되는냐에 관하여 언급이 없어 결국 이 문제는 학설·판례에 의하여 해결할 수밖에 없다.

학설·판례에 의하면 어음의 변조라 함은 권한 없이 어음의 기재사항(어음의 문언)을 변경하는 것으로 보고 있고, 일단 어음에 기재된 이상 변조의 대상은 무익적 기재사항을 제외한 모든 어음의 기재사항을 포함시키고 있다. 또 어음관계자(어음(수표)행위자) 전원의 동의를 얻지 않는 한 기재사항의 변경은 어음관계자가 한 어음(수표)행위의 내용을 권한 없이 변경하는 것이므로 모두 변조가 된다고 한다. 그러나 변조의 개념을 이렇게 넓게 보는 것은 변조가 물적항변이 되어 어음채무자가 어음금청구자에 대하여 지급을 거절할 수 있는 사유가 많게 되어 어음의 유통력을 보호한다는 관점에서 볼 때 검토할 필요가 있는 것이다. 그 중의 하나가 상기한 대법원판결의 사안과 같은 수취인란기재의 말소의 경우인 것이다.

수취인란의 변조는 보통 어음의 수취인이 수취인란에 기재된 자기의 이름을 말소하고 타인의 명칭을 기재하거나 또는 수취인란에 기재된 자기의 이름을 말소하고 수취인 백지의 어음으로 하여 이것을 타인에게 양도하는 경우인데 학설은 수취인은 발행인의 권한수여 또는 동의가 없는 한, 수취인의 명칭을 변경할 권한이 없으므로 변조가 된다고 하고, 따라서 발행인은 변조 전 즉 원문언에 따라 본래의 수취인에 대하여 책임을 질뿐이라고 한다.[209] 또 수취인의 변조가 어음소지인의 형식적 자격에 어떠한 영향을 미치는가에 관하여 소지인은 원래의 수취인으로부터 어떠한 경로에 의하여 어음을 취득하여 자기가 실질적 권리를 갖게 되었는가를 주장·입증하지 않으면 안 된다는 견해와[210] 수취인의 명의의 변조가 있더라도 배서의 형식적 자격이 인정되는 한 어음법 16조 1항에 기하여 소지인의 권리행사를 인정하는 견해가[211] 대립하고 있다.

본건에 있어서는 위에서 말한 통상적인 수취인란의 변경이나 말소와는 달리, 수취인 자신에 의한 수취인란기재의 말소가 아니라 발행인에 의하여 그 기재가 변경되었다. 그런데도 판결은 위의 경우와 마찬가지로 어음상에 다른 권리 또는 의무를 가진 자가 있을 때에는 이러한 자(보증인)의 동의를 받지 아니한 변경을 변조로 파악하고[212] 어음법 69조를 문언 그대로 적용, 보증인은 변조 전 수취인에 대하여는 책임을 지나 변조 후의 수취인인 원고에 대하여는 책임이 없다고 밝히고 이에 덧붙여서 변경 전 수취인과 변경 후 수취인 사이에 어음상 권리의 실질적 양도가 있는 경우에는 어음보증인은 변조 후의 수취인에 대하여 어음보증의 책임을 면할 수 없으나 이 사건 어음의 수취인 변경은 실질적인 어음상 권리의 양도에 의한 것이 아님으로 어음보증인의 책임을 물을 여지도 없다고 판시하고 있다.

그러나 이에 대하여는 의문점이 없지 않다. 그 이유를 밝히기에 앞서 본건과 비슷한 사례인 일본의 판례를 살펴보기로 한다.

피고 Y가 상품대금지급을 위하여 수취인란에 A를 기재하여 A에게 어음을 발행·교부하였으나 A는 Y의 승낙 없이 수취인란의 A의 기재를 잉크로 완전히 말소하고 이 어음을 할인받기 위하여 B를 통하여 원고인 X에게 양도하여 이 어음에 X의 이름이 기재되었다. 그 후 X는 이 어음을 C은행에게 배서·양도하고 C은행이 Y에게 지급을 위한 제시를 하였으나 Y가 지급을 거절하여 X는 은행으로부터 상환청구되어 동어음을 환수하여 어음소지인으로서 Y

---

209) 강위두, 「상법강의 Ⅲ」, 형설출판사, 1983, 132면; 서정갑 외, 「학설·판례 주석 어음·수표법」, 한국사법행정학회, 1973, 164면; 서돈각·김태주, 「주석 어음법·수표법」, 육법사, 1981, 501면.

210) 강위두, 전게서, 동면; 서정갑 외, 전게서, 동면; 서돈각·김태주, 전게서, 동면. 다만 이 견해에 있어서도 실질적 권리를 주장·입증하는 외에 발행인에 대한 관계에 있어서 채권양도의 대항요건도 갖추어야 되는가에 대하여 어음을 환수함으로써 어음채무자는 이중지급을 할 위험을 피할 수 있고, 또 어음채무자는 주된 채무자 이외에 배서인, 보증인 등 다수가 있으며 이들 모든 채무자에게 확실하게 채권양도의 통지를 하는 것은 쉽지 아니하므로 대항요건을 취할 필요는 없다고 한다.

211) 정찬형, "어음·수표의 변조", 「상법논총」(인산 정희철선생 정년기념), 박영사, 1985, 455면; 정동윤, 「어음·수표법」, 법문사, 1984, 150면, 大隅健一郎·河本一郎, 「註釋手形法·小切手法」, 有斐閣, 1983, 172면.

212) 본사건과 동일한 1980. 9. 5 서울민사지방법원판결 80나301에 대한 평석에서 정희철 교수는 판결의 결론에는 찬성할 수 없지만 변조로 봄은 타당하다고 한다(법률신문 1386호(1981. 3. 1), 12면 참조); 정찬형 교수도 본사건을 변조로 봄을 옳다고 한다. 전게논문, 454면.

에 대하여 어음금을 청구한 사안에서 일본최고재판소는 수취인으로서 기재되어 있는 문언을 아무런 권한도 없이 말소하여 마치 수취인백지의 어음인 것과 같은 외관을 나타내는 것도 변조에 해당한다고 파악하고, "… 위 어음에 발행인으로서 서명한 피고는 변조 전의 문언에 따라서 즉 수취인이 A로 되어 있는 어음에 대하여 책임을 부담하는 것이다. 그러므로 원고는 수취인란의 자기의 명칭이 기재된 어음을 소지하고 있는 것만으로는 바로 피고에 대하여 어음금지급을 청구할 수 없는 것은 당연하며 원고가 자기가 정당한 어음소지인으로서 수취인 A로부터 어떠한 경로에 의하여 어음을 취득하였나를 명확히 하여 그 취득으로서 피고에 대항할 수 있는 사유, 즉 피고에 대한 관계에 있어서 채권양도의 대항요건을 갖추었다는 것을 주장・입증하지 않으면 안 된다…"고 판시하고 있다.[213)]

이 판결의 요지는 첫째, 어음의 수취인란의 기재가 발행인의 동의없이 말소된 경우에는 어음의 변조이므로 발행인은 변조전의 문언에 따라 책임을 부담한다는 것이고 둘째, 변조 후의 어음소지인은 변조전의 수취인으로부터 어음을 취득한 과정과 그 취득으로서 발행인에게 대항할 수 있는 사유를 주장・입증하지 않는 한 발행인에 대하여 어음금지급을 청구할 수 없다는 것으로서 전기의 우리 대법원판결과 결론을 같이 하는 것으로 볼 수 있다.

이 판결의 내용에 대하여는 이를 지지하는 견해와[214)] 반대하는 견해가 나타나고 있는데 반대견해는 수취인란의 말소를 변조로 본 부분에 대하여, "… 수취인의 기재에 대하여 어음법 69조를 그대로 적용하는 것은 문제가 있지 않을까? 어음법 69조는 어음채무자가 어떠한 내용의 채무를 어떠한 조건에서 부담하는가라는 의미에서 채무부담의 면에 관한 규정이라고 해석할 수 없을까? 규정의 문언으로 보아도 그와 같이 해석하는 것은 어렵지 않다고 생각된다. … 그렇다면 수취인의 기재는 누가 권리자라는 의미에서 권리의 귀속에 관한 것이어서 그 기재의 변경은 어음법 69조에서 예정하고 있는 변조가 아닌 것이다…"라고 주장하고 있다.[215)] 그러나 이에 대하여는 경청할 부분이 있기는 하나 찬성하기 어려운 부분이 있다.

그것은 위의 반대설이 지적하는 바와 같이 수취인의 기재는 권리의 내용에 관한 것은 아니고 권리의 귀속에 관한 것이라는 점, 입법례에[216)] 따라서는 수취인의 기재가 필요적 기재사항이 아니라는 점을 볼 때 수취인의 기재를 어음금액・만기 등 다른 어음요건과 동일하게만은 파악할 수 없다는 것과 또 수취인이 변조된 어음을 선의로 배서 또는 교부로 양수받은 소지인이 변조가 물적항변이기 때문에 어음채무자로부터 지급이 거절됨으로 말미암은 손실을

---

213) 日最高判, 1966. 11. 10, 民集 20권 9호, 1967면.

214) 境一郎, "約束手形の受取人欄の抹消と手形の變造", 「民商法雜誌」, 56권 5호 787면 이하 참조.

215) 前田 庸, "約束手形の受取人欄の記載の抹消・變造と手形の變造", 「法學協會雜誌」, 84권 10호, 1402면 이하 참조.

216) 우리의 법계와 다른 영국의 Bills of Exchange Act §8(2)(3)과 미국의 Uniform Commercial Code §3-104에서는 소지인출급식발행이 인정되어 수취인의 기재가 필요적 기재사항이 아니다.

생각하여 볼 때 어음의 유통을 보호하고자 하는 해석임은 이해가 간다.

그러나 위 견해는 어음법이 수표와는 달리 무기명식의 발행을 허용하지 않고 기명식으로만 발행하게 한 다음과 같은 복합적인 이유를 간과한 해석이라 볼 수 있다. 첫째, 지급제시기간이 발행일로부터 10일인 수표는 단순한 지급의 도구로서 발행 직후에 결제될 것이 예정되어 있어 전전유통이 기대되지 않으나 어음에 있어서는 그 지급기일을 장래에 있어 상당한 기일 후로 지정할 수 있어 그 간에 전전유통될 것이 예상되므로 도난 · 유실 기타 부주의한 어음의 상실로부터 어음권리자를 보호하기 위하여 어음의 양도방식의 확실화가 요청되어 수취인란의 기재를 어음의 필요적 기재사항으로 할 필요가 있는 것이다. 둘째, 어음을 기명식으로 발행함은 발행인에게 이익을 가져다주는데 그것은 수취인은 배서에 의하여 어음채무를 부담할 각오 없이는 어음상 권리를 양도할 수 없어 수취인에 의하여 행하여지는 제일차의 어음상 권리의 양도가 신중해지기 때문에 이후 어음취득자가 생길 가능성이 감소하든가 적어도 그 폭이 좁아지게 되어 발행인과 수취인 사이에 약정된 어음금지급에 관한 특약(인적항변)의 실효성을 보유할 수 있게 된다. 셋째, 어음의 기명식발행은 권리자(수취인)의 배서 없이는 어음상의 권리를 양도할 수 없기 때문에 어음을 위법하게 입수한 자가 이것을 현금화하기 위하여는 배서인의 기명날인을 위조하지 않으면 안 되는데 이것은 유가증권위조죄로 처벌되므로 어음의 위법한 유통에 대한 견제를 가할 수 있다.

물론 유통촉진이라는 거래상의 요청과 배서에 의하여 어음채무를 부담하기를 원하지 않는 어음취득자측의 요구 때문에 백지식배서(어 16조 2항)가 있고, 또 수취인백지의 백지어음도 학설 · 판례에 의하여 인정되지만 이것이 위에서 설명한 이유를 가지고 있는 어음은 기명식 발행이 원칙이라는 것에 입법의 타당성문제는 별도로 하고 아무런 영향을 줄 수는 없는 것이다.

그러므로 수취인백지의 어음으로서 무기명증권과 똑같은 효용을 발휘시킬 것인가 아니면 처음부터 수취인명을 기재하여 양도의 확실성이 있는 어음으로 할 것인가의 선택권은 어음발행인이 갖는 것이므로 수취인은 기명식어음에 수취인으로 지정된 이상 이것에 의하여 자신의 권한의 범위가 제한되는 것이어서 수취인란의 기재를 멋대로 말소하여 권한의 확장(배서하지 않고 교부로 어음상의 권리를 양도하는 권한의 확장)을 도모할 수 없는 것은 당연한 이치인 것이다.[217)]

또 약속어음의 발행은 수취인뿐만 아니라 불특정 다수의 어음채권자에 대하여 어음금액의 지급의무를 부담하는 의사표시라고 보아도 무기명증권의 소지인에 대한 경우와는 달리, 발행인은 자기가 수취인으로 지정한 자와 이 자로부터 어음상의 권리를 양수한 자 및 그 후자에 대하여 채무부담의 의사표시를 한 것이기 때문에 발행인의 승낙 없이 수취인의 기재가

---

217) 坂井芳雄, 「裁判手形法」, 一粒社, 1972, 147면.

말소되고 전혀 모르는 타인의 명칭이 기입되어도 보충권이 부여된 백지어음으로 발행한 경우와 마찬가지로 기재된 대로의 책임을 부담한다고 보는 것은 타당하지 않다.

만일 이와 같은 것이 인정된다면 발행인이 수취인에 대한 인적항변이 존재하는 경우에 멋대로 수취인란을 변경하는 것에 의하여 악의의 항변을 주장할 수 있는 여지가 봉쇄되고 마는 것이기 때문이다.

따라서 수취인란이 변조된 경우에도 확정일출급어음의 발행일이 변조된 경우와 같이 변경의 전후에 있어서 아무런 권리관계의 변경이 생기지 않는다고 하는 견해(즉, 수취인란의 변조는 어음법 69조의 채무부담의 면에 관한 것이 아니다라는 견해)에는 찬성할 수 없는 것이다.

위에서 본 바와 같이 수취인란의 권한 없는 변경은 어음법 69조에 해당하는 변조임을 살펴보았는데 일본의 판례에서와 마찬가지로 수취인란이 변경된 전기의 대법원판결의 사안도 변조가 되는 것일까? 그렇지 않다고 본다. 이 점에 대하여는 항을 바꾸어 살펴보기로 한다.

Ⅳ. 어음법 69조의 취지

어음법 69조가 변조 전에 기명날인한 자는 원문언에 따라 책임을 진다고 규정한 이유에 대하여 학설은 "변조 전의 기명날인자가 변조 후의 문언에 따라 책임을 부담할 이유가 없는 것은 물론이지만, 일단 발생한 책임을 변조에 의하여 벗어날 이유도 없기 때문이다. 어음법 69조 및 수표법 50조의 규정은 어음(수표)채무는 어음(수표)문언의 말소로 인하여 소멸하는 것이 아니다라는 법리를 전제로 한 것이므로, 변조 전 문언이 인식할 수 있을 정도로 흔적을 남기고 있든 아니하든 또 그 문언이 어음의 요건이든 아니든 상관없이 변조 전의 기명날인자로 하여금 변조 전의 문언에 따라 책임을 지게 하려는 취지인 것이다"라고 설명하고 있다.[218]

또 "이는 어음(수표)행위독립의 원칙상 당연한 결과로서 일단 어음(수표)행위(기명날인)를 한 이상 후일에 와서 변조라는 우연한 사정으로 인하여 그 책임을 면할 이유가 없기 때문이며, 이와 동시에 변조 전의 행위자가 변조 후의 문언에 따라서 책임을 질 이유도 없음을 물론이다"고 해석하고 있고[219] 또는 "무릇 어음이라는 증권은 권리의 유통성을 높이기 위한 것으로서 어디까지나 어음상의 권리를 위한 수단에 불과하므로 일단 발생한 어음상의 권리와 이에 대응하는 어음채무가 단순한 형식인 증권의 기재의 변경에 의하여 변경될 수는 없는 것이고, 또한 어음의 변조에 의하여 새로운 문언이 기재되어도 이것은 변조 전의 기명날인자가

218) 손주찬, 「상법(下)」, 박영사, 1985, 72면. 동지; 정희철, 「상법학원론(下)」, 박영사, 1985, 366면; 정동윤, 전게서, 148면.
219) 박원선, 「새 상법(下)」, 수학사, 1973, 501면.

알 바가 아니다"라고 밝히고 있다.[220)]

위에서 살펴 본 바와 같이 변조 전의 기명날인자가 변조에 의하여 그 책임이 면제되지 않고 원문언에 따라 책임을 지는 이유에 관한 설명을 종합하여 보면 증권은 권리의 유통성을 높이기 위한 수단에 불과하므로 일단 유효하게 성립한 어음상의 권리나 이에 대응하는 어음상의 채무(책임)는 변조라는 우연한 사정으로 인하여 변경되거나 소멸되는 것이 아니라는 뜻인 것이다.

그런데 「원문언」에 따라 책임을 진다는 의미가 무엇인지에 대하여 학설은 설명이 없다. 문자 그대로 말한다면 변조 전에 어음의 기재사항이 현재 형식적·기계적으로 잔존하고 있는 것으로 보아 변조 전의 기명날인자의 책임내용이 결정된다고 볼 수 있다(위의 대법원판례도 이렇게 보고 있다). 그러나 이것만으로는 문제가 되지 않는다 하여도(즉, 어음법 69조의 문리해석이라 하여도) 통설·판례가 변조를 넓게 해석하여 어음의 기재사항을 권한 없이 변경하는 것으로 보고 있는 점과 함께 생각하여 본다면 변조가 물적항변이 되어 어음금지급을 거절할 수 있게 되는 사유가 많게 되고 따라서 어음의 유통력 보호와 맞지 않는 결과를 가져올 수 있는 것이다. 물론 어음의 변조에 있어서는 변조에 관여하지 않은 어음채무자의 보호가 중요하지만 그 보호는 변조 전의 문언이 의미하고 있는 한도 내이면 충분한 것이다. 그러므로 변조의 개념을 지나치게 넓게 보아 어음의 유통력을 해하거나, 또는 그 반대로 좁게 보아 어음채무자를 해하는 것을 벗어나 어음소지인(권리자)과 어음채무자 양자의 이익을 조화 있게 균형한 해석이 요청되는 것이다. 따라서 어음법 69조의 취지를 고려한 변조의 개념구성이 필요하며, 그것은 어음채무의 내용의 변경이 생기는 경우인 것이다.

그러므로 어음의 기재사항을 변경한다 하더라도 어음채무자의 책임내용에 아무런 영향을 미치지 않는다면 강학상 혹은 학문적인 의미에 있어서의 변조의 개념에 포함된다고 볼 수는 있어도 어음법 69조가 예정하고 있는 변조는 아닌 것이다. 만일 필요적 기재사항이든, 유익적 기재사항 또는 무익적 기재사항이든 불문하고 그것이 어음에 기재된 이상 이 어음에 기명날인한 자는 이를 자기의 어음(수표)행위의 내용으로 하였기 때문에 누군가 권한 없이(또는 어음관계자의 전부 혹은 일부의 동의 없이) 변경한 것을 모두 변조라고 주장하면 변조가 물적항변이 되어 어음채무자는 원문언에 따른 책임만을 진다고 모든 어음소지인에게 대항할 수 있음을 볼 때 그 부당성은 말할 나위가 없는 것이다.

따라서 변조의 개념에 대하여 정의규정을 두고 있지 않은 우리 어음법 69조의 해석에 있어서는 변조가 되는 경우를 구체적인 사안에 따라 따져볼 필요가 있으며, 그 기준은 어음의 기재사항의 변경이 어음관계자의 책임내용의 변경이 생기냐가 될 것이다.[221)]

---

220) 강위두, 전게서, 128면. 동지; 최기원, 「상법학신론(下)」, 박영사, 1984, 101면.
221) U.C.C §3-407(1)과 B.E.A §64(2)에서는 각각 어음당사자의 면책유무를 결정하는 중대한 변조

이를 뒷받침하는 설명으로서 무익적 기재사항(예: 어음번호)의 변경은 어음상의 권리의 내용에 아무런 변경을 가져오지 않기 때문에 변조가 아니라고 보고 있고,[222] 또 어음의 필요적 기재사항 가운데는 확정일출급어음의 발행일자와 같이 채무자의 실체법상의 채무내용에는 하등 의미가 없는 사항에 대하여 형법상 이러한 사항의 변경도 변조로 보고 있으므로 유가증권위조죄가 성립하는 실익은 있을 것이나, 어음법상 이것을 어음의 변조에 포함시켜도 그 실익은 없다는 견해가 있다.[223]

판례도 수취인란에 부동문자로 인쇄된 "농업은행 귀중"이라는 기재부분을 삭제하고 실질적 수취인인 자기의 이름으로 기재하였다면 이것은 당사자의 의사에 부합되어 그 약속어음이 변조되었거나 무효라고는 할 수 없다고 판시한 것이 있다.[224]

이제 위에서 설명한 것을 바탕으로 81다726, 81다카90 대법원판결의 사안으로 돌아와서 이것이 변조가 되느냐에 관하여 검토하기로 한다. 본사안에서는 발행인인 전원개발주식회사가 한국에이스 주식회사를 수취인으로 기재하여 어음을 작성한 후 피고인 신용보증기금으로부터 어음보증을 받은 다음 발행인 스스로가 피고의 동의 없이 수취인란기재를 삭제하여 외형상 수취인 백지어음으로 원고 이경숙에게 교부하고 원고가 수취인란에 자기의 이름을 기입하여 피고에게 어음금지급을 청구한 것이므로 수취인의 변경이 발행인에 대한 관계에서는 문제가 되지 않고 피고인 보증인에 대한 관계에서만 문제된다.

만약 본건에서 전기 일본판례의 사안처럼 수취인이 권한 없이 수취인란기재를 말소하여 수취인란백지어음으로 교부하였다면 위에서 상세히 검토한 바와 같이 발행인은 어음을 기명식으로 할 것인가 또는 수취인란 백지어음으로 발행할 것이냐에 대하여 선택권이 있고, 또 기명식으로 발행하는 것에 대하여 어음의 도난·분실로 인한 위험의 감소, 항변보존 등의 이익을 가지므로 발행인의 어음채무내용의 변경이 생겨 변조가 됨은 의문이 없다.

그러나 본건에서는 발행인이 스스로 수취인란 기재를 삭제하였으므로 피고인 보증인에 대한 관계에서만 문제가 된다. 우선 발행인의 수취인란의 변경으로 인하여 피고인 보증인의 채무의 내용에 어떠한 변경을 가져오는 것인가를 검토하여 보면 아무런 변경도 가져오지 않음을 알 수 있다. 그것은 어음보증인은 독립하여 피보증인(본건에서는 발행인)과 동일한 내용의 어음상의 채무를 부담하고(어 32조 2항), 어음에 배서금지 등의 문구의 기재가 없는 한 수취인뿐만 아니라 이후의 어음상 권리의 취득자에게도 보증책임을 부담하기 때문이다. 또 인적항변의 문제를 생각할 수도 있으나 본건에서는 주채무도 존재하고 있고 발행인이 변경한

(material alteration)에 대한 정의규정을 두고 있다. 자세한 것은 정찬형, 전게논문, 440면 이하 참조.

222) 최기원, 전게서, 99면; 菱田政宏, "手形の變造・抹消",「手形法・小切手 法講座」第1卷, 有斐閣, 1966, 259면.

223) 大隅・河本, 전게서, 386면.

224) 대판 1964. 10. 20, 64다661(법원행정처 간,「대법원 판결요지집 Ⅱ」, 663면 所收).

것이므로 보증인은 피보증인인 발행인이 소지인에 대하여 가지는 항변으로 소지인에게 대항할 수 있는 여지도 없는 것이다.

따라서 어음채무자인 보증인의 책임내용의 아무런 변경도 없는 본사안은 어음법 69조에 해당하는 변조라고 볼 수 없는 것이다.

대법원판결과 같이 어음채무자 전원의 동의 없이 어음의 문언을 변경한 것은 변조가 되므로 본건의 어음채무자인 어음보증인의 동의가 없다는 것을 강조하여 본건을 변조로 보고 따라서 보증인은 변조전의 문언에 따라 원래의 수취인과 이로부터 어음상의 권리를 실질적으로 양수받은 자에게만 보증책임을 진다고 해석한다면 통설에 입각한 변조에 관한 형식논리에 맞을지 모르나 원래의 수취인의 어음상 권리의 양도행위가 없으므로 보증인은 변조라는 우연한 사정으로 인하여 누구에게도 아무런 책임을 부담하지 않게 되는 것이다.

이러한 결론은 어음보증인의 당초의 의사와 어음의 유통성보호의 측면에서 비추어 볼 때 그 부당성은 말할 나위가 없는 것이다. 결국 본 사안에서는 어음법 69조의 입법취지로 보아 변조로 보지 말고 어음보증인의 책임을 인정했어야 어음채무자와 어음권리자의 양자의 이익을 조화 있게 균형하는 판단이 되는 것이다.[225]

V. 수취인란의 변조와 어음상 권리의 행사·양도

여기서는 전기의 대법원판례를 따라서 수취인란이 변조된 어음의 소지인이 배서의 연속이 있는 어음의 소지인이라고 주장할 수 있는가의 여부에 대하여 논하기로 한다.

이것은 약속어음의 소지인이 어음법 16조 1항의 배서가 연속되어 있는 어음의 소지인이라는 것을 주장·입증한다면[226] 소지인은 어음의 권리자라는 법률상의 권리규정을 받기 때문에 이 권리추정을 번복하기 위하여는 어음채무자는 소지인이 권리자가 아니라는 것 즉 소지인이 승계취득도 선의취득도 하지 않았다는 것을 주장·입증하지 않으면 안 되어 소지인의 권리행사를 용이하게 하므로 논할 실익이 있는 것이다.

일본최고재판소는 이에 관하여 전기의 1966. 11. 10 판결에서 "…수취인란에 자기의 이름이 기재되어 있는 어음을 소지하고 있는 것만으로는 직접 발행인에 대하여 어음금지급을 청구할 수 없고 당초의 수취인으로부터 어떠한 경로에 의하여 어음을 취득하였나를 명백히 하고 그 취득을 가지고 발행인에게 대항할 수 있는 사실을 주장·입증하지 않는 한 발행인에

225) 정희철 교수는 본건을 변조로 보면서도 어음보증의 본질의 문제로 나누어 보증인의 책임을 인정했어야 옳다고 주장한다(전게 법률신문 1386호 참조). 정찬형 교수도 본건을 변조로 보는 데는 찬성하고 다만 어음당사자의 의사의 합리적인 해석과 어음의 유통성을 고려하여 수취인이 변조된 경우에는 어음법 69조의 적용이 제한되는 것으로 보아 보증인의 책임을 인정한다. 전게논문, 454면.

226) 어음법 16조 1항의 규정을 받기 위하여는 변론주의의 원칙상 소지인이 「배서가 연속되어 있는 어음의 소지인」이라는 요건사실의 존재를 구두변론에 있어서 주장·입증하지 않으면 안된다. 동지; 日最高判 1966. 3. 4 판결(民集 20권 3호, 406면).

게 어음금지급을 청구할 수 없다"고 판시하였는데 이 판결에 대하여는 여러 학자들의 평석이 나와 있다.

학설은 이 문제를 피배서인의 기재만의 말소와 관련하여 논하고 있는데 피배서인의 기재만의 말소에 대하여 백지배서설을 따르는 입장은 배서의 연속을 긍정하고 있고, 전부말소설의 입장은 이를 부정하고 있다.[227)]

그러나 이 판결에 있어서는 원고가 사실심에서 배서의 연속을 주장하지 않았기 때문에[228)] 권리추정이 인정되지 않은 것이지 그렇지 않다면 배서의 연속을 인정하여야 할 것이다. 왜냐하면 어음법 16조 1항은 어음의 유통을 확보하기 위하여 배서가 연속한 어음의 소지인이라는 외형적 사실에 권리추정을 부여한 것이므로 배서의 연속은 어음의 기재되어 있는 외형에 따라 판정하여야 하기 때문이다. 즉 어음법 16조 1항에 의한 형식적 자격이 인정되는가의 여부는 어음상의 기재가 현재 어떠한 것이냐만의 문제이어서 그 말소, 변경이 권한이 있는 자에 의하여 행하여졌는가를 묻지 않는 것이다.

또 수취인의 기재가 말소된 어음은 아직 배서가 행하여지지 않았기 때문에 배서의 연속이 인정되지 않는다는 형식론을 주장할 수는 없다. 어음법 16조 1항이나 2항은 어음소지인의 권리자로서의 외형을 요구하고 있는 뜻이어서 그 외형이 제일차적 권리자로서의 외형인가, 제2차 이후의 권리자로서의 외형인가를 묻지 않는 취지이기 때문이다.

이후 일본의 판결은 이러한 뜻을 분명히 하여 수취인이 변조된 어음이라도 어음법 16조 1항을 적용하여 배서의 연속을 인정하였다. 즉 甲(피고)이 수취인란에 乙로 기재하여 乙에게 약속어음을 발행・교부하였으나, 乙이 동어음을 보관하고 있는 중에 절취되어 누군가가 수취인란의 기재를 乙에서 丙으로 변경하고 丙은 丁에게, 丁은 戊에게 각각 배서하여 戊(원고)가 동어음의 최후의 소지인이 되어 甲에게 어음금을 청구한 사안에서 "어음법 16조 1항에서 말하는 배서의 연속은 배서의 형식에 의하여 이것을 판정하면 족하고, 약속어음의 수취인란의 기재가 변조된 경우에 있어서도 어음면상 변조 후의 수취인으로부터 현재의 어음소지인에로 순차연속한 배서의 기재가 있는 경우에는 현재의 어음소지인은 발행인에 대한 관계에 있어서도 어음법 77조 1항 1호, 16조 1항에 의하여 위 어음의 적법한 소지인이라고 추정된다고 해석하는 것이 상당하다. 어음법 77조 1항 7호, 69조에 의하면 변조 전의 약속어음 기명날인자인 발행인은 변조 전의 원문언에 따라 책임을 부담하지만 위 규정은 어음의 문언이 권한 없는 자에 의하여 멋대로 변경되어도 일단 유효하게 성립한 어음채무의 내용에 영향을 미치지 않는다는 법리를 명확하게 한 것에 지나지 않고, 어음면상 원문언의 기재가 의연히 현실로

227) 前田庸, 전게논문, 1406-1407면 참조. 河本一郎 교수는 이에 대하여 전부말소설의 입장을 취하지만 수취인란의 말소는 형식적 자격에 관하여는 수취인백지어음으로 해석하고 배서의 연속을 긍정하고 있다. 河本一郎, "約束手形の受取人欄の變造と手形法 16條1項の適用", 「判例時報」 774호, 156면.

228) 坂井芳雄, 전게서, 160면.

잔존하고 있는 것으로 보는 취지는 아니기 때문에 위 규정으로서 발행인에 대한 관계에 있어서 배서의 연속을 주장할 수 없다고 보는 것은 타당치 않다"고 판시하였다.[229)]

다음으로 생각할 수 있는 것은 수취인의 기재가 말소된 어음에 있어서 그 권리의 양도에 관한 문제이다. 이것은 수취인백지의 어음의 소지인(형식적 자격자)은 어음법 14조 2항의 준용에 기하여 타인의 명칭을 수취인란에 보충하여 어음을 그 자에게 교부하거나 또는 그대로 어음을 교부하는 것에 의하여 어음을 양도하는 것이 인정되고 이 교부에 의한 양도에 있어서도 선의취득의 법칙 및 인적항변절단의 원칙에 의한 보호가 인정되고 있어[230)] 수취인의 기재가 말소된 어음에 있어서도 어음법 14조 2항의 준용에 기하여 교부에 의하여 양도할 수 있는가가 문제이다.

학설은 이에 대하여 전기 1966. 11. 10 일본최고재판소 판결에서 나타난 사안과 관련하여 "소지인 X는 적법한 소지인으로 추정되지만 동사안에서는 당초 수취인 A라고 기재되어 있는 것을 무권한으로 말소하여 수취인란 백지의 형식으로 B를 통하여 X에게 양도된 사실이 입증된 것이다. 그러므로 기명증권을 발행인의 허락없이 무기명증권으로 변경할 수 없는 것과 마찬가지로 위 어음이 수취인란 백지의 어음으로 유효하게 변경되는 것은 아니다. 이 어음은 여전히 수취인이 기재된 어음인 것이다. 그러므로 이것을 양도하기 위하여는 배서를 필요로 하는 것이다. 배서를 하지 않고 단순한 교부만에 의하여 양도하는 경우에는 그것은 지명채권양도의 방법에의 의하여 양도한 것으로 볼 수밖에 없다. 따라서 원고 X는 채권양도의 대항요건을 갖추었다는 것을 주장·입증하지 않으면 안 된다"고 설명하고 있다.[231)]

또 우리나라 학설은 수취인이 변경된 경우에 교부에 의하여 양도할 수 있느냐에 대하여는 분명치 않으나 수취인란기재의 변조후의 수취인이 자기가 실질적 권리를 주장·입증하는 외에 발행인에 대한 관계에 있어서 채권양도의 대항요건도 갖추어야 하는냐의 문제에 대하여 어음채무자는 어음을 환수함으로써 이중지급을 할 위험을 피할 수 있고, 또 어음채무자로서는 주된 채무자 이외에 배서인, 보증인 등 다수가 있으며 이들 모든 채무자에게 확실하게 채권양도의 통지를 하는 것은 쉽지 아니하므로 대항요건을 취할 필요는 없다고 한다.[232)]

생각건대 선의취득, 인적항변절단의 양제도는 어음의 유통을 보호하기 위하여 배서가 연속한 어음의 소지인으로부터 배서에 의한 양도 또는 어음법 14조 2항의 적용·준용에 기하여 교부에 의한 양도를 받은 선의의 어음취득자를 보호하는 제도이다. 따라서 이 양제도의 취지로부터 생각하면 배서의 연속의 유무는 어음상의 기재의 형식에 의하여 판정하면 충분하고 동시에 어음법 14조 2항의 적용·준용에 기한 교부에 의한 양도가 인정되느냐도 어음상의

229) 日最高判 1974. 12. 24 小法廷判決, 判例時報 776호, 所收.
230) 大森忠夫, "白地手形",「手形法·小切手法講座」Ⅱ권, 有斐閣, 1965, 74면.
231) 河本一郞, 전게논문, 155-157면; 境一郞, 전게논문, 792면.
232) 서정갑, 전게서, 464면; 서돈각·김태주, 전게서, 501면; 田中誠二, 전게서, 207-209면.

기재의 형식(어음법 14조 2항의 준용에 기한 교부에 의한 양도인가에 대하여는 어음상 기재의 형식상 수취인 백지의 어음인가에 따라)에 의하여 판정하는 것이 타당하다고 해석한다.

그러나 위의 해석은 어음의 수취인이 권한 없이 수취인의 기재를 말소하는 것에 의하여 어음 자체가 백지식이 된다는 것을 인정하는 의미는 아니다. 배서의 연속의 유무를 판단하는 경우와 마찬가지로 어음법 14조 2항의 준용에 기하여 교부에 의한 어음의 양도가 인정되느냐를 판단하는 데 있어서 수취인의 기재가 말소된 어음을 어음의 기재의 형식상 수취인백지의 어음으로 인정하는 것에 지나지 않는 것이다.[233)]

Ⅵ. 결 론

지금까지 어음수취인란의 변경과 관련한 몇 가지 문제들을 살펴보았는데 이제 이를 정리하면서 결론에 갈음하고자 한다.

우선 본문에서는 통설·판례가 변조의 개념을 어음법 69조의 취지와 관련하여 정의하지 않고 어음의 기재사항을 권한없이 변경하는 것으로 정의함으로써 변조의 개념을 지나치게 넓게 보아 전기의 대법원판결의 사안과 같은 수취인란변경을 변조로 본 것은 잘못임을 지적하면서 변조의 개념을 어음법 69조의 취지에 맞게 정의하여 변조는 어음관계자(행위자)의 채무내용에 변경을 가져오는 경우에만 인정되어야 할 것이라 주장하였다.

또 수취인란의 변조의 경우에도 어음법 16조 1항에 기한 권리추정이 인정될 수 있다는 것과 아울러 권리양도에 있어서도 어음법 14조 2항의 준용에 기한 교부가 인정되고 따라서 인적항변의 절단, 선의취득이 인정될 수 있음을 밝혀 두었다.

제 3 절 어음·수표상의 권리

Ⅰ. 의 의

1. 어음·수표상의 권리

어음·수표상의 권리는 어음·수표의 목적을 달성하기 위한 권리, 즉 어음·수표에 표창된 권리와 이에 갈음하는 권리를 말한다. 법전상으로는「어음(수표)으로부터 생기는 권리」(어 14조 1항, 18조 1항, 19조 1항, 32조 3항, 63조 1항, 수 17조 1항), 또는 어음

---

233) 少西 勝, “手形の變造”,「手形・小切手の基礎」, 腹部榮三 加藤勝郎(編), 青林書院新社, 1984, 118면.

상의 청구권(어 70조 1항, 80조 1항)으로 표현하고 있다.

어음상의 권리에는 어음금지급청구권(어 28조 1항, 78조 1항) 및 이에 갈음하는 권리로서 상환청구(어 9조, 15조 1항, 77조 1항 1호), 어음보증인에 대한 권리(어 32조 1항), 피보증인과 그 자의 채무자에 대한 보증인의 권리(어 32조 3항), 참가인수인에 대한 권리(어 58조), 피참가인과 그 자의 채무자에 대한 참가지급인의 권리(어 68조) 등이 있다.

어음·수표상의 권리에 대응하는 의무가 어음·수표채무(어 7조, 수 10조) 또는 어음(수표)상의 채무(어 32조 3항, 수 27조 3항 등)이다.

어음·수표상의 권리를 행사하기 위하여는 반드시 어음·수표를 제시하여야 한다.

2. 어음법·수표법상의 권리

어음·수표상의 권리와 구별하여할 개념으로는 '어음법·수표법상의 권리'이다. 이는 어음법·수표법이 어음과 수표의 원활한 유통을 위하여 인정한 보조적인 권리로서 그 행사에는 어음·수표의 소지를 요하지 않는다. 어음법·수표법상의 권리에는 악의취득자에 대한 어음·수표반환청구권(어 16조 2항, 77조 1항, 수 21조), 상환청구통지를 해태한 자에 대한 손해배상청구권(어 45조 4항, 77조 1항, 수 41조 6항), 복본교부청구권(어 64조 3항, 수 48조), 일부지급의 경우 어음상에 기재와 영수증의 교부청구권(어 39조 3항, 77조 1항 3호), 이득상환청구권(어 79조, 수 63조) 등이 있다.

Ⅱ. 어음(수표)상의 권리의 취득

1. 총　　설

어음(수표)상의 권리의 취득방법으로서 어음법·수표법이 규정하고 있는 것으로는 배서(어 11조 1항, 수 14조 1항), 지명채권양도에 관한 방식(어 11조 1항, 수 14조 2항), 단순한 어음(수표)교부(어 14조 2항 3호, 수 17조 2항 3호), 선의취득(어 16조 2항, 수 21조), 어음(수표)보증인의 보증채무이행으로 인한 취득(어 32조 3항, 수 27조 3항), 참가지급에 의한 취득(어 63조 1항) 등이 있으며, 이 밖에 상속·회사합병·전부명령 등 법률의 규정에 의하여서도 취득된다.

이 중 선의취득은 원시취득이며, 그 밖의 것은 승계취득의 방법이다.

2. 선의취득

(1) 의 의

어음(수표)의 선의취득이란 어음의 점유를 상실한 자가 있는 경우에 배서의 연속이 있는 어음의 적법한 소지인으로부터 배서 또는 교부(최후의 배서가 백지식인 경우)에 의하여 어음을 취득한 자는 악의 또는 중과실이 없는 한 설사 양도인인 배서인이 무권리자인 경우에도 어음상의 권리를 취득하는 제도를 말한다.

어음(수표)의 선의취득제도(어 16조 2항, 수 21조)는 어음의 유통(동적 안전)을 보호하려는 데 그 이유가 있다.

어음의 선의취득은 동산거래에 있어서 선의취득제도(민 249조)와 마찬가지로 권리외관이론에 바탕을 두고 있어 그 맥을 같이하나 그 보호범위가 넓어 선의취득이 보다 강화되어 있다. 즉 동산의 선의취득에 있어서는 취득자가 평온·공연하게 선의이며 과실없이 취득하여야 하며, 도품·유실물의 반환에 관한 특례규정(민 250조·251조)이 있으나, 어음의 경우에는 취득자가 악의 또는 중과실이 있는 경우를 제외하고는 별다른 제한이 없다. 따라서 민법에 의하면 취득자가 경과실이 있는 경우에는 보호받지 못하나, 어음(수표)에서는 악의 또는 중과실이 없는 한 경과실이 있어도 보호된다.

또한 동산의 선의취득에 있어서는 양도인이 무권리자인 경우에만 선의취득을 인정하는 것이 일반적이나(민 249조 참조), 어음의 선의취득에 있어서는 양도인이 무권리자인 경우에 한하지 않는다(후술).

(2) 요 건

1) 어음법·수표법적 유통방법에 의한 취득

어음(수표)취득자는 어음(수표)상의 권리를 배서나 교부 등, 어음법·수표법이 정하는 통상의 양도방법에 의하여 어음(수표)을 취득하였어야 한다. 선의취득제도는 권리자를 희생시키면서까지 거래의 안전을 도모하기 위한 것이므로 법이 예정한 유가증권의 양도방법에 따른 때에만 인정되는 것이다. 따라서 민법상 지명채권양도방법, 상속·회사합병·전부명령 등과 법률의 규정에 의한 취득의 경우에는 선의취득의 보호를 받지 못한다.

또한 기한후배서는 지명채권양도의 효력밖에 없으므로(어 20조 1항) 선의취득이 인정되지 않는다. 지시금지어음도 일반채권양도의 방법으로써만 양도할 수 있는 것이므로 선의취득이 인정되지 아니한다. 추심위임배서는 권리이전이 아니라 피배서인에게 배서인의 대리권한을 부여하는 데 불과하므로 선의취득의 규정이 적용되지 아니한다.

그러나 백지어음은 보충 전에도 완성된 어음과 같이 배서에 의하여 유통되므로 선의취득이 인정되며, 입질배서의 경우에도 피배서인은 질권을 선의취득할 수 있다.

2) 형식적 자격이 있을 것(배서의 연속)

어음(수표)의 취득자는 형식적 자격이 있어야 한다. 형식적 자격이 인정되기 위하여는 배서가 연속되어 있거나 또는 이와 동일하게 인정되는 방법으로 어음(수표)을 소지하여야 한다(예컨대 최후의 배서가 백지식인 어음을 소지하고 있는 경우이거나 교부에 의하여 수표를 취득한 경우). 다만 배서의 연속이 단절된 경우에도 단절부분에 대하여 실질적인 권리관계의 이전을 증명한 때에는(배서의 가교) 배서의 연속이 있는 것으로 보아 선의취득을 인정할 수 있다.

따라서 어음의 선의취득은 어음상의 권리나 그 이전이 실질관계를 표준으로 하여 결정되는 것이 아니라, '배서의 연속'이라는 형식적 자격을 기준으로 실질상의 권리의 존재를 추정하고 이를 신뢰한 선의의 취득자를 보호함으로써 어음거래의 안전을 보호하는 제도이다.

어음법은 배서연속의 효과로서 어음소지인의 권리행사의 자격과 권리자추정(어 16조 1항), 선의취득(어 16조 2항), 선의지급의 면책력(어 40조 2항) 등을 인정하고 있다.

3) 무권리자로부터 취득하였을 것

종래의 통설은 어음(수표)이 무권리자로부터 취득된 경우에 한하여 선의취득을 인정하였다(무권리자 한정설).[234] 그러나 최근에는 양도인측의 무효사유 또는 취소사유(제한능력·무권대리·의사표시의 하자 등)로 그 배서가 무효가 되는 모든 경우에도 선의취득을 인정하여야 된다고 하는 학설이 유력하다(무제한설).[235] 그 밖에 양도인이 제한능력자인 경우만 제외하고 모두 선의취득이 인정된다고 하는 설이 있다(절충설, 부분적 제한설).[236]

이는 선의취득에 의하여 치유되는 하자의 범위, 즉 양도인이 무권리자인 경우에 한

234) 강위두(어), 151면; 이철송(어), 348-349면.
235) 최기원(어), 329면; 서헌제(어), 197면.
236) 정동윤(下), 113면.

정되는가 아니면 양도인이 무권리자인 경우는 물론이고, 양도행위 자체가 무효·취소되는 경우까지 포함되는가에 관한 논의이다. 바꾸어 말하면 양도인의 양도행위에 하자(제한능력, 대리권의 흠결, 의사표시의 하자)가 있는 때에 그것을 유효하다고 믿은 양수인도 보호할 것인가에 관한 문제이다.

(가) 무권리자 한정설

어음의 선의취득은 양도인이 무권리자임에도 배서의 연속에 의하여 권리자로서의 외관을 갖고 있는 경우에 이러한 외관을 신뢰하고 어음을 취득한 양수인을 보호하기 위한 것으로서 선의취득이 인정되려면 양도행위 그 자체는 유효하여야 한다는 입장이다. 이 설에 따르면 어음의 선의취득은 동산의 선의취득과 마찬가지로 양도인이 무권리인 경우에 한해서만 배서연속의 형식적 자격을 신뢰한 양수인을 보호할 뿐, 양도인의 양도행위의 하자에 대하여 이를 유효한 것으로 믿은 양수인까지를 보호하지는 못한다.

(나) 무제한설

선의취득제도를 어음(수표)행위의 하자 일반을 치유하는 제도로 이해하고, 양도인이 무권리자인 경우뿐만 아니라, 제한능력·무권대리·의사표시의 하자, 처분권의 흠결, 인적 동일성의 흠결 등의 경우에도 양수인에게 악의 또는 중과실이 없는 한 선의취득의 보호를 인정하는 입장이다.

이 설은 실정법상의 근거로서 어음법 16조 2항이 '사유의 여하를 불문하고 환어음의 점유를 잃은 자'라고 규정하고 있는 것은 고도의 유통성이 보장되어야 하는 어음거래의 안정성을 고려한 것으로 보고, '사유의 여하를 불문하고'라는 문언상 당연히 제한능력, 무권대리, 의사표시의 흠결에 의한 양도 등에 의하여 점유를 잃은 경우에도 포함해야 한다는 입장이다. 독일의 통설·판례의 입장이다.

(다) 절충설(부분적 제한설)

선의취득이 인정되는 양도인의 범위를 무권리·무권대리[237]·무처분권으로 제한하고 선의취득규정은 제한능력을 치유하지는 못한다는 입장이다.

이 설의 근거는 어음법 16조 2항은 거래안전보호를 위한 특별규정이므로 선의취득의 범위를 넓게 해석하여야 되지만 선의취득은 민법의 능력에 관한 규정에 대하여 우

237) 대판 1995. 2. 10, 94다55217; 어음의 선의취득으로 인하여 치유되는 하자의 범위 즉, 양도인의 범위는 양도인이 무권리자인 경우뿐만 아니라 대리권의 흠결이나 하자 등의 경우도 포함된다. 동지; 대판 1997. 12. 12, 95다49646.

선할 수 없다는 입장이다.

또 다른 절충설로서는 양도인이 제한능력자인 경우와 양도인에게 의사표시의 하자(사기·강박)가 있는 경우에는 선의취득이 인정될 수 없다는 견해가 있다.

(라) 소결

무제한설이 타당하다고 본다.

위 학설상의 입장은 특히 양도인측의 제한능력, 무권대리, 의사표시의 하자에 의한 경우에도 선의취득이 적용되는가에 관한 차이가 있으므로 이를 구체적으로 검토하기로 한다.

무권리자 한정설과 절충설은 양도인이 제한능력자인 경우에 그 상대방은 선의취득할 수 없다는 입장을 취하고 있으나, 이 경우에도 선의취득이 인정되어야 할 것이다. 위 학설은 배서의 연속은 양도인의 능력과는 아무 관계가 없고 이를 인정하면 제한능력제도의 취지가 몰각된다고 보고 있으나, 첫째, 선의취득은 '배서연속'이라는 어음상의 권리외관을 바탕으로 이를 신뢰한 자를 보호함으로써 어음거래의 안전을 보호하는 제도이므로 어음거래에서 나타나지 않은 사실로 취득자에게 대항할 수 없다고 보는 것이 타당하며, 둘째, 무권리자 한정설과 절충설이 제한능력자를 보호한다는 것을 근거로 하고 있으나 제한능력자가 보호된다고 하더라도 직접의 상대방에만 한하고, 그 자가 이를 다시 양도하면 제3자는 선의취득하므로(이설 없음) 그 실익이 없으며, 셋째, 선의취득을 인정하지 않으면 제한능력자는 어음(수표)행위를 취소할 수 있고(민 5·10조), 취소의 효과로서 직접의 상대방은 어음을 제한능력자에게 반환하여야 하는데 반하여, 제한능력자는 현존이익의 한도 내에서 반환할 의무를 부담할 뿐이므로(민 141조) 어음거래 안전상 부당하며, 넷째, 어음(수표)행위를 할 정도의 제한능력자를 일반의 제한능력자와 마찬가지로 보호할 필요가 있는가 의문이며(어음(수표)행위의 원인관계에서는 보호가능), 다섯째, 제한능력자의 보호는 어음(수표)행위의 취소에 의하여 책임을 지지 않음으로써 가능하므로 무제한설이 타당한 것이다.

의사표시의 하자(민 107·110조)의 경우에도 굳이 선의취득을 인정하지 않더라도 보호받을 수 있으므로 선의취득을 거론할 필요가 없다는 입장이 있으나,[238] 민법상의 규정과 어음의 선의취득은 별개제도이므로 이론상 이를 부정할 필요는 없을 것이다. 상대방이 스스로 사기나 강박을 한 경우나 제3자가 위의 행위를 한 것을 알고 어음을 취득한 자는 민법이나 어음의 선의취득에 있어서 모두 보호되지 않는 것은 당연하다.

238) 정동윤(下), 218면.

대리권의 흠결이나 처분권(예컨대 파산관재인 · 유언집행자 · 상속재산관리인 · 위탁매매인 등의 처분권)의 흠결이 있는 경우에도 선의취득이 인정된다고 보는 것이 타당하다. 왜냐하면 선의취득제도는 양도인의 형식적 자격자를 신뢰한 자를 보호하기 위한 제도이므로 무권대리인 또는 무처분권자가 대리자격 또는 처분자격을 표시하여 어음(수표)행위를 하였기 때문에 외관신뢰에 대한 보호를 인정하여야 할 것이기 때문이다. 무권대리에 있어서 본인이 표현책임이나 사용자배상책임을 지거나 무권대리인이 책임을 지는 것은 별도의 문제이다.

인적 동일성의 흠결, 즉 양도인이 어음상의 최후의 피배서인 또는 적법한 소지인과 동일하다고 믿은 경우에 있어서도 선의취득을 인정하여야 할 것이다. 이는 통상 양도인이 어음을 위조하거나 타인의 신분을 사칭하는 경우에 발생한다. 배서가 연속된 어음인 이상 소지인과 피배서인 동일성은 어음의 외관으로서 알 수 없는 사항이고, 양도인이 이를 조사할 의무도 없으므로 선의취득이 인정되어야 할 것이다.

위에서 살펴 본 바와 같이 선의취득에 있어서 치유되는 하자의 제한을 두지 않는 무제한설이 타당하며, 이것이 어음법 16조 2항의 '사유의 여하를 불문하고 환어음의 점유를 잃은 자가 있는 경우에……'라는 문구의 충실한 해석이라고 볼 수 있다.

여기서 반드시 논급되어야 할 부분은 특히 민법은 어음(수표)행위 또는 어음관계의 배후에 있는 거래행위 또는 실질관계를 규율하는 것을 주된 목적으로 하고 있기 때문에 민법의 규정을 어음(수표)행위에 적용함에 있어서는 어음법의 독자적인 고찰이 필요하다는 점이다. 즉 어음은 본래 전전유통하는 것을 그 본질로 하므로 민법적으로 해결해서는 안 된다는 것이다. 어음관계에 대하여는 어음법이 특수한 규제를 하고 있는 것이기 때문에 어음에 관한 문제는 어음법에 직접 규정이 없는 경우에도 민법적이 아니라 어음법적으로 바꾸어 말하면 어음법 독자의 입장에서 해결될 것이 요구된다.

4) 취득자에게 악의 또는 중과실이 없을 것

선의취득에 있어서 취득자의 소극적 요건으로서 가장 중요한 것은 취득자에게 악의 또는 중과실이 없을 것이다. 악의가 무엇인지에 대하여는 양도인의 범위에 관한 학설에 따라 차이가 있다. 무권리자 한정설에 의하면 악의는 어음의 양도인이 무권리자임을 알고 있는 것에 한한다. 그러나 무제한설에 따르면 악의는 양도인의 무권리는 물론이고 제한능력, 의사의 흠결 등의 양도행위의 하자 즉 무효 · 취소사유를 알고 있었다는 것도 포함한다. 절충설에 의하면 한정된 양도행위의 무효 또는 취소사유를 알고 있었다는 것을 의미한다.

중과실이란 거래에서 필요로 하는 주의의무를 현저하게 해태함으로써 양도행위의 흠결을 간과하는 것이다.[239][240][241][242] 중과실은 조사의무의 해태와 관련되고 조사의무는 의심할 만한 상황과 관련된다. 그러므로 어음을 확실하게 취득하고자 하는 자는 의심의 요인이 있으면 이를 조사하여야 한다. 특별히 의심스러운 상황에서는 취득자는 조사의무를 지며, 이러한 의무위반은 중과실이 되어 선의취득이 배제될 수 있다.

중과실에 관한 문제는 소송실무에서 가장 문제되는 부분으로서 구체적인 사안별로 취득자의 신분, 취득행위의 내용, 취득된 어음의 종류와 금액, 대가관계 등을 종합적으로 참작하여 판단하여야 할 문제이다.[243][244]

---

239) 대판 1995. 8. 22, 95다19980; 어음·수표를 취득함에 있어서 통상적인 거래기준으로 판단하여 볼 때 양도인이나 그 어음·수표 자체에 의하여 양도인의 실질적 무권리성을 의심하게 할 만한 사정이 있는데도 불구하고 이와 같이 의심할 만한 사정에 대하여 상당하다고 인정될 만한 조사를 하지 아니하고 만연히 양수한 경우에는 중대한 과실이 있다.

240) 대판 1990. 12. 21, 90다카28023; 어음·수표를 취득함에 있어서 통상적인 거래기준으로 판단하여 볼 때 양도인이나 그 어음·수표 자체에 의하여 양도인의 실질적인 무권리성을 의심하게 할 만한 사정이 있는데도 불구하고 이와 같은 의심할 만한 사정에 대하여 상당하다고 인정될 만한 조사를 하지 아니하고 만연히 양수한 경우에는 중대한 과실이 있다고 하여야 할 것인바, 甲이 수표거래가 처음인 잡화상 乙에게 시계를 판매하고 자기앞수표 2장 액면 합계 8,000,000원을 교부받음에 있어 이미 발행은행에 도난신고가 되어 있어 수표의 진정여부에 대하여 전화확인 등 간단한 방법으로 이를 확인할 수 있었음에도 불구하고 이를 하지 않았고 수표 뒷면에 乙의 명판만을 압날해 받았는데 乙의 사업자등록이 그 다음날 직권말소된 것으로 밝혀진 경우 甲은 위 수표를 취득함에 있어 중대한 과실이 있었다 할 것이다. 동지; 대판 1997. 5. 28, 97다7936.

241) 대판 2002. 5. 28, 2001다10021; 양도성예금증서를 취득함에 있어서 통상적인 거래기준으로 판단하여 볼 때 양도인이나 그 양도성예금증서 자체에 의하여 양도인의 실질적 무권리성을 의심하게 할 만한 사정이 있는데도 불구하고 이에 대하여 상당하다고 인정될 만한 조사를 하지 아니하고 만연히 양수한 경우에는 중대한 과실이 있다고 할 것이지만, 한편 양도성예금증서란 원래 단순한 교부만으로도 양도가 가능하므로 양수인이 할인의 방법으로 이를 취득함에 있어서 그 양도성예금증서가 잘못된 것이라는 의심이 가거나 양도인의 실질적인 무권리성을 의심하게 될 만한 특별한 사정이 없는 이상 위 양도성예금증서의 발행인이나 전 소지인에게 반드시 확인한 다음 취득하여야 할 주의의무가 있다고는 할 수 없고, 또한 양도성예금증서는 단순한 교부만으로써 담보 제공이 될 수 있고 질권의 목적물이 될 수도 있으므로, 위에서 본 법리는 양도성예금증서에 대하여 질권을 설정 받는 방법으로 이를 취득하는 경우에도 마찬가지라고 보아야 한다.

242) 대판 1985. 5. 28, 85다카192; 최후의 배서가 백지식으로 된 어음은 단순한 교부만으로 양도가 가능한 것이므로 원고가 어음할인의 방법으로 이를 취득함에 있어서는 양도인의 실질적인 무권리성을 의심하게 할 만한 특별한 사정이 없는 이상 어음문면상의 최후 배서인에게 연락을 취하여 누구에게 양도하였는지를 알아보는 등 그 유통과정을 조사확인하지 아니하였다 하여 이를 가지고 그 어음취득에 있어서 중대한 과실이 있다고 할 수 없고, 이는 원고가 사채업자라 하여도 또한 같다.

243) 대판 1996. 11. 26, 96다30731; 상호신용금고가 상업어음만을 할인하여야 하는 규정에 위반하여 담보용으로 발행된 어음이나 융통어음을 잘못 할인하였다고 하여 곧바로 악의 또는 중대한 과실로 어음을 취득한 때에 해당한다고는 볼 수 없다(약속어음의 수취인 회사의 직원이 제3자와 공모하여 수취인 회사 명의의 배서를 위조하고 제3자 명의의 배서를 거쳐 상호신용금고로부터 어음할인을 받은 사안에서, 배서상 기재의 문제점이 있는 어음에 대하여는 상호신용금고의 어음취득상의 중대한 과

악의·중과실의 유무는 어음취득 당시를 기준으로 한다. 따라서 어음을 취득할 당시에는 선의이며 중대한 과실이 없었으나, 권리행사를 할 때에는 알게 되었더라도 선의취득에는 지장이 없다. 악의 또는 중과실의 대상은 어음취득자의 직전 양도인만을 기준으로 하여 판단하므로, 그 이전의 자가 무권리자 등 양도행위의 흠결을 알았더라도 직전의 양도인이 이를 몰랐다면 어음상의 권리를 선의취득한다. 어음의 선의취득의 경우에도 동산의 선의취득(민 249-251조)과 같이 '평온·공연'의 요건을 요구하는 견해도 있으나 어음법 16조 2항의 문언에 반하는 해석이라고 본다. 그보다는 '평온·공연'의 취득이 아닌 경우에는 악의 또는 중과실에 의한 취득이 될 수 있을 것이다.

악의 또는 중과실의 입증책임은 어음의 반환을 청구하는 자에게 있다.

5) 취득자가 독립된 경제적 이익을 가질 것

선의취득제도는 어음을 상실한 자의 권리를 박탈시키고 어음 거래의 안전을 보호하는 제도이므로, 선의취득에 의하여 취득자가 보호받기 위하여는 독자적인 경제적 이익을 가져야 한다. 따라서 추심위임배서의 피배서인은 배서인을 대리하여 어음의 추심권한을 부여받은 데 불과하므로 선의취득이 인정되지 않는다. 그러나 입질배서의 피배서인은 독립된 경제적 이익이 있으므로 선의취득이 인정된다.

(3) 효 과

선의취득자는 법의 규정에 따라 어음(수표)상의 권리를 원시적으로 취득하게 되므로 어느 누구에게도 어음(수표)을 반환할 의무가 없다. 그 결과 도난·유실 기타의 사유로 인하여 어음(수표)의 점유를 상실한 자는 그 권리를 상실하게 된다.

실을 인정하고, 배서상 기재의 문제점이 없는 어음에 대하여는 중대한 과실을 인정하지 않은 사례).

244) 대판 1997. 5. 28, 97다7936; [1] 어음, 수표를 취득함에 있어서 통상적인 거래기준으로 판단하여 볼 때 양도인이나 그 어음, 수표 자체에 의하여 양도인의 실질적 무권리성을 의심하게 할 만한 사정이 있는데도 불구하고 이에 대하여 상당하다고 인정될 만한 조사를 하지 아니하고 만연히 양수한 경우에는 중대한 과실이 있다. [2] 은행이 어음을 담보취득함에 있어, 어음이 일반적으로 법인 발행의 어음에 비하여 지급이 불확실한 개인 발행의 어음이고, 발행인이나 배서인이 당해 은행과 아무런 거래실적이 없는 자이며, 지급 은행의 소재지와 다른 곳에 거주하는 배서인이 타지에서 담보제공하는 것이었고, 개인이 발행한 어음으로서는 비교적 고액이었으며, 특히 당시 어음의 지급기일 등 어음요건이 대부분 불비되어 있는데다가 은행이 어음을 취득할 당시에 배서인이 어음을 발행인으로부터 공사대금조로 교부받았다고 하였다면 경험칙상 발행인이 지급기일조차도 기재하지 않는다는 것은 극히 이례에 속하는 경우인 점에서 그 양도인의 실질적 무권리성을 의심하게 할 만한 사정이 있었다고 보여짐에도 불구하고 어음의 발행인에게 그 발행 경위에 관하여 확인하거나 지급 은행에 구체적인 정보조회를 하여 이의 의심을 해소할 만한 상당한 조사를 하여 보지도 아니한 채 이를 취득한 데에는 중대한 과실이 있다고 한 사례.

(4) 어음항변과의 관계

선의취득은 권리의 귀속에 관한 문제이고, 항변은 채무의 존재와 내용에 관한 문제이므로 어음취득자가 반드시 완전한 어음상의 권리를 취득하느냐는 별개의 문제이다. 따라서 항변사유의 존재를 알고 있었지만 양도인이 무권리자임을 알지 못하고 어음(수표)을 취득한 경우에는 항변권이 붙은 어음(수표)상의 권리를 선의취득하게 된다.[245)][246)]

(5) 선의취득과 제권판결과의 관계

공시최고 후 제권판결이 있으면 어음(수표)이 무효가 되므로 선의취득의 대상이 될 수 없으나, 제권판결이 있기 전에는 선의취득이 가능하다. 그러나 선의취득자가 공시최고기간 동안에 권리신고를 하지 않아 제권판결이 선고가 된 경우 선의취득자와 제권판결을 받은 공시최고신청인 가운데 누구의 권리가 우선할 것인가가 문제된다. 이에 관하여는 ① 제권판결은 증권을 상실한 소지인의 권리회복만을 인정할 뿐이고 실질적 권리관계에는 아무런 영향을 미치지 아니하므로 선의취득자를 우선하여야 한다는 견해(선의취득자우선설, 다수설)와, ② 권리신고를 게을리한 선의취득자보다는 상당한 비용과 시일을 소비한 제권판결취득자를 우선하여야 한다는 견해(제권판결취득자우선설, 판례[247)]) 등의 대립이 있다.

---

245) 대판 1989. 10. 24, 89다카1398; 어음(수표)행위는 무인행위로서 어음수수의 원인관계로 부터 분리하여 다루어져야 하고 어음은 원인관계와 상관없이 일정한 어음상의 권리를 표창하는 증권이므로 어음이 일정한 조건(예컨대 근로자들에 대한 노임체불)하에서만 권리를 행사하기로 한 약정 하에 발행되었더라도 이와 같은 사정은 어음의 원인관계에 기한 인적 항변사유에 불과하고 어음상의 권리는 일단 유효하게 성립되었다고 보아야 할 것이어서 여기에 어음법 제16조 제2항은 적용될 수 없다.

246) 대판 1998. 5. 22, 96다52205; [1] 예금을 타행 발행의 소지인출급식 자기앞수표로 입금받은 은행은 예금주로부터 자기앞수표에 관하여 단지 추심을 위임받은 것이 아니라 자기앞수표를 양도받은 것이라고 보아야 할 것이므로, 예입받은 은행이 소지인으로서 자기앞수표의 발행은행에 대하여 수표상의 권리를 행사하는 경우, 예입받은 은행이 발행은행을 해할 것을 알고 수표를 취득한 경우가 아닌 한 발행은행은 종전의 소지인에 대한 인적관계로 인한 항변으로써 예입받은 은행에 대하여 대항할 수 없다. [2] 수표행위는 무인행위로서 수표 수수의 원인관계로부터 분리하여 다루어져야 하고 수표는 원인관계와는 상관없이 일정한 수표상의 권리를 표창하는 증권이므로, 수표의 소지인은 소지인이라는 사실만으로 수표상의 권리를 행사할 수 있고 그가 어떠한 실제적 이익을 가지는지 입증하여야 하는 것은 아니다.

247) 대판 1994. 10. 11, 94다18614; [1] 원심이 인정한 사실에 의하면, 원고는 피고가 1992. 9. 30. 발행한 이 사건 약속어음을 소외 김인식으로부터 배서양도받아 소지하고 있다가 그 지급기일인 1993. 1. 5. 이를 지급제시하였으나 지급거절되었고, 한편, 피고는 서울민사지방법원에 공시최고 및 제권판결신청을 하여 1993. 6. 5. 제권판결이 선고되었다는 것이다. [2] 약속어음에 관한 제권판결의 효

생각건대 제권판결은 실질적 권리관계를 확정하는 정식의 소송절차에 의한 것이 아니며, 또한 공시최고의 방법이 불완전함에도 불구하고 권리의 신고가 없다고 하여 선의취득자의 권리를 상실시키는 것은 거래의 부당하므로 선의취득자를 우선하여야 할 것이다.

Ⅲ. 어음상의 권리의 행사와 어음항변

1. 총 설

어음의 소지인은 배서가 연속되었다면 적법한 권리자로 추정되므로(어 16조 1항), 자신이 실질적 권리자라는 것을 증명하지 않아도 어음상의 권리를 행사할 수 있다. 어음채무자도 이러한 어음소지인을 권리자로 믿고 지급한 때에는 소지인이 무권리자라도 면책된다(어 40조 3항). 어음(수표)은 문언증권으로서 권리관계의 내용이 증권에 기재된 바에 따라 결정되므로 어음상의 채무자는 어음에 나타나지 않은 원인관계상의 항변으로 소지인에게 대항할 수 없다.

또한 어음상의 채무는 일반채무보다 엄격하여 어음채무자는 일반채무자보다 불리한 지위에 서게 된다. 이를 어음엄정(嚴正)이라고 하는데, 형식적 엄정과 실질적 엄정으로 나누어 볼 수 있다. 형식적 엄정은 어음의 요식성, 상환청구권보전을 위한 거절증서작성 및 지급제시기간준수, 간이신속한 소송절차(어음은 증거증권이며, 어음소송의 제1심은 단독판사 관할) 등을 말하며, 실질적 엄정은 어음채무의 추상성 또는 어음항변의 제한, 어음채무자가 수인인 경우에 합동책임부담 등을 말한다. 여기에서는 어음항변의 제한에 대하여 설명하고, 다른 것은 해당부분에서 설명하기로 한다.

력은 그 판결 이후에 있어서 당해 어음을 무효로 하고 공시최고 신청인에게 어음을 소지함과 동일한 지위를 회복시키는 것에 그치는 것이고, 공시최고 신청인이 실질상의 권리자임을 확정하는 것은 아니나, 취득자가 소지하고 있는 약속어음은 제권판결의 소극적 효과로서 약속어음으로서의 효력이 상실되는 것이므로 약속어음의 소지인은 무효로 된 어음을 유효한 어음이라고 주장하여 어음금을 청구할 수 없는 것이고, 이러한 이치는 공시최고의 신청인이 발행인인 경우와 발행인이 아닌 소지인(어음상의 권리자)인 경우에 따라 구별되어 해석되어야 할 만한 아무런 합리적인 근거가 없다(당원 1990. 4. 27. 선고 89다카16215 판결; 1993. 11. 9. 선고 93다32934 판결 등 참조).
따라서, 이와 같은 견해에 터잡아 원고의 이 사건 약속어음청구를 배척한 원심의 조처는 정당하고, 거기에 어음의 선의취득과 제권판결의 법리를 오해한 위법이 있다고 할 수 없고, 원고가 공시최고 전에 선의취득하였다고 하여 달리 볼 것이 아니다(위 당원 1993. 11. 9. 선고 93다32934 판결 참조). 논지는 이유 없다.

2. 어음항변

(1) 의 의

어음항변이라 함은 어음채무자가 어음소지인의 청구를 거절하기 위하여 주장할 수 있는 모든 사유를 말한다. 따라서 어음채무자가 아닌 환어음의 지급인, 지급담당자, 수표의 지급은행의 지급거절은 항변에 속하지 않는다. 어음항변에는 청구권이 있다는 것을 전제로 하여 이행을 거절하는 좁은 의미의 항변뿐만 아니라 상대방의 청구권 자체를 부정하는(무효인 어음의 경우) 넓은 의미의 항변도 포함된다.

민법상 채권양도에 있어서는 '양도인은 자기가 가지는 이상의 권리를 타인에게 양도할 수 없다'는 것이 일반원칙이므로, 채무자가 양도인에 대하여 주장할 수 있는 항변은 양수인에 대하여도 대항할 수 있다. 그러나 이 원칙을 어음(수표)거래에도 적용한다면 어음(수표)의 양도가 거듭될수록 어음에 나타나지 않은 항변이 증대되어 양수인(소지인)의 지위가 극히 불안하게 되어 어음(수표)의 유통성을 확보할 수 없다. 따라서 어음법 17조 및 수표법 22조는 어음·수표의 유통보호를 위하여 민법상의 채권양도에 대한 특칙으로서 인적관계로 인한 항변은 선의의 어음(수표)소지인에게 대항할 수 없다고 하여 어음(수표)항변을 제한하고 있다. 어음(수표)항변제한의 근거는 어음(수표)의 무인성·문언성에서 그 근거를 구하는 견해도 있으나, 권리외관이론에서 비롯된다는 것이 통설이다. 어음(수표)항변의 제한은 선의취득, 선의지급의 면책력과 더불어 어음(수표) 유통보호의 근간이 되는 제도이다.

(2) 어음(수표)항변의 분류방법

어음법은 17조(수표법 22조)에서 어음항변과 관련하여 단 1개의 조문만 두고 "… 어음에 의하여 청구를 받은 자는 발행인 또는 종전의 소지인에 대한 인적관계로 인한 항변으로써 소지인에게 대항하지 못한다. 그러나 소지인이 그 채무자를 해할 것을 알고 어음을 취득한 때에는 그러하지 아니하다"고 규정하고 있을 뿐이다. 따라서 어음법만으로는 어음항변에는 어떠한 종류가 있으며, 항변 중 어떠한 것이 어음법 17조에 해당되어 인적항변이 제한되는지 침묵하고 있다. 이에 관하여는 학설이 대립되고 있으며, 학설의 대립은 항변을 가진 어음채무자와 이를 모르는 어음소지인의 이해관계를 어떻게 합리적으로 조정시킬 것인가에 비롯된다.

1) 전통적 분류(2분법)

어음법에 충실하게 어음항변을 17조가 규정하는 '인적항변'과 이에 대응하는 개념으로 '물적항변'으로 2분하고 있다. 인적항변은 어음(수표)채무자가 특정 어음(수표)소지인에 대해서만 주장할 수 있는 항변으로 항변의 제한이 인정된다(어 17조, 수 22조). 물적항변은 어음(수표)채무자가 모든 어음(수표)소지인에게 대항할 수 있는 항변으로서 항변의 제한(절단)이 인정되지 않는다. 인적항변을 '상대적 항변', 물적항변을 '절대적 항변'으로 부르기도 한다.

2) 새로운 분류

항변에 관한 전통적 분류인 2분법이 특히 수많은 인적항변을 개별적인 특성을 무시한 채 일률적으로 어음법 17조를 적용함에 따른 문제점을 지적하고 새롭게 항변을 분류하는 시도이다. 이에는 ① 항변을 물적항변, 어음법 17조가 적용되는 인적항변, 어음법 17조가 적용되지 않는 인적항변(교부계약의 흠결, 융통어음의 항변 등)으로 나누는 견해, ② 독일 쵤르너(Wolfgang Zöllner) 교수의 이론을 수용하여 어음항변을 증권상의 기재에 의한 항변(예: 지급필, 배서불연속 등 2분법의 물적항변), 비증권적(어음의 효력)항변(예: 어음의 위조와 변조, 제한능력), 무권대리, 교부흠결, 의사표시의 하자 등), 인적항변으로 나누는 3분법, ③ 독일 카나리스(Claus-Wilhelm Canaris) 교수의 권리외관이론에 따른 분류방법(6분법[248])을 수정하여 증권기재상의 항변, 귀책가능성의 항변(예: 위조, 무권대리 등), 어음채무의 유효성에 관한 항변(예: 교부계약의 흠결), 배제불요의 항변(예: 융통어음의 항변), 인적항변으로 나누는 5분법 등이 있다.

3) 검 토

생각건대 새로운 항변분류는 어음법이 단 1개의 조문에서 인적항변에 대하여 만 규정하고 있고, 또한 2분법이 항변을 물적항변과 인적항변으로 나누어 항변문제를 일률적으로 처리함에 따른 부당성을 시정하기 위한 시도로서 의미가 있다. 또한 새로운 항변분류는 개별 항변의 특성을 밝혀내고 어음법 17조의 적용(특히 단서)의 문제점을 지적하고 있다.

그러나 종래의 2분법이 항변을 그 제한이 인정되는 인적항변과 그렇지 않은 물적

248) 5분법에 어음의 유통이 없는 경우나 어음법적 방법에 의하지 않는 경우(예: 지명채권의 양도방법에 의한 어음상의 권리의 양도, 상속, 합병 등)가 추가된다.

항변으로 나눈 것은 의미 없는 것은 아니며, 그보다는 개별적인 항변의 특수성을 무시하고 어음법 17조를 일률적으로 적용하는 데 문제가 있다. 따라서 항변의 분류는 물적항변, 어음법 17조가 적용되는 인적항변, 어음법 17조가 그대로 적용되지 않는 인적항변으로 구분하는 것이 알기 쉽고, 또한 실정법에 입각한 분류방법이라고 판단된다. 그러므로 종전 2분법에서 속한 인적항변 중에는 어음법 17조가 수정적용되거나 배제되는 경우가 있다.

(3) 물적항변

1) 의 의

어음(수표)채무자가 모든 어음(수표)소지인에게 대항할 수 있는 항변으로서 항변의 제한(절단)이 인정되지 않는다. 물적항변은 ① 어음(수표)의 기재에서 생기는 항변, ② 어음(수표)행위의 효력에 관한 항변, ③ 어음(수표)상의 채무의 소멸에 의한 항변의 3가지로 나눌 수 있다.

2) 어음(수표)상의 기재에 의한 항변

어음(수표)상의 기재로 명백하게 알 수 있는 항변으로는, 어음(수표)요건의 흠결(어 1조, 76조 1항, 수 1조), 만기의 미도래, 무담보배서(어 15조 1항, 77조 1항 1호), 배서금지의 기재(어 11조 2항), 배서의 불연속(어 16조 1항, 77조 1항 1호, 수 19조), 어음에 기재되어 있는 지급필·일부지급·지급면제, 지급장소 등의 항변이 이에 속한다.

3) 어음(수표)행위의 효력에 관한 항변

어음(수표)상의 기재로 알 수는 없으나, 그 사유가 중대하기 때문에 증권에 나타난 어음(수표)채무자에게 인정되는 항변이다. 예컨대 어음(수표)행위자의 권리능력[249][250]·

---

249) 대판 1982. 6. 8, 82다150; 농업협동조합법(1980. 12. 31 법 제3300호로 개정되기 전의 법률) 제125조 제3항의 규정에 의하면 특수농업협동조합은 그 목적달성을 위하여 중앙회 또는 군조합으로부터만 자금을 차입할 수 있고 다른 기관이나 개인으로부터는 차입할 수 없도록 되어 있으므로 위 최태형이 위 김정태의 자금융통을 위하여 이 사건 어음을 발행한 행위는 차입에 속하는 채무부담행위로서 무효라고 할 것이나, 농업협동조합법 제127조, 제57조의2 제4항, 상법 제11조 제1항의 규정에 의하여 특수농업협동조합의 상무는 재판상 또는 재판외의 대리권이 부여되어 있으므로 선의의 제3자인 원고에 대한 관계에 있어서는 위 최태형의 위 인정과 같은 조합 명의의 어음발행은 외관상 그 직무행위와 유사하여 거래상 그 직무범위에 속하는 행위로 보여진다고 하겠으니, 원심이 피고 조합에게 위 최태형의 사용자로서 동인의 불법행위로 인하여 원고가 입은 손해에 대한 배상책임을 인정한 조치는 정당하고 사용자 배상책임에 관한 대법원의 법령해석과 상반된 판단이라고 볼 수 없다.

250) 대판 1985. 11. 26, 85다카122; [다수의견] 상호신용금고법 제17조 제1항 및 제2항의 차입행위등

의사무능력 · 제한능력, 대리권의 흠결, 어음(수표)의 위조 및 변조, 권리보전절차흠결(어 53조) 등의 항변이 이에 속한다. 어음(수표)행위의 효력에 관한 항변은 해당되는 특정 채무자만이 주장할 수 있는 항변이다. 어음(수표)행위의 효력에 관한 항변은 어음(수표)상의 기재로 알 수 없는 사항으로 어음(수표)의 유통을 해할 염려가 크기 때문에 그 사유를 제한하여야 할 것이다.

4) 어음상의 채무의 소멸의 항변

제권판결에 의한 어음(수표)의 무효, 어음금액의 공탁(어 42조)으로 인한 어음채무의 소멸, 소멸시효의 완성(어 70조) 등의 항변이 이에 속한다.

(4) 인적항변

1) 의 의

어음(수표)채무자가 특정된 어음(수표)소지인에 대해서만 대항할 수 있는 항변이다(어 17조, 수 22조). 인적항변은 어음채무자와 특정한 어음(수표)소지인간에만 주장할 수 있는 항변으로서 이를 모르는 전득자에게는 주장할 수 없는(절단되는) 상대적 항변이다.

전술한 바와 같이 인적항변 중에는 어음법 17조가 적용되는 항변과 어음법 17조가 그대로 적용되지 않는 항변이 있다. 전자에서는 어음법 17조 단서의 소위 '악의의 항변'에서 '악의'는 '채무자를 해할 것을 안 경우'인데 반하여, 후자에서의 '악의'는 '항변사유의 존재를 알거나 중대한 과실로 알지 못한 경우'를 말한다. 또한 인적항변의 한 유형인 '융통어음의 항변'은 취득자가 항변사유의 존재를 알았거나 중대한 과실로 알지 못한 경우에도 항변이 절단되지 않기 때문에 어음법 17조가 애당초 적용되지 않는 경우가 된다.

채무부담제한에 관한 규정은 서민의 금융 및 저축업무를 담당하는 상호신용금고가 경영자의 무분별하고 방만한 채무부담행위로 인한 자본구조의 악화로 부실화됨으로써 그 업무수행에 차질을 초래하고 신용질서를 어지럽게 하여 서민거래자의 이익을 침해하는 사태가 발생함을 미리 방지하려는 데에 그 입법취지가 있다고 하겠으므로, 이러한 차입 등 채무부담의 제한규정은 단순한 단속법규가 아니라 효력법규로서 이에 위반한 채무부담행위는 무효라고 보아야 할 것이다. [소수의견] 상호신용금고의 자금차입행위는 상호신용금고법 제11조 소정의 상호신용금고가 그 목적으로 하는 업무자체에는 해당하지 아니하나 그 소요자금의 조달 등 목적수행을 위하여 필요한 부수적 업무에는 해당한다 할 것이고 동법 제17조 제2항의 차입절차규정은 상호신용금고의 금융업무의 건실한 경영을 확보하고 계원 및 부금자등의 이익보호를 도보하기 위한 내부적인 제약규정으로 단속규정이라 할 것이므로 위 규정에 반하는 차입행위의 사법상의 효력을 부인할 것은 아니다[전원합의체 판결: 본판결로 1984. 9. 25, 84도1581 판결폐기].

2) 어음법 17조가 적용되는 인적항변

(가) 의 의

어음법 17조가 그대로 적용되는 항변을 말한다. 따라서 어음채무자는 어음수수의 직접당사자간에는 항변의 주장이 가능하나, 이를 모르는 전득자에 대하여는 항변이 절단된다. 또한 전득자가 어음채무자를 해할 것을 알고 취득한 경우에는 '악의의 항변'을 주장할 수 있다.

(나) 종 류

(a) 특정 채무자가 특정의 소지인에게 주장할 수 있는 항변

㉠ 실질관계에 관한 항변

원인관계가 불성립[251]·무효·취소·해제·불법이라는 항변, 지급유예, 상계의 항변, 어음외 특약의 항변,[252] 대가의 유무에 관한 항변, 할인금미지급의 항변, 숨은 추심위임배서의 항변 등이 있다.

㉡ 어음상의 권리·의무에 관한 항변

어음상 명료하지 않은 지급·면제·상계·지급연기의 항변 등이 있다.

(b) 모든 어음채무자가 특정의 소지인(채권자)에게 주장할 수 있는 항변

㉠ 소지인의 수령능력의 흠결(예: 파산선고), ㉡ 수령자격의 흠결(예: 배서의 불연속, 소지인과 인적동일성의 흠결), ㉢ 소지인이 무권리자라는 항변 등이다.

3) 어음법 17조가 적용되지 않는 인적항변

(가) 의 의

이 항변은 인적항변에 속하나, 어음법 17조를 그대로 적용할 수 없으므로 수정적용하거나 적용이 배제되는 경우이다. 다음과 같은 항변이 있다.

---

251) 대판 1988. 8. 9, 86다카1858; 어음발행의 원인채무가 성립하지 아니하였거나 소멸하였다는 사유는 그 어음발행인이 직접의 상대방 또는 악의의 취득자에 대하여서만 대항할 수 있는 이른바 인적항변사유로서 어음보증의 경우 어음보증인은 피보증인의 이러한 인적항변사유를 가지고 어음소지인에게 대항할 수 없다.

252) 대판 1987. 12. 12, 86다카2769; 특정채권담보용으로만 사용한다는 조건으로 甲이 乙에게 약속어음을 발행하고 어음소지인인 丙 역시 그러한 사정을 알면서 특정채무의 담보용으로만 사용한다는 조건으로 수취인인 乙로부터 위 약속어음을 배서양도 받았다가 위 약속어음으로 담보된 채무가 모두 이행되어 피담보채권이 모두 소멸되었다면 丙은 특단의 사정이 없는 한 乙에게 그 어음을 반환할 의무가 있을 뿐, 甲에게 어음상의 권리를 행사할 수 없다 할 것이므로 이러한 사유는 甲도 丙에게 대항할 수 있는 항변사유가 된다고 할 것이다.

(나) 교부흠결의 항변

어음(수표)행위가 성립하기 위하여는 어음의 작성 이외의 교부가 필요하다고 보는 것이 다수설의 입장이다(전술의 어음이론 참조). 그러나 교부가 흠결되었더라도 이를 알지 못하고 취득한 선의의 제3자를 보호할 필요가 있으며, 학설과 판례는 발행설 또는 계약설을 취하면서 권리외관이론을 적용시키고 있다. 권리외관이론이 적용되는 경우 보호되는 제3자는 악의·중과실이 없어야 한다. 따라서 어음채무자는 교부흠결에 대하여 알고 있거나, 중대한 과실로 이를 알지 못한 제3자에게 교부흠결을 대항할 수 있기 때문에 교부흠결의 항변은 어음법 17조 단서의 악의의 항변과는 구별된다.

(다) 의사표시의 하자(착오 · 사기 · 강박)의 항변

어음(수표)행위도 법률행위이기 때문에 의사표시에 관한 민법의 규정이 적용된다고 봄이 통설이다. 따라서 비진의의사표시(민 107조), 허위표시(민 108조), 착오(민 109조), 사기 또는 강박에 의사표시(민 110조)에 관한 민법의 규정은 어음(수표)행위에 적용된다. 또한 비진의의사표시, 허위표시에 따라 무효가 되거나, 착오·사기·강박에 의한 의사표시가 취소되더라도 선의의 제3자에게 대항할 수 없다는 단서조항을 두고 있다. 여기서 선의라 함은 해의가 아니라 착오·사기·강박임을 알지 못하는 자이다. 민법의 문언상 제3자는 선의이면 족하며, 무과실을 요구하지 않는다. 그러나 어음항변제도가 권리외관이론에 근거를 두고 있고, 어음법상의 다른 제도(선의취득, 백지어음의 부당보충 등)와의 균형상 어음채무자는 중과실이 있는 제3자에 대하여는 인적항변으로 대항할 수 있다고 본다(민법규정의 수정적용, 다수설). 따라서 의사표시의 하자의 항변은 인적항변이지만, 민법상의 인적항변으로 볼 수 있기 때문에 어음법 17조의 인적항변과는 구별된다. 판례는 이와 다르게 취득자에게 '해의'가 있을 것을 요구하고 있다.[253)]

253) 대판 1997. 5. 16, 96다49513; [1] 사기와 같은 의사표시의 하자를 이유로 어음발행행위를 취소하는 경우에 그 취소의 의사표시는 어음발행행위의 직접 상대방에 대하여 뿐만 아니라 어음발행행위의 직접 상대방으로부터 어음을 취득하여 그 어음금의 지급을 청구하고 있는 소지인에 대하여도 할 수 있다고 봄이 상당하다 할 것이지만, 이와 같은 의사표시의 취소는 선의의 제3자에게 대항할 수 없는 것이고, 이때의 제3자라 함은 어음발행행위의 직접 상대방 이외의 자를 가리키는 것이므로, 어음의 발행인이 어음발행행위의 직접 상대방이 아닌 소지인을 상대로 어음발행행위 취소의 의사표시를 할 수 있다하여 소지인의 선의·악의를 불문하고 취소의 효과를 주장할 수 있게 되는 것은 아니다. [2] 어음(수표)행위에 착오·사기·강박 등 의사표시의 하자가 있다는 항변은 어음(수표)행위 상대방에 대한 인적항변에 불과한 것이므로, 어음채무자는 소지인이 채무자를 해할 것을 알고 어음을 취득한 경우가 아닌 한, 소지인이 중대한 과실로 그러한 사실을 몰랐다고 하더라도 종전 소지인에 대한 인적항변으로써 소지인에게 대항할 수 없다.

(라) 백지어음의 보충권남용의 항변

백지어음의 보충권이 남용된 경우 어음채무자는 부당보충한 소지인에 대하여는 이를 인적항변으로 대항할 수 있다. 그러나 제3취득자가 선의 또는 중대한 과실 없이 부당보충된 어음을 취득한 경우에는 어음거래의 안전을 위하여 보호되어야 한다. 어음법 10조도 "미완성으로 발행한 환어음에 미리 한 합의와 다른 보충을 한 경우에는 소지인이 악의 또는 중대한 과실로 취득한 경우를 제외하고는 그 위반으로써 소지인에게 대항하지 못한다"라고 규정하고 있다. 따라서 백지어음의 부당보충은 인적항변이지만 보충권남용의 항변은 어음법 17조에 따른 항변이 아니라, 어음법 10조에 의한 항변이다.

(마) 민법 124조(쌍방대리금지)·상법 398조(자기거래제한)의 위반의 항변

자기계약·쌍방대리를 금지하는 민법 124조와 주식회사·유한회사의 이사 또는 합명회사·합자회사 사원의 자기거래를 제한하는 상법 398조(상 199조, 269조, 564조 3항)가 어음(수표)행위에도 적용되는가에 대하여 통설·판례는 이를 긍정하고 있다(어음(수표)행위의 대리 참조). 그러나 이를 위반한 효력에 대하여는 유효설, 무효설, 상대적 무효설의 대립이 있다. 유효설은 본인(이사회·다른 사원 과반수의 동의, 이하 동일)의 승인 없는 어음(수표)행위도 유효하고, 본인(회사)은 악의의 제3자에 대하여 악의의 항변을 주장할 수 있다는 입장이다. 무효설은 본인(이사회)의 승인 없는 어음(수표)행위는 무효로 보고 있기 때문에 물적항변으로 보고 있다. 통설·판례인 상대적 무효설은 본인(이사회)의 승인 없는 어음(수표)행위는 본인(회사)과 대리인(이사)간에는 무효이지만, 악의·중과실이 없는 선의의 제3자에 대한 관계에서는 무효를 주장할 수 없다는 견해이다. 이 경우에 제3자가 본인(이사회)의 승인이 없음을 알고 있다는 사실, 즉 악의와 중대한 과실로 알지 못하였다는 사실은 자기거래의 무효를 주장하는 본인(회사)이 입증하여야 한다. 따라서 이는 어음법 17조의 인적항변과 구별된다.

4) 융통(融通)어음의 항변

(가) 융통어음의 의의

융통어음(accommodation bill)은 타인의 자금융통을 목적으로 발행 또는 배서한 어음이다. 융통어음은 금융기관의 신용이 없어 어음을 발행할 수 없는 자(피융통자)가 신용 있는 자(융통자)의 신용을 이용하기 위하여 융통자로 하여금 피융통자를 수취인으로 하는 어음을 발행하게 하고, 이를 제3자에게 할인 등의 방법으로 어음을 유통시켜 자금을 조달하는 수단으로 이용된다. 따라서 통상적인 상업어음은 상거래를 원인으로 하

여 발행된 어음으로서 지급이 비교적 확실하나, 융통어음은 배후에 실제거래가 없이 발행된 어음이기 때문에 지급이 불확실하다. 융통어음을 '호의(好意)어음'이라고도 한다.

(나) 융통계약

융통어음을 수수하는 융통자와 피융통자 간에는 명시적 또는 묵시적으로 피융통자가 제3자로부터 자금융통을 받으면 어음의 지급기일 이전까지 피융통자는 융통자에게 어음의 결제자금을 제공하거나, 또는 어음을 회수하여 반환한다는 내용의 합의, 즉 융통계약이 존재한다.[254] 그러나 피융통자가 이러한 합의에 위반하거나 지킬 수 없는 사정이 발생하여 어음소지인이 융통자에게 어음금지급청구를 한 경우에 융통자는 소지인에게 융통계약상의 합의를 주장할 수 있는가가 소위 '융통어음의 항변'이다.

(다) 융통어음항변의 특성

융통자는 피융통자가 어음금을 청구하는 경우에 융통계약상의 합의로 피융통자에게 대항할 수 있는 것은 당연하나, 피융통자에게 제3자로부터 자금을 조달하도록 어음을 발행한 것이므로 제3자가 융통어음이라는 것을 알고 있었더라도 대항할 수 없다. 여기서 융통어음의 항변이 어음법 17조의 인적항변에 속하는가에 대하여는 학설이 대립된다.

다수설[255] · 판례[256][257][258]는 융통어음의 항변은 어음법 17조에 속하는 인적항변

254) 대판 1999. 10. 22, 98다51398; [1] 융통어음을 발행한 융통자는 피융통자 이외의 제3자에 대한 관계에서 어음금채무를 부담하는 데 그치고 융통어음의 발행으로 인하여 피융통자의 보증인이 되는 것은 아니므로, 융통자가 스스로 융통어음의 어음금을 지급하였다 하더라도 이는 어디까지나 융통어음의 발행인으로서 자신의 어음금채무를 이행한 것에 불과하고, 피융통자의 보증인의 지위에서 피융통자의 채무를 대신 변제한 것으로는 볼 수 없다. [2] 융통어음은 융통자와 피융통자 사이의 내부관계에 있어서는 피융통자가 어음금의 결제를 책임지는 것을 당연한 전제로 하여 수수되는 것이므로, 융통어음의 수수 당시 당사자 사이에서는 어음의 만기가 도래하기 이전에 피융통자가 어음을 회수하여 융통자에게 반환하거나, 융통어음의 결제자금으로 그 액면금에 상당한 금액을 융통자에게 지급하기로 하는 약정이 있었던 것으로 봄이 상당하다.

255) 손주찬(下), 130면; 이철송(어), 154면; 정희철(下), 422면; 최기원(어), 577면.

256) 대판 1979. 10. 30, 79다479; 타인의 금융 또는 채무담보를 위하여 약속어음(이른바 융통어음)을 발행한 자는 피융통자에 대하여 어음상의 책임을 부담하지 아니하나, 그 어음을 양수한 제3자에 대하여는 선의이거나 악의이거나, 또한 그 취득이 기한후배서에 의한 것이었다 하더라도 대가없이 발행된 융통어음이었다는 항변으로 대항할 수 없다. 동지; 대판 1995. 9. 15, 94다54856.

257) 대판 1996. 5. 14, 96다3449; 융통어음이라 함은 타인으로 하여금 어음에 의하여 제3자로부터 금융을 얻게 할 목적으로 수수되는 어음을 말하는 것이고, 이러한 융통어음에 관한 항변은 그 어음을 양수한 제3자에 대하여는 선의 · 악의를 불문하고 대항할 수 없는 것이므로 어떠한 어음이 위에서 말하는 융통어음에 해당하는지 여부는 당사자의 주장만에 의할 것은 아니고 구체적 사실관계에 따라 판단하여야 하는데, 어음의 발행인이 할인을 의뢰하면서 어음을 교부한 경우, 이는 원인관계 없이 교부된 어음에 불과할 뿐이고, 악의의 항변에 의한 대항을 인정하지 아니하는 이른바 융통어음이라고 할 수는 없다.

258) 대판 2001. 8. 24, 2001다28176; 융통어음의 발행자는 피융통자로부터 그 어음을 양수한 제3자에 대하여는 선의이거나 악의이거나, 또한 그 취득이 기한후배서에 의한 것이라 하더라도 대가없이 발행된

이지만 융통어음이 제3자에게 양도된 경우에는 그가 융통어음이라는 사실을 알고 있었더라도 어음채무자를 해할 것을 알고 취득하였다고 할 수 없으므로 제3자에게는 대항할 수 없는 항변이라고 한다.

이에 대하여 소수설[259]은 융통어음항변은 제3자에 대한 관계에 있어서는 항변의 절단이 예정되어 있지 않으므로 '절단이 불필요한 항변'이라고 하거나, 또는 호의합의라는 어음외의 특약에 의하여 발생하는 당사자간의 인적관계로 인한 항변이므로 어음법 17조 본문에 의하여 절단되는 항변임에는 틀림이 없으나, 동조 단서가 적용되지 않는 점에서 인적항변이 아니라고 한다. 또한 융통어음의 항변은 언제나 절단되는 항변이므로 물적항변과 인적항변의 어디에도 속하지 않는 항변이라고 보는 견해도 있다.

생각건대 융통자는 어음채무부담의 각오를 하고 융통어음을 발행·유통시킨 것이므로 제3자가 융통어음임을 알고 취득하였더라도 융통어음의 항변을 주장할 수 없다. 따라서 융통어음의 항변은 항변절단의 법리를 규정한 어음법 17조가 예정한 인적항변이라고 볼 수 없다. 그러나 피융통자가 어음소지를 이유로 융통자에게 어음금을 청구한 경우에는 융통자는 융통계약상의 합의로 피융통자에게 대항할 수 있는 인적항변이 있다는 것도 부정하지 못한다. 또한 후술하는 바와 같이 융통어음의 소지인의 어음금청구를 거절할 수 있는 경우가 있기 때문에 융통어음의 항변은 인적항변에 속하나, 어음법 17조가 적용되지 않은 항변이라고 보는 것이 타당하다고 본다.

(라) 예 외

융통어음에 있어 융통자는 제3취득자에게 융통어음의 항변을 주장할 수 없으므로 어음금액을 지급하여야 함이 원칙이다. 그렇다고 모든 경우에 제3취득자의 어음금청구

융통어음이라는 항변으로 대항할 수 없으나, 피융통자에 대하여는 어음상의 책임을 부담하지 아니한다 할 것이고, 약속어음금 청구에 있어 어음의 발행인이 그 어음이 융통어음이므로 피융통자에 대하여 어음상의 책임을 부담하지 아니한다고 항변하는 경우 융통어음이라는 점에 대한 입증책임은 어음의 발행자가 부담한다. 대판 2012. 11. 15, 2012다60015; 甲 주식회사에 부탁하여 어음할인에 사용할 약속어음을 발행받은 乙 주식회사가 어음할인을 받지 못하자 甲 회사에 어음을 반환하기로 약속하고서도 그 후 丙 주식회사에 어음할인을 의뢰하면서 위 어음을 배서·양도하였고, 丙 회사도 甲 회사의 어음 반환 요구를 거부한 채 丁 주식회사에 어음할인을 의뢰하면서 위 어음을 배서·양도하였는데, 그 후 丁 회사가 어음소지인으로서 위 어음을 지급제시하자 甲 회사가 지급거절한 사안에서, 甲 회사가 당초 乙 회사로 하여금 제3자에게서 어음할인을 받아 금융을 얻게 할 목적으로 위 어음을 발행하였으므로 위 어음을 융통어음이라고 보아야 하는데도 이를 당초부터 원인관계 없이 교부된 어음에 불과하다고 본 원심의 판단 부분은 잘못이나, 丙 회사는 乙 회사한테서, 丁 회사는 丙 회사한테서 각기 어음할인을 위하여 원인관계 없이 약속어음을 교부받았고 丁 회사가 위 어음의 지급을 구할 경제적 이익이 없는 이상 甲 회사는 丁 회사에 대하여 위 어음의 지급을 거절할 수 있다고 보아야 하므로, 甲 회사의 항변을 받아들여 丁 회사의 어음금 청구를 배척한 원심의 조치는 결과적으로 정당하다.

259) 정동윤(下), 132면; 정찬형(下), 382-383면.

를 인정하는 것은 어음채무자인 융통자에게 지나치게 가혹하므로 제3취득자의 보호는 어음의 유통보호를 위하여 필요한 경우로 한정하여야 할 것이다. 또한 민법상 신의칙 위반(민 2조 1항) 또는 권리남용(민 2조 2항)에 해당되는 경우에는 융통어음 소지인의 어음금청구가 허용될 수 없다. 다음과 같은 경우가 문제된다.

(a) 융통어음의 부도 가능성을 안 경우

융통어음임을 알고 취득하였고, 또한 융통어음이 발행된 원인관계상 융통어음이 지급거절될 가능성을 안 경우까지 취득자를 과대하게 보호할 필요가 없을 것이며, 소지인의 어음청구는 신의칙 또는 권리남용에 해당될 수 있다. 판례도 유사한 사안에서 근거는 분명치 않지만 동일한 결론을 내리고 있다.[260)]

(b) 무상양도

일부 학설은 피융통자가 무상으로 어음을 제3자에게 양도하였음에도 제3자가 어음을 청구한 경우에는 융통자에게 '악의의 항변'을 허용하고 있다. 그러나 '악의의 항변'은 어음법 17조의 적용을 전제로 하므로 타당하지 않다고 본다. 융통어음의 법리는 어음채무자의 희생 하에 소지인을 보호하는 것이므로 적어도 소지인은 보호를 받을 만한 대가를 지불하였거나 합리적 이유가 있어야 한다. 이 경우에 소지인의 어음청구는 신의칙 또는 권리남용에 해당될 수 있다고 본다.

(c) 기한후배서의 경우

일부 학설은 지급거절증서가 작성되었거나 지급제시기간이 경과된 경우에는 어음의 유통력을 상실하였으므로 악의의 항변을 인정하고 있다. 왜냐하면 융통어음계약에서는 어음의 이용기간을 어음의 만기까지로 정하는 것이 통상이며, 그때까지 금융을 얻지 못하면 융통계약은 실효되고 피융통자는 어음을 반환하여야 되는데 이를 알고 취득한 자를 보호할 필요가 없기 때문이라고 한다. 그러나 융통어음의 취득자는 발행인의 신용을 믿고 취득하며, 약속어음의 주채무자인 발행인의 채무는 지급제시기간이 경과되더라도 시효기간인 3년이 경과하기까지는 소멸되는 것은 아니므로 위의 설은 타당하지 않다고 본다. 판례도 같은 입장이다.[261)]

260) 대판 1994. 5. 10, 93다58721; 피융통자가 융통어음과 교환하여 그 액면금과 같은 금액의 약속어음을 융통자에게 담보로 교부한 경우에 있어서는 융통어음을 양수한 제3자가 그 어음이 융통어음으로 발행되었고 이와 교환으로 교부된 담보어음이 지급거절 되었다는 사정을 알고 있었다면, 융통어음의 발행자는 그 제3자에 대하여 융통어음의 항변으로 대항할 수 있다. 동지; 대판 1995. 1. 20, 94다50489.

261) 대판 1979. 10. 30, 79다479; 타인의 금융 또는 채무담보를 위하여 약속어음(이른바 융통어음)을 발행한 자는 피융통자에 대하여 어음상의 책임을 부담하지 아니하나, 그 어음을 양수한 제3자에 대하여는 선의이거나 악의이거나, 또한 그 취득이 기한후배서에 의한 것이었다 하더라도 대가없이

(d) 재사용의 경우

융통어음은 융통의 목적을 달성하면 피융통자가 이를 반환하는 것이 원칙이므로, 이를 장기간 반복하여 융통어음으로 사용한다면 융통계약의 합의에 반하는 것이다. 따라서 이를 알고 어음금 청구를 하는 것은 신의칙 또는 권리남용에 해당될 수 있다. 판례도 동일한 입장이다.[262)]

5) 인적항변의 제한

(가) 원 칙

어음채무자는 어음(수표)금 청구에 대해서 발행인이나 종전의 소지인에 대한 인적항변으로 어음소지인에게 대항하지 못한다(어 17조 본문, 77조 1항 1호, 수 22조). 즉 인적항변은 어음채무자가 특정의 소지인(채권자)간에 있어서만 주장할 수 있는 것이므로, 인적항변을 받는 소지인이 어음을 양도한 경우에는 어음을 양수한 선의의 어음소지인에 대하여는 항변이 절단되는 것이다.[263)] 그러나 다음의 경우에는 인적항변이 절단되지 않는다.

(나) 인적항변이 절단되지 않는 경우

(a) 악의의 항변

㉠ 의 의

인적항변의 제한은 항변존재의 사실을 모르는 선의의 취득자를 보호함으로써 어음의 유통을 기하기 위한 것이므로 악의의 취득자는 보호할 필요가 없다.

악의의 항변이라 함은 어음(수표)소지인이 그 채무자를 해할 것을 알고 어음(수표)

발행된 융통어음이었다는 항변으로 대항할 수 없다.

262) 대판 2001. 12. 11, 2000다38596; 융통인이 피융통인에게 신용을 제공할 목적으로 수표에 배서한 경우, 특별한 사정이 없는 한 융통인과 피융통인 사이에 당해 수표에 의하여 자금융통의 목적을 달성한 때는 피융통인이 융통인에게 지급자금을 제공하든가 혹은 당해 수표를 회수하여 융통인의 배서를 말소하기로 합의한 것이라고 보아야 할 것이므로, 피융통인이 당해 수표를 사용하여 금융의 목적을 달성한 다음 이를 반환받은 때에는 위 합의의 효력에 의하여 피융통인은 융통인에 대하여 융통인의 배서를 말소할 의무를 부담하고, 이것을 다시 금융의 목적을 위하여 제3자에게 양도하여서는 아니 된다고 할 것이다. 그럼에도 불구하고, 피융통인이 이를 다시 제3자에게 사용한 경우, 융통인이 당해 수표가 융통수표이었고, 제3자가 그것이 이미 사용되어 그 목적을 달성한 이후 다시 사용되는 것이라는 점에 관하여 알고 있었다는 것을 입증하면, 융통인이 피융통인에 대하여 그 재사용을 허락하였다고 볼 만한 사정이 없는 한, 융통인은 위 융통수표 재사용의 항변으로 제3자에 대하여 대항할 수 있다.

263) 대판 1989. 10. 24, 89다카1398; 어음(수표)행위는 무인행위로서 어음접수(接受)의 원인관계로부터 분리하여 다루어져야 하고 어음은 원인관계와 상관없이 일정한 어음상의 권리를 표창하는 증권이므로 어음이 일정한 조건(예컨대 근로자들에 대한 노임체불)하에서만 권리를 행사하기로 한 약정 하에 발행되었더라도 이와 같은 사정은 어음의 원인관계에 기한 인적항변사유에 불과하고 어음상의 권리는 일단 유효하게 성립되었다고 보아야 할 것이어서 여기서 어음법 제16조 제2항은 적용될 수 없다.

을 취득한 경우(어 17조 단서, 수 24조 단서) 또는 소지인이 악의 또는 중대한 과실로 항변존재의 사실을 알지 못하고 취득한 경우(민 107-110조, 어 10조, 상 398조 등)에 그 소지인에게 대항할 수 있는 항변을 말한다.

㉡ 어음법 17조 단서의 악의(해의)의 의미

여기서 악의라는 것은 어음법 17조 단서 및 수표법 22조 단서의 「그 채무자를 해할 것」을 취득하는 것을 말하는데 그 의미에 관하여서는 3가지의 입장이 있다.

(i) 공모설　채무자를 해할 의사를 가지고 어음의 양도인과 양수인이 서로 공모하는 경우라고 보는 입장이다.

(ii) 인식설　양수인이 인적 항변의 존재를 알고 있으면 악의가 된다고 보는 입장이다.

(iii) 해의설(절충설)　소지인이 전자의 항변사유의 인식 이외에 자신의 어음취득으로 인하여 항변이 절단되어 채무자가 해를 받게 된다는 사실을 알아야 한다는 입장이다.

해의설이 통일어음법과 어음법 17조 단서의 문언해석에 충실한 입장이고, 통설[264)] 과 판례의[265)266)267)] 입장이다. 따라서 악의의 항변을 「해의의 항변」이라고 부르기도

---

264) 송옥렬, 「상법강의(제7판)」, 홍문사, 2017, 587면(이하 송옥렬); 이철송(어), 159면; 최기원(下), 410면.

265) 대판 1996. 5. 28, 96다7120; 어음법 제17조 단서에서 규정하는 채무자를 해할 것을 알고 어음을 취득하였을 때라 함은, 단지 항변사유의 존재를 아는 것만으로는 부족하고 자기가 어음을 취득함으로써 항변이 절단되고 채무자가 손해를 입게 될 사정이 객관적으로 존재한다는 사실까지도 충분히 알아야 한다.

266) 대판 1996. 5. 28, 96다7120; [1] 어음법 제17조 단서에서 규정하는 채무자를 해할 것을 알고 어음을 취득하였을 때라 함은, 단지 항변사유의 존재를 아는 것만으로는 부족하고 자기가 어음을 취득함으로써 항변이 절단되고 채무자가 손해를 입게 될 사정이 객관적으로 존재한다는 사실까지도 충분히 알아야 한다. [2] 甲회사가 수입대금의 결제를 목적으로 乙회사에게 발행한 어음을 乙회사의 대표이사가 은행으로부터 할인받은 다음 그 대금을 乙회사 발행의 수표금 결제에 사용한 경우, 수입조건의 결제를 조건으로 발행되었다는 점에 대한 甲회사의 통지사실이 인정되지 않으며 나아가 은행이 그 어음을 할인하여 대금을 乙회사의 당좌구좌에 입금하여 준 이후에도 乙회사와의 어음할인 거래가 계속된 점에 비추어, 乙회사가 그 어음할인 대금을 임의로 사용하였다고 하더라도 그러한 점만으로는 은행이 甲회사를 해할 것을 알고 어음을 취득하였다고 보기는 어렵다.

267) 대판 1998. 5. 22, 96다52205; [1] 예금을 타행 발행의 소지인출급식 자기앞수표로 입금받은 은행은 예금주로부터 자기앞수표에 관하여 단지 추심을 위임받은 것이 아니라 자기앞수표를 양도받은 것이라고 보아야 할 것이므로, 예입받은 은행이 소지인으로서 자기앞수표의 발행은행에 대하여 수표상의 권리를 행사하는 경우, 예입받은 은행이 발행은행을 해할 것을 알고 수표를 취득한 경우가 아닌 한 발행은행은 종전의 소지인에 대한 인적관계로 인한 항변으로써 예입받은 은행에 대하여 대항할 수 없다. [2] 수표행위는 무인행위로서 수표수수의 원인관계로부터 분리하여 다루어져야 하고 수표는 원인관계와는 상관없이 일정한 수표상의 권리를 표창하는 증권이므로, 수표의 소지인은 소지인이라는 사실만으로 수표상의 권리를 행사할 수 있고 그가 어떠한 실제적 이익을 가지는지 입증하여야 하는 것은 아니다.

한다.[268][269]

주의할 것은 중대한 과실로 인하여 채무자를 해할 것을 알지 못한 경우에도 악의의 항변이 인정되지 않는다(통설·판례[270]).

일부 학설은 해의와 악의는 구별이 쉽지 않으므로 어음소지인이 어음채무자의 전자(양도인)에 대한 인적항변의 존재를 알면서(악의) 어음을 취득한 경우에는 특별한 사정이 없는 한 어음채무자를 해할 것을 알고 어음을 취득한 것으로 보아야 한다고 주장하나, 타당하지 않다. 왜냐하면 어음취득자는 설령 항변이 존재한다는 것을 알았더라도 이것이 해결될 것이라고 믿고 취득할 수 있으며, 항변이 있더라도 전자에 대한 상환청구를 확보한 경우에는 어음을 안전하게 취득할 수 있기 때문이다.

---

268) 대판 1992. 4. 24, 91다25444; 독일의 甲회사가 우리나라의 乙에게 공사자재 및 용역 등을 공급하기로 하는 계약을 체결함에 있어 그 대금의 85%에 해당하는 금원과 이자 등에 대하여 甲회사가 수취인 위 회사, 지급인 乙, 지급지 독일 함부르크로 된 환어음을 발행하고, 위 환어음을 乙이 인수하면 甲회사는 독일의 수출신용회사 丙으로부터 위 환어음을 담보로 수출자금을 융자받는 이른바 헤르메스금융대출(Hermes Loan)을 받아 우선 물품을 공급한 후 乙이 위 환어음의 소지인에게 위 어음금을 지급함으로써 물품대금을 결제하도록 약정하고 그에 따라 乙이 위 환어음을 인수하고, 甲회사의 주거래은행인 독일의 丁은행이 위 환어음을 소지하게 된 경우에 있어, 丁은행으로서는 甲회사와 乙사이에 위 환어음을 이른바 헤르메스금융의 담보로만 사용하기로 하는 특약이 있었음은 알았다고 보여지나 위 헤르메스금융의 대주가 丙으로 한정된다거나 또는 위 환어음의 결제금액을 위 헤르메스금융의 변제에 우선 충당하기로 하는 특약이 있었다는 사실을 알았다고는 보여지지 아니하며, 오히려 위 헤르메스금융이란 위 헤르메스신용보험회사가 제공하는 보험에 부보되는 것을 조건으로 하여 甲회사의 乙에 대한 수출대금채권을 담보로 하는 융자 일반을 말하는 것으로 이해하였으리라고 여겨지므로 丁은행이 독일어음법 17조(우리 어음법 17조와 동일) 소정의 어음채무자를 해할 것을 알면서 어음을 취득한 자라고 인정할 수 없다고 한 사례.

269) 대판 1998. 2. 13, 97다48319; [1] 수표법 제22조 단서에서 규정하는 '채무자를 해할 것을 알고 수표를 취득한 때'라 함은 단지 항변사유의 존재를 아는 것만으로는 부족하고 자기가 수표를 취득함으로써 항변이 절단되고 채무자가 손해를 입게 될 사정이 객관적으로 존재한다는 사실까지도 충분히 알아야 하는 것인바, 발행인이 수표에 횡선을 긋고, 수표 표면 좌측상단에 '제누디세'라는 자신의 상호와 '기일엄수'라는 기재를 하였다는 사정만으로 소지인이 발행인의 인적항변을 충분히 알았다고 볼 수 없다. [2] 가계수표 용지에 부동문자로 인쇄되어 있는 '100만원 이하' 등의 문언은 지급은행이 사전에 발행인과의 사이에 체결한 수표계약에 근거하여 기재한 것으로서 이는 단지 수표계약의 일부 내용을 제3자가 알 수 있도록 수표 문면에 기재한 것에 지나지 아니한 것이고, 한편 수표법 제3조 단서에 의하면 수표자금에 관한 수표계약에 위반하여 수표를 발행한 경우에도 수표로서의 효력에는 영향을 미치지 아니하므로 발행한도액을 초과하여 발행한 가계수표도 수표로서의 효력에는 아무런 영향이 없다. [3] 수표 표면에 '100만원 이하'라고 인쇄된 가계수표 용지에 발행인 스스로 발행한도액을 초과하여 '15,000,000원'으로 액면금을 기재하여 제3자에게 발행한 수표를 소지인이 배서양도받은 경우, 발행인으로서는 소지인이 당해 수표를 취득함에 있어 발행인에게 발행한도액을 초과한 경위를 확인하지 아니한 것이 중대한 과실에 해당한다는 이유로 수표금의 지급을 거절할 수는 없다.

270) 대판 1996. 3. 22, 95다56033; 어음채무자는 소지인이 그 채무자를 해할 것을 알고 어음을 취득한 경우가 아닌 한, 소지인이 중대한 과실로 그러한 사실을 몰랐다고 하더라도 종전 소지인에 대한 인적항변으로써 소지인에게 대항할 수 없다.

㉢ 어음법 17조가 적용되지 않는 경우

어음법 17조가 적용되지 않는 인적항변에 있어서 '악의의 항변'은 소지인이 항변 존재의 사실을 알고 있거나(악의) 또는 어음거래상 일반적으로 요구되는 주의의무를 현저히 위반하여 항변 존재의 사실을 알지 못하고(중과실) 취득한 경우(민 107-110조, 어 10조, 상 398조 등)에 그 소지인에게 대항할 수 있는 항변을 말한다.

따라서 어음법 17조 단서의 악의(해의)의 항변과는 취득자의 주관적 요건에서 차이가 난다. 즉 17조 단서의 경우는 중과실을 포함하지 않으나, 여기서는 중과실이 포함된다.

㉣ 악의의 존재시기 및 입증책임

악의의 존재는 어음(수표)을 취득한 때를 기준으로 한다. 그러나 항변사유의 존재는 취득시가 아니고 권리행사시(만기 어음금 청구 또는 상환청구권행사)를 기준으로 한다(통설). 따라서 어음의 취득시에는 항변존재의 사실을 알았더라도 권리행사시에는 소멸될 것이라고 인정한 경우에는 악의의 항변이 성립되지 않는다. 취득자가 악의라는 입증책임은 채무자에게 있다.

㉤ 인적항변이 절단된 후의 어음의 취득자

양도인이 자기의 전자에 대한 어음채무자의 항변의 존재를 모르고 취득한 선의자인 경우에는 인적항변이 절단되므로, 소지인(양수인)이 양도인의 전자에 대한 항변의 존재를 알고 어음을 취득하였더라도 현 소지인은 양도인의 권리를 승계취득한 자이므로 악의의 항변이 인정되지 않는다(통설 · 판례).[271] 영미에서는 이를 보호(엄폐물)의 법칙(shelter rule)이라고 한다.

(b) 비어음법적인 방법에 의한 취득

인적항변의 절단은 어음(수표)의 고유의 유통방법인 배서 또는 교부에 의하여 양도되는 경우에 인정되는 것이므로 민법상의 지명채권의 양도 또는 상속 · 합병 · 경매 · 전부명령 등과 같이 비어음(수표)법적인 방법으로 어음이 융통되는 경우에는 인적항변의 절단이 인정되지 않는다.

---

271) 대판 1994. 5. 10, 93다58721; 어음상 배서인으로서 나타나고 있지는 않지만 현재의 어음소지인에게 어음을 양도한 자가 어음취득 당시 선의였기 때문에 그에게 대항할 수 없었던 사유에 대하여는 현재의 어음소지인이 비록 어음취득 당시 그 사유를 알고 있었다고 하여 그것으로써 현재의 어음소지인에게 대항할 수는 없고, 이는 현재의 어음소지자가 지급거절증서 작성 후 또는 지급거절증서작성기간 경과 후에 어음을 양도받았다고 하더라도 마찬가지이다.

(c) 기한후배서·교부

유통예정기간을 경과한 이후의 배서인 기한후배서(어 20조, 수 24조)의 경우에는 지명채권양도의 효력만이 있기 때문에 인적항변이 절단되지 않는다.

(d) 소지인이 독립된 경제적 이익이 없거나 항변제한에 의한 보호가 부적절한 경우

추심위임배서, 숨은 추심위임배서의 피배서인은 배서인의 대리인에 불과하여 독립된 경제적 이익이 없거나, 처가 남편으로부터 배서를 받은 경우와 같이 항변제한을 인정할 수 없는 경우에는[272] 인적항변이 절단되지 아니한다.

3. 제3자의 항변

(1) 의 의

어음항변의 당사자가 아닌 다른 어음채무자에 관해 생긴 항변사유로써 어음소지인에 대하여 항변을 주장할 수 있는가의 문제가 제3자의 항변의 문제이다. 이에 관해서는 어음법상에는 규정이 없고 학설·판례에 의해 논의가 이루어지는데, 이른바 전자(前者)의 항변, 후자(後者)의 항변이란 개념이 있다. 예컨대 A가 B에 대한 거래대금의 결제를 위하여 약속어음을 발행하고, B가 다시 C에 대한 매매대금의 지급을 위하여 그 어음을 배서양도한 경우에, A가 B·C간의 인적항변사유로써 C에게 대항할 수 있는 것을 후자의 항변이라고 하고, B가 A·C간의 인적항변사유로써 C에게 대항할 수 있는 것을 전자의 항변이라고 한다.

(2) 전자의 항변과 후자의 항변

전자의 항변에 해당하는 경우는, 상환의무자의 주채무자의 항변원용의 경우나, 어음보증인의 피보증인의 항변원용의 경우 등이다. 후자의 항변으로는 B·C간의 원인관계가 소멸하거나 부존재한 경우, B·C간의 원인관계가 불법이거나 위법한 경우, B가 어음과 상환하지 않고 C에게 어음금을 지급·상계·면제 등을 한 경우가 있다.

---

272) 제주지법 1997. 7. 16, 96나1047; 어음법상 인적항변 절단의 원칙은 어음의 자유로운 유통을 보장하는 데 그 근본취지가 있으므로 어음의 자유로운 유통이 침해되지 않는 경우에도 무조건 그 원칙을 적용해서 어음채무자의 희생을 요구해서는 안 되므로, 처가 어음의 최종배서인인 남편으로부터 그 어음을 생활비조로 교부받은 경우에는 비록 처가 상환의무자인 전전배서인을 해할 것을 알고 그 어음을 교부받은 것이 아니라 하더라도 그 전전배서인은 남편에 대한 인적항변으로 처에게 대항할 수 있다고 보는 것이 신의칙상 합당하다.

(3) 제3자의 항변의 인정여부

원래 어음항변은 어음항변의 개별성(속인성)으로 인해 각 어음(수표)행위자가 자신이 갖고 있는 사유를 주장하는 것이므로 직접당사자간에서만 인적항변으로써 대항할 수 있고 타인의 인적항변을 원용할 수 없다고 보아야 한다. 그러나 이것을 철저하게 관철하는 경우에는 불공평한 경우가 발생할 수 있어서 제3자의 항변을 예외적으로 인정할 필요가 있는가 여부를 검토할 필요가 있다. 후자의 항변과 전자의 항변을 나누어 살펴보기로 한다.

1) 후자의 항변

A가 B에게 매매대금으로 어음을 발행하고, B도 C에게 매매대금으로 배서양도 한 후 B가 매매대금을 C에게 지급하였으나, 어음을 회수하지 않은 것을 기회로 C가 A에게 어음금을 청구한 경우를 들어 설명하기로 한다.

(가) 부정설

어음항변의 개별성, 무인성을 근거로 후자의 항변을 부정한다. 즉 B・C간에 원인관계가 소멸되었더라도 어음은 무인증권이기 때문에 C는 어음상의 권리를 청구할 수 있고 A는 C에게 아무런 항변이 없기 때문에 어음금을 지급하여야 한다는 입장이다. 이후 B는 C에게 부당이득반환청구권을 행사하여 C의 이중이득을 회수할 수 있다는 입장이다.

(나) 긍정설

긍정설 중의 하나는 권리남용론으로 어음(수표)행위는 무인성을 전제로 하지만 어음소지인(C)이 어음을 소지할 정당한 권한이 없음에도 불구하고 어음소지인의 권리추정(어 16조 1항)을 이유로 어음채무자에게 어음상의 권리를 행사하는 것은 권리남용에 해당되어 어음채무자(A)는 어음소지인(C)에게 민법 2조 2항의 권리남용의 항변으로 어음금의 지급을 거절할 수 있다고 하는 견해이다. 또 다른 하나는 일본학설로서 어음이론 중의 수정창조설이 주장하는 교부행위유인론으로, 1단계인 어음의 작성행위는 어음(수표)행위자의 단독행위에 의해 일방적으로 이루어지는 무인행위이나, 2단계인 어음의 교부행위는 어음(수표)행위자와 상대방 사이의 계약으로 이루어지는 유인행위이므로 B・C간에 원인관계가 소멸된 경우에는 어음상의 권리자는 B이므로 어음소지인 C는 무권리자이고, 또한 어음소지인이 무권리자라는 항변은 어음채무자 모두가 대항할 수 있는 인적항변이므로 A는 C에게 어음상의 권리를 거절할 수 있다고 보는 견해이다.

(다) 검 토

C에게 A에 대한 어음금 청구를 인정하면 다시 B는 C에게 어음금상당액을 부당이득으로 반환청구하게 되어 법률관계가 순환되며, 또 丙은 본건어음을 소지할 실질적 이유가 없기 때문에 이 경우에도 丙의 권리행사를 인정하는 것은 부당하므로 부정설은 문제가 있다. 또한 교부행위유인론은 전통적으로 무인행위라 보는 어음(수표)행위의 요소를 작성과 교부로 이원화하여 작성행위는 무인행위, 교부행위는 유인행위로 해석하는 것은 이론적으로 모순일 뿐만 아니라, 어음취득자는 원인관계의 존부 등을 조사할 필요가 있게 되므로 어음의 유통성을 해치는 것이므로 타당하지 않다.

생각건대 어음채무자는 어음수수의 직접의 당사자에게만 인적항변으로 대항할 수 있고 타인의 인적항변을 원용할 수 없는 것이 원칙이다. 그러나 어음·수표는 원인관계의 결제를 위한 수단에 불과하므로 어음소지인이 어음을 소지할 정당한 권한이 없음에도 불구하고 어음소지인의 권리추정을 이유로 어음채무자에게 어음상의 권리를 행사하는 것이 권리남용에 해당되는 경우에는 소지인에게 권리남용의 항변을 주장할 수 있다고 보는 것이 타당하다고 본다.

2) 전자의 항변

A가 B에게 어음을 발행하고 B는 C에게 배서양도한 이후 C가 A로부터 어음금을 지급받았음에도 어음을 소지하고 있는 것을 기회로 B에게 상환청구권을 행사한 경우이다. 또 다른 예로는 A가 매매대금지급을 위하여 C에게 발행한 어음에 B가 어음보증을 한 이후, A·C간의 매매계약(원인관계)이 해제되었음에도 불구하고 C가 보증인에게 어음금을 청구한 경우이다.

부정설은 후자의 항변과 마찬가지로 어음항변의 개별성과 무인성, 그리고 어음(수표)행위독립에 원칙에 위배됨을 이유로 전자의 항변을 인정하지 않고 있다. 그러나 후자의 항변에서 설명한 바와 같이 어음을 소지하여 권리를 행사할 아무런 이유가 없는 경우에도 소지인의 권리행사를 인정하는 것은 부당하므로 권리남용의 항변을 인정할 필요성이 있다고 본다. 판례도 어음보증의 경우 권리남용을 인정하고 있다.(자세한 것은 전술한 '어음(수표)행위독립의 원칙의 한계' 참조).[273]

273) 대판 1988. 8. 9, 86다카1858; 장래의 채무를 담보하기 위하여 발행된 어음에 발행인을 위하여 어음보증이 되어 있는 약속어음을 수취한 사람은 어음을 발행한 원인관계상의 채무가 존속하지 않기로 확정된 때에는 특별한 사정이 없는 한 그때부터는 어음발행인에 대해서 뿐만 아니라 어음보증

4. 이중무권의 항변

A · B간의 원인관계 및 B · C간의 원인관계가 모두 소멸하였음에도 불구하고 C가 A에게 어음금지급청구를 한 경우에 A는 자신의 항변으로써 C에게 대항할 수 있으며, 이것이 이중무권의 항변이다. 이는 C에게 독립된 경제적 이익이 없기 때문에 대항할 수 있는 것이라는 점에서 악의의 항변과 구별되며, A자신의 항변으로 주장하는 점에서 후자의 항변과 차이가 있고, 어음소지인이 어음상의 무권리자라는 것이 아니라 다만 원인관계의 소멸로 인하여 어음을 보유할 정당한 이익이 없다는 항변인 점에서 무권리의 항변과 구별된다.

이중무권의 항변을 인정할 것인가에 대하여도 부정설은 후자의 항변의 경우와 마찬가지로 이를 부정하고 부당이득의 문제로 해결하고 있다. 또한 교부행위유인론은 무권리자의 항변을 인정하고 있다.

생각건대 어음상의 권리는 본질적으로 채권이고, 채권양도에 있어서는 항변이 승계되는 것이 원칙임에도 어음법 17조가 인적항변의 절단을 인정한 것은 선의자를 보호하는 것에 의하여 거래의 안전을 확보하기 위한 것이므로 보호되어야 할 아무런 경제적 이익이 없는 자까지 어음법 17조를 적용할 이유는 없으므로 A는 자신의 항변으로 C에게 대항할 수 있다고 보아야 할 것이다(이중무권의 항변인정).

5. 항변의 제한과 선의취득과의 관계

전술한 바와 같이 선의취득은 누구에게 권리가 있느냐 즉, 권리의 귀속문제이고, 항변은 채무의 존재와 내용에 관련된 문제이므로 양자는 구별된다. 따라서 항변대항이 있을 수 있지만 양도인이 권리자임을 믿고 어음을 취득한 경우에는 항변권이 붙은 어음상의 권리를 선의취득하게 된다.

인에 대해서도 어음상의 권리를 행사할 실질적인 이유가 없어졌다 할 것이므로 어음이 자기수중에 있음을 기화로 하여 어음보증인으로부터 어음금을 받으려고 하는 것은 신의성실의 원칙에 비추어 부당한 것으로서 권리의 남용이라 할 것이고, 어음보증인은 수취인에 대하여 어음금의 지급을 거절할 수 있다고 할 것이니, 위 수취인으로부터 배서양도를 받은 어음소지인이 어음법 제17조 단서의 요건에 해당되는 때에는 어음보증인은 그러한 악의의 소지인에 대하여서도 권리남용의 항변으로 대항할 수 있다.

Ⅳ. 어음상의 권리의 소멸

1. 총 설

(1) 일반적 소멸원인

어음상의 권리는 지급·대물변제·상계[274)]·경개·면제·공탁(어 42조, 77조 1항 3호) 등의 일반채권의 소멸원인으로 인하여 소멸한다. 그러나 어음(수표)에 있어서는 환배서가 인정되므로(어 11조 3항, 수 14조 3항) 혼동에 의하여는 소멸하지 않는다.

어음(수표)은 상환증권이므로(어 39조, 수 34조) 지급 등을 하더라도 어음(수표)을 회수하거나 증권상에 이를 기재하지 않으면 인적항변사유가 될 뿐이고, 이를 취득한 선의의 제3자에게 대항하지 못한다.[275)]

(2) 특유한 소멸원인

어음상의 권리는 보전절차의 흠결(어 53조, 77조 1항 4호), 일부지급의 거절(어 39조 2항, 77조 1항 3호), 참가지급의 거절(어 61조, 77조 1항 5호), 거절할 수 있는 참가인수의 승낙(어 56조 3항, 77조 1항 5호), 참가지급의 경합이 있는 경우 자기보다 우선하는 참가지급인이 있는 것을 알고 한 참가지급(어 63조 3항, 77조 1항 5호) 등의 특유한 소멸사유가 있으며, 이외에도 단기의 소멸시효기간(어 70조, 77조 1항 8호)이 있다.

2. 어음시효(단기소멸시효)

(1) 서 설

어음법은 어음거래의 신속한 결제와 어음채무의 엄격성에 대한 완화를 위하여 어

---

274) 대판 1991. 4. 9, 91다2892; 어음채권을 자동채권으로 하여 상계의 의사표시를 하는 경우에 있어 재판외의 상계의 경우에는 어음채무자의 승낙이 없는 이상 어음의 교부가 필요불가결하고 어음의 교부가 없으면 상계의 효력이 생기지 아니한다 할 것이지만, 재판상의 상계의 경우에는 어음을 서증으로써 법정에 제출하여 상대방에게 제시되게 함으로써 충분하다.

275) 대판 1991. 12. 24, 90다카28405; 가. 어음금청구사건에 있어 어음의 소지에 대한 입증은 당사자가 변론기일에 어음을 증거로 제출하고 상대방이 이를 확인하고 인정하면 이로써 족하며 설사 다른 사건의 쟁송에서 위 어음이 증거로 현출된 바 있다 하여도 당사자가 위 어음의 소지를 잃은 것이라 할 수 없다. 나. 어음채무자가 어음채무를 지급하는 경우 어음의 상환증권성에 의하여 임의변제의 경우뿐만 아니라 강제집행에 의한 경우에도 그 상환을 필요로 하는 것이므로 채무자에게 이중변제의 위험이 있을 수 없다.

음채무의 단기소멸시효에 관한 특칙을 규정하고 있다.

(2) 시효기간

① 주채무자인 환어음의 인수인 및 약속어음의 발행인에 대한 청구권은 만기의 날로부터 3년간 행사하지 않으면 소멸시효가 완성한다(어 70조 1항, 77조 1항 8호).

② 보존된 상환청구, 즉 소지인의 전자(배서인, 환어음의 발행인)에 대한 청구권은 거절증서작성일 또는 만기의 날로부터 1년간 행사하지 않으면, 소멸시효가 완성한다(어 70조 2항, 77조 1항 8호).

③ 상환을 한 배서인 · 보증인 · 참가지급인의 전자에 대한 재상환청구권은 어음의 환수일 또는 제소일로부터 6월간 행사하지 않으면 소멸시효가 완성한다(어 70조 3항, 77조 1항 8호).

④ 보증인에 대한 채권의 시효는 주채무자에 대한 채권의 소멸시효와 같고, 참가인수인에 대한 채권의 시효는 ②의 경우 또는 ③의 경우에 준한다.

⑤ 어음이나 수표상의 권리가 판결 · 화해 · 조정 등에 의하여 확정된 때에는 그 때부터 다시 10년이 경과하여야만 소멸시효가 완성한다(민 165조 1항).

(3) 시효기간의 계산

시효기간에는 그 초일(만기일)을 산입하지 않는다(어 73조, 77조 1항 9호, 수 61조). 말일이 법정휴일인 경우에는 이에 이은 제1의 거래일까지 기간을 연장한다(어 72조 2항, 77조 1항 9호).

(4) 시효의 중단

어음(수표)상의 권리의 소멸시효도 민법상의 시효중단사유인 청구 · 압류 · 가압류 · 가처분 · 승인에 의하여 중단되며(민 168조), 그 외에 어음법 80조는 소송고지로 인한 시효중단을 인정하고 있다.

시효중단을 위한 청구에는 어음의 제시를 요하지 않는다는 것이 통설 · 판례의 입장이다.[276] 어음채무의 승인에 의한 시효의 중단의 경우에는 어음의 제시를 요하지 않

276) 대판 1962. 1. 31, 4294민상110, 111; 대판 1991. 12. 24, 90다카28405; 가. 약속어음의 소지인이 당초 제출한 소장에 기재된 청구원인은 피고에 대하여 배서인으로서 어음금을 지급할 것을 구하는 것으로서 그 소장의 제출로써 그 후 피고에 대하여 발행인의 상속인으로서 어음금 중 상속비율에 해당하는 돈의 지급을 구하는 변경된 청구원인에 대하여는 시효중단의 효력이 생긴다고 보기 어렵

는다.[277] 또 어음을 상실한 경우에도 제권판결이 있기 전에는 채권자가 승인을 하면 시효중단의 효력이 생긴다.

시효의 중단은 그 중단사유가 생긴 자에 대해서만 효력이 생기며 그 외의 자에 대하여는 중단의 효력이 없다(어 71조, 77조 1항 8호, 수 52조). 예컨대 주채무자에 대한 소멸시효의 중단이 있어도 그 효력이 보증인에게 미치지 않는다. 이는 어음에 수인의 어음채무자가 있는 경우에 '합동책임'(어 47조 1항, 77조 1항 4호 참조)을 표현한 것이라고 볼 수 있다.

(5) 시효완성의 효과

주채무자에 대한 권리가 시효로 인하여 소멸한 때에는 주된 어음채무와 상환의무는 주종의 관계에 있으므로 어음소지인의 배서인 등에 대한 상환청구권은 소멸한다. 그러나 상환청구권이 먼저 시효로 인하여 소멸하여도 주채무자에 대한 채권에는 영향이 없다(통설).

3. 어음의 말소 · 훼손 · 상실

(1) 어음의 말소

1) 의 의

어음의 말소라 함은 어음의 기명날인 또는 기재사항을 도말(塗抹) · 삭제(削除) · 첩부(貼付) 기타의 방법으로 제거하는 것을 말한다. 말소의 방법에는 제한이 없으며, 말소에 의하여 어음의 동일성을 해칠 정도에 이른 경우에는 후술하는 어음의 상실이 된다.

2) 효 력

말소가 권한이 있는 자에 의하여 이루어진 경우에는 어음상의 권리가 변경 또는 소

다. 나. 어음법에 의한 이득상환청구권이 발생하기 위하여는 모든 어음상 또는 민법상의 채무자에 대하여 각 권리가 소멸되어야 하는 것인바, 원인관계에 있는 채권의 지급을 확보하기 위하여 발행된 약속어음이 전전양도되어 최후의 소지인이 어음상의 권리를 상실한 경우라도 원인채무는 그대로 존속하는 것이므로 발행인이 바로 어음금액 상당의 이득을 얻고 있다고는 할 수 없다.

277) 대판 1990. 11. 27, 90다카21541; 어음시효 중단사유로서의 승인은 시효이익을 받을 당사자인 어음채무자가 시효의 완성으로 권리를 상실하게 될 자에 대하여 그 권리가 존재함을 인식하고 있다는 뜻을 표시함으로써 족하고 반드시 기존 어음에 개서하거나 새로운 어음을 발행, 교부함을 요하지 아니하며, 또 채무승인에 관한 문서가 작성되어 있지 않다고 하여 채무승인을 인정할 수 없는 것은 아니다.

멸된다. 그러나 권한이 없는 자에 의하여 말소된 때에는 어음의 변조가 된다. 따라서 말소의 효과도 변조의 경우와 마찬가지이며 일단 유효하게 성립한 어음채무자의 어음상의 책임은 어음의 말소에 의해 소멸되지 않는다. 또한 말소 후에 기명날인한 자는 말소 후의 어음문언에 따라 책임을 부담한다(어 69조 참조).

3) 입증책임

어음(수표)에 말소한 사실이 있는 때에는 권리자에 의하여 이루어진 것으로 추정되므로 권리를 행사하려는 자는 그 말소가 무권한 또는 과실에 의한 것임을 입증하여야 한다. 원문언이 분명치 아니한 경우에는 말소된 문언도 입증하여야 한다(통설).

4) 배서의 말소

말소된 배서는 배서의 연속에 관하여는 이를 기재하지 않은 것으로 본다(어 16조 1항). 이 경우에 말소는 권리자에 의한 것이거나 과실의 유무를 묻지 않는다.

따라서 배서의 말소에 의하여 배서는 연속되기도 하고 단절되기도 한다. 어음을 환수한 배서인은 자기 및 후자의 배서를 말소할 수 있다(어 50조 2항). 환배서에 갈음하여 하는 배서의 말소는 어음법에 규정되어 있지는 않지만, 학설·판례가 그 유효성을 인정하고 있다.

(2) 어음의 훼손

어음의 훼손은 절단(切斷)·마멸(磨滅)·오손(汚損) 기타의 방법에 의하여 어음증권의 일부가 물리적으로 손상된 것을 말한다. 어음훼손의 효과는 말소의 경우에 준한다(통설). 어음의 동일성을 해칠 정도인 경우에는 어음의 상실이 된다.

(3) 어음의 상실과 제권판결절차

1) 의 의

어음의 상실은 소실 등의 물질적 멸실, 유실·도난 등으로 인한 어음의 소재의 불분명, 또는 어음의 동일성을 잃을 정도로 말소·훼손된 경우를 말한다.

어음(수표)은 제시증권이므로 그 권리를 행사하기 위하여는 어음(수표)의 소지를 요하나, 어음·수표는 권리의 유통을 위한 수단에 불과하므로, 어음을 상실하였다고 하여 어음상의 권리까지 상실하는 것은 아니다. 그러나 어음이 상실된 경우에 아무런 조치 없이 어음상의 권리를 행사하게 하거나 어음(수표)의 재발행을 청구하면 어음(수표)

의 선의취득자를 보호할 수 없다. 따라서 민사소송법은 공시최고에 의한 제권판결절차(민소 475조 이하)를 두고, 상실된 어음(수표)에 대하여 무효선언을 한 다음에 권리자에게 증권없는 권리행사를 인정하고 있다(민소 497조).

2) 공시최고절차

(가) 공시최고의 의의

공시최고는 법원이 일반인에게 소재가 불명한 증권(증서)에 대하여 일정기일(공시최고기일)까지 권리 또는 청구의 신고를 하게하고, 이를 게을리 하면 권리를 상실하고 증서의 무효가 선고된다는 것을 일반인에게 공고 등의 방법으로 알리는 것을 말한다(495조 참조).

(나) 공시최고의 대상

도난·분실되거나 없어진 증권, 상법에서 무효로 할 수 있다고 규정한 증서(상 65조, 360조), 법률상 공시최고(민 521조)를 할 수 있는 증서이다(민소 492조 1·2항). 금전, 물건 또는 유가증권의 지급을 목적으로 하는 유가증권에 대하여는 지시증권과 무기명증권을 규정하고 있는 민법 508조 내지 525조가 준용되므로(상 65조) 공시최고에 의한 제권판결은 무기명증권 또는 배서로 이전할 수 있는 증권 또는 증서 등 유통증권을 그 대상으로 한다(민소 493조).[278] 또한 민소법 492조 1항은 공시최고신청의 원인으로 도난·분실·멸실로 규정하고 있기 때문에 현재 어음 소재를 알고 있는 경우에 공시최고를 신청할 수 없다고 보아야 한다. 따라서 본인의 실수로 어음·수표가 훼손된 경우, 증권을 사취당한 경우는 공시최고를 신청할 수 없다.[279] 증서를 횡령당한 경우에도 공시최고를 신청할 수 없다.[280] 다만 판례는 수표의 소재가 판명된 경우에도 제권판결이

278) 서울지법 1997. 10. 29, 97가단12045; 수표법 제29조 제1항에 의하면 수표는 발행일로부터 10일 이내에 지급제시를 하여야 하고 지급제시기간이 경과하면 수표의 소지인은 수표상의 권리를 상실하도록 되어 있으며, 이 경우 그 수표의 정당한 소지인은 이득상환청구권을 취득하게 되나 이득상환청구권은 지명채권으로서 그 양도방법 역시 지명채권의 양도방법에 의하여야 하므로 지급제시기간을 경과한 수표는 상법 제65조가 예상하는 유가증권이 아니라 할 것이어서 제권판결의 대상이 될 수 없다.

279) 대판 1991. 2. 26, 90다17620; 사채업자라고 사칭하는 성명불상자로부터 어음할인이 가능하다는 말을 듣고 이를 믿어 약속어음을 교부하였는데, 위 성명불상자가 이를 받아들자 마자 전주에게 가서 현금과 교환하여 오겠다고 밖으로 나간 후 그대로 도망함으로써 소위 약속어음을 "네다바이(*ねたばい*, 남을 교활하게 속여 금품 등을 갈취하는 것)" 당한 경우, 약속어음에 대한 공시최고신청을 함에 있어서 그 신청이유로서 위 약속어음을 위와 같이 "사취" 또는 "사기"당하였다고 기재하여 제권판결을 선고받았다면, 이는 약속어음이 도난, 분실, 또는 멸실된 경우에 해당하지 아니하여 추상적, 일반적으로 공시최고를 인정할 법률상의 근거가 없는 것으로서 민사소송법 제461조 제2항 제1호에 소정의 불복사유인 법률상 공시최고절차를 허가하지 아니할 경우에 해당된다.

280) 대판 2016. 10. 27, 2016다235091.

선고된 이상은 그 효력이 인정되므로 제권판결에 대한 불복의 소를 제기하여 취소판결을 받지 않는 한 약속어음상의 권리를 주장할 수 없다는 입장이다.[281] 그러므로 정당한 권리자는 제권판결선고 전에 권리의 신고나 청구를 하여야 하며, 제권판결로 어음이 무효가 되면 공시최고 신청인에게 제권판결로 인한 손해배상청구를 할 수 있을 뿐이다.[282]

(다) 신청권자

무기명증권 또는 배서로 이전할 수 있거나 약식배서가 있는 증권(증서)에 관하여는 최종소지인이, 그 밖의 증서에 관하여는 그 증서에 의하여 권리를 주장할 수 있는 사람이 공시최고절차를 신청할 수 있다(민소 493조).

(라) 신청장소

어음이나 수표를 도난·분실 또는 멸실한 경우에 최종소지인은 지급지의 지방법원에, 지급지의 표시가 없는 경우에는 발행인의 보통재판적이 있는 지방법원에, 그 법원이 없는 때에는 발행 당시에 발행인의 보통재판적이 있었던 곳의 지방법원에 공시최고를 신청하고, 이는 해당 법원의 전속관할로 한다(민소 476조).

(마) 신청절차

공시최고의 신청은 서면으로 하며, 신청인은 당해 어음 등의 등본을 제출하거나 그 중요취지를 충분히 제시하고, 도난이나 분실 등의 사실 기타 원인사실 등을 소명하여

---

281) 대판 1990. 4. 27, 89다카16215; 가. 약속어음에 관하여 제권판결이 선고되면 제권판결의 소극적 효력으로서 그 약속어음은 약속어음으로서의 효력을 상실하게 되어 약속어음의 정당한 소지인이라고 할지라도 그 약속어음상의 권리를 행사할 수 없게 되는 것이므로, 일단 제권판결이 선고된 이상 약속어음상의 실질적 권리자라고 하더라도 제권판결의 효력을 소멸시키기 위하여 제권판결에 대한 불복의 소를 제기하여 취소판결을 받지 아니하는 한 그 약속어음상의 권리를 주장할 수 없다. 나. 제권판결의 소극적 효력으로서 그 어음이 어음으로서의 효력을 상실하여 무효로 되는 이치가, 공시최고의 신청인이 발행인인 경우와 발행인이 아닌 소지인(어음상의 권리자)인 경우에 따라 구별되어 해석되어야 할 만한 아무런 합리적인 근거가 없으며, 도리어 약속어음의 발행인이 그 어음상의 채무를 면하기 위하여 어음의 도난, 분실 등을 이유로 공시최고의 신청을 할 수 있다고 해석하여야 할 것이므로, 어음 발행인의 신청에 의하여 제권판결이 선고된 경우에도 그 소극적 효력에 의해 그 어음이 효력을 상실하게 됨은 마찬가지이다.

282) 대판 1995. 2. 3, 93다52334; 약속어음의 전소지인이 자기의 의사에 기하지 아니하고 그 약속어음의 소지를 상실하였다고 하더라도 그 후 그 약속어음을 특정인이 소지하고 있음이 판명된 경우에는 전소지인은 현소지인에 대하여 그 반환을 청구하여야 하고, 이에 대한 공시최고는 허용되지 아니하고, 전소지인이 그 약속어음의 소지인을 알면서도 그 소재를 모르는 것처럼 공시최고기일에 출석하여 그 신청의 원인과 제권판결을 구하는 취지를 진술하여 공시최고법원을 기망하고, 이에 속은 공시최고법원으로부터 제권판결을 얻었다면, 그 제권판결의 소극적 효과로서 그 약속어음은 무효가 되어 그 정당한 소지인은 그 약속어음상의 권리를 행사할 수 없게 되고 적법한 소지인임을 전제로 한 이득상환청구권도 발생하지 않게 된 손해를 입었다고 할 것이므로 전소지인은 그 약속어음의 정당한 소지인에게 불법행위로 인한 손해를 배상할 책임이 있다. 동지; 대판 1989. 6. 13, 88다카7962.

야 한다(민소 494조).

(바) 공시최고의 결정과 공고

법원은 '결정'으로 허가여부에 대한 재판을 하고(민소 478조 1항), 공시최고의 신청이 적법하다고 인정한 경우에는 3월 이상의 공시최고기간을 정하여(민소 481조), 이 기간 내에 어음소지인이 권리신고를 하지 않으면 어음무효의 선고가 있을 것을 경고하여야 한다(민소 495조). 공시최고의 공고는 법원게시판 게시, 관보・공보 또는 신문 게재, 전자통신매체를 이용한 공고 중의 하나의 방법으로 하며, 필요하다고 인정하는 때에는 적당한 방법으로 공고사항의 요지를 공시할 수 있다(민사소송규칙 142조).

공시최고기간중이라도 제권판결이 있기까지는 어음의 선의취득이 가능하며, 어음의 소지인이 악의・중대한 과실없이 지급하면 면책된다.

3) 제권판결

(가) 절 차

공시최고기간 중에 권리의 신고가 있을 때에는 법원은 그 권리에 대한 재판의 확정시까지 공시최고절차를 중지하거나 신고한 권리를 유보하고 제권판결을 하여야 한다(민소 485조). 그러나 권리의 신고나 청구가 없는 경우에는 신청에 따라서 법원은 제권판결을 선고하여야 한다(민소 485, 496조).

(나) 제권판결의 효력

제권판결에 의하여 어음・수표는 무효로 된다(민소 496조, 소극적 효력). 따라서 제권판결 후에는 어음(수표)을 선의취득할 수 없으며, 선의지급의 면책력도 인정되지 않는다. 또한 공시최고의 신청인은 어음・수표의 소지를 회복한 것과 같은 지위를 가지게 되므로 어음(수표)없이도 어음・수표상의 권리를 행사할 수 있다(적극적 효력, 민소 497조).

주의하여야 할 점은 제권판결은 공시최고 신청인에게 어음상의 권리를 행사할 수 있는 형식적 자격을 인정하는데 그치며, 실질적 권리자를 확정하는 것이 아니라는 점이다(예: 도취자의 소실된 증권에 대한 공시신청). 즉 증권의 소지인이라고 하여 반드시 권리자라고 할 수 없는 것과 같이 제권판결취득자가 반드시 실질적 권리자라고 할 수 없다. 따라서 채무자는 제권판결을 얻은 자가 무권리자임을 입증하여 권리행사를 거절할 수 있으며, 무권리자임을 알았거나 중과실이 있으면 면책되지 않는다.

4) 증권의 재발행

주권의 경우에는 제권판결을 얻지 않고는 주권의 재발행을 청구할 수 없다고 명문으로 규정하고 있다(상 360조 2항). 기타 증권의 경우에는 인정규정이 없지만, 공시최고 절차의 기간이 3개월 이상 소요되기 때문에 증권재발행의 실익이 없어 증권 없이 권리를 행사하는 것이 통상적이다.

5) 선의취득과 제권판결과의 관계

공시최고 후 제권판결이 있으면 어음(수표)이 무효가 되므로 선의취득의 대상이 될 수 없으나, 제권판결이 있기 전에는 선의취득이 가능하다. 따라서 선의취득자가 공시최고기간 동안에 권리신고를 하지 않아 제권판결이 선고가 된 경우 선의취득자와 제권판결을 받은 공시최고신청인 가운데 누구의 권리가 우선할 것인가가 문제된다. 이에 관하여는 ① 제권판결은 증권을 상실한 소지인의 권리회복만을 인정할 뿐이고 실질적 권리관계에는 아무런 영향을 미치지 아니하므로 선의취득자를 우선하여야 한다는 견해(다수설)[283]와, ② 권리신고를 게을리 한 선의취득자보다는 상당한 비용과 시일을 소비한 제권판결취득자를 우선하여야 한다는 견해(판례)[284][285] 등의 대립이 있다.

생각건대 제권판결은 실질적 권리관계를 확정하는 정식의 소송절차에 의한 것이 아니며, 또한 공시최고의 방법이 불완전함에도 불구하고 권리의 신고가 없다고 하여 선의취득자의 권리를 상실시키는 것은 거래에 부당하므로 선의취득자를 우선하여야 할 것이다.

---

283) 정동윤(下), 153면; 최기원(어), 52면.

284) 대판 1994. 10. 11, 94다18614; [1] 원심이 인정한 사실에 의하면, 원고는 피고가 1992. 9. 30. 발행한 이 사건 약속어음을 소외 김인식으로부터 배서양도받아 소지하고 있다가 그 지급기일인 1993. 1. 5. 이를 지급제시하였으나 지급거절되었고, 한편, 피고는 서울민사지방법원에 공시최고 및 제권판결신청을 하여 1993. 6. 5. 제권판결이 선고되었다는 것이다. [2] 약속어음에 관한 제권판결의 효력은 그 판결 이후에 있어서 당해 어음을 무효로 하고 공시최고 신청인에게 어음을 소지함과 동일한 지위를 회복시키는 것에 그치는 것이고, 공시최고 신청인이 실질상의 권리자임을 확정하는 것은 아니나, 취득자가 소지하고 있는 약속어음은 제권판결의 소극적 효과로서 약속어음으로서의 효력이 상실되는 것이므로 약속어음의 소지인은 무효로 된 어음을 유효한 어음이라고 주장하여 어음금을 청구할 수 없는 것이고, 이러한 이치는 공시최고의 신청인이 발행인인 경우와 발행인이 아닌 소지인(어음상의 권리자)인 경우에 따라 구별되어 해석되어야 할 만한 아무런 합리적인 근거가 없다(당원 1990. 4. 27, 89다카16215; 1993. 11. 9, 93다32934 등 참조).
따라서, 이와 같은 견해에 터잡아 원고의 이 사건 약속어음청구를 배척한 원심의 조처는 정당하고, 거기에 어음의 선의취득과 제권판결의 법리를 오해한 위법이 있다고 할 수 없고, 원고가 공시최고 전에 선의취득하였다고 하여 달리 볼 것이 아니다(위 당원 1993. 11. 9, 93다32934). 논지는 이유 없다.

285) 이철송(어), 352면; 정희철(下), 399면.

Ⅴ. 이득상환청구권

1. 의　　의

어음(수표)법은 어음(수표)거래의 신속한 결제와 어음(수표)채무의 무인성·독립성·엄격성에 대한 완화를 위하여 어음채무의 단기소멸시효에 관한 특칙과 엄격한 권리보전절차(상환청구권은 지급제시기간 내에 지급제시와 거절증서의 작성이 요구된다)를 규정하고 있다. 따라서 어음소지인은 자칫하면 어음상의 권리를 잃기 쉬운 반면에 어음상의 채무자는 원인관계 또는 자금관계에서 그가 받은 대가 또는 자금을 그대로 보유하게 되어 불공평한 결과가 발생한다. 어음(수표)법은 이러한 불공평을 시정하기 위하여 이득상환청구권을 인정하고 있다.

이득상환청구권은 어음 또는 수표상의 권리가 권리보전절차의 흠결 또는 소멸시효로 인하여 소멸한 경우 어음(수표)의 소지인이 증권상의 채무자(발행인·인수인·배서인·지급보증인)에 대하여 그가 받은 이익의 한도 내에서 이익의 상환을 청구할 수 있는 권리를 말한다(어 79조, 수 63조).

2. 법적 성질

이득상환청구권의 법적 성질에 관하여 과거에는 민법상 손해배상청구권설, 부당이득반환청구권설이 있었다. 그러나 이득상환청구권은 채무자의 채무불이행이나 불법행위로 발생한 것이 아니므로 민법상의 손해배상청구권으로 볼 수 없으며, 채무자가 법률상 원인 없이 이득한 것이 아니므로 부당이득이라고 볼 수 없기 때문이다. 현재의 국내학설은 지명채권설과 잔존물(변형물설)로 나누어진다. 어느 견해를 취하느냐에 따라 그 권리의 행사방법·양도방법·시효기간 등에서 차이가 있다.

(1) 지명채권설

이득상환청구권은 법이 형평의 관념에서 특별히 인정한 청구권으로 민법상 지명채권의 일종이라고 보는 입장이다.[286] 따라서 이 견해에 따르면 이득상환청구권의 행사나 양도시에 증권의 소지가 필요하지 않으며 소멸시효도 일반채권과 동일하다. 다수

286) 강위두(어), 213면; 이철송(어), 205면; 정찬형(下), 403면; 최기원(下), 459면; 서헌제(어), 267면.

설 · 판례[287)]의 입장이다.

(2) 잔존물설(변형물설)

이득상환청구권은 어음상의 권리는 아니지만, 실질관계상 어음상의 권리와 연결되어 있으므로 어음상권리의 잔존물로 보거나(독일의 통설), 어음상의 권리가 수량적 · 조건적으로 제한된 변형물로 보는 입장이다.[288)] 이 견해에 따르면 어음상의 권리가 소멸되어도, 증권은 이득상환청구권이 표창된 유가증권으로 남기 때문에 권리의 발생 · 행사 · 양도시 증권의 소지 · 제시 · 상환이 필요하다고 본다.

(3) 검 토

생각건대 잔존물설(변형물설)은 이득상환청구권이 발생하게 된 원인은 설명할 수 있어도, 이득상환청구권의 성질 자체를 파악하고 있지 못하다. 이득상환청구권은 어음(수표)상의 권리가 권리보전절차의 흠결 또는 소멸시효로 인하여 소멸한 경우에 인정된 권리이므로 어음상의 권리의 잔존물 또는 변형물이라고 볼 수는 없는 것이다. 또한 어음상의 권리가 권리보전절차의 흠결 또는 소멸시효로 인하여 소멸되었으므로 어음수표 자체는 종전과 같은 유통증권으로 볼 수 없는 것이다. 따라서 이득상환청구권의 대상인 이득은 통상 원인관계 또는 자금관계에서 발생하는 것이므로 그 반환청구권도 원인관계상의 채권과 마찬가지로 지명채권으로 보는 것이 타당하다.

---

287) 대판 1970. 3. 10, 69다1370; [1]「어음법에 약속어음의 소지인의 발행인에게 대한 이득상환의 청구권을 인정함은 소지인이 타에 어음상 또는 민법상 하등의 구제방법이 없을 경우에 발행인으로 하여금 그 이득을 취득시킴은 불공평하다는 원칙에서 나온 것이므로 이득상환의 청구권이 발생하는데 있어서는 모든 어음상 또는 민법상의 채무자에 대하여 각 권리가 소멸되었음을 요한다 함이 당원의 견해(대법원 1959. 9. 10. 선고 4291민상717 판결 참조)인 바」 기록을 검토하면 원심은 위와 같은 견해로서 적법한 거시의 각 증거에 의하여 원고는 원판시 특약에 따른 주식반환청구권(그 이행불능시는 손해배상청구권) 또는 주식매매대금 청구권 등(채무불이행으로 인한 손해배상청구권 또는 부당이득반환청구권이 인정될 경우도 있을 것임) 민법상의 청구권이 있다고 보여지는 본건에 있어서 특별한 사유가 없는 한 원고는 본건 약속어음상의 권리가 시효에 의하여 소멸하였다 하더라도 원고가 이와 병존하는 민법상의 권리를 행사할 수 있는 이상 그 이득상환청구를 할 수 없다고 한 원심판단은 정당하고 논지는 반대의 견해로서 원심의 정당한 판단을 비난하는데 불과하므로 받아드릴 수 없다. [2] 이득상환청구권은 법률의 직접 규정에 의하여 어음의 효력소멸 당시의 소지인에게 부여된 지명채권에 속하므로 지명채권 양도의 방법에 의하여 양도할 수 있는 것이고 약속어음상의 권리가 소멸된 이후에 배서양도만으로서는 양도의 효력이 없다 할 것이다. 동지; 대판 1993. 3. 23, 92다50942.

288) 정희철(下), 286면.

3. 이득상환청구권의 당사자

(1) 권리자

이득상환청구권을 가지는 자는 어음상의 권리가 절차의 흠결 또는 시효로 인하여 소멸한 당시의 정당한 소지인(어 79조)이다. 주채무자에 대하여는 절차의 흠결로 인하여 이득상환청구권이 발생하는 경우는 없다.

소지인인 이상 최후의 배서에 의하여 어음을 취득한 자이든 상환의무를 이행하고 어음을 환수한 소지인이든, 기한후배서에 의하여 어음을 양수한 자이든 불문한다. 또한 상속 · 합병 · 경매 · 전부명령, 지명채권양도방법 등에 의하여 소지인을 승계한 자도 포함한다.

이득상환청구권이 발생하기 위하여 어음 · 수표상의 권리가 소멸한 당시 증권의 소지여부에 대하여는 불요설(지명채권설)과 필요설(잔존물설)로 대립된다. 잔존물설은 어음상의 권리가 소멸되어도 증권은 이득상환청구권이 표창된 유가증권으로 남기 때문에 어음을 점유할 것을 요한다. 그러나 지명채권설은 이득상환청구권은 어음상의 권리와 무관하므로 어음상의 권리의 소멸 당시 권리자를 입증하는 것으로 충분하다.

(2) 의무자

이득상환의무를 부담하는 자는 실질관계에서 이득을 본 자로서 어음의 경우는 발행인 · 인수인 또는 배서인이다(어 79조). 따라서 어음 보증인 · 참가인수인 · 지급인 · 지급담당자는 이득상환의무자가 아니다. 수표의 경우에는 발행인 · 배서인 · 지급보증인이 이득상환의무자이다.

의무자는 자기가 받은 이익의 한도 내에서 의무를 부담한다. 이득이 있는 이상 청구자 자신이 그 이득의 제공자이어야 하는 것은 아니다. 그러나 배서인이 어음취득을 위하여 제공한 대가와 배서에 의하여 얻을 가액과의 차액은 이에 해당하지 않는다.

4. 이득상환청구권의 발생요건

(1) 어음상 권리의 유효한 존재

이득상환청구권이 성립하기 위하여는 먼저 어음 소지인이 완전한 어음을 소지하여야 한다. 따라서 어음요건이 흠결된 무효인 어음은 제외된다. 백지어음은 보충권이 행사되지 않는 한 어음상의 권리가 발생되지 않았으므로 이득상환청구권이 발생될 수 없다(다수설 · 판례[289]).

(2) 어음상의 권리의 소멸

어음상의 권리가 절차의 흠결이나 시효로 인하여 소멸하였어야 한다(어 79조). 절차의 흠결로 인한 어음상의 권리의 소멸은 상환청구권을 보전하기 위한 실질적 요건 및 형식적 요건을 흠결한 경우를 의미하며, 시효로 인해 소멸한 경우란 각 어음채무자에 대한 어음상의 권리의 시효기간이 경과함을 의미한다. 소지인의 과실의 유무는 묻지 않는다.

(3) 어음채무자의 이득

여기서 이득이라 함은 어음상의 권리가 소멸됨으로써 어음채무를 면하게 된 반사적 이득이 아니라, 어음채무자가 어음수수의 실질관계(대가)에 있어서 현실적으로 재산상의 이익을 받은 것을 말한다. 적극적으로 금전을 취득한 경우이든 또는 소극적으로 기존 채무를 면한 경우이든 불문한다. 예컨대 환어음의 인수인이 발행인으로부터 자금을 받고 인수하였는데 어음상 권리가 소멸한 결과로 이를 지급할 필요가 없게 된 경우에는 이득이 있는 것이다. 그러나 배서인이 어음양수와 양도시에 있어서 지불한 대가의 차익은 이익으로 볼 수 없다(통설).[290]

채무자의 이득은 현존할 필요가 없으며, 또한 어음소지인의 손해로 발생하여야 하는 것은 아니다.

판례에 의하면 채무의 변제를 위하여 약속어음을 발행한 경우는 특별한 사정이 없는 한 그 채무는 아직 존속하므로 발행인이 바로 이득을 얻었다고 할 수 없다고 한다.[291] 또한 원인관계상의 채무를 담보하기 위하여 어음이 발행되거나 배서된 경우에

---

289) 대판 1962. 12. 20, 62다680.

290) 대판 1993. 7. 13, 93다10897; 어음법 제79조에서 말하는 '받은 이익'이라는 것은 어음채무자가 어음상의 권리의 소멸에 의하여 어음상의 채무를 면하는 것 자체를 말하는 것이 아니라 어음수수의 원인관계 등 실질관계(기본관계)에 있어서 현실로 받은 재산상의 이익을 말하는 것이라 할 것인데, 원심은 피고의 어음의 발행 수수에 의한 원인관계상의 구체적 이익을 얻은 내용과 그 금액을 살펴보지도 아니한 채 바로 피고가 어음액면금 및 이에 대한 법정이자와 부대비용 상당의 이익을 얻었다고 판단하고 말았는바, 이러한 원심판결에는 위 법리를 오해하였거나 심리를 다하지 아니한 잘못이 있다고 아니할 수 없고 이는 판결에도 영향을 미쳤음이 분명하다.

291) 대판 1993. 3. 23, 92다50942; 1974. 7. 23, 74다131; 채무의 변제확보를 위하여 발행된 약속어음이 전전양도 되어 최후의 배서인이 어음상의 권리를 상실한 경우라도 원인채무는 그대로 존속하므로 발행인이 바로 어음액면상당의 이득을 얻고 있다고는 할 수 없다.

는 어음채권과 원인채권이 시효로 소멸되더라도 발행인 또는 배서인은 이득이 없으므로 그에 대하여 이득상환청구권을 행사할 수 없다고 한다.[292)]

따라서 판례의 입장에 의하면 이득상환청구권이 실제로 인정되는 경우는 매우 드물다. 판례가 이득상환청구권을 인정하고 있는 경우의 대부분은 어음 · 수표의 교부로 기존 채무가 소멸하게 되는 경우, 즉 자기앞수표와 관련된 경우이다(후술).

(4) 어음소지인의 다른 구제수단의 부존재

이득상환청구권이 성립하기 위하여는 어음상의 권리가 소멸하여야 되지만, 어느 범위까지 소멸되어야 하느냐에 관하여는 소지인이 다른 구제수단이 있는 경우에도 이득상환청구권을 인정할 것인가와 관련하여 학설의 대립이 있다.

제1설은 이득상환의 청구를 하려는 상대방에 대한 어음상의 권리가 소멸한 것만으로써 족하다는 입장이고, 제2설은 모든 어음채무자에 대한 어음상의 권리가 소멸하면 다른 민법상의 구제수단을 갖고 있더라도 이득상환청구권을 인정하는 입장[293)]이며, 제3설은 어음법상 다른 구제수단은 물론이고 민법상의 구제방법도 없어야 이득상환청구권을 인정하는 입장[294)]이다.

생각건대 제1설은 다른 어음 채무자에 대한 어음상의 권리가 존재함에도 이득상환청구권을 인정하고 있으므로 이득상환청구권은 어음 · 수표상의 권리가 소멸된 이후에 당사자의 불공평을 시정하기 위한 최종적인 권리라는 점에서 부당하다. 또한 제2설도 민법상의 다른 구제수단이 있음에도 동일한 성질을 갖는 이득상환청구권을 인정하게 되어 이득상환청구권을 인정하는 입법취지에 반한다. 따라서 제3설이 타당하다고 본다. 판례의 일관된 입장이다.[295)]

---

292) 대판 2000. 5. 26, 2000다10376; 원인관계상의 채무를 담보하기 위하여 어음이 발행되거나 배서된 경우에는 어음채권이 시효로 소멸되었다고 하여도 발행인 또는 배서인에 대하여 이득상환청구권은 발생하지 않는다고 할 것인바, 이러한 이치는 그 원인관계상의 채권 또한 시효 등의 원인으로 소멸되고 그 시기가 어음채무의 소멸 시기 이전이든지 이후이든지 관계없이 마찬가지라고 보는 것이 당원의 견해이다(대법원 1993. 10. 22. 선고 93다26991 판결, 대법원 1992. 3. 31. 선고 91다40443 판결, 대법원 1963. 5. 15. 선고 63다155 판결 등 참조). 따라서 위 판례의 법리에 의하면, 원심 인정대로 피고의 위 어음에의 배서가 피고의 원고에 대한 보증채무의 담보를 위한 것이라면, 피고의 배서인으로서의 어음채무가 시효로 소멸되었다고 하여도 피고에 대한 이득상환청구권은 발생하지 않는다고 할 것이다.

293) 강위두(어), 219면; 정동윤(下), 141면; 최기원(下), 465면.

294) 이철송(어), 208면.

295) 대판 1959. 9. 10, 58다717; 본건에 있어서 1958년 1월 30일 구두변론 조서에 의하면 원고가 소외 최복선에게 금 100,000환을 주어 동인으로 하여금 타인에게 동 금원을 대부하여주고 이식을 얻게 하여 달라고 부탁하였던바 동 소외 최복선은 동 금원을 피고에게 대부하고 1953년 7월 11일부터 동년 9월 20일까지의 이식 가산한 액면 금 105,000환의 본건 약속어음을 받아 원고에게 이서 양도

5. 이득상환청구권의 행사

(1) 어음(수표)의 소지 요부

이득상환청구권의 행사에 어음·수표의 소지 또는 제권판결이 필요한가에 관하여 이득상환청구권의 성질을 민법상 지명채권의 일종으로 보는 다수설·판례는 어음의 소지가 필요 없다고 보고 있으나, 잔존물설 내지 변형물설에는 소지를 요한다고 본다.

(2) 입증책임

이득상환청구권자(원고)인 소지인이 권리발생의 요건의 전부와 채무자가 받은 이익의 한도를 증명하여야 한다.[296] 자기앞수표의 경우에는 이득이 있음이 추정된다.[297]

(3) 이행장소

이득상환의무자는 누가 이득상환청구권자인지 알 수 없으므로 이득상환청구권의 법적 성질을 지명채권으로 보더라도 그 이행에 있어서는 지참채무(민 467조 2항)가 아니라 추심채무라고 보아야 할 것이다. 또한 이득상환청구권은 어음상의 권리가 아니므로 어음면에 기재된 지급지 또는 지급장소를 이행지 또는 이행장소로 할 수 없으며 채무자의 영업소 또는 주소가 그 이행장소이다(통설).

(4) 채무자의 항변

채무자가 종전의 어음·수표소지인에 대하여 주장할 수 있었던 항변은 이득상환청구자에 대하여도 모두 주장할 수 있다.

한 것이라 주장함에 의하면 특단의 사유가 없는 한 원고는 동 약속어음상 권리와 소비 대차에 인한 채권이 병존하는 것으로 인정할 수 있으므로 원고의 본건 약속어음상 권리가 절차의 흠결 또는 시효에 의하여 소멸하였다 하더라도 원고가 이와 병존하는 민법상의 채권을 행사할 수 있는 이상 이득상환청구를 할 수는 없는 것이다. 동지; 대판 1970. 3. 10, 69다1370; 1993. 3. 23, 92다50942 등.

296) 대판 1994. 2. 25, 93다50147; 어음법상의 이득상환청구권을 규정한 어음법 제79조의 어음채무자의 "받은 이익"이라 하는 것은 어음채무자가 어음상의 권리의 소멸에 의하여 어음상의 채무를 면하는 것 자체를 말하는 것이 아니라 어음수수의 원인관계 등 실질관계(기본관계)에 있어서 현실로 받은 재산상의 이익을 말하는 것이고(당원 1993. 7. 13. 선고, 93다10897 판결 참조), 어음채무자에게 그 "받은 이익"이 있음과 그 한도에 관하여는 어음소지인인 이득상환청구자가 이를 주장 입증하여야 할 것이다.

297) 대판 1961. 7. 31, 4293민상841.

6. 이득상환청구권의 양도

이득상환청구권의 양도는 이득상환청구권의 법적 성질을 어떻게 파악하느냐에 따라 양도방법이나 담보이전 등에 관하여 차이가 있다.

(가) 지명채권설(통설·판례[298])에 의하면 이득상황청구권의 양도는 당사자의 합의와 채무자에 대한 대항요건으로 양도인의 채무자에 대한 통지 또는 승낙이 있어야 한다고 본다(민 450조). 따라서 양도에 있어서 어음·수표의 교부를 요하지 않으며, 이득상환청구권은 지명채권이므로 선의취득이 인정되지 않는다. 또한 어음상의 권리와 이득상환청구권의 성질은 다르므로 종전의 어음상의 권리의 보증 또는 담보는 당사자간의 특약이 없는 한 이득상환청구권의 양도로 이전되지 않는다고 본다.

(나) 잔존물설에 의하면 이득상환청구권의 양도는 어음(수표)의 교부에 의하여 이루어지며, 어음상의 권리와 이득상환청구권의 법적 성질이 같으므로 어음상의 권리를 위해 존재하는 보증 또는 담보는 당사자간의 특약이 없더라도 이득상환청구권을 담보한다고 본다. 다만 독일의 잔존물설은 이득상환청구권의 선의취득을 인정하고 있으나, 국내의 잔존물설은 지급제시기간이 경과한 수표에 대하여는 유통력을 상실하였기 때문에 선의취득을 인정하지 않고 있다.

참고 **지명채권양도와 배서양도와의 차이**

	지명채권양도 방법	배서양도
권리이전	인정	인정
인적항변절단	안됨	가능함
선의취득	인정 안됨	가능함

7. 이득상환청구권의 소멸시효 기간

이득상환청구권의 법적 성질을 지명채권으로 보는 견해에서는 이득상환청구권의

298) 대판 1970. 3. 10, 69다1370; 이득상환청구권은 법률의 직접 규정에 의하여 어음의 효력소멸 당시의 소지인에게 부여된 지명채권에 속하므로 지명채권 양도의 방법에 의하여 양도할 수 있는 것이고 약속어음상의 권리가 소멸된 이후에 배서양도만으로서는 양도의 효력이 없다 할 것이다.

시효기간은 민법상의 일반채권의 시효기간과 같이 10년(민 162조)이라고 본다(통설 · 판례). 그러나 이득상환청구권의 법적 성질을 지명채권으로 보면서도 소멸시효기간을 원인채권이 상사채권이면 시효기간이 5년, 민사채권이면 10년이라고 보는 견해도 있다. 또한 잔존물설에서는 어음에서 발생하는 청구권의 시효기간은 3년이고 수표에서 발생하는 청구권의 시효기간은 1년이라고 본다.

이득상환청구권의 시효기간의 기산점은 어음상의 권리가 소멸한 때, 즉 시효로 소멸하거나 지급제시기간(지급기일과 그에 이은 2거래일)의 익일부터이다.

8. 수표의 이득상환청구권

(1) 제시기간경과 후의 수표의 효력

국내수표의 지급제시기간은 10일(수 29조 1항)이며, 10일이 경과하면 수표의 경우에는 어음과 같이 주채무자가 존재하지 않으므로 수표소지인이 전자에 대한 상환청구권을 상실하게 되므로 모든 수표상의 권리가 소멸한다. 따라서 수표의 지급제시기간이 경과하면 수표상의 권리의 존재를 전제로 하는 선의취득이 인정될 수 없다.

그런데 수표의 지급인은 지급제시기간이 경과하더라도 지급위탁의 취소가 없는 한 발행인의 계산에서 지급할 수 있으므로(수 32조 2항), 이득상환청구권이 언제 발생하느냐에 관하여는 학설의 대립이 있다.

(2) 발생시기

1) 정지조건설

수표상의 권리에는 수표법 32조의 규정에 따라 인정되는 '수표금수령권한'도 포함되므로 수표의 이득상환청구권은 지급제시기간의 경과로 발생하는 것이 아니라 지급이 거절되거나 또는 지급제시기간 경과 후에 지급위탁이 취소된 때 수표상의 권리가 소멸하여 이득상환청구권이 발생한다고 보는 견해이다(소수설).

2) 해제조건설

'수표금수령권한'은 수표상의 권리가 아니므로, 지급제시기간의 경과로 바로 이득상환청구권이 발생하고, 그 후 유효한 지급이 있으면 이득상환청구권이 소멸한다고 보는 입장이다(다수설).

3) 검 토

수표의 지급인은 수표상의 채무자가 아니므로 지급의무가 없다. 또한 '수표금수령권한'은 지급인인 은행이 발행인과의 자금관계와 소지인의 수령자격이 문제가 없을 때 소지인에게 지급하면 소지인이 이를 수령할 지위만이 있다. 따라서 주면 받고 안주면 그 자체로 청구할 수 없는 '수표금수령권한'은 수표상의 권리로 볼 수 없는 것이다. 그러므로 지급인이 지급제시기간이 경과한 후에도 발행인의 지급위탁의 취소가 없는 한 지급을 할 수 있다(수 32조 2항)는 것은 지급인의 권한이지 의무는 아니므로 해제조건설이 타당하다고 본다(다수설 · 판례[299]).

(3) 자기앞수표의 경우

1) 의 의

자기앞수표는 발행인이 지급인을 겸하는 수표이다. 수표의 지급인은 은행 기타 금융기관에 한정되므로 이 수표는 은행발행의 자기앞수표가 되는 것이다. 발행인이 수취인을 겸하는 자기지시수표와 구별된다.

대법원 판례에 의하면 채무의 변제를 위하여 어음 · 수표를 발행한 경우는 어음 · 수표상의 권리가 소멸되더라도 기존 채무가 존속하므로 발행인이 이득을 얻었다고 할 수 없으므로 이득상환청구권이 인정되기 어렵다. 그러나 자기앞수표의 교부는 지급에 갈음한 것으로 보는 것이 통설 · 판례이므로 원인채무가 소멸하게 되며, 지급제시기간이 경과하면 수표상의 권리도 모두 소멸하게 되어 이득상환청구권이 발생하게 된다. 판례가 이득상환청구권을 인정하고 있는 경우는 거의 전부 자기앞수표와 관련된 경우이다. 사고신고로 인하여 지급정지된 자기앞수표의 경우에도 지급제시기간 경과로 상환청구권이 상실된 자기앞수표소지인은 수표법 63조에 따라 이득상환청구권을 행사할 수 있다.[300]

---

299) 대판 1983. 9. 27, 83다429; 수표상의 이득상환을 청구할 수 있는 소지인이라 함은 수표상의 권리가 소멸할 당시의 소지인으로서 그 수표상의 권리를 행사할 수 있었던 자를 말하는 것이므로(대법원 1964. 7. 14. 선고 64다63 판결; 1967. 9. 29. 선고 67다1729 판결 등 참조) 원심이 인용한 제1심 판결이 원고가 이 사건 수표를 취득한 때는 이미 이 사건 수표의 지급제시기간이 경과한 이후임을 적법하게 확정하고 이 수표상의 권리는 지급제시기간의 경과로 소멸하였고 원고는 그 소멸당시의 정당한 소지인으로서 그 권리를 행사할 수 있는 자가 아니라고 판시한 조치는 정당하여 이에 소론 판례위반의 위법이 있다고 할 수 없고 소론 논지는 필경 당원판례의 취지를 오해한데 연유하는 것으로 그 이유없음이 명백하다.

300) 대판 2016. 7. 27, 2016다203735.

2) 대법원의 해석

자기앞수표에 대하여 대법원은 종전의 판례[301]를 변경하고 지급제시기간을 경과하여 수표상의 권리가 소멸한 수표를 양도하는 행위는 특별한 사정이 없는 한 ① 수표금의 지급수령권한, ② 이득상환청구권의 양도, ③ 양도통지에 관한 권능을 부여하는 것으로 보고 있다.[302]

대법원이 이렇게 해석하는 것은 통설 · 판례가 이득상환청구권의 법적 성질을 지명채권으로 보므로 지급제시기간 경과 후의 자기앞수표를 취득한 자가 이득상환청구권을 취득을 주장하기 위하여는 자신의 전자인 양도인과 이득상환청구권양도의 합의, 의무자에 대한 대항요건으로서 양도인의 통지 또는 채무자의 승낙이 있어야 하는데(민 450조), 제시기간경과 후 자기앞수표를 취득한 자가 현실적으로 위의 양도의 합의와 대항요건을 갖추어 교부하는 경우는 거의 없기 때문에 자기앞수표가 현금과 같이 유통되는 거래의 실정을 도외시하고 선의자를 보호하지 못하는 결과가 된다. 따라서 대법원은 판결에 있어서 법적 논리의 구현과 구체적 타당성의 실현과의 갈등을 조화시키는 방안으로서 위의 논리를 선택한 것으로 볼 수 있다.

9. 제시기간경과 후 무권리자로부터 수표를 취득한 자의 지위

수표의 이득상환청구권에 대하여 국내학설은 그 법적 성질을 어떻게 보든 간에 선

---

301) 대판 1970. 1. 27, 69다1390; 수표상의 이득상환을 청구할 수 있는 소지인이라 함은 그 수표상의 권리가 소멸할 당시의 소지인으로서 그 수표상의 권리를 행사할 수 있었던 자를 가리키므로 제시기간이 경과하여 이미 그 수표상의 권리가 소멸된 후에 자기앞수표를 수취한 자는 이득상환청구권이 없다.

302) 대판 1976. 1. 13, 70다2462; 은행 또는 기타 금융기관 발행의 자기앞수표는 제시기간 내는 물론 제시기간 후에도 발행은행에서 또는 그 외의 금융기관에서 쉽게 지급받을 수 있다는 거래상의 확인에 의해서 현금과 같이 널리 유통되고 있고 또한 수표의 양도는 거래의 일반적인 인식으로서는 수표의 표시된 액면상당의 금원을 발행은행으로부터 지급받을 수 있는 권리가 수표상의 권리이던 또는 이득상환권이던 간에 구별 없이 또 이를 구별하려고도 않고 양도 · 양수한다는 거래의 실정에 비추어 볼 때 수표소지인이 수표법상의 보전절차를 취함이 없이 제시기간 도과 후에 수표상의 권리가 소멸된 수표를 양도하는 행위는 수표금액의 지급수령권한과 아울러 특별한 사정이 없는 한 수표상의 권리의 소멸로 인해서 소지인에게 발생한 이득상환청구권까지도 이를 양도하는 동시에 그에 수반해서 이득을 한 발행인인 은행에 대하여 소지인을 대신해서 그 양도에 관한 통지를 할 수 있는 권능을 부여하는 것이라고 하여야 할 것이고 위 양도받은 수표를 양수인이 다시 제3자에게 양도하는 행위는 이와 같이 양도받은 수표금액의 지급수령권한 및 이득상환청구권을 위 소지인으로부터 수권된 이득을 한 채무자인 발행은행에 대한 통지의 권능이 수반된 상태로 이전하는 행위 할 것이고 이와 같은 수표의 정당한 소지인은 발행은행에 대하여 그가 받은 이익의 한도에서 이득상환청구권을 행사할 수 있고 또 채무자인 발행은행도 동수표의 소지인에게 변제함으로서 유효하게 동 채무를 면하게 된다[판례변경, 다수의견]. 동지; 대판 1979. 10. 10, 79다1481; 1981. 3. 10, 81다220.

의취득을 인정하지 않고 있다(통설). 잔존물설도 제시기간이 경과한 수표(자기앞수표도 동일)에 대하여는 유통력을 상실하였기 때문에 선의취득을 인정하지 않고 있다. 따라서 지급제시기간이 경과한 후 수표를 취득한 자는 그 수표의 지급이 거절된 경우에 자기의 전자가 정당한 소지인이며, 이 자로부터 이득상환청구권을 양도받은 경우에만 이득상환청구권을 행사할 수 있을 뿐이다.[303)]

제 4 절 어음(수표)의 실질관계

Ⅰ. 총 설

어음(수표)관계는 추상적인 법률관계이지만, 그 기초에는 반드시 어음(수표)을 발행하게 된 배후관계가 있으며, 이를 실질관계 또는 기본관계라 한다. 어음관계와 실질관계는 독립하여 존재하지만 양자는 밀접한 관계를 갖는다. 어음의 실질관계에는 어음수수의 직접적인 당사자간의 관계인 원인관계(대가관계), 발행인과 지급인간의 지급이나 인수의 기초가 되는 자금관계, 어음관계의 준비단계인 어음예약 등이 있다.

303) 대판 1981. 6. 23, 81다167; 본건 수표 중 액면 금 400,000원의 자기앞수표는 그 발행이 1980. 1. 15이므로 원고가 이를 취득한 같은 달 26일은 제시기간 경과 후임이 분명한바, 원래 수표금의 이득상환청구권이 있는 수표소지인이라 함은 그 수표상의 권리가 소멸할 당시의 정당한 소지인으로서 그 수표상의 권리를 행사할 수 있었던 자를 가리킨다 할 것이므로 (당원 1978. 6. 13. 선고 78다568 판결 참조) 은행 또는 금융기관의 발행한 자기앞수표 소지인이 수표법상의 보전절차를 취함이 없이 제시기간을 도과하여 수표상의 권리가 소멸된 수표를 양도하는 경우에 특별한 사정이 없으면 수표상의 권리의 소멸로 인해서 소지인에게 발생한 이득상환청구권을 양도함과 동시에 그에 수반해서 이득을 한 발행인인 은행에 대하여 소지인을 대신해서 그 양도에 관한 통지를 할 수 있는 권능을 부여하는 것(당원 1976. 1. 13. 선고 70다2462 판결 참조)이라고 할지라도 이는 정당한 수표소지인이 수표를 양도하는 경우에 한한다 할 것이다. 기록을 살펴보아도 위 수표의 제시기간 경과 당시의 소지인이 위 이원식 또는 그 처라는 여인인지 혹은 다른 사람인지 알 수 없고 그 소지인이라는 위 이원식이나 위 여인 또는 어떤 소지인이 정당한 수표소지인인지를 가려볼 자료가 없는 본건에 있어 원고는 제시기간 경과 후의 본건 액면 금 400,000원의 자기앞수표(수표법 제24조 참조)의 양수에 관하여는 지명채권양도의 방법에 따른 절차를 밟음이 없는 한 이득상환청구권을 양도받았음을 발행인인 피고에게 주장할 수 없음이 분명하니 이런 취지에서 한 원심의 판단은 정당하고 거기에 판례위반의 잘못이 있다고 할 수 없다. 동지; 대판 1983. 3. 8, 83다40.

Ⅱ. 원인관계

1. 의 의

어음의 원인관계는 당사자 사이에 어음수수의 원인이 되는 법률관계를 말한다. 한다. 어음의 수수는 대개 반대급부(대가)가 있는 것이 보통이므로 대가관계라고도 한다. 원인관계로는 매매, 증여, 채무의 변제, 채무의 추심위임, 보증, 채무의 담보, 어음상의 채무의 연기(어음개서), 어음할인, 신용제공(융통어음) 등이 있다.

2. 어음관계와 원인관계의 관계

(1) 원인관계와 어음관계의 분리(어음관계의 추상성)

어음의 원인관계의 존부나 유효・무효는 어음상의 권리에 영향을 미치는 않는다. 이를 어음(수표)의 무인증권성 또는 추상증권성이라고 하며, 어음의 유통성을 확보하기 위한 것이다.

위와 같이 원인관계와 어음관계는 분리되는 것이 원칙이지만 어음・수표는 원인관계의 수단에 불과하므로 어음의 유통성을 해하지 않는 범위 내에서는 예외적으로 양자의 관련성을 인정하고 있다.

(2) 원인관계가 어음관계에 미치는 영향

어음법은 ① 어음수수의 직접당사자간에는 원인관계상의 사유로 인적항변을 허용하고 있으며(어 17조, 77조 1항), ② 원인관계에 있어서 당사자간에 대가관계의 존재를 고려하여 어음이 만기에 지급되지 않거나 또는 만기 전에도 지급가능성이 현저하게 감소된 때에는 배서인의 소지인에 대한 담보책임(상환의무)을 인정하며(어 43조, 77조 1항), ③ 어음상의 권리가 시효 또는 보전절차의 흠결로 인하여 소멸한 경우 어음상의 채무자가 원인관계에서 취득한 대가나 자금을 그대로 보유함으로써 발생하는 실질상의 불공평을 제거하기 위하여 어음소지인에게 이득상환청구권을 인정하고 있다(어 79조).

(3) 어음관계가 원인관계에 미치는 영향

1) 당사자의 의사가 명확한 경우

어음(수표)은 기존 채무의 이행을 결제하는 수단으로 수수된다. 이 경우에 어음의 수수가 기존 채무의 어떠한 영향을 미칠 것인가에 관하여는 다음의 3가지 경우를 나누어서 파악하여야 한다. 법률관계의 변동은 사적자치의 원칙상 당사자의 의사를 기준으로 함이 원칙이다.

(가) 원인채무의「지급에 갈음하여(지급 자체로서)」어음이 수수된 경우

원인채무의 지급에 갈음하여 어음이 수수된 경우 원인채무는 소멸하고 어음채무만 존재한다. 그 이론구성에 대하여는 경개설과 대물변제설의 대립이 있다. 생각건대 경개로 보면 구채무(원인채무)가 취소 또는 무효 등의 사유로 존재하지 않으면 신채무(어음채무)가 존재하지 않게 되어 어음의 무인성에 반하는 결과가 되어 부당하므로 대물변제설이 타당하다. 또한 원인채무는 대물변제로 소멸되므로 원인채권을 위한 담보권, 보증 등은 당사자 간에 특약이 없으면 소멸한다.

따라서 원인채무의 지급에 갈음하여 어음이 수수된 경우에는 채권자는 원인채권을 행사할 수 없고 어음채권만을 행사할 수 있기 때문에 어음수표가 부도가 되더라도 원인채권을 행사할 수 없다. 어음채권이 상환청구권보전절차의 흠결 또는 시효로 소멸한 때에는 적용요건의 충족을 전제로 이득상환청구권을 행사할 수 있다. 그러므로 위 경우로 인정되기 위하여는 당사자간의 명확한 특약이 있어야 한다.

통설·판례는[304] 채무자가 기존 채무의 이행으로 현금과 같은 통용력이 있는 은행발행의 자기앞수표나 은행의 지급보증이 있는 당좌수표를 교부한 경우에는 지급에 갈음한 것으로 추정하고 있다. 그러나 소수설은 자기앞수표라도 위조·변조의 경우에는 법률관계가 복잡하게 되므로 당사자의 의사가 명백하지 않는 한 지급을 위한 것으로 보고 있다.

(나) 원인채무의「지급을 위하여(지급의 방법으로서)」어음이 수수된 경우

이 경우에는 기존(원인)채권과 어음채권이 병존하게 된다. 따라서 어음이 부도가 되

---

304) 대판 1960. 5. 19, 59다784; 수표로서 변제제공하는 경우에 있어서는 특별히 채권자의 주소지에 소재하는 은행의 수표만으로 한다는 특약이 있는 등 특단의 사유 없는 한 신용있는 은행의 수표 제공은 일반거래상 현금의 제공과 동일하게 볼 것이므로 이를 채무본지에 따른 현실제공으로 해석할 것인바 특단의 사유가 보이지 않는 본건에 있어서 소론 상주 제일은행 또는 흥업은행의 수표로서 한 변제제공은 적법한 현실제공이라고 인정할 것이므로 원판결에는 소론과 같은 위법 없고 논지는 이유 없다.

거나 어음채권이 소멸되더라도 원인채권을 행사할 수 있다. 그러나 어음이 기존 채무의 지급의 방법으로 선택되었으므로 채권자인 어음소지인은 어음상의 권리를 먼저 행사하여야 하는 것이 원칙이다(통설). 따라서 어음·수표의 제시가 없는 한 채무자는 원인채무에 대한 이행지체의 책임이 없다.

(다) 원인채무의「지급을 담보(확보)하기 위하여」어음이 수수되는 경우

이 경우에는 원인채무와 어음채무가 병존하므로 채권자는 원인채권과 어음채권 중의 하나를 자유로이 선택하여 행사할 수 있다. 따라서 지급담보를 위하여 어음이 발행된 경우는 채권자(소지인)의 선택에 따라 어느 쪽을 먼저 행사하더라도 무방하다. 다만 원인채권을 먼저 행사하는 경우에 채무자를 이중지급의 위험으로부터 보호하여야 하므로 어음의 반환시기가 문제된다. 이에 대하여는 ① 변제 후 반환청구, ② 미리 교부, ③ 변제와 교환, ④ 동시이행의 항변권의 인정을 생각할 수 있다. 채무자에게 어음과 상환(교환)으로서만 어음금을 지급한다는 동시이행의 항변권을 인정하는 것이 채무자와 어음소지인의 이익을 동시에 고려한다는 점에서 타당하다. 통설·판례의 입장이다. 그러나 동시이행의 항변권은 민법의 경우처럼 쌍무계약상의 채권관계에서 인정되는 것이 아니라, 채무자의 이중변제의 위험을 방지하기 위한 것에 불과하므로 원인채무의 이행기가 도래하면 어음·수표의 반환이 없더라도 채무자는 이행지체의 책임이 있다.[305] 또한 채무자의 이중지급의 위험이 없는 경우, 예컨대 지명채권양도의 효력밖에 없는 지급제시기간 경과 후에 어음의 양도, 어음·수표의 시효가 완성된 경우에는 채권자의

305) 대판 1993. 11. 9, 93다11203, 11210; 기존의 원인채권과 어음, 수표채권이 병존하는 경우에 채권자가 원인채권을 행사함에 있어서는 어음, 수표의 반환이 필요하고, 이는 채무자의 채무이행과 동시이행의 관계에 있다고 할 것이고, 따라서 채무자는 어음, 수표와 상환으로 지급하겠다고 하는 항변으로 채권자에게 대항할 수 있고, 이와 같은 항변이 있을 때에는 법원은 어음, 수표와 상환으로 지급하라는 취지의 상환이행의 판결을 하여야 할 것이다(당원 1969. 12. 30. 선고 69다1934 판결; 1970. 10. 23. 선고 70다2042 판결; 1985. 11. 26. 선고 85다카848 판결 각 참조). 그러나 채무자가 어음, 수표의 반환이 없음을 이유로 원인채무의 변제를 거절할 수 있는 것은 채무자로 하여금 무조건적인 원인채무의 이행으로 인한 이중지급의 위험을 면하게 하려는데 그 목적이 있는 것이지 기존의 원인채권에 터잡은 이행청구권과 상대방의 어음, 수표의 반환청구권이 민법 제536조에 정하는 쌍무계약상의 채권채무관계나 그와 유사한 대가관계가 있어서 그러는 것은 아니므로, 원인채무의 이행과 어음, 수표의 반환이 동시이행의 관계에 있다 하더라도 이는 어음, 수표의 반환과 상환으로 하지 아니하면 지급을 할 필요가 없으므로 이를 거절할 수 있다는 것을 의미하는 것에 지나지 아니한다고 할 것이다. 따라서 채무자가 어음, 수표의 반환이 없음을 이유로 원인채무의 변제를 거절할 수 있는 권능을 가진다고 하여 채권자가 어음, 수표의 반환을 제공을 하지 아니하면 채무자에게 적법한 이행의 최고를 할 수 없다고 할 수는 없고, 채무자는 원인채무의 이행기를 도과하면 원칙적으로 이행지체의 책임을 지고, 채권자로부터 어음, 수표의 반환을 받지 아니하였다 하더라도 이 어음, 수표를 반환하지 않음을 이유로 위와 같은 항변권을 행사하여 그 지급을 거절하고 있는 것이 아닌 한 이행지체의 책임을 면할 수 없다고 보아야 할 것이다. 동지; 대판 1999. 7. 9, 98다47542, 47559.

원인채권행사와 어음・수표의 반환은 동시이행의 관계가 없다고 보아야 한다.[306)]

2) 당사자의 의사가 불명한 경우

(가) 어음채무와 원인채무의 병존

지급에 갈음하여 어음(수표)의 교부가 행하여졌다고 보기 위하여는 당사자간의 명확한 의사표시가 있어야 하기 때문에 특별한 문제는 없다. 따라서 통설・판례[307)]는 당사자간의 특별한 의사가 없는 경우에는 원인채무의「지급을 위하여」 또는「담보를 위하여」 어음이 수수된 것으로 추정하고 있다.[308)] 왜냐하면 어음・수표는 지급수단으로

---

306) 대판 2010. 7. 29, 2009다69692; 기존의 원인채권과 어음채권이 병존하는 경우에 채권자가 원인채권을 행사함에 있어서 채무자는 원칙적으로 어음과 상환으로 지급하겠다고 하는 항변으로 채권자에게 대항할 수 있다. 그러나 채무자가 어음의 반환이 없음을 이유로 원인채무의 변제를 거절할 수 있는 것은 채무자로 하여금 무조건적인 원인채무의 이행으로 인한 이중지급의 위험을 면하게 하려는데 그 목적이 있고, 기존의 원인채권에 터잡은 이행청구권과 상대방의 어음반환청구권 사이에 민법 제536조에 정하는 쌍무계약상의 채권채무관계나 그와 유사한 대가관계가 있기 때문은 아니다. 따라서 어음상 권리가 시효완성으로 소멸하여 채무자에게 이중지급의 위험이 없고 채무자가 다른 어음상 채무자에 대하여 권리를 행사할 수도 없는 경우에는 채권자의 원인채권 행사에 대하여 채무자에게 어음상환의 동시이행항변을 인정할 필요가 없으므로 결국 채무자의 동시이행항변권은 부인된다.

307) 대판 1976. 11. 23, 76다1391; 이미 존재하는 금전대차 등 채권채무에 관하여 채무자가 발행한 약속어음은 특별한 사정이 없는 한 그 채무의 지급확보 또는 그 지급을 위하여 발행한 것이라 할 수 있고 그 경우 채권자는 수표상의 권리와 일반채권의 그 어느 것이나를 행사할 수 있는 것이라 할 것인 바(대법원 1961. 11. 2. 선고 4293민상278, 1965. 11. 30. 선고 65다2028 판결 참조) 그 수표상의 권리가 시효 따위로 인하여 소멸하였다 하여 다른 일반채권도 당연히 소멸하는 것이 아니다. 동지; 대판 1996. 12. 20, 96다41588; 2003. 5. 30, 2003다13512. 대결 1990. 3. 27, 89다카14110; 기존 채무의 변제를 위하여 약속어음을 교부한 경우에 당사자 사이에 특별한 의사표시가 없으면 기존 채무의 변제를 확보하거나 또는 그 지급방법으로 이를 교부한 것으로 추정되는데 불과하므로 그 약속어음에 관하여 강제집행수락의 공정증서가 작성되어 있다거나 어음금청구소송의 승소판결이 확정된바 있다는 사유만으로는 기존 채무의 이행이 있은 것으로 볼 수 없다. 대판 1990. 5. 22, 89다카13322; 기존 채무에 관하여 채무자가 약속어음을 발행하거나 타인이 발행한 약속어음을 교부한 때에는 당사자 간에 특별한 의사표시가 없는 한 기존 채무의 변제확보를 위하여, 또는 그 지급방법으로 발행하거나 교부한 것으로 추정하여야 하는 것이고, 한편 채권자는 기존의 금전채권에 대한 지급방법으로 약속어음을 교부받으면서 그 어음이 장차 결제될 것을 예상하여 미리 금전을 수령하였다는 뜻의 영수증을 교부하는 경우도 있는 것이므로, 어음의 수령과 상환으로 위와 같은 영수증을 작성 교부하였다거나 채권자가 그 어음을 제3자에게 양도하면서 채무자에게 자기 채무의 이행을 하였다고 하더라도 그것만으로 어음금의 지급 이전에 어음의 수수만으로 대금지급이 완결된 것으로 단정할 수는 없다.

308) 대판 2010. 12. 23, 2010다44019; 기존 채무의 이행에 관하여 채무자가 채권자에게 어음을 교부할 때의 당사자의 의사는 기존 원인채무의 '지급에 갈음하여', 즉 기존 원인채무를 소멸시키고 새로운 어음채무만을 존속시키려고 하는 경우와, 기존 원인채무를 존속시키면서 그에 대한 지급방법으로서 이른바 '지급을 위하여' 교부하는 경우 및 단지 기존 채무의 지급 담보의 목적으로 이루어지는 이른바 '담보를 위하여' 교부하는 경우로 나누어 볼 수 있는데, 어음상의 주채무자가 원인관계상의 채무자와 동일하지 아니한 때에는 제3자인 어음상의 주채무자에 의한 지급이 예정되어 있으므로 이는 '지급을 위하여' 교부된 것으로 추정되지만, '지급에 갈음하여' 교부된 것으로 볼 만한 특별한 사정이 있는 경우에는 그러한 추정은 깨진다(식품 제조 공장에 관한 매매계약에서 매수인이 매도

서 그 결제가 이루어지기까지는 기존의 채권·채무관계가 종결된 것으로 보지 않는 것이 통상적이며, 어음·수표는 부도가능성이 상존하기 때문이다. 따라서 어음채무와 기존 채무는 병존하게 된다.

(나) 구별기준

그러나 위의 두 가지 중 어느 경우로 보느냐에 따라 권리행사방법과 법률효과가 달라져 당사자간에 이해관계가 상충되는 문제가 발생한다. 즉 '지급을 위하여 교부된 경우'와 '담보를 위하여 교부된 경우'의 구별기준이다.

이에 관하여는 채무자와 채권자인 소지인의 이익을 형량하여 결정하여야 할 것이다. 예컨대 채무자 자신이 어음상 유일의 채무자인 경우는 채무자에게 아무런 불이익이 없기 때문에 담보를 위하여 어음이 교부된 경우로 볼 수 있다.

그러나 어음채무자가 유일하더라도 은행도어음과 같이 제3자방지급어음인 경우는 지급을 위하여 어음이 교부된 것으로 보는 것이 타당하다. 왜냐하면 담보를 위한 것으로 보게 되면 채무자는 이행지체의 책임을 면하기 위하여, 또한 부도처분을 당하지 않기 위해서 자기의 영업소 또는 주소지와 지급장소인 은행에 이중으로 지급자금을 마련하여야 되므로 이는 지나치게 채무자에게 부담이 되고 당사자의 합리적인 의사에 반하기 때문이다.

또한 어음상의 주채무자가 원인관계상의 채무자와 동일하지 아니한 때에는 제3자인 어음상의 주채무자에 의한 지급이 예정되고 있으므로 이는 '지급을 위하여' 교부된 것으로 추정하여야 할 것이다.[309)]

인에게 제3자가 발행한 약속어음을 교부한 것이 매매대금의 '지급에 갈음하여' 이루어진 것이라고 볼 여지가 많음에도, 이를 매매대금의 '지급을 위하여' 이루어진 것이라고 보아 위 어음 교부로 매매대금 채무가 소멸하지 않았다고 판단한 원심판결을 파기한 사례).

309) 대판 1996. 11. 8, 95다25060; 기존 채무의 이행에 관하여 채무자가 채권자에게 어음을 교부할 때의 당사자의 의사는 기존 원인채무의 '지급에 갈음하여', 즉 기존 원인채무를 소멸시키고 새로운 어음채무만을 존속시키려고 하는 경우와, 기존 원인채무를 존속시키면서 그에 대한 지급방법으로서 이른바 '지급을 위하여' 교부하는 경우 및 단지 기존 채무의 지급 담보의 목적으로 이루어지는 이른바 '담보를 위하여' 교부하는 경우로 나누어 볼 수 있는데, 당사자 사이에 특별한 의사표시가 없으면 어음의 교부가 있다고 하더라도 이는 기존 원인채무는 여전히 존속하고 단지 그 '지급을 위하여' 또는 그 '담보를 위하여' 교부된 것으로 추정할 것이며, 따라서 특별한 사정이 없는 한 기존의 원인채무는 소멸하지 아니하고 어음상의 채무와 병존한다고 보아야 할 것이고, 이 경우 어음상의 주채무자가 원인관계상의 채무자와 동일하지 아니한 때에는 제3자인 어음상의 주채무자에 의한 지급이 예정되고 있으므로 이는 '지급을 위하여' 교부된 것으로 추정할 것이다(당원 1995. 10. 13. 선고 93다12213 판결, 1993. 11. 9. 선고 93다11203, 11210 판결 참조). 동지; 대판 1997. 3. 28, 97다126, 133.

(4) 어음채권과 원인채권의 행사관계

1) 권리의 행사순서

어음상의 권리와 기존 채권의 행사순서는 '지급을 위한 경우'는 어음·수표가 원인채무의 지급의 방법으로 선택되었으므로 채권자는 어음채권을 먼저 행사하여야 한다. 여기서 어음·수표 소지인인 채권자가 어느 정도로 어음·수표상의 권리를 행사하여야 원인관계상의 권리를 행사할 수 있을 것인가가 문제된다. 소지인은 제시기간 내에 인수 또는 지급제시를 하고, 인수 또는 지급이 거절되면 거절증서를 작성하는 것으로 충분하고, 상환청구권까지 행사할 필요는 없다고 본다(통설).

또한 어음이 '지급을 위하여' 교부된 경우에는 채권자는 어음(수표)채권과 원인채권 중 어음채권을 먼저 행사하여 채권의 만족을 얻을 것을 당사자가 예정하였다고 볼 수 있으므로 어음의 지급기일(만기)이 원인채무의 변제기일보다 후일인 경우에는 특단의 사정이 없는 한 원인채무의 변제가 어음의 지급기일까지 유예하는 묵시적 합의가 있었다고 보아야 할 것이다.[310] 선일자수표를 발행한 경우에도 마찬가지로 해석할 수 있다. 역으로 원인채무의 변제기일기보다 앞선 날을 만기로 하여 어음을 교부한 경우에도 원인채무의 변제기일을 변경하는 합의가 있었다고 추정할 수 있다. 그러나 판례는 이미 원인채무의 변제기일을 경과한 상태에서 원인채무의 변제를 위하여 어음이 교부된 경우에는 어음의 지급기일까지 유예하는 묵시적 합의를 인정할 수 없다고 한다.[311] 그

---

310) 대판 2001. 7. 13, 2000다5771; 채무자가 채권자에게 기존 채무의 이행에 관하여 어음이나 수표를 교부하는 경우 당사자의 의사는 별도의 약정이 있는 때에는 그에 따르되, 약정이 없는 경우에는 구체적 사안에 따라 '지급을 위하여' 또는 '지급확보를 위하여' 교부된 것으로 추정함이 상당한바, 채무자가 채권자에게 교부한 어음이 이른바 '은행도어음'으로서 당사자 사이에 이를 단순히 보관하는 데 그치지 아니하고 어음할인 등의 방법으로 타에 유통시킬 수도 있는 경우라면 '지급을 위하여' 교부된 것으로 추정함이 상당하고, 어음이 '지급을 위하여' 교부된 것으로 추정되는 경우에는 채권자는 어음채권과 원인채권 중 어음채권을 먼저 행사하여 그로부터 만족을 얻을 것을 당사자가 예정하였다고 할 것이어서 채권자로서는 어음채권을 우선 행사하고 그에 의하여 만족을 얻을 수 없는 때 비로소 채무자에 대하여 기존의 원인채권을 행사할 수 있는 것이므로, 채권자가 기존 채무의 변제기보다 후의 일자가 만기로 된 어음을 교부받은 때에는 특별한 사정이 없는 한 기존 채무의 지급을 유예하는 의사가 있었다고 보아야 할 것이다(대법원 1999. 8. 24. 선고 99다24508 판결, 2001. 6. 1. 선고 2000다44829 판결 등 참조). 동지; 대판 2000. 9. 5, 2000다26333; 2014. 6. 26, 2011다101599.

311) 대판 2000. 7. 28, 2000다16367; 채권자가 기존 채무의 지급을 위하여 그 채무의 이행기가 도래하기 전에 미리 그 채무의 변제기보다 후의 일자가 만기로 된 어음의 교부를 받은 때에는 묵시적으로 기존 채무의 지급을 유예하는 의사가 있었다고 볼 경우가 있을 수 있고 이 때 기존 채무의 변제기는 어음에 기재된 만기일로 변경된다고 볼 것이나, 특별한 사정이 없는 한 채무자가 기존 채무의 이행기에 채무를 변제하지 아니하여 채무불이행 상태에 빠진 다음에 기존 채무의 지급을 위하여 어음이 발행된 경우까지 그와 동일하게 볼 수는 없다. 동지; 대판 2001. 3. 23, 2000다11560.

이유는 분명치 않으나, 원인채무의 변제기일을 경과하면 채무자가 이행지체에 빠진 상태이며, 지급유예의 합의는 지급기일 전에 이루어지는 것이 통상적이기 때문이다.

채권자가 어음채권을 행사하여 변제를 받으면 원인채권은 소멸하며, 변제가 없는 경우에는 원인채권을 행사할 수 있다.[312] 또한 채권자가 기존의 원인채권을 행사함에 있어서는 어음이나 수표를 채무자에게 반환하여야 하므로(상환증권) 채무자가 채권자에게 교부한 어음을 반환받으면 원인채무를 이행한 것으로 추정할 수 있다.[313]

2) 어음·수표의 양도와 원인채무

예컨대 A가 매매대금지급을 위하여 B에게 발행한 어음을 B가 C에게 공사대금지급을 위하여 배서·교부하더라도 B의 A에 대한 원인채권(매매대금지급청구권)은 위 어음이 결제되기까지는 소멸되지 않는다. 왜냐하면 B는 위 어음이 부도가 되면 상환의무를 부담하기 때문이다. 다만 B가 A에 대하여 원인채권을 행사하기 위하여는 어음을 A에게 반환하여야 되므로(A의 이중변제위험방지) 어음을 회수하기까지는 어음상의 권리를 행사할 수 없다고 보아야 한다.[314] 수표의 경우도 마찬가지이다.[315] 결과적으로 정

312) 대판 2000. 3. 24, 99다1154; 원인채권에 대한 압류의 효력이 발생하기 전에 원인채권의 지급을 위하여 약속어음을 발행하거나 배서·양도하고 그것이 다시 제3자에게 양도된 경우에는 그 어음의 소지인에 대한 어음금의 지급이 원인채권에 대한 압류의 효력이 발생한 후에 이루어졌다 하더라도 그 어음을 발행하거나 배서·양도한 원인채무자는 그 어음금의 지급에 의하여 원인채권이 소멸하였다는 것을 압류채권자에게 대항할 수 있다.

313) 대판 1996. 12. 20, 96다41588; 채무자가 채권자에게 기존 채무의 이행에 관하여 어음이나 수표를 교부하는 경우 당사자 사이에 특약이 없는 한 '지급을 위하여' 또는 '지급 확보를 위하여' 교부하는 것으로 추정할 것이고, 따라서 특별한 사정이 없는 한 기존의 원인채무는 소멸하지 아니하고 어음, 수표상의 채무와 병존한다고 보아야 하는바, 기존의 원인채권과 어음, 수표 채권이 병존하는 경우에 채권자가 기존의 원인채권을 행사함에 있어서는 어음이나 수표를 채무자에게 반환하여야 하는 것이므로(당원 1993. 11. 9. 선고 93다11203, 93다11210 판결, 1995. 10. 13. 선고 93다12213 판결 등 참조), 채권자가 기존 채무의 이행에 관하여 채무자로부터 어음을 교부받은 후 이를 다시 채무자에게 반환하였다면 특단의 사정이 없는 한 채무자로부터 기존의 원인채권을 변제받은 사실을 추정할 수 있다 할 것이다.

314) 대판 1989. 5. 9, 88다카7733; 가. 채무자가 기존 채무의 지급을 위하여 채권자에게 약속어음을 발행·교부하였는데 채권자가 기존 채권과 약속어음을 각기 다른 사람에게 양도한 경우에는 채무자는 이중으로 채무를 지급하게 될 우려가 있고, 그 약속어음의 배서양도가 원인채권의 양도통지 후에 이루어졌더라도 약속어음의 만기 전에 된 것이라면 채무자는 다른 특별한 사정이 없는 한 소지인(피배서인)에게 어음금을 지급하여야 할 것이므로 원인채권의 양수인에 대하여 약속어음이 반환되기까지 그 이행을 거절할 수 있다. 나. 전항의 경우 원인채권의 양도통지 후 그 어음금이 지급되었다고 하더라고 채무자는 양도통지를 받기 이전에 이미 약속어음의 반환 없는 원인채무만의 이행을 거절할 수 있는 항변권을 가지고 있었다고 볼 것이므로 그 후 원인채권을 양수한 자에 대하여 그 항변권을 행사할 수 있다. 동지; 대판 1996. 3. 22, 96다1153; 1969. 5. 27, 69다426; 1962. 4. 12, 4294민상1190.

315) 대판 2003. 5. 30, 2003다13512; [1] 채무자가 채권자에게 기존 채무의 이행에 관하여 수표를 교부하는 경우 다른 특별한 사정이 없는 한 이는 '지급을 위하여' 교부된 것으로 추정할 것이고, 따라서 기존의

리하면, C가 A에 지급기일에 어음금을 청구하였으나 지급이 거절되어 C가 B에게 상환청구권을 행사한 경우, 상환의무를 이행하여 어음을 환수한 B는 원인채권과 어음채권 중 어느 것이라도 행사할 수 있다.

3) 시효 또는 상환청구권상실의 경우

위의 예에서 C가 어음을 소지하고 있는 중 지급제시기간 내에 어음을 제시하지 않아 B에 대한 상환청구권을 상실하였고, 이후 A가 도산하여 C가 어음금 지급을 받지 못한 경우에 C가 B에 대하여 가지는 원인채권에 어떠한 영향을 미칠 것인가가 문제된다. 어음은 원인채권의 지급방법의 하나이므로, C가 지급제시기간을 준수하지 못한 것이 원인채권 자체의 소멸로 이어진다면 채권자에게 지나치게 가혹하고 균형이 맞지 않은 해석이다. 따라서 원인채권은 소멸되지 않는다고 보아야 할 것이다. 시효의 경우에도 마찬가지로 해석할 수 있다. 다만 C가 제시기간 내에 어음 · 수표상의 권리를 행사하였다면 지급을 받을 수 있었는데도 불구하고 이를 해태하여 채무자 B에게 손해를 끼친 경우에는 B는 이 손해배상청구권으로 소지인의 원인채권과 상계할 수 있다고 보아야 한다.[316)]

원인채무는 소멸하지 아니하고 수표상의 채무와 병존한다고 보아야 한다. [2] 기존의 원인채무와 수표상의 채무가 병존하고 있는 한에서는 채무자로서는 그 수표상의 상환의무를 면하기 전까지는 이중으로 채무를 지급하게 될 위험을 피하기 위하여 원인관계상의 채권자에 대하여 수표의 반환 없는 기존 채권의 지급청구를 거절할 수 있다고 할 것이고, 한편 후일 수표금이 지급되는 등 채무자가 그 수표상의 상환의무를 면할 경우 비로소 기존 원인관계상 채무도 소멸한다고 볼 것이므로 채무자는 원인관계상의 채권자에 대하여 수표상의 상환의무를 면하였음을 사유로 하여 그 원인관계상 채무의 소멸을 주장할 수 있다. [3] 채무자가 기존 채무의 지급을 위하여 채권자에게 수표를 교부하였는데 채권자가 그 수표와 분리하여 기존 원인채권만을 제3자에게 양도한 경우, 채무자는 기존 원인채권의 양도인에 대하여 채권자가 위 수표의 반환 없는 기존 원인채무의 이행을 거절할 수 있는 항변권을 그 채권양도통지를 받기 이전부터 이미 가지고 있었으므로 채권양수인에 대하여도 이와 같은 항변권을 행사할 수 있다. [4] 기존 채무의 지급을 위하여 수표를 교부받은 채권자가 그 수표와 분리하여 기존 원인채권만을 제3자에게 양도한 경우, 기존 채무의 지급을 위하여 수표를 교부하였다는 것은 채무자와 기존 채권의 양도인 사이에서는 그 수표금이 지급되는 등 채무자가 그 수표상의 상환의무를 면하게 되면 원인채무 또한 소멸할 것을 예정하고 있었던 것으로 보아야 할 것인데, 수표금의 지급으로써 기존 원인채무도 소멸할 것을 예정하고 있었던 사정은 그 채권양도통지 이전에 이미 존재하고 있었던 것이므로, 그 채권양도통지 후에 수표금의 지급이 이루어지더라도 이는 양도통지 후에 새로이 발생한 사유로 볼 수는 없다고 할 것이니, 따라서 채무자로서는 기존 원인채권의 양수인에 대하여 기존 채무의 지급을 위하여 교부한 수표가 양도통지 이후에 결제되었다는 사유로써 그 기존 채무의 소멸을 주장할 수 있다.

316) 대판 1995. 10. 13, 93다12213; 가. 채무자가 기존 채무의 이행에 관하여 채권자에게 어음을 교부하는 경우에 당사자 사이에 특별한 의사표시가 없고, 다른 한편 어음상의 주채무자가 원인관계상의 채무자와 동일하지 아니한 때에는 제3자인 어음상의 주채무자에 의한 지급이 예정되고 있으므로, 이는 '지급을 위하여' 교부된 것으로 추정된다. 나. '가'항의 경우, 채권자는 어음채권과 원인채권 중 어음채권을 먼저 행사하여 만족을 얻을 것을 당사자가 예정하였다고 할 것이므로, 채권자로서는 어음채권을 우선 행사하고 그에 의하여서는 만족을 얻을 수 없을 때 비로소 채무자에 대하여 기존의 원

4) 시효중단

대법원은 원인채권을 행사한 경우에는 어음채권에 대한 소멸시효의 중단의 효력이 발생하지 않으나, 어음채권을 행사한 경우에는 원인채권에 대한 시효중단의 효력이 발생한다고 판시하고 있다.[317] 어음은 원인채권의 지급수단이므로 어음채권을 행사한 경우에는 채권자의 권리실현의사를 알 수 있으나, 원인채권을 행사한 경우에는 어음은 무인증권이므로 어음채권의 행사여부가 분명치 않기 때문이다.

(5) 어음·수표의 수수와 원인관계상의 책임

원인관계에 있어서 직접의 당사자는 아니지만, 이와 관련된 어음(수표)행위를 한 자

인채권을 행사할 수 있으며, 나아가 이러한 목적으로 어음을 배서양도받은 채권자는 특별한 사정이 없는 한 채무자에 대하여 원인채권을 행사하기 위하여는 어음을 채무자에게 반환하여야 하므로, 채권자가 채무자에 대하여 자기의 원인채권을 행사하기 위한 전제로서 지급기일에 어음을 적법하게 제시하여 상환청구권 보전절차를 취할 의무가 있다고 보는 것이 양자 사이의 형평에 맞는다. 다. 채권자가 기존 채무의 이행을 위하여 교부받은 어음을 지급기일에 적법하게 지급제시를 하지 아니함으로써 소구권이 보전되지 아니하였더라도, 약속어음의 주채무자인 발행인이 자력이 있는 한 어음을 반환받은 채무자가 발행인에 대한 어음채권이나 원인채권을 행사하여 자기 채권의 만족을 얻을 수 있기 때문에 아직 손해는 발생하지 아니하고, 지급기일 후에 어음발행인의 자력이 악화되어 무자력이 됨으로써 채권자에게 자신의 채무를 이행하여야 할 채무자가 어음을 반환받더라도 발행인에 대한 어음채권과 원인채권의 어느 것도 받을 수 없게 된 때에야 비로소 자신의 채권에 대하여 만족을 얻지 못하게 되는 손해를 입게 되고, 이러한 손해는 어음 주채무자인 발행인의 자력의 악화라는 특별 사정으로 인한 손해로서 소구권 보전의무를 불이행한 어음소지인이 그 채무 불이행 당시인 어음의 지급기일에 장차 어음발행인의 자력이 악화될 것임을 알았거나 알 수 있었을 때에만 그 배상채권으로 상계할 수 있다. 대판 2003. 1. 24, 2002다59849; 금융기관이 어음할인을 하고 취득한 어음을 지급기일에 적법하게 지급제시를 하지 아니하여 상환청구권을 보전하지 아니하였다 할지라도, 지급기일 후에 어음발행인의 자력이 악화되어 무자력이 되는 바람에 어음환매자가 발행인에 대한 어음채권과 원인채권의 어느 것도 받을 수 없게 됨으로 인하여 손해를 입게 된 것이라면, 이러한 손해는 어음 주채무자인 발행인의 자력의 악화라는 특별 사정으로 인한 손해로서 지급제시 의무를 불이행한 금융기관이 그 의무 불이행 당시인 어음의 지급기일에 장차 어음발행인의 자력이 악화될 것임을 알았거나 알 수 있었을 때라야 어음을 환매하는 자에 대하여 손해배상 채무를 진다.

317) 대판 1999. 6. 1, 99다16378; 원인채권의 지급을 확보하기 위한 방법으로 어음이 수수된 경우에 원인채권과 어음채권은 별개로서 채권자는 그 선택에 따라 권리를 행사할 수 있고, 원인채권에 기하여 청구를 한 것만으로는 어음채권 그 자체를 행사한 것으로 볼 수 없어 어음채권의 소멸시효를 중단시키지 못하는 것이지만(대법원 1967. 4. 25. 선고 67다75 판결, 1994. 12. 2. 선고 93다59922 판결 등 참조), 다른 한편, 이러한 어음은 경제적으로 동일한 급부를 위하여 원인채권의 지급수단으로 수수된 것으로서 그 어음채권의 행사는 원인채권을 실현하기 위한 것일 뿐만 아니라, 원인채권의 소멸시효는 어음금 청구소송에 있어서 채무자의 인적항변 사유에 해당하는 관계로 채권자가 어음채권의 소멸시효를 중단하여 두어도 채무자의 인적항변에 따라 그 권리를 실현할 수 없게 되는 불합리한 결과가 발생하게 되므로, 채권자가 어음채권에 기하여 청구를 하는 반대의 경우에는 원인채권의 소멸시효를 중단시키는 효력이 있다고 봄이 상당하고(대법원 1961. 11. 9. 선고 4293민상748 판결 참조), 이러한 법리는 채권자가 어음채권을 피보전권리로 하여 채무자의 재산을 가압류함으로써 그 권리를 행사한 경우에도 마찬가지로 적용된다고 할 것이다. 동지; 대판 2002. 2. 26, 2000다25484.

에 대하여 원인관계상의 책임을 물을 수 있는가? 예컨대 융통어음을 발행하거나, 타인의 어음상의 채무의 지급을 보증하기 위하여 배서를 한 경우(숨은 어음보증)에 융통어음의 발행자 또는 배서인이 원인관계상의 채무를 인수하거나 또는 보증한 것으로 볼 수 있는가에 관하여는 학설이 대립되고 있다.

1) 소극설(부정설)

어음(수표)행위를 한 자는 어음상의 채무만을 부담하는 것이 원칙이고, 다만 채권자에 대하여 자기가 약속어음의 원인이 된 민사상의 채무까지 보증하겠다는 뜻으로 배서한 경우에 한하여 원인관계상의 책임을 부담한다는 입장이다.

2) 적극설(인정설)

약속어음의 발행인이 타인으로부터 금전을 차용하면서 그 어음을 차용증서에 갈음하여 발행하고, 배서인이 그러한 사정을 알고 담보의 의미로 발행한 어음에 배서행위를 하였다면 배서인은 어음발행의 원인이 된 민사상의 차용금채무에 대하여도 연대보증의 책임을 질 의사로 배서행위를 한 것이라고 봄이 거래당사자의 의사에 합치된다는 입장이다.

3) 판례의 입장

이와 관련하여 대법원의 입장은 분명치 않다. 사안에 따라 부정하는 경우도 있고,[318] 인정하는 경우도[319] 있다. 개별사건의 구체적 타당성을 고려한 것으로 보이나,

---

318) 대판 1987. 12. 8, 87다카1105; 다른 사람이 발행한 약속어음에 배서인이 된 사람은 배서행위로 인한 어음법상의 채무만을 부담하는 것이 원칙이고 다만 채권자에 대하여 자기가 약속어음 발행의 원인이 된 민사상의 채무까지 보증하겠다는 뜻으로 배서를 한 경우에 한하여 발행인의 채권자에 대한 민사상 채무에 관하여 보증책임을 부담한다 할 것인바(당원 1964. 10. 20. 선고 64다865 판결; 1973. 9. 25. 선고 73다405 판결; 1984. 2. 14. 선고 81다카979 판결 참조), 원심의 위에서 본 인정사실만으로써는 피고가 이 사건 어음의 발행원인이 된 민사상의 채무까지 연대보증 하겠다는 뜻(이른바 숨은 연대보증)으로 의사해석을 하거나 연대보증계약 성립사실을 추인할 수는 없다 할 것이다. 대판 1992. 12. 22, 92다17457; 사채시장에서 쉽게 할인될 수 있도록 하기 위하여 약속어음에 배서한 것은 배서인으로서의 어음상 채무를 부담함에 의하여 신용을 부여하려는 것에 불과하고, 위 약속어음이 차용증서에 갈음하여 발행된 것으로 알고 민사상의 원인채무를 보증하는 의미로 배서한 것이라고는 볼 수 없다. 동지; 대판 1993. 11. 23, 93다23459; 1998. 6. 26, 98다2051; 2002. 4. 12, 2001다55598; 2004. 9. 24, 2004다29538; 2015. 5. 14, 2013다49152.

319) 대판 1986. 9. 9, 86다카1088; 어음의 발행인이 타인으로부터 금전을 차용하기 위해 그 차용증서에 갈음하여 어음을 발행하는 것이고 발행인이 위 차용금채무에 대한 담보의 의미로 배서를 요구하는 것이라는 사정을 충분히 알고 발행인의 요구에 따라 어음에 배서를 한 경우, 배서인이 위 발행인에게 금전을 대여하는 채권자가 누구인가를 구체적으로 몰랐다 하더라도 그 배서는 발행인으로부터 위 어음을 교부받고 금전을 대여하는 채권자에 대하여 위 차용금채무를 연대보증하겠다는 의사를

그 기준이 명확치 않아 일관성이 없다.

4) 검 토

생각건대 어음(수표)행위자가 어음소지인(채권자)에게 명시적으로 원인관계상의 채무를 부담할 의사를 표시한 경우에는 원인관계상의 책임을 물을 수 있다. 그러나 누구라도 특별한 사정이 없는 한 법률행위를 함에 있어서 그 행위에 의하여 생기는 자기의 책임을 가급적 좁은 범위로 한정하는 것이 통상의 의사이다. 예컨대 타인이 발행한 어음에 보증의 취지로 배서를 한 자는 어음상의 채무를 부담하는 것 이외에 그 어음발행의 원인이 된 소비대차상의 채무까지 보증할 의사가 있다고 보는 통상의 의사에 합치되는 것은 아니다. 따라서 소극설에 찬성한다.

Ⅲ. 자금관계

1. 의 의

자금관계라 함은 환어음과 수표에 있어서 지급인과 발행인 사이의 지급이나 인수의 기초가 되는 실질관계를 말한다. 자금관계는 환어음과 수표에만 있고, 약속어음에는 없다. 또한 환어음과 수표라도 지급인과 발행인이 동일인인 자기앞환어음(수표)에서는 자금관계가 존재하지 않는다.

2. 태 양

자금관계는 발행인이 지급인에게 어음의 지급을 위한 자금을 미리 제공하여 두는 경우가 일반적이지만, 지급인이 지급을 한 후 발행인에 대하여 그 보상을 청구하는 경우도 있다(보상관계). 또한 기존 채무의 변제를 위하여 또는 신용계약을 바탕으로 인수나 지급을 하는 수도 있다.

표시하는 뜻에서 한 것이라고 봄이 상당하다. 동지; 대판 1987. 8. 25, 87다카891; 1989. 7. 25, 88다카19460. 대판 1998. 3. 13, 97다52493; [1] 금전소비대차계약으로 인한 채무에 관하여 제3자가 채무자를 위하여 어음이나 수표를 발행하는 것은 특별한 사정이 없는 한 동일한 채무를 중첩적으로 인수한 것으로 봄이 타당하다. [2] 제3자가 대여금 채무를 지급하기 위하여 발행한 당좌수표를 채권자가 교부받았다거나 그 당좌수표를 채권자에게 발행한 이후 제3자가 매월 이자를 채권자에게 지급하여 왔다는 사정 등만으로는 제3자가 대여금 채무를 면책적으로 인수하였다거나 채권자가 채무자와 제3자 사이의 면책적 채무인수의 약정을 묵시적으로 승낙한 것으로 볼 수는 없다.

3. 자금관계와 어음관계의 관계

(1) 자금관계와 원인관계의 분리

어음(수표)관계와 자금관계는 분리되어, 어음관계는 자금관계의 존부나 효력에 의하여 영향을 받지 않는 것이 원칙이다. 즉 환어음은 자금관계 없이 발행되거나 인수되어도 유효하며, 발행인이 지급자금을 지급인에게 제공한 경우라도 발행인으로서 어음상의 의무를 면하는 것은 아니다. 또한 지급인이 인수한 후에는 자금을 받지 않는 경우에도 어음지급을 거절하지 못한다.

수표는 제시한 때에 발행인이 처분할 수 있는 자금이 있는 은행을 지급인으로 하고, 발행인이 그 자금을 수표에 의하여 처분할 수 있는 명시 또는 묵시의 계약에 따라서만 이를 발행할 수 있으나, 이에 위반하더라도 수표로서의 효력에는 영향이 없다(수 3조). 그러나 수표자금없이 수표를 발행한 자는 부정수표단속법에 의하여 처벌된다.

(2) 자금관계와 원인관계의 관련

자금관계와 어음(수표)관계는 분리되나, 양자의 실질적 관계를 고려하여 어음법은 어음관계의 직접 당사자간의 인적항변(어 17조), 발행인의 인수인에 대한 상환청구권(어 28조 2항), 이득상환청구권(어 79조) 등을 인정하고 있다.

4. 준자금관계

발행인과 지급인간의 자금관계와 유사한 관계는 환어음의 인수인 또는 약속어음의 발행인과 지급담당자, 보증인과 피보증인, 참가인수인 또는 참가지급인과 피참가인 간에 생기며, 이를 준자금관계라 한다. 준자금관계에 대하여는 자금관계에 관한 원칙이 적용된다.

5. 수표의 자금관계

(1) 수표법상의 수표자금과 수표계약

수표법 3조에 의하면, 수표는 제시한 때에 발행인이 처분할 수 있는 자금이 있는 은행을 지급인으로 하고, 발행인이 그 자금을 수표에 의하여 처분할 수 있는 명시 또는 묵시의 계약에 따라서만 이를 발행할 수 있다. 이에 위반한 때에는 발행인이 과태료의 처벌을 받게 되나, 수표로서의 효력에는 영향이 없다.

(2) 당좌예금계약

이상과 같이 수표의 발행을 위하여는 수표계약과 더불어 수표자금이 요구되고 있으며, 이에 따라서 발행인과 지급인 사이에 당좌예금계약이 소정의 약관에 의하여 체결된다. 당좌예금이라 함은 예금주가 은행을 지급인으로 하는 수표를 발행하여 수표자금으로 사용할 수 있는 예금을 가리킨다. 당좌예금계약의 법적 성질은 소비임치의 일종이다.

(3) 수표계약

예금주와 은행간의 당좌거래계약에 의한 수표계약은 예금주가 발행한 수표의 지급인에게 당좌예금 또는 당좌대월의 한도 내에서 지급을 하게 하는 것이며, 그 법적 성질은 수표지급사무의 처리의 위탁을 목적으로 하는 것으로서 위임계약이 된다.

따라서 예금주가 발행한 수표에 대하여 지급인 은행이 지급하는 것은 위임사무처리를 위한 비용지출이 되는 것이며, 이 지출에 따른 은행의 구상권은 위의 당좌예금계약에서 동시에 체결되는 상호계산계약에 따라서 일정기간 내의 총액이 당좌예금반환채무의 총액과 일괄상계되는 것이다.

(4) 당좌대월계약

당좌대월계약은 특약으로 맺어지는데, 이 계약에서는 예금주가 당좌계정약정에 의하여 은행으로부터 차월할 수 있는 한도금액을 정하게 된다. 이 특약에 따라서 당좌예금주가 당좌예금의 수표지급 한도액을 초과하여 수표를 발행한 때에는 은행은 그 약정된 한도액까지 수표지급을 하게 되고, 그 초과지급액에 대하여서는 약정된 이율에 따른 이자를 붙여서 일정시기에 변제하도록 되어 있다. 당좌대월계약의 법적 성질도 수표지급사무의 위임을 목적으로 하는 위임계약의 일종이다.

Ⅳ. 어음(수표)예약

어음(수표)예약이라 함은 어음(수표)행위를 하기 전에 앞으로 일정한 어음(수표)행위를 할 것을 약정하는 계약을 말한다. 어음(수표)예약에 있어서는 당사자간에 수수될 어음(수표)의 종류·금액·지급지·지급장소·지급인·만기, 배서의 종류·대가 등을 정하게 된다. 어음(수표)예약은 서면 또는 구두라도 무방하다. 서면에 의한 어음예약을 '가어음'이라고 한다.

그러나 어음(수표)관계는 법률상 반드시 어음(수표)예약이 있어야 발생하는 것이 아니며, 어음(수표)예약을 위반하여 발행된 어음(수표)도 유효하다. 다만 당사자간의 인적항변사유가 될 뿐이다.

Ⅴ. 화환어음(하환어음)

1. 의 의

화환(하환)어음(documentary draft)은 어음상의 권리가 운송중의 물건을 표창하고 있는 화물상환증 또는 선하증권에 의하여 담보되어 있는 환어음을 말한다. 화환어음의 법적 성질은 일반의 환어음과 같다. '화환어음'이라는 용어는 환어음의 형태를 말하는 것이 아니라, 어음금의 지급이 화물상환증 또는 선하증권이 표창하고 있는 운송중의 물건에 의하여 담보된다는 경제적 특성을 강조한 것이다.

2. 경제적 기능

화환(하환)어음은 격지자간의 매매거래에 있어서 대금회수에 관한 시간적·공간적 장애를 극복하기 위한 방법으로서 이용된다. 예를 들어 甲·乙간의 상품매매에 있어서 매도인 甲은 매수인 乙을 지급인, 자기 또는 자신의 거래은행 A를 수취인으로 하여 매매대금에 상당하는 액면의 환어음을 발행하고, 운송인에게서 받은 운송증권(화물상환증 또는 선하증권)을 첨부하여 거래은행 A로부터 할인을 받아 매매대금에 충당하거나(할인화환어음) 또는 추심위임을 한다(추심화환어음). 이후 거래은행 A는 매수인 乙 또는 그의 거래은행에게 환어음을 제시하여 인수나 지급을 받고서 운송증권을 乙에게 교부하게 되면, 乙은 운송인에게 운송증권을 제시하여 물품을 수령하게 되어 격지자간에 대금결제가 이루어지는 것이다. 오늘날 화환어음은 국내거래에서는 거의 이용되지 않고, 국제거래에서 주로 이용된다.

3. 종 류

화환(하환)어음은 매도인과 은행 간의 화환계약의 내용과 대금결제방식에 따라서 추심화환어음과 할인화환어음으로 나누어진다. 그 밖에도 화환어음이 이용되는 장소에 따라 내국화환어음과 외국화환어음, 신용장의 첨부에 따라 신용장부화환어음과 무신용장 방식의 (단순)화환어음 등으로 나누어진다.

4. 법률관계

(1) 매도인과 할인(또는 추심)은행의 관계

1) 어음관계

할인화환의 경우에 매도인은 거래은행을 수취인으로 하여 어음을 발행하거나 자기지시어음(수취인이 매도인)에 배서하여 운송증권과 함께 이를 거래은행에 교부하고, 은행은 할인대가를 지급하여 어음을 취득한다. 이후 은행이 어음을 지급인인 매수인에게 제시하여 지급하면 운송증권을 교부하고, 거절하면 발행인인 매도인에 대하여 상환청구권을 행사하거나, 또는 화환어음약정에 기한 환매권을 행사할 수 있다. 화환어음할인의 법적 성질에 대하여는 어음의 매매설과 소비대차설로 나누어진다. 매매설에 의하면 할인은행은 발행인(매도인)에 대하여 상환청구권 또는 환매청구권만을 행사할 수 있으나, 소비대차설에 의하면 대출금채권도 갖게 된다. 판례는 매매설을 취하고 있다.[320)][321)]

추심화환의 경우에 매도인인 발행인은 은행에 대하여 환어음의 추심위임배서를 하고, 은행이 지급인으로부터 어음지급을 받으면 그 금액을 매도인에게 교부하고, 거절되

320) 대판 2000. 1. 21, 97다41516; 화환신용장 거래에서 수익자가 개설의뢰인을 지급인으로 하여 발행한 화환어음의 법률상 성질은 보통의 환어음과 다를 바가 없으므로, 이 경우에는 신용장에 기한 법률관계와는 별도로 어음법에 의한 법률관계가 병존하고, 따라서 선적서류 및 환어음을 매입한 매입은행은 개설은행에 의한 신용장금액의 상환이 거절되고 또한 환어음상 지급인에 의한 지급도 거절된 경우에는, 특별한 사정이 없는 한, 개설은행의 상환거절이 정당한지 여부와 상관없이 어음법에 따라 그 환어음의 발행인이나 배서인에 대한 소구권을 행사할 수 있다.

321) 대판 1996. 6. 11, 96다2064; 은행이 수출자로부터 무신용장 방식에 의한 화환어음을 매입하면서, 일정한 경우 수출자가 은행에 대하여 환매채무를 지고 수출자는 은행의 관련 규정이 정하는 바에 따라 환매채무를 변제하여야 한다는 내용의 수출거래약정을 한 경우, 은행은 화환어음매입의 법적 성질이 어음의 매매라는 것과 그 화환어음의 지급과 관련하여 일정한 사유가 발생한 경우에는 환매규정에 의하여 은행의 권리를 구제받을 수 있다는 것을 약정하였다고 보아야 할 것이므로, 은행이 화환어음의 매입에 의하여 어음법상의 상환청구권이나 위 환매채권을 갖는 외에 별도의 대출금채권을 갖게 될 수는 없다.

면 어음을 발행인에게 그대로 반환하면 되므로 은행의 상환청구권은 발생하지 않는다. 이 경우 은행은 추심비용 및 수수료를 받게 된다.

2) 운송증권관계

할인화환의 경우에 은행은 상환청구권행사의 담보로서 운송증권을 배서 또는 교부에 의하여 취득하게 되는데, 그 효력에 관하여는 질권설정설, 신탁적양도설의 대립이 있다. 은행은 환어음의 인수나 지급의 거절이 있으면, 발행인인 매도인에 대하여 상환청구권을 행사하지 않고 바로 운송증권을 처분하거나 운송증권으로 운송물 인도를 받아 처분할 수 있기 때문에 신탁적 양도라고 봄이 타당하다(통설). 다만 운송증권에 수하인이 매수인 또는 신용자개설은행으로 지정된 경우에는 은행은 운송증권의 교부를 받아도 유치권만을 행사할 수 있을 뿐 질권이나 소유권을 행사할 수 없다.

추심화환의 경우에 은행은 운송증권상의 권리를 취득하지 못하고 매도인과의 위임관계에 따라서 어음이 지급되면 매수인에게, 거절되면 매도인에게 반환하여야 한다.

(2) 매도인과 매수인의 관계

1) 매매대금 지급의무의 소멸시기

매도인이 은행으로부터 어음의 할인을 받아 매매대금의 상당액을 지급받더라도 매수인의 대금지급의무가 소멸하는 것은 아니며, 매수인이 어음금액을 지급한 때에 비로소 소멸하게 된다.

2) 운송물의 소유권이전시기

운송물의 소유권은 매수인이 어음지급과 상환으로 운송증권을 취득한 때에 매수인에게 이전된다.

3) 동시이행의 항변권

매도인은 매매대금지급, 즉 어음의 지급이 이루어지지 않으면 운송증권의 인도를 거절할 수 있으며, 매수인도 운송증권과 상환하여 대금지급을 하게 되므로, 양자는 동시이행의 관계에 있다.

5. 상업(화환)신용장

(1) 의 의

상업신용장(commercial letter of credit)이란 신용장개설은행(issuing bank)이 신용장에 기재된 제조건에 일치하는 서류[통상적으로 송장, 화환어음, 보험증권 등의 선적서류(shipping document)를 말한다]의 제시가 있는 한 수익자(beneficiary, 통상 매도인, 수출상)가 발행하는 환어음에 대하여 무조건 지급 · 인수 또는 매입할 것을 약속하는 서면이다. 화환신용장이 개설된 경우는 신용장개설은행의 인적보증이 추가된 것이라고 볼 수 있다. 상업신용장은 국제거래에 있어서 운송물의 회수, 처분의 곤란 등으로 운송증권만으로는 매매대금지급의 담보력이 약하기 때문에 화환어음의 발행인(수출상)과 이를 할인(매입)하여 준 은행의 권리확보를 위하여 널리 이용되고 있다.

신용장에 대하여는 1933년 비엔나에서 개최된 국제상공업회의소(International Chamber of Commere, ICC)가 채택한 '화환신용장통일규칙'(Uniform Customs and Practice for Documentary Credits)이 있으며, 동 규칙은 이후 수차례 개정되었다. 우리 대법원은 동 규칙을 사실상 상관습법으로 보아 법적 구속력을 인정하고 있다.[322)]

(2) 특 성

1) 신용장거래의 독립 · 추상성

신용장은 매매계약 기타 원인(기본)계약(underlying contract)에 기해 발행되지만 일단 발행된 신용장에 의한 거래는 원인계약과는 별개의 독립된 거래로서 원인계약에 의해 구속을 받지 않는 독립성을 가진다. 또한 신용장에 의한 거래는 서류상의 거래라는 점에서 추상성을 갖는다(신용장통일규칙 3조). 이러한 신용장거래의 독립 · 추상성으로 인해 국제거래에 있어서 매매대금지급의 확실성이 강화되었다.

---

322) 대판 1977. 4. 26, 76다956; 국제무역에 있어서의 신용장 거래는 수입업자의 의뢰에 의하여 그 거래은행이 신용장을 개설발행하여 수출품에 대한 대금지급이 보장되고 또 수출업자의 거래은행이 신용장 통지은행이고 또 하환어음매입은행으로서 수출업자로부터 하환어음을 매입할 때는 그에 첨부된 선적서류가 신용장 조건과 일치하는 여부를 조사 · 확인하여 매수함으로서 수입업자에 대한 신용장 조건과 일치되는 거래를 보장하여 신용장 개설은행을 통하여 대금결제가 이루어지는 것이 통례라 할 것이며 그렇기 때문에 모든 하환신용장에 적용되고 당사자를 구속하는 신용장통일규칙이 하환신용장거래를 하는 경우는 모든 관계당사자는 서류의 거래를 하는 것이지 상품의 거래를 하는 것이 아니라 규정하고 있다. 동지; 대판 1993. 12. 24, 93다15632; 1997. 8. 29, 96다37879; 1997. 8. 29, 96다43713.

2) 엄격일치의 원칙

이는 신용장에 의한 거래가 서류상의 거래이기 때문에 은행은 제출된 모든 서류가 문면상 신용장조건과 일치하는지 여부를 엄격히 심사하여 서류가 신용장조건에 일치하는 경우에 한하여 지급하여야 한다는 원칙이다. 엄격일치의 원칙은 신용장거래의 독립 · 추상성 때문에 소홀하기 쉬운 신용장개설의뢰인(매수인, 수입상)의 이익을 보호하기 위하여 인정되는 원칙이다. 이에 따라 신용장 개설은행은 제출된 서류가 신용장조건에 일치하는가의 여부에 대한 조사의무를 부담하게 된다. 판례는 신용장 매입은행에도 조사의무를 인정하고 있다.[323] 여기서 조사의무의 범위는 제출된 서류의 정규성 · 상태성이며, 이것이 문면상 신용장조건에 일치하는가의 여부이다.[324] 따라서 개설은행이나 매입은행은 제출된 서류의 위조유무 등 진정성까지 확인할 필요가 없다는 것이 통설 · 판례의 입장이다.[325]

엄격일치의 정도는 제출된 서류가 신용장의 문언과 자구에 토씨하나 틀리지 않고 그대로 일치하여야 한다는 것은 아니며, 자구에 약간의 차이가 있더라도 문언의 의미에 차이가 없고 또한 문면상 신용장조건을 전혀 해하는 것이 아니라면 신용장조건과

---

323) 대판 1977. 4. 26, 76다956; 은행이 화환어음을 매입할 때에는 그 부대선적 서류가 정규성과 상태성을 갖추고 또 그것이 신용장의 조건에 일치하는 여부를 확인하여야 할 거래상 의무를 신용장 개설은행 및 그 개설의뢰인에게 부담하고 있는 바 그 확인의무를 제대로 이행한 것으로 볼 수 없는 경우에 그로 인하여 신용장 개설의뢰인에게 손해를 발생하였다면 이를 배상할 책임이 있다.

324) 대판 2002. 5. 28, 2000다50299; 화환어음 매입은행은 그 매입서류를 조사함에 있어서 실질적 조사의무가 면책되어 있는 것이지만 제시된 서류가 신용장에 기재된 사항과 문면상으로 일치되는지 여부 혹은 관계서류가 상태성과 정규성을 갖추었는지 여부를 조사할 의무까지 면제되는 것은 아니라고 할 것인바(대법원 1980. 1. 15. 선고 78다1015 판결 참조), 이 사건 신용장에 그 필요서류로서 '개설은행이 보관하고 있는 것과 일치하는 서명이 된 검사증명서'가 요구되고 있는 점이 명백한 이상 매입은행인 원고로서는 위 검사증명서 등을 매입함에 있어 신용장에 기재된 사항과 일치되도록 그 서명 일치 여부를 확인할 의무가 있다고 할 것이고, 위 검사증명서가 위조되었는지 여부에 관한 원고의 악의 여부를 불문하고 실질적 조사의무가 면제된다는 이유만으로 서명 일치 여부를 확인하지 아니한 원고의 책임이 면제되는 것은 아니라고 할 것이다.

325) 대판 2003. 1. 24, 2001다68266; 가. 신용장의 적법한 매입이 있은 후에 그와 같은 신용장 거래가 선적서류의 위조 등으로 인한 사기 거래로 밝혀진다고 하더라도, 그 매입은행은 그 신용장대금의 지급이나 매입 당시 그 은행 자신이 위조 등 사기행위의 당사자로서 관련이 되어 있거나 매입 당시 서류가 위조된 문서라는 등의 사기 사실을 알고 있었거나 또는 의심할 만한 충분한 이유가 있다고 인정되지 아니하는 한 개설은행에 대하여 신용장대금의 상환을 구할 수 있다고 할 것이나(대법원 1997. 8. 29. 선고 96다43713 판결, 1997. 8. 29. 선고 96다37879 판결, 2002. 10. 11. 선고 2000다60296 판결 참조), 만일 은행에 의한 신용장의 매입이 적법한 것이 아닌 경우에는 그 대가를 지급하였다고 하더라도 이는 신용장통일규칙상의 '매입'이 될 수 없는 것이고, 개설은행으로서는 그 신용장의 만기에 서류를 제시하는 위 은행에 대하여 수익자에게 대항할 수 있는 모든 사유로 대항할 수 있고, 따라서 신용장 거래에 있어 수익자의 사기 행위가 밝혀진 경우 개설은행은 이를 이유로 신용장대금의 지급을 거절할 수 있다고 할 것이다.

합치하는 것으로 보아야 할 것이다.[326)]

(3) 종 류

1) 상업신용장 · 클린신용장

신용장의 경제적 기능에 따른 분류이다. 상업신용장은 격지자간의 상품거래에 따른 대금결제에 이용되는 것으로서 이는 다시 선적서류 또는 이를 첨부한 화환어음이 요구되는 화환신용장(documentary credits)과 이러한 선적서류가 요구되지 않는 무담보신용장(documentary clean credits)으로 구분된다. 클린신용장은 상품 이외의 거래에 따른 대금결제에 이용되는 것으로서 이는 다시 여행자신용장(traveller's credits)과 일반클린신용장(non-documentary clean credits)으로 구분된다. 여행자신용장은 해외여행자의 현금휴대에 따른 위험을 없애고 현지 은행에서 필요한 자금을 손쉽게 인출하기 위한 것이고, 일반클린신용장은 선적서류의 첨부 없이 환어음의 제시만으로 결제가 이루어지는 것으로 보증신용장(standby credits)이 대표적인 예이다.

---

326) 대판 2003. 11. 14, 2002다7770; 신용장 첨부서류가 신용장조건과 문언대로 엄격하게 합치하여야 한다고 하여 자구 하나도 틀리지 않게 완전히 일치하여야 한다는 뜻은 아니며, 자구에 약간의 차이가 있더라도 은행이 상당한 주의(reasonable care)를 기울이면 그 차이가 경미한 것으로서 문언의 의미에 차이를 가져오는 것이 아니고 또 신용장조건을 전혀 해하는 것이 아님을 문면상 알아차릴 수 있는 경우에는 신용장조건과 합치하는 것으로 보아야 하고, 그 판단은 구체적인 경우에 신용장조건과의 차이가 국제적 표준은행거래관습에 비추어 용인될 수 있는지 여부에 따라야 할 것인데(대법원 1985. 5. 28. 선고 84다카696, 697 판결, 1992. 2. 25. 선고 91다30026 판결, 2002. 6. 28. 선고 2000다63691 판결 각 참조), 국제상업회의소(International Chamber of Commerce, 줄여서 'ICC'라 한다)가 그 산하 은행위원회(ICC Banking Commission)의 승인 하에 결정한 '국제표준은행관행{International Standard Banking Practice(ISBP) for the examination of documents under documentary credits, ICC Publication No. 645(2003)}'은 신용장 선적서류의 심사와 관련하여 선적서류상의 철자오류 또는 타자 실수 등에 대한 국제표준은행관행으로서 선적서류에 단어나 문장에 있어서의 철자 오류 그리고(또는) 타자 실수에 의하여 그 의미에 영향을 주지 않는 기재의 차이가 있는 경우 그러한 오류는 해당 문서를 하자서류로 만들지 않지만, 상품 명세에 대한 기재의 오류(예를 들어 "model 321" 대신 "model 123" 이라고 기재되어 있는 경우)는 타자상의 오류로 간주되지 않을 것이고 동 문서는 하자서류로 인정될 것이라고 규정하고 있는바, 위와 같은 국제표준은행관행에 비추어 신용장에 첨부된 선적서류상에서 신용장 조건과 불일치가 있는 경우 그와 같은 기재상의 불일치가 신용장과 해당 서류의 성격상 요구되는 기본적 사항이 아니거나 문서를 작성하는 과정에서 발생한 단순하고 명백한 기재상의 실수로 인정되는 경우에는 선적서류와 신용장 조건의 불일치로 볼 수 없으나, 그와 같은 기재상의 불일치에 대하여 서류심사를 하는 은행의 입장에서 오류임이 명백하지 않거나 그 기재상의 차이로 인하여 의미상의 중요한 변화가 있을 수 있는 경우에는 신용장 조건과 선적서류상의 불일치에 해당한다고 보는 것이 타당하다. 동지, 18 대판 2004. 6. 11, 2003다63883; 신용장의 요구서류 중 상업송장과 보험증권에 기재되어 있는 'SIN YOUNG TEXTILE LTD.'와 'SIN YOUNG TEXTILE CO., LTD.'는 회사 명칭의 기재에 일부 차이가 있으나, 신용장의 요구서류들을 대조하면 같은 주소를 가지는 동일한 회사임을 쉽게 알 수 있으므로 신용장의 약정서류가 신용장 조건과 문언상 엄격하게 합치한다.

2) 취소불능신용장 · 취소가능신용장

취소불능신용장(irrevocable credits)은 신용장의 유효기간 내에는 관계당사자 전원의 동의 없이는 일방적으로 신용장의 취소나 내용을 변경할 수 없는 신용장이며, 취소가능신용장(revocable credits)은 신용장개설은행이 일방적으로 신용장의 취소나 내용을 변경할 수 있는 신용장이다. 무역거래실무에서는 일반적으로 취소불능신용장이 이용되며, 신용장상에 취소가능여부에 대한 명시가 없는 경우 취소불능신용장으로 보아야 한다(신용장통일규칙 6조).

3) 원신용장(原信用狀) · 내국신용장

원신용장(master credits)은 국내의 수출상이 외국의 수입상으로부터 받은 제1의 신용장을 말하며, 내국신용장(local credits)은 수출상이 원신용장을 거래은행에 담보로 제출하고 원자재공급자나 제품공급자를 수익자로 하여 동은행으로부터 발행받는 제2의 신용장을 말한다.

4) 확인신용장 · 무확인신용장

확인신용장(confirmed credits)은 신용장개설은행 이외에 국제적으로 신용 있는 다른 은행이 이중으로 지급을 약속한 신용장이며, 무확인신용장(unconfirmed credits)은 다른 은행의 지급약속이 없는 보통의 신용장을 말한다.

5) 양도가능신용장 · 양도불능신용장

양도가능신용장(transferable credits)은 신용장의 수익자가 제3자에게 신용장의 전부 또는 일부를 양도할 수 있는 신용장을 말하고, 양도불능신용장(non-transferable credits)은 양도가 불가능한 신용장을 말한다. 양도가능신용장이 되기 위하여는 '양도가능(transferable)'이라는 표시가 되어 있어야 하고, 이러한 표시가 없는 신용장은 모두 양도불능신용장이 된다. 또한 별도의 명시가 없는 한 양도가능신용장은 1회에 한하여 양도될 수 있다(신용장통일규칙 48조).

(4) 화환신용장의 경제적 기능과 법적 성질

화환신용장은 담보기능, 신용기능 및 지급기능을 가진다. 화환신용장의 법적 성질에 대해서는 경제적인 필요에서 생겨난 하나의 독자적인 법조직으로 보는 견해, 개설은행이 매도인을 위해 발행한 지급약속증서로 보는 견해 등 여러 견해가 있으나, 개설은행이 신용장의 조건과 문면상 합치하는 서류의 제시가 있으면 대금을 지급하기로 확약하는 특수한 법률관계로 보아야 할 것이다.

(5) 당사자간의 법률관계

1) 매수인과 개설은행과의 법률관계

신용장 개설은행은 매수인의 의뢰에 따라 신용장을 개설하는데, 이들 간의 법률관계에 대하여는 도급계약으로 보는 견해도 있고 위임계약으로 보는 견해도 있다. 개설은행은 매수인에 대해 그의 지시에 따라 신용장을 개설하여 매도인 또는 그 거래은행에 통지하고, 매도인 또는 매입은행이 제시한 선적서류 등이 신용장조건과 문면상 일치하는지 여부를 심사하여 일치하면 화환어음의 금액을 지급할 의무를 부담한다. 개설은행이 매수인의 지시를 준수하지 않거나 또는 형식적 심사의무를 해태하는 등 매수인에 대한 선관주의의무를 이행하지 않으면 채무불이행에 기한 손해배상책임을 부담한다.

따라서 개설은행은 상당한 주의로써 제출된 서류(선적서류)의 정규성・상태성과 문면상 신용장의 조건과 일치하는지 여부에 대한 조사의무를 부담한다. 그러나 전술한 바와 같이 제출된 서류의 위조유무 등 진정성까지 확인할 필요가 없다는 것이 통설・판례의 입장이다. 다만 제출된 선적서류가 위조(변조 또는 허위작성을 포함한다)되었을 경우 은행이 위조에 가담한 당사자이거나 서류의 위조사실을 사전에 알았거나 또는 그와 같이 의심할 만한 충분한 이유가 있는 경우에는 지급해서는 안 된다. 이는 신의칙상으로 보아도 당연한 원리이다.

반면에 매수인은 개설은행에 대해 그가 화환어음의 금액을 지급한 것과 같은 조건으로 개설은행에 무조건 상환하고, 선적서류 등을 수령할 의무를 부담한다.

2) 매수인과 매도인간의 법률관계

양자간에는 원인계약인 매매계약이 존재하며, 매수인은 위 매매계약에 따라 매도인을 위하여 신용장을 사전에 개설하여 줄 의무가 있으며, 이는 선이행의무이다. 매수인이 신용장을 개설하였다고 하여 대금지급의무가 소멸되는 것은 아니다.

3) 개설은행과 매도인간의 법률관계

신용장 자체의 법률관계로서 개설은행은 매도인이 발행한 환어음을 신용장조건에 따라 지급할 것을 약정하였으므로 제시된 서류가 신용장조건에 합치하는 한 상품이 매매계약과 일치하는지 여부와 무관하게 환어음금을 지급하여야 한다. 그러므로 개설은행이 신용장조건에 일치하여 발행한 환어음을 지급하지 아니한 경우에는 매도인에 대해 채무불이행에 기한 손해배상책임을 부담한다. 또한 매도인은 개설은행에 대해 신용장조건에 문면상 합치하는 선적서류 등을 제시하여야 어음금을 지급받을 수 있다.

Ⅵ. 어음할인

1. 의 의

어음할인은 만기가 도래하지 않은 어음을 그 소지인이 은행 등 금융업자에게 배서·교부의 방법으로 매각하고, 어음금액에서 만기까지의 이자 및 기타 비용을 공제한 대가를 받는 거래를 말한다. 어음할인은 유가증권으로서의 어음을 보통의 상품과 똑같이 취급하는 점에서 소비대차에 있어 차용증서 대신에 어음이 수수되는 어음대출과 근본적으로 구별된다. 또한 어음할인은 개별적·단발적인 금융이 많은 점에서 포괄적·계속적인 금융관계의 수립을 목적으로 하는 팩토링(factoring)과 구별된다. 이러한 어음할인은 은행 등이 자금이용방법으로 많이 이용하고 있으며, 은행의 여신업무 중의 중요한 내용이다.

2. 법적 성질

어음할인의 법적 성질에 대해서는 할인의뢰인의 의사에서 그 근거를 구하는 매매설(통설)·소비대차설·병존설 및 무명계약설 등이 있으나, 그 중 매매설과 소비대차설이 가장 중요하다.

(1) 소비대차설

소비대차설은 할인의뢰인이 받은 금전은 할인을 한 금융기관과의 소비대차에 의한 것이며, 어음의 교부는 소비대차상의 채권확보를 위하여 교부된 것으로 보는 입장이다. 은행실무는 어음할인시 할인의뢰인의 신용을 중시하며, '은행여신거래기본약관'에서 어음이 만기에 지급거절되는 경우에 상환청구권행사, 발행인의 신용악화 등을 이유로 한 만기 전의 환매특약을 인정하는 것을 주요근거로 하고 있다.

(2) 매매설

매매설은 어음할인의 법적 성격을 당사자의 의사에 의하여 어음이 표창하고 있는 금전청구권의 매매로 파악하고 있다(다수설). 즉 할인의뢰인과 금융기관의 의사는 금융기관의 자금을 할인의뢰인에게 사용하게 하는 것이 아니라, 어음(매매의 목적물)을 할인대금(매매대금)으로 금융기관에 이전하고, 금융기관은 이를 취득하여 만기에 어음의 주채무자로부터 어음금을 지급받는 것이라고 한다.

(3) 판 례

대법원은 단자회사가 할인매수한 어음을 다시 일반 제3자에게 어음할인의 방식으로 매출한 것은 그 성질이 어음의 매매라고 볼 것이라고 판시하였다.[327] 수표는 일람증권으로서 만기가 없으므로 어음과 같은 할인제도가 없으나, 선일자수표가 실무상 할인되는 경우가 있다. 판례는 이러한 수표의 할인은 소비대차로서의 성질을 갖는다고 판시하고 있다.[328] 이후의 판례는 당사자의 의사와 거래의 실태에 따라 매매 또는 소비대차라고 보고 있다.[329]

(4) 검 토

어음할인의 법적 성질은 원칙적으로 매매라고 보는 타당하다. 그러나 매매설도 당

---

327) 대판 1984. 11. 15, 84다카1227; 단자회사가 할인매수한 어음을 다시 일반 제3자에게 어음할인의 방식으로 매출한 것은 그 성질이 어음의 매매라고 볼 것이므로 그 매매의 이행으로 어음을 배서양도함에 있어 배서란에 "지급을 책임지지 않음"이라는 문언을 기재한 것은 특단의 사정이 없는 한 어음상 배서인으로서의 담보책임 뿐만 아니라 매매계약상의 채무불이행 책임이나 하자담보책임까지 배제하기로 한 취지라고 보아야 한다.

328) 대판 1997. 4. 25, 97다6636; 일람출급성인 수표의 경우에는 만기가 없으므로 어음할인과 같은 엄격한 의미에서의 수표할인은 성립할 수 없으나 특정기일 전까지 지급제시를 하지 않기로 하여 수표금액에서 그 기간까지의 이자를 공제하는 의미에 있어서의 수표할인은 가능하고, 금융기관 아닌 시중에서 이와 같은 의미의 수표할인이 이루어진 경우 거래의 실태에 따라서는 당사자 사이에 수표금 상당의 소비대차계약이 체결되고 그 수표는 소비대차상의 채무를 담보하기 위하여 교부된 것이라고 해석하여야 한다.

329) 대판 2002. 4. 12, 2001다55598; 통상 어음할인이라 함은, 아직 만기가 도래하지 아니한 어음의 소지인이 상대방에게 어음을 양도하고 상대방이 어음의 액면금액에서 만기까지의 이자 기타 비용을 공제한 금액을 할인의뢰자에게 교부하는 거래를 말하는 것인데, 수표의 경우에는 만기가 없으므로 어음할인과 같은 엄격한 의미에서의 수표할인은 존재할 수 없으나 특정기일 전까지 지급제시를 하지 않기로 하고 수표금액에서 그 기간까지의 이자를 공제하는 방법에 의한 수표할인은 가능한 바, 그와 같은 형태의 어음 또는 수표의 할인이 금융기관이 아닌 사인 간에 이루어진 경우 그 성질이 소비대차에 해당하는 것인지 아니면 어음의 매매에 해당하는 것인지의 여부는 그 거래의 실태와 당사자의 의사에 의하여 결정되어야 할 것이다. 동지; 대판 2002. 9. 24, 2000다49374.

사자의 의사를 기준으로 법적 성질을 논하고 있으므로, 당사자간의 특약 또는 합리적 의사의 추론으로 소비대차임을 인정할 수 있는 경우에는 이에 의한다고 보는 것이 타당할 것이다.

(5) 양설의 차이

어음할인의 법적 성질을 매매로 본다면 어음수수의 원인이 되는 법률관계가 없으나, 소비대차로 보면 어음수수의 원인으로서 소비대차계약이 존재하는 것에 기본적인 차이가 있다. 구체적으로는 ① 소비대차로 본다면 할인은행이 어음만기 전에도 채무자의 신용악화 등을 이유로 기한이익상실약관을 둠으로써 소비대차채권을 행사할 수 있으나, 매매설을 취하면 그렇지 않고, ② 어음상의 권리가 소멸한 경우에 매매설에 의하면 이득상환청구권 행사가 가능하나, 소비대차로 본다면 원인채권이 남아 있기 때문에 판례에 의하는 한 이득상환청구권행사가 불가능하며, ③ 소비대차로 본다면 은행은 어음을 교부하지 않고 상계를 할 수 있다. 그 밖에도 어음금청구에 대한 지연배상금의 이율에 있어서 소비대차로 보면 어음만기 후 연 6푼의 어음법상의 이율(어 48조 1항 2호)이 적용되나, 매매설을 취하는 경우에는 할인율이 적용된다. 그러나 은행실무상 어음할인과 어음대출은 은행여신거래기본약관의 적용에 있어서 동일하게 보기 때문에, 동 약정서가 적용되는 범위 내에서는 어음할인의 법적 성질을 어떻게 보건 차이가 없다.

3. 어음할인의 대상

어음할인의 대상이 되는 어음은, 현실적으로 상거래가 원인이 되어 발행되는 상업어음과 원래는 환어음상 지급인으로 되어 있는 은행이 어음법상 인수를 한 어음인 은행인수어음, 운송 중의 물건에 의해 담보되어 있는 환어음인 화환어음이 그 대상이 된다. 실무적으로는 융통어음,[330] 선일자수표도 할인이 되고 있다.

---

330) 대판 1988. 11. 22, 87다카1836; 융통어음의 할인을 금하는 은행법과 금융통화경영위원회의 각 규정은 단속규정에 지나지 않고 효력규정이라고 볼 수 없으므로 위 규정에 위반하였다고 하여 어음할인대출의 사법상 효력까지 부인할 수는 없다. 동지; 대판 1995. 9. 15, 94다54856.

4. 어음할인과 환매청구권

(1) 의 의

환매청구권이라 함은 할인어음이 부도되거나 또는 부도될 우려가 있는 경우와 같이 할인어음의 신용이 악화된 경우에, 할인은행이 할인의뢰인에 대하여 할인어음의 환매를 청구할 수 있는 권리를 말한다. 은행여신거래기본약관에는 할인은행의 통지 · 최고 등이 없이 할인의뢰인이 당연히 할인어음의 환매채무를 지는 경우와 할인은행의 청구에 의해 할인의뢰인이 환매채무를 지는 경우의 두 가지를 규정하고 있다. 이는 채권매매시의 매도인의 담보책임, 어음법상의 상환청구권의 행사와는 별도로 은행에 주어져 있는 권리확보수단이다.

(2) 법적 성질

어음할인의 법적 성질과 관련하여, 어음할인을 소비대차로 보면 환매청구권은 대금반환청구권으로 보게 되며, 어음할인의 법적 성질을 매매로 보는 경우에는 어음상의 청구권에 유사한 청구권이라고 하는 설, 채권매도인의 담보책임이라고 보는 설, 매매계약의 해제로 인한 대금반환청구권이라고 보는 설, 재매매의 일방예약이라고 보는 설 등의 견해가 있다. 생각건대 할인은행의 통지 · 최고 등이 없이 환매청구권이 발생하는 경우에는 (정지조건부)재매매이고, 할인은행의 청구에 의해 발생하는 경우는 재매매의 일방예약이라고 보는 것이 타당하다(다수설).

(3) 행 사

환매청구권은 어음법상의 권리가 아니라 당사자간의 계약상의 권리이므로 이를 행사함에 있어서는 어음의 제시와 교부를 필요로 하지 않는다. 또한 할인은행은 보통 은행여신거래기본약관에 특약을 두어 환매청구권을 행사한 후에도 할인의뢰인이 환매채무를 이행하기까지 어음상의 권리를 행사할 수 있도록 규정하고 있다.

(4) 효 과

환매의 효과로서, 할인의뢰인은 할인은행에 대하여 일정한 금액의 지급채무를 부담하게 된다. 환매청구권의 가장 큰 효과는 할인은행이 환매청구권의 발생에 의하여 할인의뢰인의 예금과 상계적상을 만들어 할인의뢰인의 채권자 등이 동예금에 대하여 강제집행하는 것으로부터 할인은행의 채권을 확보하는 데 있다.[331)]

(5) 소멸시효

환매청구권의 법적 성질을 재매매로 보면 채권의 소멸시효에 걸린다. 그러나 환매청구권은 상인인 은행 등이 할인의뢰인과의 계약 또는 상관습에 의해 취득하는 것이므로 상사채권이라고 할 수 있으므로 시효기간은 5년이다. 시효의 기산점은 일정한 사유의 발생에 의해 당연히 발생된 경우에는 그 사유의 발생시이고, 할인은행의 청구에 의하여 발생하는 경우에는 그 청구시라고 본다. 환매청구권의 소멸시효와는 별도로 할인어음의 어음상의 권리는 어음법에 의한 별도의 시효기간이 진행된다.

---

331) 대판 1994. 11. 22, 94다30201; 은행이 어음할인을 해주었다가 그 지급이 거절되는 등의 사유로 은행이 환매권을 행사한 다음 그 환매대금채권과 채무자의 은행에 대한 예금반환채권을 상계처리한 경우에는 원칙적으로 그 어음을 채무자에게 반환하여야 하나, 그 채무자에게 곧 이행하여야 할 나머지 채무가 있고 그 어음에 채무자 이외의 다른 어음상 채무자가 있는 때에는 은행은 그 어음을 계속 점유하고 추심 또는 처분하여 임의로 채무의 변제에 충당할 수 있다는 취지의 이른바 상계필 어음의 유치특약은, 은행이 채무자의 위임에 의하여 그 채무자를 대신하여 어음을 추심 또는 처분하는 권한을 부여받는 약정으로서 유효하고, 이러한 경우 채무자가 어음할인의뢰시 행한 양도배서는 추심위임을 위한 배서로 유용되어 은행은 숨은 추심위임배서의 피배서인의 지위에 서게 되므로, 어음채무자는 배서인(즉 채무자)에 대한 인적 항변사유로서 은행에 대항할 수 있다고 보아야 할 것이다(당원 1990. 4. 13. 선고 89다카1084 판결 참조).

제 3 장
환 어 음

제 1 절 발 행

Ⅰ. 총 설

1. 발행의 의의

환어음의 발행이라 함은 발행인이 어음을 작성하고 이를 수취인에게 교부하는 것을 말한다. 환어음을 작성함에 있어서는 발행인이 어음의 필요적 기재사항을 기재하고 기명날인 또는 서명하여야 한다(어음요건, 어 1조). 어음요건을 갖추어 발행된 어음을 기본어음이라 하며, 발행행위는 다른 어음행위의 기초가 되므로 기본적 어음행위라고 한다.

어음용지나 사용도구에는 아무런 제한이 없다. 어음에는 수입인지를 첨부하고 발행인이 소인을 하여야 하나(인지세법 4 · 10조), 이를 위반하여도 어음의 효력에는 영향이 없고 인지세법상의 처벌원인이 될 뿐이다.

2. 발행의 법적 성질

환어음의 발행에는 발행인이 지급인에게 일정한 금액을 지급할 뜻의 무조건의 '위탁'이 있어야 하는데(어 1조 2호), 그 법적 성질이 무엇인가에 대하여 견해가 나뉜다.

다수설인 지급제시설은 "환어음의 발행은 발행인이 지급인에 대해 지급인의 명의와 발행인의 계산으로 어음금액을 지급할 수 있는 권한을 수여하는 동시에 수취인에 대해서는 수취인 자신의 명의로 어음금액을 수령할 수 있는 권한을 수여하는 의사표시

(이중수권)"라고 본다. 이에 대하여 다른 학설은 "환어음의 발행은 발행인이 어음소지인에 대하여 인수 전에는 인수를 정지조건으로 하여 지급인에 대한 지급청구권을 수여하고, 인수거절 또는 지급거절의 경우에는 자신에 대한 상환청구권을 수여하는 의사표시"라고 보거나 또는 "지급인의 지급권한은 환어음에 표창되는 성질의 것이 아니고 발행인과 지급인 간의 자금관계에서 생기는 인적관계라고 파악하고, 환어음의 발행은 수취인에 대하여 자기명의로 어음금을 받을 권한을 수여하는 단독행위"라고 보는 견해도 있다.

생각건대 환어음은 어음문언상 발행인의 지급인에 대한 지급위탁증권이다. 그러나 지급인의 인수가 있기 전에는 환어음의 주채무자가 확정되지 않아 소지인의 권한은 수령권에 불과하며, 또한 발행인의 상환의무는 의사표시상의 효력이 아니라 법정책임이므로 다수설인 지급제시설(이중수권설)에 찬성한다.

3. 발행의 효력

(1) 본질적 효력(의사표시상의 효력)

환어음의 발행에 의하여 지급인은 발행인의 계산에서 어음을 지급할 권한을 취득하게 된다. 그러나 지급인은 스스로 인수를 하기 전까지는 지급권한은 있되 지급의무는 없으므로, 인수를 조건으로 한 가정적인 채무자일 뿐이다. 지급인은 '인수'에 의하여 비로소 어음상의 주채무자가 된다.

(2) 부수적 효력(법률상 효력)

발행인은 어음의 인수와 지급에 대하여 담보책임을 부담하므로 지급인이 인수나 지급을 거절하면 발행인 스스로 지급할 의무를 부담한다(어 9조 1항). 다만 발행인은 인수를 담보하지 않는다는 면책문구를 기재함으로써 인수담보책임을 면할 수 있으나, 지급담보책임은 면하지 못한다(어 9조 2항 참조). 이 밖에 발행인은 복본교부의무(어 64조 3항), 이득상환의무(어 79조)를 부담한다.

(3) 지급위탁의 철회

환어음의 발행인이 지급위탁(지시)을 철회할 수 있는가에 관하여는 수표의 경우와 같은 특별규정(수 32조)이 없는 환어음에서는 철회할 수 없다고 보는 설도 있으나, 지급이 있기 전까지는 언제든지 어음외의 의사표시로써 철회할 수 있다고 보는 것이 통설이다. 그러나 발행인이 지급지시를 철회하여도 이는 어음외의 실질관계에 그치므로 어음관계에 영향을 미치지 않는 인적항변에 불과하다. 따라서 지급인이 위 철회를 이유로 소지인에게 지급을 하지 않는다면 발행인은 상환의무를 부담한다.

Ⅱ. 어음의 기재사항

환어음의 기재사항에는 어음요건인 필요적 기재사항, 어음요건은 아니나 기재하면 그 효력인 인정되는 유익적 기재사항, 기재하여도 아무런 효력이 없는 무익적 기재사항, 기재하면 그 사항만의 무효가 아니라 어음자체를 무효로 하는 유해적 기재사항이 있다.

1. 필요적 기재사항(어음요건)

필요적 기재사항은 어음이 유효하기 위하여는 반드시 기재되어야 할 사항이다. '어음요건'이라고도 한다. 어음요건을 흠결한 증권은 어음으로서의 효력이 없다(어 2조 1항). 다만 어음법은 어음의 유통확보를 위하여 예외적으로 어음요건 중의 일부(만기 · 지급지 · 발행지)의 흠결에 대하여는 구제규정을 두어 무효를 방지하고 있다. 즉 ① 만기의 기재가 없는 경우는 일람출급(一覽出給)의 어음으로 보며(어 2조 2항), ② 지급지의 기재가 없는 경우는 지급인의 명칭에 부기된 곳을 지급지로 보며(어 2조 3항), ③ 발행지의 기재가 없으면 발행인의 명칭에 부기된 지에서 발행한 것으로 본다(어 2조 4항). 따라서 어음요건이 흠결된 어음은 위의 규정에 의하여 구제되거나, 백지어음이 아닌 한 무효가 된다.

기본적 어음(수표)행위인 발행이 형식적인 하자로 인해 무효가 된 경우에는 그 뒤의 부속적 어음(수표)행위도 전부 무효가 된다. 이 경우에는 어음(수표)행위독립의 원칙이 적용되지 않는다.

환어음의 필요적 기재사항은 다음과 같다(어 1조).

(1) 환어음문구

어음에는 증권의 본문 중에 그 증권의 작성에 사용하는 국어(國語)로 환어음임을 표시하는 문자를 기재하여야 한다(어 1조 1호). 이는 그 증권이 환어음임을 명백하게 나타내어 어음(수표)행위자 및 어음취득자에게 이를 인식시키고자 함이다. 단순히 「어음」·「어음증권」·「어음증서」라는 식의 기재는 환어음문구라 할 수 없다. '증권본문'이라 함은 지급위탁문구를 말한다. '환어음을 표시하는 문자'란 환·환증서, bill of exchange(영), gezogener Wechsel(독), letter de change(프) 등을 말한다.

(2) 일정한 금액을 지급할 뜻의 무조건의 위탁

1) 어음금액

어음금액은 일정하여야 하므로 선택적 기재(예: 1만원 또는 2만원)나 부동적 기재(예: 만기에 있어서 환시세에 의한 미화 1,000불 상당의 한화액, 10만원 이상 또는 그 이하)를 한 어음은 무효가 된다.

또한 환어음은 금전채권을 표창하는 유가증권이므로 금전 외의 물건의 지급을 목적으로 하는 것은 무효이다. 그러나 금액의 표시는 내국통화이든 외국통화이든 무방하며, 강제통용력있는 법화(法貨)에 한하지 않으므로 가치척도에 불과한 이른바 계산통화도 무방하다.

외국통화로 표시된 경우에 발행국과 지급국에서 동명이가(同名異價)를 가진 통화로써 금액을 정한 때에는 지급지의 통화에 의하여 정한 것으로 추정한다(어 41조 4항).

어음금액을 글자와 숫자로 기재한 경우에 양금액의 차이가 있으면 글자로 기재된 금액을 어음금액으로 하며, 글자 또는 숫자로 금액을 중복하여 기재한 경우에 그 금액의 차이가 있으면 최소금액을 어음금액으로 한다(어 6조).

2) 지급위탁

어음금액의 지급위탁은 무조건이어야 하므로, 지급에 관하여 조건·방법을 기재하거나 지급자금을 한정하는 경우에 그 어음은 무효가 된다.

(3) 지급인의 명칭

지급인은 그 동일성을 인식할 수 있는 한 성명·상호·통칭 등 제한이 없다. 회사 또는 법인은 법인명(상호)만 기재하면 되고 대표자의 성명을 기재할 필요가 없다(법인의 어음(수표)행위와 다름). 지급인은 실재인이 아니어도 무방하므로 허무인을 지급인으로 하여도 그 어음자체가 무효가 되는 것은 아니다.

1) 지급인의 복수 기재

지급인을 복수인으로 기재하는 것은 무방하나, 선택적 기재(甲 또는 乙)는 지급인을 확정할 수 없기 때문에 인정되지 않는다. 그러나 순차적 기재(제1지급인 甲 · 제2지급인 乙)는 제1지급인만을 지급인으로 하고 제2지급인은 예비지급인으로 볼 수 있어 인정된다고 보는 것이 통설이다. 또한 중첩적 기재(甲 및 乙)는 발행인이 각 지급인에게 합동하여 지급할 권한을 부여한 것이라고 볼 수 있어 인정된다(통설). 그러나 중첩적 기재의 경우에는 지급인 전원이 지급을 거절하여야 상환청구가 가능하다(인수거절로 인한 만기 전의 상환청구는 지급인 중의 1인만이 인수를 거절하여도 가능하다, 통설).

그러나 각 지급인의 만기나 지급지를 달리하는 기재는 효력이 없다.

2) 당사자자격의 겸병(兼併)

환어음의 당사자는 발행인 · 수취인 · 지급인의 3자가 있으나 당사자의 자격은 동일인이 겸할 수 있다(통설). 이 중 발행인과 지급인의 자격이 겸병된 경우를 자기앞환어음(어 3조 2항)이라 하며, 발행인과 수취인 자격이 겸병된 것을 자기지시어음(어 3조 1항)이라고 한다. 그 외에 어음법에는 명문의 규정이 없으나, 수취인과 지급인의 자격의 겸병, 발행인 · 수취인 · 지급인의 3자격의 겸병도 인정된다.

(4) 만기의 표시

1) 의 의

만기라 함은 어음금액이 지급될 날로 어음상에 기재된 날을 말한다. 「만기의 날」(어 70조 1항) 또는 지급기일이라고 한다. 만기와 「지급을 할 날(어 38조 1항, 44조 3항)」과 「지급의 날(어 41조 1항)」과는 구별해야 한다. 「지급을 할 날」은 보통은 만기와 일치하나 만기가 법정휴일인 경우에는 그 날에 이은 제1거래일이 「지급을 할 날」이 되며, 「지급의 날」은 현실로 지급이 행하여진 날이다.

만기는 단일하여야 하므로 분할출급어음은 인정되지 않는다(어 33조 2항). 또한 만기는 도래가 가능한 날짜이어야 한다. 그러나 예컨대 2월 30일을 만기로 한 것과 같이 세력(歲曆)에 없는 날을 만기로 한 경우에는 그 달 말일을 만기로 보아 이를 유효로 보아야 할 것이다(통설 · 판례).

2) 종 류

어음법은 일람출급·일람후정기출급·발행일자후정기출급 및 확정일출급의 4가지 만기만을 인정하고 그 외의 만기는 무효로 하고 있다(어 33조 1항)(만기법정주의). 다만 만기의 기재가 없는 경우에는 일람출급어음으로 본다(어 2조, 76조 2항).

(가) 일람출급어음 일람출급어음은 지급을 위하여 제시가 있었던 날(일람의 날)을 만기로 하는 어음이다(「어음제시 즉시」, 「일람 즉시」 등으로 발행)(어 34조 1항 1문). 일람출급어음은 발행일자로부터 1년 내에 지급을 위하여 제시하여야 한다(어 34조 1항 2문). 그러나 발행인은 위 기간을 단축 또는 연장할 수 있고, 배서인은 단축만 할 수 있다(어 34조 1항 3문). 발행인이 정한 제시기간은 모든 어음관계자에 대하여 효력이 있으나 배서인이 정한 제시기간은 그 배서인에 한하여 이를 원용할 수 있다(어 53조 2·3항).

또한 발행인은 일정한 기일 전에는 일람출급어음의 지급을 위한 제시를 금할 수 있다(어 34조 2항).

(나) 일람후정기출급어음 어음소지인이 일람을 위하여 어음을 제시한 날로부터 일정기간을 경과한 날을 만기로 하는 어음이다(「일람후 *일을 경과한 날」, 「어음제시후 *일이 경과한 날」 등으로 발행)(어 33조 1항 2호). 여기서 '일람'은 환어음에 있어서는 인수를 위한 어음의 제시를 말하며, 약속어음에 있어서는 인수제도가 없으므로 만기를 확정하기 위한 어음의 제시를 말한다(어 23조, 78조 2항).

일람후정기출급어음은 발행한 날로부터 1년 내의 일람을 위하여 제시하여야 한다(어 23조 1항, 78조 2항 1문). 그러나 발행인은 위 기간을 단축 또는 연장할 수 있고, 배서인은 단축만 할 수 있다(어 34조 1항 3문).

일람후정기출급어음의 만기는 인수의 일자 또는 거절증서의 일자에 의하여 정한다. 인수일자의 기재가 없고 거절증서도 작성하지 않은 경우에는 인수인에 대한 관계에서는 인수제시기간의 말일에 인수한 것으로 본다(어 35조).

(다) 발행일자후정기출급 발행일자로부터 어음에 기재된 일정기간이 경과한 날을 만기로 하는 것을 말한다(예컨대 「발행일자로부터 *개월 후」 등으로 기재)(어 33조 1항 3호). 발행일자후정기출급어음의 기간계산은 발행일자 후 1월 또는 수월에 지급할 어음은 지급할 달의 대응일을 만기로 하되, 대응일이 없을 때에는 그 달의 말일을 만기로 한다(어 36조 1항). 그러나 발행일자 후 6일과 같이 기간을 일로 정한 경우에는 초일 즉 발행일을 산입하지 않고 계산하며(어 73조), 기간 중의 휴일은 이 기간에 삽입한다(어

72조 2항 2문). 발행일자 후 1월반 또는 수월반에 지급할 어음은 먼저 전월(全月)을 계산하며(어 36조 2항), 반월(半月)이라 함은 만 15일을 말한다(어 36조 5항). 8일 또는 15일이라 함은 1주 또는 2주가 아니고 만 8일 또는 15일의 기간을 말한다(어 36조 4항). 세력을 달리하는 양지간(兩地間)에 발행된 어음은 원칙적으로 발행일자를 지급지의 세력의 대응일에 바꾸어 이에 의해 만기를 정한다(어 37조 2항). 그러나 환어음의 문언 또는 기타 기재에 의해 다른 의사를 알 수 있는 때에는 그에 의한다(어 37조 4항).

(라) 확정일출급어음 2015년 7월 1일과 같이 특정한 날을 만기로 하는 어음을 말한다(어 33조 1항 4호). 월초·월중 또는 월말로 만기를 표시한 경우에는 그 달의 1일, 15일 또는 말일을 말한다(어 36조 3항). 세력에 존재하지 않는 날(예컨대 2월 30일)을 만기로 한 경우는 그 달의 말일을 만기로 한 것으로 볼 수 있다(통설).

발행지와 세력을 달리하는 지(地)에서 확정일에 지급할 환어음의 만기의 날은 어음의 문언 또는 기타의 기재에 의하여 다른 의사를 알 수 없는 한 지급지의 세력에 의해 정한 것으로 본다(어 37조 1항·4항).

확정일자를 선택적으로 기재하는 경우는 무효인 어음이다.

(5) 지급지

1) 의 의

지급지란 어음금액이 지급될 일정한 지역을 말한다. 지급지는 인수 또는 지급을 위한 제시, 상환청구권보전절차 등이 이루어져야 할 지역이다.[1] 지급지와 지급장소는 구별되어야 한다. 지급장소는 어음요건이 아니라 유익적 기재사항으로서 '지급지 내에서 지급이 행하여질 특정장소'를 말한다(어 4조, 27조 2항).

어음법은 지급지의 기재가 없는 환어음을 무효로 보지 않고, 지급인의 명칭에 부기한 지(地)가 있으면 이를 지급지와 지급인의 주소지로 보아 구제하고 있다(어 2조 2호). 약속어음에 있어서는 발행지를 지급지로 보고(어 76조 2호), 또한 발행지의 기재도 없으면 발행인의 명칭에 부기한 지를 발행지이며 지급지로 본다(어 76조 3호).

2) 지급지의 표시방법

지급지는 최소단위의 독립행정구획으로 표시하는 것이 원칙이나, 사회적으로 통용

---

1) 대판 1981. 12. 8, 80다863; 약속어음의 지급지를 기재함에 있어 원칙적으로 독립된 최소 행정구역을 기재하여야 하나, 서울특별시의 경우는 '서울'이라고만 기재하면 되고, 반드시 그 구까지를 표시하여야 하는 것이 아니다.

하는 일정한 지역을 표시하는 명칭의 기재(예: 서울, 마포 등)는 허용된다(통설). 또한 지급지는 단일적으로 확정할 수 있어야 하므로 중첩적 기재나 선택적 기재는 허용되지 않는다(통설).

3) 지급지와의 지리적 관계에 의한 어음의 분류

(가) 동지(同地)어음 · 이지(異地)어음 지급지와 발행지가 동일한 어음이 동지어음이고, 그렇지 않은 것을 이지어음이라 한다. 지급지와 발행지간의 격지성의 요구는 연혁적으로는 이유가 있었으나 오늘날에는 양자가 모두 허용되므로 그 구별의 실익이 없다.

(나) 동지지급(同地支給)어음 · 타지지급(他地支給)어음 지급지와 지급인의 주소지가 같은 것이 동지지급어음이고, 다른 것이 타지지급어음이다. 타지지급어음의 경우에는 어음을 어디에서 지급제시할 것인가가 문제되기 때문에 발행인이 지급지 내에 지급담당자(제3자방)를 기재하는 것이 보통이다. 그러나 발행인이 지급담당자를 기재하지 않은 경우에는 지급인이 인수를 할 때에 이를 기재할 수 있다(어 27조 1항 1문). 따라서 어음법은 타지지급어음에서는 지급인에게 지급담당자를 기재할 수 있도록 하여야 하므로 발행인은 인수제시금지문구를 기재할 수 없도록 규정하고 있다(어 22조 2항 단서). 발행인 및 인수인이 지급지 내에 지급담당자를 기재하지 않은 경우에는 인수인은 지급지 내에서 직접 지급할 의무를 부담하게 된다(어 27조 1항 2문).

타지지급어음은 지급장소(주로 은행)가 기재되어 있는 제3자방지급어음과 구별되어야 한다. 지급장소는 지급지 내이기만 하면 지급인의 주소지이거나 다른 지에 있어도 무방하므로(어 4조), 제3자방지급어음은 동지지급어음은 물론이고 타지지급어음에서도 있을 수 있다.

(6) 지급을 받을 자 또는 지급을 받을 자를 지시할 자의 명칭

1) 의 의

이는 수취인을 말한다. '지급을 받을 자'의 명칭을 기재한 어음을 기명식 어음, '지급을 받을 자를 지시할 자의 명칭'을 기재한 어음을 지시식 어음이라고 부른다. 그러나 어음은 지시문구가 없더라도 당연히 배서에 의하여 양도할 수 있다(어 11조 1항).

어음에는 백지어음의 경우를 제외하고, 수취인을 반드시 기재하여야 하므로, 무기명식어음이나 선택무기명식어음(甲 또는 소지인 귀하)은 인정할 수 없다(통설).[2]

발행인은 수취인을 겸할 수 있다. 이를 자기지시어음이라고 한다(3조 1항). 수취인의 명칭의 표시방법은 지급인의 명칭의 표시방법과 같다.

2) 복수적 기재

수취인은 복수로 기재할 수 있다. 따라서 중첩적(甲과 乙) 또는 선택적(甲 또는 乙) 기재 모두 유효하다. 수취인을 중첩적으로 기재한 경우에는 수취인인 전원이 공동으로 어음상의 권리를 행사하여야 하므로 배서도 전원의 명의로 하여야 한다. 그러나 선택적 기재의 경우에는 어음을 교부받은 어음소지인이 단독으로 유효한 배서를 할 수 있다(통설).

(7) 발행일과 발행지

1) 발행일

발행일이라 함은 어음이 발행된 날로써 어음상에 기재된 일자를 말한다.[3)4)] 발행일은 실제에 발행된 날과 일치하지 않아도 무방하므로 실제의 발행일자보다 후의 일자를 기재한 선일자어음 또는 그 이전의 일자를 기재한 후일자어음 모두 유효하다(통설).

발행일은 발행일자후정기출급어음의 만기(어 36조), 일람출급어음의 지급제시기간

---

2) 대판 1997. 7. 22, 96다12757; 원심의 취지가 어음의 단순 교부만으로 어음상의 권리 양도가 이루어졌다는 뜻이라면, 이는 교부(인도)만으로써 어음상의 권리를 이전할 수 있는 경우를 수취인란이 백지로 된 어음과 기명식 혹은 지시식으로 발행되었으나, 최후의 배서가 소지인출급식 또는 백지식으로 배서된 어음에 한정하고 있는 어음법의 규정에 반하여, 수취인이 기명식으로 되어 있는 어음까지도 단지 교부만으로 양도할 수 있다고 인정하는 것이어서 부당하다.

3) 대판 1979. 8. 14, 79다1189; 이 사건 약속어음의 발행일의 기재가 1978. 2. 30.로 되어 있음은 소론과 같으나 이는 같은 해 2월 말일을 발행일로 하는 약속어음으로서 유효하다고 할 것이다. 왜냐하면 약속어음 외의 사실을 조사하여 약속어음의 일부의 기재착오를 보충하거나 정정하는 것은 약속어음(수표)행위가 증권행위이므로 허용되어서는 아니되지만 위와 같은 약속어음의 기재 자체를 본인의 합리적인 의사에 따라서 판단한다면 그 달의 말일의 의미로 생각하는 것이 당연하고 이를 약속어음의 요건을 흠결한 무효한 것이라고 생각하는 것은 오히려 교활한 약속어음 채무자에게 지급거절의 구실을 주게 되어 약속어음의 유통성의 강화에 해가 되고 약속어음법의 이념에 반하기 때문이다. 원심이 이와 같은 견해 아래 이 사건 약속어음을 유효한 것으로 인정 판단하였음은 정당하고, 이와 반대의 견해에서 위 약속어음은 요건흠결로 무효라는 논지는 채용할 수 없다.

4) 대판 1979. 8. 14, 79다1189; 어음법 제75조에 의하여 약속어음에 반드시 기재하여야 하는 사항이 법정되어 있어 그 사항중 하나라도 기재되지 않으면 특별한 규정에 의하여 구제되지 아니하는 한 어음으로서의 효력을 발생할 수 없으므로 약속어음에 지급지, 지급장소의 기재가 있더라도 발행지의 기재나 발행인의 명칭에 부기한 지의 기재가 없으면 적법한 제시기간 내에 발행지란을 보충하여 지급을 위한 제시를 하지 아니하는 한 피소구권자에 대한 소구권은 상실하는 것으로 보아야 한다 함이 당원의 판례(대법원 1976. 11. 23. 선고 76다214 판결)인 바 본건과 같이 발행일란의 보충없이 지급제시한 경우도 위 취지와 같은 이유로 적법한 지급제시가 되지 못하여 소구권을 상실한다고 보아야 할 것이다.

(어 34조 1항), 일람후정기출급 어음의 인수제시기간(어 23조) 등을 정하는 기준이 되며, 확정일지급어음의 경우도 발행인의 능력·대리권의 유무판단을 하는 기준이 되므로 단일·확정일이어야 한다. 발행일은 세력에 있는 날이어야 하며, 발행일이 만기보다 뒷날인 경우에는 불능의 날로서 무효라고 본다(통설).

2) 발행지

(가) 발행지의 의의

발행지는 어음이 발행된 장소로서 어음상에 기재된 지를 의미하며, 실제로 어음이 발행된 장소와 일치하지 않아도 무방하다. 어음에 발행지의 기재가 없더라도 발행인의 명칭에 부기한 지가 있으면 발행지로 보기 때문에(어 2조 3호, 76조 3호),[5)6)] 어음요건의 흠결이 보완된다.

어음법에 있어서 발행지의 의미는 발행지와 세력을 달리하는 지에서 지급할 환어음·약속어음의 경우에 어음의 만기의 날은 지급지의 세력에 의하여 정한 것으로 보고(어 37조, 77조 1항 2호), 어음의 발행국과 지급국이 동명이가(同名異價)를 가진 통화에 의하여 환어음·약속어음의 금액을 정한 때에는 지급지의 통화에 의하여 정한 것으로 추정하도록 규정되어 있으므로(어 41조 4항, 77조 1항 3호), 발행지의 기재는 만기 결정의 세력과 지급통화를 결정하는 표준이 된다. 또한 약속어음에서의 발행지의 기재는 약속어음상에 다른 표시가 없는 때에 지급지와 발행인의 주소지로 의제되는 기능이 있다(어 76조 3항).

한편 국제어음에 있어서 발행지의 기재는 상환청구권의 행사기간과 어음의 소지인의 원인채권의 취득 여부 등을 결정함에 있어서 준거법을 결정하는 표준이 되는 기능을 하고 있다(국제사법 54조 3항, 55조). 그러나 국제사법상 준거법을 정하는 표준이 되는 발행지는 어음면상에 기재된 발행지가 아니라 실제의 발행지에 의해 결정되므로 어

---

5) 대판 1984. 7. 10, 84다카424; 이 사건 각 약속어음은 발행지가 모두 백지로 되어 있으나 각 발행인의 명칭에 "신라체인 점촌지점" 또는 "한남체인 상주슈퍼"라는 상호가 부기 되어 있는바 어음법 제76조 제4항에 의하여 발행인의 명칭에 부기한 지를 발행지로 볼 것이고 발행지 기재는 독립된 최소 행정구역을 표시하면 족한 것이므로 위 각 상호에 포함된 점촌이나 상주의 표시를 발행지 기재로 볼 것이다.

6) 대판 1991. 7. 23, 91다8975; 약속어음의 발행지 및 지급지란에 "삼진기계"라는 업체의 상호표시만 기재되어 있다면 어음법상 요구되는 발행지와 지급지의 장소적 개념이 표현된 것이라고 할 수 없으므로 어음의 필요적 기재요건을 갖추었다고 보기 어려우나, 위 상호표시에 위 업체가 소재한 지명을 보완기재하여 유효한 어음으로 완성하는 정도의 보충권한은 소지인에게 부여되어 있다고 보는 것이 타당하다.

음면상의 발행지는 실제 발행지의 추정근거가 될 뿐이다.

따라서 발행지의 기재는 국제어음에 있어서는 유용한 기능을 하지만, 국내어음(국내에서 발행되고 지급되는 어음)에 있어서는 세력과 지급통화가 단일하게 통일되어 있어서 발행지의 기재는 특별한 의미가 없다.

여기서 어음법이 발행지를 어음요건으로 규정하고 있지만 국내어음에 있어서 발행지를 흠결한 어음의 효력을 어떻게 볼 것인가가 문제된다. 종래의 판례는 발행지가 공란으로 된 경우, 이를 보충하지 않고 한 지급제시는 적법하지 않은 것으로 판시하여[7] 결과적으로 무효인 어음으로 보았다. 그러나 대판 1999. 4. 23, 95다36466 전원합의체 판결은 "발행지가 기재되지 아니한 국내어음도 어음요건을 갖춘 완전한 어음과 마찬가지로 당사자 간에 발행 · 양도 등의 유통이 널리 이루어지고 있으며, 어음교환소와 은행 등을 통한 결제 과정에서도 발행지의 기재가 없다는 이유로 지급거절됨이 없이 발행지가 기재된 어음과 마찬가지로 취급되고 있음은 관행에 이른 정도이고, 나아가 이러한 점에 비추어 보아 발행지의 기재가 없는 어음의 유통에 관여한 당사자들은 완전한 어음에 의한 것과 같은 유효한 어음(수표)행위를 하려고 하였던 것으로 봄이 상당하다"고 판시하여 발행지의 기재가 없는 어음이라도 그 효력을 인정하였다. 또한 보충의견은 "어음면의 기재 자체에 의하여 국내어음으로 인정되는 경우에 단지 발행지의 기재가 없다는 이유로 이를 무효의 어음이라고 보는 것은 지나치게 형식논리에 치우친 해석이라고 하지 않을 수 없을 뿐만 아니라, 어음 유효해석의 원칙에 비추어 보더라도 타당한 해석이 아니라고 할 것이므로, 국내어음에 한하여는 발행지의 기재가 없다고 하더라도 이를 무효의 어음으로 볼 수 없다고 해석함이 상당하다"고 판시하였다.

(나) 발행지의 표시방법

발행지는 특정한 행정구역으로 제한하여 기재할 필요가 없으며 널리 '한국', '서울'이라고 기재하는 것도 인정된다. 또한 지급지와 달리 발행지는 준거법의 단일성을 해하지 않으면 복수의 기재도 허용된다고 봄이 통설이다.

---

7) 대판 1988. 8. 9, 86다카1858; 약속어음의 발행지는 어음요건의 하나이므로 그 기재가 없는 상태에서는 아무리 보충권이 수취인 내지 소지인에게 주어졌다 하더라도 완성된 어음으로서의 효력이 없는 것이어서 어음상의 권리자에 의한 완성행위(백지어음의 보충권행사) 없이는 어음상의 권리가 적법하게 성립할 수 없고 따라서 이러한 미완성어음으로 지급을 위한 제시를 하였다 하여도 적법한 지급제시가 될 수 없다. 동지: 대판 1976. 11. 23, 76다214; 1991. 7. 23, 91다8975 등.

발행지의 기재가 없는 어음·수표의 효력

대법원 1998. 4. 23. 선고 95다36466 판결 [약속어음금]

【원고, 피상고인】 서석재 (소송대리인 변호사 김진기)
【피고, 상고인】 윤진호 (소송대리인 변호사 윤경현)
【원심판결】 부산지법 1995. 7. 7. 선고 94나15797 판결
【주 문】 상고를 기각한다.
상고비용은 피고의 부담으로 한다.
【이 유】 상고이유를 판단한다.

1. 발행지 미기재의 점에 대하여 가. 원심 판단의 요지 원심판결 이유에 의하면, 원심은, 소외 주식회사 유성경금속이 1993. 7. 15. 이 사건 약속어음 5매 액면 합계 금 220,000,000원을 소외 박재헌에게 발행하고, 위 박재헌은 이를 피고에게 배서·양도하였는데, 피고는 그 중 4매를 원심 공동피고 박상근에게, 나머지 1매를 원고에게 각 배서·양도하였고, 위 박상근은 다시 위 4매를 원고에게 배서·양도하여 원고가 위 각 어음의 최후소지인으로 발행지 기재를 보충하지 아니한 채 1993. 10. 30. 지급장소에 지급제시하였으나 무거래를 이유로 지급거절이 된 사실을 인정한 다음, 원고가 위 각 어음의 발행지를 보충하지 아니한 채 지급제시하였으므로 그 지급제시는 부적법하여 배서인인 피고에 대한 상환청구권을 상실하였다는 피고의 주장에 대하여, 약속어음의 발행지 기재가 없더라도 어음면의 기재에 의하여 국내에서 발행, 유통되는 어음임이 명백히 인정되는 경우에는 어음면의 기재에 의하여 발행지를 추단할 수 있는 사정이 엿보이는 한 발행지의 기재가 있는 것으로 해석함이 타당하다고 전제한 후, 이 사건 각 어음의 표면 우측 상단에 '부산'이라고 기재되어 있고, 또한 위 각 어음의 지급지가 양산군이고 그 지급장소도 주식회사 부산은행 양산지점인 점, 위 각 어음의 발행인이 국내회사인 주식회사 유성경금속인 점 등에 비추어 보면 위 각 어음은 발행지의 기재가 있는 것으로 못 볼 바 없다고 할 것이므로, 비록 위 각 어음의 발행지란이 백지인 채로 지급제시되었다 하더라도 그 지급제시는 적법하고, 따라서 원고의 피고에 대한 이 사건 상환청구권 행사 역시 적법한 지급제시에 의한 것으로 정당하다고 판단하였다.

나. 이 법원의 판단 어음법은 발행지를 어음요건의 하나로 규정하고(제1조 제7호, 제75조 제6호), 발행지를 기재하지 아니한 때에는 그 어음은 효력이 없으나, 다만 발행인의 명칭에 부기한 지가 있는 때에는 그 곳을 발행지로 보며(제2조 제1항, 제4항, 제76조 제1항, 제4항), 지급지의 기재가 없는 때에는 발행지를 지급지로 본다(제2조 제3항, 제76조 제3항)고

규정하고 있다.

그런데 어음의 발행지란 실제로 발행행위를 한 장소가 아니라 어음상의 효과를 발생시킬 것을 의욕하는 장소를 말하는 것으로서, 어음의 발행지에 관련된 어음법 제37조, 제77조 제1항 제2호, 제41조 제4항, 제77조 제1항 제3호, 제76조 제3항 등과 섭외사법의 관련 규정들을 살펴보면, 어음에 있어서 발행지의 기재는 발행지와 지급지가 국토를 달리하거나 세력(歲曆)을 달리하는 어음 기타 국제어음에 있어서는 어음(수표)행위의 중요한 해석 기준이 되는 것이지만, 국내에서 발행되고 지급되는 이른바 국내어음에 있어서는 별다른 의미를 가지지 못한다고 할 것이다.

그리고 국내어음이란 국내에서 발행되고 지급되는 어음을 말하는 것이므로 국내어음인지 여부는 어음면상의 발행지와 지급지가 국내인지 여부에 따라 결정될 것이지만, 어음면상에 발행지의 기재가 없다고 하더라도 그 어음면에 기재된 지급지와 지급장소, 발행인과 수취인, 지급할 어음금액을 표시하는 화폐, 어음문구를 표기한 문자, 어음교환소의 명칭 등에 의하여 그 어음이 국내에서 어음상의 효과를 발생시키기 위하여 발행된 것으로 여겨지는 경우에는 발행지를 백지로 발행한 것인지 여부에 불구하고 국내어음으로 추단할 수 있다고 할 것이다.

한편 일반의 어음거래에 있어서 발행지가 기재되지 아니한 국내어음도 어음요건을 갖춘 완전한 어음과 마찬가지로 당사자 간에 발행 · 양도 등의 유통이 널리 이루어지고 있으며, 어음교환소와 은행 등을 통한 결제 과정에서도 발행지의 기재가 없다는 이유로 지급거절됨이 없이 발행지가 기재된 어음과 마찬가지로 취급되고 있음은 관행에 이른 정도이고, 나아가 이러한 점에 비추어 보아 발행지의 기재가 없는 어음의 유통에 관여한 당사자들은 완전한 어음에 의한 것과 같은 유효한 어음(수표)행위를 하려고 하였던 것으로 봄이 상당하다 할 것이다.

그렇다면 어음면의 기재 자체로 보아 국내어음으로 인정되는 경우에 있어서는, 발행지의 기재는 별다른 의미가 없는 것이고, 발행지의 기재가 없는 어음도 완전한 어음과 마찬가지로 유통 · 결제되고 있는 거래의 실정 등에 비추어, 그 어음면상 발행지의 기재가 없는 경우라고 할지라도 이를 무효의 어음으로 볼 수는 없다고 할 것이다.

따라서 이와 일부 다른 견해를 취한 대법원 1967. 9. 5. 선고 67다1471 판결, 1976. 11. 23. 선고 76다214 판결, 1979. 8. 14. 선고 79다1189 판결, 1985. 8. 13. 선고 85다카123 판결, 1988. 8. 9. 선고 86다카1858 판결, 1991. 4. 23. 선고 90다카7958 판결, 1992. 10. 27. 선고 91다24724 판결, 1995. 9. 15. 선고 95다23071 판결 및 이와 같은 취지의 판결들은 이를 변경하기로 한다.

이 사건의 경우를 기록에 의하여 살펴보면, 이 사건 각 약속어음은 국내 금융기관인 부산은행이 교부한 용지에 의하여 작성된 것으로, 지급지는 양산군, 지급장소는 부산은행 양산지점으로 되어 있으며, 그 발행인과 수취인은 국내의 법인과 자연인이고, 어음금액은 원화로 표시되어 있으며, 어음문구 등 어음면상의 문자가 국한문 혼용으로 표기되어 있을 뿐만 아니라, 어음 표면 우측 상단에 어음용지를 교부한 은행 점포를 관할하는 어음교환소명으로 '부산'이라 기재되어 있는 점 등에 비추어 볼 때, 이 사건 각 약속어음은 국내에서 발행되고 지급되는 국내어음임이 명백하고, 따라서 그 어음면상 발행지의 기재가 없다고 하여 이를 무효의 어음으로 볼 수 없다고 할 것이므로, 위 각 어음에 대한 지급제시가 비록 발행지의 기재 없이 이루어졌다고 하더라도 이는 적법하게 지급제시된 것이라고 할 것이다.

원심의 판단은 위에서 설시한 법리와는 다른 전제에서 이루어진 것이므로 발행지의 기재가 없는 어음의 효력에 관한 법리를 오해한 위법이 있다고 할 것이나, 이 사건 각 약속어음의 발행지의 기재가 없는 상태로 한 지급제시가 적법하다고 본 결론에 있어서는 정당하다.

이 점을 지적하는 상고이유는 받아들일 수 없다.

2. 변제항변의 점에 대하여 기록에 비추어 살펴보면, 피고가 원고에게 변제조로 교부한 약속어음 2장(원심은 3장으로 인정하였으나 이는 오기로 보인다) 액면 합계 금 32,570,000원이 그 지급기일에 결제되었다는 증거가 없고, 오히려 위 각 어음이 1995. 4. 21. 부도처리된 것으로 인정된다고 하여 피고의 변제항변을 배척한 원심의 조치는 수긍이 가고, 거기에 상고이유로 주장하는 바와 같은 법리오해 등의 위법이 있다고 할 수 없다.

이 점에 관한 상고이유도 받아들일 수 없다.

3. 동시이행항변 내지 상계항변의 점에 관하여 기록에 의하면, 피고는 이 사건 현대그랜드빌라 502호에 관하여 원고가 피고에게 하자를 보수하여 주기로 약정하고도 이를 불이행하였으니 그 채무를 이행할 때까지 원고의 청구에 응할 수 없고, 또 그 하자보수채무의 불이행으로 인한 손해배상채권을 자동채권으로 하여 이 사건 채권과 그 대등액에서 상계한다는 주장을 제출하였음이 분명함에도 불구하고, 원심은 이에 대하여 아무런 판단도 하지 아니하였음을 알 수 있다.

그러나 기록과 관계 증거를 살펴보면, 원고가 피고의 주장과 같은 하자보수의 약정을 하였음을 인정할 증거가 없고, 오히려 위 하자보수비는 이미 서로간에 정산되어 위 빌라의 매매대금에서 감액된 사실이 인정될 뿐이므로, 피고의 위 주장은 받아들일 수 없다고 할 것이어서, 원심이 위 주장에 대한 판단을 하지 아니하였다고 하더라도 이는 판결 결과에 영향이 없다고 할 것이다.

이 점에 관한 상고이유 역시 받아들일 수 없다.

4. 그러므로 상고를 기각하고, 상고비용은 패소자의 부담으로 하기로 하여 주문과 같이 판결하는바, 이 판결에는 제1항 부분 판단에 관하여 대법관 이돈희, 대법관 신성택, 대법관 이용훈의 다수의견에 대한 보충의견과 대법원장 윤관, 대법관 최종영, 대법관 천경송, 대법관 정귀호, 대법관 김형선, 대법관 이임수의 반대의견이 있는 이외에는 관여 대법관들의 의견이

일치되었다.

5. 대법관 이돈희, 대법관 신성택, 대법관 이용훈의 다수의견에 대한 보충의견은 다음과 같다.

법률을 해석·적용함에 있어서는 법률규정의 문언의 어의(語義)에 충실하게 해석하여야 함이 원칙임은 말할 것도 없다.

그러나 법률 제정 당시에 입법자가 전혀 예상하지 못하였기 때문에 법률로 규정되지 않았거나 불충분하게 규정된 경우가 있을 수 있고, 이 경우에도 법원은 재판을 하지 않으면 아니 되므로 법원의 법형성적 활동이 개입될 수밖에 없다.

뿐만 아니라 법률에 명문의 규정이 있는 경우에도 시대가 바뀌고 사회가 달라짐에 따라 법과 실제 생활과의 사이에 불가피하게 간격이 생길 수 있으며, 이 때에 만일 명문규정의 엄격한 적용만을 고집한다면 그것은 법적 안정성이 유지될지는 모르나 사회생활의 유동·발전에 대한 적응성을 결여하는 중대한 결함이 생길 수 있으므로 이를 실제 생활에 부합하게 해석할 사회적 필요가 생기게 된다.

이와 같은 경우 법원은 형식적인 자구 해석에 얽매일 것이 아니라 그 법이 구현하고자 하는 입법정신이 무엇인가를 헤아려서 그 입법정신을 실현하는 방향으로 법의 의미를 부여하여야 하며, 그 실현을 위하여 필요한 한도 내에서 명문규정의 의미를 확대해석하거나 또는 축소·제한해석을 함으로써 실질적인 법형성적 기능을 발휘하여야 할 것이다.

일반적으로 모든 법은 법규정의 본질을 바꾸는 정도의 것이 아닌 한도에서 이를 합리적으로 해석함으로써 뒤쳐진 법률을 앞서가는 사회현상에 적응시키는 일방 입법기관에 대하여 법률의 개정 등을 촉구하는 것은 법원의 임무에 속하는 일이라 할 것이고, 그 뒤쳐진 법규정의 재래적 해석·적용이 부당한 결과를 초래한다는 것을 알면서도 법률 개정이라는 입법기관의 조치가 있을 때까지는 이를 그대로 따를 수밖에 없다고 체념해 버리는 것은 온당치 않은 태도라고 할 것이다(대법원 1978. 4. 25. 선고 78도246 전원합의체 판결 참조). 특히 사법(私法)은 국민의 사생활관계를 규율하는 법률이므로, 국민의 사법적 거래의 관행을 뒷받침하여 그 거래를 원활하게 유지하도록 하는 것은 사법의 본래의 영역이며 사명에 속하는 것이다.

국민의 대부분이 명문규정에 별 의미가 없는 것으로 생각하고 그 규정에 맞지 아니한 행위도 유효한 것으로 믿고 그에 따라 행동하는 경우에, 그것이 선량한 풍속 기타 사회질서에 위배되어 무효로 되는 등 특별한 사정이 없다면 법원만이 그 행위를 무효로 보아 국민의 거래행위를 제약할 것은 아니라 할 것이다.

이러한 해석은 금전 지급수단인 어음의 법률관계를 규율하는 어음법에 있어서도 원칙적으로 적용되어야 할 것이다.

어음법이 강행법·기술법적 성질을 가지고 있음에 비추어 볼 때 어음법에서 정한 어음요건은 이를 엄격하게 해석함이 원칙일 것이나, 이러한 엄격해석의 요청은 이를 자의로 해석함으로써 어음거래 당사자에게 불이익하게 법률을 적용하는 것을 막자는 데에 있는 것이지 입법취지를 해하지 않는 범위 내에서 합리적으로 해석하는 것까지도 절대적으로 금지하려는 것은 아니라 할 것이다.

그런데 어음법에 있어서 발행지의 기재를 어음의 필요적 기재 사항으로 규정하고 있는 이유는, 발행지와 세력(歲曆)을 달리하는 지(地)에서 지급할 환어음·약속어음의 경우에 어음의 만기의 날은 지급지의 세력에 의하여 정한 것으로 보고(어음법 제37조, 제77조 제1항 제2호), 어음의 발행국과 지급국이 동명이가(同名異價)를 가진 통화에 의하여 환어음·약속어음의 금액을 정한 때에는 지급지의 통화에 의하여 정한 것으로 추정하도록 규정되어 있으므로(어음법 제41조 제4항, 제77조 제1항 제3호), 발행지의 기재는 만기 결정의 세력과 지급통화를 결정하는 표준이 되고, 약속어음에서의 발행지의 기재는 약속어음상에 다른 표시가 없는 때에 지급지와 발행인의 주소지로 의제되는 기능이 있으며(어음법 제76조 제3항), 발행지의 기재는 국제어음법에 있어서 어음(수표)행위의 능력·방식·효력 및 환어음의 소지인의 원인채권의 취득 여부 등을 결정함에 있어서 준거법을 결정하는 표준이 되는 기능을 하기 때문이라고 할 것이다(섭외사법 제34조 제2항, 제36조 제2항, 제37조 제2항, 제38조). 따라서 위와 같은 발행지의 기재는 보통 발행지와 지급지가 국토를 달리하거나 세력을 달리하는 어음 기타 국제어음에 있어서는 유용한 기능을 하지만, 국내에서 발행되고 지급되는 이른바 국내어음에 있어서는 세력과 지급통화가 단일하게 통일되어 있어서 발행지의 기재는 별다른 의미를 가지지 못한다고 할 것이고, 이러한 의미에서 발행지는 특정한 행정구역으로 제한하여 기재할 필요가 없으며 널리 '한국'이라는 기재로도 족하고, 나아가 어음면의 기재 자체에서 국내어음임이 분명한 경우에 있어서는 발행지의 기재가 없더라도 발행지가 '한국'으로 기재된 어음과 구별할 필요가 없다 할 것이다.

또한 섭외사법상 준거법을 정하는 표준이 되는 발행지는 어음면상에 기재된 발행지가 아니라 실제로 발행행위를 한 지(地)라고 해석되므로 어음면상의 발행지는 섭외사법상 준거법을 정함에 있어서는 추정력을 가지는 데 불과한 것이다.

그리고 실제 어음거래의 관행을 살펴보면, 다수의견에서 본 바와 같이 일반의 어음거래에 있어 발행지가 기재되지 아니한 국내어음도 어음요건을 갖춘 완전한 어음과 마찬가지로 당사자 간에 발행·양도 등의 유통이 널리 이루어지고 있고, 어음교환소와 은행 등을 통한 결제과정에서도 발행지의 기재가 없다는 이유로 지급거절됨이 없이 발행지가 기재된 어음과 마찬가지로 취급되고 있으므로, 국내어음에 있어서 발행지의 기재가 없다고 하여도 어음의 유통증권으로서의 실제 기능에 아무런 영향이 없다 할 것이다.

따라서 발행지의 기재가 없는 어음의 유통에 관여한 당사자들은 완전한 어음에 의한 것과 같은 유효한 어음(수표)행위를 하려는 의사를 가지고 이에 관여한 것으로 봄이 상당하다 하지 않을 수 없다.

만일 발행지의 기재가 없다는 이유만으로 이러한 어음을 무효로 한다면 이는 어음상의 의무자로 하여금 채무의 이행을 지연하거나 면탈하는 구실을 주게 되어 어음채무자에 의하여 악용될 소지가 많다고 본다.

왜냐하면 실제의 거래에서는 어음을 수수하는 자는 어음상의 권리관계에 별 의미가 없는 발행지의 기재에 대하여는 주의를 기울이지 않는 경우가 많을 뿐만 아니라 발행지의 기재가 없어도 완전한 어음에 의한 것과 같은 유효한 어음(수표)행위를 하려는 의사를 가지고 발행지를 보충하지 아니한 채 어음을 수수하는 것이 보통임에도 불구하고, 어음채무자인 발행인이나 배서인이 발행지의 기재만을 누락한 채 어음을 발행 · 양도한 다음 이를 제대로 인식하지 못한 최종소지인이 지급을 청구하면 어음요건의 흠결을 주장하여 어음채무의 이행을 지연하거나 면탈하고자 할 수도 있기 때문이다.

나아가 현재 세계의 어음법은 크게 제네바통일법계와 영미법계로 나뉘어 있고 우리나라는 제네바통일법계에 따라 입법을 하였음은 주지의 사실이나, 어음은 원래 금전 지급 및 신용이용의 수단으로 안출된 기술적인 제도로서 세계적 통일화 경향이 현저하므로 어음의 해석에 있어서는 특히 제네바통일법계와 영미법계 상호의 법규정을 염두에 두고 해석할 필요성이 있다고 할 것이므로, 영미법계에서 제네바통일법계와 상이한 규정을 두고 있는 경우에는 그 의미를 완화하여 해석하여도 좋을 것이다.

그런데 발행지의 기재에 대하여 영미법계에서는 이를 어음요건으로 하지 아니하고 오히려 발행지의 기재가 흠결되어도 어음으로서의 효력에 영향이 없는 것으로 명문규정을 두고 있고, 더구나 1988. 12. 9. 제43차 UN총회에서 채택된 '국제환어음 · 약속어음에 관한 UN협약'에 있어서는 우리 어음법의 규정과 달리 발행지의 기재를 필요적 기재 사항으로 규정하고 있지도 아니하다.

그렇다면 우리나라의 경우에 있어서도 어음요건의 해석에 융통성을 두어 국내어음에 한하여 다수의견과 같이 발행지의 기재가 없어도 어음의 효력에 영향이 없는 것으로 해석하여도 무리가 아니라고 생각하는 것이다.

그렇다면, 어음면의 기재 자체에 의하여 국내어음으로 인정되는 경우에 단지 발행지의 기재가 없다는 이유로 이를 무효의 어음이라고 보는 것은 지나치게 형식논리에 치우친 해석이라고 하지 않을 수 없을 뿐만 아니라, 어음유효해석의 원칙에 비추어 보더라도 타당한 해석이 아니라고 할 것이므로, 국내어음에 한하여는 발행지의 기재가 없다고 하더라도 이를 무효의 어음으로 볼 수 없다고 해석함이 상당하다고 생각한다.

이러한 해석은 국내어음에 한하여 위와 같이 해석하는 것이어서 국제어음에 있어서는 발행지의 기재가 없으면 그 어음은 무효라는 입장을 견지하고 있는 것임이 분명하므로, 위 해석에 의하더라도 발행지를 어음요건의 하나로 규정하고 있는 어음법의 조항을 완전히 사문화시키는 것이 아님은 물론이다.

따라서 다수의견은 국내어음에 있어서 발행지의 기재가 별다른 의미가 없고 발행지의 기재가 없는 어음도 완전한 어음과 마찬가지로 유통 · 결제되고 있을 뿐더러 어음거래의 당사자들도 발행지의 기재가 없어도 유효한 어음(수표)행위를 하려는 의사였다고 보이는 점 등을 비롯한 위에서 본 바와 같은 여러 사정에 비추어 국내어음에 한하여 발행지의 기재가 없다고 할지라도 이를 무효의 어음이라고 볼 수 없다고 해석하는 것이므로, 이러한 해석이 법원의 법률해석권의 범위를 일탈하는 것은 아니라고 생각한다.

6. 대법원장 윤관, 대법관 최종영, 대법관 천경송, 대법관 정귀호, 대법관 김형선, 대법관 이임수의 반대의견은 다음과 같다.

가. 어음법 제1조 제7호와 제75조 제6호는 어음에는 그 요건의 하나로서 발행지를 기재하여야 한다고 규정하고 있는 한편, 같은 법 제2조 및 제76조는 발행지를 기재하지 아니한 증권은 발행인의 명칭에 부기한 지가 없는 한 '어음의 효력이 없다'라고 명문으로 규정하고 있으므로, 발행지와 발행인의 명칭에 부기한 지의 기재가 없는 어음은 그 효력이 없고, 따라서 소지인이 이러한 미완성 어음으로 지급을 위한 제시를 하였다고 하더라도 이는 적법한 지급제시가 될 수 없다고 보아야 할 것이다.

나. 원래 법규의 의미 · 내용과 적용 범위가 어떠한 것인지를 정하여 선언하는 권한 즉 법률의 해석 · 적용의 권한은 법원에 있으며, 법원은 법규의 흠결을 이유로 재판을 거부할 수 없으므로 재판할 사항에 대하여 적용할 법규가 없을 경우에는 법률이념에 맞도록 다른 법규를 유추적용하고, 법규가 있다고 하더라도 그 의미 내용이 애매모호할 경우에는 그 입법취지에 따라 적절한 해석을 함으로써 그 법규의 의미 내용을 확정하는 권한을 가지고 있다고 할 것이다.

그러나, 이 사건의 경우와 같이 법규가 있고 그 의미 내용 역시 명확하여 달리 해석할 여지가 없는 경우에는 다른 것을 다르게 취급하여야 한다는 정의의 요청(이른바 목적론적 축소해석의 경우) 또는 합헌적인 해석의 요청(이른바 헌법합치적 해석의 경우)에 의하여, 그 법규의 적용 범위를 예외적으로 제한하여 해석할 필요가 있는 등의 특별한 사정이 없는 한, 설사 다수의견이 보는 바와 같이, 명문의 규정이 거래의 관행과 조화되지 아니하는 점이 있다고 하더라도, 법원으로서는 모름지기 국회의 입법 작용에 의한 개정을 기다려야 할 것이지 명문의 효력규정의 적용 범위를 무리하게 벗어나거나 제한하는 해석을 하여서는 아니 될 것이다.

앞서 본 바와 같이, 어음법은 발행지의 기재가 없는 어음에 관하여 그 효력이 없다고 명문으로 규정하고 있는 한편, 이 명문의 규정에 관하여는 정의의 요청 또는 합헌적인 해석의 요청에 의하여 그 적용 범위를 예외적으로나마 제한하여 해석할 만한 아무런 특별한 사정이 있다고 할 수 없으므로, 다수의견과 같이 위 어음법의 명문규정이 이른바 '국내어음'에는 적용되지 아니한다고 하는 것은 법원이 어음법에도 없는 단서 조항 즉 '발행지에 관하여 국내어음의 경우에는 그러하지 아니하다'라는 규정을 신설하는 셈이고, 이는 명문의 규정에 반하는 법형성 내지 법률수정을 도모하는 것으로서 법원의 법률해석권의 범위를 명백하게 일탈한 것이라는 비난을 면하기 어렵다고 할 것이다.

다. 다수의견은 입법정책상의 문제 또는 사실인정의 문제를 법률해석의 문제로 다루고 있다는 비난을 면할 수가 없다.

(1) 다수의견은 요컨대, 국내어음에 있어서는 발행지의 기재가 별다른 의미가 없고, 발행지의 기재가 없는 어음도 완전한 어음과 마찬가지로 취급되고 있는 것이 관행에 이른 정도이며, 또 그러한 어음의 유통에 관여한 당사자들도 유효한 어음(수표)행위를 하려 하였던 것으로 봄이 상당하므로 이러한 어음도 유효하다고 보아야 한다는 것이다.

(2) 그러나, 발행지를 어음요건으로 할 것인지의 여부는 발행행위의 요식에 관하여 발행인의 기명날인 외에 서명을 허용할 것인지의 여부와 같이 법률로 정할 사항이고(1995. 12. 6. 법률 제5009호 개정된 어음법 참조), 다수의견이 주장하는 바와 같은 '별다른 의미'의 유무에 의하여 좌우할 성질의 것은 아니며, 다수의견이 주장하는 거래관행이나 당사자의 의사는 법률행위 해석의 논거로 될 수 있을지언정 법률행위 등을 규율 대상으로 하는 법규, 그 중에서도 효력규정인 법규의 해석 논거로 삼는다는 것은 법리에 전혀 맞지 아니한다.

특히 위와 같이 어음법이 개정될 때, 사회·경제적 여건의 변화와 국내·외 상거래관행의 추세를 반영한다는 취지에서 어음발행행위의 요식에 관하여 종전의 '기명날인'에서 '기명날인 또는 서명'으로 바꾼 바가 있고, 위 개정 당시 최소한 국내어음에 있어서는 발행지를 어음요건에서 배제하는 어음법의 개정이 이루어져야 한다는 입법론적인 주장이 있었음에도 불구하고, 위 발행지의 요건에 관하여는 개정하지 아니한 채 그대로 둔 점에 비추어 볼 때, 아직 어음요건에서 발행지의 기재를 제외할 만한 사회·경제적 여건의 변화나 국내·외 상거래관행이 있었다고 보지 아니하였기 때문인 것으로 보인다.

그리고, 기록을 살펴보아도 발행지란이 보충되지 아니한 채 지급제시된 어음에 대하여 배서인이 이를 결제하거나 상환책임을 지는 것이 어음거래의 관행에 이른 것이라고 볼 만한 아무런 자료나 근거가 없을 뿐더러 가사 그러한 관행이 있다고 가정하더라도, 이러한 관행이 강행법규인 어음법에 저촉된다면 이를 허용하여서는 아니 될 것이다.

만약 다수의견과 같이 이를 허용한다면 이는 관행에 의하여 강행법규를 개폐하는 결과를 초래하게 되는 것이고, 이는 성문법주의의 법체제하에서는 도저히 용납될 수 없는 것이다.

(3) 그리고 원래, 어음에 있어서 발행지의 기재는 어음 문면상의 발행인의 표시와 더불어

어음금에 대하여 최종적인 지급책임을 지는 발행인이 어느 곳에서 경제활동을 하고 있는 누구인가를 알려주는 역할을 담당하는 것이고, 신용증권인 어음은 기본적으로 그 발행인의 신용에 의하여 평가되는 것이므로, 발행지의 기재는 어음발행 이후에 어음을 취득하거나 이에 대하여 보증, 기타 어음(수표)행위를 하려는 사람에게 어음의 출처를 알려주고 그 신용을 가능하게 하는 중요한 역할을 담당하고 있다고 할 것이며, 특히 국제거래가 활발하여져서 국내에서 발행되고 지급지가 국내인 어음이라도 국내뿐만 아니라 국외에서도 유통될 것이 예상되는 오늘날의 경제상황에 비추어 본다면(외국환관리법 제19조에서는 환어음 · 약속어음도 당국의 허가 등 일정한 제한 하에서 외국에 수출을 할 수 있도록 규정하고 있다.), 어음 발행지의 기재가 어음(수표)행위의 준거법의 표준이 되는 이외에 '별다른 의미'가 없다는 다수의견은 수긍이 가지 아니할 뿐 아니라, 우리 어음법은 다수의견이 말하는 '국내어음'에 중점을 두고 제정되었다고 볼 것인데, 어음발행요건의 발행지는 오히려 국외어음에서 큰 의미가 있고 '국내어음'에는 '별다른 의미'가 없다고 하는 것은 본말을 전도한 것이라고 할 것이다.

라. 다수의견은 우리 어음법의 운용에 대한 국제적인 신뢰를 손상시키고, 어음이 국제적으로 유통되고 있는 경제실정에도 맞지 아니한다.

제네바통일조약이 제정된 이래 오늘에 이르기까지 세계의 어음법 · 수표법은 크게 제네바통일조약을 채택한 제네바통일법계와 동 조약을 채택하지 아니한 영미법계 등 두 개의 법계로 나뉘어 있는데, 발행지를 어음요건에 포함시킬 것인지의 여부에 관하여 독일 · 프랑스 · 스위스 · 오스트리아 · 일본 등 제네바통일법계에 속하는 국가에서는 이를 어음요건에 포함시켜 발행지의 기재가 없는 어음은 어음의 효력을 부인하고 있음에 비하여, 미국 · 영국 등 영미법계에 속하는 국가에서는 이를 어음요건에 포함시키지 아니하고 발행지의 기재가 없는 어음도 어음의 효력을 인정하고 있다.

그리고 우리 어음법이 제네바통일법계에 속하는 것은 국내외적으로 주지의 사실이며, 제네바통일어음법(1930)은 어음요건에 관하여 아무런 유보조항도 두지 아니하고 있다.

그럼에도 불구하고 발행지의 기재가 없는 어음의 효력에 관하여, 오직 우리나라만이 다수의견과 같이 뚜렷한 법적 근거도 없이 어음을 국내어음과 국제어음으로 구분한 다음, 국내어음의 경우에는 영미법계에 속하는 국가와 마찬가지로 보아 유효라고 하고, 국제어음에 대하여는 제네바통일법계에 속하는 국가와 마찬가지로 보아 무효라고 한다면, 이는 위 두 개의 법계 어디에도 속하지 아니한 우리나라만의 독자적인 법운용으로서, 어음법 · 수표법의 세계적 통일화 경향에 역행하는 것이며 국제적인 신뢰를 손상시키는 결과를 초래할 우려가 매우 크다고 할 것이다.

바로 이러한 이유 때문에 독일 · 프랑스 · 스위스 · 오스트리아 · 일본 등 제네바통일법계에 속하는 국가에서는 제네바통일어음법이 성립된지 67년이 지난 오늘날에 이르기까지 동법에 유보조항이 없는 규정에 관하여는 각국의 국내법을 개정하지 아니하면서 발행지의 기재가 없는 어음을 무효라고 해석하고 있다.

그리고 오늘날 어음은 국내거래뿐만 아니라 국제거래에 있어서도 신용창출의 수단 또는 금전의 지급결제의 수단으로 국제적으로 유통되고 있는바, 다수의견과 같이 어음의 효력에 관하여 국내어음과 국제어음을 달리 취급하는 것은 위와 같은 어음거래의 실정에도 맞지 아니하는 법운용이라고 하지 아니할 수 없다.

다수의견의 보충의견에서는 그 해석의 논거로서, 영미법계에서는 발행지를 어음요건으로 규정하고 있지 아니하고, '국제환어음 · 국제약속어음에 관한 유엔협약'에서도 발행지를 필요적 기재 사항으로 규정하고 있지 아니한 점을 들고 있으나, 우리 법률보다 우리의 거래실정에 더 맞는 외국 법률의 규정이 있다고 하여 우리 법률의 명문의 규정에 반하여 외국 법률과 마찬가지로 해석하자는 것은 입법론과 해석론을 혼동한 것이라고 아니할 수 없으며, 위 협약은 그 명칭에서도 알 수 있듯이 국내어음이 아닌 국제어음에만 적용되는 것으로서, 국제어음의 경우에는 발행지가 필요적 기재 사항임을 인정하고 있는 다수의견의 주장과 맞지 아니할 뿐만 아니라, 우리나라가 위 협약을 비준하지도 아니 하였으므로, 이들을 그 논거로 삼을 수는 없다고 할 것이다.

마. 다수의견은 어음의 절대적 요식증권성을 무시한 견해이다.

어음은 그 유통성을 확보하기 위하여 다른 요식증권과 마찬가지로 그 권리관계를 증권상에 명시하도록 하는 한편, 화물상환증 · 선하증권 등과 같이 증권의 본질에 반하지 아니하는 한 법정사항을 결하더라도 그 증권이 무효로 되지 아니하는 상대적 요식증권과는 달리, 법정사항 중 하나를 결하더라도 구제를 예정하는 경우를 제외하고는 그 증권 전체가 무효로 되는, 이른바 절대적 요식증권이다(어음법 제2조, 제76조). 앞서 본 바와 같이, 어음법이 어음의 발행지를 어음요건의 하나로 규정하고 있음에도 불구하고(어음법 제1조 제7호, 제75조 제6호), 다수의견과 같이 발행지의 기재가 없는 어음을 유효하다고 하는 것은 위와 같은 어음의 절대적 요식증권성에도 반한다고 할 것이다.

그리고 어음의 요식성을 완화하는 어음유효해석의 원칙을 긍정하는 견해를 취한다고 하더라도 이는 무제한으로 적용될 수 없고, 어음의 요식성을 파괴할 위험이 있는 경우에는 지급의 확실성 보장과 유통성 강화라는 어음의 이념에 반하기 때문에 그 적용을 부정하여야 한다는 것이 통설적 견해인바, 어음의 필요적 기재 사항의 하나인 발행지의 기재를 결한 어음을 유효하다고 하는 것은 어음의 요식성을 파괴하는 것이므로 여기에 어음유효해석의 원칙이 적용될 여지는 없다고 할 것이다.

바. 지금까지 대법원은 일관되게 발행지의 기재를 요건으로 하는 명문을 무너뜨리지 아니하는 한도에서 가능한한 유효하게 해석하려는 견해를 최근까지 유지하여 왔는데, 다수의견이

특별한 상황의 변화도 없이, 갑자기 성문법주의의 법체제하에서 강행법규적 성격의 법규이며 효력규정인 어음요건에 관한 명문규정을 정면으로 거스르는 결론을 끌어내려는 것은 부당하다고 아니할 수 없으며, 사실인정의 문제를 법률해석의 문제로 보거나 법률해석의 논거가 될 수 없는 관행과 당사자의 의사를 무리하게 끌어들여 발행지의 기재가 없는 어음도 유효하다고 하는 것은 납득할 수가 없다.

법원은 모름지기 헌법과 법률에 의하여 심판하여야 하고 법률에 대하여 심판하여서는 아니 된다.

사. 돌이켜 이 사건에 관하여 살피건대, 원심이 적법히 확정한 사실관계와 기록에 의하면, 이 사건 약속어음 5장은 모두 그 우측상단에 '부산'이라는 고무인이 찍혀 있을 뿐 발행지란을 백지로 하고 발행인의 명칭에 부기한 지의 기재도 없이 발행·배서양도되다가 그 발행지란이 보충되지 아니한 채 지급제시되었는데, 위 '부산'이라는 표시는 어음교환소명을 지칭하는 것임을 알 수 있다.

사정이 이와 같다면, 그 '부산'이라는 표시는 발행지와는 아무런 관련이 없어 이를 발행지의 기재로는 볼 수 없으므로, 결국 이 사건 각 약속어음은 발행지의 기재가 없는 미완성어음으로 그 지급을 위한 제시가 되었다고 할 것이어서 이를 적법한 지급제시로 볼 수 없고, 따라서 피고는 배서인으로서 소지인인 원고에 대하여 어음법의 명문규정에 따라 그 상환의무를 부담하지 아니한다고 할 것이다.

그럼에도 불구하고, 원심이 위 '부산'이라는 표시를 발행지의 기재로 보아 그 지급제시가 적법하다고 하여 피고에게 그 상환책임이 있다고 판단한 조처는 어음요건에 관한 법리를 오해한 위법을 저지른 것이라고 아니할 수 없으며, 이는 판결에 영향을 미쳤음이 명백하므로 이 점을 지적하는 상고이유의 주장을 받아들여 원심판결을 파기하고 사건을 원심법원에 환송함이 마땅하다고 할 것이다.

대법원장 윤 관(재판장)
대 법 관 최종영 천경송 정귀호 박준서 이돈희 김형선 지창권 신성택(주심) 이용훈 이임수 송진훈 서 성

....

수취인과 발행일을 어음의 필요적 기재사항으로 한 것이 헌법 23조 1항이 보장하는 재산권을 침해하는가 여부

헌법재판소결정 2000. 2. 24, 97헌바41 어음법 제76조 제1항 전문 등 위헌소원

【당 사 자】

청 구 인 권진영

대 리 인 변호사 박종연

당해사건 창원지방법원 진주지원 96가단11576 약속어음금

【주 문】

어음법(1962. 1. 20. 법률 제1001호로 제정되고 1995. 12. 6. 법률 제5009호로 개정된 것) 제76조 제1항 전문, 제75조 제5호, 제75조 제6호중 '발행일' 부분은 헌법에 위반되지 아니한다.

【이 유】

1. 사건의 개요와 심판의 대상

가. 사건의 개요

청구인은 청구외 전양수가 발행한 액면금 1,500만원, 지급일 1995. 10. 10. 지급지 서울, 지급장소 한일은행 퇴계로지점, 발행지 서울시 성북구 안암동 1가 69, 발행일란 및 수취인란이 각 백지로 된 약속어음 1매를 청구외 전한진으로부터 지급거절증서 작성의무가 면제된 채로 배서양도 받아, 위 약속어음의 최종소지인으로서 지급기일에 지급제시하였으나 지급거절 당하자 위 약속어음의 발행인인 청구외 전양수와 배서인인 청구외 전한진을 상대로 창원지방법원 진주지원에 약속어음금 지급을 구하는 소를 제기하였다(96가단11576호). 이에 대해 배서인인 청구외 전한진은 이 사건 약속어음이 필요적 기재사항인 발행일란과 수취인란이 백지인 채 지급제시되어 무효이므로 위 약속어음금을 지급할 수 없다는 항변을 하였다.

이에 청구인은 같은 법원에 약속어음의 효력요건을 규정하고 있는 어음법 제76조 제1항 전문, 제75조 제5호 및 제75조 제6호중 '발행일' 부분이, 발행일과 수취인 기재가 누락된 어음소지인의 배서인에 대한 상환청구권을 상실하게 하는 것은 과잉입법으로서 위헌이라고 주장하며, 이에 대한 위헌법률심판제청신청(97카기157)을 하였으나, 위 법원이 1997. 6. 11. 이를 기각하자, 같은 해 6. 30. 그 기각결정 정본을 송달받고, 같은 해 7. 7. 위 어음법규정들이 헌법 제23조 제1항의 재산권보장과 헌법 제37조 제2항 및 헌법 제103조에 위배된다고 주장

하며, 이 사건 헌법소원심판을 청구하였다.

나. 심판의 대상

(1) 그러므로 이 사건의 심판대상은 어음법(1962. 1. 20. 법률 제1001호로 제정되고 1995. 12. 6. 법률 제5009호로 개정된 것) 제76조 제1항 전문, 제75조 제5호(이하 '수취인'이라 한다), 제75조 제6호중 '발행일' 부분(이하 '이 사건 법률조항들'이라 한다)에 관한 위헌 여부이고, 그 내용은 다음과 같다.

제76조(어음요건의 흠결) ① 제75조 각호의 사항을 기재하지 아니한 증권은 약속어음의 효력이 없다.

(이하 생략)

제75조(어음요건) 약속어음에는 다음의 사항을 기재하여야 한다.

1.~4. 생략

5. 지급을 받을 자 또는 지급을 받을 자를 지시할 자의 명칭

6. 발행일과 발행지

7. 생략

2. 청구인의 주장 및 이해관계기관의 의견

가. 청구인의 주장요지

(1) 이 사건 법률조항들은 약속어음의 '수취인'란과 '발행일'란의 기재가 없는 경우 약속어음으로서의 효력이 없다고 규정하고 있으므로, 어음 소지인이 수취인란과 발행일란의 각 기재가 없는 상태로 지급제시할 경우 배서인에 대한 상환청구권을 상실하게 되는데, 이는 은행 등 금융기관이 수취인란과 발행일란의 각 기재가 없는 백지어음이 지급제시되더라도 피사취계의 제출 등 특별한 사정이 없는 한 예외 없이 결제하여 주는 현재의 거래실정과 법감정 등을 고려하면 매우 부당하다.

(2) 발행일란의 기재가 없는 약속어음 자체를 무효화하기 보다는 어음면의 기재에 의하여 허용되는 범위 안에서 다른 효력을 가지는 약속어음으로 인정할 필요성이 있고, 수취인의 기재가 없더라도 현재의 소지인(수취인이 최종소지인인 경우)이나 제1배서인(배서가 연속된 경우)을 수취인으로 보면 될 것이므로 발행일과 수취인을 구태여 필요적 기재요건으로 할 필요성이 없다.

(3) 소송실무상으로도 수취인란과 발행일란의 기재가 없는 약속어음을 부적법하게 지급제시를 하고 나서도, 이후에 흠결된 어음요건을 임의로 보충하여 소를 제기하고 있는데, 이것은 엄격히 말하여 증거의 위작일 뿐만 아니라, 의제자백사건이나 공시송달로 진행되는 사건 등 상대방이 다투지 않는 경우에는 가능한 한 이러한 어음소지인의 청구를 인용하는 방향으

로 운용되고 있다.

(4) 따라서 이 사건 법률조항들이 발행일과 수취인 기재가 누락된 어음소지인들의 재산권인 어음상의 권리를 상실케 하는 것은 국가적, 사회적, 경제적 필요성이 거의 없을 뿐만 아니라, 이 사건 법률조항들을 둠으로 인하여 얻게 되는 공익적 이익보다는 소지인이 부당하게 어음상의 권리를 상실하는 불측의 손해를 입게 되는 피해가 훨씬 크고, 적어도 국내에서 유통되는 약속어음은 그 대상에서 제외하는 등의 대체방법이 있으므로, 국민의 재산권보장을 규정한 헌법 제23조 제1항, 국민의 기본권제한 입법시의 과잉금지의 원칙을 선언한 헌법 제37조 제2항, 법관의 헌법 등에 의한 재판의무를 규정한 헌법 제103조에 위배된다.

나. 창원지방법원 진주지원의 위헌심판제청 기각이유의 요지

현행 어음법이 어음요건을 법정하고 그 일부라도 흠결이 있을 때에는 어음의 효력을 상실하도록 규정한 것은 어음 자체가 거래의 대상이 되므로 그 기재내용을 명확히 하여 어음의 유통을 원활하게 하기 위한 취지라고 보여지므로, 금융기관 등의 거래실정과 경제적 필요성이 있다고 하더라도 이 사건 법률조항들이 비례의 원칙에 위반되거나 과잉입법이어서 위헌이라고 볼 수 없다.

다. 법무부장관의 의견요지

(1) '발행일'을 필요적 기재사항으로 정한 것은, '발행일'이 발행일자후 정기출급어음의 만기를 정하는 기준이 되고, 이자문구의 기재가 있는 경우에는 이자발생시기를 결정하며, 원칙적으로 일람출급어음의 지급제시기간을 정하는 표준이 됨은 물론, 확정일자출급 어음에 있어서도 발행인의 행위능력, 대리인의 대리권 유무를 정하는 기준이 되기 때문이다.

(2) '수취인'을 필요적 기재사항으로 정한 것은, '수취인'의 기재를 생략하여 소지인 출급식 어음을 허용하는 경우에는 어음이 수표와 같은 역할을 하게 되는데, 어음은 수표와는 달리 지급기일이 발행일로부터 10일로 한정되어 있지 아니하여 기간의 제한 없이 유통될 것이고, 수표와는 달리 처벌에 의하여 그 지급성이 담보되지 않는 상황이므로 선의의 제3자에게 손해를 입혀 유가증권으로서의 신뢰성이 떨어져 어음제도 자체의 붕괴를 가져올 것이기 때문이다.

(3) 이 사건 법률조항들은 다수인이 이용하는 유가증권으로서의 약속어음의 형식을 규정하여 경제거래의 편의를 도모하고 경제행위에 예측성을 줌으로써 거래비용의 절감이라는 약속어음의 유가증권으로서의 기능을 다하기 위해서 규정한 것으로, 헌법이 위임한 입법형성권의 정당한 범위 내에 있다.

(4) 입법자가 이 사건 법률조항들에서 어음의 발행일과 수취인을 필요적 기재사항으로 규정한 것은 유가증권 시장질서의 유지라는 합리적인 사유에 기인한 것으로 헌법상 비례의 원칙에 어긋나지 않으므로 헌법에 위반되지 아니한다.

(5) 이 사건 법률조항들은 헌법에 따른 적법한 법률조항들이므로 법관의 법과 양심에 따

른 재판을 규정하고 있는 헌법 제103조에 위배되지 아니한다.

3. 판 단

가. 이 사건의 법률상 쟁점

어음법은 제75조 제5호에서 "지급을 받을 자 또는 지급을 받을 자를 지시할 자의 명칭"(이하 '수취인'이라 한다)을, 그리고 제75조 제6호에서 "발행일"을 각각 필요적 기재사항으로 규정하고, 제76조 제1항에서 이를 기재하지 아니한 증권은 약속어음의 효력이 없다고 규정하고 있다.

그런데 일반의 어음거래 실제에 있어서는 발행일 및 수취인이 기재되지 아니한 어음도 어음요건을 갖춘 완전한 어음과 마찬가지로 당사자 간에 발행되어 널리 유통되고 있으며, 어음교환소와 은행 등을 통한 결제 과정에서도 발행일 및 수취인의 기재가 없다는 이유로 지급거절됨이 없이 발행일 및 수취인이 기재된 어음과 마찬가지로 지급 · 결제되고 있다.

실태가 그렇다 하더라도 일단 부도가 되어 법률상의 문제가 발생하였을 때는 달라진다. 어음 소지인이 어음상의 권리를 행사하려면 적법한 지급제시를 하여야 하며(어음법 제38조 제1항, 제77조 제1항 제3호), 적법한 지급제시는 원칙으로 제시기간 내에 완성된 어음을 제시하는 것이고, 완성된 어음이란 어음요건으로 규정되어 있는 어음의 필요적 기재사항을 흠결 없이 모두 갖춘 것을 말한다. 그 중 하나라도 흠결하면 완성된 어음이 아니며, 그런 어음을 제시하는 것은 적법한 제시가 아니다. 따라서 이 사건에서와 같이 수취인이나 발행일의 기재가 누락된 약속어음은 완성된 어음이 아니며, 이를 제시하는 것은 적법한 제시가 아니다. 이런 경우에 발행인과 같은 어음의 주채무자에 대한 어음금지급청구권리를 행사하는 데에는 3년의 소멸시효기간 내이면 제시기간이 경과하더라도 상관없어서(어음법 제53조 제1항 단서, 제77조 제1항) 별 문제가 없으나, 배서인에 대하여 상환청구을 행사하는 경우에는 상당한 문제가 발생한다. 어음소지인이 배서인에 대하여 상환청구권을 행사하기 위해서는 만기일 또는 만기일에 이은 2거래일 이내에 적법한 지급제시를 해야 하고(어음법 제53조 제1항 제38조 제1항), 지급거절증서가 면제되어 있지 않는 한, 적법한 지급제시를 하였으나 지급거절되었다는 사실에 관하여 지급거절증서를 작성하여야 한다(어음법 제45조, 제46조). 따라서 어음소지인이 위 제시기간 내에 수취인란과 발행인란을 보충하여 완성된 어음으로써 지급제시하는 경우에만 배서인에 대한 상환청구권)이 성립한다. 그러나 이 제시기간이 매우 짧아서 수취인 및 발행일이 흠결된 어음이 부도처리되어 반환된 경우에는 이미 이 기간을 경과한 것이 대부분이다. 설령 어음 소지인이 나중에 수취인란과 발행일란을 보충하여 완성된 어음으로 제시한다 하더라도 이미 늦기 때문에, 결국 어음소지인은 배서인에 대한 상환청구권을 상실하게 된다.

따라서 이 사건의 법률상 쟁점은 실제에 있어서는 약속어음 소지인이 수취인이나 발행일의 기재가 흠결된 어음을 지급제시할 경우, 배서인에 대한 상환청구권이 상실되는 결과를 가져오는 이 사건 법률조항들이 헌법에 위배되는지 여부이다.

헌법 제103조는 법관은 헌법과 법률에 의하여 그 양심에 따라 독립하여 심판한다고 하는 법관의 독립성을 보장하고 있는 규정이므로, 적법한 법률인 이 사건 법률조항들과는 관련성이 없어서 그 위배여부를 판단할 필요가 없다. 따라서 여기에서는 이 사건 법률조항들이 헌법 제23조 제1항의 재산권보장규정에 위배되는지 여부가 핵심적인 쟁점이다.

나. 외국의 입법례

먼저 어음의 요건들을 규정하고 있는 외국의 입법례를 살펴본다.

(1) 제네바 통일법계 어음법

유럽각국이 주도하여 제네바에서 체결한 1930년의 어음법 통일조약의 내용에 따라 제정된 통일법계의 어음법에서는 어음의 형식적 요건들이 엄격하게 규정되어 있다. 독일, 프랑스, 스위스, 오스트리아, 일본 등이 채택한 통일법계 어음법들에서는 발행일 및 수취인은 어음의 필요적 기재요건으로 규정되어 있다. 우리나라도 위 어음법 통일조약의 내용들을 수용하여, 발행일 및 수취인을 어음의 필요적 기재요건으로 규정하였다.

(2) 영미법계 어음법

우선 미국법은 발행일을 어음의 필요적 요건으로 규정하고 있지 않다(미국통일상법전 제3장 제114조 제1항). 미국법은 발행일에 관하여, 발행일이 기재되지 아니한 증권은 발행교부일을 발행일로 보고, 발행교부되지 아니한 증권은 소지인의 소지가 시작된 날을 그날로 보도록 규정하고 있다(제3장 제113조(b)항). 그리고 미국법은 종전에는 수취인을 필요적 기재사항으로 하여 그 기재가 없는 증권은 흠결증권으로 하여 증권상의 권리가 상실되는 것으로 하였으나, 1994년 법개정을 하면서, 수취인을 임의적 기재사항으로 하여 그 기재가 누락된 경우에는 소지인에게 지급하는 것으로 규정하였다(제3장 제109조(a)(2)항).

한편 영국법은 발행일을 임의적 기재요건으로 규정(영국환어음법 제3조(4)(a)항)하고 있는 반면에, 수취인은 필요적 기재요건으로 규정하고 있다(제6조(1)항).

(3) '국제환어음 · 국제약속어음에 관한 UN협약'

통일법계와 영미법계로 나누어짐으로 인한 국제거래상의 불편을 해소하기 위하여, 세계각국의 의견을 모아 1988년 유엔 총회에서 채택된 '국제환어음 · 국제약속어음에 관한 UN협약'안에서는 발행일은 필요적 기재요건으로 규정하였으나, 수취인은 임의적 기재사항으로 규정하였다.

다. 헌법 제23조 제1항의 재산권보장규정 위배여부

이 사건 법률조항들이 수취인과 발행일을 어음의 필요적 기재요건으로 규정함으로 인하여 수취인과 발행일의 기재가 누락된 어음을 지급제시할 경우에는 부적법한 지급제시로 되어 배서인에 대한 상환청구권이 상실되게 되는 것이 헌법 제23조 제1항의 재산권보장규정에 위배되는지 여부를 살펴본다.

(1) 헌법은 제23조 제1항 제1문에서 '모든 국민의 재산권은 보장된다'라고 하여 재산권의 보장을 선언하고, 제2문에서 '그 내용과 한계는 법률로 정한다'라고 하여 재산권은 다른 기본권 규정과는 달리 그 내용과 한계가 법률에 의해 구체적으로 형성되는 기본권 형성적 법률유보의 형태를 취하고 있다. '그리하여 헌법이 보장하는 재산권의 내용과 한계는 국회에서 제정되는 형식적 의미의 법률에 의하여 정해지므로 이 헌법상의 재산권 보장은 재산권 형성적 법률유보에 의하여 실현되고 구체화하게 된다. 따라서 재산권의 구체적 모습은 재산권의 내용과 한계를 정하는 법률에 의하여 형성된다. 헌법이 보장하는 재산권의 내용과 한계를 정하는 법률은 재산권을 제한한다는 의미가 아니라 재산권을 형성한다는 의미를 갖는다. 이러한 재산권의 내용과 한계를 정하는 법률의 경우에도 사유재산제도나 사유재산을 부인하는 것은 재산권보장규정의 침해를 의미하고 결코 재산권형성적 법률유보라는 이유로 정당화 될 수 없다(헌재 1993. 7. 29. 92헌바20, 판례집 5-2, 36, 44-45면).'

한편 제2항에서는 '재산권의 행사는 공공복리에 적합하도록 하여야 한다'고 규정하고 있으므로, 입법자는 헌법 제23조 제1항 제2문에 의거 재산권의 내용과 한계를 구체적으로 형성함에 있어서는 헌법 제23조 제1항 제1문에 의한 사적 재산권의 보장과 함께 헌법 제23조 제2항의 재산권의 사회적 제약을 동시에 고려하여 양 법익이 균형을 이루도록 입법하여야 한다(헌재 1998. 12. 24. 89헌마214등, 판례집 10-2, 927, 944면 참조).

재산권의 내용과 한계를 구체적으로 형성함에 있어서 입법자는 일반적으로 광범위한 입법형성권을 가진다. 그렇지만 위와 같이 재산권의 본질적 내용을 침해하여서는 아니되고 사회적 기속성을 함께 고려하여 균형을 이루도록 해야 한다는 등 입법형성권의 한계를 일탈해서는 안 된다.

(2) 채권을 증권에 화체한 어음제도는 어음법에 의하여 규율되고, 어음상의 권리의 득실 · 변경 · 행사 등 재산권인 어음상의 권리의 구체적 모습 역시 동법에 의하여 형성된다. 이 사건 법률조항에서도 약속어음에 필요적으로 기재하여야 할 어음요건(어음법 제75조)과 이를 기재하지 아니한 증권은 약속어음의 효력이 없다(어음법 제76조 본문)고 규정하고 있다. 이와 같이 어음은 반드시 기재하여야 할 요건이 법률로 정해져 있고 그 중 하나라도 흠결하면 다른 보충규정(어음법 제76조 제1항 단서 이하)에 의하여 구제되지 아니하는 한 어음으로서의 효력이 발생하지 않는다. 어음 · 수표이외의 다른 유가증권에도 보통 기재사항이 법정되어 있으나, 그 중 하나가 흠결된다 해서 어음처럼 반드시 그 증권을 무효로 하지는 않는다. 입법자가 다른 유가증권에 비하여 어음 · 수표를 가장 엄격한 요식증권으로 형성한 이유는 이것이

거래에 있어서 지급수단, 신용수단, 담보수단, 추심수단, 송금수단 등 다양한 기능을 가지고 불특정 다수인 사이에 유통되는 것이므로 그 기재내용을 특히 명확하게 하여 거래의 안전과 원활한 유통을 도모할 필요가 있었기 때문이다. 어음의 기재를 명확히 함으로써 어음취득자는 어음면상에 기재되어 있는 내용만을 신뢰하고도 안심하고 권리를 취득할 수 있게 되어 어음의 유통성확보와 취득자 보호에 기여한다.

그런데 이들 어음요건 중 이 사건에서 문제되고 있는 수취인과 발행일은 필요적 기재사항으로 하지 않아도 된다는 주장이 학자와 법률가들에 의하여 제기되고 있다. 수취인의 기재가 없더라도 제1배서인 또는 아직 배서가 안 된 경우에는 소지인을 수취인으로 보면 되는 것이고, 발행인의 능력과 대리권의 유무는 다른 자료로 알아보아도 되는 것이므로 구태여 발행일을 기재하도록 할 필요가 없다는 것이 그 이유다. 그럼에도 입법자가 어음법을 입법하고 이 사건 법률조항들을 형성함에 있어서 수취인과 발행일을 필요적 기재사항으로 규정한 입법목적과 의미는 다음과 같은 것으로 보인다.

(가) 위에서 지적한 바와 같이 어음은 다양한 기능을 가지고 불특정 다수인 사이에서 유통되는 것이며, 어음관계자는 어음면상에 기재된 문언만을 보고 신속하게 거래하게 된다. 따라서 입법자는 어음제도를 형성함에 있어 어음면상에 기재할 어음요건들을 특히 엄격하고 명확하게 규정함으로써 거래의 안전과 원활한 유통을 보장해야 하며 이러한 입법목적 달성을 위해서는 수취인과 발행일 역시 다른 어음요건과 함께 필요적 기재사항으로 하여 어음관계를 명확히 하고자 한 것이다. 또 국제간의 어음거래의 편의 등도 고려하여 어음법을 제정할 때 독일, 프랑스, 스위스, 오스트리아 등 유럽각국 및 일본과 보조를 맞추어 제네바 통일조약의 내용들을 수용해서 수취인과 발행일을 필요적 기재사항으로 규정하였다.

(나) 발행일은 발행일자후정기출급어음의 만기를 정하는 표준이 되고(어음법 제36조, 제77조 제1항 제2호), 원칙으로 일람출급어음의 지급을 위한 제시기간을 정하는 표준이 된다(어음법 제34조 제1항).

'확정일출급어음'의 경우에는 제시기간이 어음에 기재된 만기에 의하여 결정되므로 발행일이 별로 큰 의미가 없지만, 그래도 발행인의 능력과 대리권의 유무를 판단함에 있어서 기준이 된다. 어음에 기재된 발행일과 만기까지의 기간의 장단은 어음의 신용관계를 추측하게 할 수 있다. 그리고 발행일 백지의 확정일출급어음이 많이 유통되고 있는 것은 장기의 어음결제기간을 숨기기 위한 것이라고 볼 수 있으므로, 발행일의 기재는 장기어음임을 은폐하기 위하여 발행일을 백지로 하여 어음을 발행하는 폐단을 방지해준다.

(다) 수취인을 기재하지 아니한 어음은 '소지인출급식어음'이 되어 수표와 다를 바 없게 된다.

제네바 통일법계 어음법 심의과정에서도 어음이 지폐와 같이 유통될 것을 우려하였기 때문에 소지인출급식어음을 인정하지 않았다. 수취인의 신용은 어음의 신용에 직결되므로 수취인의 기재는 그 이후의 어음취득자에게 신용판단의 자료로서의 의미도 있다.

(3) 거래의 안전과 원활한 유통이라는 입법목적을 달성하는 데에는 '수취인' 및 '발행일'을 임의적 기재사항으로 규정하는 것을 대체수단으로 상정해 볼 수도 있다. 그러나 '발행일'과 '수취인'을 임의적 기재사항으로 할 것인지 또는 이 사건 법률조항들과 같이 필요적 기재사항으로 할 것인지의 선택에 관하여 입법자는 광범위한 판단재량권을 가지므로, 이를 필요적 기재사항으로 선택하여 규정하더라도 그것이 입법형성권의 한계를 일탈하는 것으로 되지 아니하는 한 헌법 제23조가 보장하는 재산권의 침해라고 볼 수 없다할 것이다.

그런데 수취인과 발행일을 필요적 기재사항으로 할 이유가 없다는 주장과 이를 필요적 기재사항으로 규정한 입법목적과 의미는 이미 살펴본 바와 같다. 따라서 그 기재를 소홀히 하여 흠결한 경우 이 사건 법률조항들 아래서는 어음소지인의 상환청구권이 상실된다.

반면 전항에서 살폈듯이 어음은 지급·신용·담보·추심·송금수단 등 여러 기능을 가지고 경제적으로 중요한 역할을 담당하고 있으므로 어음요건을 엄격하고 명확하게 기재하도록 하여 어음거래상의 모든 관계자가 어음상의 문면기재만 보고 거래하여도 보호되는 등 거래의 안전을 보장하고 어음유통을 원활하게 해야 할 공익적 필요성 역시 크다.

이에 입법자가 입법목적에 비추어 어음관계자의 이해와 공익적 필요 등을 비교형량하고 조정하여, 이 사건 법률조항들에서 발행일과 수취인을 어음의 필요적 기재사항으로 함과 동시에 그 기재를 흠결하는 경우 어음의 효력이 없다고 규정하더라도 그것은 입법형성권의 범위 내이지 입법형성권의 한계를 일탈한 것이라고 할 수 없다. 따라서 헌법 제23조 제1항에 위반된다고 할 수 없다.

라. 헌법 제37조 제2항 위배여부

다음으로 이 사건 법률조항들이 재산권의 본질적 내용을 침해하여 헌법 제37조 제2항에 반하는지 여부를 살펴본다.

어음제도나 이 사건 법률조항들을 포함한 어음법은 사유재산권을 부인한 것이 아니며, 헌법 제23조 제1항 제2문에 의거 어음상의 권리의 득실·변경·행사 등에 관한 내용과 한계를 법률로써 정하여 형성한 것이다. 그러므로 이 사건 법률조항들에서 규정한 수취인과 발행일의 기재를 누락하여 소지인이 어음요건 흠결로 배서인에 대한 상환청구권을 상실한다 하더라도 이는 기본권의 제한을 정한 규정이라고 할 수 없다. 따라서 기본권의 제한의 한계를 규정한 헌법 제37조 제2항에 위반되는 규정이라고 할 수 없다(헌재 1993. 7. 29. 92헌바20, 판례집 5-2, 36, 51-52면 참조).

또 소지인이 이들 어음요건을 모두 기재하여 적법한 지급제시를 하는 경우에는 상환청구권이 부인되지 아니하고, 어음요건을 흠결하고 지급제시하는 경우에도 상환청구권만 상실되게 할 뿐이지 원인관계에서의 채권까지 소멸시키는 것은 아닌 점 등 사유재산권이 부인되거나 사유재산제도를 부인하고 있지도 않으므로 재산권의 본질적 내용을 침해한다고 볼 수 없다.

따라서 이 사건 조항들은 헌법 제37조 제2항에 위반되지 아니한다.

4. 결 론

그렇다면 어음법 제76조 제1항 전문, 제75조 제5호, 제75조 제6호중 '발행일' 부분은 헌법에 위반되지 아니하므로 관여재판관 전원의 일치된 의견으로 주문과 같이 결정한다.

재판관 김용준(재판장) 김문희 정경식 고중석 신창언 이영모 한대현 하경철(주심) 김영일

---

(8) 발행인의 기명날인 또는 서명

1) 의 의

발행인은 환어음에 있어서는 제1상환의무자이고, 약속어음에서는 주채무자이다. 발행인의 기명날인 또는 서명은 어음(수표)행위의 최소한의 성립요건이다(이에 관하여는 어음(수표)행위의 요건 참조). 발행인은 인수무담보문구는 기재할 수 있으나, 지급담보책임을 부담하지 않겠다는 기재를 할 수 없다(어 9조 2항).

발행인의 기명날인은 반드시 어음자체에 하여야 하고 보전 또는 등본에는 할 수 없다(통설).

2) 공동발행

(가) 공동발행의 유형

발행인은 1인인 경우가 보통이지만, 수인이 중첩적으로(甲과 乙) 각각 기명날인하여 공동발행할 수 있다. 그러나 선택적 기재(甲 또는 乙)나 순차적 기재(제1발행인 甲, 제2발행인 乙)는 어음의 단순성과 상환조건의 일정성을 해하기 때문에 인정되지 않는다(다수설). 이에 대하여는 소지인의 이익을 위하여 선택적 기재의 유효성을 인정하는 견해, 선택적 기재와 순차적 기재의 경우에도 전원이 동순위로 책임을 진다는 견해가 있다.

(나) 공동발행의 법적 성질

이에 대하여는 연대책임설과 합동책임설의 대립이 있다. 양설의 차이는 공동발행을 하나의 어음(수표)행위로 보느냐(연대책임설), 아니면 독립된 수개의 행위로 보느냐(합동책임설, 다수설)에 있다. 각 발행인은 어음금액 전액을 지급할 책임을 부담하며 그 중 1인이 전액을 변제하면 다른 발행인도 책임을 면한다는 점에서는 양설이 유사하다. 그러나 합동책임으로 본다면 공동발행인 1인에 대한 이행청구는 다른 사람에게 그 효력이 미치지 않으므로 소멸시효중단은 개별적으로 발생하며, 또한 소지인과 발행인 간의 경개·상계·면제·혼동 등은 다른 자에게 영향을 미치지 않는다(연대채무의 절대적 효력과 다름, 민 416조-422조 참조). 따라서 배서인에게 상환청구를 하려면 공동발행인 전원에 대하여 지급제시를 하여 지급거절이 되어야 한다.

공동발행인의 행위는 각각 독립된 어음(수표)행위이며, 어음(수표)행위의 독립성·문언성에 비추어 본다면 합동책임설이 타당하다. 또한 공동발행에 대하여는 "발행, 인수, 배서 또는 보증을 한 자는 소지인에 대하여 합동하여 책임을 부담한다"고 규정한 어음법 47조 1항을 유추적용할 수 있다고 본다.

(다) 공동발행과 어음보증

발행인의 기명날인(이하 서명 포함)이 행하여질 장소에 아무런 자격의 표시 없는 기명날인이 있는 경우에, 이를 공동발행으로 볼 것인가 또는 이중 일부를 보증으로 볼 것인가에 대하여는 학설의 대립이 있다.[8] 어음법 31조 3항은 "어음의 표면에 단순한 기명날인(서명)이 있는 경우에는 이를 보증으로 본다. 그러나 지급인 또는 발행인의 기명날인은 그러하지 아니하다"고 규정하고 있을 뿐, 발행인과 보증인의 기명날인이 불분명한 경우에 대하여는 규정하고 있지 않다. 이에 대하여는 주로 일본의 학설로서 ① 각 기명날인 간에 주종을 인정할 수 없는 경우에는 공동발행으로 해석하는 견해, ② 처음의 기명날인만을 발행으로 보고 다른 기명날인은 어음보증으로 보는 견해, ③ 처음의 기명날인은 언제나 발행으로 보되, 그 외의 기명날인자가 어음에 지급장소로 기

8) 어음보증인은 피보증인인 발행인과 동일한 어음상의 책임을 부담하므로(어 32조 1항) 공동발행으로 보든 어음보증으로 보든 어음채무의 내용에 있어서는 차이가 없다. 그러나 ① 공동발행의 경우 1인이 지급하면 다른 자에 대하여 민법상의 구상권을 갖지만, 어음보증의 경우 보증인이 지급하면 피보증인에 대하여 어음상의 권리를 취득한다(어 32조 3항), ② 시효에 관하여 공동발행의 경우는 각 발행인에 대하여 독립하여 효력을 발행하나, 어음보증의 경우에는 피보증채무가 시효소멸하면 어음보증채무도 소멸한다(어 32조 1항), ③ 은행거래와 관련하여 공동발행의 경우에는 각 발행인이 동일한 은행과 당좌거래가 있다면 은행은 어느 쪽의 계좌에서 어음금액을 인출하여도 무방하지만, 어음보증의 경우에는 주채무자의 계좌에서 먼저 인출하여야 한다.

재되어 있는 은행과 당좌거래가 있으면 공동발행으로 보는 견해, ④ 어음소지인의 선택에 따라 공동발행 또는 어음보증으로 취급할 수 있다는 견해 등이 있다. 생각건대 위의 경우는 어음(수표)행위의 해석의 문제이다. 발행인의 기명날인(서명)이 행하여질 장소에 2이상의 기명날인이 있는 경우에는 어음의 문언성과 어음객관해석의 원칙에 따라 공동발행으로 보는 것이 사회통념상 타당한 해석이라고 본다(다수설).

(라) 이시적 공동발행

어음이 발행되어 정상적으로 유통되고 있는 동안에 다른 사람이 추가로 공동발행인으로서 기명날인한 경우에도 다수설은 공동발행의 성립을 인정한다. 그러나 어음의 공동발행을 1개의 행위로 보는 입장에서는 어음보증으로 보거나, 외관법리에 따라 공동발행인으로서 책임을 져야 한다고 한다.

2. 유익적 기재사항

(1) 의 의

어음의 유익적 기재사항은 기재하지 않아도 어음 자체의 효력에는 영향이 없으나, 어음에 기재하면 기재된 문언대로 효력이 발생하는 사항을 말한다.

어음법에서 규정한 유익적 기재사항은 다음과 같다.

(2) 제3자방지급문구

1) 의의 · 종류

제3자방지급문구는 지급인의 주소(영업소)가 아니라 제3자의 주소(지급장소)에서 또는 제3자(지급담당자)가 지급한다는 뜻의 기재를 말하며, 이러한 뜻이 기재가 있는 어음을 '제3자방지급어음' 또는 '타소지급(他所支給)어음'이라고 한다. 지급담당자는 인적개념으로서 지급인에 갈음하여 지급을 할 자로 지정된 자를 말하며, 지급장소는 장소적 개념이기 때문에 양자는 구별된다. 그러나 어음법과 어음실무는 양자를 구별하지 않고 사용하고 있다. 예컨대 어음법에서 '제3자방'(어 4조, 22조 2항, 27조 1항) 또는 '지급장소'(어 27조 2항)의 의미는 양자를 합친 개념이다. 실무상 은행을 지급장소 또는 지급담당자로 기재한 어음(지급장소 ○○은행 ○○지점)을 '은행도어음'이라고 하며 가장 많이 활용되고 있다.

전술한 바와 같이 지급지와 지급인의 주소지가 다른 타지지급어음의 경우에는 어음을 어디에서 지급제시할 것인가가 문제되기 때문에 발행인이 지급지 내에 지급담당자(제3자방)를 기재하는 것이 보통이다. 그러나 발행인이 지급담당자를 기재하지 않은 경우에는 지급인이 인수를 할 때에 이를 기재할 수 있다(어 27조 1항 1문). 따라서 어음법은 타지지급어음에서는 지급인에게 지급담당자를 기재할 수 있도록 하여야 하므로 발행인은 인수제시금지문구를 기재할 수 없도록 규정하고 있다(어 22조 2항 단서). 발행인 및 인수인이 지급지 내에 지급담당자를 기재하지 않은 경우에는 인수인은 지급지 내에서 직접 지급할 의무를 부담하게 된다(어 27조 1항 2문). 지급장소는 지급지 내이기만 하면 지급인의 주소지 또는 곳에 있어도 무방하므로(어 4조), 제3자방지급어음은 동지지급어음은 물론이고 타지지급어음에서도 있을 수 있다.

2) 효 용

제3자방지급어음은 동지지급어음에 있어서 금전출급의 수고를 덜며, 지급인의 채무자를 지급담당자로 한 경우에는 모두 함께 결제되어 편리하다. 예컨대 수취인의 거래은행(자기지시 환어음)을 지급장소로 하면 추심채무가 지참채무로 될 수 있다. 특히 은행도어음의 경우에는 어음교환소에서 결제되고 부도시 발행인이 거래정지처분을 받기 때문에 어음지급의 확실성이 높아지는 장점이 있다.

3) 기재권자

제3자방지급문구는 발행인이 기재하나, 환어음의 지급인도 동지지급(同地支給)어음의 경우와 타지지급어음에 있어서 발행인이 기재하지 않는 경우에 한하여 인수를 할 때에 기재할 수 있다(어 27조). 약속어음의 경우는 발행인만이 기재할 수 있다. 기재를 권한 없이 변경하면 변조이다.

4) 요 건

'제3자방'은 지급지 내에 있어야 하나, 지급인의 주소이든 아니든 불문한다. 이에 위반한 기재는 무효이다.

5) 효 력

(가) 소지인에 대한 효력 지급담당자가 기재되어 있는 경우에는 지급제시와 지급거절증서의 작성은 반드시 제3자방에서 하여야 한다.[9)]

9) 대판 1988. 8. 9, 86다카1858; 제3자방지급문구가 기재되어 있을 때 그것이 지급담당자를 기재한 것

(나) 발행인에 대한 효력 '제3자방지급문구'가 기재된 경우 발행인은 인수제시금지문구를 기재할 수 없다(어 22조 2항 단서).

(다) 지급담당자 어음을 지급할 권한을 가지나 어음상의 권리자나 의무자는 아니다.

6) '제3자방지급문구'의 지급제시기간 경과 후의 효력

이에 대하여는 ① 지급제시기간이 경과한 뒤에도 '제3자방지급문구'는 여전히 유효하다는 견해, ② '제3자방지급문구'의 효력은 상실되나, 지급지의 기재는 유효하다는 견해, ③ 지급지와 '제3자방지급문구'의 효력은 모두 상실된다는 견해가 대립하고 있다. 생각건대 지급지와 '제3자방지급문구'는 어음의 지급제시기간 내에 지급제시가 있을 것을 전제로 하므로 ③설이 타당하다고 본다. 따라서 지급제시기간이 경과된 경우에는 어음의 주채무자의 주소 또는 영업소에서 제시하여야 한다. 또한 지급제시기간이 경과한 후에 어음교환소에서의 지급제시는 지급제시로서의 효력이 없기 때문에 부도처분을 할 수 없다.

(3) 이자문구

어음은 수표와 달리 일정이율에 의하여 이자가 발생한다는 뜻, 즉 이자문구를 기재할 수 있다. 그러나 이자문구의 기재는 일람출급 및 일람후정기출급어음에만 허용되며(어 5조 1항, 77조 2항), 확정일출급 및 확정일자후정기출급어음에 있어서는 만기를 미리 알 수 있기 때문에 이자를 삽입하여 어음금액을 정할 수 있으므로 인정되지 않는다.

이율의 기재가 없으면, 이자의 약정은 기재하지 않은 것으로 보며, 이자의 기산일은 특약이 없으면 발행당일로부터 기산한다(어 5조 2·3항).

(4) 배서금지문구

어음은 당연한 지시증권이므로 배서에 의하여 양도할 수 있으나, 발행인이 '지시금지' 또는 '배서금지' 등의 기재를 한 경우에는 '배서금지어음'으로 되며, 이 어음은 민법상 지명채권의 양도에 관한 방식에 따라서만 또 그 효력으로서만 양도할 수 있다(어 11조 2항).

배서금지문구는 특히 수취인에 대하여 어음항변을 보유할 목적으로 기재된다.

이라면 지급을 위한 제시는 지급담당자의 영업소 또는 주소에서 지급담당자에게 하여야 한다.

(5) 기타 유익적 기재사항

그 밖에 어음법이 규정하고 있는 유익적 기재사항은 지급인의 명칭에 부기한 지(地)(어 2조 3항), 발행인의 명칭에 부기한 지(地)(어 2조 4항), 인수무담보문언(어 9조 2항 전단), 인수제시의 명령 또는 금지문언(어 22조 1항, 2항), 일람후정기출급어음의 인수제시기간의 단축 또는 연장의 기재(어 23조 2항), 일람출급어음의 지급제시기간의 단축 또는 연장의 기재(어 34조 1항), 일정기일 전의 지급제시금지문언(어 34조 2항), 준거세력의 지정(어 37조 4항), 외국통화환산율의 지정·외국통화현실지급문언(어 41조 2항, 3항), 거절증서작성면제문언(어 46조), 역어음발행금지문언(어 52조 1항), 예비지급인의 지정(어 55조 1항), 복본번호의 기재(어 64조 2항), 복본불발행문언(단일어음문언)(어 64조 3항) 등이 있다.

3. 무익적 기재사항

무익적 기재사항은 어음에 기재하여도 그 효력이 없고, 어음자체에도 영향을 미치지 않는 사항이다.

(1) 어음법에 규정되어 있는 것으로는 일람출급 및 일람후정기출급어음 이외의 어음의 이자문구(어 5조 1항 2문), 이율의 기재가 없는 이자의 약정(어 5조 2항), 환어음발행인의 지급무담보문구(어 9조 2항), 지시문구(어 11조 1항, 77조 1항 1호), 상환문구(어 39조 1항, 77조 1항 3호) 등이 있다.

(2) 그 밖에 어음법에 기재되지 아니한 무익적 기재사항으로서는 대가수령문언, 화환어음문구, 제시문구, 어음금불지급시에 위약금문구, 관할법원의 합의문구, 어음개서의 특약문구 등이 있다.

4. 유해적 기재사항

유해적 기재사항이란 어음에 기재하면 해당사항만 효력이 없는 것이 아니고, 어음자체를 무효로 하는 사항이다. 어음법 33조가 정한 4종의 만기 이외의 만기를 기재하는 경우, 어음금액의 일부마다 각별의 만기일을 정하는 분할지급의 문구(어 33조 2항), 어음채권의 효력을 원인채권의 성립이나 효력에 의존하도록 하는 기재, 어음의 지급방법을 한정하거나 조건을 붙이는 기재 등이 있다.

Ⅲ. 백지어음

1. 총 설

(1) 백지어음의 의의

백지어음은 어음(수표)행위자가 후일 그 소지인으로 하여금 어음요건의 전부 또는 일부를 보충시킬 의사로써, 이를 기재하지 않고 어음이 될 서면에 기명날인 또는 서명하여 유통시킨 미완성어음이다. 백지어음은 보충이 예정되어 있는 미완성어음이므로 어음요건이 흠결되어 무효인 불완전어음과 구별하여야 한다.

(2) 경제적 기능

백지어음은 어음발행 당시에 원인관계상의 채권액·변제기일 등이 확정되지 않은 경우에 어음의 만기나 금액을 백지로 하여 발행하거나, 자금을 융통하여 줄 금융업자를 찾지 못한 경우에 금융알선업자에게 수취인란을 백지로 한 어음을 교부하여 금융의 편의를 얻는 등의 실제적 필요성 때문에 오래전부터 상관습으로 인정되어 왔으며, 제네바 통일어음조약이후 각국의 법에서 성문화되었다.

(3) 백지어음의 종류와 준백지어음

백지어음에는 발행인의 기명날인(또는 서명, 이하동일)만이 있는 백지발행, 인수인의 기명날인만이 있는 백지인수, 배서인의 기명날인만이 있는 백지배서, 보증인의 기명날인만이 있는 백지보증 등 여러 가지가 있다.

한편 어음요건(필요적 기재사항)은 모두 기재하였으나, 유익적 기재사항(예: 이자율)을 소지인으로 하여금 보충시킬 의사로써 기재하지 않고 유통시킨 어음을 「준백지어음」이라고 한다. 준백지어음은 고유한 의미에서의 백지어음은 아니나, 어음법 10조가 유추적용된다(통설).

(4) 백지어음의 법적 성질

백지어음은 유통에 있어서는 완성된 어음과 마찬가지로 취급되나, 그 자체는 완전한 어음이 아니기 때문에 백지를 보충하지 않고는 지급제시하여도 그 효력이 없으며,

배서인에 대하여도 상환청구권을 행사할 수 없다. 따라서 백지어음은 완성어음이 될 수 있는 기대권과 백지보충권이 표창되어 있는 특수한 유가증권이라 할 수 있다(통설). 따라서 어음법 10조는 백지어음을 어음으로 취급한 것이 아니라 백지어음의 유통성의 범위 내에서만 어음과 같이 취급하고 있다고 보아야 한다. 백지어음에 대하여는 완성어음의 고유한 규정을 제외하고 어음법이 적용된다.

2. 백지어음의 요건

(1) 어음요건의 전부 또는 일부의 흠결

어음금액·지급지·수취인·만기 등 어음요건이면 어느 것이라도 기재가 흠결될 경우 백지어음이 될 수 있으므로 어음요건이 흠결되어 있는 정도는 묻지 않는다. 또한 어음요건이 전혀 기재되지 않은 백지어음도 유통될 수 있다.

만기의 흠결이 있는 경우에 백지어음인가 또는 일람출급어음인가라는 논의가 있으나, 백지어음으로 보아야 한다(통설·판례[10])(어 2조 1호는 어음요건을 완비한 것으로 교부하였는데 실수로 만기가 흠결된 경우의 구제조항이다).

(2) 백지어음행위자의 기명날인 또는 서명의 존재

백지어음에는 적어도 어음당사자 가운데 어느 누군가의 기명날인 또는 서명이 있어야 한다. 그 기명날인은 반드시 발행인의 기명날인에 한하지 않으며, 발행보다 앞서 인수인·보증인 또는 배서인 등의 기명날인이 먼저 이루어진 백지어음도 허용된다(통설).

(3) 백지보충권의 존재

어음 외관상 어음요건을 결한 어음이 백지어음이 되기 위하여는 기명날인자가 후에 소지인으로 하여금 백지를 보충하게 할 의사(보충권수여의 의사)가 있어야 한다. 따라서 어음요건을 결한 무효인 「미완성어음」과 「백지어음」은 백지보충권의 존재에 따라 결정된다. 그런데 보충권의 존부를 판단하는 기준에 관하여는 다음과 같이 학설이 대립한다.

---

10) 대판 1976. 3. 9. 선고 75다984: 만기를 공란으로 발행한 경우, 어음법 2조 1호를 적용하여 일람출급의 어음으로 볼 것이 아니고 일단 백지어음을 발행한 것으로 본다.

1) 주관설

기명날인자(백지어음(수표)행위자)의 의사를 기준으로 하여 어음의 취득자와 보충권 수여의 합의가 있다면 백지어음으로 인정할 수 있다고 보는 견해이다. 주관설에 의하면 행위자의 의사를 입증하기 어렵기 때문에 거래의 안전을 해할 염려가 있다.

2) 객관설

어음 외관상 보충이 예정되어 있다고 객관적으로 인정되는 경우 백지어음으로 볼 수 있다는 견해이다. 예컨대 인쇄된 어음용지를 사용하여 일부 어음요건을 기재하지 않고 발행하면 백지어음으로 보는 견해이다. 위 견해는 거래의 안전을 위해 주장된 것이나, 예컨대 백지에 기명날인만 되어있더라도 보충권이 수여된 경우 백지어음으로 인정할 수 없게 되어 오히려 거래안전을 해한다는 난점이 있다.

3) 절충설

보충권의 유무는 원칙적으로 기명날인자의 의사에 의하되, 어음 외관상 보충이 예정되어 있다고 인정되는 경우에는 이를 선의로 취득한 자에 대하여는 기명날인자가 불완전어음이라는 항변을 제출할 수 없다고 보는 견해이다(권리외관이론의 가미). 절충설이 다수설이다. 우리나라 판례는 수취인란과 지급기일을 공란으로 한 어음의 교부에 대하여 백지어음으로 추정하고 있다.[11]

(4) 백지어음의 교부

원칙적으로 어음(수표)행위자는 백지어음을 상대방에게 교부하여 유통시켜야 한다. 다만 교부가 흠결된 경우에도 권리외관이론에 따라 선의의 취득자에 대하여는 어음상의 책임을 지게 된다(어음이론에 따라 이론구성이 달라질 수 있음).

---

11) 대판 1984. 5. 22, 83다카1585; 백지약속어음의 경우 발행인이 수취인 또는 그 소지인으로 하여금 백지부분을 보충케 하려는 보충권을 줄 의사로서 발행하였는가 여부의 점에 대하여는 발행인에게 보충권을 줄 의사로 발행한 것이 아니라는 점 즉 백지어음이 아니고 불완전어음으로서 무효라는 점에 관한 입증책임이 있다.

3. 백지어음의 효력

(1) 백지어음에 의한 권리행사

백지어음은 아직 완성된 어음이 아니므로 백지 상태로는 어음상의 권리를 행사할 수 없다. 따라서 백지어음에 의한 지급제시는 적법한 지급제시가 아니므로 주채무자를 이행지체에 빠뜨리지도 못하며, 상환의무자에 대한 상환청구권을 보전하는 효력도 없다. 다만 백지어음에 의한 청구나 승인에는 시효중단의 효력을 인정하는 것이 통설·판례의 입장이다.[12] 시효중단은 권리자가 권리행사의 의사를 가지고 있는가의 여부에 관한 문제이기 때문이다.

백지어음으로 소를 제기할 경우에는 사실심 변론종결시까지 백지를 보충하여야 한다.[13]

(2) 백지어음의 양도

백지어음은 어음이 아니나 어음과 동일한 방법에 의하여 양도할 수 있음이 상관습에 의하여 인정되고 있다. 따라서 백지어음은 배서 또는 수취인백지어음인 경우 단순한 인도에 의하여 양도할 수 있으며, 지명채권양도의 방법, 상속·회사의 합병 등에 의하여 양도될 수 있다.[14] 또한 백지어음의 유통보호와 거래의 안전을 위해 백지어음에

12) 대판 2010. 5. 20, 2009다48312(전원합의체); 만기는 기재되어 있으나 지급지, 지급을 받을 자 등과 같은 어음요건이 백지인 약속어음의 소지인이 그 백지 부분을 보충하지 않은 상태에서 어음금을 청구하는 것은 어음상의 청구권에 관하여 잠자는 자가 아님을 객관적으로 표명한 것이고 그 청구로써 어음상의 청구권에 관한 소멸시효는 중단된다. 이 경우 백지에 대한 보충권은 그 행사에 의하여 어음상의 청구권을 완성시키는 것에 불과하여 그 보충권이 어음상의 청구권과 별개로 독립하여 시효에 의하여 소멸한다고 볼 것은 아니므로 어음상의 청구권이 시효중단에 의하여 소멸하지 않고 존속하고 있는 한 이를 행사할 수 있다.

13) 대판 1995. 6. 9, 94다41812; 1995. 9. 15, 95다23071; 약속어음의 발행지는 어음요건의 하나이므로 그 기재가 없는 상태에서 아무리 보충권이 수취인 내지 소지인에게 주어졌다 하더라도 완성된 어음으로서의 효력이 없는 것이어서 어음상의 권리자에 의한 완성행위(백지어음의 보충권의 행사) 없이는 어음상의 권리가 적법하게 성립할 수 없고, 따라서 소지인이 이러한 미완성 어음으로 지급을 위한 제시를 하였다 하여도 적법한 지급제시가 될 수 없으므로 배서인은 소지인에 대하여 상환의무를 부담하지 아니한다.

14) 대판 1996. 12. 20, 96다43393; 수취인란이 백지로 된 어음의 소지자는 수취인란을 보충하지 않고 배서도 하지 아니한 채 어음을 교부함으로써 어음상의 권리를 적법하게 양도할 수 있으나, 자신이 제1배서란에 배서를 한 경우에는 수취인란을 보충하지 않은 채 교부하였다고 하더라도 그 배서가 배서의 요건을 모두 갖춘 유효한 배서이어야만 그 어음상의 권리는 적법하게 이전되는 것이며, 그 배서가 배서의 요건을 갖추지 못한 경우에는 그 어음상의 권리는 적법하게 이전될 수 없다(본 사건은 수취인란이 백지인 어음의 소지인이 수취인란을 보충하지 아니하고 제1배서란에 날인 없이 서명

도 선의취득과 인적항변의 절단 및 공시최고절차에 의한 제권판결이 인정된다(통설).[15] 다만 우리나라 판례는 금액백지인 어음(수표)에 있어서 보충권의 범위를 발행인에게 조회하지 않았다면 중과실에 의한 취득으로서 선의취득을 인정하지 않고 있다.[16][17]

4. 백지어음의 완성

(1) 보충권의 의의와 발생

백지어음은 흠결된 기재사항의 보충에 의하여 완성어음으로 되는데, 백지를 보충하여 어음을 완성된 어음으로 만들 수 있는 권능・자격을 보충권이라고 한다. 보충권은 백지어음(수표)행위자와 그 상대방과의 어음외의 보충계약에 의하여 수여된다(어음외계약설). 이에 대하여 백지어음 행위자가 백지어음을 작성한 때에 보충권이 발생되고, 백지어음을 상대방에게 교부한 때에 보충권이 상대방에게 이전된다고 설명하는 소수설(백지어음(수표)행위설)이 있다. 그러나 백지어음(수표)행위설이 백지어음의 작성에 의하여 보충권이 백지어음(수표)행위자에게 발생하여 이전된다고 보는 것은 당사자의 의사에 맞지 않을 뿐만 아니라, 어음(수표)행위를 2단계로 나누어 파악하는 것은 어음이론

만 함으로써 그 배서가 구 어음법 제13조의 배서방식에 어긋난 채로 유통되어, 배서 요건을 갖춘 제2, 제3의 배서를 거쳐 이를 취득한 최종소지인이 수취인란은 제1배서인 명의로 보충하였으나 제1배서의 날인 흠결은 보완되지 아니한 사안임.

15) 대판 1994. 11. 18, 94다23098; 가. 수취인이 백지인 채로 발행된 어음은 인도에 의하여 어음법적으로 유효하게 양도될 수 있다. 나. '가'항의 어음이 인도에 의하여 양도된 경우 어음법 제17조가 적용되는 것이므로, 어음이 전전양도된 후 그 어음을 인도받은 최종 소지인이 수취인으로서 자기를 보충하였다고 하더라도 그 소지인이 발행인을 해할 것을 알고 취득한 경우가 아니면, 어음문면상의 기재와는 관계없이, 발행인으로부터 원인관계상의 항변 등 인적 항변의 대항을 받지 아니한다.

16) 대판 1995. 12. 8, 94다18959; 수표의 권면액은 수표에서 가장 중요한 부분으로서 그것이 백지로 되어 있는 경우란 그리 흔한 것이 아니고, 더욱이 가계수표의 경우에는 통상 수표 표면에 발행 한도액이 기재되어 있는데다가 그 이면에서 그 한도액을 넘는 수표는 발행인이 직접 은행에 제시하지 아니하는 한 지급은행으로부터 지급을 받을 수 없다는 취지가 기재되어 있으며, 나아가 그 한도액을 넘는 발행의 경우에는 발행인으로서도 거래은행으로부터 거래정지 처분을 당하는 등의 불이익을 받게 되어 있으므로, 그 수표의 취득자가 발행인 아닌 제3자에 의하여 그 액면이 표면에 기재된 한도액을 넘는 금액으로 보충된 점을 알면서 이를 취득하는 경우에는 그 취득자로서는 발행인에게 조회하는 등의 방법으로 그 제3자에게 그러한 보충 권한이 있는지 여부를 확인함이 마땅하고, 만약 이를 확인하지 아니한 채 수표를 취득하였다면 이는 특별한 사정이 없는 한 중대한 과실에 의한 취득이라고 보지 아니할 수 없다.

17) 대판 1995. 8. 22, 95다10945; 어음법 제10조 소정의 '중대한 과실'에 관하여 "어음금액이 백지로 된 백지어음을 취득한 자가 그 어음의 발행인에게 보충권의 내용에 관하여 직접 조회하지 않았다면 특별한 사정이 없는 한 취득자에게 중대한 과실이 있는 것이라고 보아야 한다."고 판시한 대법원판결(1978. 3. 14. 선고 77다2020)은, 비록 백지약속어음에 관한 것이기는 하지만, 백지수표에 관한 수표법 제13조의 규정과 백지어음에 관한 어음법 제10조의 규정은 백지수표와 백지어음의 보충권의 남용 내지 부당보충에 관하여 동일한 법리를 규정하고 있으므로, 백지어음의 부당보충에 관한 위 판결이 취하고 있는 견해는 백지수표에 관하여도 그대로 적용되어야 한다.

에 관하여 2단계설(교부행위유인론)을 취하지 않는 한 수긍하기 어렵다.

따라서 보충권은 백지어음(수표)행위자와 그 상대방간에 어음외의 보충권수여계약(합의)에 의하여 발생하고, 이것이 백지어음의 양도와 함께 불가분적으로 이전된다고 보아야 할 것이다.

(2) 보충권의 법적 성질

보충권은 권리자의 일방적 행사에 의하여 미완성어음을 완성어음으로 되게 하고, 그 위에 행하여진 어음(수표)행위의 효력을 발생케 하는 것이므로 그 법적 성질은 형성권으로 보는 것이 통설이다. 이에 대하여 보충권은 하나의 '특수한 권한'이라고 보는 견해도 있으나, 그 내용이 분명치 않아 보충권의 성질을 명확하게 설명하지 못하고 있다.

(3) 보충권의 존속

보충권이 유효하게 수여된 경우에는 그 이후에 어음(수표)행위자의 사망·제한능력이나 그 대리인의 대리권의 흠결 등에 의하여 영향을 받지 않고 존속하며, 백지보충권자가 파산한 경우에도 파산관재인이 보충할 수 있다. 또한 백지보충권은 백지어음상의 권리와 함께 전전유통되므로 백지어음을 회수하지 않고 보충권만을 철회하여 소멸시킬 수 없다.

(4) 보충권의 행사기간

보충권의 행사기간은 보충권수여계약에서 정한 경우에는 그 기간 내에 백지를 보충하여야 하며, 이 기간을 넘어 보충권을 행사한 경우에는 보충권의 남용이 된다. 당사자가 보충권행사기간을 지정하지 않은 경우는 어음면에 만기가 기재되어 있는지 여부에 따라 보충권의 행사기간이 달라진다.

1) 만기가 기재된 경우(만기 이외의 사항이 백지인 경우)

주채무자에 대한 어음상의 권리를 행사하기 위하여는 주채무가 만기로부터 3년의 시효로 소멸하므로 이 기간 내에 백지를 보충하여야 한다. 즉 확정일출급 또는 발행일자후정기출급의 어음에서는 소정의 만기일로부터 3년 내에 보충권을 행사하여야 하며, 일람출급어음에 있어서는 지급제시기간 내의 지급제시일로부터 3년 내에, 일람후정기출급의 어음에서는 인수일자 또는 거절증서의 일자 후 일정기간경과로부터 3년 내에 보충권을 행사하여야 한다.

배서인 등 상환의무자에 대한 관계에서는 완성어음을 제시하여 상환청구권보전절차를 취하여야 하므로 지급 또는 인수제시기간 내에 보충권이 행사되어야 한다. 즉 확정일출급어음 및 발행일자후정기출급어음에는 지급을 할 날에 이은 2거래일 내에, 일람출급어음에 있어서는 지급제시기간 내에(발행일자로부터 1년, 어 34조), 일람후정기출급어음에 있어서는 인수제시기간 내에(발행일자로부터 1년, 어 23조 1항) 보충권을 행사하지 않으면 백지보충권이 시효로 소멸한다.

수표의 경우에는 만기가 없으므로 발행일 이외의 사항이 백지인 경우가 이에 해당한다. 수표의 지급제시는 완전한 수표를 지급제시기간 내에 제시하여야 하므로 보충권도 지급제시기간 내(발행일로부터 10일, 수 29조)에 행사하여야 한다.

2) 만기가 백지인 경우

만기의 기재가 없는 경우에는 어음의 소멸시효의 기산점을 정할 수 없으므로 어음상의 권리가 시효로 소멸할 수 없다는 문제가 발생한다. 그러나 보충권이 시효소멸하면 어음상의 권리를 행사할 수 없는 결과가 되므로 보충권이 시효로 소멸하기 전에 백지를 보충하여야 한다.

보충권의 소멸시효에 대하여는 ① 보충권은 형성권이므로 20년이라는 설(다수설, 민 162조 2항), ② 보충권을 특정인에 대한 채권과 동일시하여 10년이라고 보는 설(민 162조 1항), ③ 백지보충권의 수여를 상행위의 준하여 상사채권의 시효와 같이 5년이라는 설, ④ 보충권을 어음상의 권리와 같이 3년으로 보는 설, ⑤ 일람출급어음의 제시기간에 준하여 1년으로 보는 설 등이 대립하고 있다.

생각건대 ①설은 보충권을 형성권으로 보는 논리에서 주장되나, 형성권은 시효소멸의 대상이 되지 않는 문제가 있고, ②설은 보충권은 일반채권과 동일하게 보아 보충권의 성질에 맞지 않는 문제점이 있고, ③설은 어음(수표)행위가 반드시 상행위는 아니라는 점에서 부당하며, ⑤설은 백지어음을 일람출급의 어음과 동일시하는 문제점이 있다. 따라서 백지어음은 완성어음과 다르나, 완성된 어음과 마찬가지로 유통되며, 어음법상의 최장의 시효기간이 3년을 고려하여 본다면 ④설(3년설)이 타당하다.

소멸시효의 기산점은 보충권의 행사가 가능한 때(어음상의 권리를 행사할 수 있는 때)를 기준으로 하나, 이것이 분명하지 않은 경우에는 백지어음의 발행일로 보는 것이 타당하다.[18)]

수표의 경우는 만기가 없으므로 발행일이 백지인 경우가 이에 해당한다. 소멸시효기간은 수표상의 권리(상환청구권)의 최장 소멸시효기간과 마찬가지로 6월이며, 기산점은 수표상의 권리를 행사할 수 있을 때부터라고 보는 것이 타당하다.[19)]

(5) 보충의 효과

보충권자가 백지를 보충하면 백지어음은 완성어음이 되어 백지어음상의 모든 어음(수표)행위는 보충된 문언에 따라 그 효력을 발생한다. 이러한 보충권행사의 효력이 어음(수표)행위시로 소급하느냐에 대하여 학설이 대립하나 불소급설이 통설이다. 따라서 백지어음상의 어음(수표)행위는 백지를 보충한 때로부터 장래를 향하여만 효력이 발생한다. 그러나 어음(수표)행위의 성립시기는 그 행위시이므로, 어음(수표)행위자의 권리능력, 행위능력 및 대리권의 유무, 기한후배서인가의 여부 등은 당해 백지어음(수표)행위시를 기준으로 한다.[20)]

(6) 보충권의 범위와 남용(부당보충)

보충권의 범위는 보충권계약에 의해서 정하여지나 이에 관한 약정이 없는 경우에

---

18) 대판 2002. 2. 22, 2001다71507; 백지약속어음의 보충권 행사에 의하여 생기는 채권은 어음금 채권이고, 어음법 제77조 제1항 제8호, 제70조 제1항, 제78조 제1항에 의하면 약속어음의 발행인에 대한 어음금 채권은 만기의 날로부터 3년간 행사하지 아니하면 소멸시효가 완성되는 점 등을 고려하면, 발행일을 백지로 하여 발행된 약속어음의 백지보충권의 소멸시효기간은 백지보충권을 행사할 수 있는 때로부터 3년으로 봄이 상당하다.

19) 대판 2001. 10. 23, 99다64018; 발행일을 백지로 하여 발행된 수표의 백지보충권의 소멸시효는 다른 특별한 사정이 없는 한 그 수표발행의 원인관계에 비추어 발행 당사자 사이에 수표상의 권리를 행사할 수 있는 것이 법률적으로 가능하게 된 때부터 진행한다 할 것이다(대법원 1997. 5. 28. 선고 96다25050 판결 참조). 그리고 백지수표의 보충권 행사에 의하여 생기는 채권은 수표금 채권이고, 수표법 제51조에 의하면 수표의 발행인에 대한 소구권은 제시기간 경과 후 6개월간 행사하지 아니하면 소멸시효가 완성되는 점 등을 고려하면 발행일을 백지로 하여 발행된 수표의 백지보충권의 소멸시효기간은 백지보충권을 행사할 수 있는 때로부터 6개월로 봄이 상당하다 할 것이다. 한편, 발행일 백지인 수표의 취득자가 백지보충권의 소멸시효기간 경과 후에 백지를 보충한 경우에 있어서도 수표법 제13조가 유추적용되어 악의 또는 중대한 과실이 없는 한 백지보충권의 소멸시효 경과 후의 백지보충의 항변으로써 대항받지 아니한다고 해석함이 상당하다고 할 것이나, 이 경우에도 그 수표취득자가 스스로 수표상의 권리를 행사하는 것이 법률적으로 가능하게 된 때로부터 새로이 6개월이 경과할 때까지 발행일을 보충하지 않았다면 그 보충권의 소멸시효는 완성되었다고 보아야 할 것이다.

20) 대판 1980. 3. 11, 79다1999; 백지어음에 있어서 백지의 보충시와 어음(수표)행위 자체의 성립시기와는 엄격히 구별하여야 할 문제로서 백지의 보충없이는 어음상의 권리를 행사할 수는 없으나 어음(수표)행위의 성립시기를 곧 백지의 보충시기로 의제할 수 없는 것이며 그 성립시기는 그 어음(수표)행위 자체의 성립시기로 결정하여야 할 것이므로(당원 1971. 8. 31. 선고 68다1176 전원부 판결 참조), 원심이 위와 같이 실지 배서한 날을 확정하지도 아니한 채 백지배서를 보충한 날에 배서의 효력이 발생한다고 판시하였음은 위 당원의 판례에 위반하고 또 어음(수표)행위와 백지보충에 관한 법리를 오해하여 심리를 다하지 아니한 위법을 저질렀다 할 것으로 이점에서 논지 이유있어 원심판결은 파기를 면할 수 없다.

는 어음수수의 원인관계, 거래의 관습 등을 고려하여 신의성실의 원칙에 따라 결정한다. 이와 같이 약정되었거나 통상적으로 예견된 보충권의 범위나 제한을 넘어 소지인이 보충한 경우를 보충권의 남용 또는 부당보충이라 한다.[21)]

백지어음이 부당보충된 경우 부당보충한 소지인에 대하여는 보충된 문언에 따라 책임을 지지 않고 미리 약정되었거나 예견된 범위 내에서만 책임을 부담한다는 것은 당연하다. 그러나 제3취득자가 선의 또는 중대한 과실없이 부당보충된 어음을 취득한 경우에는 어음거래의 안전을 위하여 보호되어야 한다. 따라서 어음법 10조는 "미완성으로 발행한 환어음에 미리 한 합의와 다른 보충을 한 경우에는 소지인이 악의 또는 중대한 과실로 취득한 경우를 제외하고는 그 위반으로써 소지인에게 대항하지 못한다"라고 규정하고 있는 것이다. 악의 또는 중과실의 유무는 어음취득당시를 기준으로 하며, 그 입증책임은 청구받은 어음채무자에게 있다(통설).[22)]

또한 어음법 10조는 부당하게 보충된 어음을 선의취득한 자에 대한 항변제한에 관한 규정이지만, 일정 범위의 보충권이 존재한다고 믿고 악의 또는 중대한 과실없이 보충 전의 백지어음을 취득한 자가 스스로 보충하여 어음상의 권리를 행사한 경우에도 유추적용하여 선의취득자를 보호하여야 할 것이다(통설).

21) 대판 1978. 3. 14, 77다2020; 가. 약속어음의 금액란이 부당보충된 경우에는 어음법상의 어음의 위조에는 해당되지 않는다. 나. 어음금액이 백지인 어음을 취득하면서 보증권한을 부여받은 자의 지시에 의하여 어음금액란을 보충하는 경우 보권의 내용에 관하여 어음의 기명날인자에게 직접 조회하지 않았다면 특별한 사정이 없는 한 취득자에게 중대한 과실이 있다.

22) 대판 1999. 2. 9, 98다37736; [1] 어음법 제10조가 규정하는 '악의로 어음을 취득한 때'라 함은 소지인이 백지어음이 부당 보충되었다는 사실과 이를 취득할 경우 어음채무자를 해하게 된다는 것을 알면서도 어음을 양수한 때를 말하고, '중대한 과실로 인하여 어음을 취득한 때'라 함은 소지인이 조금만 주의를 기울였더라면 백지어음이 부당 보충되었다는 사실을 알 수 있었음에도 불구하고 그와 같은 주의도 기울이지 아니하고 부당 보충된 어음을 양수한 때를 말한다. [2] 어음금액란의 기재는 대단히 중요한 사항이므로 어음금액란을 백지로 하는 어음을 발행하는 경우에 발행인은 통상적으로 그 보충권의 범위를 한정한다고 봄이 상당하다. [3] 부당 보충된 약속어음을 취득함에 있어 소지인에게 악의 또는 중과실이 있다고 인정한 사례. [4] 소지인이 악의 또는 중과실로 부당 보충된 어음을 취득한 경우에도 발행인은 자신이 유효하게 보충권을 수여한 범위 안에서는 당연히 어음상의 책임을 진다.

제2절 배 서

I. 총 설

1. 배서의 의의와 성질

통상적인 의미에 있어서 배서라 함은 어음의 수취인 기타의 후자가 어음상의 권리를 양도하기 위하여 어음의 이면에 일정사항을 기재하고 기명날인하여 타인에게 교부하는 행위를 말한다. 배서는 어음의 유통을 조장하기 위하여 법이 특히 인정한 어음의 간편한 양도방법이며, 배서에 의하여 피배서인은 어음상의 권리를 모두 취득한다(어 11조 1항, 14조 1항). 따라서 배서의 법적 성질(본질)은 어음상의 권리의 이전, 즉 채권의 양도이다(채권양도설, 통설). 이러한 통설(채권양도설)에 대하여는 어음의 선의취득, 항변의 절단, 배서인의 담보책임 등을 설명하지 못한다는 비판이 있으나, 이는 어음의 유통을 조장하기 위하여 법률정책상 인정된 효과로 보아야 할 것이다.

배서는 크게 어음상 채권을 양도할 목적으로 행해지는 양도배서와 어음상 채권양도 이외의 목적으로 행하여지는 특수배서로 나눌 수 있다.

2. 배서 이외의 방법에 의한 어음상의 권리의 이전

어음상 권리의 통상의 이전방법은 배서이나, 그 이외에도 상속 · 회사합병 · 전부명령 · 경매 등에 의하여도 이전될 수 있다.

어음상의 권리를 민법상의 지명채권양도방법에 의하여 양도할 수 있는가에 대하여는 학설이 대립된다. 소수설인 부정설은 ① 지명채권과 지시채권의 양도방법을 정한 민법 450조와 508조는 강행규정이므로, 지시채권을 표창하고 있는 어음 · 수표의 양도는 배서에 의하여 양도되어야 하므로, 지명채권의 양도방법에 따른 대항요건을 갖추었다고 하더라도 지시채권양도로서의 효력이 발생하지 않으며, ② 지명채권의 양도방법에 따른 양도를 인정하는 것은 '배서의 연속'을 통하여 간편하게 어음 · 수표상의 권리를 행사하도록 하는 법의 취지에 어긋나며, ③ 지명채권의 양도방법을 인정하는 것은 어음 · 수표상의 권리와 증권을 분리시켜 권리의 측면에만 얽매인 이론으로서 부당하다는 것이다. 다수설은 ① 민법 450조와 508조는 절대적 강행규정이 아니며, ② 어음·수표상의 권리자가 배서의 장점을 포기하고 지명채권양도방법에 따라 양도한다면 이를 무효로 할 필요는 없으며, ③ 지명채권의 양도방법을 이용하는 경우에도 증권의 교부를 필요로 하므로 증권과 권리의 분리를 인정하는 것은 아니라고 보고 있다.

생각건대 어음·수표의 소지인이 스스로 불리함을 감수하면서 지명채권의 양도방법으로 권리를 취득한 경우에[23] 이를 무효로 볼 필요는 없으므로 다수설이 타당하다고 본다. 판례도 동일한 입장이다. 그러나 지명채권의 양도방법에 따라 어음상의 권리를 이전하더라도 어음은 유가증권이므로 어음의 교부가 있어야 한다. 또한 지명채권양도방법에 의하여 어음상의 권리를 양수한 자는 배서에 의하여 다시 어음상의 권리를 양도할 수 있다. 다만 지명채권양도방법에 의한 어음상 권리의 양수인은 자격수여적 효력(어 16조 1항), 선의취득(동조 2항), 인적항변의 절단(17조)이 인정되지 않으므로 배서에 의한 어음상 권리의 양수인보다 불리하다.

수취인이 백지로 된 어음은 교부에 의하여 양도할 수 있다. 이 경우에는 통상의 양도배서와 같은 효력이 인정된다. 따라서 양수인은 적법한 권리자로 추정되며, 선의취득, 항변의 절단이[24] 인정된다.

3. 배서의 특색

어음을 배서에 의해서 양도하는 경우는 민법상의 지명채권양도방법 등과 비교하여 다음과 같은 장점이 있다. ① 배서에는 인적항변의 절단이 인정되어 피배서인의 해의가 없는 한 완전한 권리를 취득하며(어 17조), ② 배서가 연속되어 있으면 권리자의 자격이 인정되므로 피배서인인 소지인은 자신이 권리자임을 입증할 필요 없이 어음상의 권리를 행사할 수 있고, 배서인이 무권리자라도 선의취득할 수 있으며(어 16조), ③ 배서인은 담보책임을 부담하므로 어음이 부도된 경우 피배서인은 배서인에게 상환청구권을 행사할 수 있으며, ④ 어음상의 권리를 양도하는 데 있어서 민법상의 채권양도와 달리 채무자에 대한 대항요건(양도인의 채무자에 대한 통지 또는 채무자의 승낙, 민 450조 참

---

23) 대판 1996. 4. 26, 94다9764; 2015. 3. 20, 2014다83647 등.

24) 대판 1994. 11. 18, 94다23098; 가. 수취인이 백지인 채로 발행된 어음은 인도에 의하여 어음법적으로 유효하게 양도될 수 있다. 나. '가'항의 어음이 인도에 의하여 양도된 경우 어음법 제17조가 적용되는 것이므로, 어음이 전전양도된 후 그 어음을 인도받은 최종 소지인이 수취인으로서 자기를 보충하였다고 하더라도 그 소지인이 발행인을 해할 것을 알고 취득한 경우가 아니면, 어음문면상의 기재와는 관계없이, 발행인으로부터 원인관계상의 항변 등 인적항변의 대항을 받지 아니한다.

조)이 요구되지 않는다.

4. 배서(지시)금지어음

(1) 의 의

지시금지어음 또는 배서금지어음(금전어음)이라 함은 발행인이 기명식어음에 「지시금지」·「배서금지」의 문자 기타 이와 동일한 의의가 있는 문언을 기재한 어음을 말한다(어 11조 2항).[25] 배서금지어음은 발행인이 수취인 등에 대하여 원인관계상의 항변을 보유하기를 원하거나, 배서가 계속되어 상환금액이 증대되는 것을 방지하기 위하여 발행된다.

배서금지어음과 배서금지배서는 구별되어야 한다. 배서금지어음은 어음상의 권리를 배서에 의하여 양도할 수 없으나(지시성의 박탈), 배서금지배서는 배서인이 자기의 피배서인에 대하여서만 담보책임을 부담하고 그 이후의 어음취득자에 대하여는 담보책임을 부담하지 않을 뿐, 어음은 계속하여 배서에 의하여 양도할 수 있다.

(2) '배서금지' 문언의 기재방법

발행인이 기명식어음에 「지시금지」·「배서금지」의 문자 기타 이와 동일한 의의가 있는 문언을 기재하여야 한다. '보관용'[26] 또는 '담보용'[27] 등의 문언으로는 불충분하다. 지시문언을 말소하지 않고 지시금지문언을 기재한 경우, 즉 지시문언과 지시금지문언이 병존하는 경우에는 여러 가지 해석이 가능하다. 즉 ① 어음상의 기재에 모순이 있으므로 어음을 무효로 보는 견해, ② 지시금지문언이 우선하여 지시금지어음이 된다는 견해, ③ 지시금지문언은 효력이 없어 지시식 어음으로 보는 견해, ④ 지시문언과

25) 대판 1962. 12. 20, 62다668; 상거래에서 사용되고 있는 약속어음 용지에 의하여 약속어음이 발행된 경우 귀하 또는 귀하의 지정인에게 어음금액을 지급하겠다는 인쇄 된 문서 중 「또는 귀하의 지정인」이라는 문서를 삭제하였다 하더라도 그것이 지시금지 또는 그와 동일한 뜻을 가진 문서에 해당되지 않는다.

26) 대판 1993. 11. 12, 93다39102; 약속어음은 원칙적으로 배서에 의하여 양도할 수 있는 것이므로 배서금지어음으로 되기 위하여는 어음면상에 어음법 제11조 제2항의 "지시금지"의 문자 또는 동일한 의의가 있는 문언이 기재되어야 하고 어음의 표면에 "보관용"이라고 기재된 것만으로는 어음법 소정의 지시금지어음이라고 볼 수 없다.

27) 대판 1994. 10. 21, 94다9948; 약속어음은 원칙적으로 배서에 의하여 양도할 수 있는 것이므로 배서금지어음으로 되기 위하여는 통상인이 어음거래(去來)를 함에 있어서 어음면상으로 보아 발행인이 배서를 금지하여 발행한 것임을 알 수 있을 정도로 어음법 제11조 제2항의 "지시금지"의 문자 또는 동일한 의의가 있는 문언이 명료하게 기재되어야 한다. --약속어음 이면의 배서란 맨 끝부분에 "견질용"이라고 기재된 것만으로는 그 약속어음을 어음법 제11조 제2항 소정의 지시금지어음이라고 볼 수 없다.

지시금지문언은 모두 무효이므로 그 결과 어음은 기명식으로 되고, 어음은 법률상 당연한 지시증권이므로(어 11조 1항) 배서에 의하여 양도할 수 있다는 견해 등이 가능하다. 생각건대 지시문언이 부동문자로 인쇄되어 있는 상태에서 발행인이 지시금지문언을 기재한 것이라면 발행인의 의도는 지시금지어음을 발행할 의사가 있다고 볼 수 있으므로 ②설이 타당하다고 본다(다수설). 판례의 입장도[28] 동일하다

(3) 효 력

배서금지어음은 배서에 의하여 양도하지 못하고 지명채권양도의 방식과 그 효력으로서만 양도할 수 있다(어 11조 2항, 77조 1항 1호). 양도의 방법은 ① 당사자간의 합의, ② 민법 450조의 대항요건(채무자에 대한 통지 또는 승낙), ③ 어음의 교부가 있어야 한다. 배서금지어음을 지명채권양도의 방법으로 양도한 경우에는 어음상의 권리가 이전되기는 하지만, 배서에 의한 양도와 같이 인적항변의 절단이나 선의취득이 인정되지 않는다. 또한 양도인은 담보책임을 부담하지 않는다(어 15조 1항, 77조 1항 1호). 학설이 대립되고 있으나, 배서금지어음은 기명증권의 일종이므로 공시최고에 의한 제권판결이 인정될 수 없다고 본다.

그러나 배서금지어음도 어음이므로 어음의 발행인은 상환의무를 부담하며, 소지인이 지급을 받기 위하여는 어음을 제시해야 하며(어 38조), 어음채무자도 어음금을 지급할 때에는 어음을 환수해야 한다(상환증권성).[29] 배서금지어음은 배서에 의한 양도만을 금하므로 추심위임배서나 입질배서는 허용된다고 봄이 통설이다.

Ⅱ. 배서의 요건과 그 방식

1. 배서의 요건(방법)

배서도 어음(수표)행위이므로 배서문구와 배서인의 기명날인 또는 서명이 필수적 요건이며, 교부에 의하여 성립한다. 배서는 어음 자체 또는 이에 결합한 보전(補箋, 배

---

28) 대판 1987. 4. 28, 86다카2630; 어음의 발행인이 어음용지에 부동문자로 인쇄된 지시문구를 말소하지 아니한 채 그 지시문구 다음에 "지시금함"이라고 기재한 지시금지문구를 병기하였다면 특단의 사정이 없는 한 지시금지문구의 효력이 우선한다.

29) 대판 1997. 11. 14, 97다38145; 어음・수표 등 배서가 금지되지 아니한 유가증권을 압류할 경우 유체동산에 대한 압류 방법에 따라 집행관이 그 증권을 점유하여야 하며, 배서가 금지된 유가증권의 압류의 경우에도 법원의 압류명령 외에 집행관의 점유를 요한다.

서란에 여백이 없을 때 사용) 또는 등본(謄本)에 하여야 한다(서면행위). 배서는 보통 어음의 뒷면(背面)에 하나, 법률상 제한이 없으므로 어음의 표면에 하여도 유효하다(통설). 그러나 배서인의 기명날인 또는 서명만으로 하는 간략백지식배서는 공동발행·보증 등과 혼동할 우려가 있기 때문에 어음의 이면(裏面) 또는 보전에만 하여야 한다(어 13조 2항 후단). 피배서인의 기재는 배서의 요건이 아니다. 왜냐하면 백지식배서가 인정되기 때문이다. 또한 배서일자의 기재도 배서의 요건이 아니다. 배서일자의 기재가 없는 경우에는 기한 전의 배서로 추정한다(어 20조 2항).

2. 배서의 방식

배서의 방식은 피배서인의 표시방법에 따라 기명식배서, 백지식배서, 소지인출급식배서, 선택무기명식배서가 있다.

(1) 기명식배서

기명식배서는 배서문구와 피배서인의 성명 또는 상호를 기재하고 배서인이 기명날인한 배서를 말한다. 정식배서 또는 완전배서라고도 한다. 배서문구에 대하여는 특별한 규정이 없으나 통상 "앞면에 적은 금액을 ○○○ 또는 그 지시인에게 지급하여 주십시요"라는 문구를 사용한다.

(2) 백지식배서

1) 의 의

백지식배서는 피배서인을 지정하지 않은 배서로서, 약식배서 또는 무기명배서라고 한다. 백지식배서는 다시 ① 배서문구의 기재는 있으나 피배서인의 기재가 없는 경우와, ② 배서문구의 기재도 피배서인의 기재도 없이 단지 배서인의 기명날인만 있는 두 가지 경우가 있다(어 13조 2항 전단). 특히 후자를 간략백지식배서라고 하며, 이 경우의 배서는 어음 또는 등본의 뒷면(이면) 또는 보전에만 기재할 수 있다(어 13조 2항 후단). 어음의 표면에 하는 어음보증 및 인수와 혼동을 피하기 위함이다.

2) 효 용

백지식배서에는 피배서인의 기재가 없으므로 어음소지인은 배서에 의하지 않고, 교부에 의하여 어음상의 권리를 양도할 수 있으므로 상환의무의 부담에서 벗어날 수 있는 장점이 있다. 반면에 최후의 배서가 백지식인 어음의 경우에는 교부에 의하여 양도되므로 분실의 경우에 제3자의 선의취득의 가능성이 높다.

3) 백지식배서의 효력

백지식배서의 효력은 원칙적으로 배서일반의 효력과 같다. 그러나 소지인은 자기 또는 타인의 명칭으로 백지를 보충하여 어음상의 권리를 행사할 수 있고 또한 보충없이도 어음을 제시하여 어음상의 권리를 행사할 수 있다(어 16조 1항 2문).

또한 백지식배서에 의한 어음취득자는 다음의 4가지 방법에 의하여 어음을 양도할 수 있다. 즉 ① 피배서인란에 자기명칭을 보충하고 다시 기명식이나 백지식배서를 할 수 있으며(어 14조 2항 1호), ② 보충하지 않고 기명식 또는 백지식배서를 할 수 있으며(어 14조 2항 2호), ③ 직접 타인의 명칭을 보충하여 어음을 교부할 수 있으며(어 14조 2항 1호), ④ 백지를 보충하지 아니하고 또 배서도 하지 않고 단순히 제3자에게 교부하여 어음을 양도할 수 있다(어 14조 3항, 77조 1항).

백지식배서에 의하여 어음을 취득한 자가 교부에 의하여 어음을 양도하는 경우에 배서의 담보적 효력은 인정될 수 없으며, 권리이전적 효력과 자격수여적 효력은 배서가 아니라 교부에 의하여 발생된다고 볼 수 있다.

(3) 소지인출급식배서

소지인출급식배서는 피배서인을 지정하지 않고, 어음의 소지인에게 지급하여 달라는 뜻을 기재한 배서이다. 그 효력은 백지식배서와 같다(어 12조 3항, 77조 1항 1호).

(4) 선택무기명식배서(지명소지인출급식배서)

「甲 또는 소지인에게 지급하여 주십시오」라는 문구처럼 지정된 배서인뿐만 아니라 그 소지인도 지급을 받을 수 있다는 뜻을 기재한 배서이다. 선택무기명식배서의 효력에 관하여는 어음법에 규정이 없으나, 소지인출급식배서와 마찬가지의 효력이 있다고 보는 것이 통설이다.

3. 배서의 기재사항

배서의 기재사항에는 ① 배서의 요건은 아니나, 기재하면 효력이 인정되는 유익적 기재사항, ② 기재하여도 어음상의 효력이 없는 무익적 기재사항, ③ 기재하면 배서

자체가 무효로 되는 유해적 기재사항이 있다.

(1) 유익적 기재사항

소지인출급식배서문구(어 12조 3항), 무담보문구(어 15조 1항), 배서금지문구(어 15조 2항), 추심위임문구(어 18조 1항), 입질문구(어 19조), 배서일자(어 20조 2항), 인수제시명령문구(어 22조 1항, 4항), 인수 또는 지급제시기간의 단축(어 23조 3항, 34조 1항), 배서인의 처소(어 45조 3항, 41조 3항, 77조 1항 4호), 거절증서의 작성면제문구(어 46조, 77조 1항 4호), 예비지급인의 기재(어 55조, 77조 1항 5호), 등본에만 배서하라는 문구(어 68조 3항) 등이 있다.

(2) 무익적 기재사항

배서에 붙인 조건(어 12조 1항 후단, 77조 1항 1호), 대가문구·지시문구 등이 있다. 배서의 조건을 붙인 경우에는 배서 전부가 무효가 되는 것이 아니라 조건의 기재만이 효력이 부정되어 조건 없는 배서로 된다.

(3) 유해적 기재사항

일부배서, 즉 어음금액의 일부에 대한 배서는 무효이다(어 12조 2항).[30] 그러나 어음금액의 일부지급(어 39조 2항)이 있은 후 그 잔액에 대한 배서는 유효하다(통설).

Ⅲ. 배서의 효력

어음상의 권리를 배서에 의하여 양도한 경우에는 권리이전적 효력, 담보적 효력, 자격수여적 효력이 발생한다. 권리이전적 효력은 배서인의 의사표시에 의한 효력으로서 배서의 본질적 효력이며, 담보적 효력과 자격수여적 효력은 어음법이 어음의 유통강화를 위하여 인정된 효력이다.

---

30) 대판 1987. 4. 29, 87가합738; 어음채권의 일부에 대하여 전부명령을 허용한다면, 어음의 일부배서의 경우와 마찬가지로 어음상 권리 중 일부는 집행채권자에게 이전되나, 전부되지 아니한 부분은 집행채무자에게 남는 것이 되어 권리와 증권의 결합이 해체되어, 유가증권의 본질에 반하게 되고, 권리관계 또한 복잡하게 되므로, 어음법상의 일부배서금지의 법리에 비추어 보더라도 어음채권 중 일부에 대하여 발하여진 전부명령은 효력이 없다.

1. 권리이전적 효력

(1) 의 의

배서에 의하여 어음상의 모든 권리는 어음과 더불어 배서인으로부터 피배서인에게 이전되는데(어 14조 1항, 77조 1항 1호), 이를 배서의 권리이전적 효력이라 한다. 배서의 권리이전적 효력이 발생하기 위해서는 어음(수표)행위의 효력요건을 충족하여야 한다. 즉 배서가 형식적·실질적으로 유효하여야 한다. 따라서 배서인이 어음상의 권리자가 아니거나, 제한능력을 이유로 법률행위를 취소하는 경우에는 권리이전적 효력이 발생하지 않는다. 다만 상대방은 선의취득제도에 의하여 보호될 수 있다.

배서의 권리이전적 효력에 의해 피배서인(양수인)은 배서인이 갖고 있는 모든 어음상의 권리를 승계취득하게 된다. 여기에는 주채무자에 대한 어음금지급청구권, 전자에 대한 상환청구권, 어음보증인에 대한 권리를 포함한다. 이득상환청구권이 배서에 의하여 이전되는지의 여부는 그 법적 성질을 어떻게 파악하느냐에 달려 있다.

(2) 인적항변의 절단

일반채권양도의 경우에는 채무자는 양도인에 대한 항변으로써 양수인에게도 대항할 수 있으나, 어음이 배서에 의하여 양도된 경우에 어음채무자는 피배서인이 어음채무자를 해할 것을 알고 어음을 취득한 경우를 제외하고는 배서인에 대한 인적관계로 인한 항변으로 피배서인에게 대항하지 못하므로(인적항변의 절단, 어 17조) 어음의 유통이 보호된다. 이를 배서의 '권리강화적 이전력'이라고도 한다.

(3) 종된 권리의 이전

어음외의 권리로서 어음채권의 부수된 종된 권리(질권, 저당권, 보증채권 등)가 양도배서에 의하여 이전되는가에 대하여는 긍정설과 부정설(다수설)의 대립이 있다. 긍정설은 ① 종(從)은 주(主)의 처분에 따르는 것이 민법상의 원칙이며(민 100조 2항), ② 지명채권양도시에는 종된 권리가 이전되므로, 어음의 양도에 이보다 약한 효력을 인정할 수 없으며, ③ 종된 권리의 이전을 금지하는 어음법상의 규정이 없으며, ④ 종된 권리의 이전을 인정하는 것이 어음의 유통보호상 타당하다고 한다. 부정설은 ① 배서는 추상적인 어음상의 권리만을 이전하는 것이고, ② 종된 권리는 어음상의 권리가 아니라, 어음의 실질관계에서 발생하는 권리라는 것을 논거로 하고 있다.

생각건대 배서인과 그 전자의 원인채권과 배서인과 피배서인의 원인채권은 전혀 별개로서 이전의 대상이 되지 않으며, 질권 · 저당권 · 보증채권과 같은 담보권은 배서인과 그 전자간의 실질(원인)관계상의 합의에 따라 발생된 것이므로 이것이 피배서인에게 이전되기 위하여는 피담보채권의 채무자와의 합의가 필요하다. 따라서 부정설이 타당하다고 본다.

(4) 자격수여적 효력과의 관계

배서의 권리이전적 효력과 배서의 형식적 연속을 전제로 인정되는 배서의 자격수여적 효력(후술)과는 구별되어야 한다. 즉 배서의 연속이 있더라도 배서인이 무권리자인 경우에는 권리이전적 효력이 발생하지 않으며, 배서의 연속이 없더라도 배서인이 실질적인 권리자인 경우에는 배서의 권리이전적 효력이 발생한다(예컨대 법정상속 이후에 상속인에 의한 배서).

2. 담보적 효력

(1) 의 의

배서인은 피배서인 및 그 후자의 전원에 대하여 인수와 지급을 담보하게 되는데 이것을 배서의 담보적 효력이라 한다. 따라서 배서인은 인수나 지급이 거절되거나 만기 전이라도 어음금의 지급이 불확실하다고 인정되는 법정사유(어 43조 2 · 3호)가 있는 때에는 어음금액 · 이자 및 비용 등을 상환하여야 한다(어 43조 이하, 77조 1항 4호).

한 어음에 배서가 수 개 있는 경우 각 배서인은 어음금액의 전액에 대해 인수 및 지급의 담보책임을 부담한다(합동책임, 어 47조).

(2) 특 성

배서인의 담보책임은 어음수수의 원인관계를 고려하여 어음법이 유통강화를 위하여 인정한 책임이다. 또한 어음수표상의 권리가 피배서인에게 이전되는 것을 전제로 배서인에게 인정한 책임이다. 단 예외적으로 소지인출급식수표에 한 배서는 권리이전적 효력이 없으나 담보적 효력이 인정된다. 또한 담보의 목적으로 한 담보배서도 권리이전적 효력을 전제로 하지 않는다.[31)]

배서의 담보적 효력은 배서가 형식적·실질적 요건을 갖추어야 인정된다.

그러나 어음행위독립의 원칙상 담보적 효력은 선행행위의 실질적 무효와 관계없이 인정된다.

(3) 담보적 효력의 배제·제한

배서의 담보적 효력은 배서인의 의사에 의하여 이를 배제할 수 있으며, 이를 무담보배서라고 한다(어 15조 1항, 77조 1항 1호). 무담보배서의 경우 배서인은 그 후자 전원에 대하여 담보책임을 부담하지 않는다. 환어음의 발행인은 인수담보책임만을 배제할 수 있음에 반하여, 환어음의 배서인은 인수담보책임 및 지급담보책임 모두를 배제할 수 있다.

또한 배서인은 배서금지배서를 하여 배서의 담보적 효력을 제한할 수 있다. 즉 배서금지배서의 배서인은 자기의 피배서인에 대해서만 담보책임을 부담하여 그 이후에 피배서인에 대하여는 담보책임을 부담하지 않는다(어 15조 2항, 77조 1항 1호). 그리고 어음의 유통기한이 경과하여 어음의 유통성과 지급의 확실성을 고려할 필요가 없는 기한후배서나 피배서인이 배서인의 대리인에 불과한 추심위임배서의 경우에는 담보적 효력이 인정되지 않는다.[32)]

31) 대판 1995. 9. 29, 94다58377; 乙을 수취인으로 하여 발행한 어음에 甲이 그냥 담보의 목적으로 배서를 한 나머지 배서가 단절된 경우, 乙이 실질적 권리자임이 증명되고 甲의 배서가 배서로서의 유효요건을 구비하고 있다면 배서의 담보적 효력은 인정되어야 하고, 그와 같은 경우에는 배서가 단절된 채로 지급제시를 하여 지급거절되었다고 하더라도 그 지급제시는 적법한 것으로 보아 어음소지인은 배서인에 대하여 소구권을 행사할 수 있다.

32) 대판 1995. 9. 29, 94다58377; 이 사건 각 약속어음의 발행인은 소외 회사, 수취인은 원고, 제1배서인은 위 망인으로 각 기재되어 있어 이 사건 각 약속어음의 배서가 연속되어 있지 아니하나, 이 사건 어음은 소외 회사가 원고에게 발행한 것인데 원고의 배서 없이 소외 망인이 그냥 담보를 위한 배서를 한 채로 원고가 취득한 사실을 알아볼 수 있으므로, 이 사건 어음상의 권리가 수취인으로 표시된 원고로부터 제1배서인인 위 망인에게로 이전되었다가 다시 원고에게로 승계된 것은 아니지만, 이 사건 어음의 최종 소지인인 원고를 수취인으로 표시하여 발행한 어음에 소외 망인이 그냥 담보의 목적으로 배서를 한 나머지 배서가 단절된 것에 불과하므로 그 실질적 권리자가 어음에 표시된 바와 같은 경로를 거쳐 이전되지 않았다 하더라도 원고가 위 어음에 관한 실질적인 권리자임은 이미 증명되었다 할 것이며, 이와 같이 원고가 어음의 실질적 권리자임이 증명되고 위 망인의 배서가 배서로서의 유효요건을 구비하고 있는 이상 배서의 배서로서의 유효요건을 구비하고 있는 이상 배서의 담보적 효력은 인정되어야 할 것이고, 그와 같은 경우에는 배서가 단절된 채로 지급제시를 하여 지급거절되었다고 하더라도 그 지급제시는 적법한 것으로 보아 어음소지인은 배서인에 대하여 소구권을 행사할 수 있다고 봄이 상당하다.

(4) 이른바 '담보배서'의 효력

이른바 '담보배서'는 어음을 양도할 의사 없이 오직 배서인으로서 담보책임만을 부담할 목적으로 하는 배서를 말한다. 어음의 지급가능성을 높이기 위하여 실무적으로 이용되고 있다.

배서의 주된 목적은 어음상의 권리의 이전에 있고, 담보적 효력은 이에 따른 종된 효력에 불과한데, 담보배서에 있어서는 주된 효력은 없고, 종된 효력만을 목적으로 하는 데에 그 특색이 있다. 또한 양도배서의 경우 담보적 효력은 전술한 바와 같이 법정의 효력이지만 담보배서의 경우에 담보적 효력은 당사자의 의사표시에 따른 효력이다.

어음법에서 규정하고 있지 않은 '담보배서'를 인정할 것인가의 여부에 대하여는 다툼이 있다. 독일에서는 담보배서를 부적법하다고 하여 부정하는 견해, 어음보증으로 보는 견해, 배서의 권리이전적 효력은 담보적 효력의 전제가 아니라는 이유로 긍정하는 견해(다수설·판례)가 있다. 우리나라에서도 독일의 견해에 따라 긍정하는 입장이 나타나고 있다. 생각건대 담보배서는 어음의 이면에 하므로 이를 보증으로 볼 수 없으며, 담보배서의 경우에 배서인은 자기의 후자에 대하여만 담보책임을 부담하는데 반하여, 어음보증에 있어서는 전자에 대하여도 효력을 미칠 수 있으므로 담보배서를 어음보증으로 보는 것은 타당치 않다. 따라서 당사자의 의사를 존중하여 담보배서를 담보적 효력은 있으나, 권리이전적 효력이 없는 특수한 배서의 일종이라고 보는 것이 타당하다. 우리나라에서도 '담보배서'가 이루어지고 있는 사례가 나타나고 있으며,[33] 그 효력을 간접적으로 인정한 판례가 있다.[34] 상환의무를 이행한 담보배서의 배서인에게 전자에

---

33) 서울고법 1996. 7. 16, 95나47635; 위 소외 1의 배서행위가 피고 은행의 영업범위 내에 속하는 것인가에 대하여 살피건대, 위 소외 1의 이 사건 각 약속어음에의 배서행위는 그 당사자인 원고, 소외 회사 및 위 소외 1사이의 배서경위에 비추어 진정한 의미의 양도배서가 아니라 보증의 의미로 하는 이른바 '담보배서'에 해당하는 것이었다 할 것이고 그와 같은 사실은 원고도 알고 있었다 할 것인데, 위 인정 사실에 의하면 위 소외 1의 행위를 그의 주관적 의사(소외 1은 배서행위가 피고 은행의 영업범위에 속하지 않는다는 것을 알면서 자신의 이익을 위한 의도로 배서행위를 하였다)와는 관계없이 객관적 성질에 비추어 본다 하더라도 이 사건과 같이 약속어음을 담보로 취득하지 않고 그 이면에 배서만하는 식의 보증의미의 배서는 피고 은행의 기관이나 지배인으로서의 영업범위 내에 속한 사항이라고는 할 수 없다 할 것이므로 이 사건 약속어음에의 배서행위는 피고 은행에 대하여는 그 효력이 미치지 않는다 할 것이어서 원고의 주위적 청구는 더 나아가 살펴볼 필요 없이 이유 없다 할 것이다.

34) 대판 1995. 9. 29, 94다58377; 乙을 수취인으로 하여 발행한 어음에 甲이 그냥 담보의 목적으로 배서를 한 나머지 배서가 단절된 경우, 乙이 실질적 권리자임이 증명되고 甲의 배서가 배서로서의 유효요건을 구비하고 있다면 배서의 담보적 효력은 인정되어야 하고, 그와 같은 경우에는 배서가 단절된 채로 지급제시를 하여 지급거절되었다고 하더라도 그 지급제시는 적법한 것으로 보아 어음소지

대한 재소구권이 인정될 것인가에 대하여는 다툼이 있으나, 배서인은 어음채무자 대신에 어음채무를 이행한 것으로 볼 수 있기 때문에 긍정하여야 할 것이다.

3. 자격수여적 효력(배서의 연속)

(1) 의 의

어음의 소지인이 배서의 연속에 의해 그 권리를 증명한 때에는 적법한 소지인으로 추정되는데(어 16조 1항 1문, 77조 1항 1호), 이를 배서의 자격수여적 효력이라고 한다. 민법상 권리를 행사하는 자는 자신이 진정한 권리자임을 입증하여야 되나, 이를 어음거래에도 적용하면 어음거래의 원활과 신속을 기할 수 없다. 따라서 어음법은 형식상 연속된 배서에 의하여 어음을 소지한 자는 실질적인 권리자임을 증명할 필요 없이 간편하게 어음상의 권리를 행사할 수 있는 자격을 인정하고 있다. 자격수여적 효력은 양도배서에 한하지 않고 모든 배서에 인정된다.

(2) 배서의 연속

1) 의 의

배서의 연속이란 수취인이 제1배서인이 되고 제1배서의 피배서인이 제2배서의 배서인이 되는 것과 같이 어음의 수취인으로부터 현재어음소지인까지 끊임없이 배서가 단절되지 않고 연속되어 있는 것을 말한다.

2) 배서의 연속여부의 판단

배서의 연속이 인정되기 위하여는 각 배서가 형식적으로 유효하여야 하며, 배서의 연속여부는 어음의 기재상 형식적으로 판단한다.[35] 따라서 배서가 무권리자나 무권대

인은 배서인에 대하여 소구권을 행사할 수 있다.

35) 대판 1999. 3. 9, 97다7745; [1] 어음의 배서 연속은 형식상 존재함으로써 족하고 또 형식상 존재함을 요한다 할 것이므로, 그 배서가 배서의 요건을 모두 갖춘 유효한 배서이어야만 그 어음상의 권리는 적법하게 이전되는 것이며, 그 배서가 배서의 요건을 갖추지 못한 경우에는 그 어음상의 권리는 적법하게 이전될 수 없다. [2] 법인의 어음(수표)행위는 어음(수표)행위의 서면성・문언성에 비추어 법인의 대표자 또는 대리인이 그 법인의 대표자 또는 대리권자임을 어음면상에 표시하고 기명날인하는 대리방식에 의하던가, 법인의 대표자로부터 대리권을 수여받고 직접 법인의 대표자 명의로 서명할 수 있는 권한이 주어져 있는 자의 대행방식에 의하여 이루어져야 한다. [3] 은행 지점장이 수취인이 은행인 약속어음의 배서인란에 지점의 주소와 지점 명칭이 새겨진 명판을 찍고 기명을 생략한 채 자신의 사인(私印)을 날인하는 방법으로 배서한 경우, 그 배서는 행위자인 대리인의 기명이 누락되어 그 요건을 갖추지 못한 무효의 배서이므로 배서의 연속에 흠결이 있다 할 것이다.

리인, 절도자에 의하여 행하여진 경우에도 배서의 연속을 인정할 수 있다. 판례는 피배서인과 배서인의 명칭이 완전히 일치할 것을 요구하고 있지 않고, 각각의 표시가 주요한 점에서 일치하고 사회통념상 동일인의 명칭이라고 판단될 때에는 배서의 연속을 인정하고 있다.[36)]

(가) 백지식배서가 있는 경우 백지식배서의 다음에 다른 배서가 있는 경우나 (甲-乙, 乙-*, 丙-丁), 또 최후의 배서가 백지식인 경우에도 배서의 연속이 있는 것으로 인정된다(어 16조 1항 2문·4문).

(나) 배서가 말소된 경우 배서가 말소된 때에는 배서의 연속에 관하여는 배서의 기재가 없는 것으로 본다(어 16조 1항 3문).[37)] 따라서 배서의 말소에 의하여 배서의 연속이 이루어지거나 단절된다. 연속이 있는 경우에는 배서의 자격수여적 효력이 인정되며, 단절된 경우에는 소지인이 실질적 권리자라는 것을 입증하여야 어음상의 권리를 행사할 수 있다. 말소의 방법은 제한이 없으며, 말소권자에 의한 것이든 아니든, 또 말소가 고의·과실로 인한 것임을 묻지 않는다. 배서란에서 피배서인의 명칭만이 말소된 경우에 이를 어떻게 다룰 것인가에 대하여는 백지식배서설과 전부말소설의 대립이 있다. 전부말소설은 배서는 하나의 의사표시로서 완전한 일체를 이루고 있고, 권리자의 지정은 배서에 있어서 중요한 사항이며, 만일 이를 백지식 배서로 보는 경우에는 부정위험이 있다고 한다. 백지식배서설은 피배서인의 명칭만이 말소된 경우에는 말소된 부

---

36) 대판 1995. 6. 9, 94다33156; 수취인을 "甲"으로 하여 발행된 약속어음의 제1배서인이 "주식회사 甲 대표이사 乙"이라면 양자의 표시는 형식적으로 동일인이라고 인정함이 상당하고, 따라서 이 약속어음의 배서는 연속되어 있다.

37) 대판 1995. 2. 24, 94다41973; 원심판결 이유에 의하면, 원심은 거시 증거에 의하여 원심 공동피고 유기호가 1990. 12. 23. 피고 교회에게 이 사건 약속어음을 발행한 사실, 피고 교회의 장로인 위 이정호는 위 교회건물 신축사업의 건축위원장 직책을 맡고 있었던 관계로 피고 교회의 대표자인 소외 이재록으로부터 권한을 위임받아 피고 교회의 대리인의 지위에서 위 약속어음을 소외 신애복음선교회에 배서양도하였는데, 그 배서를 함에 있어서 피고 교회의 명칭 및 대표자인 위 이재록이 표시된 명판을 찍고 이어 "건축위원장 이정호"라고 기재한 다음 위 이정호의 인장을 날인한 사실, 원고는 위 신애복음선교회로부터 위 약속어음을 배서양도 받았는데, 위 약속어음의 이면의 배서인란 중 당초의 제2배서인란 이하의 배서부분은 부전지를 붙이는 방식에 의하여 말소되어 있는 사실을 인정한 다음, 위 제1배서는 위 이정호가 피고 교회의 대리인으로서 본인인 피고 교회를 위하여 어음(수표)행위를 한다는 것을 인식할 수 있을 정도로 그 대리관계를 표시하였다고 볼 것이므로 수취인과 제1배서인 사이에는 배서의 연속이 있고, 또한 제1피배서인과 제2배서인 사이에도 동일성도 인정되어 위 약속어음은 수취인인 피고 교회로부터 제2피배서인인 원고에 이르기까지 그 배서가 연속되어 있다고 판단하였는바, 관계증거를 기록과 대조하여 검토하여 보면 원심의 위와 같은 인정 및 판단은 정당한 것으로 수긍이 간다. 말소된 배서는, 그 말소가 권한 있는 자에 의하여 행하여진 것인지 여부나 그 방법 시기에 관계없이, 배서의 연속에 관하여는 존재하지 아니하는 것으로 보는 것이다. 따라서 원심판결에는 소론과 같이 채증법칙을 위배하였거나 배서의 연속이나 배서의 말소에 관한 법리를 오해한 위법이 있다고 할 수 없다. 논지도 이유 없다.

분에 대하여서만 그 기재가 없는 것으로 해석하는 것이 일반적인 관념이며, 어음유통 보호의 면에서 타당하다고 한다. 생각건대 피배서인의 기재는 배서에 있어서 가장 중요한 사항이므로 이 부분이 말소된 경우에는 다시 배서를 하도록 하는 것이 타당하며, 전부말소로 보아 배서의 연속이 단절되더라도 소지인은 실질적 권리이전을 입증하여 어음상의 권리를 행사할 수 있는 방법이 있기 때문에 전부말소설이 옳다고 본다. 또한 전부말소설의 견해가 법문에 충실한 해석이라고 본다.

3) 배서연속에 따른 효력

(가) 권리행사의 자격　배서가 연속된 어음의 소지인은 권리자로 추정되므로 소지인은 자신이 진정한 권리자임을 증명함이 없이 어음상의 권리를 행사할 수 있다. 따라서 어음소지인이 무권리자라는 사실은 채무자가 입증하여야 한다.

(나) 선의지급의 면책력　어음채무자(지급인)가 만기에 배서가 연속된 어음소지인에게 지급하면 비록 그 자가 무권리자인 경우에도 사기 또는 중대한 과실이 없는 한 면책적 효력이 인정된다(어 40조 3항).

(다) 선의취득　배서가 연속된 어음의 소지인은 적법한 권리자로 추정되므로, 배서인(양도인)으로부터 악의 또는 중대한 과실없이 어음을 취득한 피배서인(양수인)은 배서인이 실질적인 무권리자라고 하더라도 어음상의 권리를 선의취득한다(어 16조 2항).

4) 배서의 불연속

(가) 총 설

형식상 배서의 연속이 단절된 때에는, 단절 전의 최후의 배서의 피배서인이 어음상의 권리자로 추정되며, 단절 후의 배서의 피배서인은 어음상의 권리자로 인정되지 않는다.[38] 그러나 배서의 연속이 단절된 경우에도 그 단절된 부분의 실질적 권리이전을 증명함으로써 어음상의 권리를 행사할 수 있다고 보는 것이 통설·판례이다[배서의 가교(架橋)].[39][40]

---

38) 대판 2000. 12. 8, 2000다33737; [1] 어음(수표)행위의 내용은 어디까지나 어음상의 기재에 의하여 객관적으로 해석하여야 하는 것이지, 어음 외의 사정에 의하여 어음상의 기재를 변경하는 방식으로 해석하여서는 아니된다. [2] 약속어음의 소지인 甲이 어음의 배서란에 배서인으로 서명날인하면서 乙을 피배서인으로 기재한 경우, 위 배서는 乙을 피배서인으로 한 기명식 배서로 보아야 하므로 위 배서에 이어 을의 적법한 배서가 없이 위 어음을 취득한 丙은 배서의 연속이 흠결되어 위 어음의 적법한 권리자로 추정될 수 없고, 위 배서에 의하여 어음상의 권리가 甲으로부터 丙에게로 실질적으로 이전되었다고 볼 수도 없다.

39) 대판 1995. 9. 15, 95다7024; 어음에 있어서의 배서의 연속은 형식상 존재함으로써 족하고 또 형식

그러나 배서의 연속이 단절된 이후에 행하여진 배서의 효력에 대하여는 많은 논란이 있다. 甲이 A에게 발행한 어음의 배서란에 A-B, B-C, C-D, 乙-E, E-F의 5배서가 있는 것을 전제로 배서의 3가지 효력을 설명하기로 한다. 위의 예에서는 C의 배서(제3배서)까지는 배서의 연속이 있으나, 제4배서에서 배서의 연속이 단절된 경우이다.

(나) 권리이전적 효력

D와 乙간에 배서의 연속이 단절되었더라도 乙이 D로부터 상속 또는 지명채권양도방법에 의하여 어음상의 권리를 취득한 것을 증명한 경우에는 어음상의 권리는 乙의 배서에 의하여 E에게, E의 배서에 의하여 F에게 이전한다. 즉 배서가 단절된 이후의 배서에 대하여는 자격수여적 효력은 없으나 권리이전적 효력이 인정된다. 다만 乙은 배서에 의하여 어음상의 권리를 취득한 것이 아니므로 어음채무자는 乙에 대하여 대항

상 존재함을 요한다 할 것이나, 형식상 배서의 연속이 끊어진 경우에 딴 방법으로 그 중단된 부분에 관하여 실질적 관계가 있음을 증명한 소지인이 한 어음상의 권리행사는 적법하다(개인 명의의 배서 후에 그를 대표자로 하는 법인 명의의 배서가 이루어진 사안에서, 배서의 실질적 연속을 인정한 사례); 대판 1969. 5. 14, 68나2672.

40) 대판 1996. 4. 26, 94다9764; 배서의 연속에 흠결이 있는 경우 소지인이 실질적인 권리이전 사실을 증명하면 어음상의 권리를 행사할 수 있음은 원심이 인정한 바와 같으나, 원심의 위 판단은 우선 김정호와 이기훈 간에 이 사건 어음의 교부만으로써 어음상의 권리 양도가 이루어졌다고 인정하는 취지인지 아니면 위 양인 사이에 지명채권 양도방식에 의한 어음상의 권리 이전이 이루어졌다는 취지인지가 불분명하다. 만약에 원심의 취지가 이 사건 어음의 단순 교부만으로 어음상의 권리 양도가 이루어졌다는 것이라면 이는 교부(인도)만으로써 어음상의 권리를 이전할 수 있는 경우를 수취인란이 백지로 된 어음과 기명식 혹은 지시식으로 발행되었으나 최후의 배서가 소지인출급식 또는 백지식으로 배서된 어음에 한정하고 있는 어음법의 규정(제12조 제3항, 제14조 제2항 제3호, 제77조 제1항 제1호)에 반하여 수취인이 기명식으로 되어 있는 어음까지도 단지 교부만으로 양도할 수 있다고 인정하는 것이어서 부당하다. 그리고 원심의 취지를 이 사건 어음이 지명채권 양도방식에 의하여 양도되었다고 인정한 것으로 이해한다 하더라도 약속어음상의 권리를 지명채권 양도방식에 따라 양도함에 있어서는 민법 제450조 제1항 소정의 대항요건을 갖추지 아니하면 어음채무자에게 대항할 수 없는 것인바(당원 1989. 10. 24. 선고 88다카20774 판결 참조), 만약 이를 요하지 아니한다고 하면 결국 어음의 교부만에 의한 권리 양도를 인정하는 결과가 되어 어음의 간이양도에 관한 어음법의 명문 규정에도 반할 뿐더러 이 사건에서 수취인 김정호의 배서가 날인이 없어 무효라고 본 원래의 취지는 전혀 몰각되어 간이양도 방법으로서의 배서제도가 최소한으로 갖출 것을 요구하는 형식적 요건도 갖추지 못한 자에 대하여 오히려 그보다 더 간편한 방법으로의 이전을 용인하게 되는 결과가 되고 말 것이다. 그러므로 원심으로서는 이기훈이 이 사건 어음상의 권리를 양수함에 있어 어음채무자인 피고에 대하여 대항요건을 갖추었는지 여부를 심리하였어야 함에도 불구하고 이를 이행하지 아니한 채 곧바로 이기훈에 대하여 어음채무자에게 대항할 수 있는 실질적인 권리의 이전이 있었다고 인정하였으니 원심판결에는 배서의 불연속에 관한 법리를 오해한 위법이 있다는 지적을 면할 수 없을 것이다. 따라서 원심판결에는 이 사건 어음에 대하여 교부만에 의한 양도를 인정하였거나 혹은 채무자에 대한 대항요건이 갖추어졌는지 여부를 심리하지 아니한 채 지명채권 양도방식에 의한 양도가 이루어졌다고 인정한 것이어서 배서 연속의 흠결에 관한 법리를 오해한 위법이 있다. 논지는 이유 있다.

할 수 있는 인적항변사유로서 E에게 대항할 수 있다. 논란이 있을 수 있으나 F는 배서에 의하여 어음을 양수하였으므로 어음채무자는 乙에게 대항할 수 있는 인적항변으로 F에게 주장할 수 없다고 본다(인적항변의 절단). 만약 D가 어음을 분실하였고, 乙이 이를 습득한 경우라면 E · F는 배서의 연속이 없는 어음을 취득한 것이므로 승계취득은 물론 선의취득도 할 수 없다.

(다) 담보적 효력

위의 예에서 乙이 상속 또는 지명채권양도방법에 의하여 취득한 어음상의 권리를 배서에 의하여 E에게 양도한 경우에는 乙은 E에게 상환의무를 부담한다고 보는 것이 형평의 관념상 타당하다고 본다. F의 경우도 같다. 그 근거를 어음(수표)행위의 독립의 원칙과 관련하여 설명하는 견해도 있으나, 배서의 연속이 단절된 乙의 배서를 형식상 유효한 배서로 볼 수 없기 때문에 의문이다. 따라서 배서가 단절된 이후에 배서에 대하여도 권리이전적 효력과 담보적 효력이 인정된다.

그러나 만약 D가 어음을 분실하였고, 乙이 이를 습득한 경우와 같이 배서의 연속이 단절되었을 뿐만 아니라, 실질적 권리이전도 없는 경우라면 E · F는 승계취득은 물론 선의취득도 할 수 없기 때문에 乙의 배서, 또는 E의 배서에 대하여는 담보적 효력을 인정할 수 없다고 보는 것이 타당하다고 본다. 일부 학설은 배서의 연속을 전제로 하여 인정되는 선의취득의 경우를 들어 긍정하는 입장도 있으나, 이는 근본적으로 배서가 불연속인 경우가 아니기 때문에 자기모순이라고 본다.

(라) 자격수여적 효력

전술한 바와 같이 배서의 연속이 단절된 경우에도 그 단절된 부분의 실질적 권리이전을 증명함으로써 어음상의 권리를 행사할 수 있다고 보는 것이 통설 · 판례이다(배서의 가교). 그러나 여기서 '배서의 가교'라 함은 배서가 단절되었더라도 소지인이 권리행사의 자격을 얻는다는 것이지, 어음 자체가 배서의 연속이 있는 어음으로 된다는 의미는 아니다. 따라서 배서의 연속이 단절된 이후의 배서에 대하여는 자격수여적 효력이 없으므로 선의취득 또는 선의지급의 면책력이 인정되지 않는다(반대설 있음).

Ⅳ. 특수배서

양도배서 이외의 배서를 특수배서라고 한다. 특수한 배서에는 어음상의 권리가 이전되는 경우와 이전되지 않는 경우가 있다. 전자에는 무담보배서, 배서금지배서, 환(역)

배서, 기한후배서가 있으며, 후자에는 추심위임배서, 입질배서가 있다.

1. 무담보배서

(1) 의 의

배서인이 어음상의 책임을 지지 않는 뜻을 기재한 배서를 무담보배서라 한다(어 15조 1항, 77조 1항 1호). 배서인은 자기의 후자 전원에 대하여 인수담보책임과 지급담보책임을 모두 지지 않음을 어음에 기재할 수 있으며, 그 책임을 어음금액의 일부에만 한정할 수도 있고, 또 지급담보에만 한정할 수도 있다. 환어음의 배서인이 단순히 무담보라고 기재한 경우에는 "인수와 지급담보책임을 모두 지지 않는다"는 뜻이 되며, "지급무담보"의 기재를 한 경우에는 인수무담보를 포함한 것으로 본다.

(2) 효 력

무담보배서인은 자신의 피배서인뿐만 아니라 이후 모든 어음취득자에 대하여 담보책임을 부담하지 않는다. 담보책임이 없는 자는 무담보문언을 기재한 배서인에 한한다. 무담보배서의 경우에도 권리이전적 효력과 자격수여적 효력은 인정된다. 따라서 인적항변의 절단, 권리추정력, 선의취득 및 선의지급도 인정된다.

2. 배서금지배서

배서금지배서는 새로운 배서를 금지하는 뜻(「지시금지」, 「배서금지」 등의 문언)을 기재한 배서를 말한다(어 15조 2항, 77조 1항 1호). 배서금지배서는 발행인이 배서의 금지를 기재한 배서금지어음과는 달리 배서에 의하여 양도할 수 있으며, 다만 배서인은 직접 피배서인에 대하여서만 담보책임을 지고, 그 이후의 피배서인에 대하여서는 담보책임을 지지 않는다. 배서금지배서가 있더라도 다른 배서인의 담보책임에는 영향을 미치지 않는다. 배서금지배서의 경우에도 권리이전적 효력과 자격수여적 효력은 인정된다.

3. 환(역)배서

(1) 의 의

환배서라 함은 어음상의 채무자(발행인 · 인수인 · 배서인 · 보증인 · 참가인수인)를 피배서인으로 한 양도배서를 말한다. 어음법은 인수를 하지 않은 지급인을 피배서인으로 하는 경우에도 넓은 의미의 환배서에 포함시키고 있다(어 11조 3항).

환배서를 인정하는 근거는 어음은 유통증권이므로, 자기에 대한 권리도 재산권으로 취득할 수 있는 것이므로 민법의 혼동의 법리를 적용하지 않는 것이다.

환배서의 경제적 기능은 환배서를 받은 어음소지인은 다시 그 어음을 타인에게 양도배서함으로써 전자의 신용을 이용할 수 있으며, 자신이 어음을 다시 발행하여야 하는 수고와 비용을 절감할 수 있다는 데 있다.

(2) 효 력

민법의 일반원칙에 의하면 채권과 채무가 동일인에게 귀속하면 혼동의 법리에 의하여 소멸하게 되나, 어음법은 환배서에 있어서는 혼동의 법리를 적용하지 않고 있다. 따라서 환배서를 받은 피배서인은 다시 어음상의 권리를 취득하게 되고 다시 그 어음을 타인에게 배서양도할 수 있다(어 11조 3항 후단, 77조 1항 1호). 환배서는 일반 배서와 마찬가지로 자격수여적 효력(선의취득 인정), 권리이전적 효력, 담보적 효력이 인정되는 것이 원칙이다. 다만 피배서인이 종전의 어음채무자이므로 다음과 같은 고려가 필요하다.

1) 환어음발행인에 대한 환배서

환어음발행인은 종국적인 상환의무자이므로 어음의 환배서를 받은 경우에는 인수인에 대해서만 어음상의 권리를 행사할 수 있다.

2) 배서인에 대한 환배서

배서인이 환배서에 의하여 어음을 취득한 경우에는 자기가 한 배서를 기준으로 하여 자기의 후자가 되는 어음채무자에 대하여는 반대채권으로써 대항받게 되나, 인수인·발행인 및 전자인 배서인에 대하여서는 아무런 반대채권의 대항 없이 상환청구권을 행사할 수 있다.[41)]

---

41) 대판 2002. 4. 26, 2000다42195; 약속어음 발행인으로부터 인적항변의 대항을 받는 어음소지인은 당해 어음을 제3자에게 배서·양도한 후 환배서에 의하여 이를 다시 취득하여 소지하게 되었다고 할지라도 발행인으로부터 여전히 위 항변의 대항을 받는다고 할 것이고, 한편 기한후배서는 보통의 배서와는 달리 지명채권양도의 효력밖에 없어 그것에 의하여 이전되는 권리는 배서인이 배서 당시 가지고 있던 범위의 권리라 할 것이므로 어음채무자는 그 배서 당시 이미 발생한 배서인에 대한 모든 항변사실을 피배서인에 대하여도 대항할 수 있다 할 것인데, 이러한 이치는 환배서인 기한후배서라도 마찬가지라고 할 것이다.

3) 인수인에 대한 환배서

인수인이 환배서에 의하여 어음을 취득한 경우에는 인수인은 모든 어음채무자에 대하여 지급의무를 부담하므로 어음상의 권리를 행사하지 못한다. 그러나 인수인이 환배서를 받은 경우에도 어음상의 권리는 소멸하지 않으므로 인수인은 다시 그 어음을 배서양도할 수 있다.

4) 참가인수인 · 보증인에 대한 환배서

참가인수인 또는 보증인에 대한 환배서는 각각 피참가인 또는 주채무자에 대한 환배서의 경우와 같다. 따라서 피참가인 또는 주채무자의 후자에 대하여는 어음상의 권리를 행사할 수 없다.

(3) 배서의 말소에 의한 양도

어음소지인은 어음채무자 중에서 피배서인이 될 자에 이르기까지 전자의 배서를 말소하고 어음을 상대방에 교부함으로써 환배서와 동일한 효과를 달성할 수 있다(통설 · 판례).

4. 기한후배서

(1) 의 의

기한후배서는 지급거절증서 작성 후 또는 지급거절증서작성기간 경과 후의 배서를 말한다(어 20조).

기한후배서는 단순한 만기 후의 배서와는 다르며, 만기 후에 한 배서라도 지급거절증서 작성 전 또는 지급거절증서작성기간 경과 전의 배서에 대하여는 만기 전의 배서와 같은 효력이 인정된다(어 20조 1항 본문, 77조 1항 1호).[42)43)] 기한후배서도 배서의 일

42) 대판 2000. 1. 28, 99다44250; [1] 어음법 제20조에 의하면 만기후배서도 그것이 지급거절증서 작성 전 또는 지급거절증서작성기간 경과 전에 이루어진 것이면 만기 전의 배서와 동일한 효력을 가지고, 비록 만기에 지급제시된 어음에 교환필이라는 스탬프가 압날되고 피사취 또는 예금부족 등의 사유로 지급거절한다는 취지의 지급은행의 부전이 첨부되어 있는 등 지급거절의 사실이 어음면에 명백하게 되어 있다 하더라도 이를 가지고 적법한 지급거절증서가 작성되었다고는 할 수 없으므로, 그러한 어음에 한 배서도 그것이 지급거절증서 작성 전으로서 지급거절증서작성기간 경과 전이기만 하면 이는 기한후배서가 아닌 만기후배서로서 만기 전의 배서와 동일한 효력이 있다. [2] 만기 전의 배서와 동일한 효력을 갖는 만기후배서의 피배서인이 어음의 최종소지인의 지위에서 어음의 배서인 등 상환의무자에 대한 소구권을 보전하기 위하여는 그에게 만기후배서를 한 배서인이 지급제시를

종이므로, 그 방식은 보통의 배서와 동일하다.

(2) 결정기준

기한후배서인가의 여부는 어음에 기재된 배서일자에 의하는 것이 아니고, 실제로 배서를 한 때를 표준으로 하여 결정한다.[44] 다만 배서에 일자가 없는 경우에는 지급거절증서 작성기간 경과 전에 배서한 것으로 추정한다(어 20조 2항, 77조 1항 1호). 따라서 기한후배서인가 여부의 입증책임은 기한후배서의 효과를 주장하는 어음채무자에게 있다(통설).

(3) 효 력

기한후배서는 지명채권양도의 효력만이 있다(어 20조 1항 후단, 77조 1항 1호). 따라서 기한후배서에 의하여도 어음상의 권리가 이전되나(배서의 이전적 효력) 지명채권의 양도의 효력밖에 없으므로 인적항변의 절단이 인정되지 않는다.[45)46)] 기한후배서에 있

하였는지 여부와 관계없이 다시 스스로 적법한 지급제시기간 내에 지급제시를 하여야 한다. [3] 만기후배서의 피배서인이 배서인이 지급제시하여 지급거절된 사실을 알고 있었다면, 그 배서인이 지급제시함으로써 보전한 소구권을 지명채권 양도와 같은 효력으로 승계하였음을 주장하여 이를 행사할 수 있다.

43) 대판 1987. 8. 25, 87다카152; 어음법 제20조에 의하면 만기 후에 배서가 이루어졌더라도 그것이 지급거절증서 작성 전 또는 지급거절증서작성기간 경과 전에 이루어진 것이면 만기 전의 배서와 동일한 효력을 가진다 할 것이고 한편 거절증서는 위탁자의 위탁에 의하여 공증인, 집달관(거절증서령 제2조), 합동법률사무소(간이절차에의한민사분쟁사건처리특별법 제11조) 또는 법무법인(변호사법 제39조)이 작성하게 되어 있어 비록 만기시에 지급제시된 어음에 교환필이라는 '스탬프'가 압날되고 피사취 또는 예금부족 등의 사유로 지급거절한다는 취지의 지급은행의 부전이 첨부되어 있는 등 지급거절 사실이 어음면에 명백하게 되어 있다 하더라도 이를 가지고 적법한 지급거절증서가 작성되었다고는 할 수 없다 하겠으므로 그러한 어음에 대한 배서도 그것이 지급거절증서작성기간 내의 것이기만 하면 이는 기한후의 배서가 아닌 만기 후의 배서로서 만기 전의 배서와 동일한 효력이 있다.

44) 대판 1964. 5. 26, 63다967; 1994. 2. 8, 93다54927; 백지식으로 배서가 된 약속어음의 소지인이 지급거절증서작성기간이 경과되기 전에 배서일이 백지로 된 채 배서에 의하여 그 약속어음을 양도받은 것이라면, 지급거절증서작성기간이 경과된 후에 배서일을 지급거절증서작성기간 경과 전으로, 피배서인을 자신으로 각 보충을 하였다고 하더라도, 기한후배서로 볼 수는 없다.

45) 대판 1994. 1. 25, 93다50543; 기한후배서는 보통의 배서와는 달리 지명채권양도의 효력밖에 없어 그것에 의하여 이전되는 권리는 배서인이 배서 당시 가지고 있던 범위의 권리라 할 것이므로 어음채무자는 그 배서 당시 이미 발생한 배서인에 대한 항변사실을 피배서인에 대하여도 대항할 수 있으나 그 배서 후 비로소 발생한 배서인에 대한 사유는 피배서인에 대하여 주장할 수 없다.

46) 대판 1990. 4. 25, 89다카20740; 어음채무자는 기한후배서의 피배서인에 대하여는 그 배서의 배서인에 대한, 인적항변을 가지고 대항할 수가 있지만, 특단의 사정이 없는 한 그 배서인의 전자에 대한 항변사유를 가지고는 피배서인에게 대항할 수 없는 것이고, 따라서 배서인이 어음취득 당시 선의였기 때문에 배서인에게 대항할 수 없었던 사유에 대하여는 피배서인이 비록 어음취득 당시 그 사유를 알고 있었다하여도 그것으로서 피배서인에게 대항할 수는 없는 것이므로, 피고 甲이 소외 乙에게 발행한 약속어음을 소외 乙이 소외 丙에게 배서양도하여 丙이 지급기일에 지급제시하였으나 지

어서는 민법상 지명채권의 양도·양수절차인 채권양도인의 통지 또는 채무자의 승낙이 요구되지 않는다.[47] 또한 기한후배서는 어음의 유통기간이 경과한 이후에 배서이므로 유통보호를 목적으로 하는 선의취득이나 담보적 효력이 인정되지 않는다. 그러나 기한후배서에도 배서의 최소한의 효력인 자격수여적 효력이 인정되어 배서가 연속되어 있는 어음의 소지인은 적법한 소지인으로 추정되며, 선의지급의 면책력이 인정된다(통설).

5. 추심위임배서

(1) 의 의

추심위임배서는 배서인이 피배서인에게 어음상의 권리를 행사할 대리권을 부여할 목적으로 하는 배서를 말한다(어 18조). 대리배서·추심배서·권한배서·위임배서라고도 한다.

추심위임배서에는 어음에 '추심위임문구'를 기재하여 배서한 '공연한 추심위임배서'와 추심위임의 목적으로 그러나 보통의 양도배서의 방식을 취한 '숨은 추심위임배서'가 있다. 어음법은 전자의 경우만을 규정하고 있다. 추심위임배서는 어음상의 권리를 이전하는 것이 아니므로 배서금지어음의 경우에도 할 수 있다(통설).

(2) 공연한 추심위임배서

1) 의의와 방식

배서인이 배서에 「추심하기 위하여」, 「대리를 위하여」 등을 기재하여 피배서인에게 어음상의 권리를 행사할 대리권을 부여한다는 것을 명시한 배서를 말한다(어 18조 1항). 추심위임배서는 기명식 또는 백지식으로 할 수 있으며, 배서금지어음에도 인정된다. 그러나 일부추심위임배서는 금지된다.

급거절된 후 다시 원고 丁에게 배서양도한 경우, 원고 丁의 피고 甲에 대한 어음청구에 대하여 피고 甲이 위 어음의 융통어음이고 이에 대한 담보로 받은 乙 발행의 동액의 담보어음이 지급거절 되었다는 주장을 하더라도 이에 대한 丙의 악의를 주장, 입증하지 못하는 한 피고 甲은 丙에 대하여 이로써 대항할 수가 없고, 따라서 이를 승계한 원고 丁에 대하여 그의 선의, 악의에 불구하고 위 사유로써 대항할 수 없다.

47) 대판 1997. 11. 14, 97다38145; 어음법 제20조 제1항 후단에서 지급거절증서 작성 후 또는 지급거절증서작성기간 경과 후의 배서는 지명채권 양도의 효력만이 있다고 규정하고 있는 것은 단지 그 효력이 지명채권 양도의 그것과 같다는 취지일 뿐이므로, 민법상 지명채권의 양도·양수절차인 채권양도인의 통지 또는 채무자의 승낙을 필요로 하는 것은 아니다.

2) 효 력

추심위임배서에는 권리이전적 효력이 없으므로, 어음채무자는 배서인에게 대항할 수 있는 모든 인적항변사유로써 피배서인에게 대항할 수 있다(인적항변이 절단되지 않는다). 그러나 피배서인 자신에 대한 항변으로써 피배서인에게 대항할 수 없다. 또한 추심위임배서에는 담보적인 효력이 없다. 그러나 자격수여적 효력은 인정되므로, 권리추정력과 선의지급의 면책력이 인정된다.

(가) 피배서인의 지위　추심위임배서의 피배서인은 어음상의 권리는 취득하지 못하지만 어음으로부터 발생하는 모든 권리(이득상환청구권 등 어음법상의 권리, 소송수행권 포함)를 행사할 수 있다. 그러나 피배서인은 어음상의 권리자가 아니므로 양도배서를 할 수 없으며(어 18조 1항), 또한 어음상의 권리에 관한 면제 · 화해 · 포기 등과 같은 권리의 처분행위를 하지 못한다. 그러나 재추심위임배서는 할 수 있다(어 18조 1항 단서). 피배서인의 재추심위임배서의 성질에 대하여는 ① 대리권양도설, ② 복대리인설(다수설)의 대립이 있다. 다수설에 따르면 배서인과 피배서인 모두가 대리권을 가진다고 보아야 한다. 생각건대 재추심위임배서의 배서인이 원추심위임관계로부터 벗어나는 것은 원배서인의 의사가 아니므로 다수설이 타당하다.

(나) 배서인의 지위　배서인은 형식상으로나 실질적으로 어음상의 권리를 잃지 않으므로 어음을 회수한 경우에는 추심위임배서를 말소하지 않고도 어음상의 권리를 직접 행사할 수 있으며(배서의 연속을 인정), 다시 제3자에게 양도배서를 할 수도 있다.

배서인이 사망하거나 제한능력자가 되어도 피배서인의 추심권한은 소멸하지 아니한다.

(다) 배서인과 피배서인의 내부관계　배서인과 피배서인간의 내부관계는 그 배서의 기초가 되는 원인행위에 따라서 정하여지며 통상은 위임이다. 피배서인의 대리권은 배서인이 사망하거나 제한능력자가 되어도 소멸되지 않으며(어 18조 3항), 배서인이 내부관계에서 피배서인의 대리권을 철회 기타의 사유로 소멸시켜도 추심위임배서를 말소하지 않는 한 어음상의 효력은 발생하지 않는다.

(3) 숨은 추심위임배서

1) 의 의

'숨은 추심위임배서'는 배서의 당사자 사이에는 추심위임의 목적으로 하면서도 형식적으로는 양도배서의 방식을 취한 배서를 말한다. '숨은 추심위임배서'는 ① 어음교환소에서 은행도어음의 결제의 방법으로 은행에 추심하기 위하여, ② 어음법상의 추심위임배서규정을 알지 못하거나 그 번잡함을 피하기 위하여, ③ 어음소지인이 자기에 대한 인적항변을 절단시키기 위하여, ④ 외국인이나 그 대리인이 내국인에게 양도의 방법의 방법으로 추심위임을 함으로써 내국에서 받을 소송상의 불이익을 회피하기 위하여 등 여러 가지 목적이나 동기에서 이용되고 있다. 그러나 소송행위를 주된 목적으로 한 추심위임배서는 신탁법 7조에 위반되므로 무효이다.[48)]

2) 법적 성질

'숨은 추심위임배서'의 법적 성질에 관하여는 과거 통정허위표시(민 108조)로서 무효라고 보는 견해가 있었으나, 현재는 신탁양도설과 자격수여설의 대립이 있다.

신탁양도설은 추심위임배서의 법적 형식은 양도배서이므로 어음상의 권리는 피배서인에게 이전하고 어음에 나타나지 않은 추심위임의 합의는 당사자간의 인적항변사유가 될 뿐이라는 견해이다. 통설의 입장이다.

자격수여설은 당사자간의 추심위임의 합의를 중시하여 어음상의 권리는 배서인에게 남아 있고 피배서인에게는 배서인의 권리를 대신 행사할 수 있는 자격(자격수여적 효력)만이 인정된다고 보는 설이다. 우리나라에는 자격수여설을 취하는 견해가 없다.

생각건대 어음관계에 있어서는 당사자간의 주관적 의도보다도 법적 형식이 더 중요하므로 신탁양도설이 타당하다.

3) 효 력

숨은 추심위임배서의 법적 성질을 어떻게 보느냐에 따라 효력에 차이가 발생한다. 통설인 신탁양도설에 따르면 어음상의 권리가 피배서인에게 이전하나, 자격수여설에 의하면 권리이전적 효력이 없다. 그러나 어느 견해를 취하든 자격수여적 효력은 인정되는 반면에 배서인과 피배서인 사이에는 담보적 효력이 인정되지 않는다.

---

48) 대판 1982. 3. 23, 81다540; 이른바 숨은 추심위임배서는 어음상의 권리를 신탁적으로 양도한다는 입장에서나 어음상의 자격을 수여하는 것이라는 입장에서나 또는 당사자의 의사에 따라 신탁적 양수로 보거나 자격수여로 본다는 입장에서나 그 어떠한 관점에서든 간에 신탁법 제7조는 소송행위를 하게 하는 것을 그 주된 목적으로 하여 재산권의 이전 기타 처분을 하는 것을 금하고 이에 반하는 행위를 무효로 하고 있으므로 이와 같은 숨은 추심위임을 위한 어음배서가 소송행위를 하게 하는 것을 그 주된 목적으로 행하여졌을 경우에는 어음상의 권리이전행위인 배서는 그 효력을 발생할 수 없는 법리이다(대법원 1969. 7. 8. 선고 69다362 판결 참조).

(가) 인적항변

(i) 어음채무자가 배서인에게 대항할 수 있는 인적항변으로 피배서인에게 대항할 수 있는가의 문제에 대하여 자격수여설은 이를 긍정한다. 반면에 신탁양도설의 입장에 따르면 이를 부정하는 견해도 있으나, 숨은 추심위임배서의 피배서인은 고유의 경제적 이익을 가지지 않으므로 어음채무자가 추심위임을 입증하여 피배서인에게 배서인에 대한 항변으로 대항할 수 있다고 보아야 할 것이다.[49]

(ii) 어음채무자가 피배서인에 대한 인적항변을 가지고 피배서인에게 대항할 수 있는가에 관하여 자격수여설은 이를 부정하나 (피배서인은 배서인의 권리를 행사할 뿐이므로) 신탁양도설은 이를 긍정한다.

(나) 피배서인이 어음을 배서양도한 경우 피배서인이 어음을 배서양도한 경우에 자격수여설에 의하면 어음상의 권리가 피배서인에게 이전되지 않으므로 피배서인의 배서는 무권리자의 배서가 되므로 양수인에게 악의·중과실이 없으면 선의취득이 인정된다. 그러나 신탁양도설에 의하면 어음상의 권리가 피배서인에게 이전되어 피배서인은 어음상의 권리자가 되므로 피배서인으로부터 어음을 양수한 자는 선의·악의와 관계없이 어음상의 권리를 취득한다. 다만 악의의 양수인에 대하여 채무자는 악의의 항변을 가지고 대항할 수 있다(어 17조).

(다) 피배서인이 파산한 경우 피배서인이 파산한 경우에 배서인이 환취권을 가지는가에 대하여 자격수여설에 의하면 배서인이 권리자이므로 당연히 환취권을 인정하나, 신탁양도설에 의하면 어음상의 권리가 피배서인에게 이전되어 그 어음은 파산재단에 귀속되므로 배서인은 환취권을 인정하지 않는다.

---

49) 대판 1990. 4. 13, 89다카1084(추심위임의 목적으로 하는 통상의 양도배서 즉 숨은 추심위임배서도 유효하다고 할 것이고(당원 1970. 7. 28. 선고 70다1295 판결 참조) 이 경우 어음법 제18조의 규정에 의하여 인적 항변이 절단되지 아니 한다; 은행이 어음할인을 해주었다가 그 지급이 거절되는 등의 사유로 은행이 환매권을 행사한 다음 그 환매대금채권과 채무자의 은행에 대한 예금반환채권을 상계처리한 경우에는 원칙적으로 그 어음을 채무자에게 반환하여야 하나, 그 채무자에게 곧 이행하여야 할 나머지 채무가 있고 그 어음에 채무자 이외의 다른 어음상 채무자가 있는 때에는 은행은 그 어음을 계속 점유하고 추심 또는 처분하여 임의로 채무의 변제에 충당할 수 있다는 취지의 이른바 상계필 어음의 유치특약은, 은행이 채무자의 위임에 의하여 그 채무자를 대신하여 어음을 추심 또는 처분하는 권한을 부여받는 약정으로서 유효하고, 이러한 경우 채무자가 어음할인의뢰시 행한 양도배서는 추심위임을 위한 배서로 유용되어 은행은 숨은 추심위임배서의 피배서인의 지위에 서게 되므로, 어음채무자는 배서인(즉 채무자)에 대한 인적 항변사유로서 은행에 대항할 수 있다고 보아야 할 것이다(당원 1990. 4. 13. 선고 89다카1084 판결 참조).

6. 입질배서

(1) 의 의

입질배서란 배서인이 자기 또는 제3자의 채무를 담보하기 위하여 어음상의 권리에 질권을 설정할 목적으로 하는 배서이다(어 19조). 입질배서는 어음에만 인정되고 수표에는 인정되지 않는다.

입질배서에도 공연한 입질배서와 숨은 입질배서가 있다. 어음법은 배서에 '담보하기 위하여', '입질하기 위하여' 기타 질권설정의 문언을 기재한 '공연한 입질배서'만을 규정하고 있다.

(2) 공연한 입질배서의 효력

1) 질권의 취득

입질배서는 어음상의 권리 위에 질권을 설정하는 것이므로 권리이전적 효력은 없으나, 질권자인 피배서인은 어음상의 권리에 대하여 질권을 취득한다.

2) 피배서인의 권한

입질배서의 피배서인은 어음으로부터 생기는 모든 권리를 행사할 수 있다(어 19조 1항 1문). 즉 지급제시, 어음금지급의 수령, 상환청구, 어음소송의 제기 등을 할 수 있다. 그러나 양도배서 또는 다시 입질배서를 할 수 없다. 입질배서의 피배서인의 한 배서는 대리를 위한 배서로서의 효력만이 인정된다(어 19조 1항).

입질배서의 피배서인은 독립적인 경제적 이익을 갖고 있으므로 인적항변의 절단이 인정된다(어 19조 2항). 또한 입질배서의 피배서인은 양도배서나 입질배서를 할 수 없으나 추심위임배서는 할 수 있다.

3) 담보적 효력

입질배서는 질권자인 피배서인이 어음금을 추심하여 우선변제를 받기 위한 것이므로 지급이 거절되면 배서인이 담보책임을 부담하여 상환의무를 부담한다(다수설).

4) 자격수여적 효력

입질배서의 피배서인은 배서가 연속되어 있는 경우에 질권자로서 형식적 자격이 인정되어 실질적 권리를 증명할 필요 없이 어음상의 권리를 행사할 수 있다(권리추정력). 또한 피배서인인 질권자가 배서인을 정당한 권리자로 믿고 악의·중대한 과실없이 어음을 취득한 경우에는 질권의 선의취득이 인정된다. 또한 어음채무자도 피배서인에게 지급하면 그가 실제로 질권자가 아니라도 사기 또는 중과실이 없는 한 면책된다.

(3) 숨은 입질배서

1) 의 의

숨은 입질배서는 형식상으로는 통상의 양도배서이나, 그 실질은 어음상의 권리의 질권의 설정을 목적으로 하는 배서이다. 숨은 입질배서의 법적 성질도 어음의 신탁적 양도로 보는 것이 통설이다.

2) 효 력

숨은 입질배서는 '숨은 추심위임배서'와 달리 피배서인인 질권자가 독립된 경제적 이익을 갖고 있으므로 어음의 형식대로 효력을 발생한다. 따라서 권리이전적 효력과 담보적 효력이 인정된다. 다만 배서인과 피배서인 간의 입질의 합의는 어음외의 관계로서 당사자간의 인적항변사유에 불과하다.

참고 각종 배서의 효력

	양도배서	무담보 배서	배서금지 배서	환배서	기한후 배서	추심위임 배서	입질배서
권리이전적 효력	있음	있음	있음	있음	있음	없음	없음
담보적 효력	있음	없음	자기 직접 피배서인	있음	없음	없음	효력 긍정 (통설)
자격수여적 효력	있음	있음	있음	있음	있음	있음	있음
인적항변의 절단	인정	인정	인정	인정	안됨	안됨	인정
선의취득	인정	인정	인정	인정	인정 안됨	인정 안됨	인정

또한 어음채무자는 배서인에 대한 인적항변을 피배서인에게 대항하지 못하며 피배서인 자신에 대한 항변을 주장할 수 있을 뿐이다(인적항변의 절단). 배서인이 파산한 경우에는 피배서인에게 파산법상의 별제권이 인정되나, 피배서인이 파산한 경우에는 배서인에게 환취권이 인정되지 않는다.

제 3 절 인 수

Ⅰ. 인수의 의의

인수라 함은 환어음의 지급인이 어음금 지급의 채무를 부담할 것을 목적으로 하는 어음(수표)행위를 말한다. 환어음에서는 발행인과 지급인이 다르므로 지급인의 지급의사를 확인하는 동시에 지급준비를 위한 절차가 필요한데, 이것이 인수제도이다.

지급인은 인수를 함으로써 환어음의 주채무자가 된다. 인수는 환어음에만 인정되고, 약속어음과 수표에는 없다. 수표에는 인수제도의 대항하는 것으로 지급보증제도가 있다. 수표의 지급보증은 실무상 잘 활용되고 있지 않으나, 수표의 지급인이 수표금액의 지급채무를 부담할 것을 목적으로 하는 수표행위(certification, Bestätigung)이다. 수표의 일부지급보증은 인정되지 않는다. 또한 수표지급보증인은 양도(배서)할 수 없다. 지급보증인은 지급제시기간 내에 지급제시가 있는 경우에만 지급의무를 부담하는 점에서 인수와 구별된다. 또한 지급인이 지급보증을 거절하여도 상환청구권이 발생하지 않는다(자세한 것은 후술 참조).

또한 인수와 구별하여할 제도로는 참가인수가 있다. 참가인수는 만기 전의 상환청구(어 43조)를 저지하기 위한 지급인 이외의 자에 의한 어음금 지급 약속행위이다. 참가인수를 종전에는 인수의 일종으로 보았으나 오늘날은 상환의무의 인수로 보고 있다. 피참가인은 상환의무자로 한정되며, 참가인수인의 의무는 지급인이 지급하지 않는 경우에 발생한다.

인수는 어음상의 채무부담을 목적으로 하는 지급인의 단독의 의사표시로서 성립하는 법률행위이다(단독행위설, 통설).

Ⅱ. 인수제시

1. 인수제시의 의의 및 필요성

인수제시라 함은 어음소지인이 지급인에게 어음을 제시하여 어음의 인수를 청구하는 행위를 말한다. 인수제시는 주채무자를 확정하여 어음의 신용을 높이고, 지급인에게 지급준비를 하게 하는 데 그 필요성이 있다. 또 일람후정기출급환어음의 경우는 만기를 확정하기 위하여 인수제시가 필요하다.

2. 인수제시의 당사자

인수제시는 어음소지인뿐만 아니라 현실로 어음을 가지고 있는 단순 점유자도 할 수 있다(어 21조). 피제시자는 지급인이며, 지급담당자의 기재가 있어도 지급인에게 하여야 한다(통설). 수인의 지급인이 지정된 경우에는 그 전원이 피제시자가 되며, 그 중 1인의 인수거절이 있는 경우에는 만기 전의 상환청구를 할 수 있다.

3. 인수제시의 시기와 장소

(1) 제시의 시기

인수제시는 원칙적으로 어음의 발행일로부터 만기의 전일까지 하여야 한다(어 21조). 인수제시기간은 발행인 또는 배서인에 의하여 지정되거나(어 22조 1·4항, 23조 2항) 법정된다(예: 일람후정기출급어음에 있어서 기간의 지정이 없으면 만기를 확정할 필요성 때문에 발행일자로부터 1년 내에 인수제시를 하여야 한다(어 23조 1항). 발행인은 1년의 기간을 단축 또는 연장할 수 있으나, 배서인은 1년의 기간이나 발행인의 설정기간을 단축은 할 수 있으나 연장은 할 수 없다.

만기의 당일이나 만기이후에도 지급인이 인수를 할 수 있으나(통설), 이 경우에는 인수가 거절되더라도 인수거절을 이유로 상환청구를 할 수 없다(어 53조 1항 2호).

(2) 유예기간(고려기간)

지급인이 인수의 제시를 받은 때에는, 제1의 제시가 있은 익일에 다시 한 번 제2의 제시를 할 것을 청구할 수 있는데(어 24조 1항 1문), 이 하루의 기간을 유예기간이라고 한다. 유예기간(고려기간)은 지급인이 자금관계, 발행의 진위여부를 확인하여 인수를 할 것인가를 결정하기 위하여 인정된 기간이다. 이 경우에 제시자는 제2의 제시를 하지 않으면 상환청구권을 행사하지 못하며, 지급인이 제2의 제시를 청구한 경우에도 제시자는 어음을 지급인에게 교부할 필요는 없다(어 24조 2항). 소지인이 만기 전의 상환청구권을 행사하기 위하여는 제1의 제시에 관하여 인수거절증서를 작성시키고, 이 거절증서에 지급인은 제2의 인수제시를 청구한 뜻을 기재하여야 하며(어 24조 1항 2문), 제2의 제시에서 인수가 거절된 때에 다시 제2의 거절증서를 작성시켜야 한다.

4. 인수제시의 장소

인수제시의 장소에 대하여 어음법은 '지급인의 주소'라고 규정하고 있으나(어 21조), 지급인에게 영업소가 있으면 그 영업소, 없으면 그 주소 또는 거소에서 인수제시를 하여야 한다(통설, 민 515조 · 상 65조). 타지지급어음이나 제3자방지급어음의 경우도 동일하다. 지급인의 영업소나 주소 또는 거소를 발견할 수 없는 경우에는 지급지에서 인수거절증서를 작성하여 만기 전의 상환청구권을 행사할 수 있다(통설).

5. 인수제시의 자유와 제한

(1) 원 칙

환어음의 소지인은 만기까지는 언제라도 인수제시를 할 수 있으며(어 21조), 제시의 여부와 그 시기, 회수는 원칙적으로 소지인의 자유이다. 그러나 인수제시자유에는 다음과 같은 두 가지의 예외가 있다.

(2) 예 외

1) 인수제시의 명령

인수제시는 원래 어음소지인의 권리이지 의무는 아니나, 환어음의 발행인과 발행인이 인수금지문구를 기재하지 않은 한 배서인은 기간을 정하거나, 정하지 않고 인수제시를 하여야 할 뜻을 어음에 기재할 수 있다(어 22조 1항 · 4항). 이러한 어음을 인수제시명령어음이라 한다. 기간을 정하지 않은 경우에는 만기의 전일까지 제시하여야 한다(어 21조).

인수제시명령은 발행인이 지급인에게 자기를 지급인으로 하는 어음이 발행되었음을 알려서 지급의 준비행위를 하게 할 필요가 있고, 또한 어음소지인이 지급인의 지급 의사의 유무를 미리 알 수 있도록 하기 위함이다.

인수제시명령문구가 기재된 어음의 소지인은 지정기간 내에 또는 만기의 전일까지 인수제시를 하지 않으면, 발행인이 인수제시명령을 기재한 경우에는 모든 상환의무자에 대하여, 배서인이 기재한 경우에는 그 배서인에 대하여 인수·지급거절에 의한 상환청구권을 상실한다(어 53조 2항·3항). 다만 인수제시명령의 내용이 인수담보책임만을 면하려는 뜻인 때에는 인수거절로 인한 상환청구권만 상실한다(어 53조 2항 단서).

2) 인수제시의 금지와 제한

환어음의 인수제시는 원칙적으로 자유이나 환어음의 발행인은 어음에 일정한 기일을 한정하고 또는 한정하지 않고 인수제시를 금지하는 뜻을 기재할 수 있으며, 이를 인수제시금지어음이라 한다(어 22조 2항). 이는 특히 지급인과 발행인간의 자금관계가 확정되지 않은 경우 인수거절로 인한 무모한 상환청구권행사를 막기 위함이다. 인수제시금지의 문구는 발행인만이 할 수 있으며, 배서인은 이를 기재할 수 없다.

제3자방지급어음이나 타지지급어음, 일람후정기출급어음의 경우에는 기일을 정하지 않는 인수의 절대적 금지가 허용되지 않는다(어 22조 2항). 그러나 일정한 기일을 정하여 인수제시를 제한하는 것은 모든 환어음에서 허용된다(어 22조 3항).

Ⅲ. 인수의 방식

1. 인수의 요건(필요적 기재사항)

정식인수는 지급인이 환어음 자체에 「인수」 기타 이와 동일한 의의가 있는 문자를 표시하고 기명날인 또는 서명함으로써 한다(어 25조 1항 전단). 인수를 함에 있어서는 지급인과 인수인의 동일성이 중요하다. 동일성의 판단은 어음상의 기재에 의하여 판단하되, 자구상의 일치가 아니더라도 거래통념상 동일인이라고 판단되는 경우에는 동일성이 인정될 수 있다.

어음의 표면에 인수문언 없이 지급인의 단순한 기명날인이 있더라도 인수로 보는데(어 25조 1항 후단), 이를 약식인수라 한다.

인수는 지급인만이 할 수 있고, 반드시 어음본지에 해야 하고 등본이나 보전에는 할 수 없다(어 25조 1항 본문).

2. 임의적 기재사항

(1) 인수일자의 기재

인수일자의 기재는 인수의 요건은 아니지만, 일람후정기출급어음과 인수제시명령에 의하여 일정한 기간 내에 인수제시를 하여야 할 어음의 경우에는 인수일자의 기재가 있어야 한다(어 25조 2항). 인수일자의 기재가 없는 경우에 소지인은 배서인과 발행인에 대한 상환청구권을 보전하기 위하여는 인수일자거절증서를 작성시킴으로써 그 기재가 없었음을 증명하여야 한다(어 25조 2항 후문).

그러나 인수인에 대한 관계에서는 인수일자의 기재가 없어도 인수제시기간의 말일에 인수한 것으로 본다(어 35조 2항).

(2) 제3자방지급 또는 지급장소의 기재

지급인의 주소지와 다른 지급지를 환어음에 기재한 경우(타지지급어음), 발행인이 제3자방에서 지급할 뜻을 기재하지 아니한 때에는 지급인은 인수를 함에 있어서 제3자를 정할 수 있으며, 이 정함이 없으면 지급지에서 직접 지급하여야 한다(어 27조 1항). 동지지급어음의 경우에는 지급인은 인수를 함에 있어서 지급지에서의 지급장소를 정할 수 있다(어 27조 2항).

3. 부단순인수

인수는 무조건이어야 한다(어 26조 1항 1문). 따라서 지급인이 인수를 함에 있어서 어음의 기재사항을 변경을 가하거나 조건을 붙이는 인수, 즉 부단순인수는 인수거절로 본다(어 26조 2항 본문). 부단순인수에는 일부인수, 초과인수, 변경인수, 조건부 인수가 있다.

일부인수, 즉 지급인이 어음금액의 일부만을 인수하는 경우는 어음금액의 전부에 대하여 인수거절로 보지 않고, 그 잔액에 대하여만 인수거절로 본다(어 26조 1항 단서).

초과인수, 즉 어음금액을 초과하여 인수한 때에는 인수의 기초가 된 어음발행과 인수인의 의사를 고려하여 어음금액의 한도 내에서 인수가 있는 것으로 보는 것이 타당할 것이다(통설).

변경인수, 즉 어음의 내용(예컨대 만기를 변경)을 변경하여 하는 인수는 법문상 인수거절로 보고 있다. 따라서 어음소지인은 상환의무자에 대하여 인수거절로 인한 상환청구권을 행사할 수 있다. 그러나 인수인은 인수의 문언에 따라 책임을 지게 된다(어 26조 2항 단서). 즉 어음법은 부단순인수를 바로 무효로 보지 않고, 어음소지인에게는 인수거절로 보아 상환청구권을 행사할 수 있게 하였고, 인수인에게는 인수문언에 따른 책임을 인정하였다.

조건부인수는 예컨대 원인관계상의 채무의 이행을 받는 조건으로 인수를 하는 경우이다. 조건부인수가 있는 경우에 어음소지인이 인수거절이 있는 것으로 보아 상환청구권을 행사할 수 있다는 점에 대하여는 다툼이 없으나, 인수인이 조건에 따라 어음상의 책임을 부담하는가에 대하여는 학설의 대립이 있다. 부정설은 어음채무의 성립을 원인관계와 결부시키면 어음채무의 추상성에 반하고, 어음면에 나타나지 않은 조건을 인정하고 되어 어음증권의 문언성에 반한다는 입장이다. 생각건대 변경인수와 조건부인수는 인수인의 입장에서 보면 실질적으로 동일하므로 조건의 내용이 어음면에 기재되었다면 어음법 26조 2항 단서를 유추적용하여 조건의 내용대로 인수인의 책임을 인정하는 것이 타당할 것이다.

Ⅳ. 인수의 효력

지급인은 인수를 함으로써 어음상의 주채무자가 되며, 만기에 어음금액을 지급할 의무를 부담한다(어 28조 1항). 인수인의 의무는 약속어음의 발행인과 마찬가지로 무조건의 절대적 · 최종적인 의무로서 소지인이 상환청구권보전절차를 준수하지 않아도 소멸되지 않는다.

인수인이 지급할 금액은 지급제시기간 내에 지급하는 금액은 어음금액과 이자액이지만, 만기에 지급을 하지 아니하여 상환청구권이 발생한 후에는 상환금액(어 48조 · 49조)과 동일한 금액이다(어 28조 2항).

Ⅴ. 인수의 말소(철회)

지급인이 인수를 기재하고 소지인에게 그 어음을 반환하기 전에 인수의 기재를 말소한 경우에는 인수를 거절한 것으로 본다(어 29조 1항). 이는 지급인이 인수의 기명날인 또는 서명을 한 경우라도 여러 사정상 인수를 철회할 필요가 있는 경우를 염두에 둔 규정이라고 볼 수 있다. 어음상에 인수가 말소되어 있으면 반환 전에 한 것으로 추정한다(어 29조 1항 후단).

그러나 지급인이 인수를 말소하였더라도 어음소지인 또는 어음에 기명날인 또는 서명을 한 자에 대해서 서면으로 인수의 통지를 한 경우에는 이들에 대하여 인수의 문언에 따라 책임을 진다(어 29조 2항).[50] 이는 소지인 또는 기명날인한 자가 서면에 의한 인수통지를 믿고 상환청구권보전절차를 취하지 않은 경우 상환청구권을 상실할 수 있기 때문이다.

제 4 절 어음보증

Ⅰ. 총 설

1. 의 의

어음보증이라 함은 어음상의 채무를 담보할 목적으로 하는 부속적·종적 어음(수표)행위를 말한다. 따라서 어음상의 주채무가 존재하지 않는 때에는 어음보증도 무효가 된다(예: 무담보배서인을 위한 보증). 그러나 주채무는 형식상 존재하면 되고, 실질적으로 유효하여야 되는 것은 아니다(어 32조 2항, 어음보증의 독립성). 또한 장래에 성립할 주채무를 위한 보증도 인정된다.

어음보증은 어음상의 권리에 인적담보를 부가함으로써 어음의 신용을 높이는 기능을 한다.

2. 법적 성질

어음보증의 법적 성질에 대하여는 계약설(소수설)과 단독행위설(다수설)이 대립되고 있다. 단독행위설은 어음보증은 민법상의 보증과 달리 어음보증인이 어음에 단독으로

50) 대판 2008. 9. 11, 2007다74683; 어음법 제29조 제2항은 환어음에 인수를 기재한 지급인이 그 어음을 반환하기 전에 인수의 기재를 말소하였음에도 소지인 등에게 서면으로 인수의 통지를 한 때에는 어음에 기재된 말소 전의 인수문언에 따라 책임을 진다는 취지를 규정한 것으로 해석함이 상당하므로, 만일 지급인이 환어음에 인수문언의 기재 및 기명날인 등을 하지 아니한 채 소지인 등에게 인수의 통지를 한 경우에는 그 지급인에 대하여 어음법 제29조 제2항에 따른 어음상의 책임을 물을 수 없다.

기명날인 또는 서명만으로 할 수 있다는 입장이다. 계약설은 어음보증도 다른 어음(수표)행위와 마찬가지로 교부계약이 필요하다는 입장이다.

생각건대 어음보증은 보증인이 어음·수표의 점유를 취득하여 이를 피보증인에게 교부하는 것이 아니라, 피보증인이 제시하는 어음·수표상에 '보증'으로 기명날인하여 반환하는 것에 불과하므로 '교부계약'이 있다고 볼 수 없다. 따라서 어음보증의 성질은 단독행위설이 타당하다고 본다. 판례도 어음보증을 단독행위로 파악하고 있다.[51)]

어음보증은 주채무자에 대한 불신을 어음에 나타내는 결과가 되기 때문에 실질적으로는 어음보증을 목적으로 하면서 형식상은 발행·배서·인수 등의 어음 행위를 하는 경우가 있다. 이를 '숨은 어음보증'이라 한다. 숨은 어음보증의 경우 어음(수표)행위자는 문언에 따라 발행인, 배서인 또는 인수인으로서 책임을 지는 것이며 결코 어음보증인으로서 책임을 지는 것이 아니다(통설).

3. 민법상의 보증과의 차이

어음보증도 주채무의 존재를 전제로 하며 이에 종속되지만, 민법상의 보증과 비교하여 다음과 같은 차이가 있다.

(1) 민법상의 보증은 계약이지만, 어음보증은 단독행위(다수설·판례)이다. 따라서 민법상의 보증인은 특정인에 대하여 책임을 부담하나, 어음보증인은 불특정다수인(소지인)에 대하여 책임을 부담한다.

(2) 민법상의 보증은 주채무자가 특정되어 있어야 하고 이것이 불분명한 때에는 보증은 성립하지 않는다. 그러나 어음보증에서는 피보증인이 분명하지 않을 때에는 발행인을 위한 보증으로 본다(어 31조 4항, 77조 3항, 수 26조 4항).

(3) 민법상의 보증은 주채무의 성립을 그 성립요건으로 하나, 어음보증은 피담보채무가 방식의 하자로 무효가 되는 경우를 제외하고, 다른 어떠한 사유로 인하여 무효(실질적 무효)로 된 때에도 유효하게 성립한다(어음(수표)행위독립의 원칙).

(4) 민법상의 보증인은 최고·검색의 항변권(보충성, 민 437조)이 인정되나, 어음보증의 보증인은 피보증인과 합동하여 동일한 책임을 지므로(어 47조 1항) 위의 항변권이

---

51) 대판 1986. 9. 9, 84다카2310; 표현대리에 관한 민법 제126조의 규정에서 제3자라 함은 당해 표현대리행위의 직접 상대방이 된 자만을 지칭하는 것이고, 이는 위 규정을 표현대리에 의한 어음(수표)행위의 효력에 적용 또는 유추적용할 경우에 있어서도 마찬가지로 해석함이 상당하다. 또 약속어음의 지급보증은 발행인을 위하여 그 어음금 채무를 담보할 목적으로 하는 보증인의 단독행위이므로 그 행위의 구체적, 실질적인 상대방은 어음의 제3취득자가 아니라 발행인이라 할 것이다.

인정되지 않는다.

(5) 민법상 보증은 방식에 제한이 없으나, 어음보증은 요식행위이다.

(6) 민법상의 보증채무는 소멸시효가 10년이나, 어음보증채무는 주채무에 따라 시효가 다르다.

참고 **민법상 보증과 어음법상 보증의 비교**

	민법상 보증	어음법상 보증
법적 성질	계약	단독행위
당사자 관계	특정한 주채무자 필요 (대인적 관계)	주채무자 불분명해도 성립(대어음적 관계). 불분명하면 발행인을 주채무자로 간주(어음법 31조 4항, 77조 3항, 수표법 26조 4항)
주채무의 성립	보증채무의 성립요건. 주채무가 실질상 무효이면 보증채무도 무효 (부종성)	주채무가 방식의 하자 이외의 사유로 무효라도 어음보증은 유효 (어음(수표)행위독립의 원칙)
방식	제한 없음	요식행위
최고 · 검색의 항변권	있음(민법 437조)	인정 안 됨(어음법 32조 1항, 77조 3항, 수표법 27조 1항)
공동보증인의 항변권 분별의 이익	있음(민법 439조)	없음 (어음 전액에 대해 합동책임)
소멸시효	10년	주채무에 따라 3년, 1년, 6월

Ⅱ. 어음보증의 요건

1. 당 사 자

(1) 보증인

어음보증을 할 수 있는 자의 자격에는 제한이 없으므로 피보증인 이외의 자는 누구나 어음보증인이 될 수 있다. 이미 어음상의 채무자가 된 자도 이론상은 보증인이 될 수 있으나, 예컨대 어음상의 주채무자인 인수인이 보증을 하거나, 전 배서인이 후 배서인을 보증하는 것은 실제상의 의미가 없다.

(2) 피보증인

발행인・인수인・배서인・참가인수인 등의 어음상의 채무자만이 피보증인이 될 수 있다. 따라서 어음채무자가 아닌 자(인수를 하지 않은 환어음의 지급인, 지급담당자, 무담보배서의 배서인 등)를 피보증인으로 하는 보증은 무효이다.

2. 어음보증의 방식(정식보증 · 약식보증)

어음보증의 방식에는 정식보증과 약식보증이 있다.

정식보증은 어음, 그 등본 또는 보전(補箋)에 「보증」 또는 이와 동일한 의의가 있는 문언을 표시하고 보증인이 기명날인 또는 서명하여야 하며(어 31조 1・2항, 67조 3항, 77조 3항), 피보증인의 명칭을 표시함으로써 행하여진다(어 31조 4항).

약식보증은 피보증인을 기재하지 않고 단지 보증문구만을 기재하여 보증인이 기명날인하거나, 보증문구도 기재하지 않고 보증인이 단지 기명날인만 한 것을 말한다. 지급인 또는 발행인의 기명날인 또는 서명을 제외하고 어음의 표면에 한 단순한 기명날인 또는 서명은 어음보증으로 보며(어 31조 3항), 발행인을 위하여 보증한 것으로 본다(어 31조 4항 후단). 약식보증은 어음의 이면(裏面)이 아니라, 표면에 하여야 한다(어 31조 3항 1문). 어음의 이면에 한 단순한 기명날인을 어음보증으로 인정하지 않는 것은 간략백지식 배서와 혼동을 피하기 위한 것이다.

3. 일부보증

어음보증은 어음금 전액에 대하여 보증하는 것이 원칙이나 어음금액의 일부에 대하여도 할 수 있다(어 30조 1항). 일부보증을 하는 경우에는 보증금액을 기재하여야 한다.

4. 보증의 시기

어음법에 규정이 없으나, 만기 후 또는 거절증서작성 후에도 어음채무의 시효가 완성되기 전이면 어음보증을 할 수 있다(통설).

5. 유익적 기재사항

어음보증인은 거절증서작성면제와 예비지급인을 기재할 수 있다(어 46조 1항, 55조 1항).

6. 조건부보증의 효력

어음보증도 어음(수표)행위이므로 단순하여야 한다. 그러나 발행·배서·인수의 경우와 달리 어음법의 규정이 없으므로(어 1, 12, 26조 참조) 어음보증인이 조건을 기재한 경우에(예: 지급일까지 어음을 제시한 경우에 한하여 인수인의 책임을 보증한다) 그 조건 및 어음보증의 효력에 대하여는 학설의 대립이 있다.

① 유해적 기재사항설은 어음(수표)행위는 조건에 친하지 않은 행위이므로 특단의 명문규정이 없는 한 조건은 유해적 기재사항으로서 어음보증행위 전부가 무효라고 보는 입장이다.

② 무익적 기재사항설은 어음의 유통성을 보호하고, 배서의 무조건성을 감안하여(어 12조), 보증의 조건을 무익적 기재사항으로 보아 무조건의 어음보증으로 보는 견해이다.

③ 유익적 기재사항설은 보증에 붙인 조건을 무익적 기재사항으로 보면 보증인의 명시적 의사에 반할 뿐 아니라 보증인에게 인수인의 책임보다 더 엄격한 책임을 인정하게 되어 부당하고, 유해적 기재사항으로 보면 보증인의 책임을 면제하여 어음소지인의 이익을 해하게 되어 부당하므로, 조건부 인수와 같이(어 26조) 조건을 유익적 기재사항으로 보는 견해이다. 이 견해에서는 어음법 32조 1항의 '보증인은 보증된 자와 동일한 책임을 진다'라는 의미는 보증인의 책임은 그 내용에서 주채무자와 동일하면 족하지, 그 범위에서까지도 동일함을 요하는 것은 아니라고 해석한다. 우리나라의 대법원 판례는 일관되게 '유익적 기재사항설'을 따르고 있다.[52)]

---

52) 대판 1986. 3. 11, 85다카1600; 어음법상 보증의 경우에는 발행 및 배서의 경우와 같이 단순성을 요구하는 명문의 규정이 없을 뿐 아니라, 주된 채무를 전제로 하는 부수적 채무부담행위인 점에서 보증과 유사한 환어음의 인수에 조건을 붙인 경우에는 일단 인수거절로 보되 인수인으로 하여금 인수의 문언에 따라 책임을 지도록 함으로써 부단순인수를 인정하고 있음에 비추어 볼 때 어음보증에 대하여 환어음 인수의 경우보다 더 엄격하게 단순성을 요구함은 균형을 잃은 해석이라고 하겠고 안전성이 저해되는 것도 아니므로, 조건을 붙인 부단순보증은 그 조건부보증문언대로 보증인의 책임이 발생한다고 보는 것이 타당하다. 이와 달리 구태여 어음보증의 단순성을 강조한 나머지 조건을 무효로 하여 조건이 없는 단순보증이라고 보는 견해는 보증인의 명시적 의사에 반하는 해석이어서

생각건대 어음(수표)행위에 조건을 붙인 경우 그 효력에 대하여는 어음의 유통에 어떠한 영향을 미칠 것인가를 고려하여야 한다. 기본적 어음(수표)행위인 발행에 조건을 붙인 경우에는 조건의 성취여부에 따라 이후에 모든 어음(수표)행위의 효력이 결정되므로 어음의 무인성에 반하며, 어음유통에 치명적인 영향을 미치므로 어음법은 무효로 규정하고 있다(어 1조 2호). 또한 배서에 조건을 붙인 경우는 조건에 성취여부에 따라 소지인(배서인)들의 지위가 달라지며, 또한 배서를 무효로 본다면 어음을 배서인에게 반환하여야 되는 문제가 발생하므로 어음법은 조건만을 무효로 규정하고 있다(어 12조 1항). 인수의 조건을 붙인 경우에는 조건의 성취여부에 따라 주채무자인 인수인의 책임여부가 결정되어 소지인이 지위가 불안하므로 어음법은 인수거절로 보고 만기전 상환청구를 인정하는 동시에(어 43조 1항), 조건부인수인은 조건대로의 책임을 인정하고 있다(어 26조 2항). 그러나 어음보증은 이미 성립한 다른 어음채무를 전제로 그 지급을 확실히 하기 위한 행위로서 조건의 성취여부에 따라 다른 어음채무에 대하여 영향을 미치지 않으며, 또한 조건을 허용하더라도 어음유통에 큰 지장을 초래한다고 볼 수 없으므로 유익적 기재사항설에 찬성한다.

Ⅲ. 어음보증의 효력

1. 보증인의 책임

(1) 어음보증채무의 독립성

어음보증에 있어서도 어음(수표)행위독립의 원칙이 적용된다. 즉 어음보증채무는 주채무가 방식의 하자가 있는 경우를 제외하고는 어떠한 사유로 인하여 무효가 되어도 그 효력이 있다(어 32조 2항). 따라서 피보증인의 채무가 제한능력, 무권대리 등으로 취소·무효가 되더라도 어음보증은 유효하게 성립한다.

채용할 수 없다. 원심 인정사실에 의하면, 이 사건 어음보증의 문언은 어음금의 지급을 지급기일까지 보증한다는 내용으로 되어 있는바, 이는 지급제시기간 내에 지급제시가 있는 경우에 그 지급을 보증한다는 취지의 조건부보증이라고 해석되므로 가사 위 어음보증이 진정하게 성립된 경우라고 할지라도 보증인인 피고는 보증문언에 따른 조건부의 보증책임을 지는 데에 그치고 지급제시기간을 도과하여 조건이 성취되지 아니한 경우에까지 그 보증책임을 지지는 않는다; 대판 1986. 9. 9, 84다카2310; 1986. 3. 25, 84다카2438.

(2) 어음보증채무의 내용(부종성)

어음보증인은 피보증인인 주채무자와 동일한 책임을 부담한다(32조 1항). 따라서 어음보증인의 채무의 내용은 주채무자가 가령 발행인인가 배서인인가에 따라 다르다. 약속어음의 발행인 또는 환어음의 인수인을 위한 어음보증인은 어음의 적법한 지급제시와 상관없이 어음채무를 부담하지만, 배서인을 위한 어음보증인은 소지인이 적법한 제시로 상환청구권을 보존하여야만 보증인에게 책임을 물을 수 있다.

또한 주채무가 지급·상계·면제·시효·보전절차의 흠결 등으로 소멸하면 보증채무도 소멸한다. 이를 보증채무의 부종성이라고 한다. 피보증인에 대한 시효중단 또는 상환청구권보전은 보증인에 대하여 동일한 효력이 있다.

(3) 어음보증과 인적항변

어음(수표)행위의 독립성에 따라 피보증인이 소지인에 대하여 원인관계상 갖고 있는 취소권·해제권·상계권을 행사하고 있지 않은 경우라도 보증인이 이를 원용하거나 행사할 수 없다(통설). 또한 어음보증인은 주채무자가 소지인에 대하여 가지는 인적항변, 즉 원인관계의 무효·취소 또는 해제 등의 사유를 가지고 소지인에게 대항할 수 없는 것이 원칙이다.[53] 그러나 이 원칙을 유지할 때에는 부당한 결과가 나타날 수 있다. 예컨대 어음소지인(A, 채권자)이 발행인인 주채무자(B)로부터 어음채무를 변제받았음에도 불구하고 어음을 반환하지 않아 어음이 자기수중에 있는 것을 기화로 다시 어음보증인(C)에게 어음상의 청구를 하는 경우이다. 이 경우 A의 C에 대한 청구를 인정하여 지급을 받게 되면, 보증인 C는 주채무자 B에게 구상하게 되고, B는 다시 A에게 부당이득으로 반환청구하게 되어 불필요한 법률관계가 전개되는 불합리가 발생된다. 이를 해결하기 위한 방법으로 여러 학설이 나타나고 있다.

가) 직접관계설　보증인이 원인관계를 알고 보증한 경우나 채무의 담보를 위한 경우는, 보증인도 소지인과 직접의 인적관계가 있기 때문에 인적항변을 주장할 수 있다는 설이다. 일본의 학설이다.

나) 무권리자항변설　어음이론 중 교부행위유인론이 주장하는 입장으로 채무부담

---

53) 대판 1988. 8. 9, 86다카1858; 어음발행의 원인채무가 성립하지 아니하였거나 소멸하였다는 사유는 그 어음발행인이 직접의 상대방 또는 악의의 취득자에 대하여서만 대항할 수 있는 이른바 인적항변사유로서 어음보증의 경우 어음보증인은 피보증인의 이러한 인적항변사유를 가지고 어음소지인에게 대항할 수 없다.

행위(보증행위)는 무인행위, 권리이전행위는 유인행위이므로 원인관계의 무효 · 취소 · 부존재는 소지인이 증권을 소지하여도 무권리자가 되므로 보증인을 포함한 어음채무자 모두는 소지인에게 무권리자의 항변을 주장할 수 있다는 입장이다.

다) 부당이득설 소지인이 원인관계가 소멸되었음에도 권리를 주장하여 어음금을 수취한다면 부당이득이 되므로 보증인은 부당이득의 항변을 주장할 수 있다는 입장이다.

라) 권리남용설 원인관계가 소멸되었음에도 소지인이 권리행사를 한다는 것은 신의성실의 원칙에 반하고 권리남용에 해당한다는 입장이다. 권리남용의 항변은 누구나 주장할 수 있으므로 보증인은 소지인의 청구를 거절할 수 있다.

생각건대 원인관계가 취소 · 무효로 소멸하거나 부존재하게 된 경우 피보증인이 어음소지인에게 주장할 수 있는 항변은 어음(수표)행위독립의 원칙상 보증인이 이를 주장하여 어음금청구를 거절할 수 없다. 그러나 어음발행의 원인관계상의 채무가 소멸되거나 불성립이 확정된 때에는 소지인은 특별한 사정이 없는 한 어음발행인에 대하여뿐만 아니라 어음보증인에 대하여도 어음상 권리를 행사할 실질적 이유를 잃게 된다. 따라서 어음을 반환하지 않고 어음이 자기의 수중에 있는 것을 기화로 하여 소지인이 어음보증인에 대하여 어음금의 지급을 청구한다는 것은 신의성실의 원칙에 반하며, 권리의 남용에 해당되므로 어음보증인은 소지인에 대하여 어음금의 지급을 거절할 수 있다고 보아야 할 것이다. 권리남용설에 찬성한다. 판례도 동일한 입장이다.[54)]

(4) 어음보증채무의 합동성

어음보증인은 주채무자와 합동하여 책임을 부담한다(어 47조 1항). 따라서 어음소지인은 주채무자와 보증인에 대하여 개별적으로 또는 동시에 청구할 수 있으며, 어음보증인에게는 민법상의 보증과 달리 최고 · 검색의 항변권이 인정되지 않는다.

또한 수인의 보증인이 있는 경우에는 보증인 각자가 어음금 전액에 대하여 책임을

---

54) 대판 1988. 8. 9, 86다카1858; 장래의 채무를 담보하기 위하여 발행된 어음에 발행인을 위하여 어음보증이 되어 있는 약속어음을 수취한 사람은 어음을 발생한 원인관계상의 채무가 존속하지 않기로 확정된 때에는 특별한 사정이 없는 한 그때부터는 어음발행인에 대해서뿐만 아니라 어음보증인에 대해서도 어음상의 권리를 행사할 실질적인 이유가 없어졌다 할 것이므로 어음이 자기수중에 있음에 기화로 하여 어음보증인으로부터 어음금을 받으려고 하는 것은 신의성실의 원칙에 비추어 부당한 것으로서 권리의 남용이라 할 것이고, 어음보증금은 수취인에 대하여 어음금의 지급을 거절할 수 있다고 할 것이니, 위 수취인으로부터 배서양도를 받은 어음소지인인 어음법 제17조 단서의 요건에 해당되는 때에는 어음보증인은 그러한 악의의 소지인에 대하여서도 권리남용의 항변으로 대항할 수 있다.

진다.

2. 보증채무이행의 효과

(1) 주채무의 소멸

보증인이 보증채무를 이행하면, 보증채무는 물론 피보증인의 채무도 소멸한다.

(2) 어음상의 권리의 취득

보증인이 어음금을 지급한 때에는 피보증인과 피보증인의 어음상의 채무자에 대하여 어음상의 권리를 취득한다(어 32조 3항). 피보증인의 어음상의 채무자라 함은 피보증인의 전자를 말한다. 피보증인의 후자에 대하여는 보증인도 상환책임을 부담하기 때문이다.

이러한 보증인에 의한 권리취득의 법적 성질에 대하여는 원시취득설(다수설)과 승계취득설의 대립이 있다. 원시취득설은 어음보증인이 보증채무를 이행하면 독립적·원시적으로 어음상의 권리를 취득한다고 본다. 원시취득설에 의하면 어음보증인은 어음소지인의 권리를 승계취득한 것이 아니므로 어음채무자는 어음소지인에 대하여 가지는 인적항변으로서 보증인에게 대항할 수 없다. 다만 어음법 17조를 유추적용하여 보증인에게 해의가 있는 때에는 악의의 항변이 성립한다고 한다. 이에 대하여 승계취득설은 어음법 32조 3항의 '어음으로부터 생기는 권리를 취득한다'라는 법문을 근거로 어음보증인이 권리취득을 위하여는 어음의 교부(취득)가 필요하며, 어음법 17조가 그대로 적용된다고 한다.

생각건대 보증인에 대하여 권리를 행사한 어음소지인과 보증인은 아무런 관계가 없으므로 승계취득이라고 보기는 어렵다. 따라서 다수설(원시취득설)이 타당하다고 본다.

원시취득설에 의하면 어음보증인은 어음의 교부를 받지 않더라도 보증채무를 이행하면 법률의 규정(어 32조 2항)에 따라 어음상의 권리를 취득한다. 그러나 어음의 상환증권성은 상실되지 않으므로, 어음보증인이 그 전자에 대하여 권리를 행사하기 위하여는 소지인으로부터 어음증권의 교부를 받아야 된다.

보증채무를 이행한 어음보증인이 피보증인에 대하여 실질관계에 따라 민법상의 구상권(민 441-445조)을 행사할 수 있는가의 여부에 대하여는 학설이 대립되고 있다. 생각건대 어음보증인은 타인의 채무를 이행한 것이고, 실질관계상의 권리행사를 인정하더라도 어음의 유통에 지장을 초래하는 것은 아니므로 긍정설이 타당하다고 본다.

공동어음보증의 경우 보증채무를 이행한 보증인과 다른 보증인간의 구상관계는 민법의 일반원칙에 따른다(민 448조). 따라서 수인의 보증인이 있는 경우에 어느 보증인이 자기의 부담부분을 넘은 변제를 한 때에는 부탁 없는 보증인의 구상권에 관한 규정(민 444조)을 준용한다. 그러나 주채무가 불가분이거나 각보증인이 상호연대로 또는 주채무자와 연대로 채무를 부담한 경우에 어느 보증인이 자기의 부담부분을 넘은 변제를 한 때에는 연대채무자의 구상권에 관한 규정(민 425-427조)을 준용한다.

일부보증(어 30조 1항)을 한 자가 그 금액을 지급한 경우에는 지급한 부분에 대하여만 어음상의 권리를 취득하고, 나머지는 소지인이 갖고 있다. 이 경우는 지급한 보증인이 소지인에 대하여 그 사실을 어음에 적고 영수증의 교부를 청구하여(어 39조 3항 참조) 그 권리를 행사할 수 있다고 본다.

Ⅳ. 어음보증과 원인채무에 대한 민법상 보증

어음관계와 원인관계는 분리되므로 타인이 발행한 어음에 대하여 어음보증을 하였다고 하여, 원인관계상의 채무까지 보증하였다고 볼 수 없다. 또한 실질적으로는 어음보증을 목적으로 하면서 형식상은 발행·배서·인수 등의 어음 행위를 하는 소위 '숨은 어음보증'에 경우에도 어음(수표)행위자는 문언에 따라 발행인, 배서인 또는 인수인으로서 책임을 지는 것이며 결코 어음보증인으로서 책임을 지는 것이 아니다.

판례도 어음관계와 원인관계를 준별하여 "다른 사람이 발행하는 약속어음에 명시적으로 어음보증을 하는 사람은 그 어음보증으로 인한 어음상의 채무만을 부담하는 것이 원칙이고, 특별히 채권자에 대하여 자기가 그 약속어음 발행의 원인이 된 채무까지 보증하겠다는 뜻으로 어음보증을 한 경우에 한하여 그 원인채무에 대한 보증책임을 부담하게 되므로, 타인이 물품공급계약을 맺은 공급자에게 물품대금 채무의 담보를 위하여 발행·교부하는 약속어음에 어음보증을 한 경우에도 달리 민사상의 원인채무까지 보증하는 의미로 어음보증을 하였다고 볼 특별한 사정이 없는 한, 단지 어음보증인으로서 어음상의 채무를 부담하는 것에 의하여 신용을 부여하려는 데에 지나지 아니하는 것이고, 어음보증 당시 그 어음이 물품대금 채무의 담보를 위하여 발행·교부되는 것을 알고 있었다 하여도 이와 달리 볼 수가 없다"고 판시하고 있다.[55)]

---

55) 대판 1998. 6. 26, 98다2051.

그러나 차용증서에 갈음하여 발행한 약속어음에 담보의미로 배서한 자에 대하여 민사책임을 인정한 경우도 있다. 즉 "어음의 발행인이 타인으로부터 금전을 차용하기 위해 그 차용증서에 갈음하여 어음을 발행하는 것이고 발행인이 위 차용금채무에 대한 담보의 의미로 배서를 요구하는 것이라는 사정을 충분히 알고 발행인의 요구에 따라 어음에 배서를 한 경우, 배서인이 위 발행인에게 금전을 대여하는 채권자가 누구인가를 구체적으로 몰랐다 하더라도 그 배서는 발행인으로부터 위 어음을 교부받고 금전을 대여하는 채권자에 대하여 위 차용금채무를 연대보증하겠다는 의사를 표시하는 뜻에서 한 것이라고 봄이 상당하다"고 판시하였다.[56)]

또한 최근 대법원은 타인의 채무에 대한 담보의 목적으로 수표가 발행된 경우, 그로 인하여 수표의 발행인과 채권자 사이에 민사상 보증계약이 성립하였다고 인정하기 위한 요건을 판시하고 있다. 즉 "수표의 발행인에게 어느 특정인의 채무를 담보하기 위한 것이라는 수표의 사용 목적에 대한 인식이 있었다거나 수표의 발행인이 채권자의 요구에 따라 그 앞에서 직접 수표를 발행 · 교부하였다는 사정이 있었다 하더라도, 그러한 사실이 수표의 발행인에게 민사상의 보증채무까지 부담할 의사가 있었다고 인정하는 데 있어 적극적인 요소 중의 하나가 될 수 있음은 별론으로 하고, 그러한 사실로부터 바로 수표의 발행인과 채권자 사이에 민사상 보증계약이 성립한다고 추단할 수는 없다. 그보다 더 나아가 채권자의 입장에서 수표 발행시에 원인이 되는 채무에 대한 민사상의 보증채무를 부담할 것까지도 수표의 발행인에게 요구하는 의사가 있었고 수표의 발행인도 채권자의 그러한 의사 및 채무의 내용을 인식하면서 그에 응하여 수표를 발행하였다는 사실, 즉 수표의 발행인이 단순히 수표법상의 상환의무를 부담한다는 형태로 채권자에게 신용을 공여한 것이 아니라 민사상의 보증의 형태로도 신용을 공여한 것이라는 점이 채권자 및 채무자와 수표의 발행인 사이의 관계, 수표의 발행에 이르게 된 동기, 수표의 발행인과 채권자 사이의 교섭 과정 및 방법, 수표의 발행으로 인한 실질적 이익의 귀속 등 수표의 발행을 전후한 제반 사정과 거래계의 실정에 비추어 인정될 수 있을 정도에 이르러야만 수표의 발행인과 채권자 사이의 민사상 보증계약의 성립을 인정할 수 있고, 그에 미치지 못하는 경우에는 수표의 발행인은 원칙적으로 수표의 채무자로서 수표가 지급거절된 경우 그 소지인에 대하여 상환청구에 응하지 않으면 안 되는 수표법상의 채무만을 부담할 뿐이다"라고 판시하였다.[57)]

56) 대판 1986. 9. 9, 86다카1088; 1987. 8. 25, 87다카891; 1989. 7. 25, 88다카19460.
57) 대판 2007. 9. 7, 2006다17928.

또한 대법원은 타인의 채무에 대한 담보의 목적으로 약속어음에 배서한 경우, 그로 인하여 어음의 배서인과 채권자 사이에 민사상 보증계약이 성립하였다고 인정하기 위한 요건을 보다 명확히 하고 있다. 즉 "약속어음의 배서인에게 어느 특정인의 채무를 담보하기 위한 것이라는 약속어음의 사용 목적에 대한 인식이 있었다 하더라도 그러한 사실이 약속어음의 배서인에게 민사상의 보증채무까지 부담할 의사가 있었다고 인정하는 데 있어 적극적인 요소 중의 하나가 될 수 있음은 별론으로 하고, 그러한 사실로부터 바로 약속어음의 배서인과 채권자 사이에 민사상 보증계약이 성립한다고 추단할 수는 없다. 그보다 더 나아가 채권자의 입장에서 배서시에 원인이 되는 채무에 대한 민사상의 보증채무를 부담할 것까지도 배서인에게 요구하는 의사가 있었고 배서인도 채권자의 그러한 의사 및 채무의 내용을 인식하면서 그에 응하여 배서하였다는 사실, 즉 배서인이 단순히 어음법상의 상환의무를 부담한다는 형태로 채권자에게 신용을 공여한 것이 아니라 민사상의 보증의 형태로도 신용을 공여한 것이라는 점이 채권자 및 채무자와 배서인 사이의 관계, 배서에 이르게 된 동기, 배서인과 채권자 사이의 교섭 과정 및 방법, 약속어음의 발행으로 인한 실질적 이익의 귀속 등 배서를 전후한 제반 사정과 거래계의 실정에 비추어 인정될 수 있을 정도에 이르러야만 배서인과 채권자 사이의 민사상 보증계약의 성립을 인정할 수 있고, 그에 미치지 못하는 경우에는 배서인은 원칙적으로 약속어음의 채무자로서 약속어음이 지급거절된 경우 그 소지인에 대하여 상환청구에 응하지 않으면 안 되는 어음법상의 채무만을 부담할 뿐이다"고 판시하였다.[58]

따라서 대법원의 입장을 종합하여 보면 채권자 측에서 배서시에 원인이 되는 채무에 대한 민사상의 보증채무를 부담할 것까지도 배서인에게 요구하는 의사가 있었고, 배서인도 채권자의 그러한 의사 및 채무의 내용을 인식하면서 그에 응하여 배서하여야만 숨은 어음보증인의 민법상의 보증책임이 인정된다고 볼 수 있다.

생각건대 누구라도 타인의 채무를 보증함에 있어서는 특별한 사정이 없는 한, 그 보증에 의하여 생기는 자신의 책임을 가급적 좁게 한정하고자 하는 것이 통상의 의사이다. 예컨대 어음(수표)행위자가 타인이 발행한 어음에 보증의 취지로 배서를 하는 경우에 그 배서에 의하여 이른바 '숨은 어음보증'으로서 어음상의 채무를 부담할 의사 이상으로 그 어음발행의 원인이 된 소비대차상의 채무까지 보증할 의사가 있었다고 보는 것은 배서를 하는 자의 통상의 의사에 합치되는 것은 아니다. 따라서 민사책임을 인정

---

58) 대판 2009. 10. 29, 2009다44884.

할 만한 채권자의 의사와 어음(수표)행위자의 의사를 알 수 있는 경우에 한하여 숨은 어음보증인의 민법상의 보증책임을 인정하는 것이 타당하다.

제5절 지 급

Ⅰ. 의 의

좁은 의미의 지급(payment; Zahlung)은 어음관계를 완전히 소멸시키는 변제를 말한다. 따라서 지급인·인수인·약속어음의 발행인 또는 지급담당자에 의한 지급만을 가리킨다. 환어음의 발행인·배서인·보증인·참가인수인 등이 하는 넓은 의미의 지급은 구상관계가 존재하므로 이하에서 말하는 지급에서는 제외된다.

Ⅱ. 지급제시

1. 지급제시의 의의

지급제시는 어음소지인이 어음금을 지급받기 위하여 지급인·인수인 또는 지급담당자에게 어음을 제시하는 것을 말한다. 어음채무는 추심채무이므로 어음소지인은 지급제시기간 내에 제시를 하여야만 전자에 대한 상환청구권을 보전할 수 있고, 어음의 주채무자인 약속어음의 발행인, 환어음의 인수인에 대하여 이행지체의 책임을 물을 수 있다.[59)60)]

지급제시는 생략할 수 없는 필수절차이다.

---

59) 대판 2001. 6. 1, 99다60948; 어음은 제시증권, 상환증권이므로(어음법 제38조, 제39조) 어음을 소지하지 않으면 어음상의 권리를 행사할 수 없는 것이 원칙이지만, 이와 같이 어음상의 권리 행사에 어음의 소지가 요구되는 것은 어음채무자에게 채권자를 확지시키고 또 채무자로 하여금 이중지급의 위험을 회피·저지할 수 있게 하는 데 그 취지가 있는 것이므로, 어음이 어떤 이유로 이미 채무자의 점유에 귀속하는 경우에는 위와 같은 점을 고려할 필요가 없어 어음의 소지는 채무자에 대한 권리행사의 요건이 되지 아니하고, 채무자는 상환이행의 항변을 하지 못한다.

60) 대판 1976. 4. 27, 75다739; 어음채권자가 어음채권을 자동채권으로 상계의사표시를 함에 어음채무자의 승낙이 없는 이상 어음의 교부가 없으면 상계의 효력이 생기지 아니한다.

2. 지급제시의 당사자

지급제시를 청구할 수 있는 자는 원칙적으로 배서가 연속되어 있는 어음소지인이다. 배서가 연속되지 않은 경우에는 어음소지인이 실질적 권리자임을 입증한 경우에 한하여 지급제시를 할 수 있으나, 지급인의 면책이 인정되지 않는다. 또한 이들의 대리인이나 거절증서작성의 위임을 받은 공증인이나 집행관도 지급제시를 할 수 있다. 그러나 어음의 단순한 점유자는 인수제시와는 달리 지급제시를 할 수 없다(통설).

피제시자는 환어음의 경우에는 지급인·인수인, 지급담당자, 약속어음의 경우에는 발행인 또는 지급담당자이다. 어음교환소에서의 제시도 지급을 위한 제시의 효력이 있다(어 38조 2항).

어음상의 주채무자가 수인이 있는 경우에는 수인이 합동책임을 부담하므로 이들 전부에게 지급제시하고, 지급이 거절되어야 상환청구권을 행사할 수 있다.

3. 제시의 시기(지급제시기간)

(1) 주채무자에 대한 지급제시기간

환어음의 인수인 또는 약속어음의 발행인과 같은 주채무자에 대하여는 만기의 날로부터 3년간이다. 기간계산에 있어 초일은 산입되지 않으며, 그 기간의 말일이 법정휴일인 때에는 이에 이은 제1의 거래일까지 기간이 연장된다(어 72조 1항, 2항). 거래일이라 함은 법정휴일 이외의 날을 말하며, 법정휴일은 국경일·공휴일·임시공휴일·일요일을 말한다.

(2) 상환청구권의 보전을 위한 지급제시기간

확정일출급·발행일자후정기출급·일람후정기출급어음인 경우에는 지급을 할 날 또는 이에 이은 2거래일 내에 지급제시를 하여야 한다(어 38조 1항, 72조 1항). 일람출급어음인 경우에는 발행일자로부터 1년 내에 지급제시를 하여야 하나, 발행인은 이 기간을 단축 또는 연장할 수 있고 배서인은 단축만 할 수 있다(어 34조 1항). 또한 발행인은 일정한 기일까지 지급의 제시를 금지할 수 있으며, 이 경우의 지급제시기간은 그 기일로부터 개시된다(어 34조 2항, 77조 1항 2호).

은혜일(恩惠日, days of grace, Respekttage), 즉 어음채무자를 위하여 은혜로서 지

급유예를 허용하는 기간은 법률상이거나 재판상임을 불문하고 이를 인정하지 않는다(어 74조).

4. 지급제시의 장소

지급제시는 지급지에 있어서 지급인의 영업소·주소 또는 거소에서 하는 것이 원칙이다(민 516조). 그러나 지급장소의 기재가 있는 경우에는 그 장소에서 하여야 한다(어 4조·27조). 어음교환소에서의 제시도 지급을 위한 제시의 효력이 있다(어 38조 2항).

5. 지급제시의 방법

지급제시는 완전한 어음을 현실로 제시하여야 한다. 따라서 백지어음은 보충되어야 하며, 등본에 의한 지급제시는 그 효력이 없다. 지급인의 지급거절이 명백한 경우에도 지급제시를 하여야 한다. 그러나 소지인이 지급제시의 장소에 갔으나, 피제시자가 없음으로써 현실의 제시를 하지 못한 경우에는 제시를 한 것으로 본다.[61)]

6. 지급제시의 효력

지급제시에 의하여 어음소지인은 어음금을 적법하게 수령할 수 있고, 지급이 거절된 경우에는 ① 어음채무자는 이행지체의 책임이 발생하며(연 6푼의 지연이자 부담), ② 어음소지인은 상환의무자에 대하여 상환청구권을 행사할 수 있다.[62)]

7. 지급제시의 면제

지급제시 없이 상환청구권을 행사할 수 있는 경우로서는, 재판상 어음금을 청구하는 경우, 인수거절증서를 작성한 경우(어 44조 4항, 77조 1항 4호), 불가항력이 만기로부

61) 대판 1992. 2. 28, 91다42579; 약속어음의 소지인이 배서인에 대한 소구권을 행사하기 위하여는 어음법 제75조에 정한 법정기재사항이 기재된 약속어음에 의하여 적법한 지급제시를 하였으나 지급거절 되었음을 요하고, 위 기재사항의 일부가 기재되지 아니한 약속어음에 의하여 한 지급제시는 어음법 제76조의 규정에 의하여 구제되지 않는 한 적법한 지급제시로서의 효력이 없는 것이므로 그와 같은 경우에는 소구권을 행사할 수 없는 것이다.

62) 대판 1986. 9. 9, 85다카2011; 약속어음의 소지인이 피소구권자에 대한 소구권을 행사하기 위하여는 어음법 제75조 소정의 법정기재사항이 기재된 약속어음에 의하여 적법한 지급제시를 한 것을 요하고 위 법정기재 사항의 일부라도 기재되지 아니한 약속어음에 의하여 한 지급제시는 어음법 제76조의 규정에 의하여 구제되지 않는 한 적법한 지급제시로서의 효력이 없는 것이므로 그와 같은 경우에는 피소구권자에 대한 소구권을 상실한다.

터 30일을 넘어 계속되는 경우(어 54조 4항)이다.

어음의 지급인 등과 어음소지인간에 지급제시면제의 특약이 있는 경우에는 당사자간에서만 유효하다고 본다(통설).

Ⅲ. 지급시기

1. 만기 전의 지급

지급인은 발행인의 지급위탁에 따라야 되므로 만기 전에는 어음금을 지급할 의무가 없으며, 어음소지인도 만기까지 어음을 유통시킴에 따른 이익을 가지므로 만기 전에는 지급을 받을 의무가 없다(어 40조 1항).

지급인과 소지인의 합의에 의한 만기 전의 지급도 무효는 아니나, 그 지급에 따른 위험부담은 지급인에게 있다(어 40조 2항). 따라서 소지인이 진정한 권리자가 아닌 경우에 지급인은 면책되지 않는다.

2. 만기의 지급

어음소지인은 만기에 지급인 또는 인수인에 대하여 지급청구를 할 수 있으며(만기가 법정휴일인 경우에는 이에 이은 제1거래일), 지급을 한 지급인 또는 인수인은 자금의무자인 발행인에게 보상청구를 할 수 있다.

만기 후에도 그에 이은 2거래일 내에(지급제시기간 내에)는 소지인이 지급청구할 수 있으므로(어 38조 1항) 이때의 지급도 만기에 있어서의 지급이다.

3. 만기 후의 지급

이는 지급제시기간 경과 후의 지급을 말한다. 지급인이 인수를 한 때에는 인수인으로서 주채무자가 되므로 지급제시기간 경과 후에도 어음채권의 시효완성 전에는 지급의무를 부담한다. 따라서 지급인이 어음금을 지급하면 발행인에게 보상청구를 할 수 있으나, 인수를 하지 아니한 경우에는 특약이 없는 한 보상청구를 하지 못한다. 또한 만기 후의 지급은 만기시의 지급과 달리 선의지급의 보호를 받지 못하므로 소지인이 무권리자라는 위험부담은 지급인에게 있다.

4. 지급의 유예 또는 연기

어음금의 지급은 만기를 기준으로 하나, 당사자의 의사나 법률의 규정에 의하여 지급이 연기되는 경우가 있다. 이를 지급의 유예 또는 연기라고 한다.

(1) 당사자의 의사에 의하는 경우

1) 어음의 개서(改書)

(가) 의 의

협의의 어음개서는 만기가 도래한 어음(舊어음)의 지급유예를 위하여 만기를 변경(연기)하여 신(新)어음을 발행하는 것을 말한다. 광의의 어음개서는 오기·파손 등을 이유로 구어음을 회수 또는 구어음의 병합·분할을 위하여 새로운 어음으로 교환하는 모든 경우를 말한다. 협의의 어음개서에 의하여 발행된 신어음을 연기어음 또는 개서어음이라고 한다. 어음개서가 있더라도 기존 채무가 소멸되는 것은 아니다.[63)]

(나) 개서계약

어음개서는 채권자(어음의 수취인 또는 소지인)와 채무자(어음의 발행인) 간의 합의, 즉 어음개서계약에 의하여 이루어진다. 그러나 어음관계는 개서계약과는 별개계약이므로 신어음의 내용이 개서계약에 위반되더라도 신어음에는 영향을 주지 않는다.

(다) 어음개서의 방법

어음개서에는 발행인이 구어음을 회수하고 소지인에게 신어음을 발행하는 경우와 발행인이 구어음을 회수하지 않고 발행인이 신어음을 발행하여 소지인이 구어음과 신어음을 모두 보유하는 두 가지 방법이 있다. 우리나라의 경우는 통상 전자의 방법이 주로 이용된다.

---

63) 대판 1992. 2. 25, 91다14192; 기존 채무의 이행을 위하여 교부된 약속어음의 소지인인 은행이 어음되막기 방법에 의하여 그 약속어음을 결제된 것으로 처리하는 경우 외관상 그 은행에 위 어음금 상당의 금액이 입금된 것으로 보이고, 또 어음 발행인 등은 종전의 어음금채무 대신 새로운 어음에 의하여 또 다른 어음금채무를 부담하게 되는 것이므로 은행은 이미 결제된 것으로 처리되어 소멸된 종전 어음 자체의 어음금청구는 할 수 없을 것이고, 새로운 어음에 기한 어음금청구만을 할 수 있을 것이나, 그 기존 채무는 쌍방간의 약정에 따라 새로운 어음의 지급기일까지 그 지급을 유예해 준 것일 뿐 기존 채무가 소멸되는 것은 아니고, 새로운 어음이 만기에 지급되어야만 기존 채무가 소멸되는 것이다. 동지; 대판 1998. 11. 27, 97다54512, 54529; 1999. 9. 7, 98다47283.

(라) 법적 성질

(a) 구어음을 회수하는 경우

구어음을 회수하고 신어음을 발행하는 어음개서의 법적 성질에 대하여는 대물변제설, 경개설 등의 학설대립이 있다. 대물변제설은 어음개서의 경우에 구어음채무가 소멸되고 신어음채무가 발생하므로 대물변제라고 보아야 한다는 입장이다. 경개설은 어음개서는 구어음채무의 요소인 만기를 변경하여 신어음채무를 성립시키고 구채무를 소멸시키는 것이므로 경개로 보아야 한다는 입장이다. 우리나라 통설은 대물변제설을 취하고 있다. 생각건대 경개설은 구어음채무의 소멸을 신어음채무의 발생요건으로 보게 되므로(민 504조 참조), 이는 어음의 무인성에 반한다. 따라서 구어음회수의 어음개서는 구어음의 지급에 갈음하여 신어음을 발행하는 것이므로 대물변제라고 보는 것이 타당하다.

(b) 구어음을 회수하지 않는 경우

구어음을 회수하지 않고 신어음을 발행하는 어음개서는 당사자의 의사에 따라 해석하여야 할 것이다. 통상 구어음을 신어음상의 채무의 담보를 위하여 제공하거나, 구어음의 지급을 유예하고 구어음상의 권리를 확보하기 위하여 신어음을 교부하는 것으로 보아야 할 것이다. 따라서 신구어음상의 권리는 병존하며, 구어음 채무를 위한 어음외의 담보권도 소멸되지 않는다고 보아야 할 것이다.

(마) 효 력

(a) 구어음채무의 소멸 또는 병존

구어음회수의 어음개서의 경우는 경개설이나 대물변제설 모두 구어음채무가 소멸되고 신어음채무가 성립한다. 구어음을 회수하지 않는 경우는 신구어음상의 권리가 병존한다. 다만 소지인은 먼저 신어음으로 어음상의 권리를 행사하고, 만족을 얻지 못한 경우에 구어음상의 권리를 행사하여야 한다. 또한 구어음이 유통되어 제3자가 선의취득한 경우에 어음채무자는 책임을 면하지 못한다. 따라서 구어음을 회수하지 않은 경우에 어음금을 지급하는 채무자는 이중지급의 위험을 피하기 위하여 신구어음 모두에 대하여 반환을 청구하여야 한다.

(b) 담보권·항변 등의 문제

구어음을 회수하는 경우에 어음개서의 법적 성질을 어떻게 보든지 구어음채무가 소멸되고 신어음채무가 성립하게 되므로 구어음채무의 붙은 담보권의 소멸여부에 대하여는 담보권의 부종성의 원리를 강조하면 구어음채무를 위한 담보권도 소멸한다고 보는 것이 논리적이다. 그러나 우리나라 통설(대물변제설)은 구어음과 신어음은 실질적으로 동일하므로 구어음채무상의 담보는 신어음채무를 위하여 존속한다고 해석하고 있다. 생각건대 어음개서가 통상 어음금의 지급의 연기에 있고, 구어음과 신어음이 실질적으로 동일하며, 당사자의 의사가 담보권이 소멸된다고 보는 것은 극히 예외적이므로 통설에 찬성한다.

구어음을 회수하지 않는 경우에는 구어음상의 권리가 소멸하지 아니하고 동일성을 유지하면서 존속한다. 따라서 구어음채무상의 담보는 신어음의 교부에 의하여 영향을 받지 않는다.

어음개서가 있더라도 구어음과 신어음을 실질적으로 동일하므로 구어음채무에 있던 어음항변도 신어음채무에 그대로 존속하는 것이 원칙이며, 인적항변에 관한 선의·악의도 구어음 취득시를 기준으로 결정하여야 할 것이다.

2) 만기의 변경

어음관계자의 동의로 만기를 변경하는 경우이다. 이 경우는 관계자 전원의 동의를 얻어야 하며, 만일 일부의 동의만으로 만기를 변경한 경우는 어음의 변조가 된다.

3) 지급유예의 특약

어음소지인과 특정어음채무자간에 지급유예의 특약을 하는 경우이다. 이 특약은 어음관계와는 무관하게 당사자 간에서만 어음 외의 효력이 발생하여 인적항변사유가 됨에 불과하다.

(2) 법률에 의하는 경우

전쟁 · 지진 · 경제공황 기타 일국전체 또는 어떤 지방에 사변이 발생한 경우에 법령에 의하여 어음채무의 지급이 유예되는 수가 있는데, 이를 모라토리엄(moratorium)이라고 한다. 이에는 만기자체를 연장하는 경우와 단순히 지급제시기간과 거절증서작성기간만을 연장하는 경우가 있다(어 54조 1항, 77조 1항 4호).

Ⅳ. 지급인의 조사의무

1. 총 설

(1) 의 의

어음법 40조 3항은 "만기에 지급하는 지급인은 사기 또는 중대한 과실이 없으면 그 책임을 면한다. 이 경우에 지급인은 배서의 연속의 정부(整否)(배서의 연속이 제대로 되어있는지)를 조사할 의무가 있으나 배서인의 기명날인을 조사할 의무는 없다"고 규정하고 있다.

원래 채무의 변제는 진정한 권리자에 대하여 변제하지 않으면 그 효력이 없으므로 채무자는 채권자가 진정한 권리자인가의 여부를 확인하여 지급하여야 한다. 그런데 어음에 있어서도 그 소지인이 정당한 권리자임을 확인한 후에나 유효한 변제를 할 수 있다고 한다면 그 조사로 인하여 어음 지급의 신속성과 안정성이 저해되고 신용증권으로서의 어음의 유통성이 감소하게 된다.[64)]

특히 만기에 있어서 지급하는 자는 소지인이 무권리자라고 경솔하게 지급을 거절하는 경우에는 이행지체의 책임, 부도처분, 신용상실 등의 불이익이 수반되어 지급이 강제되는 지위에 있기 때문에 보호할 필요가 있다.

따라서 어음법 40조 3항은 어음채권의 변제에 있어서는 어음거래의 원활을 기하기 위하여 일반의 채무변제의 경우보다 더욱 지급을 하는 자의 조사의무를 경감하고 있다.

조사의무가 경감이 되는 법기술적 근거는 어음법이 배서의 연속을 전제로 자격수여적 효력을 인정하므로(어 16조 1항), 소지인이 연속하는 배서의 최후의 피배서인 경우에는 진정한 권리자로 추정되어 이를 신뢰하고 지급한 지급인을 보호하여 주는 점에 있다. 따라서 어음법 40조 3항의 선의지급제도는 배서의 연속을 전제로 한 어음법 16조 2항의 선의취득제도와 그 궤(軌)를 같이하는 제도로서 어음항변의 제한과 더불어 어음

---

64) 민법과 상법에 있어서 선의로 지급한 채무자를 보호하는 규정이 많이 있다. 민법에 있어서는 제한능력자의 속임수와 상대방의 보호(개정민법 17조), 대리권수여의 표시에 의한 표현대리(민 125조), 권한을 넘은 표현대리(민 126조), 대리권소멸후의 표현대리(민 127조), 채권의 준점유자에 대한 변제(민 470조), 영수증소지자에 대한 변제(민 471조), 지시채권에 있어서 채무자의 조사권리의무(민 518조) 등이 있고, 상법에 있어서는 표현지배인(상 14조), 유가증권과 준용규정(상 65조), 표현대표이사(상 395조) 등의 제도가 있다. 위의 여러 규정은 물론 어음의 지급에 있어서도 경합적으로 적용되므로 어음채무자는 어음법 40조와 더불어 자기에게 유리한 법규정의 적용을 주장할 수 있다.

유통보호의 가장 중요한 제도인 것이다.

(2) 만기에 있어서 지급하는 자

1) 원 칙

어음법은 지급을 만기의 전후로 나누어 만기 전에 지급을 하는 지급인은 자기의 위험부담으로 하고(어 40조 2항), 만기에 지급하는 지급인은 사기 또는 중대한 과실이 없으면 그 책임을 면한다(어 40조 3항 전단)고 규정하여 조사의무가 경감되는 것은 만기에 지급하는 자로 한정하고 있다. 왜냐하면 어음은 만기에 지급하는 것이 원칙이므로 만기 전에 지급제시를 받더라도 지급인은 이를 거절할 수 있고, 어음의 소지인도 만기 전에는 지급인의 지급을 거절할 수 있기 때문이다.

원래 '기한제도'는 채무자의 이익을 위하여 인정되고 채무자는 언제든지 자기의 기한의 이익을 포기하고 채무의 변제를 할 수 있는 것이 원칙이지만(민 153조), 어음에 있어서는 어음의 소지인이 만기에 이르기까지 어음을 유통시키는 것에 대하여 기한의 이익을 가지므로 이를 해하지 않기 위하여 특히 일반원칙의 적용을 배제한 것이다.

어음법 40조 2항에서 만기 전에 지급을 하는 지급인은 "자기의 위험부담으로 하는 것으로 한다"는 것은 지급인이 무권리자에게 지급을 한 때에는 가령 소지인이 형식적 자격을 갖고 있고, 또 지급인이 소지인의 실질적 권리가 없음에 관하여 악의 또는 중대한 과실이 없는 경우에도 그 지급은 무효이고 진정한 권리자로부터 지급의 청구가 있을 때에는 거듭 지급을 하여야 하며, 지급위탁이 취소됨으로 인하여 발생하는 불이익은 지급인이 부담하여야 한다는 의미이다. 다만 만기 전의 지급이라도 만기 전의 상환청구가 인정되는 경우(어 43조)에는 이는 법적 강제에 의한 지급이므로 만기에 있어서의 지급과 마찬가지로 해석하여야 할 것이다.

만기 전에 지급인이 지급을 하는 경우에 어음에 영수(領收)의 문구를 기재시켜 이를 환수하는 대신에 어음의 배서양도(환배서 또는 역배서)를 받는 방법을 취하면 양도인이 무권리자라도 지급인이 그에 관하여 선의·무중과실이고 또 양도인이 권리자인 형식적 자격을 가지는 경우에는 지급인이 위 어음을 선의취득할 수 있으므로 거듭 지급을 해야 할 위험을 피할 수 있다. 이에 대하여는 위와 같이 환배서에 의하여 만기 전의 지급인을 보호하는 것은 어음법 40조 2항을 잠탈하는 행위이므로 이 경우에는 어음법 16조 2항의 선의취득에 관한 규정의 적용을 배제하여야 한다는 주장과 어음법 11조 2항이 지급인에 대한 환배서를 인정하고 있는 이상 환배서의 피배서인이 다른 배서인보다 불리한 지위에 서야 할 이유가 없고, 어음법 40조 2항이 어음법 16조 2항보다 그 보호되는 정도가 크므로 환배서에 의한 선의취득을 인정한다고 하여 바로 어음법 40조 2항을 잠탈하는 것은 아니라고 하여 긍정하는 입장이 있다.

2) 만기지급

만기에 있어서의 지급이라 함은 어음이 본래 지급되어야 할 시기(어음법이 예정한 유통기간)에 지급하는 것을 말한다. 따라서 반드시 만기일(1일뿐이다)에 있어서의 지급만을 의미하는 것은 아니고 만기일 이후 지급제시기간 내에 하는 지급을 포함한다. 그러므로 일람후정기출급어음, 발행일자후정기출급어음, 확정일출급어음에 대하여는 지급을 할 날 또는 이에 이은 2거래일 내에 지급제시를 하여야 하므로(어 38조 1항) 지급제시기간 내의 지급하는 경우에도 지급인의 면책에 관한 어음법 40조 3항이 적용된다. 결국 만기 후 지급거절증서작성기간 경과 전의 지급은 만기에 있어서의 지급과 같은 것이다.

만기 후의 지급이라 함은 지급거절증서 작성 후 또는 지급거절증서작성기간 경과 후의 지급을 말한다. 만기 후의 지급에도 인수인에 대하여는 어음법 40조 3항이 적용된다고 할 것이다(통설). 왜냐하면 인수인은 어음의 주채무자이므로 소지인이 만기에 지급제시를 하든 않든 또 지급거절증서를 작성하든 않든 이에 관계없이 지급제시기간 경과 후에도 소멸시효가 완성될 때까지는 어음상의 책임을 부담하기 때문이다.

그러나 인수를 하지 않은 지급인은 발행인으로부터 만기에 있어서의 지급을 위탁받았을 뿐이므로 만기 후에 지급을 하여도 이는 위탁의 취지에 반하는 것이므로 특약이 없는 한 발행인에 대하여 구상할 수 없으며, 발행인과의 사이의 원인관계상의 채무를 면하지 못한다. 그러므로 환어음에 있어서는 수표와 달리 만기 후에는 지급위탁의 철회를 할 필요가 없다. 만일 인수를 하지 아니한 지급인이 만기 후에 지급을 하는 경우에는 이는 민법상의 제3자의 변제로서의 효력을 가질 수 있음에 불과하다.

만기에 지급하는 지급인은 사기 또는 중대한 과실이 없으면 원칙적으로 그 책임을 면한다. 그러나 무조건 면책되는 것은 아니고 적어도 소지인의 형식적 자격을 조사하여야 한다.

(3) 지급인의 범위

어음법 40조 3항이 '지급인'이 '…… 그 책임을 면한다'라는 규정하여 채무의 존재를 전제로 하고 있기 때문에 어음법 40조 3항의 면책지급의 적용대상은 인수인에 대하여만 적용된다는 입장이 있다. 그러나 인수를 하지 아니한 지급인 또는 지급담당자도 만기에 있어서의 지급을 위탁받은 것이므로 본조에 의한 보호를 필요로 하며, 본조에 의한 지급의 면책력은 어음의 유통성을 조장하려는 데 그 목적이 있으므로 인수인과 지급인 또는 지급담당자를 구별할 필요는 없을 것이다(통설).

또한 어음법 40조 3항은 상환의무자가 상환을 하는 경우에도 유추적용되어야 한다. 왜냐하면 상환의무자는 이 조문의 보호를 받아야 할 점에 있어서 지급을 할 자와 구별할 이유가 없기 때문이다. 이 점은 만기 전의 상환청구에 있어서도 마찬가지로 해석한다.

수표법 35조는 수표가 지시식으로 발행되거나 기명식으로 발행되고 지시금지의 문자가 기재되어 있지 않은 경우에 수표의 지급인의 조사의무에 관하여서만 규정하고 있을 뿐, 어음법 40조 3항과 같이 조사의무에 관한 일반원칙에 관한 규정이 없다. 이에 대하여는 수표의 지급인은 수표상 지급의무가 없기 때문에 책임을 면한다고 표현하는 것이 부적당하기 때문에 이러한 규정을 두지 않았다고 하는 입장도 있으나 통설은 수표의 경우도 어음법 40조 3항을 유추적용을 인정하고 있다. 즉 수표의 경우에도 지급인은 일반적으로 사기 또는 중대한 과실이 없으면 그 책임이 없는 것이다. 이하의 설명은 수표의 경우에도 그대로 적용된다. 그러나 수표의 지급인인 은행은 원칙상 수표상의 의무자가 아니므로 수표의 지급인의 조사의무를 이행하지 않고 지급한 경우에는 어음과 같이 면책의 문제가 아니라 단지 자금관계상 그 지급을 발행인에 구상하지 못하는 데 그친다.

2. 조사의무의 내용(형식적 자격의 조사)

(1) 형식적 자격의 심사

어음법 40조 3항은 지급하는 자의 조사의무의 내용으로서 '배서의 연속의 정부(整否)'만을 들고 있으나, 통설은 만기에 있어서 지급을 하는 자가 조사할 사항은 소지인의 '형식적 자격'으로 보고 있고 이에 포함되는 것으로 ① 어음의 방식의 적합성, ② 배서의 연속여부, ③ 자기의 기명날인의 진정여부의 3가지 사항을 들고 있다. 또한 이들 사항은 모두 어음의 외관으로부터 판단되는 사항으로서 지급을 하는 자는 이를 조사할 의무가 있는 동시에 조사할 권리가 있으며 소지인이 지급을 하는 자(지급인 또는 지급담당자)에게 이들에 관한 조사의 기회를 주지 않는 이상 지급할 필요가 없다고 보고 있다.

그러나 방식을 흠결한 어음의 소지인은 원래 형식적 자격을 가지지 아니하므로 이에 대한 지급은 당연무효이고, 자기의 기명날인의 진정여부에 대하여는 이것이 위조라면 원칙적으로 어음상의 의무를 부담하지 않기 때문에 어음법 40조 3항의 면책이라는 문제와는 관계없는 위조의 문제로 파악하여야 할 것이다.

배서의 연속이라 함은 어음의 기재상 수취인이 제1배서의 배서인이 되고 제1배서의 피배서인이 제2배서의 배서인이 되어 순차로 단절없이 최후의 배서에 이르게 된 것을 말한다. 배서의 연속은 어음의 외관상 형식적으로 연속되어 있으면 충분하므로, 지시식 어음에 있어서는 연속한 배서의 최후의 피배서인, 최후의 배서가 있는 백지식인 때에는 그 점유자, 배서금지어음에 있어서는 수취인이 각각 형식적 자격을 갖는다.

배서의 연속이 흠결된 경우는 소지인의 형식적 자격이 인정될 수 없지만, 다수설과 판례[65]에 의하면 소지인이 실질적으로 권리자임을 입증하면(배서의 단절의 가교(架橋)) 어음상의 권리를 행사할 수 있고, 지급을 거절하면 어음 채무자는 이행지체의 책임을 면할 수 없다.

이 경우에 지급인이 소지인을 진실한 권리자라고 믿고(善意로) 또 그렇게 믿은 것에 대하여 중대한 과실없이 지급을 한 경우에, 지급인이 면책되는가에 관하여는 긍정하는 입장이 있다. 그러나 소지인이 형식적 자격을 갖지 아니할 때에는 지급인은 자기의 위험부담으로만 지급을 할 수 있다는 소극설(지급인위험부담설)이 타당하다고 생각한다. 왜냐하면 배서의 연속이 형식적으로 흠결된 경우는 본래 지급되어서는 안 되는 경우이고, 소지인의 자격에 대하여 의문이 있는 때에는 채무자는 어음금을 공탁하여 완전히 면책될 수 있기 때문이다.

(2) 형식적 자격 이외의 사항

어음법 40조 3항은 2문 후단에서 "배서인의 기명날인을 조사할 의무가 없다"만을 규정하고 있으나,[66] 어음을 지급하는 자는 어음소지인의 형식적 자격 이외의 어음의 외관으로부터 판명되지 아니하는 사항에 관하여 조사할 의무가 없다는 것이 통설의 입

65) 대판 1969. 12. 9, 69다995.

66) 이 문언이 없어도 어음법 40조 3항 전단의 해석에서 도출될 수 있다. 즉 사기 또는 중대한 과실의 대상에 속하는 실질적 권리의 흠결 중에는 '배서인의 기명날인'에 관한 것도 포함되기 때문이다.

장이다. 따라서 ① 연속되어 있는 배서가 진정한 것인가, ② 소지인이 진정한 권리자인가 여부, ③ 소지인과 어음의 기재상 권리자로 되어 있는 자가 동일인인가 여부(인적 동일성) 등 소지인의 실질적 자격에 관하여는 조사의무가 없다. 따라서 최후의 배서가 위조되어 피배서인으로 기재되어 있는 자가 진실한 권리자가 아닌 경우에도 이 자에 대하여 지급을 한 자는 면책되는 것이다.

3. 지급인의 면책요건

(1) 실질적 자격에 대한 주의의무

지급인은 소지인의 실질적 권리, 소지인과 어음에 기재되어 있는 권리자와의 동일성 및 배서의 진위 등에 관하여 적극적으로 조사할 의무는 없다. 그러나 무권리자에 대한 지급이 면책되기 위하여는 소지인의 무권리나 배서의 허위 등에 관하여 사기 또는 중대한 과실이 없어야 한다(소극적 의무).

이와 같이 지급인이 형식적 자격을 가지는 어음의 소지인에게 지급을 한 경우에는 소지인이 실질적 권리자인가, 소지인과 어음 기재상 나타난 권리자와 동일인가 여부와 관계없이 면책된다. 그것은 어음의 외관에 나타나지 않는 사항의 조사를 지급인에게 요구하는 것은 가혹할 뿐만 아니라, 어음거래의 신속 원활의 요구에도 맞지 않기 때문이다. 그러나 지급인이 우연히 소지인이 실질상의 권리자가 아니라는 것을 알고 있었고 또한 그 사실을 용이하게 증명할 수 있는 경우에는 그 지급을 거절하여야 한다고 보는 것이 신의성실의 원칙상 요구된다.

따라서 어음법은 지급을 하는 자는 소지인의 형식적 자격 이외의 실질적 사항에 관하여는 조사할 의무는 없으나, 오직 그 사항에 관하여 '사기 또는 중대한 과실'이 없는 경우에 한하여 면책되는 것으로 하였다. 바꾸어 말하면 지급을 하는 자는 소지인의 실질적 권리나 소지인과 어음에 기재되어 있는 권리자와의 동일성 또는 배서의 진위 등에 관하여 적극적으로 조사할 의무는 없지만 지급의 결과 면책되기 위하여는 소지인의 무권리나 제시인과의 상이 또는 배서의 허위 등에 관하여 사기 또는 중대한 과실이 있어서는 안된다고 하는 소극적·방어적 의무를 부담하게 한 것이다.

(2) 사기 또는 중대한 과실의 의의

앞에서 본 바와 같이 만기에 어음을 지급하는 자는 소지인의 실질적 권리나 소지인의 동일성 등에 관하여는 적극적 조사의무를 부담하지 않고 오직 '사기 또는 중대한 과실'이 있어서는 안된다고 하는 소극적 의무를 부담하고 있음에 불과하다. 그러나 여기에서 '사기 또는 중대한 과실'은 어음법 16조 2항의 '악의 또는 중대한 과실'의 개념과 다르다는 것을 주의하여야 한다.

이 규정의 근원인 제네바 통일 어음조약에 의하면 어음법 16조 2항의 악의 또는 중대한 과실은 'in bad faith or guilty of gross negligence'라고 규정하고 있음에 대하여, 어음법 40조 3항의 사기 또는 중대한 과실은 'guilty of fraud or gross negligence'라고 규정하여 양자를 구별하고 있다. 또한 독일 어음법은 16조 2항에서는 'in bösem Glauben oder eine große Fahrlässigkeit'라고 규정하고, 40조 3항에서는 'Arglist oder große Fahrlässigkeit'라고 규정하여 역시 양자를 구별하고 있다.

따라서 어음법 16조 2항의 악의는 부지(不知)를 의미하는 선의에 대한 반대의미로서 '지(知)'를 의미하나 어음법 40조 3항의 사기는 제시자에게 지급수령의 권한이 없음을 알고 있을 뿐만 아니라, 나아가서 이를 용이하게 입증할 수 있는 증거방법을 가지고 있음에도 불구하고 지급한 경우를 말한다(통설). 왜냐하면 지급인은 제시자가 무권리자라는 것을 알고 있더라도, 확실한 증거방법 없이 경솔하게 지급을 거절하는 경우에는 어음금청구소송에서 패소하여 많은 신용상의 손실을 입고 나아가서 어음거래의 원활을 해하기 때문이다.

'중대한 과실'이라 함은 지급인이 보통의 조사를 하면 제시자가 무권리자임을 알고 또한 이를 입증할 수 있는 증거방법을 획득할 수 있었을 터인데 이 조사를 하지 않아 무권리자임을 알지 못하고 지급한 경우이다(통설). 따라서 소지인이 무권리자임을 중대한 과실에 의하여 알지 못하였으나 무권리자임을 증명할 충분한 입증수단이 없는 경우에는 무권리자에게 지급하여도 책임을 면한다. 이것이 선의취득에 있어서 중과실의 개념과 차이가 나는 점이다.

사용인이 주인 소유인 백지식배서의 어음을 절취하여 이를 제시하는 경우에 지급인이 위 사실을 알면서도 제시자가 형식적 자격을 가졌다는 이유만으로 어음금을 지급하는 것은 사기의 한 예이며, 배서의 기명날인이 위조된 듯한 의심이 있고 그 배서인이 동일시내에 거주하고 있으므로 잠깐 전화로 조회만 하여도 쉽게 위 의심을 풀 수 있음에도 불구하고 이를 지급하는 것은 중대한 과실의 예이다.

사기 또는 중과실의 입증책임은 지급의 효력발생을 방해하는 소극적 요건이기 때문에 사기 또는 중과실의 존재를 주장하는 자에게 있다.

(3) 치유되는 하자의 범위

어음법 40조 3항에 의하여 지급인이 면책되는 경우에 이에 의하여 치유되는 하자는 소지인이 '무권리자'인 경우에 한하는가 아니면 무권리 이외의 하자도 포함되는가에 대하여 논의가 있다. 우리나라의 다수설은 어음법 40조 3항에 의하여 소지인이 면책되는 경우는 소지인이 무권리자인 경우뿐만 아니라 소지인의 동일성 또는 수령능력의 흠결, 대리권의 부존재 등의 경우까지 포함하는 것으로 보고 있다.

독일의 통설도 어음법 16조 2항에 의한 선의취득의 경우와 마찬가지로 소지인의 실질적 자격의 흠결만이 치유되는 것이 아니라, 대리권의 흠결 수령권한의 흠결 등도 지급인에게 사기 또는 중대한 과실이 없으면 그 하자가 치유된다고 보고 있다.

4. 지급면책의 효과

지급인이 사기 또는 중대한 과실 없이 형식적 자격자에게 지급한 경우에는 가령 진정한 권리자가 아닌 자에게 지급을 하였다 하더라도 그 책임을 면하므로 이중지급의 위험을 부담하지 않는데, 그 구체적 내용은 누가 지급을 하느냐에 따라 달라진다.

주채무자인 환어음의 인수인 및 약속어음의 발행인이 지급한 경우에는 모든 어음채무자가 진정한 권리자에 대하여 부담하는 어음상의 채무가 소멸한다. 또한 환어음의 인수인은 그 결과를 발행인에 계산으로 귀속시킬 수 있다. 상환의무자가 지급한 경우는 그 자 및 그 후자가 진정한 권리자에 대하여 부담하는 어음상의 채무가 소멸한다. 지급담당자 및 환어음의 지급인이 지급한 경우에는 지급의 결과를 발행인의 계산으로 돌릴 수 있다. 다만 앞에서 설명한 바와 같이 인수를 하지 아니한 지급인은 발행인으로부터 만기에 있어서의 지급을 위탁받았을 뿐이므로, 만기 후에 지급한 경우에는 그 결과를 발행인에게 귀속시키지 못한다.

5. 지급인의 조사권

(1) 형식적(면책적) 조사권

지급을 하는 자가 지급의 면책력을 인정받기 위하여는 어음소지인의 형식적 자격인 배서의 연속의 여부를 조사할 의무가 있으므로 당연히 이에 관하여 조사권을 가진다. 또한 어음요건의 구비, 지급인의 기명날인의 진정여부에 대하여 의심이 있는 경우에는 소지인에게 위의 사항을 조사함에 필요한 기간을 요청할 수 있고 만일 소지인이 이러한 기회를 주지 아니하는 경우에는 지급을 거절하여도 이행지체책임을 지지 아니한다.

(2) 실질적 조사권

지급인의 소지인의 실질적 자격에 대한 조사권에 대하여 어음법상의 명문의 규정은 없으나 민법 518조는 "채무자는 배서의 연속여부를 조사할 의무가 있으며, 배서인의 서명 또는 날인의 진위나 소지인의 진위를 조사할 권리는 있으나 의무는 없다"고 규정하고 있는바 이 규정이 어음에도 적용되는 가에 관하여는 학설이 대립된다.

부정설은 지급인에게 실질적 조사권을 인정하면 조사권을 남용하여 부당하게 지급을 지연할 우려가 있으며, 민법 518조는 어음 이외의 일반 지시증권에 있어서도 문제가 있는 규정으로 보는데 이를 어음에도 유추적용한다는 것은 문제이며, 지급인에게 조사의무가 없는 소지인 실질적 자격에 대하여는 조사권도 없다고 하는 것이 공평하고 앞뒤가 맞다는 것 등을 이유로 들고 있다.

그러나 소지인이 실질적으로 무권리자이든가 소지인이 동일인이 아니라는 의심이 있고 더욱이 그 증명도 용이한 경우에 지급을 한다든가 또는 중대한 과실에 의하여 그러한 증명이 용이한 것을 알지 못하고 지급을 한다면 사기 또는 중대한 과실에 의한 지급으로 면책력이 인정되지 않을 염려가 있으므로 조사권을 완전히 부정할 수는 없을 것이다.

따라서 그 책임을 면하기 위한 당연한 요청으로서 소지인의 실질적 권리나 제시자의 동일성에 관하여 객관적 증거에 의하여 의심을 가지는 것이 상당하다고 인정되는 경우에는 소지인의 실질적 권리의 유무 및 제시자와 소지인의 동일성에 관하여 조사를 하고 소지인에 대하여 증명을 요구할 수 있다고 보아야 할 것이다. 그러나 조사권은 지급하는 자의 위험부담으로 이루어진다고 보는 것이 소지인과의 균형이 맞는 해석으로 본다. 따라서 조사기간 중 지급하는 자는 원칙적으로 책임을 지지 않으나 소지인이 권리자로 밝혀지면 지급제시를 받은 때로부터 지체책임을 부담한다고 보는 것이 공평한 해석이라고 본다.

또한 위와 같은 조사권이 인정되는 것은 지급을 하는 자가 위와 같은 의문을 가짐에 대하여 합리적 근거가 있는 경우에 한정되므로 지급을 하는 자가 조사권이라는 이름을 빙자하여 부당하게 지급을 지연하는 경우나 또는 소지인의 실질적 권리에 관하여 의문을 품었지만 그것이 합리적 근거를 결한 경우에는 조사를 위하여 지급을 지체한 것에 대하여 지급을 하는 자가 이행지체의 책임을 면할 수 없다.

6. 위조 · 변조된 어음(수표)의 지급에 있어 손실부담

어음 · 수표가 위조된 경우 피위조자는 표현책임이 인정되거나 위조를 추인한 경우를 제외하고는 소지인에 대하여 책임을 부담하지 않는 것이 원칙이다.

그런데 어음 · 수표의 발행인을 위하여 지급사무를 위탁받은 지급인 또는 지급담당자가 어음 · 수표가 위조된지를 모르고 지급한 경우에 그 손실을 피위조자인 발행인이 부담할 것인가 아니면 지급인이 부담할 것인가가 문제된다. 이러한 문제는 수표에 관하여 가장 많이 발생한다. 이 문제는 지급인의 조사의무를 규정한 어음법 40조 3항 1문(수표의 경우는 수표법 35조)이 유효하게 발행된 진정한 어음 · 수표를 전제로 하여 적용되는가? 바꾸어 말하면 위조 · 변조된 어음에 대한 지급의 경우에도 어음법 40조 3항 1문이 적용될 것인가라는 문제와 관련되어 논하여진다.

긍정설은 위조 · 변조의 유무의 확인에도 어음법 40조 3항 1문이 적용되므로 지급인이 사기 · 중과실이 없는 경우에는 자금관계상 면책되어 발행인(피위조자)이 손실을 부담한다고 한다. 그러나 다수설인 부정설은 어음법 40조 3항 1문의 지급인의 조사의무는 유효하게 발행된 어음을 전제로 하므로 어음의 지급시 위조 · 변조의 확인에는 어음법 40조 3항 1문이 적용되지 않고, 별도로 당사자간의 면책약관 · 상관습이 있으면 이를 적용하자는 입장이다. 이 설은 다시 지급인에게 고의 · 과실이 없는 경우 손실부담에 관하여 발행인부담설과 지급인부담설로 나누어진다.

발행인부담설(피위조자부담설)은 기본적으로 위조 등과 같은 어음발행상의 위험을 막을 수 있는 피위조자가 손해를 부담하여야 한다는 입장이고, 통설과 판례의 입장인 지급인부담설은 위조는 무효이고 일반적으로 피위조자는 단순히 위조되었다는 사실만으로 어음채무를 부담하지 않으나, 지급인과 피위조자 사이에 손실을 부담시키는 특별계약 또는 이와 유사한 관습이 있는 때와 피위조자에게 귀책사유가 있는 경우에는 예외로 보는 입장이다.

생각건대 어음법 40조 3항의 지급면책은 어음 자체는 진정한데 어음금이 무권리자 등에게 지급된 경우에 지급인의 면책에 관한 규정이다. 따라서 부진정하게 발행된 어음이나 위조·변조된 어음의 지급의 경우는 어음법 40조 3항이 적용되지 않으며 결국 지급인이 손실을 부담하게 된다.

그러나 여기서 지급인이 손실부담을 한다는 것은 지급인도 고의·과실 없이 지급하고, 발행인도 아무런 귀책사유가 없는 경우에 한하는 것이며, 만약 발행인과 지급인 간에 손실부담에 관한 특약이나 상관습이 있다면 이에 의할 것이다.

따라서 발행인이 과실이 있거나 귀책사유가 있는 경우에는 피위조자인 발행인이 부담하고, 지급인에게 과실이 있었다면 면책약관[67]의 유무와 관계없이 지급인에게 부담시키는 것이 거래의 실정이나 지급인과 발행인을 공평하게 취급한다는 점에서 타당한 해석이라고 본다.

만약 지급인의 과실이 발행인의 과실과 경합하는 때에는 원칙적으로 지급인의 책임으로 하고, 발행인의 과실에 대하여는 과실상계를 인정하는 것이 타당하다

Ⅴ. 지급의 목적과 그 방법

1. 지급의 목적물(일정액의 금전)

어음금액을 내국통화로 지정한 경우에는 지급인의 선택에 따라 각종통화(천원권, 만원권 등)로 자유로이 지급할 수 있다(민 377조 1항). 어음금액이 지급지의 통화가 아닌 통화(외국통화)로 지정된 경우에는 만기의 날의 가격에 의하여 지급지의 통화(내국의 통화)로 환산하여 지급할 수 있다(어 41조 1항). 외국통화의 가격은 지급지의 관습에 의하되, 발행인은 환산율을 어음에 기재할 수 있다(어 41조 2항). 그러나 어음채무자가 지급을 지체한 때에는 소지인은 그 선택에 따라 만기의 날 또는 지급의 날의 환시세에 의하여 지급지의 통화로 지급할 것을 청구할 수 있다.

발행인이 특종의 화폐로 지급할 뜻(외국통화현실지급문언)을 기재한 경우에는 이에 따라야 한다(어 41조 3항).

또한 발행국과 지급국간에 동명이가(同名異價)를 가진 통화로 정한 때에는 지급지의 통화에 의해 정한 것으로 추정한다(어 41조 4항).

---

67) 따라서 위조·변조시에 대비하여 은행 등이 정한 '면책약관'은 은행의 주의의무를 경감시키거나 면제하는 효력을 가질 수는 없고, 당사자 중 어느 누구도 고의·과실이 없는 경우에 경제상의 손실부담에 관한 특약이라고 보아야 할 것이다.

2. 일부지급

지급인은 전액인수를 한 경우에도 어음금의 일부지급을 할 수 있으며, 이 경우에 소지인은 거절하지 못한다(어 39조 2항). 소지인이 일부지급의 수령을 거부하면 그 부분에 대하여 상환청구권을 상실한다(통설). 또한 어음소지인은 일부지급금액을 제외한 잔액에 대하여 상환청구권을 행사할 수 있다.

일부지급의 경우에 지급인은 어음의 교부를 청구할 수는 없으나, 소지인에 대하여 그 지급한 뜻을 어음에 기재하고 영수증을 교부할 것을 청구할 수 있다(어 39조 3항).

일부지급의 규정은 상환의무자의 이익을 위한 것이므로 지급제시기간이 경과하여 상환청구권이 상실된 경우에는 소지인은 일부지급을 거절할 수 있다(통설).

3. 상환증권성

어음의 지급인은 지급을 하 때에 소지인에 대하여 어음에 영수(領受)를 증명하는 기재를 하여 교부할 것을 청구할 수 있다(어 39조 1항). 이는 지급된 어음이 유통되어 선의취득자에 대하여 다시 지급하여야 되는 이중지급의 위험을 피하고 지급인이 발행인과의 자금관계상 어음을 교부할 필요가 있는 경우에 대비하기 위한 것이다.

4. 지급 이외의 어음채무소멸

어음채무는 지급 이외에 상계 · 경개 · 대물변제 등의 일반채무소멸원인으로 인하여, 또한 어음채무의 시효 · 보전절차의 흠결 · 어음금액의 공탁으로 인하여서도 소멸한다. 상계나 경개 또는 대물변제 등의 경우에는 이중지급의 위험이 있으므로 어음의 교부를 청구하여야 한다.

5. 어음금액의 공탁

어음의 지급제시기간 내에 지급제시가 없으면 각 어음채무자는 소지인의 비용과 위험부담으로 어음금액을 관할관서에 공탁하고 어음채무를 면할 수 있다(어 42조).

제 6 절 상환청구

I. 총 설

1. 상환청구의 의의

상환청구 또는 소구(遡求)란 만기에 어음금의 지급이 거절되거나, 만기 전에 인수거절·지급인의 파산 등에 의하여 지급가능성이 불확실한 경우에 어음소지인이 자기의 전자에 대하여 본래의 지급의 대상으로써 어음금과 기타 비용의 지급을 청구하는 것을 말한다. 상환청구는 민법상 매도인의 하자담보책임과 같은 취지에서 어음법이 어음의 유통성을 확보하기 위하여 어음관계자에게 어음금지급의 담보책임을 규정한 것이다.

어음의 지급거절, 즉 어음부도시 어음소지인의 구제방법으로는 상환청구 이외에 ① 어음교환소의 거래정지처분, ② 할인어음의 환매청구, ③ 어음발행이 형법상의 구성요건에 해당하는 경우에는 형사처벌요구, ④ 어음금 청구소송, ⑤ 원인관계상의 채권행사 등이 있다.

2. 상환청구에 관한 입법주의

어음지급이 거절되었을 경우에 후자가 전자에 대하여 상환청구를 할 수 있는 것은 각국의 입법례가 동일하나, 인수거절의 경우는 다르다.

(1) 이권주의

이권주의(二權主義, 담보주의)는 인수거절 또는 지급의 불확실의 경우에는 담보제공의 청구를 하게하고, 지급거절의 경우에는 상환청구를 인정하는 입법주의이다. 독일구법·일본구법이 이에 속한다.

(2) 선택주의

선택주의는 지급거절의 경우에는 상환청구권을 인정하되, 인수거절의 경우에는 담보청구권과 상환청구권 중의 하나를 선택할 수 있게 하는 주의이다. 프랑스·스칸디나비아구(舊)법이 이에 속한다.

(3) 일권주의

일권주의(一權主義)는 인수거절의 경우는 물론 지급거절의 경우에도 상환청구권만을 인정하는 입법주의이다. 간명한 처리방법 때문에 우리 어음법과 영·미·일 등 대부분의 나라가 일권주의를 취하고 있으며, 제네바통일어음법에서도 채택하고 있다.

3. 상환청구의 당사자

(1) 상환청구권자

1차적으로는 최후의 정당한 어음소지인(어 43조), 2차적으로는 상환의무를 이행하고 어음을 환수한 자로서 배서인(어 47조 3항), 보증채무를 이행한 보증인(어 32조 3항), 참가지급인(어 63조 1항), 어음채무를 이행한 무권대리인(어 8조) 등이다. 어음을 환수한 자라도 상환의무를 부담하지 않는 경우에는 상환청구권을 취득하지 못한다(예: 무담보배서의 피배서인).

(2) 상환의무자

상환의무자로는, 환어음의 발행인·배서인과 이들의 보증인 및 참가인수인·무권대리인이며, 약속어음의 경우에는 배서인 및 보증인·무권대리인이다. 배서인이라도 무담보배서인, 추심위임배서인, 기한후배서인은 상환의무자가 아니다. 입질배서의 배서인은 담보책임을 부담한다. 배서인이 무권리자인 경우에도 어음(수표)행위독립의 원칙에 따라 담보책임을 부담한다. 수표에 있어서 상환의무자는 발행인, 배서인, 보증인이다. 지급보증인은 상환의무자는 아니나 지급제시기간 경과 전에 지급제시한 경우에 한하여 지급의무를 부담한다.

환어음의 인수인이나 약속어음의 발행인은 주채무자이며 상환의무자가 아니다.

4. 상환의무자의 합동책임

상환의무자인 발행인·배서인·보증인 등은 주채무자(인수인, 약속어음의 발행인)와 더불어 어음소지인에 대하여 합동하여 어음금지급의 책임을 진다(어 47조 1항, 77조 1항

4호). 따라서 소지인은 상환의무자 중의 어느 자에 대해서나 그 채무부담의 순서에 상관없이 각별로 또는 공동으로 청구할 수 있으며(어 47조 2항), 또한 채무자 중의 1인에 대하여 상환청구를 하였더라도 다른 의무자로 변경하여 상환청구할 수 있다(어 47조 4항). 즉 도약적(跳躍的) 상환청구와 변경권이 인정된다.

합동책임과 민법상 연대책임과의 차이점을 보면, ① 연대책임은 발생원인과 책임의 범위가 동일하나, 합동책임은 각 채무자마다 발생원인이나 책임의 범위가 다르다. ② 연대책임은 채무자의 1인의 변제는 다른 채무자의 채무를 모두 소멸시키나, 합동책임의 경우는 상환의무자 1인의 채무이행은 그와 그 후자의 채무를 소멸시킬 뿐이고 그의 전자와 주된 채무자의 채무에는 영향이 없다.[68] ③ 연대채무자 1인에 대한 청구는 다른 채무자에 대해서도 효력이 있으나, 합동책임에서는 상환의무자나 주채무자 1인에 대한 청구가 다른 의무자에 대하여 효력이 없다. ④ 연대채무자간에는 부담부분이 있으나, 합동책임의 경우는 부담부분이 없다.

참고 합동책임과 연대책임의 비교

	연대책임	합동책임
책임발생원인 · 범위	전 채무자에 대하여 동일	각 채무자마다 상이
채무자(공동발행인) 중 1인에 대한 청구	전 채무자 전원에 대한 청구효력	다른 어음채무자에 대해 영향 없음
채무자(공동발행인) 중 1인에 대한 시효의 완성 · 시효의 중단 · 경개 · 혼동 · 상계 등의 효력	전 채무자를 위하여 효력 있음	다른 어음채무자에 대해 영향이 없음(약속어음의 배서인에 대한 상환청구권을 행사하려면 공동발행인 전원에게 지급제시하고 지급거절되어야 함) - 인수인의 채무소멸은 전 채무자의 채무소멸이 됨 - 상환의무자의 채무소멸은 그 후의 채무자의 채무만을 소멸시킴
채무의 부담부분	있음	없음

68) 대판 1989. 2. 28, 87다카1356; 약속어음의 발행인과 배서인이 소지인에 대하여 지는 합동책임은 연대채무와는 달라 배서인의 채무이행이나 배서인에 대한 권리의 포기는 발행인에 대하여는 영향을 미치지 않는다.

Ⅱ. 상환청구의 요건

1. 만기 전의 상환청구

(1) 실질적 요건(상환청구원인)

1) 인수의 전부 또는 일부의 거절(어 43조 1호)

지급인의 인수거절은 적극적인 거절의 경우뿐만 아니라 부단순인수(어 26조 2항), 지급인의 소재불명 또는 부재의 경우, 지급인의 사망 후 그 상속인의 불명, 어음 반환 전의 인수말소 등을 포함하며, 예비지급인의 기재가 있는 경우에는 그의 인수거절도 있어야 한다. 지급인이 수인인 경우에는 그 중 1인의 인수거절만으로도 상환청구원인이 된다고 하는 것이 통설의 견해이다. 인수의 일부거절이 있는 경우에는 그 부분에 한하여 상환청구를 할 수 있다.

2) 지급인 또는 인수인의 파산, 그 지급정지, 그 재산에 대한 강제집행불주효(어 43조 2호)

지급인 또는 인수인 등의 자력이 불확실하게 되어 어음의 지급가능성이 없게 된 경우이다. 어음법에 명문의 규정은 없으나 화의절차 또는 회사정리절차 등이 개시된 때에도 파산에 준하여 상환청구원인이 된다고 본다(통설).[69]

강제집행불주효에 있어서는 어음소지인의 강제집행뿐만 아니라 어떤 채권자에 의한 강제집행에 의한 것이라도 상관없다.

3) 인수제시금지어음의 경우의 발행인의 파산(어 43조 3호)

발행인의 신용만으로 유통되는 인수제시금지어음은 발행인의 파산만이 상환청구원인이며 지급인의 파산은 상환청구원인이 아니다.

---

69) 대판 1992. 5. 26, 92다6471; 가. 어음법은 약속어음에 관하여는 지급거절로 인한 소구만을 인정하고 만기 전의 소구에 관하여는 규정하고 있지 아니하나, 약속어음에 있어서도 만기 전에 발행인의 파산이나 지급정지 기타 그 자력을 불확실하게 하는 사유로 말미암아 만기에 지급거절이 될 것이 예상되는 경우에는 만기 전이라도 소구할 수 있다고 보아야 한다. 나. 약속어음 소지인이 그 약속어음을 만기 2일 전에 지급제시를 한 것이라면 특별한 사정이 없는 한 만기 전에 소구권을 행사하기 위한 것이라고 볼 수 있는 것이므로, 원심으로서는 위 약속어음의 지급을 위한 제시가 지급기일에 된 것이 아니라는 이유만으로 곧바로 배척할 것이 아니라, 이것이 만기 전의 소구로서의 요건을 충족한 것인지 여부를 심리하였어야 할 것이라고 하여 원심판결을 파기한 사례.

(2) 형식적 요건

1) 거절증서 등의 작성

인수거절로 인한 상환청구에는 인수를 위한 제시를 하여야 하고, 인수거절증서작성이 면제되지 않는 한(어 46조 1항) 인수거절증서를 작성시켜야 한다. 인수거절증서작성기간은 인수제시기간과 같다(어 44조 2항). 지급인이 지급을 정지한 경우 또는 그 지급인의 재산에 대한 강제집행이 주효하지 않은 경우에는 소지인은 지급인에 대하여 지급제시를 하고, 지급거절증서를 작성하여야 한다(어 44조 5항). 파산과 화의의 경우에는 거절증서의 작성을 요하지 않으며 각각 파산결정서와 화의개시결정서를 제출하여야 한다(어 44조 6항).

지급지에서의 예비지급인이 있는 경우에는 이에 대하여 어음을 제시하여 참가인수를 요구하고, 그 거절이 있었다는 것을 거절증서에 의하여 증명하지 않으면 예비지급인을 기재한 자와 그 후자에 대하여 상환청구권을 행사하지 못한다(어 56조 2항).

2) 불가항력과 기간의 연장

(가) 의 의 　불가항력은 외부적 원인으로 인하여 어음상의 권리의 보전절차가 방해되는 일반적 사건으로서 예컨대 전쟁 · 내란 · 지진 · 홍수 등 기타 천재지변으로 인한 거래의 휴지, 교통단절, 파업으로 인한 거절증서작성기관의 직무휴지 등을 말한다. 또한 일국의 법령에 의한 금제(禁制)를 포함한다(어 54조 1항). 그러나 소지인 또는 소지인으로부터 어음의 제시 또는 거절증서 작성의 위임을 받은 자의 단순한 인적사유는 불가항력으로 보지 않는다(어 54조 6항). 불가항력은 어음상의 권리보전절차를 할 기간의 종기에 존재하여야 한다.

(나) 불가항력이 권리보전절차에 미치는 영향 　불가항력사유가 발생하면 사유의 존속기간 동안은 권리보전절차를 밟을 기간이 연장되며, 사유가 종료된 때에는 지체 없이 인수 또는 지급을 위하여 어음제시를 하고 필요한 경우에는 거절증서를 작성하여야 한다(어 54조 3항). 불가항력이 만기로부터 30일을 넘어 계속하는 때에는 어음제시 또는 거절증서의 작성 없이 상환청구할 수 있다(어 54조 4항).

또한 어음소지인은 자기의 전자에 대하여 지체 없이 불가항력을 통지하고, 어음 또는 보전(補箋)에 그 뜻과 일자를 기재하여 기명날인해야 한다(어 54조 2항). 불가항력으로 인한 기간의 연장은 시효기간의 계산에는 영향이 없다.

2. 만기 후의 상환청구

(1) 실질적 요건(상환청구원인)

어음소지인이 적법한 제시기간 내에 지급제시를 하였음에 지급인으로부터 어음금액의 전부 또는 일부의 지급을 받지 못한 경우이어야 한다(어 43조, 77조 1항 4호). 여기서 지급을 받지 못한 경우라 함은 지급인의 지급거절뿐만 아니라 지급인의 부재, 소재불명 기타 사유로 지급을 받지 못한 모든 경우를 가리킨다. 수인의 지급인이 있는 경우에는 그 전원의 지급거절이 있어야 한다.

(2) 형식적 요건

어음소지인은 먼저 적법한 지급제시를 하여야 하며, 이 지급제시는 지급거절증서의 작성이 면제되어 있는 경우에도 하여야 한다.[70] 또한 지급거절을 증명하기 위하여 지급거절증서를 작성하여야 한다(어 44조 1항, 77조 1항 4호).

다만 거절증서작성면제문구가 있거나, 인수거절증서가 작성되어 있는 경우(어 44조 4항) 및 불가항력이 만기로부터 30일 이상 계속되는 경우(어 54조 4항)에는 지급거절증서의 작성이 필요 없다. 지급지에 주소를 가진 자가 참가인수를 한 때, 또는 지급지에 주소를 가진 자가 예비지급인으로 기재된 때에는, 어음소지인은 그 전원에게 어음을 제시하여 참가지급을 청구하고, 참가지급거절증서를 작성시켜야 한다(어 60조 1항).

Ⅲ. 상환청구의 통지(거절의 통지)

1. 총　　설

상환청구권의 행사를 위하여는 먼저 상환청구권자가 자기의 전자에 대하여 상환원인의 발생을 통지하여야 한다(어 45조). 이것은 상환의무자로 하여금 어음의 부도로 인한 대책을 마련하게 하거나, 지급자금의 준비, 상환금액의 증가를 막게 하기 위함이다.

---

70) 대판 1986. 9. 9, 85다카2011; 약속어음의 소지인이 피소구권자에 대한 소구권을 행사하기 위하여는 어음법 제75조 소정의 법정기재 사항이 기재된 약속어음에 의하여 적법한 지급제시를 한 것을 요하고, 위 법정기재 사항의 일부라도 기재되지 아니한 약속어음에 의하여 한 지급제시는 어음법 제76조의 규정에 의하여 구제되지 않는 한 적법한 지급제시로서의 효력이 없는 것이므로 그와 같은 경우에는 피소구권자에 대한 소구권을 상실한다.

이러한 상환청구의 통지의 입법례로서는 상환청구의 통지를 어음의 상환요건으로 하고 있는 영미법계의 엄격주의의 입장과 상환청구권보전의 요건으로서 거절증서를 중시하고 상환청구의 통지를 소지인의 단순한 의무로 여기는 통일법계의 통지의무주의의 입장이 있다.

2. 통지를 요하는 경우

상환청구의 통지를 요하는 것은 인수 또는 지급의 거절이 있은 경우이며, 어음법상 규정은 없으나 지급인의 지급정지·강제집행의 불주효의 경우에도 이 통지를 하여야 한다.

그러나 지급인·인수인 또는 인수제시금지어음의 발행인이 파산한 경우 및 화의개시결정이 있은 때, 회사정리법에 의한 정리절차의 개시가 있은 경우에는 공고제도가 있으므로 통지를 할 필요가 없다(파산법 133조, 화 28조, 회정 47조). 당사자 사이에 통지면제의 특약이 있는 경우에도 그 당사자 사이에서는 이 통지를 생략할 수 있다.

3. 통지의 당사자와 통지기간

(1) 당사자

통지의무자는 어음의 최후의 소지인과 통지를 받은 배서인이며(어 45조 1항), 통지를 받는 자는 발행인·배서인 및 이들의 보증인이다(어 45조 1항, 2항). 즉 어음소지인은 그 직접의 전자에게, 통지를 받은 배서인은 다시 그 직접의 전자에게 통지하는 동시에(순차통지주의), 그 전자의 보증인과 발행인에게도 동일한 통지를 하여야 한다.

배서인의 처소가 기재되어 있지 않거나 분명하지 않은 경우에는 그 배서인 직접의 전자에게 하면 된다(어 45조 3항).

(2) 통지기간

소지인은 거절증서작성일에 이은 4거래일 이내에 또는 거절증서작성면제의 경우에는 지급제시일에 이은 4거래일 내에, 또 배서인은 통지를 받은 날에 이은 2거래일 내에 통지를 하여야 한다(어 45조 1항).

4. 통지의 방법과 내용

통지의 방법에는 제한이 없으며 구두·서면으로 할 수도 있고, 또 단순히 어음을 반환함으로써 할 수도 있다(어 45조 4항). 통지의 내용은 인수 또는 지급이 거절된 사실을 통지하면 되고, 다만 통지를 받은 배서인은 전(前)통지자 전원의 명칭과 처소를 표시하고 자기가 받은 통지를 자기의 전자에게 통지하여야 한다(어 45조 1항).

통지의무자는 적법한 기간 내에 상환청구의 통지를 하였음을 증명하여야 하나, 이 기간 내에 통지의 서면을 우편으로 부친 때에는 그 기간을 준수한 것으로 본다(어 45조 5항).

5. 통지의무위반의 효과

통지의무를 위반하여도 상환청구권을 상실하는 것은 아니다. 다만 통지해태로 인하여 손해가 생긴 때에는 어음금액의 한도 내에서 후자 전원에 대해서 이를 배상할 책임을 진다(어 45조 6항).

Ⅳ. 상환청구금액

1. 상환청구금액의 법정

어음소지인이 인수 또는 지급이 거절됨으로써 생긴 손해의 전부를 받기 위하여 개별적으로 상환금액을 정하게 된다면 어음거래의 원활을 해치게 되므로 어음법은 상환금액을 정형화하고 있다.

2. 소지인의 상환청구금액

(1) 만기 후의 상환청구금액

어음소지인은 상환청구권에 의하여 ① 인수 또는 지급되지 아니한 금액과 이자의 기재가 있으면 그 이자, ② 연 6푼(퍼센트)의 이율에 의한 만기 이후의 이자, ③ 거절증서의 작성비용, 통지의 비용과 기타의 비용의 지급을 청구할 수 있다(어 48조 1항).

(2) 만기 전의 상환청구금액

만기 전에 상환청구권을 행사하는 경우에는 인수 또는 지급되지 아니한 어음금액과 거절증서작성비용·통지비용과 기타의 비용을 청구하되, 어음금액은 만기에 이르기까지의 중간이자를 어음금액으로부터 공제한다. 이 경우에 할인율은 소지인의 주소지에서의 상환청구하는 날의 공정할인율(은행률)에 의하여 계산한다(어 48조 2항).

Ⅴ. 상환방법(상환의무의 이행)

1. 상환의 원칙

상환의 방법에는 제한이 없으므로, 상환청구금액의 현실의 지급 이외에 대물변제, 상계 등에 의하여도 할 수 있다.

상환의무자는 지급과 상환으로 거절증서, 영수를 증명하는 계산서와 그 어음의 교부를 청구할 수 있다(어 50조 1항). 즉 위 서류의 교부와 지급은 동시이행의 관계에 있다. 상환의무를 이행하여 어음을 환수한 배서인은 어음상 자기의 의무가 소멸한 것을 표시하기 위하여 자기와 후자의 배서를 말소할 수 있다(어 50조 2항).

2. 일부인수가 있는 경우

일부인수가 있는 경우, 인수되지 아니한 어음금액에 대하여 만기 전의 상환청구를 한때에는 상환자는 소지인으로 하여금 그 지급한 뜻을 어음에 기재하고, 영수증·어음의 증명등본 및 거절증서의 교부를 청구할 수 있다(어 51조).

3. 상환의무자의 상환권

상환의무자는 상환청구권자에 의한 상환청구가 있기 전에 자진하여 그 채무를 이행하여 상환의무를 면할 수가 있다. 이것을 상환의무자의 상환권이라 한다. 상환의무자가 상환권을 행사한 경우에는 어음소지인은 이를 거절하지 못하며, 거절하는 경우에는 수령지체가 된다.

수인의 상환자가 있는 경우에는 가장 다수의 상환의무자의 의무를 면하게 하는 자의 상환을 받아야 한다(어 63조 3항의 유추적용).

4. 역 어 음

상환청구권자가 자기를 수취인으로 하고, 상환의무자를 지급인으로 한 일람출급의 환어음을 새로 발행하여 상환청구권을 행사하는 경우에 발행된 새어음을 역어음이라고 한다(어 52조 1항).

역어음은 상환청구권자의 주소와 상환의무자의 주소가 멀리 떨어진 경우에 환시세의 영향으로 인한 부당한 결과를 방지하고, 할인을 통하여 지급의 시간적 장애를 극복하기 위하여 인정되고 있다.

역어음의 발행이 원래 어음에서 금지되지 않아야 하며, 발행인은 상환청구권자이고, 지급인은 상환의무자, 지급지는 상환의무자의 주소지, 만기는 일람출급, 발행지는 본어음의 지급지 또는 상환청구권자의 주소지이어야 한다(어 52조 1항 참조). 어음금액은 어음소지인이 역어음을 발행하는 경우에는 본어음의 지급지에서 그 전자의 주소지에 대하여 발행하는 일람출급어음의 환시세에 의하여 정하고, 배서인이 발행하는 경우에는 역어음의 발행인이 그 주소지에서 전자의 주소지에 대하여 발행하는 일람출급어음의 환시세에 의한다(어 46조 3항).

역어음에 있어서는 제3자방지급문구의 기재는 허용되지 않으며, 어음금액은 상환금액 이외에 중개료 및 인지세를 포함한다(어 52조 2항).

Ⅵ. 재상환청구

1. 의 의

재상환청구라 함은 어음소지인 또는 자기의 후자에 대하여 상환의무를 이행하여 어음을 환수한 자가 다시 그 전자에 대하여 상환청구하는 것을 말한다.

2. 요 건

(1) 실질적 요건

재상환청구를 함에는 상환의무자가 그 의무를 이행하여 어음을 환수하여야 한다. 따라서 무담보배서인이 상환을 하거나, 상환의무가 시효 또는 절차의 흠결로 인하여 소멸한 후에 상환을 한 경우에는 전자에 대하여 재상환청구를 하지 못한다. 재상환청구권자에는 배서인 · 보증인 · 참가지급인 등이 있다.

(2) 형식적 요건

재상환청구를 하기 위하여는 어음 · 거절증서와 영수를 증명하는 계산서를 교부받아야 하며, 이것을 다시 재상환의무자인 자기의 전자에 교부하여야 한다(어 50조 1항).

3. 재상환청구금액

상환의무를 이행하여 어음을 환수한 자는 그 전자에 대하여 ① 지급한 총금액, ② 이 금액에 대한 연 6퍼센트의 이율에 의하여 계산한 지급일 이후의 이자, ③ 기타 지출한 비용의 지급을 청구할 수 있다.

4. 상환자의 지위

상환의무를 이행하면 어음을 환수한 자는 어음상의 권리를 재취득하게 된다.[71] 따라서 어음을 환수한 배서인은 다시 타인에게 배서양도할 수 있으며, 또한 자기와 후자의 배서를 말소할 수 있다(어 50조 2항).

그런데 상환의무자가 그 의무를 이행하여 어음상 권리를 재취득하는 것에 대한 법적 성질에 대하여는 어음상의 권리는 배서에 의해 어음의 환수를 해제조건으로 하여 이전되는 것이라고 보고, 재상환청구권자는 자기가 이전에 가지고 있었던 어음상의 권리를 회복한 것이라고 보는 권리회복설과 어음상의 권리는 배서에 의해 확정적으로 피배서인에게 이전되는 것으로 보고, 배서인이 어음을 환수하면 어음법의 규정에 의하여 어음상의 권리를 재취득한 것이라고 하는 권리재취득설의 입장이 대립된다. 양설의 대립은 특히 항변문제를 종전의 지위를 기준으로 할 것인가(권리회복설), 아니면 재취득한 시점을 기준으로 할 것인가(권리재취득설)에 차이가 있다. 권리회복설이 다수설이다. 인적항변의 문제는 최초의 취득시를 기준으로 개별적으로 결정되어야 할 문제이므로 권

71) 대판 1990. 10. 26, 90다카9435; 지급거절증서작성의무를 면제하고 약속어음을 배서양도한 배서인 甲으로서는 어음소지인의 소구에 대하여 거절증서 작성이 없다는 이유로 청구를 거절할 수 없으므로, 甲으로부터 어음을 취득한 乙이 지급거절증서작성의무를 면제하지 아니하고 최후소지인인 丙에게 위 어음을 배서양도하였음에도 丙에 대하여 거절증서작성 유무를 확인하지 아니하고 그 소구청구에 응하였다고 하더라도 그 점을 탓할 수 없을 것이므로 乙의 소구를 거절할 수 없고, 어음의 배서인은 어음소지인의 소구에 응하였거나 기타의 사유로 어음을 회수한 경우에는 자기의 배서를 말소할 수 있고 그렇게 되면 그 배서는 배서의 연속에 관한 한 없는 것으로 보게 되어 있으므로 丙이 적기에 거절증서를 작성하지 아니하였다 하여 甲의 乙에 대한 소구의무에 어떠한 영향을 미친다고 할 수 없다.

리회복설이 타당하다고 본다.

(1) 권리회복(부활)설

① 배서인은 배서에 의하여 어음채권을 상실하는 것이 아니고(즉 여전히 어음단체 안에 있다), 어음을 소지하지 못하여 어음상의 권리를 행사하지 못하는 것이므로 환수하면 어음상의 권리를 행사할 수 있다. ② 배서는 환수를 해제조건으로 한 권리의 이전이다. 따라서 재상환청구권자는 전자로부터 원래의 인적항변사유에 의하여 대항받고, 후자의 인적항변사유는 선의·악의를 불문하고 대항받지 않는다.

(2) 권리재취득설

법률에 규정에 의한 어음상의 권리의 상환청구권자로부터의 재취득이라 보면 종전의 지위의 부활이 아니다. 따라서 재상환청구권자는 전자로부터 원래의 인적항변사유로서 대항을 받지 않고, 후자의 인적항변사유는 그가 악의이면 대항을 받는다. 상환의무자는 법률의 규정에 의한 강제취득이기 때문에 가령 악의·중과실이 있는 자로부터 환수하며 상환청구권을 행사할 수 없다는 것은 형평의 관념상 맞지 않는다.

Ⅶ. 거절증서

1. 의 의

거절증서는 어음상의 권리의 행사 또는 보전에 필요한 행위(인수 또는 지급제시)를 하였다는 것과, 그 결과(인수 또는 지급거절)를 증명하는 공정증서이다. 거절증서는 법률에 의하여 그 작성이 명하여진 유일한 증거방법이므로(예외: 수표의 상환청구시 지급인과 어음교환소의 선언, 수 39조 2·3호) 다른 증서로써 대용하지 못한다. 거절증서에 관하여는 거절증서령이 있다.

2. 거절증서의 작성을 요하는 경우

거절증서를 작성할 경우로는 ① 인수거절로 인한 상환청구(어 44조 1항, 26조 1항, 51조), ② 제시일자 또는 인수일자의 기재거절(어 25조 2항, 78조 2항), ③ 유예기간의 청구(제2의 제시 청구, 어 24조 1항), ④ 지급거절(어 44조 1항, 54조 3항, 77조 1항 4호), ⑤

참가인수의 거절(어 56조 2항), ⑥ 참가지급거절(어 60조 1항, 77조 1항 5호), ⑦ 복본반환거절(어 66조 2항), ⑧ 원본반환거절(어 68조 2항, 77조 1항 6호) 등이다.

그러나 거절증서작성면제문구가 있거나, 인수거절증서가 작성되어 있는 경우(어 44조 4항) 및 불가항력이 만기로부터 30일 이상 계속되는 경우(어 54조 4항)에는 지급거절증서의 작성이 필요 없다. 또한 파산과 화의의 경우에는 거절증서의 작성을 요하지 않으며 각각 파산결정서와 화의개시결정서를 제출하여야 한다(어 44조 6항).

3. 거절증서의 작성

(1) 작성기관

거절증서의 작성기관은 공증인 또는 집행관이 작성한다(거절증서령 2조).

(2) 작성장소

거절증서를 작성할 장소는 청구를 한 장소, 즉 거절증서에 의하여 증명하려는 행위를 한 장소이다(거절증서령 8조). 따라서 지급 또는 인수를 위한 제시의 장소가 작성장소로 되며, 거절자의 승낙이 있는 경우에는 다른 장소에서도 작성할 수가 있다.

(3) 작성기간

인수거절증서의 작성기간은 인수제시기간과 같다. 지급인이 인수의 유예기간(고려기간)을 요구한 경우에 인수제시기간의 말일에 제1의 제시가 있는 때에는 그 익일에도 인수거절증서를 작성시킬 수 있다(어 44조 2항).

지급거절증서의 작성기간은 원칙으로 지급을 할 날과 이에 이은 2거래일 내에 작성하여야 하고, 다만 일람출급어음은 그 제시기간 내(발행일로부터 1년)에 작성하여야 한다(어 44조 3항).

(4) 작성방식

거절증서는 어음 또는 이에 결합한 보전(補箋)에 거절자와 피거절자의 성명, 명칭, 거절자에 대해 청구한 뜻 및 거절자가 그 청구에 응하지 않았거나 면회할 수 없었다는 뜻, 거절증서작성의 장소와 연월일 등 일정사항을 기재하고 작성자가 기명날인한다(거절령 3조).

(5) 거절증서의 수

수인에 대한 청구 또는 동일인에 대한 수회의 청구를 한 때에는, 거절증서 1통을 작성한다(거절령 7조).

(6) 거절증서의 등본

공증인 등의 거절증서작성자가 거절증서를 작성한 때에는 일정사항을 기재한 등본을 작성하여 그 사무소에 비치하여야 하며, 거절증서의 원본이 멸실되면 이해관계인의 청구에 의하여 그 등본에 의하여 등본(원본과 동일한 효력이 인정)을 작성하여 교부한다(거절령 9조).

4. 거절증서작성의 면제

(1) 의 의

원칙적으로 상환의무자는 거절증서작성을 면제할 수 있다. 거절증서의 작성을 면제하면 어음상의 권리행사가 간편하고 작성비용을 절감할 수 있으며, 인수 또는 지급거절의 사실이 공표되는 불리함을 피할 수 있다.

(2) 면제권자

거절증서의 작성을 면제할 수 있는 자는 상환의무자인 환어음의 발행인·배서인·보증인이 있으며, 참가인수인도 면제할 수 있다. 인수인과 그를 위한 보증인은 면제하지 못한다. 그러나 약속어음의 발행인은 상환의무자가 아니나, 어음의 작성자로서 거절증서작성의무를 면제할 수 있다(통설, 어 46, 77조 1항 4호).

(3) 면제의 방식

면제권자가 어음에 「무비용상환」·「거절증서불요」의 문자 또는 이와 동일한 의의가 있는 문언을 기재하고 기명날인 또는 서명함으로써 한다. 단순히 거절증서의 작성면제가 기재되어 있는 경우에는, 인수와 지급의 양거절증서의 작성이 면제된 것으로 본다(통설).

(4) 면제의 효력

발행인이 면제문언을 기재한 때에는 소지인은 모든 상환의무자에 대하여 거절증서 없이 상환청구권을 행사할 수 있으며, 배서인・보증인 등이 면제문언을 기재한 때에는 그 자에 대하여서만 효력이 생긴다. 발행인이 면제문언을 기재하였음에도 불구하고 소지인이 거절증서를 작성시킨 때에는 그 비용은 소지인이 부담하고, 배서인 또는 그 보증인이 기재한 경우에 거절증서를 작성시킨 때에는 모든 어음채무자에게 그 비용을 상환할 수 있다(어 46조 3항).

거절증서의 작성이 면제되었다 하더라도 상환청구권을 행사하기 위하여는 반드시 지급제시를 하여야 한다.

제 7 절 참 가

I. 총 설

1. 참가의 의의와 종류

참가는 소지인이 상환청구권을 행사할 수 있는 경우에 제3자가 어음관계에 개입하여 인수 또는 지급을 함으로써 상환청구권의 행사를 저지하는 제도이다. 참가제도는 어음의 신용을 회복하여 소지인의 이익을 보호하고, 상환청구로 인한 상환금액의 증대를 방지하는 기능을 갖는다. 참가는 제3자가 어음관계에 가입하여 어음의 신용을 유지하는 점에서는 어음보증과 유사하나, 보증은 예방적인 조치인데 반하여, 사후조치라는 점에서 서로 다르다.

참가에는 참가인수와 참가지급이 있다. 전자는 만기 전의 상환청구를 저지하기 위하여 제3자가 상환의무를 인수하는 것이고, 후자는 만기 전 또는 만기 후의 상환청구를 저지하기 위하여 제3자가 지급하는 것이다.

참가는 어음에 특유한 제도이고 수표에는 인정되지 않는다. 어음법은 약속어음에 있어서는 참가지급에 관한 규정만을 준용하고 있다(어 77조 1항 5호). 그러나 참가인수가 만기 전의 상환청구권행사를 저지하기 위한 제도이므로 약속어음에 있어서도 인정되어야 한다는 견해가 유력하다(학설대립).

2. 참가를 할 수 있는 시기

참가인수는 상환청구요건이 구비된 후 만기까지의 사이에(어 56조 1항), 참가지급은 상환청구요건이 구비된 후 지급거절증서작성기간의 최종일의 익일(翌日)까지 이를 할 수 있다(어 59조 3항).

3. 참가의 당사자

(1) 참가인

1) 의 의

참가인은 참가의 종류에 따라 참가인수인과 참가지급인이 있으나 그 자격에는 제한이 없다. 따라서 순수한 제3자뿐 아니라 지급인 또는 어음상의 상환의무자인 환어음의 발행인·배서인 및 그 보증인 등도 될 수 있다. 그러나 인수인과 약속어음발행인 및 이러한 자의 보증은 그 성질상 참가인이 될 수 없다(어 55조 3항).

참가인에는 어음의 기재에 의하여 참가가 예정된 예비지급인(어 56조 2항, 60조 1항)과 예정되어 있는 않은 제3자가 참가하는 협의의 참가인이 있다.

2) 예비지급인

(가) 의 의　예비지급인이라 함은 만기 전 또는 만기의 상환청구를 저지하기 위하여 참가할 자로서 미리 어음상에 기재된 자를 말한다.

(나) 지정권자　예비지급인은 상환의무자인 환어음의 발행인·배서인 또는 이들의 보증인이 지정할 수 있다(어 55조 1항). 상환의무자가 아닌 인수인·지급인 또는 약속어음의 발행인 및 이들의 보증인, 무담보배서인은 이를 지정하지 못한다.

(다) 자 격　참가인이 될 수 있는 자는 모두 예비지급인이 될 수 있다.

(2) 피참가인

상환의무자 또는 그 보증인은 모두 피참가인이 될 수 있다. 따라서 인수인·약속어음의 발행인·무담보배서인은 피참가인이 될 수 없다.

4. 참가의 통지

참가인이 참가를 한 때에는 피참가인에 대하여 참가일로부터 2거래일 내에 참가의 통지를 하여야 한다. 참가인이 이 기간을 준수하지 않는 경우에 과실로 인하여 손해가 생긴 때에는 어음금액의 한도 내에서 배상할 책임을 진다(어 55조 4항). 이 통지는 피참가인으로 하여금 먼저 상환의무를 이행할 기회를 주고 상환의 준비를 할 수 있게 하기 위함이다. 참가의 통지로 상환청구의 통지에 대신할 수 없다.

Ⅱ. 참가인수

1. 의 의

참가인수는 만기 전의 상환청구를 저지하기 위하여 어음의 지급을 약속하는 어음(수표)행위이다. 참가인수의 법적 성질에 관하여는 상환의무의 인수라고 해석하는 것이 통설이다.

참가인수인의 책임은 어음의 지급이 되지 않는 경우에 피참가인의 후자에 대하여만 대하여서만 지급의무를 부담하고, 소지인의 상환청구권보전절차의 흠결로 인하여 소멸되므로 인수인의 책임과 다르다.

2. 참가인수의 요건

참가인수를 함에는 만기 전에 상환원인이 발생하고, 그 사실이 인수거절증서에 의하여 확정되어 있어야 한다(어 56조 1항 참조). 그러나 인수제시금지어음에 대하여는 참가인수를 하지 못한다(어 56조 1항).

3. 참가인수의 방식

참가인수는 참가지급과는 달리 어음(수표)행위이므로 어음에 참가인수문구를 기재하고 참가인이 기명날인 또는 서명을 하여야 한다(어 57조). 또한 피참가인을 표시하여야 한다. 이 표시가 없는 경우에는 환어음의 발행인을 위한 것으로 본다(동조). 등본 또는 보전에 한 참가인수도 유효하다고 본다(다수설).

4. 참가인수인의 선택

(1) 참가인수 거절의 자유 및 금지

어음소지인은 원칙적으로 참가인수를 거절할 수 있다(어 56조 3항). 그러나 지급지에 있는 예비지급인의 기재가 있는 경우에는 그 자의 참가를 거절하지 못하며, 소지인은 예비지급인에게 어음을 제시하였으나 그 자가 참가인수를 거절하였음을 거절증서에 의하여 증명하지 않으면 예비지급인을 기재한 자와 그 후자에 대하여 만기 전의 상환청구권을 행사하지 못한다(어 56조 2항).

예비지급인이 수인인 경우에는 그 전원에 대하여 인수제시를 하여야 한다. 제시기간은 만기 전에 한한다.

(2) 참가인수의 경합

참가인수를 할 자가 수인 있는 경우에는 지급지에 있는 예비지급인이 우선하고, 이러한 예비지급인이 수인이 있는 경우에는 가장 많은 상환의무자를 면책시키는 자가 우선한다.

5. 참가인수의 효력

참가인수인은 어음소지인과 피참가인의 후자에 대하여 피참가인과 동일한 의무를 진다(어 58조 1항). 이 의무는 상환의무자로서의 의무이므로 제2차적 의무이며, 지급할 금액도 피참가인의 상환금액과 같다. 참가인수가 있으면, 소지인은 피참가인과 그 후자에 대하여 만기 전의 상환청구권을 잃는다(어 56조 3항 2문). 그러나 피참가인의 전자에 대하여는 여전히 만기 전의 상환청구를 할 수 있다. 피참가인과 그 전자는 참가인수에 불구하고, 자진하여 상환금액을 지급하여 어음을 환수할 수 있으며, 거절증서와 영수를 증명하는 계산서가 있는 때에는 그 교부도 청구할 수 있다(어 58조).

Ⅲ. 참가지급

1. 의　　의

참가지급은 만기 또는 만기 전의 상환청구권행사의 요건이 구비되었을 경우에 그 상환청구를 저지하기 위하여 인수인(약속어음의 발행인) 이외의 자가 하는 지급을 말한다. 참가지급은 어음상의 기명날인을 요하지 아니하므로 참가인수와 달리 어음(수표)행위가 아니고, 상환청구권의 소멸을 목적으로 하는 변제와 유사한 행위이다(통설). 그러나 참가지급은 피참가인의 후자의 의무만을 소멸시키는 점에서 본래의 지급과 다르다(어 63조 2항).

2. 참가지급의 요건

참가지급을 함에는 만기 전 또는 만기 후의 상환청구원인이 발생하여야 하며(어 59조 1항), 거절증서의 작성이 면제되어 있는 경우 및 파산의 경우를 제외하고, 그 사실이 거절증서에 의하여 입증되어야 한다.

3. 참가지급인

(1) 자 격

인수인과 약속어음의 발행인을 제외하고 누구나 참가지급인이 될 수 있다(어 55조 3항, 77조 1항 5호).

(2) 참가인수인 또는 예비지급인의 기재가 있는 경우

지급지에 주소를 가진 참가인수인 또는 예비지급인의 기재가 있는 경우에는 소지인은 늦어도 지급거절증서를 작성시킬 수 있는 최종일의 익일까지 그 전원에게 어음을 제시하고, 필요한 경우에는 참가거절증서를 작성시켜야 한다(어 60조 1항). 위 기간 내에 거절증서의 작성이 없는 때에는 예비지급을 기재한 자 또는 피참가인과 그 후자의 배서인은 의무를 면한다(어 60조 2항).

(3) 제3자의 참가지급의 거절불가

위와 같은 기재가 없는 경우에 소지인은 즉시 상환청구를 할 수 있으나, 제3자가 참가지급을 하는 경우에는 소지인은 참가인수와 달리 이를 거절하지 못한다. 만약 이를 거절한 때에는 피참가인의 후자에 대하여 상환청구권을 잃게 된다(어 61조).

(4) 참가지급인의 경합

상이한 피참가인을 위하여 수인이 참가지급을 원하는 경우에는 가장 다수의 어음채무자의 의무를 면하게 하는 자가 우선한다(어 63조 3항 1문). 이러한 사정을 알고 참가지급을 한 자는 의무를 면할 수 있었던 자에 대한 상환청구권을 상실한다(어 63조 3항 2문).

4. 참가지급의 방법

(1) 시 기

참가인수인은 원칙적으로 지급거절증서작성기간의 익일(翌日)까지 참가지급을 하여야 하고(어 60조 1항), 예비지급인 기타 제3자의 참가지급은 만기의 전후를 불문하고 할 수 있으나, 지급거절증서작성기간의 익일까지는 하여야 한다. 그 후의 지급은 참가지급이 되지 않는다.

(2) 금 액

참가지급의 금액은 피참가인이 지급할 전액이다. 본래의 지급에 있어서는 일부지급이 허용되나(어 39조 2항), 참가지급에 있어서는 허용되지 않으므로 소지인은 일부참가지급을 거절할 수 있다(어 59조 2항).

(3) 지급의 방식

참가지급을 함에는 어음면에 피참가인을 표시하고 소지인으로 하여금 그 영수를 증명하는 문언을 기재하여야 한다(어 62조 1항). 피참가인을 위한 표시가 없으면 발행인을 위하여 지급한 것으로 본다. 또한 소지인은 어음과 거절증서를 작성시킨 때에는 이와 함께 참가지급인에게 교부하여야 한다(어 62조 2항).

5. 참가지급의 효력

(1) 소지인의 권리의 소멸(본질적 효력)

참가지급으로 인하여 소지인의 어음상의 권리는 모든 어음채무자에 대한 관계에서 소멸한다.

(2) 면책적 효력

참가지급으로 인하여 피참가인의 후자는 상환의무를 면한다(어 63조 2항, 77조 1항 5호). 그러나 피참가인은 의무를 면하지 못하고, 참가지급인에 대하여 의무를 진다(어 63조 1항).

(3) 참가지급인의 권리취득

참가지급인은 피참가인과 그 전자 및 인수인에 대하여 어음상의 권리를 취득한다(어 63조 1항). 이들을 위한 보증인이 있는 경우에는 보증인에 대한 권리도 취득한다. 이 권리취득은 소지인의 권리를 승계 또는 대위하는 것이 아니고, 어음법에 의한 법정취득이다. 그러나 참가지급인은 다시 그 어음에 배서를 하지 못한다(어 63조 1항 후단). 그 밖에 참가지급인은 일반사법상의 관계에 의하여 보상청구권을 가지므로 위의 어음상의 권리와 선택적으로 행사할 수 있다(통설).

제 8 절 복본과 등본

I. 복 본

1. 의 의

복본이라 함은 동일한 어음상의 권리를 표창하기 위하여 발행된 수통의 어음증권을 말한다. 수통의 증권은 모두 정본(正本)이며, 원본과 등본의 경우처럼 정부(正副)·주종(主從)의 구별이 없다. 복본의 작성은 특히 어음을 타지에 송부시(예: 인수시) 상실할 경우에 대비하기 위하여 또는 어음유통의 조장을 위하여 이용된다. 복본제도는 환어음과 수표에서만 인정되며 약속어음에서는 인정되지 않는다.

2. 발 행

(1) 방 식

복본은 어음발행인만이 발행할 수 있으며(등본과 다름), 발행인은 수통의 복본을 발행할 수 있다(어 64조 1항).

복본은 각 통의 내용이 동일하여야 하며, 증권의 본문 중에 번호를 붙여야 한다(어 64조 1·2항). 만약 이 번호가 없는 때에는 그 수통의 복본은 각 별의 독립한 어음으로 본다(어 64조 2항 2문). 각 통이 그 내용을 달리하는 경우에도 마찬가지이다.

(2) 복본의 교부청구

어음에 1통만으로 발행한다는 뜻의 기재가 없으면 소지인은 자기의 비용으로 발행인에게 복본의 교부를 청구할 수 있다(어 64조 3항). 소지인이 복본발행을 청구함에는 자기의 직접의 배서인에게 하고, 그 배서인은 다시 자기의 전자에 대하여 함으로써 순차적으로 발행인에게 이르도록 하여야 하며, 발행인이 복본을 작성하면 역순으로 배서인을 통하여 소지인에게 이르도록 한다. 이 경우 각 배서인은 새로운 복본에 배서를 재기(再記)하여야 한다(어 64조 3항). 복본의 수에는 제한이 없다.

3. 복본의 효력

(1) 복본일체의 원칙

복본은 동일한 어음채권을 표창하는 것이므로 발행인과 배서인은 수통의 복본에 기명날인하여도 1개의 어음채무를 부담하는 데 그치며, 어음의 제시나 상환청구도 1통으로써 하면 된다. 이를 복본일체의 원칙이라고 한다. 그러므로 복본의 1통에 대한 지급이 있는 때에는 이 지급이 다른 복본을 무효로 한다는 뜻의 기재가 없는 경우에도 그 책임을 면한다(어 65조 1항).

(2) 예 외

1) 복본에 인수한 자의 책임

수통의 복본에 인수한 지급인은 지급시에 복본 모두를 환수하여 두지 않으면 반환하지 아니한 복본에 대하여는 인수인으로서의 책임을 면하지 못한다(어 65조 1항 단서). 이것은 선의의 소지인을 보호하기 위한 것이다.

2) 배서의 경우

복본은 원래 합일적으로 유통되어야 하지만, 복본소지인이 각 통을 각각 다른 사람에게 배서양도한 때에는 반환을 받지 아니한 각 통에 대하여 배서인으로서의 어음책임을 부담하여야 하며, 그 후에 이러한 복본에 배서한 자도 배서한 복본에 대하여 책임을 진다(어 65조 2항).

4. 인수를 위한 복본의 송부

복본소지인이 인수를 위하여 그 1통(송부복본)을 송부한 경우에는 다른 각 통(유통복본)에 송부복본을 가지는 자의 명칭을 기재하여야 하며, 그 기재가 있는 유통복본의 정당한 소지인은 송부복본을 가지는 자에 대하여 반환을 청구할 수 있다(어 66조 1항). 송부복본의 소지인이 그 반환을 거절하면 유통복본의 소지인은 거절증서에 의하여 인수를 위하여 송부한 1통(송부복본)의 반환이 거절되었다는 것과 자기가 소지하고 있는 복본으로써 인수 또는 지급이 거절되었다는 것을 증명하여 전자에 대하여 상환청구할 수 있다(어 66조 2항).

송부복본을 가지는 자의 기재가 없는 경우에는 유통복본을 소지하는 자는, 유통복본에 의하여 인수 또는 지급의 청구를 하고 상환청구권보전절차를 밟아 상환청구를 할 수 있다(통설).

Ⅱ. 등 본

1. 의 의

등본은 어음의 원본을 등사(謄寫)한 것이다. 등본은 그 자체로는 어음으로서의 효력이 없으나, 그 위에 배서·보증을 할 수 있다. 등본을 가지고는 인수 또는 지급을 하지 못한다. 발행인 이외의 소지인도 등본을 발행할 수 있으며, 등본은 어음원본의 상실의 위험을 피하기 위하거나 어음의 유통을 목적으로 이용된다.

2. 등본의 방식

등본에는 배서 기타 원본에 기재한 모든 사항을 정확히 재기하고, 그 말미를 표시하는 기재(경계문언, 예: '이상 등사')를 하여야 한다. 등본에는 원본소지자를 표시하여야 한다(어 68조 1항).

3. 등본의 효력

등본에는 원본과 동일한 방법과 효력으로써 배서 또는 보증을 할 수 있으나(어 67조 3항), 등본은 어음이 아니므로 어음상의 권리를 주장함에는 항상 원본이 있어야 한다.

4. 원본의 반환청구권과 등본소지인의 상환청구권

원본을 송부한 경우에는 등본에 그 원본의 소지자(송부처)를 기재하여야 하며, 그 등본의 정당한 소지인은 원본소지자에 대하여 그 반환을 청구할 수 있다(어 68조 1항). 반환이 거절되는 경우에 등본소지인은 원본반환거절증서를 작성시켜서 등본에 배서·보증을 한 자에 대하여 상환청구권을 행사할 수 있다(어 68조 2항).

원본송부처의 기재가 없는 경우에는 등본소지인이 원본소지인을 탐지하여 원본반환거절증서를 작성한 경우에만 상환청구권을 행사할 수 있다(다수설).

5. 원본에 의한 배서의 금지

등본작성 전에 최후의 배서의 뒤에 '이 후의 배서는 등본에 한 것만이 효력이 있다'는 문언 또는 이와 동일한 의의가 있는 문언을 원본에 기재한 때에는, 원본에 기재한 그 후의 배서는 무효로 한다. 이 기재는 배서 이외의 방법에 의한 양도까지도 무효로 한다(통설).

제 4 장
약속어음

제 1 절 총　　설

Ⅰ. 약속어음의 의의

약속어음(promissory note, eigner Wechsel)은 어음의 발행인이 주채무자로서 수취인 기타 증권의 정당한 소지인에게 일정한 금액을 지급할 것을 무조건으로 약속하는 증권이다.

Ⅱ. 환어음과의 차이점

1. 경제적 기능상의 차이

환어음과 약속어음은 모두 신용수단, 지급수단으로 이용된다. 그러나 환어음은 국제거래에서 공간적·시간적인 간격을 극복하기 위하여 송금과 환전의 수단으로서 이용되지만, 약속어음은 주로 국내거래에서 이용된다.

2. 법률상의 차이

(1) 어음의 기본당사자와 어음행위

약속어음은 지급약속증권이고, 환어음은 지급위탁증권이므로 약속어음의 기본당사자는 발행인과 수취인 2인이나, 환어음의 기본당사자는 발행인·지급인·수취인 3인이다.

또한 약속어음에 있어서는 발행·배서·보증의 3가지의 어음행위가 있으나, 환어음에 있어서는 이 외에 인수·참가인수의 5가지의 어음행위가 있다.

(2) 발행인의 의무

약속어음의 발행인은 주채무자이지만, 환어음의 발행인은 주채무자가 아니고 상환의무자이다.[1] 환어음의 주채무자는 인수인이다.

(3) 자금관계

환어음에서는 발행인과 지급인간의 법률관계가 지급의 위탁이므로 자금관계가 존재하나, 약속어음에서는 이러한 법률관계가 없다.

(4) 인수제도

환어음에서는 지급인이 인수를 함으로써 어음상의 주채무자가 되므로 인수제도가 필요하며, 지급인이 인수를 거절하는 경우에는 만기 전의 상환청구 및 참가인수가 인정된다. 약속어음에서는 인수제도가 없다. 그러나 약속어음에 있어서도 발행인의 자력불확실로 인한 만기 전의 상환청구 및 이를 저지하기 위한 참가제도가 인정된다.

또한 환어음에서는 발행인·배서인은 지급 이외에 인수에 대하여도 담보책임을 지나, 약속어음에서는 인수제도가 없으므로 인수에 대한 담보책임이 문제될 여지가 없다.

(5) 복 본

환어음에 있어서는 해외에 환어음을 송부하거나, 인수를 위하여 타지에 송부하는 경우에 어음의 분실에 대비하기 위하여 복본을 인정하고 있으나, 약속어음에서는 발행인이 지급인의 자격을 겸하고 있으므로 복본이 인정되지 않는다.

Ⅲ. 환어음과의 공통점

이상의 차이점을 제외하면 환어음이나 약속어음은 모두 완전유가증권으로서 그 법

---

1) 대판 1971. 7. 20, 71다1070; 약속어음의 발행인은 어음금액을 절대적으로 지급할 채무를 부담하는 자이므로 어음법 제77조 제1항 제3호에 의한 지급을 위한 제시의 규정은 약속어음 발행인에게는 적용될 수 없다.

적 성질이 같다. 따라서 어음법은 약속어음에 관하여는 3개조문의 특별규정만을 두고, 그 이외는 모두 환어음에 관한 규정을 준용하고 있다.

제 2 절 약속어음에 관한 특칙

Ⅰ. 약속어음의 발행

1. 어음요건(어 75조)

① 증권의 본문 중에 그 증권의 작성에 사용하는 국어로 약속어음임을 표시하는 문자

② 일정한 금액을 지급할 뜻의 무조건의 약속

③ 만기의 표시

만기에는 4가지 종류가 있고, 이 기재가 없으면 일람출급으로 보는 것은 모두 환어음의 경우와 같으나(어 76조 1호), 일람후정기출급어음에 관하여는 특별규정이 있다(어 78조 2항). 즉 일람후정기출급약속어음의 소지인은 어음법 23조에 정한 제시기간 내(발행일자로부터 1년)에 발행인에게 일람을 위하여 제시하여야 하며, 일람 후의 기간은 발행인이 어음에 일람의 뜻을 기재하고 일자를 부기하여 기명날인한 날로부터 진행된다. 발행인이 일람의 뜻과 일자의 기재를 거절한 때에는 거절증서에 의하여 이를 증명하여야 하며, 이 일자로부터 일람 후의 기간을 계산한다. 만약 어음소지인이 위의 절차를 해태한 때에는 전자에 대한 상환청구권을 상실하나, 주채무자인 발행인에 대한 권리는 잃는 것이 아니다. 이 경우 제시기간의 말일을 기준으로 하여 만기를 계산한다.

④ 지급지

지급지의 기재가 없으면 발행지를 지급지이며 발행인의 주소지로 본다(어 76조 2호).

⑤ 지급을 받을 자 또는 지급을 받을 자를 지시할 자의 명칭

(i) 수취인의 기재　　어음은 수취인의 기재가 필요적 기재사항이므로 무기명식 또는 지명소지인출급식은 인정되지 않는다. 그러나 수취인 백지어음의 발행인이 인정되어 동일한 효과를 가질 수 있다.

(ii) 자기지시약속어음의 허부 환어음은 발행인 자신을 지급받을 자로 하여 발행할 수 있으나(자기지시어음)(어 3조 1항), 약속어음에는 동규정이 준용되지 않으므로 자기지시약속어음의 인정여부가 불투명하다. 그러나 어음에서는 당사자의 지위를 겸병하는 것이 허용되므로 인정될 수 있다고 본다(통설).

⑥ 발행일과 발행지

발행지의 기재가 없으면 발행인의 명칭에 부기한 곳을 발행지로 본다(어 76조 3호).

⑦ 발행인의 기명날인 또는 서명

2. 어음요건 이외의 기재사항

약속어음에도 어음요건 이외에 유익적 기재사항과 무익적 기재사항 및 유해적 기재사항이 있으나, 환어음의 경우와 거의 같다.

Ⅱ. 발행의 성질과 효력

약속어음의 발행도 어음증권을 작성하여 수취인에 교부함으로써 성립하는 어음(수표)행위이며, 발행인은 어음의 수취인과 그 이후의 정당한 소지인에 대하여 주채무자로서 제1차적 · 절대적으로 어음금지급의무를 부담한다.

Ⅲ. 환어음에 관한 규정의 준용

약속어음에는 환어음에 관한 규정 중 인수 · 인수거절의 경우의 상환청구 · 참가인수 · 복본에 관한 규정을 제외하고 모두 준용된다(어 77조).

제 5 장
전자어음

제 1 절 총 설

Ⅰ. 어음결제제도의 문제점

2014년 2월에 통계청에서 발표한 우리나라의 2013년 4분기 기업간 전자상거래(B2B)의 거래액 규모는 약 279조 3천억원으로 이는 2001년 연간 기업간 전자상거래액이 약 108조 9천억원이었던 점을 감안할 때 기업간 전자상거래의 규모는 빠른 속도로 증가하고 있다고 볼 수 있다. 이처럼 급증하는 기업간 전자상거래 시장규모에도 불구하고 과거 기업결제의 대부분은 어음·수표교환방식에 의해 이루어지고 있었으며 물품거래와 대금결제가 이원적으로 행해지고 있었기 때문에 결제과정에 있어서의 여러 불편함이 있었다. 또한 신용카드, 전자자금이체, 전자채권 등 다양한 전자결제수단으로 어음결제율이 점점 저하되고 있는 실정이며, 이러한 어음결제율의 저하는 결국 어음결제에 따른 과비용구조를 심화시키게 된다.[1] 또한 과거 무문별한 어음의 발행으로 인하여 어음부도율이 크게 증가하여 중소기업의 자금난과 연쇄부도의 영향으로 기업이 도산하는 사회적·경제적 문제를 야기시켰다.

1) 이에 대하여 자세한 내용은 권종호, "전자어음제도의 도입과 법리적 과제",「비교사법」제10권 1호, 한국비교사법학회, 2003, 559-561면.

Ⅱ. 전자어음의 도입에 따른 기대효과와 현행제도의 특징

이러한 문제점을 해소하기 위하여 정부는 '전자어음의 발행 및 유통에 관한 법률(전자어음법)'을 2004년 3월에 제정하였으며, 이에 따라 종이어음을 대신할 전자어음이 세계 최초로 2005년 9월부터 발행 · 유통되었다. 또한 2009년 11월부터 '주식회사의 외부감사에 관한 법률'에 의한 외부감사대상 기업과 직전 사업연도말 자산총액 10억원 이상인 사업자는 종이어음을 발행할 수 없고 전자어음을 발행하도록 강제하고 있다.[2)] 전자어음은 전자문서의 형태로 발행되지만 원칙적으로 어음법이 보충적으로 적용된다(전자어음법 4조). 따라서 어음법과 전자어음법은 일반법과 특별법과의 관계에 있다고 볼 수 있다.

전자어음은 어음의 발행부터 교환에 이르는 전 과정이 관리기관[3)]의 전산시스템 내부에서 전자적으로 이루어지는 약속어음이다. 종이어음 대신 전자어음이 발행 · 유통됨으로써 어음의 보관 · 관리 · 교환 등 어음결제에 따른 비용이 획기적으로 절감되고, 어음의 위 · 변조 및 분실위험을 방지할 수 있으며, 어음거래에 금융실명제를 도입하는 효과가 발생하여 회계의 투명성 및 조세의 공평성 등 금융질서가 투명해지고, 전자상거래에 부합하는 경제 환경이 조성되어 전자상거래의 활성화를 통한 기업의 경쟁력 강화에 크게 기여할 것으로 예상된다. 이러한 전자어음은 기존의 종이어음과 달리 몇 가지 특징이 있다. 첫째, 만기가 발행일로부터 1년으로 제한되며(전자어음법 6조 5항),[4)] 둘째, 배서는 20회까지 가능하며(전자어음법 7조 5항), 셋째, 발행 · 배서 등의 어음행위는 공인전자서명(공인인증서)을 이용하여야 하며(전자어음법 6조 3항 및 7조 6항), 넷째, 발행인의 연간 발행총액을 제한할 수 있다는 점이다(전자어음법 5조 2항).

전자어음도 배서에 의하여 양도되므로 전자어음의 발행인이 부도가 나면 자금회수의 곤란은 물론 연쇄부도의 위험이 따른다. 종이어음의 경우는 일부배서가 무효이므로(어 12조 2항) 어음분할이 금지되나, 전자어음의 경우에는 어음분할(분할배서)이 인정되며, 분할된 어음은 각각 배서양도할 수 있다(전자어음법 7조의2 1항).

---

2) 자본시장법은 약속어음의 일종인 기업어음(CP)을 전자어음법의 적용대상에서 제외하고 있으므로(10조 3항) 외감법 적용대상기업에 대하여 전자어음발행을 강제하는 의미가 약화되고 있다.

3) 현재 금융결제원이 전자어음관리기관으로 지정되어 운영되고 있다.

4) 2016년 개정되어, 2018년 부터 전자어음의 만기는 발행일로 부터 3개월을 초과할 수 없다(2018년 5월 30일 부터 시행됨). 다만, 부칙에 개정된 전자어음법 6조 5항 시행일로부터 3년이 경과한 날 전날까지, 1년 단위로 6개월 · 5개월 · 4개월의 만기 적용 특례를 정하고 있다(전자어음법 부칙 2조).

제 2 절 전자어음의 의의와 특성

Ⅰ. 전자어음의 개념

전자어음은 "전자문서로 작성되고 전자어음관리기관에 등록된 약속어음을 말한다"(전자어음법 2조 2호). 따라서 전자어음은 ① 전자문서이어야 하며, ② 전자어음관리기관에 등록되어야 하며, ③ 약속어음이어야 한다.

1. 전자문서로 작성

전자어음은 전자문서로 발행되고, 배서, 지급청구, 상환청구 등 각종의 어음(수표)행위가 전자문서에 의하여 이루어진다. 따라서 전자어음은 유체물로 발행되는 종전의 종이어음과 본질적으로 다르며, 존재양식이 전자적 형태로 이루어진 전자증권인 것이다.

여기서 전자문서라 함은 정보처리시스템에 의하여 전자적 형태로 작성, 송신・수신 또는 저장된 정보를 말한다(전자어음법 2조 1호, '전자문서 및 전자거래 기본법' 2조 1호). 또한 정보처리시스템은 전자문서의 작성・변환, 송신・수신 또는 저장을 위하여 이용되는 정보처리능력을 가진 전자적 장치 또는 체계를 말한다('전자문서 및 전자거래 기본법' 2조 1호).

2. 전자어음관리기관에 등록

전자어음법 2조가 전자어음의 개념요소로 '전자어음관리기관'에 등록을 규정하고 있고, 동법은 "전자어음을 발행하려는 자는 그 전자어음을 전자어음관리기관에 등록하여야 한다"(전자어음법 5조 1항)고 규정하고 있다. 따라서 등록되지 않은 전자문서형태의 전자어음은 전자어음법상의 전자어음도 아니고, 어음법상의 어음도 아니다.

전자어음관리기관의 등록을 요구하고 있는 것은 전자어음의 관리와 어음(수표)행위의 진정성 확보, 정보통신망의 관리를 원활하게 처리하기 위한 것으로 볼 수 있다.

전자어음관리기관은 법무부장관이 지정・감독하며, 기술 및 시설능력, 재정능력 등을 갖추어야 한다(전자어음법 3조). 현재 금융결제원이 전자어음관리기관으로 지정되어 있다.

3. 전자어음은 약속어음

전자어음은 약속어음에 한정된다. 전자어음법은 동법의 목적으로 "이 법은 전자적 방식으로 약속어음을 발행·유통하고 어음상의 권리를 행사할 수 있도록 함으로써 국민경제의 향상에 이바지함을 목적으로 한다"고 규정하고 있으며, 정의규정인 2조 2호의 전자어음의 정의에서 약속어음에 한정됨을 분명하게 규정하고 있는 것이다. 따라서 현행법상 전자화 할 수 있는 것은 약속어음에 한정되며, 환어음 또는 수표는 전자화할 수 없다. 이는 전자어음의 입법배경이 과거 기업 간 거래에서 주 결제수단인 약속어음의 악용에 따른 폐단을 시정하기 위한 노력의 일환이라는 점에서 찾을 수 있다.

Ⅱ. 전자어음법과 어음법

전자어음법은 동법의 적용범위와 관련하여 "전자어음에 관하여 이 법에서 정한 것 외에는 '어음법'에서 정하는 바에 따른다"고 규정하고 있다. 또한 전술한 바와 같이 전자어음법의 적용범위를 전자 약속어음에 한정하고 있기 때문에 어음법과 전자어음법은 일반법과 특별법의 관계에 있다고 볼 수 있다.

전자어음법의 규율내용도 주로 전자적으로 이루어지는 전자어음상의 어음행위의 방식을 규율하고 있기 때문에 어음행위의 효력 및 당사자 간에 법률관계는 어음법과 어음법이론에 따라 해결되어야 할 것이다. 다만 전자어음의 법률관계를 해결함에 있어서는 전자어음의 기술적 성격상 기존의 어음법 이론의 수정이 불가피하게 이루어질 수밖에 없을 것이다.

제 3 절 어음행위에 관한 특칙

Ⅰ. 전자어음의 발행

1. 전자어음요건

전자어음법은 6조에서 전자어음에 기재하여야 할 사항(전자어음요건)을 규정하고 있다. 즉 ① 국어로 약속어음임을 표시하는 글자(약속어음문구), ② 조건 없이 일정한 금액을 지급할 것을 약속하는 뜻(지급약속문구), ③ 만기, ④ 지급받을 자 또는 지급받을 자를 지시할 자의 명칭(수취인), ⑤ 발행인과 발행지, ⑥ 전자어음의 지급을 청구할 금융기관(지급담당은행), ⑦ 전자어음의 동일성을 표시하는 정보, ⑧ 사업자고유정보, ⑨ 공인전자서명을 기재하여야 한다. 어음의 필요적 기재사항인 지급지에 대하여는 ⑥의 금융기관이 있는 지역을 지급지로 본다는 간주규정을 두고 있다(전자어음법 6조 2항). 또한 공인전자서명을 한 경우에는 약속어음의 기명날인 또는 서명한 것으로 본다는 규정을 두고 있다(전자어음법 6조 3항).[5] 따라서 전자어음법은 어음법에서 규정한 약속어음의 필요적 기재사항을 바탕으로 전자어음의 특성상 추가적으로 요구되는 필요적 기재사항을 규정하고 있다고 볼 수 있다. 이는 다음과 같다.

(1) 지급담당은행

전자어음법이 규정하고 있는 '전자어음의 지급을 청구할 금융기관'은 어음법 4조의 '제3자방'을 의미한다(어음법 77조 2항, 4조). 제3자방은 지급장소 또는 지급담당자를 의미한다. 어음법에서는 제3자방지급기재를 임의적 기재사항으로 규정하고 있으나, 전자어음법은 이를 필요적 기재사항(어음요건)으로 규정하고 있다. 이는 전자어음에서 전자적 방법으로 지급제시 및 지급사무를 처리할 신용있는 기관으로서 금융기관(은행)을 지정한 것으로 볼 수 있다. 은행은 부도신고 등 전자어음에 관한 제반 결제관리를 한다.

---

5) "공인전자서명"이란 '전자서명법' 2조 3호에 따른 정보(가. 전자서명생성정보가 가입자에게 유일하게 속할 것, 나. 서명 당시 가입자가 전자서명생성정보를 지배·관리하고 있을 것, 다. 전자서명이 있은 후에 당해 전자서명에 대한 변경여부를 확인할 수 있을 것, 라. 전자서명이 있은 후에 당해 전자문서의 변경여부를 확인할 수 있을 것)를 말한다(전자어음법 2조 3호).

따라서 전자어음에서는 기존 종이어음과 달리 은행이 지급담당자로 기재되어 있는 '은행도어음'이 원칙으로 되어 있으므로 전자어음을 등록하여 발행하려는 자는 금융기관과 '당좌예금계약'을 체결하여야 한다(전자어음법 시행령 5조 1항).

금융기관은 '당좌예금계약'을 통하여 발행인의 신용, 매출액, 당좌거래실적을 종합하여 전자어음의 발행한도를 제한할 수 있으므로 전자어음의 지급가능성을 높일 수 있다.

(2) 전자어음의 동일성정보

종이어음의 경우는 그 물리적 존재 자체로 다른 어음과 구별할 수 있지만 전자어음의 경우는 쉽지 않다. 따라서 전자어음법을 전자어음의 동일성을 표시하는 정보를 어음의 필요적 기재사항으로 규정하고 있다. 전자어음의 특성상 다른 전자어음과 구별할 수 있는 일련번호 및 전자기호를 말한다. 통상적으로 금융기관이 발행인별로 발행하는 전자어음에 자동으로 일련번호를 부여한다.

(3) 사업자 고유정보

전자어음의 발행인의 동일성을 인식할 수 있는 정보를 말한다. 법은 사업자고유정보에 대하여 "전자어음과 관련된 당사자의 상호나 사업자등록번호, 회원번호, 법인등록번호 또는 주민등록번호 등 사업자를 식별할 수 있는 정보를 말한다"라고 규정하고 있다(전자어음법 2조 5호).

2. 교 부

종이어음의 발행은 발행인이 어음요건을 기재한 증권을 작성하고, 이를 수취인에게 교부함으로써 완성된다. 그러나 전자어음에서는 증권이 없으므로 증권의 교부에 대신할 논리가 필요하다. 이에 따라 전자어음법은 "발행인이 타인에게 '전자문서 및 전자거래 기본법' 6조 1항에 따라 전자어음을 송신하고 그 타인이 같은 조 2항에 따라 수신한 때에 전자어음을 발행한 것으로 본다"고 규정하고 있다(전자어음법 6조 4항). 송신은 수신자 또는 그 대리인이 해당 전자문서를 수신할 수 있는 정보처리시스템에 입력한 때이다. 수신은 수신자가 전자문서를 수신할 정보처리시스템을 지정한 경우에는 지정된 정보처리시스템에 입력된 때(전자문서가 지정된 정보처리시스템이 아닌 정보처리시스템에 입력된 경우에는 수신자가 이를 출력한 때), 수신자가 전자문서를 수신할 정보처리시스템을 지정하지 아니한 경우에는 수신자가 관리하는 정보처리시스템에 입력된 때이다.

3. 만기제한

전자어음의 만기는 발행일부터 1년을 초과할 수 없다(2018년부터 3개월로 단축된다. 전자어음법 6조 5항). 종이어음에서는 만기의 최장기간의 제한이 없었기 때문에 특히 구매자인 중소기업의 대금결제를 부당히 지연시키는 폐단이 많았다. 이를 시정하고, 전자어음의 결제를 신속히 완료하여 상거래를 원활히 하기 위한 것이다.

4. 백지어음의 불허

전자어음법은 전자어음에 의한 백지어음의 발행을 금지하고 있다(전자어음법 6조 6항). 전자어음도 원인관계가 확정되지 않는 경우에는 이론상 백지어음을 발행할 수 있으나, 백지어음의 남발과 분쟁가능성의 방지를 위하여 입법정책적으로 금지한 것으로 볼 수 있다.

Ⅱ. 전자어음의 배서

1. 배서의 방식

배서는 어음상 권리의 양도방식이다. 전자어음상의 권리도 배서에 의하여 양도할 수 있다(전자어음법 7조). 전자어음에 배서를 하는 경우에는 전자어음에 배서의 뜻을 기재한 전자문서(배서전자문서)를 첨부하여야 한다. 배서전자문서에는 전자어음의 동일성을 표시하는 정보를 기재하여야 한다. 전자배서의 완료시점은 배서인이 타인에게 전자어음과 배서전자문서를 송신하고 그 타인이 전자문서를 수신한 때에는 배서 및 교부를 한 것으로 본다(전자어음법 7조 3항). 피배서인이 다시 배서를 하는 경우에는 이전에 작성된 배서전자문서를 전자어음에 전부 첨부하고 자신의 배서전자문서를 첨부하여야 한다. 전자어음의 총배서횟수는 20회를 초과할 수 없다(전자어음법 7조 5항). 배서인이 전자어음에 공인전자서명을 한 경우에는 어음법에 따른 기명날인 또는 서명을 한 것으로 본다(전자어음법 7조 6항, 6조 3항).

백지식배서의 허용여부에 대하여 전자어음법은 규정하고 있지 않으나, 허용되지 않는다고 보는 것이 타당하다. 백지식배서의 실익은 피배서인을 지정하지 않고 단순히 교부에 의해 양도함으로써 상환청구의 위험에서 벗어나는 데 있으나, 전자어음에서는 단순한 교부에 의한 이전을 인정하고 있지 않기 때문이다.

실무상 전자어음을 배서하기 위해서는 금융결제원이나 해당 금융기관의 인터넷뱅킹 홈페이지에서 배서할 어음을 선택한 후 필요한 항목을 기입하고 공인인증서를 통해서 전자어음을 배서한다. 이 경우 피배서인은 인터넷을 통해서 전자어음의 내역을 확인할 수 있다.

2. 분할배서의 허용

어음의 경우에는 일부의 배서는 무효이므로(어음법 12조 2항) 분할배서가 허용되지 않는다. 2004년 전자어음법에는 분할배서를 허용하지 않았으나, 2013년 개정법에서는 기업의 결제 편리성과 금융비용 절감을 위하여 어음금액을 일부금액으로 나누어서 배서할 수 있는 '분할배서' 제도를 도입하였다. 분할배서는 예컨대 대기업으로부터 어음을 받은 중간기업이 이를 분할하여 소기업에 지급하는 경우에 그 필요성이 크다. 다만 분할배서는 지급거절되는 경우에 법률관계가 복잡해지고 피해자가 양산되는 문제가 발생하기 때문에 전자어음을 발행받아 최초로 배서하는 자에 한하여 총 5회 미만으로만 허용된다(전자어음법 7조의2 1항). 다만 전자어음의 발행인이 전자어음면에 분할금지 또는 이와 동일한 뜻의 기재를 한 때에는 분할배서가 허용되지 않는다(전자어음법 7조의2 6항).

분할된 각각의 전자어음은 전자어음의 배서의 방법을 갖추어야 한다. 또한 분할배서를 하는 자는 배서하는 전자어음이 분할 전의 전자어음으로부터 분할된 것임을 표시하여야 한다. 분할 후의 전자어음은 그 기재된 금액의 범위에서 분할 전의 전자어음과 동일한 전자어음으로 본다. 분할된 전자어음에 대한 법률행위의 효과는 분할된 다른 전자어음의 법률관계에 영향을 미치지 아니하며, 배서인은 분할 후의 수개의 전자어음이 구별되도록 다른 번호를 붙여야 한다(전자어음법 7조의2 4항). 분할 후의 어느 전자어음상의 권리가 소멸한 때에는 분할 전의 전자어음은 그 잔액에 관하여 존속하는 것으로 본다(전자어음법 7조의2 5항).

3. 배서의 효력

전자어음법은 전자어음의 배서의 효력에 대하여 규정하고 있지 않다. 그러나 전자어음에도 어음법에서 규정한 자격수여적 효력, 권리이전적 효력, 담보적 효력을 인정하여야 할 것이다. 배서의 효력이 인정되기 위하여는 전자어음법에 따른 배서의 방식을 갖추어야 함은 당연하다. 배서의 자격수여적 효력이 인정되는 이상 전자어음의 선의취득도 가능하다고 본다.

Ⅲ. 전자어음의 보증

전자어음법은 전자어음의 보증을 인정하고 있다. 전자어음을 보증하는 자는 보증의 뜻을 기재한 전자문서를 그 전자어음에 첨부하여야 한다. 보증인이 전자어음에 공인전자서명을 한 경우에는 어음법에 따른 기명날인 또는 서명을 한 것으로 본다. 또한 보증인이 타인에게 전자어음을 송신하고 그 타인이 수신한 때에 전자어음을 보증한 것으로 본다(전자어음법 8조 2항).

2013년 개정 전자어음법은 "전자어음은 보증에 의하여 그 금액의 일부의 지급을 담보할 수 없다"고 신설규정을 두고 있다(전자어음법 8조 3항). 그 개정이유가 분명치 않으나 일부보증을 금지하려는 의도로 보인다. 어음법에서는 일부보증을 허용하고 있으나(어 30조 1항), 전자어음의 경우에 이를 허용하면 특히 보증채무를 이행한 보증인의 구상관계가 복잡하기 때문에 법률관계를 단순화하기 위한 것으로 볼 수 있다.

Ⅳ. 전자어음의 지급제시

1. 지급제시의 방법

어음은 제시에 의하여 결제된다. 이러한 어음의 제시증권성과 관련하여 전자어음법은 "전자어음의 소지인이 전자어음 및 전자어음의 배서에 관한 전자문서를 첨부하여 지급청구의 뜻이 기재된 전자문서를 지급을 청구할 금융기관에 송신하고 그 금융기관이 수신한 때에는 지급을 위한 제시를 한 것으로 본다"고 규정하고 있다(전자어음법 9조 1항). 다만, 전자어음관리기관에 대한 전자어음의 제시는 지급을 위한 제시와 같은 효력이 있으며 전자어음관리기관이 운영하는 정보처리 조직에 의하여 전자어음의 만기일 이전에 자동으로 지급 제시되도록 할 수 있다. 지급 제시를 위한 송신과 수신의 시기는 '전자문서 및 전자거래 기본법'에 따른다. 지급 제시를 하는 소지인은 지급청구의 뜻이 기재된 전자문서에 어음금을 수령할 금융기관의 계좌를 기재하여야 한다(전자어음법 9조 3항). 지급 제시를 받은 금융기관이 어음금을 지급할 때에는 전자어음관리기관에 지급사실을 통지하여야 한다. 다만, 전자어음관리기관에서 운영하는 정보처리 조직에 의하여 지급이 완료된 경우에는 그러하지 아니하다(전자어음법 9조 4항).

따라서 전자어음의 지급제시는 금융결제원이 운영하는 정보처리조직에 의하여 만기일에 자동으로 지급제시되며, 발행인이 만기일에 영업시간까지 거래은행 결제계좌로 어음금을 입금하면 금융결제원에서 소지인 거래은행에 입금사실을 전송하게 되고, 소지인 거래은행은 소지인 계좌에 즉시 입금을 하게 된다.

2. 어음상환의 의제

어음의 상환증권성은 어음채무자의 이중지급을 방지하기 위함이다. 그러나 전자어음은 실물이 없어 상환이 불가능하다. 이에 따라 전자어음법은 "어음금을 지급한 금융기관이 전자어음관리기관에 지급사실을 통지하거나 전자어음관리기관의 정보처리 조직에 의하여 지급이 완료된 경우 어음 채무자가 해당 어음을 환수한 것으로 본다"는 간주규정을 두고 있다. 따라서 전자어음의 경우에는 지급금융기관은 영수증의 교부를 청구할 수 없다. 또한 전자어음의 소지인은 일부지급을 거절할 수 있다(전자어음법 11조, 어음법 39조).

Ⅴ. 지급거절

1. 절　　차

지급제시를 받은 금융기관이 지급을 거절할 때에는 전자문서(지급거절 전자문서)로 하여야 한다. 지급거절 전자문서를 전자어음관리기관에 통보하고 그 기관이 문서 내용을 확인한 경우에는 그 전자문서를 상환청구(소구권행사)를 위한 공정증서로 본다(전자어음법 12조 2항). 전자어음의 소지인이 지급거절 전자문서를 수신한 날을 공정증서의 작성일로 본다. 지급거절 전자문서는 지급 제시를 위하여 송신되는 전자어음의 여백에 지급이 거절되었음을 표시하는 문언을 기재하는 방식으로 작성하거나 전자어음의 일부가 되는 별도의 문서로 작성하여야 한다(전자어음법 시행령 10조 1항). 전자어음관리기관은 지급거절 전자문서를 통보받은 경우에는 전자어음 소지인이 적법하게 금융기관에 지급을 위한 제시를 하였는지 확인하여야 하며, 지급거절을 확인한 경우에는 지급 제시를 위한 전자어음의 여백에 지급거절을 확인하였음을 표시하는 문언을 기재한 후 해당 전자어음을 즉시 소지인에게 송신하여야 한다(전자어음법 시행령 10조 2항). 전자어음관리기관은 지급거절된 지급 제시용 전자어음을 소지인에게 송신한 때에는 소지인이 보관하는 전자어음의 원본이 소멸되도록 하여야 한다. 이 경우 지급거절된 지급 제시용 전자어음을 어음의 원본으로 본다(전자어음법 시행령 10조 3항).

2. 상환청구

전자어음의 소지인이 어음의 지급이 거절되는 경우에 전 배서인에게 상환청구를 할 수 있음은 일반 어음과 같다. 상환청구의 방법은 전자어음, 배서전자문서 및 지급거절 전자문서를 첨부하여 상환청구의 뜻을 기재한 전자문서를 상환의무자에게 송신하여야 한다(전자어음법 13조 1항).

상환의무자가 상환금액을 지급한 경우에는 전자어음관리기관에 지급사실을 통지하여야 한다. 위 통지를 하면 상환의무자가 전자어음을 환수한 것으로 본다(전자어음법 13조 3항). 따라서 상환의무자는 자신의 전자에 대하여 재상환청구를 할 수 있다.

상환청구를 하는 전자어음의 소지인은 상환청구의 뜻이 기재된 전자문서에 어음금을 수령할 금융기관의 계좌를 기재하여야 한다(전자어음법 13조 4항, 9조 3항).

Ⅵ. 어음의 반환과 수령거부

1. 착오어음의 반환

예컨대 착오로 수신자를 잘못 기재하거나 금액이 틀린 경우에는 전자어음을 회수하여야 한다. 그러나 발행인 또는 배서인의 일방적인 의사에 의하여 발행을 취소할 수 없다. 전자어음법은 상대방이 전자어음의 발행취소를 수용할 경우에 반환방법을 규정하고 있다. 즉 전자어음을 발행하거나 배서한 자가 착오 등을 이유로 전자어음을 반환받으려면 그 소지인으로 하여금 전자어음관리기관에 반환 의사를 통지하게 하여야 한다. 위 통지를 하면 전자어음은 발행되거나 배서되지 아니한 것으로 보며, 전자어음관리기관은 그 전자어음의 발행 또는 배서에 관한 기록을 말소하여야 한다(전자어음법 14조 1・2항). 상대방이 수용하지 않는 경우에는 민법의 일반원리에 따라 취소할 수 있을 뿐이다.

2. 전자어음의 수령거부

기업 간 거래에 있어서 결제(금액, 지급수단)에 관한 다툼이 있음에도 채무자의 일방적인 송신에 의하여 전자어음을 수령할 수가 있다. 이러한 경우에는 전자어음의 수령을 거부할 수 있어야 한다. 이를 위하여 전자어음법은 "전자어음의 수신자가 전자어음의 수령을 거부하려면 전자어음관리기관에 수령 거부 의사를 통지하여야 한다"고 규정하고 있다(전자어음법 14조 3항 전문). 수령 거부 의사를 통지한 경우에는 수신자가 전자어음을 수령하지 아니한 것으로 보며, 전자어음관리기관은 수신자가 청구할 경우 그 수신자가 전자어음의 수령을 거부한 사실을 증명하는 문서를 발급하여야 한다(전자어음법 14조 3항 후문).

Ⅶ. 전자어음의 할인

전자어음도 일반 어음과 마찬가지로 할인이 가능하다. 그러나 전자어음을 할인하고자 하는 경우에 할인은 은행신용이나 담보가 있는 일부 기업에 국한되어 인정되었기 때문에, 담보가 없거나 영세한 중소기업들은 물품을 납부하고 받은 어음을 현금화할 수 없어 어음 만기까지 기다려야 하는 불편함이 따르고 있었다. 이는 전자어음의 편리성에도 불구하고 전자어음의 이용을 억제하는 측면이 있었다. 현재는 신용보증기금과 기술보증기금에서 전자어음의 유통활성화를 위해서 '전자어음 할인 보증' 제도를 마련해 시행하고 있다. 따라서 전자어음을 할인하고자 할 경우에는 신용보증기금 또는 기술보증기금이 발행한 보증서를 갖고 각 기금의 거래은행을 방문하면 전자어음을 할인할 수 있다. 전자어음 활성화의 가장 큰 걸림돌로 작용했던 어음할인 문제가 해결됨으로써 전자어음이 기존의 종이어음을 빠르게 대체할 것으로 예상된다.

제 4 절 전자어음의 관리

Ⅰ. 전자어음관리기관

전자어음은 전자문서로 작성되어 전자어음관리기관에 등록된 약속어음을 말하고(전자어음법 2조 2호) 전자어음의 배서, 상환청구, 지급제시, 보증 등의 주요 어음(수표)행위가 전자어음관리기관에 기술적 지원에 의하여 이루어진다. 따라서 전자관리기관의 기술능력, 재정능력이 있어야 하며, 전자어음을 이용함에 있어서 충분한 시설 및 장비를 갖추어야 한다. 그러나 전자어음관리기관은 기술적인 지원기관에 불과하므로 어음의 실체적인 법률관계에는 관여할 수 없다.

Ⅱ. 안정성 확보의무

전자어음관리기관은 전자어음 거래의 안전을 확보하고 지급의 확실성을 보장할 수 있도록 전자어음거래의 전자적 전송·처리를 위한 인력, 시설, 전자적 장치 등에 관하여 일정한 기준을 준수하여야 한다.

이를 위하여 법과 시행령을 전자어음관리기관의 의무에 대하여 규정하고 있다. 우선 전자어음관리기관은 전자어음의 발행인등록 또는 수취인등록을 한 자 외의 자가 권한 없이 등록한 자의 명의를 이용하여 전자어음(수표)행위를 할 수 없도록 등록한 자가 등록의 종류에 따라 전자어음(수표)행위를 배타적으로 할 수 있는 장치를 제공하여야 한다(전자어음법 시행령 7조 1항). 또한 전자어음관리기관은 모든 전자어음(수표)행위가 자신이 관리하는 정보통신망을 통하여 이루어지도록 하여야 하며, 다른 정보통신서비스 제공자의 정보통신망을 통하여 이루어지거나 다른 정보통신서비스 제공자의 정보통신망을 거친 후 관리기관의 정보통신망을 통하여 이루어지도록 하여서는 아니 된다(전자어음법 시행령 7조 2항).

또한 전자어음관리기관은 일정기간 동안 전자어음에 관한 기록을 보존하여야 한다. 보존의 방법 및 보존기간은 시행령에서 정한다(전자어음법 16조 2항).

Ⅲ. 등록어음의 진정성 확보

전자어음관리기관은 이용자가 사용할 전자어음에 관하여 동일한 양식을 정하여야 한다(전자어음법 시행령 8조 1항). 또한 전자어음에는 복본이나 사본의 제작이 불가능한 장치를 하여야 하며, 발행·배서된 때에는 발행인 또는 배서인의 정보처리조직에는 전자어음이 소멸하거나 전자어음에 이미 발행 또는 배서되었음을 표시하는 문언이 기재되도록 하여야 한다. 전자어음의 소지인이 지급 제시를 위하여 전자어음을 지급금융기관에 송신하는 경우에는 전자어음 소지인의 정보처리조직에서는 전자어음이 소멸하지 아니하고, 지급금융기관에 송부된 전자어음에는 지급 제시를 위한 것임을 표시하는 문언이 기재되도록 하여야 한다. 또한 전자어음관리기관은 전자어음에 첨부할 전자문서 및 지급거절 전자문서를 전자어음과 일체가 된 문서로 하여 전자어음과 분리할 수 없도록 하여야 한다(전자어음법 시행령 8조 4항).

Ⅳ. 전자어음거래 정보의 제공과 비밀준수의무

전자전자어음관리기관은 이용자가 신청한 경우에는 전자어음 관련 발행상황 및 잔액 등의 결제 정보를 제공하여야 한다. 또한 전자어음거래와 관련하여 업무상 알게 된 이용자의 신상에 관한 사항, 이용자의 거래계좌 및 전자어음거래의 내용과 실적에 관한 정보를 이용자의 동의를 받지 아니하고 타인에게 제공하거나 누설하여서는 아니 된다. 다만, '금융실명거래 및 비밀보장에 관한 법률'과 그 밖의 법률에서 정한 정보제공의 경우에는 예외로 한다. 또한 전자어음관리기관은 건전한 전자어음 발행·유통과 선의의 거래자 보호를 위하여 필요한 경우에는 법무부장관의 사전승인을 받아 일정한 사항 등을 공개할 수 있다(전자어음법 17조).

제 6 장
수　　표

제 1 절 총　　설

Ⅰ. 수표의 의의

수표(cheque; Scheck)는 발행인이 지급인(은행)에 대하여 수취인 기타 증권의 정당한 소지인에게 일정한 금액을 지급할 것을 위탁하는 증권이다. 수표는 금전지급의 위탁증권이라는 점에서 약속어음과 다르며, 인수 전의 환어음과 같다. 따라서 환어음과 수표는 그 법률적 성질과 형식이 비슷하므로 양자 간에는 유사한 규정이 대부분이다.

그러나 지급증권인 수표(송금수표의 경우에는 송금의 작용도 하게 된다)는 신용증권인 어음과 그 목적과 경제적 기능이 다르므로 양자 간에는 여러 차이점이 있다. 특히 수표법은 수표의 신용증권화의 방지하기 위하여, ① 수표는 일람지급만을 인정하고(수 28조 1항), ② 이자의 지급을 인정하지 않으며(수 7조), ③ 인수와 참가제도가 없고, ④ 제시기간은 10일로 단기화하였으며(수 29조 1항), ⑤ 시효기간을 특히 단축하는 등 여러 규정을 두고 있다.

Ⅱ. 수표와 환어음의 비교

1. 차 이 점

(1) 인수제도의 금지

수표에는 인수제도가 없다. 수표에 한 인수는 기재하지 않은 것으로 본다(수 4조). 수표는 신용증권인 환어음과 같이 장기간 유통됨을 요하지 않기 때문이다. 따라서 수표에는 어음과 달리 주채무자가 없고, 발행인의 신용만에 의하여 유통된다. 또한 인수에 관한 여러 제도도 허용되지 않는다. 즉 ① 인수제시, ② 인수거절로 인한 상환청구, ③ 참가인수, ④ 인수무담보 등의 제도가 없다.

그러나 수표법은 인수제도가 없는 결과로 발생하는 수표지급의 불확실성을 보충하기 위하여 지급보증제도를 인정하고 있다(수 53조 이하).

(2) 지급인의 자격제한

수표의 지급인은 은행 또는 이와 동시할 금융기관에 한정된다. 제3자방출급의 수표의 제3자도 은행으로 한정된다(수 8조). 이는 수표지급의 확실성과 전문성에 비추어 볼 때 은행 또는 금융기관이 적절하기 때문이다.

(3) 자금관계의 중요성

수표의 발행인은 지급인인 은행에 그가 처분할 수 있는 수표자금이 있어야 하며, 그 자금을 수표에 의하여 처분할 수 있는 계약(수표계약)에 따라서만 발행할 수 있다. 이를 위반한 때에는 과태료에 처하며(수 67조), 부정수표단속법에 의하여 처벌된다. 환어음에는 이러한 제한이 없다.

(4) 일람출급

수표는 항상 일람출급이며, 이에 반한 기재는 그 기재가 없는 것으로 본다(수 28조 1항). 이는 수표의 지급기능에 비추어 볼 때 언제든지 지급을 받게 하기 위함이다. 선일자수표라 하더라도 기재된 발행일자 전에 제시하면 지급하여야 한다(수 28조 2항). 따라서 수표에는 만기제도가 없고, 만기전 상환청구도 없다.

(5) 수표의 소지인출급성

수표는 어음과 달리 기명식·지시식 이외에 소지인출급식, 지명소지인출급식, 무기명식의 발행이 인정된다(수 5조). 따라서 수취인의 기재는 수표의 요건이 아니다.

(6) 횡선제도

수표에만 인정된다. 이는 수표의 소지인출급성으로 인하여 발생하기 쉬운 도난·유실의 위험을 방지하기 위함이다.

(7) 지급위탁의 취소

환어음에는 없는 지급위탁취소의 제도가 수표에는 인정되어 있다(수 32조). 이는 수표의 지급증권성에 비추어 사기로 인한 수표의 발행, 분실 등의 대처하기 위함이다.

(8) 이자기재의 불인정

수표에는 이자문구의 기재가 허용되지 않는다(수 7조). 수표는 언제든지 지급제시하여 속히 현금화될 수 있기 때문에 이자문구의 기재는 불필요하고, 이를 허용하면 수표가 신용증권화될 수 있기 때문이다.

(9) 지급인의 배서와 보증금지

수표에 한 지급인의 배서는 무효로 된다(수 15조 3항). 또한 수표의 지급인은 수표보증인이 될 수 없다. 만일 이를 인정한다면 수표법의 인수금지규정을 탈법화하는 수단이 되기 때문이다. 그러나 지급인은 지급보증을 할 수 있다(수 53조 이하).

(10) 입질배서의 불인정

수표의 지급제시기간은 10일이므로(수 29조 1항) 담보에 부적당하기 때문이다.

(11) 참가제도의 불인정

수표에는 참가제도가 없다. 수표는 속히 현금화할 필요가 있고, 또한 지급을 간이화하기 위함이다.

(12) 등본의 불인정과 복본의 제한

수표에는 등본제도가 인정되지 않는다. 이는 수표가 장기간 유통되는 것이 아니기 때문이다. 또한 복본도 국제간 또는 원격지에 송부하는 경우에 한하여 인정되며 소지인출급식수표에는 인정되지 않는다(수 48조).

(13) 제시기간·시효기간

수표의 제시기간은 10일이 원칙이지만 일람출급의 환어음은 1년이다. 수표의 시효기간도 환어음보다 짧아 제시기간 경과 후 또는 수표를 환수날로부터 6월이다(수 51조). 지급보증인에 대한 청구권의 소멸시효는 지급제시기간 경과 후 1년이다(수 58조).

(14) 거절증명의 간이화

수표에는 지급거절로 인한 상환청구의 경우 그 거절증명의 방법이 간이하다. 즉 지급인의 선언 또는 어음교환소의 선언으로써 거절증서를 대신할 수 있다(수 39조).

2. 유 사 점

법률상의 성질에 있어서 수표는 어음과 같이 완전유가증권으로서 금전채권증권성·설권증권성·요식증권성·무인증권성·문언증권성·지시증권성·제시증권성·상환증권성을 갖기 때문에 여러 규정이 공통된다. 따라서 수표행위독립의 원칙(수 10조), 위조와 변조(수 10조, 50조), 수표행위의 대리(수 11조), 백지수표(수 13조), 선의취득(수 21조), 수표의 인적항변의 절단(수 22조), 시효(수 51, 52조), 은혜일(恩惠日)의 불허(수 62조), 이득상환청구(수 63조), 시간의 계산(수 60, 62조) 등은 환어음의 경우와 거의 유사하다.

Ⅲ. 수표와 약속어음의 비교

상술한 환어음과 수표의 차이점이외에도 수표와 약속어음은 기본적으로 다음과 같은 차이점이 있다(약속어음과 환어음의 차이, 환어음과 수표의 차이 참조).

1. 발행형식

약속어음은 발행인 자신이 일정한 금액을 지급할 뜻의 무조건의 약속증권이나, 수표는 발행인이 지급인에게 일정한 금액을 지급할 뜻의 무조건의 위탁증권이라는 점에서 본질적인 차이가 있다.

2. 기본당사자와 어음·수표행위

약속어음은 지급약속증권이고, 수표는 지급위탁증권이므로 약속어음의 기본당사자는 발행인과 수취인 2인이나, 수표의 기본당사자는 발행인·지급인·수취인 3인이다. 그러나 수표는 소지인출급식 또는 무기명식으로 발행할 수 있으므로 수취인은 필요적 기재사항이 아니다.

또한 약속어음에 있어서는 발행 · 배서 · 보증의 3가지의 어음행위가 있으나, 수표에 있어서는 그 이외에 지급보증까지 4가지의 수표행위가 있다.

3. 발행인의 의무

약속어음의 발행인은 주채무자이지만, 수표의 발행인은 주채무자가 아니고 지급인이 지급거절을 한 경우에 상환의무자에 불과하다. 따라서 수표에는 인수제도가 없으므로 주채무자가 존재하지 않는다. 따라서 수표는 주로 발행인의 경제적 신용에 의하여 유통된다. 수표의 지급인이 지급보증을 하여도 지급제시기간 내에 지급제시가 있는 경우에만 지급의무를 부담할 뿐이다.

4. 자금관계

수표에서는 발행인과 지급인인 은행 간의 법률관계가 지급의 위탁이므로 자금관계가 존재하나, 약속어음에서는 이러한 법률관계가 없다(은행도 약속어음과 같이 지급담당자 기재되어 있는 경우에는 준자금관계가 존재한다).

5. 복　본

약속어음에서는 복본이 인정되지 않으나, 수표에 있어서는 복본이 제한적으로 인정된다.

Ⅳ. 수표의 종류

1. 총　설

수표의 종류는 여러 가지 기준으로 분류할 수 있다. 첫째로 수취인을 지정하는 방식에 따라 ① 기명식수표, ② 지시식수표, ③ '지시금지문구'가 있는 기명식수표, ④ 소지인출급식수표, ⑤ 지명소지인출급식수표, ⑥ 무기명수표로 분류할 수 있으며(수 5조), 둘째로 발행형식에 따라 ① 자기지시수표(수 6조 1항), ② 위탁수표(수 6조 2항), ③ 자기앞수표(수 6조 3항), ④ 제3자방출급수표(타소출급수표, 수 8조), ⑤ 백지수표(수 13조), ⑥ 선일자수표(수 28조 2항), ⑦ 횡선수표(수 37조), ⑧ 계산수표(수 65조) 등으로 분류할 수 있다. 이하에서는 주로 발행형식을 기준으로 수표의 종류를 살펴본다.

2. 발행형식에 의한 분류

(1) 자기지시수표

발행인 자신을 지급을 받을 자, 즉 수취인으로 하여 발행한 수표이다(수 6조 1항). 수표의 당사자는 1인이 겸할 수 있으므로 자기지시수표를 발행하여 발행인이 배서하여 양도할 수 있다.

(2) 위탁수표

발행인이 제3자(위탁자)의 계산으로 발행하는 수표를 말한다(수 6조 2항). 통상 "○○○의 자금에서 지급하여 주십시오"라는 뜻을 기재함으로써 제3자의 계산으로 발행된다. 발행인이 타인의 위탁으로 타인의 계산에서 수표를 발행하는 경우에도 수표의 법률상의 성질이 달라지는 것은 아니며, 이 경우의 자금관계는 위탁자와 지급인 사이에 존재한다.

수표를 제3자를 계산에서 발행한다는 것은 수표법 3조의 「발행인이 처분할 수 있는 자금이 있는 은행」이라고 하는 규정에 위반하는 것이 되지 않은가 하는 것이 문제된다. 그러나 여기서 자금은 발행인이 처분할 수 있는 자기의 자금이라고 보는 동시에, 이러한 자금은 발행인을 수익자로 하는 제3자와 지급인 간의 제3자를 위한 계약에 의하여 생긴 것으로 본다면, 수표면에 위탁문언을 기재한 수표도 제3조에 위반한 것이 되지는 않을 것이다.

(3) 자기앞수표

1) 의의와 효용

발행인이 지급인을 겸하는 수표이다(수 6조 3항). 지급인이 은행 기타 금융기관에 한정되므로 이 수표는 은행발행의 수표가 되는 것이다. 발행인이 수취인을 겸하는 자기지시수표와 구별된다. 자기앞수표는 은행의 공신력으로 지급의 확실성이 있기 되기 때문에 '보증수표'라고도 한다.

자기앞수표는 1956. 3. 27.부터 금융단협정에 의하여 "수표의 지급보증은 반드시 보증은행의 자기앞수표에 의한다"고 규정하여 지급보증의 대용으로 사용되어 왔다. 은행이 지급보증에 갈음하여 자기앞수표를 발행하게 된 이유는 은행이 지급보증을 하면 거래처로부터 받은 자금을 별단계정이나 당좌계정의 지급보증계좌에 확보한다고 하더라도 일단 거래처가 파산을 하거나 위 자금에 압류가 있는 때, 위 자금이 은행에 귀속하는가 또는 별제권·상계권 등의 권리를 행사할 수 있는가 하는 까다로운 법적 문제가 발생하기 때문이다.

자기앞수표는 그 발행으로 지급자금의 확보에 편리하게 되며, 전문가인 은행의 고도한 기술과 경험에 의해 작성되는 것으로 안전하고, 현금의 대용역할을 하므로 그 이용이 크다.

자기앞수표는 매입자인 고객의 의뢰에 의해 은행이 발행하는데, 의뢰인은 수표의 당사자가 아니므로 은행과의 사이에 수표상의 관계는 없다. 자기앞수표를 발행한 은행은 소지인에 대한 관계에서는 발행인과 지급인의 두 개의 지위를 가진다. 즉 지급인으로서의 은행은 수표상의 의무가 없으나, 발행인으로서의 은행은 지급담보책임을 부담한다.

2) 발행의뢰인과 은행과의 관계

의뢰인은 수표상의 당사자는 아니므로 은행과의 수표상의 관계는 없다. 따라서 발행의뢰인과 은행은 수표외의 관계이다. 그 법적 성질에 대하여는 위임계약설과 매매설이 있다. 위임계약설은 자기앞수표의 연혁과 관행상 의뢰인이 은행에게 자기앞수표의 발행에서 지급까지를 포함한 사무를 위임하는 것으로 보고 있다.

이에 대하여 매매설은 은행과 의뢰인간에 수표자체의 매매로 보고, 발행의뢰인과 발행은행간의 수표계약이나 자금관계가 없다고 보는 입장이다. 즉 실질관계에 있어서는 발행의뢰인이 지급위탁자가 되지만 수표관계에 있어서는 어디까지나 발행은행이 지급위탁자가 된다. 따라서 발행의뢰인이 수표금의 지급의 중지를 요구하는 것은 수표법상의 지급위탁의 취소는 아니고, 사고신고의 의미밖에 없다. 즉 일반수표의 경우는 발행인이 지급위탁의 취소를 하면 지급제시기간 경과 후에 그 효력이 발생하지만 자기앞수표는 발행인과 지급인이 동일한 은행이어서 수표계약 없이 발행되는 것이므로 지급위탁이 없다. 따라서 분실통지는 단순한 사고신고이다.

3) 소지인과 은행과의 관계

(가) 지급인으로서의 은행 지급제시기기간 및 위 기간이 경과한 후에도 지급위탁의 취소가 없는 한 소지인에게 수표금을 지급할 수 있다. 그러나 수표소지인은 지급

인으로서의 은행에 대하여는 지급을 청구할 권리가 없다.

(나) 발행인으로서의 은행 상환의무를 부담한다. 은행은 소지인이 정당한 소지인이 아니라고 입증하지 못하는 한 이전 소지인으로부터 도난 또는 분실의 신고가 있거나 공시최고의 신청이 있었다는 이유만으로는 상환의무를 면할 수 없다. 그러나 제시기간이 경과한 때에는 상환의무가 없다.

4) 자기앞수표의 이득상환청구권

자기앞수표도 지급제시기간을 경과하면 수표상의 권리가 소멸되므로, 소지인은 이득상환청구권만을 행사할 수 있다. 다만 지급제시기간이 경과하더라도 지급위탁취소가 없는 한 지급인은 유효한 지급을 할 수 있으므로(수 32조 2항), 은행은 분실 · 도난 등의 신고가 없는 한 지급하는 것이 상례이다. 그러나 은행이 지급하는 것은 사고가 없다는 것을 전제로 임의로 지급하는 것이지 소지인에게 수표상의 권리가 있기 때문이 아니다. 따라서 지급제시기간이 경과한 경우에 수표소지인은 이득상환청구권만을 청구할 수 있을 뿐이다.

전술한 바와 같이 대법원은 지급제시기간을 경과하여 수표상의 권리가 소멸한 수표를 양도하는 행위는 특별한 사정이 없는 한 ① 수표금의 지급수령권한, ② 이득상환청구권의 양도, ③ 양도통지에 관한 권능을 부여하는 것으로 보고 있다.[1)]

대법원이 이렇게 해석하는 것은 통설 · 판례가 이득상환청구권의 법적 성질을 지명채권으로 보므로 지급제시기간 경과 후의 자기앞수표를 취득한 자가 이득상환청구권을 취득을 주장하기 위하여는 자신의 전자인 양도인과 이득상환청구권양도의 합의, 의무

1) 대판 1976. 1. 13, 70다2462; 은행 또는 기타 금융기관 발행의 자기앞수표는 제시기간 내는 물론 제시기간 후에도 발행은행에서 또는 그 외의 금융기관에서 쉽게 지급받을 수 있다는 거래상의 확인에 의해서 현금과 같이 널리 유통되고 있고 또한 수표의 양도는 거래의 일반적인 인식으로서는 수표의 표시된 액면상당의 금원을 발행은행으로부터 지급받을 수 있는 권리가 수표상의 권리이던 또는 이득상환권이던 간에 구별 없이 또 이를 구별하려고도 않고 양도 · 양수한다는 거래의 실정에 비추어 볼 때 수표소지인이 수표법상의 보전절차를 취함이 없이 제시기간 도과 후에 수표상의 권리가 소멸된 수표를 양도하는 행위는 수표금액의 지급수령권한과 아울러 특별한 사정이 없는 한 수표상의 권리의 소멸로 인해서 소지인에게 발생한 이득상환청구권까지도 이를 양도하는 동시에 그에 수반해서 이득을 한 발행인인 은행에 대하여 소지인을 대신해서 그 양도에 관한 통지를 할 수 있는 권능을 부여하는 것이라고 하여야 할 것이고 위 양도받은 수표를 양수인이 다시 제3자에게 양도하는 행위는 이와 같이 양도받은 수표금액의 지급수령권한 및 이득상환청구권을 위 소지인으로부터 수권된 이득을 한 채무자인 발행은행에 대한 통지의 권능이 수반된 상태로 이전하는 행위 할 것이고 이와 같은 수표의 정당한 소지인은 발행은행에 대하여 그가 받은 이익의 한도에서 이득상환청구권을 행사할 수 있고 또 채무자인 발행은행도 동수표의 소지인에게 변제함으로서 유효하게 동 채무를 면하게 된다[판례변경, 다수의견]. 동지; 대판 1979. 10. 10, 79다1481; 1981. 3. 10, 81다220.

자에 대한 대항요건으로서 양도인의 통지 또는 채무자의 승낙이 있어야 하는데(민 450조), 제시기간경과 후 자기앞수표를 취득한 자가 현실적으로 위의 양도의 합의와 대항요건을 갖추어 교부하는 경우는 거의 없기 때문에 자기앞수표가 현금과 같이 유통되는 거래의 실정을 도외시하고 선의자를 보호하지 못하는 결과가 된다. 따라서 대법원은 판결에 있어서 법적 논리의 구현과 구체적 타당성의 실현과의 갈등을 조화시키는 방안으로서 위의 논리를 선택한 것으로 볼 수 있다.

따라서 수표의 지급제시기간 경과 후에는 수표의 소지인이 정당한 이득상환청구권자임을 확인하지 않고 수표를 취득하는 경우에는 아무리 선의자라 하더라도 이득상환청구권을 양수할 수 없게 된다(지급제시기간 경과 후에는 수표상의 권리가 소멸되었으므로 선의취득이 인정될 수 없다).

(4) 제3자방출급수표(타소출급수표)

발행인이 지급인의 영업소 이외의 제3자의 영업소에서 지급하라는 문구(제3자방지급문구)를 기재하여 발행한 수표를 말한다. 제3자는 은행이어야 한다(수 8조).

(5) 백지수표

백지수표는 수표요건이 흠결된 부분을 소지인으로 하여금 후에 보충시키기로 하고 유통상태에 둔 수표를 말한다. 이에 관한 설명은 백지어음의 경우와 같다.

(6) 선일자수표(연수표)

선일자수표란 발행일자를 실제로 발행된 일자보다 후의 일자로 기재하여 발행한 수표이다. 연수표(延手票)라고도 한다. 수표는 일람증권이므로 기재된 발행일자 전에 지급제시가 되더라도 지급인은 지급하여야 한다(후술).

(7) 횡선수표

수표의 도난·분실의 대비하여 부정소지인이 지급을 받지 못하도록 수표의 표면에 두 줄의 횡선을 기재한 수표이다. 일반횡선수표와 특정횡선수표가 있다(수 37조). 이에 관하여는 후술한다.

(8) 계산수표

발행인 또는 소지인이 증권의 표면에 '계산을 위한'의 문자 또는 이와 동일한 의의가 있는 문언을 기재하고 현금을 지급을 금지하고 기장(記帳)의 방법에 의하여만 결제할 수 있도록 한 수표이다(수 65조 참조). 우리나라에서는 계산수표가 인정되지 않기 때문에 수표법은 외국에서 발행하여 대한민국에서 지급할 계산수표에 대하여 일반횡선수표로서의 효력을 인정하고 있다.

3. 그 밖의 수표

(1) 당좌수표

은행과 당좌거래가 있는 개인 또는 법인이 발행하는 수표로서 자기앞수표(보증수표)에 대한 개념이다. 수표법에서 말하는 전형적인 형태의 수표이다.

(2) 송금수표

은행이 그 본 · 지점 사이 또는 거래은행을 상대로 송금의 목적으로 발행한 수표를 말한다.

(3) 여행자수표(traveller's check)

해외여행자가 현금휴대의 위험성과 번잡함을 피하기 위하여 여행지에서 그곳의 화폐로 현금화할 수 있는 유가증권을 말한다. 여행자수표가 수표인가 어음인가에 대하여는 견해가 나뉘고 있다. 고객(여행자)은 여행자수표를 은행으로부터 매입하며 수표를 취득한 즉시 수표의 상단에 서명을 하여야 분실 · 도난으로 인한 피해를 방지할 수 있다. 여행자 수표를 여행지에서 현금화할 때는 수표매입자의 면전에서 수표상단의 기재되어 있는 서명과 동일하게 수표의 하단에 부서(副署, counter signature)를 하여야 한다. 수표매입자는 소지인의 신분과 서명의 일치를 확인하고 현금을 지급한다. 여행자수표는 배서에 의해서만 양도된다.

고객은 여행자수표를 분실하거나 도난당한 경우에 즉시 발매은행이나 그 지점 · 거래은행에 신고하고 새로운 여행자수표를 교부받을 수 있다.

(4) 가계수표

은행에 가계종합예금을 하고 있는 개인이 소액의 빈번한 가계지출을 위하여 사용하는 수표를 말한다. 기계수표는 금액의 제한이 있으며, 일정한 경우에는 은행이 가계수표보증카드를 발행하여 거래의 안전을 도모하고 있다. 가계수표의 법적 성질은 일반의 수표와 같다.

(5) 우편수표

우편대체계좌에 가입한 자가 그 우체국을 지급인으로 발행한 수표를 말한다(우편대체법 14조).

(6) 국고수표

정부의 중앙관서의 장이 임명한 지출관이 국고금을 지출하기 위하여 한국은행을 지급인으로 하여 발행하는 수표를 말한다(예산회계법 58 · 59 · 63조).

제 2 절 발 행

Ⅰ. 발행의 의의 · 효력

수표의 발행은 발행인이 수표요건을 기재한 기본수표를 작성하여 이를 상대방에게 교부하는 행위이다. 수표발행의 성질은 지급지시로서 지급인에 대하여 수취인에게 일정한 금액을 지급할 것을 지시하는 요식적 단독행위이다.

수표발행인은 지급에 대한 담보책임을 지며, '지급무담보'와 같은 뜻의 모든 문언은 기재하지 않은 것으로 본다(수 12조).

수표를 발행한 후 발행인이 사망하거나 제한능력자가 되어도, 그 수표의 효력에는 영향이 없다(수 33조).

Ⅱ. 수표의 기재사항

1. 총　　설

수표의 기재사항에는 어음과 마찬가지로 필요적 기재사항(수표요건), 유익적 기재사항, 무익적 기재사항, 유해적 기재사항이 있다. 어음과 다른 점은 수표는 일람출급이므로 만기는 무익적 기재사항이며, 수취인의 기재는 유익적 기재사항이다(수 5조 3항).

그 밖에 어음과 마찬가지로 필요적 기재사항을 결하여도(예: 지급지 · 발행지) 보충규정에 의하여 무효가 구제되는 경우가 있으며(수 2조 1-3호), 백지수표도 인정된다(수 13조).

2. 필요적 기재사항(수 1조)

① 수표문구

증권의 본문 중에 그 증권의 작성에 사용하는 국어로 수표임을 표시하는 문자를 기재하여야 한다.

② 일정한 금액을 지급할 뜻의 무조건의 위탁(환어음과 동일)

③ 지급인의 명칭

수표의 지급인은 은행이어야 하나(수 3조 본문), 법령에 의하여 은행과 동시되는 사람 또는 시설을 포함한다. 이에는 우체국 · 군농업협동조합 · 농업협동조합중앙회 · 어업협동조합 · 수산업협동중앙회가 있다('수표법의 적용에 있어서 은행과 동시되는 사람 또는 시설의 지정에 관한 규정'). 발행인 자신을 지급인으로 할 수도 있다(자기지시수표, 수 6조 1항).

④ 지급지

환어음과 같다. 지급지의 기재가 없으면 지급인의 명칭에 부기(附記)한 지(地)를 지급지로 본다. 지급인의 명칭에 수 개의 지를 부기한 때에는 초두(初頭)에 기재한 지에서 지급할 것으로 본다(수 2조 1호). 이것도 없으면 발행지를 지급지로 한다(수 2조 3호).

⑤ 발행일과 발행지

환어음과 같다.[2)3)] 수표에 기재할 발행일자는 사실상 발행된 날과 일치하여야 되는

2) 대판 1983. 5. 10, 83도340; [다수의견] 국내수표의 경우에 발행지기재의 요건이 흠결되었다고 하여도 발행지를 백지로 발행하였다가 보충함이 없이 지급제시된 포함(경우) 발행지의 기재유무는 수표의 유통증권으로서의 실제적 기능에 아무런 영향이 없고 실제거래에 있어서도 발행지기재의 흠결을 이유로 지급거절이 됨이 없이 유통되고 있는 이상 수표법상 유효한 수표는 아니나 부정수표단속법

것은 아니다. 따라서 선일자수표·후일자수표 모두 유효하다. 발행일자는 지급제시기간과 시효기간의 기산점이 되며(수 29조 4항), 발행지는 제시기간(수 29조), 세력(수 30조), 복본(수 48조) 등과 관련된다.

⑥ 발행인의 기명날인 또는 서명

어음과 같다.

3. 유익적 기재사항

(1) 수취인(수 5조)

수취인의 기재는 어음과는 달리 수표요건이 아니나, 기재하면 그 효력이 있다. 수취인의 표시방식도 다양하여 기명식, 지시식, 기명식으로 지시금지의 뜻을 기재한 것, 소지인출급식, 지명소지인출급식, 무기명식(수취인의 기재가 없는 것)의 6종이 있다. 통상적으로는 무기명식으로 발행된다. 이 중에 기명식은 특히 배서금지가 없는 한 법률상 당연히 배서양도할 수 있으므로(수 14조) 지시식과 동일한 효력이 있다. 또 지명소지인출급식 및 수취인의 기재가 없는 경우는 소지인출급식수표로 본다(수 5조 2·3항). 또한

보호하고자 하는 유통적 기능을 가진 수표라고 보아 발행지 기재가 없는 것만으로는 부정수표단속법 제2조 제2항의 적용대상에서 제외될 수 없다. [반대의견] 발행지의 기재없는 수표는 발행일의 기재없는 수표와 마찬가지로 미완성 수표로서 그러한 백지수표의 지급제시는 수표법상 적법한 제시라고 할 수 없으니 부정수표단속법상의 규제대상이 되지 아니한다.

3) 대판 1999. 8. 19, 99다23383; [1] 국내수표란 국내에서 발행되고 지급되는 수표를 말하는 것이므로 국내수표인지 여부는 수표면상의 발행지와 지급지가 국내인지 여부에 따라 결정될 것이지만, 수표면상에 발행지의 기재가 없다고 하더라도 그 수표면에 기재된 지급지와 지급장소, 발행인, 지급할 수표금액을 표시하는 화폐, 수표문구를 표기한 문자, 어음교환소의 명칭 등에 의하여 그 수표가 국내에서 수표상의 효과를 발생시키기 위하여 발행된 것으로 여겨지는 경우에는 발행지를 백지로 발행한 것인지 여부에 불구하고 국내수표로 추단할 수 있다. [2] [다수의견] 수표면의 기재 자체로 보아 국내수표로 인정되는 경우에 있어서는 발행지의 기재는 별다른 의미가 없는 것이고, 발행지의 기재가 없는 수표도 완전한 수표와 마찬가지로 유통·결제되고 있는 거래의 실정 등에 비추어, 그 수표면상 발행지의 기재가 없는 경우라고 할지라도 이를 무효의 수표로 볼 수는 없다. [반대의견] 재판할 사항에 대하여 법규가 있고 그 의미 내용 역시 명확하여 달리 해석할 여지가 없는 경우에는, 다른 것을 다르게 취급하여야 한다는 정의의 요청(이른바 목적론적 축소해석의 경우) 또는 합헌적인 해석의 요청(이른바 헌법합치적 해석의 경우)에 의하여 그 법규의 적용범위를 예외적으로 제한하여 해석할 필요가 있는 등의 특별한 사정이 없는 한, 법원으로서는 명문의 효력규정의 적용범위를 무리하게 벗어나거나 제한하는 해석을 하여서는 아니 될 것인바, 수표법 제1조 제5호 및 제2조에 관하여는 정의의 요청 또는 합헌적인 해석의 요청에 의하여 그 적용범위를 예외적으로나마 제한하여 해석할 만한 아무런 특별한 사정이 있다고 할 수 없으므로, 다수의견과 같이 위 수표법의 명문규정이 이른바 '국내수표'에는 적용되지 아니한다고 하는 것은 법원이 수표법에도 없는 단서 조항 즉 '발행지에 관하여 국내수표의 경우에는 그러하지 아니하다'라는 규정을 신설하는 셈이 되고, 이는 명문의 규정에 반하는 법형성 내지 법률 수정을 도모하는 것으로서 법원의 법률해석권의 범위를 명백하게 일탈한 것이다.

발행인을 수취인으로 한 자기지시수표도 인정되고 있다(수 6조 1항).

(2) 제3자방지급문구

'제3자방지급문구'라 함은 지급인의 영업소 이외의 제3자의 영업소에서 지급하라는 문구를 말한다. 이를 기재한 수표를 제3자방출급수표(타소출급수표)라고 한다. 제3자는 은행이어야 한다(수 8조). 제3자방지급문구는 발행인만이 기재할 수 있다. 수표는 인수제도가 없으므로 환어음과 달리 지급인은 기재할 수 없다.

(3) 기타 유익적 기재사항

수표법이 규정하고 있는 것으로는 ① 지급인의 명칭의 부기한 지(地)(수 2조 1호), ② 발행인의 명칭의 부기한 지(地)(수 2조 3호), ③ 배서금지문언(수 14조 2항), ④ 환산율의 기재(수 36조 2항), ⑤ 외국통화현실지급문언(수 36조 2 · 3항), ⑥ 거절증서작성면제(수 42조 1항), ⑦ 횡선수표(수 37, 38조), ⑧ 복본의 번호(수 48조) 등이 있다.

4. 무익적 기재사항

수표법이 규정하고 있는 것으로는 ① 이자약정의 기재(수 7조), ② 발행인의 지급무담보문언(수 12조), ③ 일람출급 이외의 만기의 표시(수 28조 1항), ④ 위탁수표문언(수 6조 2항) 등이 있다. 그 밖에도 위약금문언, 손해배상액의 예정, 관할의 합의 등이 있다.

5. 유해적 기재사항

수표법에 규정되고 있는 것은 없으나 환어음과 마찬가지로 수표의 지급을 원인관계나 자금관계와 결부시키거나, 조건부로 하는 등 수표의 본질에 반하는 기재는 어음 전체를 무효로 한다.

Ⅲ. 수표발행의 제한

1. 수표자금과 수표계약의 존재

수표는 제시한 때에 발행인이 처분할 수 있는 자금이 있는 은행을 지급인으로 하고, 발행인이 그 자금을 수표에 의하여 처분할 수 있는 명시 또는 묵시의 계약(수표계약)에 따라서만 이를 발행할 수 있다(수 3조 본문).

수표계약의 성질은 수표의 지급사무를 위탁하는 위임계약이다. 실제에 있어서는 지급인이 될 은행과 발행인이 될 고객간에 당좌예금계약 또는 당좌대월계약과 수표계약을 체결하여 수표자금의 범위를 정하고, 고객은 은행이 교부하는 수표장을 사용하여 그 은행을 지급인으로 한 수표를 발행하게 된다.

2. 위반의 효력

수표자금과 수표계약의 존재 없이 발행된 수표도 무효가 되지 않는다(수 3조 단서).[4] 따라서 발행인 기타 수표에 기명날인한 자는 수표의 부도시 상환의무를 면하지 못한다. 그러나 이를 위반한 발행인은 과태료에 의한 제재를 받으며(수 67조), 부정수표단속법에 의하여 5년 이하의 징역 또는 수표금액의 10배 이하의 벌금에 처하게 된다(부정수표단속법 2조 1항).

제 3 절 수표의 양도

Ⅰ. 총 설

수표는 수취인의 표시방식에 따라 기명식 · 지시식 · 소지인출급식 · 지명소지인출급식 · 무기명식 · 배서금지수표 등이 있으며, 그 양도방법도 동일하지 않다. 기명식은 특히 배서금지가 없는 한 법률상 당연히 배서양도할 수 있으므로(수 14조) 지시식과 마찬가지로 양도방법은 배서이다. 또한 지명소지인출급식 및 무기명식의 경우에는 소지

4) 대판 1998. 2. 13, 97다48319; 가계수표 용지에 부동문자로 인쇄되어 있는 '100만원 이하' 등의 문언은 지급은행이 사전에 발행인과의 사이에 체결한 수표계약에 근거하여 기재한 것으로서 이는 단지 수표계약의 일부 내용을 제3자가 알 수 있도록 수표 문면에 기재한 것에 지나지 아니한 것이고, 한편 수표법 제3조 단서에 의하면 수표자금에 관한 수표계약에 위반하여 수표를 발행한 경우에도 수표로서의 효력에는 영향을 미치지 아니하므로 발행한도액을 초과하여 발행한 가계수표도 수표로서의 효력에는 아무런 영향이 없다. 또한 수표 표면에 '100만원 이하'라고 인쇄된 가계수표 용지에 발행인 스스로 발행한도액을 초과하여 '15,000,000원'으로 액면금을 기재하여 제3자에게 발행한 수표를 소지인이 배서양도받은 경우, 발행인으로서는 소지인이 당해 수표를 취득함에 있어 발행인에게 발행한도액을 초과한 경위를 확인하지 아니한 것이 중대한 과실에 해당한다는 이유로 수표금의 지급을 거절할 수는 없다.

인출급식수표로 인정되므로(수 5조 2·3항) 그 양도방법은 교부(인도)이다. 배서금지수표의 경우에는 지명채권의 양도에 관한 방식과 그 효력으로서만 양도할 수 있다(수 14조 2항).

따라서 수표의 양도방법은 크게 소지인출급식수표의 교부에 의한 양도와 지식수표의 배서에 의한 양도로 구분할 수 있다. 통상적으로 수표는 무기명식으로 발행되므로 교부에 의하여 유통된다.

Ⅱ. 소지인출급식수표의 양도

소지인출급식수표의 양도는 당사자의 합의와 수표의 교부에 의하여 이루어진다. 교부는 수표상의 권리이전의 성립요건이다. 교부에 의한 양도의 경우에도 배서양도의 경우와 같이 선의취득·인적항변의 절단이 인정된다. 또한 수표의 점유자는 배서의 연속을 요하지 않고 증권의 소지만으로 정당한 권리자로서의 추정을 받는다.

소지인출급의 수표는 교부에 의하여 양도되므로 배서가 필요하지 않으나 수표법은 이에 배서한 자에 대하여 상환의무를 부담하게 하여 배서의 담보적 효력을 인정하고 있다. 그러나 이로 인하여 수표가 지시식수표로 변하는 것은 아니다(수 20조). 따라서 소지인출급식수표는 배서 후에도 인도에 의하여 양도할 수 있다.

Ⅲ. 지시식수표의 양도

1. 어음의 배서와 같은 점

수표는 법률상 당연한 지시증권이므로 어음과 같이 지시식은 물론 기명식이라도 배서에 의하여 양도할 수 있다(수 14조 1항). 따라서 수표의 배서는 어음의 배서와 동일한 점이 적지 않다. 배서의 방식(수 16조), 지시금지수표의 양도방법과 효력(수 14조 2항), 환배서(수 14조 3항), 배서의 무조건·일부배서의 무효(수 15조 1·2항), 백지식배서(수 16조 2항, 17조 2항), 배서의 권리이전적 효력(수 17조), 배서인의 지급담보책임 및 무담보배서(수 18조 1항), 배서금지배서(수 18조 2항), 배서의 자격수여적 효력(수 19조), 수표의 선의취득(수 21조), 인적항변의 절단(수 22조), 추심위임배서(수 23조), 기한후배서의 효력(수 24조) 등이다.

2. 환어음의 배서와 다른 점

(1) 지급인의 배서금지

지급인은 수표에 배서할 수 없으므로, 수표의 지급인이 한 배서는 무효이다(수 15조 3항). 이는 인수를 금지한 수표법의 규정을 탈법화하는 것을 방지하기 위함이다.

(2) 지급인에 대한 배서

어음에 있어서는 지급인에 대하여 배서할 수 있고, 다시 배서에 의하여 양도할 수 있으나, 수표의 지급인에 대한 배서는 영수증의 효력만 있다(수 15조 5항). 다만 지급인의 영업소가 수 개인 경우에 그 수표가 지급될 곳으로 된 영업소 이외의 영업소에 대한 배서는 허용된다(수 15조 5항 단서).

(3) 입질배서의 불인정

수표에는 입질배서가 인정되지 않는다. 수표는 일람증권이기 때문에 언제든지 현금화할 수 있고 지급제시기간이 10일이기 때문이다.

(4) 수표에는 인수제도가 없기 때문에 수표의 배서인은 인수담보책임이 없고 지급담보책임만을 부담한다(수 18조 1항).

(5) 수표에는 등본이 인정되지 않으므로 등본에 의한 배서가 없다.

(6) 수표에는 참가제도가 없으므로 배서인은 예비지급인을 기재하지 못한다.

(7) 소지인출급식수표의 배서의 특색

소지인출급식배서는 교부에 의하여 이전되나, 배서를 하는 경우에는 소지인의 권리를 강화하기 위하여 배서인에게 담보책임을 인정하였다(수 20조 본문). 그러나 소지인출급식수표에 배서를 하더라도 지시식 수표로 변하는 것은 아니다(수 20조 단서). 따라서 소지인출급식수표의 배서는 담보적 효력은 있어도 권리이전적 효력과 자격수여적 효력은 없다.

제4절 수표보증과 지급보증

Ⅰ. 수표보증

1. 의 의

수표보증은 발행인·배서인 등 수표상의 채무자의 채무의 전부 또는 일부의 이행을 담보하는 수표행위이다(수 25조 1항). 수표보증은 수표지급인의 지급보증과 구별되며(후술), 민법상의 보증과도 다르다. 수표보증과 어음보증은 그 성질과 내용에 있어서 거의 동일하다.

2. 당 사 자

제3자는 물론 수표상의 채무자도 보증인이 될 수 있다. 다만 발행인이 배서인의 보증인이 되는 경우와 같이 상환의무자의 전자가 후자의 보증인이 된다는 것은 의미가 없다. 지급인은 보증인이 될 수 없다(수 25조 2항). 피보증인은 발행인·배서인 등의 수표상의 채무자이다.

3. 보증의 방식

수표보증은 수표행위이므로 수표 또는 보전에 하여야 하며, 보증 또는 이와 동일한 의의가 있는 문언을 표시하고(수 26조 1항), 보증인이 기명날인 또는 서명함으로써 한다(수 26조 2항).

수표의 표면에 발행인 이외의 자의 단순한 기명날인 또는 서명이 있는 경우에는 발행인의 기명날인을 제외하고 보증으로 본다(수 26조 3항). 보증에는 피보증인을 표시하여야 하며, 그 표시가 없는 경우에는 발행인을 위하여 보증한 것으로 본다(수 26조 4항).

4. 보증의 효력

수표보증인은 피보증인과 동일한 책임을 진다(수 27조 1항).[5] 그러나 수표보증은 그

독립성이 인정되므로, 피담보채무가 그 방식에 하자가 있는 경우를 제외하고 어떠한 사유로 인하여 무효가 된 때에도 그 효력이 있다(수 27조 2항).

5. 보증채무이행의 효과

보증인이 보증채무를 이행하면 보증채무는 물론 주채무도 소멸한다. 보증인이 수표의 지급을 한 때에는 피보증인과 그 자의 수표상의 채무자에 대하여 수표상의 권리를 취득한다(수 27조 3항).

Ⅱ. 수표의 지급보증

1. 의　　의

지급보증은 수표의 지급인이 지급제시시간 내에 수표의 제시가 있을 때에 그 지급을 할 것을 약속하는 수표행위이다. 수표에는 인수제도가 없고, 지급인의 배서와 보증이 인정되지 않으므로 수표지급의 확실성을 보장하여 그 유통의 원활을 기하기 위하여 지급보증제도가 인정되고 있다. 미국의 certification, 독일의 Bestätigung이 이에 해당한다. 은행실무에 있어서는 자기앞수표를 발행하고 있다.

(1) 환어음의 인수와의 차이

수표의 지급보증인은 수표금액의 지급의무를 부담하는 점에서 인수를 한 환어음의 지급인의 의무와 비슷하나 다음과 같이 차이가 있다.

1) 지급보증인의 의무

인수인은 주채무자로서 어음상의 권리가 시효로 소멸될 때까지는 절대적인 지급의무를 부담하지만, 지급보증인은 지급제시기간 내에 수표의 제시가 있는 경우에만 지급의무를 부담한다.

5) 대판 1980. 3. 11, 80다15; 수표를 담보로 하여 타인으로부터 돈을 빌린다는 사실을 알면서 수표에 대하여 보증을 한 것은 돈을 대여하고 그 수표를 교부받아 소지하는 사람에 대하여 그 수표의 액면금 범위 내에서 민법상의 연대보증을 한 것이라고 보아야 한다.

2) 수표소지인의 권리

환어음의 소지인은 인수제시의 권리가 있으며, 인수가 거절된 때에는 자기의 전자에 대하여 상환청구권을 행사할 수 있으나, 수표소지인은 지급보증을 청구할 권리가 없으므로 지급보증이 거절되더라도 상환청구권을 행사할 수 없다.

3) 일부지급보증의 불확정

환어음의 경우에는 일부인수가 인정되나(어 26조 1항), 수표금액의 일부에 대한 지급보증은 인정되지 않는다(수 54조 1항).

4) 소멸시효기간

인수인의 의무의 시효기간은 3년이지만(어 70조 1항), 수표의 지급보증인의 의무의 시효기간은 제시기간 경과 후 1년이다(수 58조).

5) 유예기간의 불인정

어음의 인수에는 유예기간이 인정되나(어 24조 1항 후단), 수표에는 없다.

참고 지급보증과 환어음의 인수의 비교

	환어음의 인수	지급보증
의무의 성질	무조건 지급의무 (인수인은 절대적 주채무자)	조건부 · 상대적 지급의무 (지급보증인은 상대적 채무자)
요구권한 유무	환어음소지인은 인수제시권리 있음	수표소지인은 지급보증청구권 없음
거절의 효과	인수거절시: 상환청구권 발생	지급보증거절시: 상환청구권 발생불가
일부행사	일부인수 가능	일부지급보증 불가
어음채무의 소멸시효	3년	1년
유예기간	인정(1일)	인정 안됨

(2) 수표보증과의 차이

1) 방식상의 차이

수표보증은 수표 또는 보전에 하고 일자의 기재를 요하지 않으나(수 26조 1항), 수표의 지급보증은 반드시 수표에 표면에 하고, 일자를 부기하여야 한다(수 53조 2항). 수표보증에는 피보증인을 표시하여야 하며, 그의 기재가 없는 때에는 발행인을 위하여 보증한 것으로 보나, 수표의 지급보증에는 피보증인이 없다.

2) 지급보증인의 의무

수표보증인은 지급인 이외의 타인의 채무를 보증하나, 지급보증인은 지급인으로서 독립하여 수표금액지급의 의무를 부담한다.

3) 지급보증인의 자격

수표보증인의 자격에는 지급인을 제외하고 제한이 없으나(수 25조 2항), 지급보증은 지급인만 할 수 있다.

4) 지급보증의 독립성

수표보증은 발행인 또는 배서인의 주채무의 존재를 전제로 하므로 종속성이 인정되나, 지급보증은 지급인 자신이 채무를 부담할 것을 목적으로 하는 독립된 수표행위이다.

5) 채무이행의 효력

수표보증인이 보증채무를 이행하면 피보증인 및 그 전자에 대하여 수표상의 권리를 취득하지만(수 27조 3항), 지급보증인은 수표의 최종의무자이므로 수표금액의 지급을 하여도 이러한 권리가 없다.

2. 지급보증의 방식

지급보증은 지급인이 수표의 표면에 '지급보증' 기타 지급을 할 뜻을 기재하고 일자를 부기하여 기명날인 또는 서명하여야 한다(수 53조 2항). 수표보증과 달리 지급보증에서는 피보증인의 표시가 필요 없다. 지급보증은 무조건이어야 하며, 수표의 기재사항에 가한 변경은 이를 기재하지 아니한 것으로 본다(수 54조 2항). 따라서 수표금액의 일부에 대한 지급보증은 전액의 지급보증이 된다. 이 점에서 환어음의 인수와 다르다.

3. 지급보증의 효력

(1) 지급보증인의 의무

지급보증을 한 지급인은 모두 수표소지인에 대하여 수표의 지급을 할 수표상의 의무를 부담한다(수 55조 1항). 지급보증인의 의무는 타인의 불지급을 조건으로 하지 않는 제1차적인 의무이나, 인수인의 의무와 같이 절대적인 것이 아니고, 지급제시기간 경과 전에 지급제시가 있는 경우에만 지급할 의무를 갖는다(수 55조 1항). 따라서 수표소지인이 지급제시기간 경과 후에 지급보증인에게 지급을 청구하려면 제시기간 내에 지급제시를 하였다는 것을 거절증서 또는 지급거절선언에 의하여 증명하여야 한다(수 55조 2항, 39조).

판례[6)]는 수표의 발행인이 수표를 담보로 하여 돈을 차용한다는 사실을 알고 채권자의 요구에 의하여 은행이 수표에 지급보증을 한 경우에는 은행은 수표상의 채무 외에 민법상의 차용금채무의 이행을 보증한 것으로 해석하고 있다.

(2) 발행인 등의 책임

지급보증은 지급과 동일한 효력이 있는 것이 아니므로 발행인 기타 수표상의 채무자는 지급보증으로 인하여 그 책임을 면하지 못한다(수 56조). 따라서 수표상의 채무자는 지급보증인과 합동하여 이행할 책임을 진다(수 43조).

(3) 소멸시효기간

지급보증인에 대한 수표상의 청구권의 소멸시효기간은 제시기간 경과 후 1년이다(수 58조).

---

6) 대판 1967. 3. 28, 67다108.

제 5 절 제시와 지급

Ⅰ. 지급제시

1. 수표의 일람출급성

(1) 만기의 부존재

수표는 지급수단으로서 현금의 대용물이므로 어음과 달리 항상 일람출급으로 발행되며, 이에 반하는 기재는 기재하지 않은 것으로 본다(수 28조 1항). 따라서 수표에는 만기라는 것이 없으므로 수표의 소지인은 언제라도 수표를 제시하여 지급청구를 할 수 있다.

(2) 선일자수표

1) 의 의

선일자수표라 함은 실제의 발행일보다 후일을 발행일자로 기재한 수표를 말한다. 연수표(延手票)라고도 한다. 수표의 발행일자는 발행인의 의사에 결정되는 것이므로 실제의 발행날짜와 다르다 하더라도 수표로서의 효력에는 영향이 없다(통설). 선일자수표는 수표의 지급제시기간을 사실상 연장하고자 하는 경우, 발행당시에는 지급자금이 없으나 수표에 기재한 발행일자까지는 자금을 마련할 수 있어 수표상의 발행일자까지 단기의 신용을 얻고자 하는 경우 등에 이용된다.

2) 선일자수표의 지급제시와 상환청구

선일자수표를 발행하는 경우에는 통상 발행인과 수취인간에 발행일자 이전에는 지급제시를 하지 않는다는 특약이 있다. 그러나 수표법은 수표가 신용증권화되는 것을 방지하기 위하여 선일자수표의 소지인이 그 발행일자의 도래 전에 지급제시를 한 경우에는 그 제시일에 지급하여야 한다고 규정하고 있다(수 28조 2항). 따라서 소지인은 지급이 거절된 때에는 보전절차를 밟아 상환청구권을 행사할 수가 있으며, 또한 수표발행인은 수표법에 의한 과태료의 제재와 부정수표단속법에 의하여 처벌된다.

3) 불제시특약의 효력

통설은 발행인과 수취인 간에 발행일이전에는 제시하지 않는다는 명시 또는 묵시의 특약의 사법상의 효력을 인정하고 있다. 판례도 동일한 입장이다.[7] 따라서 이 특약에 위반하여 소지인이 발행일 이전에 제시함으로써 발행인에게 손해가 생기게 된 때에는 발행인은 수취인에 대하여 수표예약의 채무불이행으로 인한 손해배상을 청구할 수 있다.

2. 지급제시기간

(1) 법정기간

국내에서 발행하고 국내에서 지급할 수표는 발행일자로부터 10일 내에 지급제시를 하여야 한다(수 29조 1항).[8] 지급지의 국(國)과 다른 국에서 발행한 수표는 발행지와 지급지가 동일주(同一州)에 있는가에 따라 20일 또는 70일 내에 지급제시를 하여야 한다(수 29조 2항).[9] 위의 기간은 임의로 신축하지 못한다. 제시기간은 수표에 기재된 발행

7) 대판 1989. 11. 28, 88다카33367; 선일자수표는 대부분의 경우 당해 발행일자 이후의 제시기간 내의 제시에 따라 결제되는 것이라고 보아야 하므로 선일자수표가 발행 교부된 날에 액면금의 지급효과가 발생된다고 볼 수 없으니, 보험약관상 보험자가 제1회 보험료를 받은 후 보험청약에 대한 승낙이 있기 전에 보험사고가 발생한 때에는 제1회 보험료를 받은 때에 소급하여 그때부터 보험자의 보험금 지급책임이 생긴다고 되어 있는 경우에 있어서 보험모집인이 청약의 의사표시를 한 보험계약자로부터 제1회 보험료로서 선일자수표를 발행받고 보험료 가수증을 해주었더라도 그가 선일자수표를 받은 날을 보험자의 책임발생 시점이 되는 제1회 보험료의 수령일로 보아서는 안된다.

8) 헌재결정 2001. 1. 18, 2000헌바29; 수표법 제29조 제1항, 제4항은 1931년 제네바수표법통일조약에 따라 선일자수표의 제시기간을 실제발행일이 아닌 수표에 기재된 발행일자로부터 10일임을 규정함으로써 수표의 문언증권성을 확인하여 그 유통성을 확보하고 경제거래상 지급수단으로서의 수표제도의 한 내용을 형성한 것일 뿐, 가사 이로 인하여 장기간의 결제기간이 허용되어 청구인이 오랫동안 지급의무를 부담하는 불안에 빠진다고 하더라도 이는 청구인이 스스로 이러한 결제수단을 선택함으로써 신용을 누림에 따르는 부담을 자초한 것이지, 국가가 청구인의 기본권을 제한한다던가, 또는 사인간의 경제활동에 대하여 규제 등 간섭을 하는 것이라 할 수 없다. 또한 이로써 수표가 지급증권임을 벗어나 신용증권화할 우려가 있다고 하더라도 이는 그 자체가 경제적 효용과 유용성을 가지고 이용되는 것일 뿐 그 유효성을 인정하는 것이 자유시장경제질서를 기본으로 하여 사회정의와 경제민주화를 추구하는 우리 헌법의 경제질서나 기타 헌법질서에 저촉되는 것이라고 볼 수 없다.

9) 대판 1988. 2. 9, 87다카1427; 이집트 상법 제160조, 제166조의 각 규정들은 이집트 이외의 국가에서 발행되고 이집트에서 지급될 어음이나 이집트에서 발행되고 이집트 이외의 국가에서 지급될 어음의 제시기간을 규정한 것으로써 그것이 이집트에서 발행되고 이집트에서 지급될 어음의 소지인이 이집트 이외의 국가에 있는 경우의 지급제시기간까지는 규정한 것이 아니고 또 그러한 경우까지 이집트 상법 제160조를 유추하여 해석할 수도 없다 할 것이므로 발행지 및 지급지가 이집트이고 이집트인이 발행 수표를 한국인이 소지하고 있는 경우에 있어 그 수표의 지급제시기간에 관하여는 이집트 상법의 위 규정들을 적용할 수 없다.

일자를 기준으로 하며(수 29조 4항), 초일(初日)은 산입하지 않는다(수 61조).

(2) 제시기간경과의 효과

1) 상환청구권의 상실

수표소지인이 제시기간 내에 지급제시를 하지 아니한 때에는 전자에 대한 상환청구권을 상실한다.[10] 자기앞수표의 경우에도 동일하다. 상환청구권을 상실한 소지인은 이득상환청구권을 행사할 수 있다(수 63조).

2) 지급위탁의 취소의 효력발생

지급위탁의 취소는 제시기간 경과 후에만 그 효력이 발생한다(수 32조 1항). 그러나 제시기간 경과 후에도 지급위탁의 취소가 없는 한, 지급인은 발행인의 계산에서 지급할 수 있다(수 32조 2항).

3. 지급제시의 장소

수표의 지급제시는 원칙적으로 지급인의 영업소, 제3자방지급의 경우에는 그 제3자의 영업소에서 하여야 한다. 그러나 어음교환소에서 한 수표의 제시도 지급제시의 효력이 있다(수 31조).

Ⅱ. 지 급

1. 총 설

수표의 지급절차 · 방법(수 34조), 지급할 화폐(수 36조) 등은 환어음의 경우와 대체로 같다. 그러나 수표에는 공탁에 관한 규정이 없고, 또 만기 전에 지급이 없다.

---

10) 대판 1994. 9. 30, 94다8754; 수표의 발행인은 환어음의 인수인이나 약속어음의 발행인이 어음금을 절대적으로 지급할 의무를 부담하는 것과는 달리 수표금의 지급을 담보하는 책임을 지는 것으로서(수표법 제12조) 수표가 지급거절된 경우 소구의무를 부담할 뿐인바(수표법 제39조), 수표의 소지인이 발행인에 대하여 소구권을 행사하기 위하여는 수표법 제1조 소정의 법정기재사항이 기재된 수표에 의하여 적법한 기간 내에 지급제시할 것을 요하고, 위 법정기재사항의 일부라도 기재되지 아니한 수표에 의하여 한 지급제시는 수표법 제2조의 규정에 의하여 구제되지 않는 한 적법한 지급제시로서의 효력이 없는 것이므로 그와 같은 경우에는 소구권을 상실한다.

2. 지급인의 조사의무

(1) 형식적 자격의 조사

수표지급인의 조사의무에 관하여 수표법 35조는 "배서로 양도할 수 있는 수표의 지급인은 배서의 연속의 정부를 조사할 의무가 있으나, 배서인의 기명날인을 조사할 의무는 없다"라고 규정하여 지급인의 조사의무를 경감하고 있다. 따라서 수표의 지급에 있어서도 지급인은 어음의 경우와 같이 수표요건, 배서연속(지시식 수표의 경우) 등 형식적 자격을 조사할 의무가 있는 데 그치고, 배서인의 기명날인의 진정·소지인의 동일성 등 실질적 권리의 존부에 관하여는 조사할 의무가 없다.

그러나 배서금지수표의 경우에는 진정한 권리자에 대하여서만 지급하여야 하므로 소지인의 실질적 자격에 관한 조사의무가 있다.

(2) 사기·중과실

어음법 40조 3항은 "…… 지급인은 사기 또는 중대한 과실이 없으면 그 책임을 면한다"라고 규정하고 있으나, 수표법 35조에는 이러한 규정이 없다. 그러나 어음과 수표에 따라서 지급인의 조사의무의 본질적인 차이가 있는 것이 아니므로 어음법의 규정을 수표의 경우에도 유추적용하여야 할 것이다(통설). 따라서 수표의 지급인은 수표소지인의 실질적 자격에 대하여는 조사할 의무가 없으나, 사기·중과실로 무권리자에게 지급하여서는 안 된다.

Ⅲ. 지급위탁의 취소(철회)

1. 의 의

지급위탁의 취소는 발행인의 계산으로 수표를 지급할 수 있는 지급인의 권한을 발행인이 철회하는 것을 말한다. 따라서 지급위탁의 취소는 수표계약의 취소와 다르다. 자기앞수표는 발행인과 지급인이 동일한 은행이어서 수표계약 없이 발행되는 것이므로 지급위탁의 취소가 있을 수 없다. 따라서 자기앞수표발행의 의뢰인이 도난·분실의 경우 사고계(事故届)를 제출하는 것은 지급위탁의 취소가 아니며, 사고신고의 뜻이 있을 뿐이다.

2. 취소의 방법

지급위탁의 취소는 발행인이 지급인에 대한 의사표시로 하며, 그 방법에는 아무런 제한이 없으나 실무상으로는 사고계를 제출하고 있다. 철회의 의사표시는 지급인에게 도달한 때에 효력이 생긴다.

3. 취소기간과 취소의 효력

지급위탁의 취소는 지급제시기간 경과 후에만 할 수 있다(수 32조 1항). 이 규정은 소지인의 이익과 수표의 유통성을 보호하기 위한 강행규정으로서 당사자의 합의에 의하여 변경하지 못한다(통설). 그러나 지급제시간이 경과하더라도 지급위탁의 취소가 없으면 지급인은 제시기간경과 후에도 지급을 할 수 있다(수 32조 2항). 취소의 효력은 발행인과 지급인 간에만 미친다(통설).

Ⅳ. 수표의 예입과 예금의 성립시기

수표가 은행에 예입(預入)된 경우에 예금이 성립하는 시기가 예입한 때가 되느냐 또는 그 수표가 결제된 때가 되느냐 하는 것이 문제가 되는데 이에 관하여는 두 가지 설이 있다. 예컨대 예입 받은 은행이 즉시 예입한 자에게 자기앞수표를 발행한 후에 예입수표가 부도가 된 경우에 입금수표양도설과 추심위임설의 어느 설을 취하느냐에 따라서 책임의 소재가 달라진다. 전자에 의하면 “자기보통예금구좌에 소지인출급식수표를 예입한 경우에는 그 수표상의 권리를 양도한 것이며, 이때에 예금계약이 성립하고, 만일 예입받은 수표가 부도가 된 경우에는 은행은 수표상의 권리자로서 수표채무자에게 상환청구를 하거나 또는 즉시 당해 수표를 예금자에게 반환하고 그 대신 금전을 청구할 수 있는 것”이라 한다. 이에 대하여 후자에 의하면 “은행지점에 보통예금구좌를 가진 고객이 수표를 예금으로 예입한 경우에는 그 수표를 추심하여 줄 것을 위임한 것에 불과하고, 수표상의 권리를 양도한 것은 아니며, 예입 받은 은행이 그 수표가 결제되기 전에 예입자에게 수표금 상당액을 지급한 때에는 이것은 예금자의 자력 신용을 감안하여 그 수표가 결제되지 아니하는 경우의 위험을 부담하여 추심이전에 미리 대부하여 준 것에 불과한 것”이라 한다. 두 가지 이론 가운데 후자가 당사자의 의사에 합치하며, 합리적이라고 판단된다.

제 6 절 횡선수표

Ⅰ. 의 의

횡선수표는 수표의 표면에 2줄의 평행선을 그은 수표로서 은행 또는 지급인의 거래선에 대하여서만 지급할 수 있는 수표를 말한다. 수표는 일람출급이고, 또한 대부분 소지인출급식으로 발행되므로 도난·분실 등의 경우에 부정소지인에게 지급될 염려가 많다. 따라서 횡선수표는 수표금의 수령자격을 제한함으로써 이러한 위험에 대비하기 위한 제도이다. 횡선수표의 부정소지인에게 설사 지급되더라도 그 자를 추적할 수 있기 때문에 피해자의 손해배상청구가 가능해진다.

우리나라와 마찬가지로 영국과 프랑스는 횡선수표제도를 채택하고 있으나, 이와는 달리 독일에서는 계산수표(Verrechnungsscheck)가 이용되며, 횡선수표제도는 아직 시행하고 있지 않다. 계산수표는 현금으로 지급하지 않고 이체, 상계, 어음 교환 등의 방법으로 결제하는 방식이다.

Ⅱ. 종 류

횡선수표에는 일반횡선수표와 특정횡선수표의 두 가지가 있다.

1. 일반횡선수표

일반횡선수표는 수표의 표면에 2줄의 평행선을 긋고, 그 횡선 내에 아무런 기재를 하지 않거나 또는 '은행' 또는 이와 동일한 의의가 있는 문자를 기재한 것이다(수 37조 2·3항).

2. 특정횡선수표

특정횡선수표는 수표의 표면에 2조의 평행선을 그리고, 그 횡선 내에 특정은행의 명칭을 기재한 것이다.

Ⅲ. 횡선의 기재

1. 횡선권자

수표에 횡선을 그을 수 있는 것은 발행인과 소지인이다(수 37조 1항). 따라서 발행인이 횡선을 하면 발행당시 부터 횡선수표가 되고, 어음소지인이 횡선을 하면 그 때부터 횡선수표가 된다.

2. 횡선의 변경과 말소

일반횡선수표를 특정횡선수표로 변경하거나, 횡선 없는 수표를 일반 또는 특정횡선수표로 변경할 수 있으나, 반대로 특정횡선수표를 일반 또는 횡선 없는 수표로 변경할 수 없다(수 37조 4항). 횡선의 말소 또는 특정횡선에 있어서 지정된 은행명의 말소는 누구에 의하든 말소를 하지 아니한 것으로 본다(수 37조 5항). 이는 횡선수표를 절취하거나 습득한 자가 횡선을 말소하여 지급받는 것을 방지하기 위함이다.

Ⅳ. 효 력

1. 일반횡선수표의 효력

일반횡선수표의 지급인은 은행 또는 지급인의 거래처에 대하여서만 지급할 수 있다(지급상대방의 제한). 그러므로 은행과의 거래가 없거나 은행을 통할 수 없는 자는 수표지급을 받지 못한다. 여기서 거래처라 함은 지급인과 다소 계속적인 거래관계가 있는 신원이 확실한 자(예컨대 은행과 어음거래가 있는 자, 정기예금자, 은행으로부터 대부를 받은 자 등)를 가리킨다.

2. 특정횡선수표의 효력

특정횡선수표의 지급인은 지정된 은행에 대해서만 지급할 수 있다. 다만 지정된 은행이 지급인인 때에는(예를 들어 지급은행과 특정은행이 모두 우리은행 신촌지점인 경우) 자기의 거래처에 대하여서만 지급할 수 있다. 그러나 지정된 은행은 다른 은행으로 하여금 추심하게 할 수 있다(수 38조 2항). 일반인은 특정횡선수표를 피지정은행을 통하여서만 지급을 받을 수 있다.

3. 취득 또는 추심의 제한

은행은 자기의 거래처 또는 다른 은행에서만 횡선수표를 취득할 수 있으며, 또 이 이외의 자를 위하여 횡선수표의 추심을 하지 못한다(수 38조 3항).

4. 수개의 특정횡선이 있는 수표의 효력

수 개의 특정횡선이 있는 수표의 지급인은 이를 지급하지 못한다. 이것은 부정취득자에 의하여 악용될 염려가 있기 때문이다. 그러나 예외로 어음교환소에서의 추심을 위하여 제2의 횡선을 하는 것은 무방하다(수 38조 4항).

5. 위반의 효과

횡선수표의 지급·취득 제한규정에 위반한 지급인 또는 은행은 그로 인하여 생긴 손해에 대하여 수표금액을 한도로 배상책임을 진다. 이는 수표법상의 무과실배상책임이다. 손해액이 수표금액보다 많은 경우에는 그 초과손해액에 관하여 민법상 배상청구를 할 수 있다(통설).

Ⅴ. 외국발행 한국지급의 계산수표

발행인 또는 소지인이 증권의 표면에 '계산을 위한' 문자 또는 이와 동일한 의의가 있는 문언을 기재하고 현금의 지급을 금지한 수표로서 외국에서 발행하여 대한민국에서 지급할 것은 일반횡선수표의 효력이 있다. 우리나라에서는 계산수표를 인정하지 않기 때문에 외국에서 발행되고, 우리나라에서 지급될 계산수표에 대하여 일반횡선수표의 효력을 인정하고 있다.

제 7 절 상환청구

Ⅰ. 총 설

수표의 소지인이 지급제시기간 내에 수표를 제시하였으나, 지급을 받지 못한 경우에는 전자에 대하여 상환청구할 수 있다(수 39조). 상환청구의 요건으로는 ① 제시기간 내에 지급지시를 하고, ② 거절증서 또는 이에 갈음할 지급인의 선언 또는 어음교환소의 선언에 의하여 지급거절을 증명하여야 한다(수 39조). 수표의 상환청구는 환어음의 경우와 비슷하나 다음과 같은 차이점이 있다.

Ⅱ. 환어음의 상환청구와의 차이

1. 상환청구원인

환어음에는 만기 전의 상환청구, 인수거절로 인한 상환청구가 있으나, 수표에는 이것이 없고 지급거절의 경우에만 상환청구를 할 수 있다.

2. 지급거절의 증명방법

환어음과 달리 수표에 있어서는 거절증서 이외에, 지급인의 선언과 어음교환소의 선언에 의한 간편한 방법이 인정되어 있다. 따라서 지급거절의 증명방법은 3가지이다.

3. 불가항력의 존속기간

환어음에 있어서는 불가항력이 만기로부터 30일 이상 계속되는 경우에는 어음의 제시 또는 거절증서의 작성 없이 상환청구권을 행사할 수 있으나(어 54조 4항), 수표에 있어서는 불가항력이 그 통지를 한 날로부터 15일 이상 계속되는 경우에는 지급제시기간 경과 전에 그 통지를 한 때에도 상환청구권보전절차 없이 상환청구권을 행사할 수 있다(수 47조 4항).

4. 상환청구금액의 계산

환어음에 있어서는 이자의 기재가 있는 경우에는 상환청구금액에 이자가 포함되고(어 48조 1항 1호), 또 상환청구금액에 대한 만기 이후의 이자(연 6퍼센트)가 가산된다(어 48조 1항 2호). 그러나 수표에 있어서는 상환청구금액에 이자가 포함되지 않고 상환청구금액에 대한 제시일 이후의 이자(연 6퍼센트)가 가산된다(수 44조 2호).

5. 역 어 음

환어음에 있어서는 상환청구의 방법으로 역어음이 인정되나(어 52조), 수표에는 인정되지 않는다.

6. 상환청구권의 시효

어음에 있어서 소지인의 상환청구권의 소멸시효기간은 거절증서의 일자 또는 만기의 날로부터 1년이고(어 70조 2항), 재상환청구권은 어음을 환수한 날 또는 제소된 날로부터 6월이다(어 70조 3항). 수표소지인의 전자에 대한 상환청구권의 시효기간은 지급제시 경과 후 6월이고(수 51조 1항), 재상환청구권은 수표를 환수한 날 또는 제소된 날로부터 6월이다(수 51조 2항).

7. 기　　타

이 밖에도 수표에는 인수의 제도가 없으므로 인수거절의 통지, 인수거절증서 작성의 면제, 만기 전 상환청구의 경우의 상환금액, 일부인수의 경우의 상환청구 등에 관한 규정이 수표법에는 없다.

제 8 절 복　　본

Ⅰ. 총　　설

수표도 어음과 같이 원격지에 송부하는 경우 분실에 대비하기 위하여 복본제도를 인정하고 있다. 그러나 등본은 인정되지 않는다.

Ⅱ. 복본작성을 할 수 있는 수표

수표의 복본은 발행지와 지급지가 멀리 타국간 또는 본국과 해외영토 간에 떨어져 있는 경우 소지인출급식이 아닌 경우를 조건으로 하여 인정된다.

즉 ① 일국(一國)에서 발행하여 타국이나 발행국의 해외영토에서 지급할 수표, ② 일국의 해외영토에서 발행하여 그 본국에서 지급할 수표, ③ 일국의 해외영토에서 발행하고 지급할 수표, ④ 일국의 해외영토에서 발행하여 그 국(國)의 다른 해외영토에서 지급할 수표 4종에 한정된다(수 48조).

Ⅲ. 복본의 작성

복본은 발행인이 이를 작성하되, 각 복본에는 그 본문 중에 번호를 붙여야 하며, 이것이 없는 때에는 그 수통의 복본은 이를 각별의 수표로 본다(수 48조 1항 후단). 환어음의 경우와는 달리 수표소지인은 복본의 교부를 청구할 수 없다.

Ⅳ. 복본의 효력

복본의 1통에 대하여 지급이 있으면 그 지급이 다른 복본을 무효로 한다는 뜻의 기재가 없는 경우에도 의무를 면한다. 또 수인에게 각별로 복본을 양도한 배서인과 그 후의 배서인은, 그 기명날인한 각통으로서 반환을 받지 아니한 것에 대하여 책임을 진다(수 49조 1·2항).

제 9 절 시효 · 이득상환청구권 등

Ⅰ. 시 효

소지인의 상환청구권의 시효기간은 제시기간 경과 후 6월이며(수 51조 1항), 지급보증인에 대한 청구권은 제시기간 경과 후 1년이다(수 58조).

Ⅱ. 이득상환청구권

수표에서 생긴 권리가 절차의 흠결로 인하여 소멸한 때나, 그 소멸시효가 완성한 때라도, 소지인은 발행인·배서인 또는 지급보증을 한 지급인에 대하여 그가 받은 이익의 한도 내에서 상환을 청구할 수 있다(수 63조). 수표의 이득상환청구권은 어음과 대체로 같다.

Ⅲ. 기 타

이 밖에 위조·변조·거절증서·기일·기간·휴일 등에 관하여도 환어음의 경우와 같다.

제 10 절 부정수표단속법

Ⅰ. 법의 목적

수표는 지급수단이므로 부정한 수표나 수표의 발행이 남발되면 국민경제에 큰 해악을 가져온다. 따라서 부정수표단속법은 "부정수표 등의 발행을 단속처벌함으로써 국민의 경제생활의 안정과 유통증권인 수표의 기능을 보장함을 목적으로 한다"(부정수표단속법 1조).

Ⅱ. 부정수표의 의의

부정수표단속법상의 부정수표는 다음의 4가지가 있다. ① 가설인의 명의로 발행한 수표(부정수표단속법 2조 1항 1호), ② 금융기관과 수표계약 없이 발행하거나 금융기관으로 거래정지처분을 받은 후에 발행한 수표(부정수표단속법 2조 1항 2호),[11] ③ 금융기관

11) 대판 1993. 9. 28, 93도1835; 거래은행으로부터 거래정지 처분을 받은 후 수표를 발행한 이상 이는

에 등록된 것과 상위한 서명 또는 기명날인으로 발행한 수표(부정수표단속법 2조 1항 3호), ④ 수표의 발행 후에 예금부족・거래정지처분・수표계약의 해제 또는 해지로 인하여 제시기일에 지급되지 않은 수표(부정수표단속법 2조 2항)이다.[12] 이 중에서 ①②③의 경우에는 발행당초부터 수표자체가 위법으로 발행되어 지급거절이 확실한 경우이다. ④는 일단 정당하게 발행되었으나 지급자금의 부족 등으로 지급이 거절된 경우이다. 이를 특히 협의의 부도수표라고 말한다.

Ⅲ. 금융기관의 고발의무

금융기관에 종사하는 자는 직무상 부정수표 또는 위조수표나 변조수표를 발견한 경우에는 48시간 내에 고발하여야 하며, 부도수표의 경우에는 30일 이내에 수사기관에 고발하여야 한다(부정수표단속법 7조 1항). 이를 고발하지 않은 때에는 100만원 이하의 벌금에 처한다.

Ⅳ. 형사책임

1. 부정수표발행인의 형사책임

① 부정수표를 발행하거나 작성한 자는 5년 이하의 징역 또는 수표금액의 10배 이하의 벌금에 처한다(부정수표단속법 2조 1항).

② 과실로 인하여 부정수표를 발행하거나 작성한 자는 3년 이하의 금고 또는 수표금액의 5배 이하의 벌금에 처한다(부정수표단속법 2조 3항).

③ 부정수표의 발행인이 법인 기타의 단체인 경우에는 그 수표에 기재된 대표자 또는 작성자를 처벌하고 그 법인 또는 단체는 벌금에 처한다(부정수표단속법 3조 1항).

부정수표단속법 제2조 제1항 제2호에 해당하는 범죄를 구성하고, 비록 수표가 수표법상 유효하다 할 수 없더라도 수표가 갖는 유통증권으로서의 실제적 기능에는 아무런 영향이 없으므로 수표를 피해자와의 채권채무를 확인하기 위한 증표로 발행하였더라도 그것만으로는 그 죄책을 면할 수 없다.

12) 대판 1995. 12. 22, 95도1263; 이 사건 당좌수표는 당초 피고인에 의하여 수표법상의 요건을 갖춘 유효한 수표로서 발행 교부된 것이고, 피고인이 사후 위 제2차 정정시에 무인에 의하여 그 발행일자와 액면을 정정하였다고 하더라도 그 정정행위가 당연히 무효라고 볼 수는 없으며, 오히려 위와 같이 정정된 곳에 무인이 찍혀 있음에도 불구하고 이 사건 당좌수표는 정정된 문언에 따라 실제로 유통증권으로서의 기능을 발휘하고 있었다고 할 것이어서, 이는 부정수표단속법 제2조 제2항의 적용대상에 포함된다고 보아야 할 것이다.

④ 대리인이 부정수표를 발행한 경우에는 본인뿐만 아니라 그 대리인도 처벌한다(부정수표단속법 3조 2항).

2. 허위신고자의 형사책임

수표금액의 지급 또는 거래정지처분을 면하기 위하여 금융기관에 허위신고를 한 자는 10년 이하의 징역 또는 20만원 이하의 벌금에 처한다(부정수표단속법 4조).

3. 위조 · 변조자의 형사책임

수표를 위조 · 변조한 자는 1년 이상의 유기징역과 수표금액의 10배 이하의 벌금에 처한다(부정수표단속법 5조).

V. 반의사불벌죄

부도수표(부정수표단속법 2조 2항의 경우) 및 과실로 부정수표를 발행한 경우에는 그 수표를 회수여부를 불문하고 수표소지인의 명시한 의사에 반하여 공소를 제기할 수 없다(부정수표단속법 2조 4항).

참고 헌법재판소 2001. 4. 26 결정, 99헌가13 부정수표단속법 제2조 제2항의 위헌제청

【판시사항】

가. 지급거절될 것을 예견하고 수표를 발행한 사람이 그 수표의 지급제시기일에 수표금이 지급되지 아니하게 한 경우 수표의 발행인을 처벌하도록 규정한 부정수표단속법 제2조 제2항이 국제법존중주의에 위배되는지 여부(소극)

나. 위 법률조항이 평등의 원칙에 위배되는지 여부(소극)

다. 위 법률조항이 과잉금지의 원칙에 위배되는지 여부(소극)

라. 위 법률조항이 적법절차 원칙에 위배되는지 여부(소극)

마. 위 법률조항이 시장경제질서 원칙에 위배되는지 여부(소극)

【참조조문】

헌법 제6조 제1항, 제11조 제1항, 제37조 제2항, 제10조, 제12조 제3항, 제119조
부정수표단속법 제2조 제1항, 제3항, 제4항
수표법 제3조, 제67조

【심판대상조문】

부정수표단속법 제2조 제2항

【참조판례등】

헌재 1992. 4. 28. 90헌바24, 판례집 4, 225

==

【재판전문】

【당 사 자】

제청법원 대전지방법원
당해사건 대전지방법원 99노1070 부정수표단속법위반

【주 문】

부정수표단속법 제2조 제2항은 헌법에 위반되지 아니한다.

【이 유】

1. 사건의 개요 및 심판의 대상

가. 사건의 개요

(1) 당해사건의 공소사실의 요지는, 피고인 신영찬은 1991. 5. 1.경부터 1998. 12. 31.경까

지 주식회사 충남도시가스의 대표이사로 있던 자로서, 1993. 6. 3. 동남은행 대전지점과 위 회사 명의로 당좌수표계약을 체결하고 수표를 발행하여 오던 중, 1995. 6. 말경 대전 중구 중촌동 210 소재 위 회사 경리과 사무실에서 수표번호 '마가00600240', 발행일자 '1998. 6. 17.', 액면 '8,260,000,000'원으로 된 당좌수표 1장을 발행하여 소지인이 지급제시기간 내에 지급제시하였으나 거래정지처분으로 지급되지 아니하게 하였다는 것이다.

(2) 위 수표가 위와 같이 부도가 나게 된 경위는, 피고인이 위 회사의 대표이사로서 1995. 6. 말경 위 회사의 시설투자 및 운영자금 조달을 위하여 회사채를 발행하면서 주식회사 동아증권(1998. 9.경 세종증권으로 상호가 변경됨)을 지급보증회사로 지정하여 위 지급보증회사에 견질용으로 위 회사 명의의 액면란과 발행일이 백지인 위 당좌수표를 발행하였는데, 그로부터 3년여 후인 1998. 6.경 위 회사가 사업부진 등으로 어음교환소로부터 부도처분을 받자 위 부도 직후인 1998. 6. 15. 대전지방법원에 화의개시신청과 재산보전처분신청을 하여 1998. 6. 23. 위 법원에서 재산보전처분명령 결정을 받고 1998. 12. 1. 화의인가결정을 받아 현재 화의조건을 준수하면서 정상적으로 영업활동을 하고 있었으나, 위 동아증권은 위 재산보전처분신청 이틀 뒤이자 위 재산보전처분명령일 이전인 1998. 6. 17. 액면란과 발행일을 위 공소사실 기재와 같이 보충하여 위 수표를 지급제시함으로써 위 수표가 부도에 이르게 된 것이다.

(3) 위 공소사실에 대하여 제1심 법원은 위 공소사실을 유죄로 인정하여 피고인에게 징역 2년의 형을 선고하였고 이에 피고인이 불복, 항소하여 현재 대전지방법원 항소심(99노1070호)에 공판계속 중인바, 위 항소심 법원은 직권으로 부정수표단속법 제2조 제2항이 헌법 제6조 제1항의 국제법존중주의, 제10조의 행복추구권, 제11조 제1항의 평등권, 제12조 제1항의 실질적 죄형법정주의, 제119조 제1항의 자유와 창의를 보장하는 시장경제질서 및 헌법 제37조 제2항의 자유와 권리의 본질적 내용 침해금지 원칙에 위반될 소지가 있다는 이유로 위헌 여부의 심판을 제청하였다.

나. 심판의 대상과 관련 조문

이 사건 심판의 대상은 부정수표단속법 제2조 제2항(이하 "이 사건 법률조항"이라고 한다)이 헌법에 위반되는지 여부이고, 그 규정과 관련규정의 내용은 다음과 같다.

제2조(부정수표발행인의 형사책임) ① 다음 각 호의 1에 해당하는 부정수표를 발행하거나 작성한 자는 5년 이하의 징역 또는 수표금액의 10배 이하의 벌금에 처한다.

1. 가설인의 명의로 발행한 수표

2. 금융기관(우체국을 포함한다. 이하 같다)과의 수표계약 없이 발행하거나 금융기관으로부터 거래정지처분을 받은 후에 발행한 수표

3. 금융기관에 등록된 것과 상위한 서명 또는 기명날인으로 발행한 수표

② 수표를 발행하거나 작성한 자가 수표를 발행한 후에 예금부족 · 거래정지처분이나 수표계약의 해제 또는 해지로 인하여 제시기일에 지급되지 아니하게 한 때에도 전항과 같다.

③ 과실로 인하여 전2항의 죄를 범한 자는 3년 이하의 금고 또는 수표금액의 5배 이하의 벌금에 처한다.

④ 제2항 및 제3항의 죄는 수표를 발행하거나 작성한 자가 그 수표를 회수하거나, 회수하지 못하였을 경우라도 수표소지인의 명시한 의사에 반하여는 각 공소를 제기할 수 없다.

2. 제청법원의 위헌심판제청이유와 관계기관 등의 의견

가. 제청법원의 위헌심판제청이유

(1) 수표와 어음은 같은 유가증권이지만 어음이 신용증권임에 반하여 수표는 지급증권이다. 그래서 수표법은 일람출급성, 이자약정금지, 단기의 제시기간제도 등을 두어 수표가 신용증권화하는 것을 방지하고 있다. 그러나 백지수표나 선일자수표는 사실상 대여금채권의 담보나 장래에 발생하는 손해배상의 담보를 위하여 신용증권의 용도로 널리 변칙적으로 사용되고 있다. 이와 같이 수표가 어음과 같은 역할을 하고 있음에도 수표는 부도시 형사처벌이라는 강제성을 띠고 있다. 이는 대한민국이 1990. 7. 10. 가입하여 조약 1007호로 발효된 국제연합의 '시민적및정치적권리에관한국제규약' 제11조, 즉 '어느 누구도 계약상 의무의 이행불능만을 이유로 구금되지 아니한다'는 명문에 정면으로 배치되어 헌법 제6조 제1항의 국제법존중주의에 위반된다.

(2) 신용증권으로 변칙적으로 사용되고 있는 수표는 어음과 같은 역할을 하면서도 어음의 부도와 달리 수표 부도의 경우 발행자가 형사처벌을 받게 됨으로써 합리적 이유 없이 수표소지인을 지나치게 보호하게 되어 헌법 제11조 제1항의 평등의 원칙에 위반되며 수표 본래의 지급증권성과는 무관하게 신용증권으로 발행된 수표가 부도난 경우까지 포함하여 발행인을 처벌하는 것은 부정수표단속법 본래의 입법목적 달성에 필요한 정도를 넘는 과잉입법이다.

(3) 사업을 하는 사람의 경우 수표가 부도나면 그것이 일시적인 경영난에 의한 것이든, 소위 흑자도산 또는 연쇄부도의 경우이든 그 경위를 참작함이 없이 강력한 금융제재 뿐만 아니라 형사처벌까지 받게 되므로 그것을 피하기 위하여 또 다시 위법한 방법을 쓰게 되는 등 경제질서를 왜곡시키는 결과를 야기함으로써 헌법 제119조 제1항이 규정하는 경제상의 자유와 창의를 존중함을 기본으로 하는 대한민국의 경제질서에 반한다.

(4) 수표발행인은 수표 부도 즉시 소지인의 의사와는 관계없이 금융기관의 고발조치에 따라 필연적으로 형사입건이 되고 나아가 인신구속에까지 이른다는 점에서 헌법 제10조 소정의 행복추구권의 일반적 행동자유권, 헌법 제12조 제1항의 실질적 죄형법정주의를 침해하는 것이고 이러한 형사처벌은 국민의 기본권 제한의 한계를 규정한 헌법 제37조 제2항에 위반된다.

나. 법무부장관과 대전지방검찰청검사장의 의견

(1) 우리 헌법상의 국제법존중주의는 국제법과 국내법의 동등한 효력을 인정한다는 취지일 뿐 국제법우월주의를 채택한 것이 아니며 또한 국제연합의 위 규약 내용은 '계약상의 의무의 이행불능'만을 이유로 구금되지 아니한다는 것이고 이 사건 법률조항은 단순한 계약상의 의무의 이행불능 이상의 의미를 갖는 특별한 경우를 규정한 것이므로 위 규약에 배치되지 않는다.

(2) 어떤 행위를 범죄로 규정하고 이에 대하여 어떤 형벌을 과할 것인가의 문제는 그 입

법이 전체 형벌체계상 현저히 균형을 잃지 않는 한 입법정책의 당부의 문제이지 헌법위반의 문제는 아니다. 수표의 강력한 유통성과 신용성으로 인하여 수표의 부도로 인한 피해는 개인적인 범위를 넘어 전체 국민경제에 불신감을 조장함으로써 경제적 기본질서를 무너뜨리게 되는바, 특히 신용경제 개념이 부족한 우리나라의 현 상황에 비추어 볼 때 수표 부도를 처벌할 필요가 더욱 크다. 또한 채권자들 사이의 우선순위는 구체적인 거래태양에 의해 결정되는 것으로 수표소지인이 가장 강력한 보호를 받는다고 단정할 수도 없다.

(3) 어음은 신용증권인 반면 수표는 지급증권으로서 일람출급성이 있어 그 기능상 차이가 있고 따라서 어음에는 민사책임만 지우고 수표에는 형사책임을 수반하게 하는 것은 그 기능상의 차이에 따른 합리적 차별이므로 평등의 원칙에 반하지 아니한다.

(4) 수표의 유통성을 보장하여 금융거래의 신용질서를 확립하고 궁극적으로는 국민경제생활의 안정을 도모하고자 하는 이 사건 법률조항은 사회적 시장경제질서를 채택하고 있는 우리 헌법의 경제적 기본질서에 위반되는 것이 아니라 오히려 합리적이고 건전한 경제질서를 확립하게 함으로써 헌법에 보장된 국민의 경제상 자유와 창의성을 실현할 수 있게 하는 조항이다.

3. 관련사항의 고찰

가. 수표의 법률상 특성

수표는 발행인이 지급인(은행)에 대하여 수취인 그 밖의 수표의 정당한 소지인에게 일정한 금액의 지급을 위탁하는 유가증권이다. 즉 수표는 현금의 지급에 갈음하여 발행하는 지급증권으로서 발행인이 스스로 금전을 지급하는 번잡과 위험을 피할 목적으로 금융기관인 은행으로 하여금 현금 수수를 하도록 하기 위하여 발행하는 것이다. 위와 같이 수표는 그 본질적인 경제적 기능이 지급기능인 점에서 신용기능을 그 제1차적 기능으로 하고 있는 어음과 근본적으로 차이가 있으며 수표법에는 수표의 신용증권화를 방지하기 위한 여러 규정{인수의 금지(수표법 제4조), 이자 기재의 부인(수표법 제7조), 수표의 일람출급성(수표법 제28조 제1항), 단기의 지급제시기간(수표법 제29조), 지급인의 배서 및 보증의 금지(수표법 제15조 제3항, 제25조 제2항), 단기의 시효기간(수표법 제51조)}을 두고 있다. 위와 같은 수표의 경제적 기능으로 말미암아 수표는 어음에 비하여 경제사회의 거래질서에 미치는 영향이 훨씬 크고 또한 그만큼 남용될 가능성도 크다고 할 수 있다. 부정수표가 남발되면 수표거래의 유통과 경제질서를 현저하게 교란시키게 되어 국가경제에 미치는 영향이 지대하다.

위와 같은 수표의 남용가능성과 부도를 방지하고 수표의 지급성 확보를 위하여 수표법은 제3조에서 '수표는 제시한 때에 발행인이 처분할 수 있는 자금이 있는 은행을 지급인으로 하고 발행인이 그 자금을 수표에 의하여 처분할 수 있는 명시 또는 묵시의 계약에 따라서만 이를 발행할 수 있다'라고 규정하여 수표발행을 위한 수표계약과 수표자금의 확보를 강제하고 있음과 동시에 제67조에서 이에 위반한 때에는 과태료의 제재를 가하도록 규정함으로써 수표가 확실히 지급되도록 하여 수표의 신용을 높이고자 꾀한다.

그러나 수표법에 수표의 발행 자체를 제한하는 규정과 함께 수표의 신용증권화를 방지하기 위한 규정들이 있지만 그러한 규정에 위반된 수표라 하더라도 수표 요건을 모두 갖추고 있는 이상 수표로서의 효력에는 영향이 없다(수표법 제3조 단서, 제28조 제2항 등 참조). 즉 수표법은 수표가 본래의 경제적 기능인 지급수단으로서 사용되는 것을 전제로 하여 여러 규정들을 두고 있지만 그렇다고 하여 수표가 예외적으로 신용증권으로 사용된다 하더라도 수표의 법률적 성질(무인증권성, 지시증권성 등)을 고려하여 그 유효성을 인정하고 있다.

나. 부정수표단속법의 입법경위와 연혁

앞서 본 바와 같이 수표의 경제적 기능과 그 남용가능성을 고려하여 수표법은 수표발행의 제한규정과 그에 위반한 경우에 과태료의 제재규정을 두고 있고 그 밖에 부정수표발행인에 대한 금융상의 제재로서 수표발행인이 자금부족 등으로 수표를 지급되지 아니하게 한 때에는 어음교환소규약에 의한 거래정지처분과 거래계약의 해지 등의 제재가 있다. 그러나 위 방법들은 모두 실효성이 없어 보다 강력하고 실효성 있는 단속처벌법의 제정이 사회적으로 요청되었다. 그리하여 1961년 5·16 군사혁명 이후 국가재건최고회의에서는 수표거래의 무질서를 근절하고 부정수표 등의 발행을 강력히 단속, 처벌함으로써 국민의 경제생활의 안정과 유통증권인 수표의 기능 및 그 피지급성을 보장할 목적으로 형법과 형사소송법에 대한 형사특별법으로서 1961. 7. 3. 법률 제645호로 부정수표단속법을 제정하여 1961. 9. 1.부터 시행하게 되었다. 그 후 위법은 1966. 2. 26. 법률 제1747호로 과실범의 처벌조항과 허위신고자를 처벌하는 규정을 신설하는 내용의 개정이 이루어지고 1993. 12. 10. 법률 제4587호로 수표 발행인이 부정수표를 회수하거나 소지인이 처벌을 희망하지 아니하는 의사를 표시하는 경우에는 공소를 제기할 수 없도록 하는 내용의 개정이 이루어져 현재에 이르고 있다.

다. 외국의 입법례

(1) 독 일

독일에는 일반적으로 수표발행인이 수표를 부도 낸 경우 이를 처벌하는 규정은 없으나 형법의 사기죄에 관한 규정 중 은행으로부터 수표카드를 발급받은 자가 은행과의 약정한도를 초과하는 금액의 수표를 발행하여 은행에게 손해를 가한 경우 처벌하는 규정(독일 형법 266조의 b)을 두고 있다.

(2) 프랑스

프랑스에서는 수표 발행인이 제3자의 이익을 해할 의도로 지급을 불가능하게 한 때에는 5년 이하의 징역 또는 3600프랑 이상 250만 프랑 이하의 벌금의 처벌을 받는다.

(3) 일 본

일본 수표법에는 우리나라 수표법과 같이 수표자금과 수표계약이 있는 경우에만 발행할 수 있다는 규정과 함께 그에 위반한 경우 제재하는 규정이 있다. 그 이외에 수표가 지급거절된 경우 발행인을 처벌하는 별도의 규정은 없다.

(4) 미 국

미국 대부분의 주에서는 사기의 의사로(with fraud ulent intent) 결제할 자금 없이 수표를 발행하는 경우 경죄(輕罪, misdemeanor)로 처벌하는 규정을 두고 있다.

4. 판 단

가. 국제법 존중주의 위반여부

헌법 제6조 제1항의 국제법 존중주의는 우리나라가 가입한 조약과 일반적으로 승인된 국제법규가 국내법과 같은 효력을 가진다는 것으로서 조약이나 국제법규가 국내법에 우선한다는 것은 아니다.

아울러 이 사건 법률조항에서 규정하고 있는 부정수표 발행행위는 지급제시될 때에 지급거절될 것을 예견하면서도 수표를 발행하여 지급거절에 이르게 하는 것이다. 따라서 이 사건 법률조항은 수표의 지급증권성에 대한 일반 공중의 신뢰를 배반하는 행위를 처벌하는 것으로 그 보호법익은 수표거래의 공정성인 것이고 나아가 소지인 내지 일반 공중의 신뢰를 이용하여 수표를 발행한다는 점에서 그 죄질에 있어 사기의 요소도 있다 하여 처벌하는 것이다. 결코 '계약상 의무의 이행불능만을 이유로 구금' 되는 것이 아니므로 국제법 존중주의에 입각한다 하더라도 위 규약 제11조의 명문에 정면으로 배치되는 것이 아니다.

또한 기본적으로 사법적인 채무이행의 강제를 형사적인 수단으로 보장한다는 한 측면만을 강조하여 이 사건 법률규정을 단순한 민사상의 채무불이행에 대한 처벌조항으로 가볍게 단정할 것은 아니다. 왜냐하면 재산범죄라는 것은 형법상의 것이든, 특별법상의 것이든 궁극적으로 채무불이행 또는 그와 유사한 성질의 한 측면은 어느 것이나 다 가지고 있기 때문이다.

나. 평등의 원칙 위반여부

제청법원의 제청이유 중 본래의 신용증권인 어음은 부도가 나도 처벌받지 않는데 비해 신용증권으로 변칙 발행된 수표는 실질적으로 신용증권인데도 단지 그것이 수표라는 이유로 수표발행인을 처벌하므로 평등의 원칙에 반한다거나 또는 수표발행인을 처벌함으로써 결과적으로 수표소지인이 어음소지인이나 다른 채권자들에 비하여 우선변제받는 결과가 되어 수표소지인을 지나치게 보호하여 평등의 원칙에 반한다는 주장에 관하여 본다.

살피건대 어음과 수표는 다 같이 유통증권이기는 하지만 수표는 현금의 대용물로서 금전지급증권이라는 수표 고유의 특성 때문에 수표의 피지급성의 보장이 어음의 경우보다 더욱 강력하게 요청되는 점에서 어음과는 성질을 달리 한다. 따라서 지급거절될 것을 예견하고 수표를 발행하는 행위를 처벌한다고 하여 평등의 원칙에 반한다고 할 수는 없다. 그리고 신용증권으로 변칙 발행된 수표는 실질적으로 어음과 차이가 없다고 하나 수표의 추상성 내지는 무인성과 유통성이라는 법률적 특징에 비추어 보면 그 수표가 신용증권으로 발행되었는지 여부를 일반 공중으로서는 알 길이 없어 수표 자체로 그 구별이 어려울 뿐만 아니라 신용증권으로 변칙 발행된 수표라 하더라도 수표법상의 요건을 갖춘 수표라면 수표로서의 효력에 영향이 없고 언제든지 유통가능성이 있으므로 그러한 수표에 대하여 부정수표단속법의 적용을 제외시킨다면 수표의 피지급성을 확보하고자 하는 법의 입법목적을 달성할 수 없게 된다.

또한 법이 예정하고 있는 본래 의미의 신용증권인 어음을 선택하지 않고 지급증권인 수표를 신용증권으로 변칙 발행하기로 선택한 사람들로서는 수표제도에 따르는 위험도 아울러 받아들여야 한다. 부도시 형사처벌이라는 위험이 따르는데도 수표를 이용한 바로 그 점 때문에 어음으로는 힘든 신용을 얻어놓고도 나중 일이 여의치 않게 되자 오로지 그 위험성만을 문제삼으면서 반문명적이라고 비난하거나 평등의 원칙에 반한다고 할 수는 없다. 또한 수표소지인이 어음소지인이나 다른 채권자들보다 우선변제받게 된다는 것은 이 사건 법률조항에 의한 처벌을 면하기 위하여 수표발행인이 사실상 수표소지인에게 수표금을 지급하는 것 때문에 반사적으로 우선변제받는 것처럼 보일 뿐이므로 평등의 원칙에 반하는 것이 아니다.

다. 과잉금지의 원칙 위반여부

어떤 행위를 범죄로 규정하고 그에 대하여 어떤 형벌을 과할 것인가 하는 문제는 원칙적으로 입법자가 우리의 역사와 문화, 입법 당시의 시대적 상황과 국민일반의 가치관 내지 법감정, 범죄의 실태와 죄질 및 보호법익 그리고 범죄예방효과 등을 종합적으로 고려하여 결정하여야 할 국가의 입법정책에 관한 사항으로서 광범위한 입법재량 내지 형성의 자유가 인정되어야 할 분야이다(헌재 1992. 4. 28. 90헌바24, 판례집 4, 225등).

이 사건 법률조항은 부정수표가 남발됨으로써 유통증권으로서의 수표기능과 그 피지급성에 대한 신뢰가 깨어지고 유통질서의 혼란이 야기되어 국민경제의 안정을 해치는 사회현실을 앞에 놓고 이러한 부정수표의 발행을 제재하여 수표의 유통기능을 확보함으로써 경제질서의 안정을 도모하고자 하는 데에 그 입법목적이 있고, 또한 과태료의 행정벌이나 금융상의 제재와 같은 대체수단 만으로는 위 입법목적을 궁극적으로 달성하기에 부족했다는 그동안의 경험적 자각이 이와 같은 정책수단을 선택케 한 것으로 이러한 결단은 원칙적으로 존중되어야 한다.

제청법원의 제청이유 중에는 수표 본래의 지급증권성과는 무관하게 신용증권으로 발행된 수표가 부도난 경우까지 포함하여 수표발행인을 처벌하는 것은 이 사건 법률조항 본래의 입법목적 달성에 필요한 정도를 넘는 과잉입법이라는 주장도 있다. 그러나 앞서 본바와 같이 수표의 법률적 특징에 비추어 볼 때 그 수표가 신용증권으로 발행되었는지 구별이 어려울 뿐만 아니라 신용증권으로 변칙 발행된 수표라 하더라도 언제든지 유통가능성이 있으므로 그러한 수표에 대하여 부정수표단속법의 적용을 제외시킨다면 수표의 피지급성을 확보하고자 하는 법의 입법목적을 달성할 수 없게 된다. 또한 법이 예정하고 있는 본래 의미의 신용증권인 어음을 선택하지 않고 지급증권인 수표를 신용증권으로 변칙 발행하기로 선택한 사람들로서는 수표제도에 따르는 위험을 누구보다 잘 인식하고 있음은 물론, 바로 그 점을 오히려 활용하고자 하는 자들이므로 이들을 보호하고자 하는 차원에 불과한 위 과잉입법 주장은 받아들이기 어렵다.

라. 적법절차 등의 원칙 위반여부

제청법원은 이 사건 법률조항으로 말미암아 수표소지인의 의사와 관계없이 금융기관의 고발조치에 따라 필연적으로 수표발행인이 형사입건이 되고 나아가 채무불이행 자체만으로 인신구속에까지 이른다는 점에서 헌법 제10조 소정의 행복추구권의 일반적인 행동자유권 내지는 헌법 제12조 제1항의 실질적 죄형법정주의를 침해하고 적법절차의 원칙에 위반될 소지가 있다는 주장을 한다.

그러나 1993년의 개정으로 부정수표단속법 제2조 제4항에 소지인의 명시한 의사에 반하여 공소를 제기할 수 없도록 하는 규정이 신설되었으므로 소지인이 처벌을 희망하지 아니하는 의사표시를 하면 금융기관의 고발이 있더라도 처벌을 받지 않게 된다. 그리고 금융기관의 고발이라는 것도 금융기관 종사원이 이 사건 법률조항 해당 수표를 발견하게 되면 30일 이내에 수사기관에 고발하도록 한 것으로 이러한 고발은 단지 수사의 단서에 불과할 뿐이다. 나아가 인신구속에 관하여는 형사소송법의 구속절차에 따르는 것으로서 이 사건 법률조항과는 무관하며 이 사건 법률조항이 채무불이행 자체만으로 처벌하는 것이 아님은 위에서 누누이 지적한 바와 같다.

마. 시장경제질서의 원칙 위반여부

제청법원은 사업을 하는 수표발행자의 경우 부도를 막아 형사처벌을 면하기 위하여 고금리의 사채를 동원, 회사를 극한적인 상황에 놓이게 하고, 자금의 동원과정에서 또다시 사기죄의 구성요건에 저촉되거나, 우선적으로 보호되어야 할 근로자의 임금 내지는 퇴직금 등을 제때에 지급하지 못함으로써 근로기준법 위반의 문제를 발생시키며… 결국 부도처리사태를 막기 위하여 전전긍긍하는 과정에서 기업의 경제적 갱생에 필요한 기회가 박탈될 가능성이 큰 점 등 경제상의 자유와 창의를 존중하고 있는 우리 헌법상의 경제질서에 반한다고 주장한다.

어느 제도든 순기능과 역기능이 있기 마련이다. 더구나 제도를 변칙적으로 이용하는 경우 그 역기능은 증폭된다. 그러나 이 사건 법률규정이 다소의 역기능이 있다해서 -그것도 대부분 이용자의 변칙이용의 결과이지만- 우리 헌법이 추구하는 시장경제질서가 이로 인해 왜곡되어 헌법에 위반된다고 보는 것은 그야말로 침소봉대(針小棒大)다. 수표를 쓰는 사업자의 자질, 능력 및 경제시장의 여건 등에 관한 복합적인 요인은 보지 않은 채 단순히 이 사건 법률규정의 탓으로 돌리는 우(愚)를 범하는 것이기 때문이다.

바. 방론(放論)

제청법원은 이른바 글로벌(Global) 경제시대에 있어 대한민국에 진출한 외국기업들도 수표를 이용하게 될 것으로 예견되는데 부정수표단속법의 적용으로 인한 형사처벌 등으로 외국기업들과의 통상마찰을 회피하기 위하여는 국제인권규약 수준의 법률정비가 필요하고 기타 이 사건 법률조항과 관련하여 형사처벌을 면하기 위하여 또는 인신구속을 빌미로 여러 제도가 변칙적으로 운영될 소지가 있는 등 부작용이 있으므로 종국적으로는 신용기능을 하는 어음과 지급기능을 하는 수표의 정상적인 역할분담을 회복시키고, 수표의 공신력은 기본적으로 수표를 거래하는 당사자간의 신용을 바탕으로 하도록 하여 국가형벌권은 이에 관여하지 않도록 하는 대신에 다른 적정한 제도로서 수표거래의 신용성을 제고하도록 함이 마땅하다고 주장한다.

이 사건 법률조항이 있다 하여 외국기업들과 통상마찰을 빚을 우려가 있다는 주장에는 동조할 수 없으나 충분히 경청할 만한 가치가 있는 견해임은 분명하다. 그러나 근 40년간 시행되어 나름대로 긍정적인 제도로서 정착된 이 사건 법률조항을 폐지할 경우 금융거래의 신용질서가 아직 미흡한 우리 사회에서는 선의의 피해자가 급증하는 등 커다란 혼란을 초래하여 오히려 신용거래 질서를 파괴하고 중소기업의 자금조달을 어렵게 하여 기업 활동을 위축케 하는 등 부작용 또한 만만치 않을 것임에 틀림없다. 시간을 두고 전진적으로 검토할 여지는 있으나 아직은 그 때가 아니라는 것이 헌법재판소의 판단이다.

5. 결 론

그렇다면 이 사건 법률조항은 헌법에 위반되지 아니하므로 주문과 같이 결정한다. 이 결정은 재판관 권성의 아래 6.과 같은 반대의견이 있는 외에는 나머지 관여 재판관 전원의 의견일치에 의한 것이다.

6. 재판관 권성의 반대의견

가. 부정수표단속법 제2조 제2항은 헌법에 위반된다고 생각한다.

이 조항의 문제점 중 우선 쉽게 지적할 수 있는 것 몇 가지를 들어본다. 첫째, 민사상의 채무불이행에 대하여 형사처벌을 가하는 것이 우리의 근대법체계에 맞지 아니하고 둘째, 사람의 몸을 채무이행의 담보로 삼는 결과를 빚는 것이 역시 우리의 근대법체계에 맞지 아니하며 셋째, 약속어음의 부도를 처벌하지 않는 것과 균형이 맞지 아니하며 넷째, 부도를 낸 기업가의 재기의 기회를 박탈하여 부당하고 다섯째, 부도에 따른 형사처벌에 대한 두려움이 기업가의 활동에 대한 족쇄가 되어 경제상의 자유와 창의를 저해하며 여섯째, 사실상 신용증권화한 견질수표 같은 것의 부도까지 처벌하는 것은 이 법의 원래의 취지를 벗어난 것이고 일곱째, 연쇄부도와 같이 자기에게 책임이 없는 경제여건의 변화로 부도가 된 경우에도 형사처벌하는 것은 형사책임에 있어서의 자기책임의 원리에 어긋난다는 것 등을 들 수 있다.

나. 앞에서 지적한 문제들이 내포하는 위헌적 요소들을 하나하나 분석하여 논증하여 낼 필요도 없이 이 법률조항은, 국가권력에 대하여 사람을 사람답게 대접할 것을 명(命)하고, 법(法)을 법(法)답게 만들 것을 명하는 헌법의 기본정신에 어긋나므로 위헌이라고 생각한다.

수표의 부도를 내는 사람들 가운데에는 정말 열심히 그리고 정말 성실하게 기업을 경영하였으나 경제여건이 뜻밖으로 변화하여 눈물을 흘리면서 부도를 내는 사람이 있는가 하면 반면에 회사의 돈을 빼돌리고 고의로 부도를 내거나 상대를 속여 돈을 융통하고는 부도를 내버리는 불성실한 사람도 있다는 것은 세상이 다 아는 일이다. 이러한 두 가지 종류의 사람을 구별하지 않고 똑같이 취급하는 것이, 상징적으로 단순화하여 쉽게 말한다면, 선(善)한 사람을 선(善)하지 못한 사람과 구별하지 않고 똑같이 매도하는 것이, 바로 이 법률조항인데 이것은 사람을 사람답게 대접하는 처사가 아니다. 사람들은 부당한 처사를 당하였을 때 흔히 "세상에 그런 법이 어디 있어"라고 말한다. 성실한 기업가가 부도를 내고 구속될 때 그 내심에서 부르짖는 외침이 바로 이 말일 것이다. 나타난 사실의 이면과 경위를 살피지 아니한 채 사실의 외면만을 기준으로 하여 획일적으로 일을 처단하는 것은 국가의 입장으로서는 매우 편리하다. 그러나 국가의 편의만을 생각하여 외면만을 보고 사람을 다루는 것은 문명한 사회의 법이라는 평가를 받기 어렵다. 드러난 외면의 같음(同)만 보는데서 그치지 않고 그 이면의 다름(異)까지 살펴주는 섬세함이, 바꾸어 말하면 다른 것을 다르게 분별해내기 위하여 번거로움과 수고로움을 참아내는 인내심이 문명사회의 법이 갖추어야 할 기본요소라고 할 때 이 법률조항은 법이 법답기 위하여 갖추어야 할 기본요소를 결하고 있다. 이것은 이 법 탄생 당시의 권력실태를 생각하여 보면 쉽게 이해되는 일이다.

국가권력에 대하여 사람을 사람답게 대접할 것을 명하는 문명사회 헌법의 기본정신은 인간의 존엄성을 선언하고 있는 우리 헌법 제10조에 잘 드러나 있고, 국가의 법이 법답게 만들어질 것을 요구하는 헌법정신은 적법절차를 규정한 우리 헌법 제12조의 기초가 되고 있다.

그렇다면 일단 부도가 나기만 하면 옥석(玉石)을 구분(俱焚)함으로써, 성실하지만 그러나 불운한 사람을, 사람답게 대접하지 않는 이 법률조항은 헌법 제10조와 제12조에 위반되어 위헌임이 분명하다.

재판관 윤영철(재판장) 이영모 한대현 하경철
김영일 권 성 김효종 김경일(주심) 송인준

〈어음 · 수표 견본〉

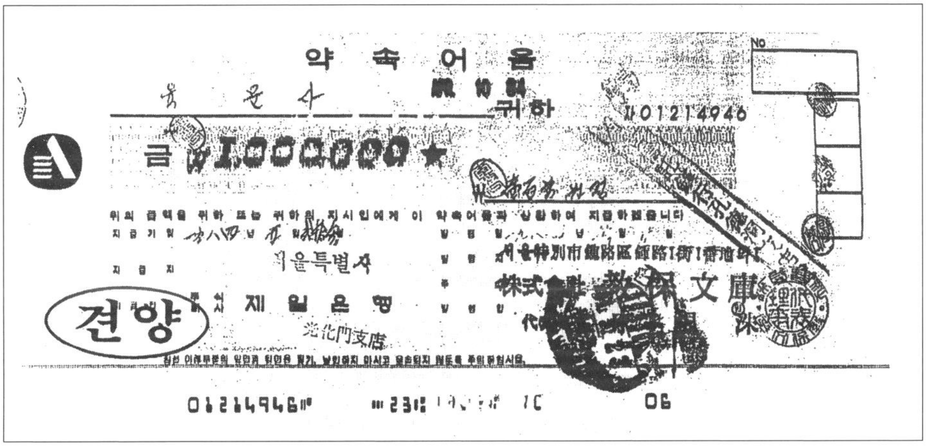

약속어음

귀하

금 ₩1,000,000★

위의 금액을 귀하 또는 귀하의 지시인에게 이 약속어음과 상환하여 지급하겠습니다

지급기일

지급지 서울특별시

지급장소 주식회사 제일은행 光化門支店

발행일

발행지 서울特別市鍾路區鍾路1街1番地

주소

발행인 株式會社 教保文庫 代表

견양

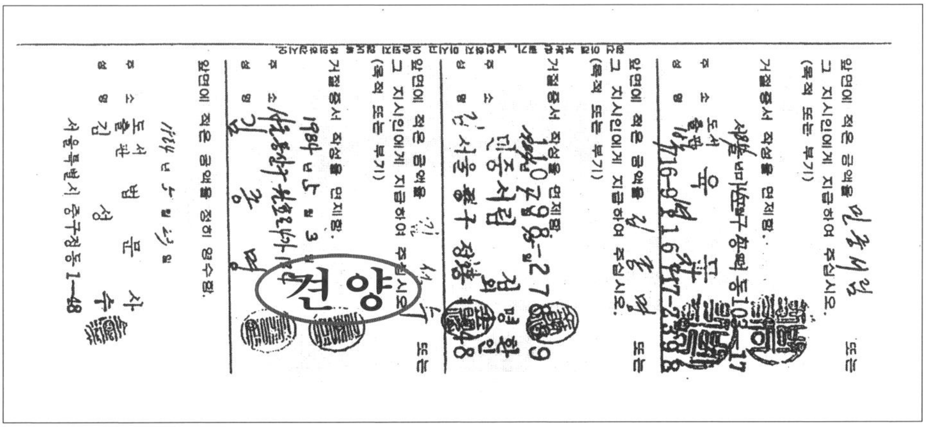

앞면에 적은 금액을 또는 그 지시인에게 지급하여 주십시오.

(목적 또는 부기)

거절증서 작성을 면제함.

주소

성명

견양

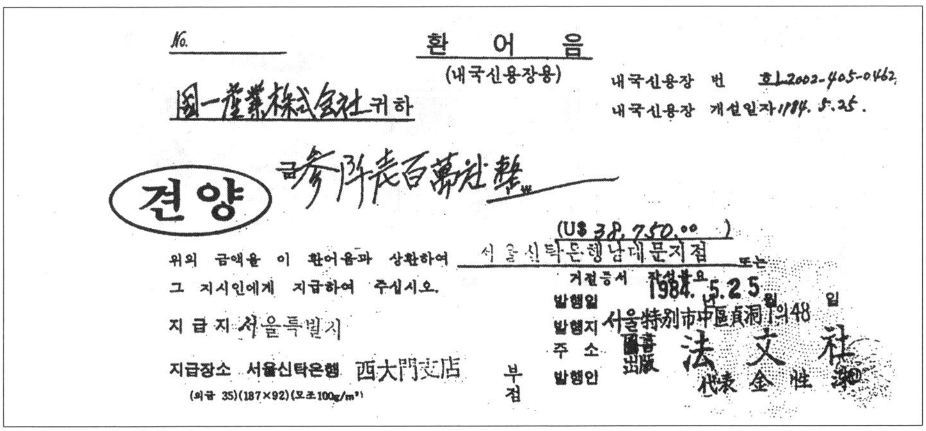

No.

환 어 음

(내국신용장용)

내국신용장 번호 L2002-405-0462

내국신용장 개설일자 1984. 5. 25.

國一産業株式會社 귀하

견양

금 參阡參百萬원整

(U$ 38,750.00)

위의 금액을 이 환어음과 상환하여 서울신탁은행남대문지점 또는 그 지시인에게 지급하여 주십시오.

거절증서 작성면제

발행일 1984. 5. 25

발행지 서울特別市中區貞洞1의48

주소

발행인 圖書出版 法文社 代表 金 性 洙

지급지 서울특별시

지급장소 서울신탁은행 西大門支店

부전

(의금 35)(187×92)(모조100g/m²)

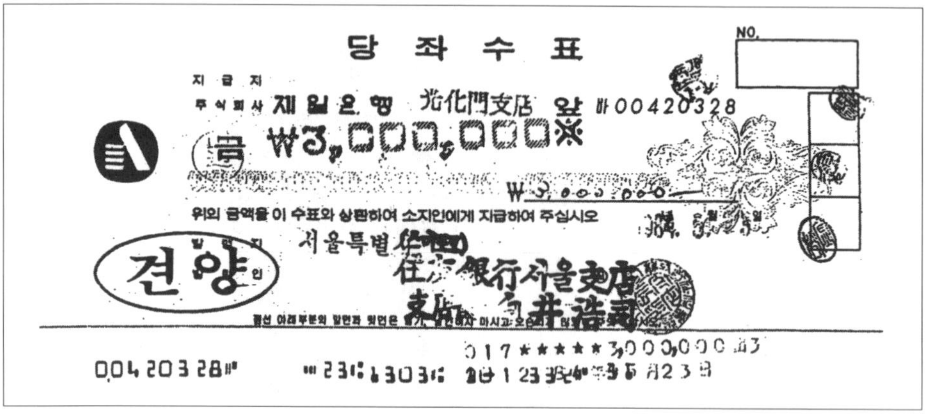
당 좌 수 표
NO.
지급지
주식회사 제일은행 光化門支店 앞
금 ₩3,000,000※
위의 금액을 이 수표와 상환하여 소지인에게 지급하여 주십시오
발행지 서울특별시
견양

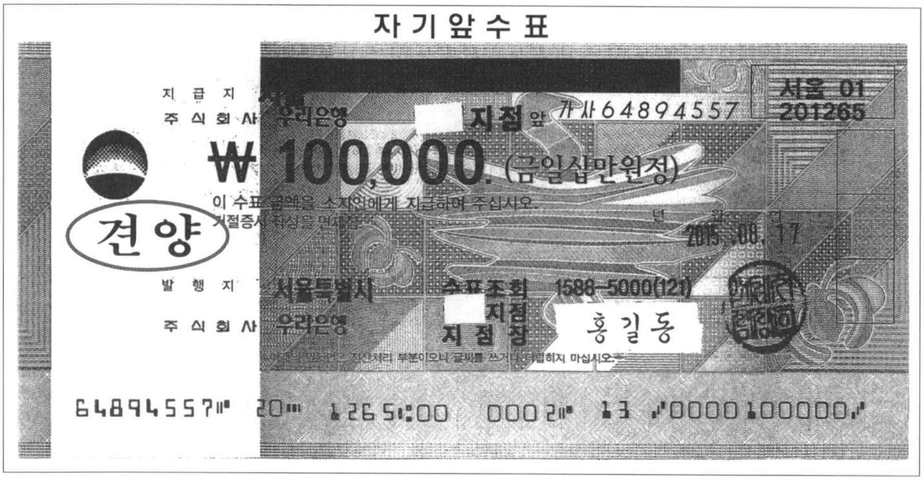
자기앞수표
지 급 지
주 식 회 사 우리은행 지점 앞
가사64894557
서울 01
201265
₩100,000.(금일십만원정)
이 수표 금액을 소지인에게 지급하여 주십시오.
거절증서 작성을 면제함.
2015 .08. 17
견양
발 행 지 서울특별시
수표조회 1588-5000(121)
주 식 회 사 우리은행 지점장
홍길동

U.S. $100
U.S. DOLLAR TRAVELERS CHEQUE
USD100
U.S. $100
ONE HUNDRED U.S. DOLLARS
견양
AMERICAN EXPRESS TRAVELERS CHEQUE
USD100
$100 ONE HUNDRED DOLLARS $100
AMERICAN EXPRESS TRAVELERS CHEQUES NEVER EXPIRE
ONE HUNDRED U.S. DOLLARS
ACCEPTANCE PROCEDURES ON REVERSE

판례색인

[헌법재판소]

[대 법 원]

[하 급 심]

사항색인

저자약력

■ 홍 복 기

연세대학교 법학과, 동 대학원 박사과정수료(법학박사)
독일 함부르크 막스프랑크 국제비교사법연구소 초빙교수
미국 스텐포드 로스쿨에서 회사법연구
동아대학교 법과대학 교수
한국비교사법학회장, 한국상사판례학회장, 한국경제법학회장, 한국상사법학회장, 한국법학교수회 회장 역임
대법원 사법정책자문위원회 위원, 법무부 법무자문위원회 위원, 대법원 법관인사위원회 위원, 법제처 법령심사위원회 위원, 법무부 회사법개정특별위원회 위원장 역임
금융감독원 금융분쟁조정위원, 증권선물거래소 증권분쟁조정위원, 위원장 역임
연세대학교 법과대학장, 초대 법학전문대학원장, 부총장 역임
사법시험 · 행정고시 · 입법고시 · 공인회계사 · 세무사 시험 등 각종 시험위원 역임

현재, 연세대학교 법학전문대학원 교수

››› 주요 저서

회사법강의(법문사)
객관식 상법개설(법문사)
EU회사법(법문사)
이사회(공저, 상장회사협의회)
회사법-사례와 이론(공저, 박영사)
주석회사법(공저, 사법행정학회)

사외이사제도에 관한 입법론적 연구
지배주주의 충실의무
감사기관의 독립성
M&A의 방어대책에 관한 입법례
주식회사의 경영구조의 변화와 그 전망
경제환경의 변화와 회사법의 입법방향 등 논문 다수

■ 박 세 화

Washington University In St. Louis School of Law, LL.M.
연세대학교 법과대학 졸업, 동 대학원 법학박사
U.C. Berkeley School of Law Research Scholar
법무부 상법특별위원회 위원
법부부 준법경영개선단 위원
한국상사판례학회 부회장, 한국상사법학회 편집이사, 한국경제법학회 감사
변호사시험 · 사법시험 · 공인회계사시험 · 세무사시험 · PSAT 위원

현재, 충남대학교 법학전문대학원 교수

››› 주요 저서

회사법-사례와 이론(공저, 박영사)
상법총칙 · 상행위-사례와 이론(공저, 박영사)
주식회사법대계(공동 집필, 한국상사법학회, 법문사)
자본시장법 주석서(공동 집필, 한국증권법학회, 박영사)

지배주주의 충실의무 및 무한책임
기업의 내부통제 · 준법통제 제도
자기거래 규제제도
주식양도 법리 등에 관한 논문 다수

어음 · 수표법 -개정판-

2015년 8월 25일 초판 발행
2017년 8월 31일 개정판 1쇄 발행

저 자 홍 복 기 · 박 세 화

발행인 배 효 선

발행처 도서출판 法 文 社

주 소 10881 경기도 파주시 회동길 37-29
등 록 1957년 12월 12일 / 제2-76호(윤)
전 화 (031)955-6500~6 FAX (031)955-6525
E-mail (영업) bms@bobmunsa.co.kr
(편집) edit66@bobmunsa.co.kr
홈페이지 http://www.bobmunsa.co.kr

조 판 법 문 사 전 산 실

정가 32,000원 ISBN 978-89-18-09121-1